CORINNE

ou

L'ITALIE

PARIS. — IMPRIMERIE E. CAPIOMONT ET V. RENAULT
6, RUE DES POITEVINS, 6

MADAME DE STAËL

CORINNE

OU

L'ITALIE

NOUVELLE ÉDITION

REVUE AVEC SOIN ET PRÉCÉDÉE D'OBSERVATIONS

PAR Mᵐᵉ NECKER DE SAUSSURE

ET

M. SAINTE-BEUVE

de l'Académie française

PARIS

GARNIER FRÈRES, LIBRAIRES-ÉDITEURS

6, RUE DES SAINTS-PÈRES, 6

DE CORINNE

PAR MADAME NECKER DE SAUSSURE

—

Dans la littérature proprement dite, et hors du domaine de la politique, *Corinne* est le chef-d'œuvre de madame de Staël, *Corinne* est l'ouvrage éclatant et immortel qui lui a le premier assigné un rang parmi les grands écrivains. C'est une composition de génie dans laquelle deux œuvres différentes, un roman et un tableau de l'Italie, ont été fondues ensemble. Les deux idées sont évidemment nées à la fois : l'on sent que l'une sans l'autre elles n'auraient pas pu séduire l'auteur, ni correspondre à ses pensées. Aussi parmi la plus riche variété de couleurs et de formes, il règne un ravissant accord, et une teinte harmonieuse est répandue sur l'ensemble. *Corinne* est à la fois un ouvrage de l'art, et une production de l'esprit, un poëme et un épanchement de l'âme. Le naturel, et un naturel ardent, passionné, bien que tendre et mélancolique, y perce de toutes parts, et il n'y a pas une ligne qui ne soit écrite avec émotion. Madame de Staël s'est, pour ainsi dire, divisée entre ses deux principaux personnages. Elle a donné à l'un ses regrets éternels, à l'autre son admiration nouvelle : Corinne et Oswald, c'est l'enthousiasme et la douleur, et tous deux c'est elle-même.

La première partie, l'Italie démontrée par l'amour, est un enchantement continuel. Corinne célèbre toutes les merveilles des arts en faisant connaître à Oswald la plus grande des merveilles, Rome, empreinte du génie de tant de siècles, Rome qui a triomphé de l'univers et du temps. Elle chante la nature féconde et magnifique du Midi, les monuments du passé dans leur auguste mélancolie, les héros, les poëtes, les citoyens qui ne sont plus. Tout ce que l'histoire offre de grand, tout ce que le moment présent peut inspirer de traits agréables, piquants, et parfois comiques, à un esprit observateur, se trouve réuni dans ses paroles. Aux vues originales d'une jeune imagination elle joint la connaissance de tout ce qui a été pensé sur les objets dont elle parle. Elle sait quelle a été la manière de juger des anciens et celle des artistes du moyen âge, quelle est celle des diverses nations modernes; et elle explique, elle met en contraste tous ces points de vue avec la grâce animée d'une jeune femme qui veut avant tout plaire et se faire aimer.

C'est avec habileté que l'auteur a repoussé dans l'ombre le commencement du voyage de lord Nelvil, afin de porter toute la lumière sur la superbe scène qui est le vrai début de l'ouvrage. Accablé par le chagrin d'avoir perdu son père, Oswald lord Nelvil était entré la veille dans Rome sans rien observer, lorsqu'au matin un soleil éclatant, un bruit de fanfares, des coups de canon le réveillent. La muse de l'Italie, Corinne, improvisatrice, musicienne, peintre et femme charmante, va être couronnée au Capitole. La ville entière est en mouvement, la fête du génie est célébrée par tout un peuple. On s'associe aux diverses impressions d'Oswald, lorsqu'il suit involontairement le char brillant de Corinne. Comme lui, on avait conçu des préventions contre la femme qui recherche des hommages publics, et comme lui on se réconcilie avec Corinne, quand on croit voir cette physionomie aimable où se peint la bonté, la simplicité du cœur unie au plus bel enthousiasme. On partage son émotion, lorsque mêlé avec la foule au Capitole, il s'aperçoit que sa noble taille, ses habits de deuil et peut-être son expression de tristesse ont attiré l'attention de Corinne; qu'elle s'est attendrie en le regardant, que déjà elle a eu besoin de changer le sujet de ses chants et de joindre des paroles sensibles à son hymne de triomphe. Mais à travers le trouble que ressent Oswald, son caractère se fait jour. On voit que l'idée de la patrie est celle qui disposera de lui. Quand au sortir du Capitole la couronne de Corinne tombe, quand Oswald la relève et qu'elle le remercie par deux mots anglais, c'est l'inimitable accent national qui bouleverse toute son âme. Il avait été séduit; à présent il est frappé au cœur; on sait quelle est chez lui la corde délicate, et c'est ainsi que le roman est annoncé, et que cet exorde magnifique renferme le secret du reste.

Les improvisations de Corinne, qui sont censées traduites de l'italien dans l'ouvrage, y ajoutent un ornement très-brillant; néanmoins je ne sais si leur éclat avoué l'emporte beaucoup sur le charme des autres discours de Corinne. Tout ce que dit Corinne est ravissant. Dans le cercle d'amis dont elle est entourée, elle excite toujours le plus vif enthousiasme. Ses paroles toujours attendues avec impatience sont toujours justement applaudies. Chacun dit : « Écoutez Corinne, elle vous enchantera; » Corinne parle, et elle nous enchante en effet. Et nous ne pensons pas que madame de Staël se loue elle-même en vantant ce qu'elle a écrit, tant nous trouvons qu'elle a raison de se louer. Énorme difficulté pour un auteur que celle d'annoncer un miracle d'esprit et de tenir toujours parole ! que de nous préparer à l'étonnement et de nous étonner néanmoins ! Tour de force inouï, si l'abondance, la facilité de la verve n'excluait pas l'idée du tour de force, pour donner celle du prodige !

Cette multitude de morceaux d'éloquence ou de tableaux charmants ne nuit point à l'intérêt de la fiction, parce que l'auteur a eu l'art de ne placer les digressions que dans les moments où la marche de l'action est suspendue, où le lecteur craint même de lui voir reprendre son cours, et où il jouit d'autant mieux d'un moment de calme, qu'il sent que l'orage se prépare.

La destinée de Corinne est enveloppée de mystère; elle parle toutes les langues; elle réunit les agréments de tous les climats, et l'on ne sait où elle est née.

Oswald, qui ne conçoit de bonheur que le bonheur domestique, voudrait s'unir à elle par un lien sacré, mais auparavant il exige sa confiance. Cette explication que Corinne retarde d'un jour à l'autre est redoutée du lecteur même; il se plaît à ces promenades, à ces courses intéressantes qu'elle ne cesse de proposer à Osvald, afin de le distraire de la curiosité du cœur par celle de l'esprit. Le bonheur, mais un bonheur qui va finir, la passion qui doit lui survivre respirent dans les discours de Corinne. Plus le moment de l'aveu fatal approche, plus elle veut s'étourdir elle-même, enivrer celui qu'elle aime des plus hautes jouissances de la poésie et des arts. Il semble que des couleurs toujours plus vives frappent tous les objets, à mesure que le ciel devient plus menaçant, et qu'un rayon unique perce encore le nuage que la foudre ne tardera pas à sillonner.

C'est après avoir monté le Vésuve avec Oswald et vu de près les torrents embrasés de la lave, que Corinne remet entre les mains de lord Nelvil le cahier où elle a écrit son histoire.

Jamais concours de circonstances n'a été plus funeste. Corinne est Anglaise, et elle n'a pu supporter la vie monotone d'une province d'Angleterre; Corinne a été destinée dans son enfance à devenir l'épouse d'Oswald lui-même, et le père de celui-ci, effrayé de la vivacité des goûts et des idées qui déjà se développaient en elle, a tourné ses vues du côté de Lucile, la sœur cadette de Corinne. Oswald est donc blessé dans son sentiment d'Anglais ainsi que dans son sentiment de fils. Il est atteint dans tout ce qui est en lui plus profond, plus enraciné que l'amour même. Dès lors la fiction prend un autre caractère, et l'on sent qu'il ne s'agira plus que de séparation et de mort. Désormais il n'y aura plus dans les relations d'Oswald et de Corinne que de cruels combats, que ces déchirements de l'âme, résultats de l'opposition entre des sentiments également vifs, que l'inégalité de conduite qui en est la suite, et les ménagements plus tristes que les orages mêmes. Oswald doit songer à retourner dans sa patrie, et la description du séjour qu'il fait à Venise avec Corinne, au moment de la séparation, est d'une beauté lugubre extrêmement originale. Je ne suivrai pas plus loin cette esquisse. Je ne puis me résoudre à retracer l'affreux voyage que Corinne fait secrètement en Angleterre, la maladie de langueur qui la consume, les noces d'Oswald avec sa sœur, dont elle est presque témoin, son retour solitaire à Florence, l'arrivée d'Oswald et de Lucile dans ce séjour, et enfin les adieux de Corinne à tous deux, adieux contenus dans un hymne sublime, véritable chant du cygne.

La dernière moitié de l'ouvrage est tout en contraste avec la première; la couleur la plus sombre y règne, et elle offre un déploiement qu'on peut appeler effrayant du talent de peindre la douleur. C'est une fécondité extraordinaire de nuances pour graduer les impressions tristes, pour fixer, si on peut le dire, les misères fugitives du cœur. On voit d'abord un léger déclin dans le bonheur, puis une peine vague et passagère qui prend à chaque instant un caractère plus arrêté, puis le malheur dans sa force la plus cruelle, et enfin le désespoir avec son apparence plus calme, le désespoir d'un être trop doux et trop pieux pour se révolter, mais trop faible pour ne pas mourir.

Malgré cette profonde tristesse, il y a toujours une belle harmonie dans chaque tableau. Corinne malheureuse est toujours une Muse inspirée ; et la jouissance des beaux-arts dont l'objet est tragique n'est jamais perdue pour le lecteur.

Peut-être faut-il excepter de cet éloge une intrigue épisodique dont le théâtre est à Paris. Ce morceau me paraît sortir du ton ; et le mérite qu'il peut avoir n'est pas à sa place dans l'ouvrage.

On a dit que le personnage de Corinne avait quelque chose de trop théâtral pour la vraisemblance. Mais ce n'est pas une nature ordinaire que l'auteur a voulu peindre ; c'est le caractère exalté d'une femme poëte qui, lorsqu'elle aime et qu'elle souffre, est toujours une improvisatrice. La conscience de son talent, celle de l'admiration qu'elle excite ne la quittent point, et donnent à l'expression de ses sentiments les plus vrais une couleur particulièrement éclatante. Madame de Staël, bien plus simple que son héroïne, devait pourtant mieux qu'une autre concevoir une pareille modification de l'existence. C'est même cette inspiration, portée sur l'univers extérieur comme sur les affections de l'âme, qui met de l'accord entre la partie descriptive et la partie romanesque de la composition.

Ceux qui jugent cet ouvrage comme un roman trouvent que le héros n'est pas assez passionné. Mais Corinne ne devait être surpassée en rien, pas même dans l'amour ; et il fallait un caractère absolument différent du sien pour qu'il se soutînt à côté d'elle.

Celui d'Oswald est dans la nature, et il est surtout dans celle d'un Anglais. Combien n'existe-t-il pas, principalement dans les pays sévères, de ces êtres qui regrettent tour à tour le plaisir et l'austérité, qui paraissent à la fois dominés par leurs habitudes et par le désir de s'en affranchir, et qui ne sont jamais plus près de rompre avec leurs passions ou avec leurs principes, que quand on les croit sur le point de leur céder! Ce caractère qui tenait la malheureuse Corinne dans un état d'alarmes perpétuelles, était peut-être exactement ce qu'il fallait pour fixer son imagination et captiver ses pensées.

Tout ce qui concerne les beaux-arts est plein d'intérêt et de mérite. Il y a une fraîcheur, une vivacité extrême dans les impressions, et pourtant une érudition ingénieuse s'y laisse entrevoir. Les idées les plus marquantes de Winkelmann, celles qu'y ont ajoutées d'autres auteurs allemands, celles même des érudits italiens, sont exposées par Corinne, et semblent souvent renaître chez elle sous la forme de l'inspiration. Corinne, avec son enthousiasme, a tout le tact de madame de Staël. Chez elle l'admiration la plus vive est toujours circonscrite; le mot qui l'exprime en marque la borne; elle voit ce qui manque à travers ce qui est, et sans cesser de jouir de ce qui est.

Je ne sais si l'on a reproché à madame de Staël de s'être peinte elle-même dans Corinne. Peut-être n'a-t-elle pas été étrangère au désir d'affaiblir les préventions qu'on a dans le monde contre les femmes à grands talents; peut-être a-t-elle voulu montrer, ainsi qu'elle le savait par expérience, que l'amour de la gloire ne supposait pas nécessairement les défauts avec lesquels l'opinion commune l'associe. Elle a donc créé un être semblable à elle, une femme qui unit le besoin du succès à une sensibilité profonde, la mobilité de l'imagination à la constance du cœur, l'abandon dans la conversation à cette dignité de l'âme qui commande celle des manières, et enfin la passion dans toute sa force à l'examen de soi et des autres. Et cet être qu'elle a conçu, elle l'a tellement réalisé, elle lui a donné aux yeux de tous une forme si prononcée, que la fiction a servi de preuve à la vérité; et Corinne a fait enfin connaître madame de Staël.

Toutefois, une pareille vue n'a pu être que secondaire. Il ne faut pas chercher d'explication à ce qui est beau en soi. *Corinne* est le fruit de l'inspiration. C'est un tableau qui s'était trop fortement emparé de l'imagination de l'auteur pour qu'il n'eût pas le besoin de le tracer; et le propre du génie est de se peindre lui-même dans ses œuvres.

Ce qui est remarquable dans l'invention de la fable, c'est que le hasard n'y joue un rôle qu'en apparence; les événements n'y font que mettre la nature des choses en relief. Aucune loi immuable n'obligeait certainement le père d'Oswald à refuser Corinne pour sa belle-fille. Mais on voit que ce père n'est là que pour représenter les pensées secrètes, les pensées inévitables d'Oswald lui-même, qui craint qu'une femme célèbre ne soit pas propre à remplir d'obscurs devoirs. Lucile et Corinne sont aussi des idées générales; elles sont l'Angleterre et l'Italie, le bonheur domestique et les jouissances de l'imagination, le génie éclatant et la vertu modeste et sévère. Les plaidoyers pour et contre ces deux genres d'existence sont également forts; les deux faces opposées de la vie sont saisies avec une même vivacité de conception, et une grande question est continuellement traitée dans l'ouvrage sans qu'on s'en doute, tant l'intérêt dramatique entraîne irrésistiblement le lecteur.

Corinne eut un succès prodigieux. Un ouvrage où les artistes puisaient un nouvel enthousiasme avec de nouveaux moyens de l'exprimer, les érudits des rapprochements ingénieux, les voyageurs des directions heureuses, les critiques des observations pleines de finesse, où les âmes les plus froides s'ouvraient à l'émotion, enfin où il y avait du plaisir jusque pour la malice même dans ces portraits de nations si plaisamment caractéristiques, un tel ouvrage, dis-je, enleva de vive force tous les suffrages, entraîna toutes les opinions. Il n'y eut qu'une voix, qu'un cri d'admiration dans l'Europe lettrée; et ce phénomène fut partout un événement.

EXTRAIT DES *Portraits de Femmes* PAR M. SAINTE-BEUVE.

Corinne parut en 1807. Le succès fut instantané, universel; mais ce n'est pas dans la presse que nous devons en chercher les témoignages. La liberté critique, même littéraire, allait cesser d'exister; madame de Staël ne pouvait, vers ces années, faire insérer au *Mercure* une spirituelle mais simple analyse du remarquable essai de M. de Barante sur le dix-huitième siècle. On était, quand parut *Corinne*, à la veille et sous la menace de cette censure absolue. Le mécontentement du souverain contre l'ouvrage, probablement parce que cet enthousiasme idéal n'était pas quelque chose qui allât à son but, suffit à paralyser les éloges imprimés. Le *Publiciste*, toutefois, organe modéré du monde de M. Suard et de la liberté philosophique dans les choses de l'esprit, donna trois bons articles signés D. D., qui doivent être de mademoiselle de Meulan (madame Guizot). D'ailleurs M. de Feletz, dans les *Débats*, continua sa chicane méticuleuse et chichement polie; M. Boutard loua et réserva judicieusement les opinions relatives aux beaux-arts. Un M. C. (dont j'ignore le nom) fit dans le *Mercure* un article sans malveillance, mais sans valeur. Eh! qu'importe dorénavant à madame de Staël cette critique à la suite? Avec *Corinne* elle est décidément entrée dans la gloire et dans l'empire. Il y a un moment décisif pour les génies, où ils s'établissent tellement, que désormais les éloges qu'on en peut faire n'intéressent plus que la vanité et l'honneur de ceux qui les font. On leur est redevable d'avoir à les louer; leur nom devient une illustration dans le discours; c'est comme un vase d'or qu'on emprunte et dont notre logis se pare. Ainsi pour madame de Staël, à dater de *Corinne*. L'Europe entière la couronna sous ce nom. *Corinne* est bien l'image de l'indépendance souveraine du génie, même au temps de l'oppression la plus entière, *Corinne* qui se fait couronner à Rome, dans ce Capitole de la Ville éternelle, où le conquérant qui l'exile ne mettra pas le pied. Madame Necker de Saussure (*Notice*), Benjamin Constant (*Mélanges*), M.-J. Chénier (*Tableau de la Littérature*), ont analysé et apprécié l'ouvrage, de manière à abréger notre tâche après eux : « Corinne, dit Chénier, c'est Delphine encore, mais « perfectionnée, mais indépendante, laissant à ses « facultés un plein essor, et toujours doublement in- « spirée par le talent et par l'amour. » Oui, mais la gloire elle-même pour Corinne n'est qu'une distraction éclatante, une plus vaste occasion de conquérir les cœurs : « En cherchant la gloire, dit-elle à Oswald, « j'ai toujours espéré qu'elle me ferait aimer. » Le fond du livre nous montre cette lutte des puissances noblement ambitieuses ou sentimentales et du bonheur domestique, pensée perpétuelle de madame de Staël. Corinne a beau resplendir par instants comme la prêtresse d'Apollon, elle a beau être, dans les rapports habituels de la vie, la plus simple des femmes, une femme gaie, mobile, ouverte à mille attraits, capable sans effort du plus gracieux abandon; malgré toutes ces ressources du dehors et de l'intérieur, elle n'échappera point à elle-même. Du moment qu'elle se sent saisie par la passion, *par cette griffe de vautour sous laquelle le bonheur et l'indépendance succombent*, j'aime son impuissance à se consoler, j'aime son sentiment plus fort que son génie, son invocation fréquente à la sainteté et à la durée des liens qui seuls empêchent les brusques déchirements, et l'entendre, à l'heure de mourir, avouer en son chant du cygne : « De toutes « les facultés de l'âme que je tiens de la nature, celle

« de souffrir est la seule que j'ai exercée tout entière. »
Ce côté prolongé de Delphine à travers Corinne me
séduit principalement et m'attache dans la lecture;
l'admirable cadre qui environne de toutes parts les situations d'une âme ardente et mobile y ajoute par sa
sévérité. Ces noms d'amants, non pas gravés, cette
fois. sur les écorces de quelque hêtre, mais inscrits aux
parois des ruines éternelles, s'associent à la grave histoire, et deviennent une partie vivante de son immortalité. La passion divine d'un être qu'on ne peut croire
imaginaire introduit, le long des cirques antiques, une
victime de plus, qu'on n'oubliera jamais; le génie, qui
l'a tiré de son sein, est un vainqueur de plus, et non
pas le moindre dans cette cité de tous les vainqueurs.

Quand Bernardin de Saint-Pierre se promenait avec
Rousseau, comme il lui demandait un jour si Saint-
Preux n'était pas lui-même : « Non, répondit Jean-
« Jacques; Saint-Preux n'est pas tout à fait ce que j'ai
« été, mais ce que j'aurais voulu être. » Presque tous
les romanciers-poëtes peuvent dire ainsi. Corinne est,
pour madame de Staël, ce qu'elle aurait voulu être,
ce qu'après tout (et sauf la différence du groupe de
l'art à la dispersion de la vie) elle a été. De Corinne,
elle n'a pas eu seulement le Capitole et le triomphe;
elle en aura aussi la mort par la souffrance.

Cette Rome, cette Naples, que madame de Staël
exprimait à sa manière dans le roman-poëme de *Corinne*, M. de Chateaubriand les peignait vers le même
moment dans l'épopée des *Martyrs*. Ici ne s'interpose
aucun nuage léger de Germanie; on rentre avec Eu-
dore dans l'antique jeunesse. partout la netteté virile

du dessin, la splendeur première et naturelle du pinceau.

Rome, Rome! des marbres, des horizons, des cadres plus grands, pour prêter appui à des pensées moins éphémères!

Une personne d'esprit écrivait : « Comme j'aime « certaines poésies! il en est d'elles comme de Rome, « c'est tout ou rien : on vit avec, ou on ne comprend « pas. » *Corinne* n'est qu'une variété imposante dans ce *culte romain*, dans cette façon de sentir à de époques et avec des âmes diverses la Ville éternelle.

Une partie charmante de *Corinne*, et d'autant plus charmante qu'elle est moins voulue, c'est l'esprit de conversation qui souvent s'y mêle par le comte d'Erfeuil et par les retours vers la société française. Madame de Staël raille cette société trop légèrement spirituelle, mais en ces moments elle en est elle-même plus qu'elle ne croit : ce qu'elle sait peut-être le mieux dire, comme il arrive souvent, elle le dédaigne.

Comme dans *Delphine*, il y a des portraits : madame d'Arbigny, cette femme française qui arrange et calcule tout, en est un, comme l'était madame de Vernon. On la nommait tout bas dans l'intimité, de même qu'aussi l'on savait de quels éléments un peu divers se composait la noble figure d'Oswald, de même qu'on croyait à la vérité fidèle de la scène des adieux, et qu'on se souvenait presque des déchirements de Corinne durant l'absence.

Quoi qu'il en soit, malgré ce qu'il y a dans *Corinne* de conversations et de peintures du monde, ce n'est pas à propos de ce livre qu'il y a lieu de reprocher à madame de Staël un manque de consistance et de fermeté dans le style, et quelque chose de trop couru dans la distribution des pensées. Elle est tout à fait sortie, pour l'exécution générale de cette œuvre, de la conversation spirituelle, de l'improvisation écrite, comme elle faisait quelquefois (*stans pede in uno*) debout, et appuyée à l'angle d'une cheminée. S'il y a encore des imperfections de style, ce n'est que par rares accidents; j'ai vu notés au crayon, dans un exemplaire de *Corinne*, une quantité prodigieuse de *mais*, qui donnent en effet de la monotonie aux premières pages. Toutefois, un soin attentif préside au détail de ce monument; l'écrivain est arrivé à l'art, à la majesté soutenue, au nombre.

CORINNE

ou

L'ITALIE

LIVRE PREMIER

OSWALD

CHAPITRE PREMIER

Oswald, lord Nelvil, pair d'Écosse, partit d'Édimbourg pour se rendre en Italie, pendant l'hiver de 1794 à 1795. Il avait une figure noble et belle, beaucoup d'esprit, un grand nom, une fortune indépendante; mais sa santé était altérée par un profond sentiment de peine, et les médecins, craignant que sa poitrine ne fût attaquée, lui avaient ordonné l'air du Midi. Il suivit leur conseil, bien qu'il mît peu d'intérêt à la conservation de ses jours. Il espérait du moins trouver quelques distractions dans la diversité des objets qu'il allait voir. La plus intime de toutes les douleurs, la perte d'un père, était la cause de sa maladie; des circonstances cruelles, des remords inspirés par des scrupules délicats, aigrissaient encore ses regrets, et l'imagination y mêlait ses fantômes. Quand on souffre, on se persuade aisément que l'on est coupable, et les violents chagrins portent le trouble jusque dans la conscience.

A vingt-cinq ans, il était découragé de la vie; son esprit jugeait tout d'avance, et sa sensibilité blessée ne goûtait plus les illusions du cœur. Personne ne se montrait plus que lui complaisant et dévoué pour ses amis, quand il pouvait leur rendre service ; mais rien ne lui causait un sentiment de plaisir, pas même le bien qu'il faisait : il sacrifiait sans cesse et facilement ses goûts à ceux d'autrui ; mais on ne pouvait expliquer par la générosité seule cette abnégation absolue de tout égoïsme, et l'on devait souvent l'attribuer au genre de tristesse qui ne lui permettait plus de s'intéresser à son propre sort. Les indifférents jouissaient de ce caractère, et le trouvaient plein de grâce et de charmes; mais quand on l'aimait, on sentait qu'il s'occupait du bonheur des autres comme un homme qui n'en espérait pas lui-même, et l'on était presque affligé de ce bonheur, qu'il donnait sans qu'on pût le lui rendre.

Il avait cependant un caractère mobile, sensible et passionné; il réunissait tout ce qui peut entraîner les autres et soi-même ; mais le malheur et le repentir l'avaient rendu timide envers la destinée ; il croyait la désarmer en n'exigeant rien d'elle. Il espérait trouver dans le triste attachement à tous ses devoirs, et dans le renoncement aux jouissances vives, une garantie contre les peines qui déchirent l'âme : ce qu'il avait éprouvé lui faisait peur, et rien ne lui paraissait valoir dans ce monde la chance de ces peines ; mais quand on est capable de les ressentir, quel est le genre de vie qui peut en mettre à l'abri ?

Lord Nelvil se flattait de quitter l'Écosse sans regret, puisqu'il y restait sans plaisir ; mais ce n'est pas ainsi qu'est faite la funeste imagination des âmes sensibles : il ne se doutait pas des liens qui l'attachaient aux lieux qui lui faisaient le plus de mal, à l'habitation de son père. Il y avait dans cette habitation des chambres, des places dont il ne pouvait approcher sans frémir ; et cependant, quand il se résolut à s'en éloigner, il se sentit plus seul encore. Quelque chose d'aride s'empara de son cœur ; il n'était plus le maître de verser des larmes quand il souffrait ; il ne pouvait plus faire renaître ces petites circonstances locales qui l'attendrissaient profondément ; ses souvenirs n'avaient plus rien de vivant, ils n'étaient plus en relation avec les objets qui l'environnaient : il ne pensait pas moins à celui qu'il regrettait, mais il parvenait plus difficilement à se retracer sa présence.

Quelquefois aussi il se reprochait d'abandonner les lieux où son père avait vécu. « Qui sait, se disait-il, si les ombres des morts peuvent suivre partout les objets de leurs affections? Peut-être ne leur est-il permis d'errer qu'autour des lieux où leurs cendres reposent! Peut-être que dans ce moment mon père aussi me regrette; mais la force lui manque pour me rappeler de si loin! Hélas! quand il vivait, un concours d'événements inouïs n'a-t-il pas dû lui persuader que j'avais trahi sa tendresse, que j'étais rebelle à ma patrie, à la volonté paternelle, à tout ce qu'il y a de sacré sur la terre? » Ces souvenirs causaient à lord Nelvil une douleur si insupportable, que non-seulement il n'aurait pu les confier à personne, mais il craignait lui-même de les approfondir. Il est si facile de se faire avec ses propres réflexions un mal irréparable!

Il en coûte davantage pour quitter sa patrie, quand il faut traverser la mer pour s'en éloigner; tout est solennel dans un voyage dont l'Océan marque les premiers pas : il semble qu'un abîme s'entr'ouvre derrière vous, et que le retour pourrait devenir à jamais impossible. D'ailleurs, le spectacle de la mer fait toujours une impression profonde; elle est l'image de cet infini qui attire sans cesse la pensée, et dans lequel sans cesse elle va se perdre. Oswald, appuyé sur le gouvernail, et les regards fixés sur les vagues, était calme en apparence, car sa fierté et sa timidité réunies ne lui permettaient presque jamais de montrer, même à ses amis, ce qu'il éprouvait : mais des sentiments pénibles l'agitaient intérieurement. Il se rappelait le temps où le spectacle de la mer animait sa jeunesse, par le désir de fendre les flots à la nage, de mesurer sa force contre elle. « Pourquoi, se disait-il avec un regret amer, pourquoi me livrer sans relâche à la réflexion? Il y a tant de plaisir dans la vie active, dans ces exercices violents qui nous font sentir l'énergie de l'existence! La mort elle-même alors ne semble qu'un événement peut-être glorieux, subit au moins et que le déclin n'a point précédé. Mais cette mort qui vient sans que le courage l'ait cherchée, cette mort des ténèbres, qui vous enlève dans la nuit ce que vous avez de plus cher, qui méprise vos regrets, repousse votre bras, et vous oppose sans pitié les éternelles lois du temps et de la nature. cette mort inspire une sorte de mépris pour la destinée humaine, pour l'impuissance de la douleur, pour tous les vains efforts qui vont se briser contre la nécessité.

Tels étaient les sentiments qui tourmentaient Oswald; et ce qui caractérisait le malheur de sa situation, c'était la vivacité de la jeunesse unie aux pensées d'un autre âge. Il s'identifiait avec les idées qui avaient dû occuper son père dans les derniers temps de sa vie, et il portait l'ardeur de vingt-cinq ans dans les réflexions mélancoliques de la vieillesse. Il était lassé de tout, et regrettait cependant le bonheur, comme si les illusions lui étaient restées. Ce contraste, entièrement opposé aux volontés de la nature, qui met de l'ensemble et de la gradation dans le cours naturel des choses, jetait du désordre au fond de l'âme d'Oswald, mais ses manières extérieures avaient toujours beaucoup de douceur et d'harmonie, et sa tristesse, loin de lui donner de l'humeur, lui inspirait encore plus de condescendance et de bonté pour les autres.

Deux ou trois fois, dans le passage de Harwich à Embden, la mer menaça d'être orageuse; lord Nelvil conseillait les matelots, rassurait les passagers; et quand il servait lui-même à la manœuvre, quand il prenait pour un moment la place du pilote, il y avait dans tout ce qu'il faisait une adresse et une force qui ne devaient pas être considérées comme le simple effet de la souplesse et de l'agilité du corps, car l'âme se mêle à tout.

Quand il fallut se séparer, tout l'équipage se pressait autour d'Oswald pour prendre congé de lui; ils le remerciaient tous de mille petits services qu'il leur avait rendus dans la traversée, et dont il ne se souvenait plus. Une fois c'était un enfant dont il s'était occupé longtemps; plus souvent un vieillard dont il avait soutenu les pas, quand le vent agitait le vaisseau. Une telle absence de personnalité ne s'était peut-être jamais rencontrée; sa journée se passait sans qu'il en prît aucun moment pour lui-même; il l'abandonnait aux autres par mélancolie et par bienveillance. En le quittant, les matelots lui dirent tous en même temps : *Mon cher seigneur, puissiez-vous être plus heureux!* Oswald n'avait pas exprimé cependant une seule fois sa peine, et les hommes d'une autre classe, qui avaient fait le trajet avec lui, ne lui en avaient pas dit un mot. Mais les gens du peuple, à qui leurs supérieurs se confient rarement, s'habituent à découvrir les sentiments autrement que par la parole; ils vous plaignent quand vous souffrez, quoiqu'ils ignorent la cause de vos chagrins, et leur pitié spontanée est sans mélange de blâme ou de conseil.

CHAPITRE II

Voyager est, quoi qu'on en puisse dire, un des plus tristes plaisirs de la vie. Lorsque vous vous trouvez bien dans quelque ville étrangère, c'est que vous commencez à vous y faire une patrie; mais traverser des pays inconnus, entendre parler un langage que vous comprenez à peine, voir des visages humains sans relation avec votre passé ni avec votre avenir, c'est de la solitude et de l'isolement sans repos et sans dignité, car cet empressement, cette hâte pour arriver là où personne ne vous attend, cette agitation dont la curiosité est la seule cause, vous inspirent peu d'estime pour vous-même, jusqu'au moment où les objets nouveaux deviennent un peu anciens, et créent autour de vous quelques doux liens de sentiment et d'habitude.

Oswald éprouva donc un redoublement de tristesse en traversant l'Allemagne pour se rendre en Italie. Il fallait alors, à cause de la guerre, éviter la France et les environs de la France; il fallait aussi s'éloigner des armées, qui rendaient les routes impraticables. Cette nécessité de s'occuper des détails matériels du voyage, de prendre chaque jour, et presque à chaque instant, une résolution nouvelle, était tout à fait insupportable à lord Nelvil. Sa santé, loin de s'améliorer, l'obligeait souvent à s'arrêter, lorsqu'il eût voulu se hâter d'arriver, ou du moins de partir. Il crachait le sang, et se soignait le moins qu'il était possible, car il se croyait coupable, et s'accusait lui-même avec une trop grande sévérité. Il ne voulait vivre encore que pour défendre son pays. « La patrie, se disait-il, n'a-t-elle pas sur nous quelques droits paternels ? mais il faut pouvoir la servir utilement ; il ne faut pas lui offrir l'existence débile que je traîne, allant demander au soleil quelques principes de vie pour lutter contre mes maux. Il n'y a qu'un père qui vous recevrait dans un tel état, et vous aimerait d'autant plus que vous seriez plus délaissé par la nature ou par le sort. »

Lord Nelvil s'était flatté que la variété continuelle des objets extérieurs détournerait un peu son imagination de ses idées habituelles ; mais il fut bien loin d'en éprouver d'abord cet heureux effet. Il faut, après un grand malheur, se familiariser de nouveau avec tout ce qui vous entoure ; s'accoutumer aux visages que l'on revoit, à la maison où l'on demeure, aux habitudes journalières qu'on doit reprendre : chacun de ces efforts est une secousse pénible, et rien ne les multiplie comme un voyage.

Le seul plaisir de lord Nelvil était de parcourir les montagnes du Tyrol sur un cheval écossais qu'il avait emmené avec lui, et qui, comme les chevaux de ce pays, galopait en gravissant les hauteurs ; il s'écartait de la grande route pour passer par les sentiers les plus escarpés. Les paysans étonnés s'écriaient d'abord avec effroi, en le voyant ainsi sur le bord des abimes ; puis ils battaient des mains en admirant son adresse, son agilité, son courage. Oswald aimait assez l'émotion du danger : elle soulève le poids de la douleur ; elle réconcilie un moment avec cette vie qu'on a reconquise, et qu'il est si facile de perdre.

CHAPITRE III

Dans la ville d'Inspruck, avant d'entrer en Italie, Oswald entendit raconter à un négociant chez lequel il s'était arrêté quelque temps, l'histoire d'un émigré français, appelé le comte d'Erfeuil, qui l'intéressa beaucoup en sa faveur. Cet homme avait supporté la perte entière d'une très-grande fortune avec une sérénité parfaite ; il avait vécu et fait vivre, par son talent pour la musique, un vieil oncle qu'il avait soigné jusqu'à sa mort ; il s'était constamment refusé à recevoir les services d'argent qu'on s'était empressé de lui offrir ; il avait montré la plus brillante valeur, la valeur française, pendant la guerre, et la gaieté la plus inaltérable au milieu des revers : il désirait d'aller à Rome pour y retrouver un de ses parents dont il devait hériter, et souhaitait un compagnon, ou plutôt un ami, pour faire avec lui le voyage plus agréablement.

Les souvenirs les plus douloureux de lord Nervil étaient attachés à la France; néanmoins il était exempt des préjugés qui séparent les deux nations, parce qu'il avait eu pour ami intime un Français, et qu'il avait trouvé dans cet ami la plus admirable réunion de toutes les qualités de l'âme. Il offrit donc au négociant qui lui raconta l'histoire du comte d'Erfeuil, de conduire en Italie ce noble et malheureux jeune homme. Le négociant vint annoncer à lord Nelvil, au bout d'une heure, que sa proposition était acceptée avec reconnaissance. Oswald était heureux de rendre ce service; mais il lui en coûtait beaucoup de renoncer à la solitude, et sa timidité souffrait de se trouver tout à coup dans une relation habituelle avec un homme qu'il ne connaissait pas.

Le comte d'Erfeuil vint faire visite à lord Nelvil pour le remercier. Il avait des manières élégantes, une politesse facile et de bon goût, et dès l'abord il se montrait parfaitement à son aise. On s'étonnait, en le voyant, de tout ce qu'il avait souffert; car il supportait son sort avec un courage qui allait jusqu'à l'oubli, et il avait dans sa conversation une légèreté vraiment admirable quand il parlait de ses propres revers, mais moins admirable, il faut en convenir, quand elle s'étendait à d'autres sujets.

« Je vous ai beaucoup d'obligation, milord, dit le comte d'Erfeuil, de me retirer de cette Allemagne où je m'ennuyais à périr. — Vous y êtes cependant, répondit lord Nelvil, généralement aimé et considéré. — J'y ai des amis, reprit le comte d'Erfeuil, que je regrette sincèrement; car dans ce pays-ci l'on ne rencontre que les meilleures gens du monde ; mais je ne sais pas un mot d'allemand, et vous conviendrez que ce serait un peu long et un peu fatigant pour moi de l'apprendre. Depuis que j'ai eu le malheur de perdre mon oncle, je ne sais que faire de mon temps : quand il fallait m'occuper de lui, cela remplissait ma journée ; à présent les vingt-quatre heures me pèsent beaucoup. — La délicatesse avec laquelle vous vous êtes conduit pour monsieur votre oncle, dit lord Nelvil, inspire pour vous, monsieur le comte, la plus profonde estime. — Je n'ai fait que mon devoir, reprit le comte d'Erfeuil ; le pauvre homme m'avait comblé de biens pendant mon enfance ; je ne l'aurais jamais quitté, eût-il vécu cent ans ! mais c'est heureux pour lui d'être mort : ce le serait aussi pour moi, ajouta-t-il en riant, car je n'ai pas grand espoir dans ce monde. J'ai fait de mon mieux à la guerre pour être tué ; mais puisque le sort m'a épargné, il faut vivre aussi bien qu'on le peut. — Je me féliciterai de mon arrivée ici, répondit lord Nelvil, si vous vous trouvez bien à Rome, et si... — O mon Dieu ! interrompit le comte d'Erfeuil, je me trouverai bien partout, quand on est jeune et gai, tout s'arrange. Ce ne sont pas les livres ni la méditation qui m'ont acquis la philosophie que j'ai, mais l'habitude du monde et des malheurs ; et vous voyez bien, milord, que j'ai raison de compter sur le hasard, puisqu'il m'a procuré l'occasion de voyager avec vous. » En achevant ces mots, le comte d'Erfeuil salua lord Nelvil de la meilleure grâce du monde, convint de l'heure du départ pour le jour suivant, et s'en alla.

Le comte d'Erfeuil et lord Nelvil partirent le lendemain. Oswald, après les premières phrases de politesse, fut plusieurs heures sans dire un mot ; mais voyant que ce silence fatiguait son compagnon, il lui demanda s'il se faisait plaisir d'aller en Italie. Mon Dieu, répondit le comte d'Erfeuil, je sais ce qu'il faut croire de ce pays-là ; je ne m'attends pas du tout à m'y amuser. Un de mes amis, qui y a passé six mois, m'a dit qu'il n'y avait pas de province en France où il n'y eût un meilleur théâtre et une société plus agréable qu'à Rome ; mais dans cette ancienne capitale du monde, je trouverai sûrement quelques français avec qui causer, et c'est tout ce que je désire. — Vous n'avez pas été tenté d'apprendre l'italien ? interrompit Oswald. — Non, du tout, reprit le comte d'Erfeuil, cela n'entrait pas dans le plan de mes études. » Et il prit, en disant cela, un air si sérieux, qu'on aurait pu croire que c'était une résolution fondée sur de graves motifs.

« Si vous voulez que je vous le dise, continua le comte d'Erfeuil, je n'aime, en fait de nation, que les Anglais et les Français ; il faut être fiers comme eux, ou brillants comme nous ; tout le reste n'est que de l'imitation. » Oswald se tut ; le comte d'Erfeuil, quelques moments après, recommença l'entretien par des traits d'esprit et de gaieté fort aimables. Il jouait avec les mots, avec les phrases, d'une façon très-ingénieuse ; mais ni les objets extérieurs, ni les sentiments intimes n'étaient l'objet de ses discours. Sa conversation ne venait, pour ainsi dire, ni du dehors ni du dedans ; elle passait entre la réflexion et l'imagination, et les seuls rapports de la société en étaient le sujet.

Il nommait vingt noms propres à lord Nelvil, soit en France, soit en Angleterre, pour savoir s'il les connaissait, et racontait à cette occasion des anecdotes piquantes, avec une tournure pleine de grâce ; mais on eût dit, à l'entendre, que le seul entretien convenable pour un homme de goût, c'était, si l'on peut s'exprimer ainsi, le commérage de la bonne compagnie.

Lord Nelvil réfléchit quelque temps au caractère du comte d'Erfeuil, à ce mélange singulier de courage et de frivolité, à ce mépris du malheur, si grand, s'il avait coûté plus d'efforts, si héroïque, s'il ne venait pas de la même source qui rend incapable des affections profondes. « Un Anglais, se disait Oswald, serait accablé de tristesse dans de semblables circonstances. D'où vient la force de ce Français ? d'où vient aussi sa mobilité ? Le comte d'Erfeuil, en effet, entend-il vraiment l'art de vivre ? Quand je me crois supérieur, ne suis-je que malade ? Son existence légère s'accorde-t-elle mieux que la mienne avec la rapidité de la vie ? et faut-il esquiver la réflexion comme une ennemie, au lieu d'y livrer toute son âme ? »
En vain Oswald aurait-il éclairci ces doutes : nul ne peut sortir

de la région intellectuelle qui lui a été assignée, et les qualités sont plus indomptables encore que les défauts.

Le comte d'Erfeuil ne faisait aucune attention à l'Italie, et rendait presque impossible à lord Nelvil de s'en occuper ; car il le détournait sans cesse de la disposition qui fait admirer un beau pays et sentir son charme pittoresque. Oswald prêtait l'oreille autant qu'il le pouvait au bruit du vent, au murmure des vagues ; car toutes les voix de la nature faisaient plus de bien à son âme que les propos de la société, tenus au pied des Alpes, à travers les ruines, et sur les bords de la mer.

La tristesse qui consumait Oswald eût mis moins d'obstacle au plaisir qu'il pouvait goûter par l'Italie, que la gaieté même du comte d'Erfeuil ; les regrets d'une âme sensible peuvent s'allier avec la contemplation de la nature et de la jouissance des beaux-arts ; mais la frivolité, sous quelque forme qu'elle se présente, ôte à l'attention sa force, à la pensée son originalité, au sentiment sa profondeur. Un des effets singuliers de cette frivolité était d'inspirer beaucoup de timidité à lord Nelvil dans ses relations avec le comte d'Erfeuil : l'embarras est presque toujours pour celui dont le caractère est le plus sérieux. La légèreté spirituelle impose à l'esprit méditatif ; et celui qui se dit heureux semble plus sage que celui qui souffre.

Le comte d'Erfeuil était doux, obligeant, facile en tout, sérieux seulement dans l'amour-propre, et digne d'être aimé comme il aimait, c'est-à-dire comme un bon camarade de plaisirs et de périls ; mais il ne s'entendait point au partage des peines. Il s'ennuyait de la mélancolie d'Oswald, et, par bon cœur autant que par goût, il aurait souhaité de la dissiper. « Que vous manque-t-il ? lui disait-il souvent. N'êtes-vous pas jeune, riche, et, si vous le voulez, bien portant ? car vous n'êtes malade que parce que vous êtes triste. Moi, j'ai perdu ma fortune, mon existence ; je ne sais ce que je deviendrai, et cependant je jouis de la vie comme si je possédais toutes les prospérités de la terre. — Vous avez un courage aussi rare qu'honorable, répondit lord Nelvil ; mais les revers que vous avez éprouvés font moins de mal que les chagrins du cœur ! — Les chagrins du cœur ! s'écria le comte d'Erfeuil, oh ! c'est vrai, ce

sont les plus cruels de tous.... Mais.... mais... encore faut-il
s'en consoler; car un homme sensé doit chasser de son âme
tout ce qui ne peut servir ni aux autres ni à lui-même. Ne
sommes-nous pas ici-bas pour être utiles d'abord, et puis
heureux ensuite? Mon cher Nelvil, tenons-nous-en là. »

Ce que disait le comte d'Erfeuil était raisonnable, dans le
sens ordinaire de ce mot; car il avait, à beaucoup d'égards,
ce qu'on appelle une bonne tête : ce sont les caractères passionnés, bien plus que les caractères légers, qui sont capables de folie; mais, loin que sa façon de sentir excitât la
confiance de lord Nelvil, il aurait voulu pouvoir assurer au
comte d'Erfeuil qu'il était le plus heureux des hommes, pour
éviter le mal que lui faisaient ses consolations.

Cependant le comte d'Erfeuil s'attachait beaucoup à lord
Nelvil : sa résignation et sa simplicité, sa modestie et sa fierté
lui inspiraient une considération dont il ne pouvait se défendre. Il s'agitait autour du calme extérieur d'Oswald, il cherchait dans sa tête tout ce qu'il avait entendu dire de plus grave
dans son enfance à des parents âgés, afin de l'essayer sur lord
Nelvil; et, tout étonné de ne pas vaincre son apparente froideur, il se disait en lui-même : « Mais n'ai-je pas de la bonté,
de la franchise, du courage? ne suis-je pas aimable en société?
que peut-il donc me manquer pour faire effet sur cet homme?
et n'y a-t-il pas entre nous quelque malentendu qui vient
peut-être de ce qu'il ne sait pas assez bien le français ?

CHAPITRE IV

Une circonstance imprévue accrut beaucoup le sentiment
de respect que le comte d'Erfeuil éprouvait déjà, presque à
son insu, pour son compagnon de voyage. La santé de lord
Nelvil l'avait contraint de s'arrêter quelques jours à Ancône.
Les montagnes et la mer rendent la situation de cette ville
très-belle, et la foule des Grecs qui travaillent sur le devant
des boutiques, assis à la manière orientale, la diversité des
costumes des habitants du Levant qu'on rencontre dans les

rues, lui donnent un aspect original et intéressant. L'art de la civilisation tend sans cesse à rendre tous les hommes semblables en apparence et presque en réalité; mais l'esprit et l'imagination se plaisent dans les différences qui caractérisent les nations : les hommes ne se ressemblent entre eux que par l'affection ou le calcul; mais tout ce qui est naturel est varié. C'est donc un petit plaisir, au moins pour les yeux, que la diversité des costumes; elle semble promettre une manière nouvelle de sentir et de juger.

Le culte grec, le culte catholique et le culte juif existent simultanément et paisiblement dans la ville d'Ancône. Les cérémonies de ces religions diffèrent excessivement entre elles; mais un même sentiment s'élève vers le ciel dans ces rites divers, un même cri de douleur, un même besoin d'appui.

L'église catholique est au haut de la montagne, et domine à pic sur la mer; le bruit des flots se mêle souvent aux chants des prêtres. L'église est surchargée, dans l'intérieur, d'une foule d'ornements d'assez mauvais goût; mais quand on s'arrête sous le portique du temple, on aime à rapprocher le plus pur des sentiments de l'âme, la religion, avec le spectacle de cette superbe mer, sur laquelle l'homme jamais ne peut imprimer sa trace. La terre est travaillée par lui, les montagnes sont coupées par ses routes, les rivières se resserrent en canaux pour porter ses marchandises; mais si les vaisseaux sillonnent un moment les ondes, la vague vient effacer aussitôt cette légère marque de servitude, et la mer reparaît telle qu'elle fut au premier jour de la création.

Lord Nelvil avait fixé son départ pour Rome au lendemain, lorsqu'il entendit, pendant la nuit, des cris affreux dans la ville. Il se hâta de sortir de son auberge pour en savoir la cause, et vit un incendie qui partait du port et remontait de maison en maison jusqu'au haut de la ville; les flammes se répétaient au loin dans la mer; le vent, qui augmentait leur vivacité, agitait aussi leur image dans les flots, et les vagues soulevées réfléchissaient de mille manières les traits sanglants d'un feu sombre.

Les habitants d'Ancône, n'ayant point chez eux de pompes

en bon état, se hâtaient de porter avec leurs bras quelques secours [1]. On entendait, à travers les cris, le bruit des chaînes des galériens, employés à sauver la ville qui leur servait de prison. Les diverses nations du Levant, que leur commerce attire à Ancône, exprimaient leur effroi par la stupeur de leurs regards. Les marchands, à l'aspect de leurs magasins en flammes, perdaient entièrement la présence d'esprit. Les alarmes pour la fortune troublent autant le commun des hommes que la crainte de la mort, et n'inspirent pas cet élan de l'âme, cet enthousiasme qui fait trouver des ressources.

Les cris des matelots ont toujours quelque chose de lugubre et de prolongé, que la terreur rendait encore bien plus effrayant. Les mariniers, sur les bords de la mer Adriatique, sont revêtus d'une capote rouge et brune très-singulière, et du milieu de ce vêtement sortait le visage animé des Italiens, qui peignait la crainte sous mille formes. Les habitants, couchés par terre dans les rues, couvraient leurs têtes de leurs manteaux, comme s'il ne leur restait plus rien à faire qu'à ne pas voir leur désastre ; d'autres se jetaient dans les flammes sans la moindre espérance d'y échapper : on voyait tour à tour une fureur et une résignation aveugles, mais nulle part le sang-froid qui double les moyens et les forces.

Oswald se souvint qu'il y avait deux bâtiments anglais dans le port, et ces bâtiments ont à bord des pompes parfaitement bien faites : il courut chez le capitaine, et monta avec lui sur le bateau pour aller chercher ces pompes. Les habitants qui le virent entrer dans la chaloupe lui criaient : « *Ah! vous faites bien, vous autres étrangers, de quitter notre malheureuse ville.* — Nous allons revenir, » dit Oswald. Ils ne le crurent pas. Il revint pourtant, établit l'une de ses pompes en face de la première maison qui brûlait sur le port, et l'autre vis-à-vis de celle qui brûlait au milieu de la rue. Le comte d'Erfeuil exposait sa vie avec insouciance, courage et gaieté ; les matelots anglais et les domestiques de lord Nelvil vinrent tous à son aide ; car les habitants d'Ancône restaient immobiles,

1. Ancône est à peu près à cet égard dans le même dénûment qu'alors.

comprenant à peine ce que ces étrangers voulaient faire, et ne croyant pas du tout à leurs succès.

Les cloches sonnaient de toutes parts; les prêtres faisaient des processions; les femmes pleuraient, en se prosternant devant quelques images de saints au coin des rues; mais personne ne pensait aux secours naturels que Dieu a donnés à l'homme pour se défendre. Cependant, quand les habitants aperçurent les heureux effets de l'activité d'Oswald, quand ils virent que les flammes s'éteignaient, et que leurs maisons seraient conservées, ils passèrent de l'étonnement à l'enthousiasme; ils se pressaient autour de lord Nelvil, et lui baisaient les mains avec un empressement si vif, qu'il était obligé d'avoir recours à la colère pour écarter de lui tout ce qui pouvait retarder la succession rapide des ordres et des mouvements nécessaires pour sauver la ville. Tout le monde s'était rangé sous son commandement, parce que, dans les plus petites comme dans les plus grandes circonstances, dès qu'il y a du danger, le courage prend sa place; dès que les hommes ont peur, ils cessent d'être jaloux.

Oswald, à travers la rumeur générale, distingua cependant des cris plus horribles que tous les autres, qui se faisaient entendre à l'autre extrémité de la ville. Il demanda d'où venaient ces cris; on lui dit qu'ils partaient du quartier des Juifs. L'officier de police avait coutume de fermer les barrières de ce quartier le soir, et, l'incendie gagnant de ce côté, les Juifs ne pouvaient s'échapper. Oswald frémit à cette idée, et demanda qu'à l'instant le quartier fût ouvert; mais quelques femmes du peuple qui l'entendirent se jetèrent à ses pieds pour le conjurer de n'en rien faire : *Vous voyez bien*, disaient-elles, *ô notre bon ange! que c'est sûrement à cause des Juifs qui sont ici que nous avons souffert cet incendie; ce sont eux qui nous portent malheur, et si vous les mettez en liberté, toute l'eau de la mer n'éteindra pas les flammes*; et elles suppliaient Oswald de laisser brûler les Juifs, avec autant d'éloquence et de douceur que si elles avaient demandé un acte de clémence. Ce n'étaient point de méchantes femmes, mais des imaginations superstitieuses vivement frappées par un grand malheur

Oswald contenait à peine son indignation en entendant ces étranges prières.

Il envoya quatre matelots anglais avec des haches pour briser les barrières qui retenaient ces malheureux; et ils se répandirent à l'instant dans la ville, courant à leurs marchandises, au milieu des flammes, avec cette avidité de fortune qui a quelque chose de bien sombre quand elle fait braver la mort. On dirait que l'homme, dans l'état actuel de la société, n'a presque rien à faire du simple don de la vie.

Il ne restait plus qu'une maison au haut de la ville, que les flammes entouraient tellement, qu'il était impossible de les éteindre, et plus impossible encore d'y pénétrer. Les habitants d'Ancône avaient montré si peu d'intérêt pour cette maison, que les matelots anglais, ne la croyant point habitée, avaient ramené leurs pompes vers le port. Oswald lui-même, étourdi par les cris de ceux qui l'entouraient et l'appelaient à leur secours, n'y avait pas fait attention. L'incendie s'était communiqué plus tard de ce côté, mais y avait fait de grands progrès. Lord Nelvil demanda si vivement quelle était cette maison, qu'un homme enfin lui répondit que c'était l'hôpital des fous. A cette idée, toute son âme fut bouleversée; il se retourna, et ne vit plus aucun de ses matelots autour de lui : le comte d'Erfeuil n'y était pas non plus; et c'était en vain qu'il se serait adressé aux habitants d'Ancône : ils étaient presque tous occupés à sauver ou à faire sauver leurs marchandises, et trouvaient absurde de s'exposer pour des hommes dont il n'y avait pas un qui ne fût fou sans remède : *C'est une bénédiction du ciel*, disaient-ils, *pour eux et pour leurs parents, s'ils meurent ainsi sans que ce soit la faute de personne.*

Pendant que l'on tenait de semblables discours autour d'Oswald, il marchait à grands pas vers l'hôpital; et la foule, qui le blâmait, le suivait avec un sentiment d'enthousiasme involontaire et confus. Oswald, arrivé près de la maison, vit, à la seule fenêtre qui n'était pas entourée par les flammes, des insensés qui regardaient les progrès de l'incendie, et souriaient de ce rire déchirant qui suppose ou l'ignorance de tous les maux de la vie, ou tant de douleur au fond de l'âme, qu'aucune forme de la mort ne peut plus épouvanter. Un frissonnement inexprimable s'empara d'Oswald à ce spectacle; il avait senti, dans le moment le plus affreux de son désespoir, que sa raison était prête à se troubler; et, depuis cette époque, l'aspect de la folie lui inspirait toujours la pitié la plus douloureuse. Il saisit une échelle qui se trouvait près de là, il l'appuie contre le mur, monte au milieu des flammes, et entre par la fenêtre dans une chambre où les malheureux qui restaient à l'hôpital étaient tous réunis.

Leur folie était assez douce pour que, dans l'intérieur de la maison, tous fussent libres, excepté un seul qui était enchaîné dans cette même chambre où les flammes se faisaient jour à travers la porte, mais n'avaient pas encore consumé le plancher. Oswald, apparaissant au milieu de ces misérables créatures, toutes dégradées par la maladie et la souffrance, produisit sur elles un si grand effet de surprise et d'enchantement, qu'il s'en fit obéir d'abord sans résistance. Il leur ordonna de descendre devant lui, l'un après l'autre, par l'échelle, que les flammes pouvaient dévorer dans un moment. Le premier de ces malheureux obéit sans proférer une parole : l'accent et la physionomie de lord Nelvil l'avaient entièrement subjugué. Un troisième voulut résister, sans se douter du danger que lui faisait courir chaque moment de retard, et sans penser au péril auquel il exposait Oswald en le retenant plus longtemps. Le peuple, qui sentait toute l'horreur de cette situation, criait à lord Nevil de revenir, de laisser ces insensés s'en retirer comme ils le pourraient; mais le libérateur n'écoutait rien avant d'avoir achevé sa généreuse entreprise.

Sur les six malheureux qui étaient dans l'hôpital, cinq étaient déjà sauvés; il ne restait plus que le sixième qui était enchaîné. Oswald détache ses fers, et veut lui faire prendre, pour échapper, les mêmes moyens qu'à ses compagnons; mais c'était un pauvre jeune homme privé tout à fait de la raison, et, se trouvant en liberté après deux ans de chaîne, il s'élançait dans la chambre avec une joie désordonnée. Cette joie devint de la fureur lorsque Oswald voulut le faire sortir par la fenêtre. Lord Nelvil voyant alors que les flammes gagnaient toujours de plus en plus la maison, et qu'il était impossible de décider cet insensé à se sauver lui-même, le saisit dans ses bras, malgré les efforts du malheureux qui luttait contre son bienfaiteur. Il l'emporta sans savoir où il mettait les pieds, tant la fumée obscurcissait sa vue ; il sauta les derniers échelons au hasard, et remit l'infortuné, qui l'injuriait encore, à quelques personnes, en leur faisant promettre d'avoir soin de lui.

Oswald, animé par le danger qu'il venait de courir, les cheveux épars, le regard fier et doux, frappa d'admiration et presque de fanatisme la foule qui le considérait ; les femmes surtout s'exprimaient avec cette imagination qui est un don presque universel en Italie, et prête souvent de la noblesse aux discours des gens du peuple. Elles se jetaient à genoux devant lui, et s'écriaient : *Vous êtes sûrement saint Michel, le patron de notre ville ; déployez vos ailes, mais ne nous quittez pas : allez là-haut, sur le clocher de la cathédrale, pour que de là toute la ville vous voie et vous prie.* — *Mon enfant est malade*, disait l'une ; *guérissez-le.* — *Dites-moi*, disait l'autre, *où est mon mari, qui est absent depuis plusieurs années.* Oswald cherchait une manière de s'échapper. Le comte d'Erfeuil arriva, et lui dit en lui serrant la main : « Cher Nelvil, il faut pourtant partager quelque chose avec ses amis ; c'est mal fait de prendre ainsi pour soi seul tous les périls. — Tirez-moi d'ici, » lui dit Oswald à voix basse. Un moment d'obscurité favorisa leur fuite, et tous les deux en hâte allèrent prendre des chevaux à la poste.

Lord Nelvil éprouva d'abord quelque douceur par le sentiment de la bonne action qu'il venait de faire ; mais avec qui pouvait-il en jouir, maintenant que son meilleur ami n'existait plus ? Malheur aux orphelins ! les événements fortunés, aussi bien que les peines, leur font sentir la solitude du cœur. Comment, en effet, remplacer jamais cette affection née avec nous, cette intelligence, cette sympathie du sang, cette amitié préparée par le ciel entre un enfant et son père ? On peut encore aimer ; mais confier toute son âme est un bonheur qu'on ne retrouvera plus.

CHAPITRE V

Oswald parcourut la Marche d'Ancône et l'État ecclésiastique jusqu'à Rome, sans rien observer, sans s'intéresser à rien ; la disposition mélancolique de son âme en était la cause, et puis une certaine indolence naturelle, à laquelle il n'était arraché que par les passions fortes. Son goût pour les arts ne s'était point encore développé ; il n'avait vécu qu'en France, où la société est tout, et à Londres, où les intérêts politiques absorbent presque tous les autres : son imagination, concentrée dans ses peines, ne se complaisait point encore aux merveilles de la nature ni aux chefs-d'œuvre des arts.

Le comte d'Erfeuil parcourait chaque ville, le guide des voyageurs à la main ; il avait à la fois le double plaisir de perdre son temps à tout voir, et d'assurer qu'il n'avait rien vu qui pût être admiré quand on connaissait la France. L'ennui du comte d'Erfeuil décourageait Oswald ; il avait d'ailleurs des préventions contre les Italiens et contre l'Italie ; il ne pénétrait pas encore le mystère de cette nation ni de ce pays ; mystère qu'il faut comprendre par l'imagination, plutôt que par cet esprit de jugement qui est particulièrement développé dans l'éducation anglaise.

Les Italiens sont bien plus remarquables par ce qu'ils ont été et par ce qu'ils pourraient être, que par ce qu'ils sont maintenant. Le désert qui environne la ville de Rome, cette terre fatiguée de gloire, qui semble dédaigner de produire, n'est qu'une contrée inculte et négligée, pour qui la considère seulement sous les rapports de l'utilité. Oswald, accoutumé dès son enfance à l'amour de l'ordre et de la prospérité publique, reçut d'abord des impressions défavorables en traversant les plaines abandonnées qui annoncent l'approche de la ville autrefois reine du monde : il blâma l'indolence des habitants et de leurs chefs. Lord Nelvil jugeait l'Italie en admirateur éclairé ; le comte d'Erfeuil, en homme du monde : ainsi, l'un par raison, et l'autre par légèreté, n'éprouvaient point l'effet que la campagne de Rome produit sur l'imagination, quand on s'est pénétré des souvenirs et des regrets, des beautés naturelles et des malheurs illustres qui répandent sur ce pays un charme indéfinissable.

Le comte d'Erfeuil faisait de comiques lamentations sur les environs de Rome. « Quoi ! disait-il, point de maison de campagne, point de voiture, rien qui annonce le voisinage d'une grande ville ! Ah ! bon Dieu ! quelle tristesse ! » En approchant de Rome, les postillons s'écrièrent avec transport : *Voyez, voyez, c'est la coupole de Saint-Pierre !* Les Napolitains montrent ainsi le Vésuve, et la mer fait de même l'orgueil des habitants des côtes. « On croirait voir le dôme des Invalides ! » s'écria le comte d'Erfeuil. Cette comparaison, plus patriotique que juste, détruisit l'effet qu'Oswald aurait pu recevoir à l'aspect de cette magnifique merveille de la création des hommes. Ils entrèrent dans Rome, non par un beau jour, non par une belle nuit, mais par un soir obscur, par un temps gris, qui ternit et confond tous les objets. Ils traversèrent le Tibre sans le remarquer; ils arrivèrent à Rome par la porte du Peuple, qui conduit d'abord au Corso, à la plus grande rue de la ville moderne, mais à la partie de Rome qui a le moins d'originalité, puisqu'elle ressemble davantage aux autres villes de l'Europe.

La foule se promenait dans les rues; des marionnettes et des charlatans formaient des groupes sur la place où s'élève la colonne Antonine. Toute l'attention d'Oswald fut captivée par les objets les plus près de lui. Le nom de Rome ne retentissait point encore dans son âme; il ne sentait que le profond isolement qui serre le cœur quand vous entrez dans une ville étrangère, quand vous voyez cette multitude de personnes à qui votre existence est inconnue, et qui n'ont aucun intérêt en commun avec vous. Ces réflexions, si tristes pour tous les hommes, le sont encore plus pour les Anglais, qui sont accoutumés à vivre entre eux et se mêlent difficilement avec les mœurs des autres peuples. Dans le vaste caravansérai de Rome, tout est étranger, même les Romains, qui semblent habiter là, non comme des possesseurs, *mais comme des pèlerins qui se reposent auprès des ruines*. Oswald, oppressé par des sentiments pénibles, alla s'enfermer chez lui, et ne sortit point pour voir la ville. Il était bien loin de penser que ce pays, dans lequel il entrait avec un tel sentiment d'abattement et de tristesse, serait bientôt pour lui la source de tant d'idées et de jouissances nouvelles.

LIVRE DEUXIÈME

CORINNE AU CAPITOLE.

CHAPITRE PREMIER

Oswald se réveilla dans Rome. Un soleil éclatant, un soleil d'Italie frappa ses premiers regards, et son âme fut pénétrée d'un sentiment d'amour et de reconnaissance pour le ciel, qui semblait se manifester par ses beaux rayons. Il entendit résonner les cloches des nombreuses églises de la ville; des coups de canon, de distance en distance, annonçaient quelque grande solennité : il demanda quelle en était la cause; on lui répondit qu'on devait couronner le matin même, au Capitole, la femme la plus célèbre de l'Italie, Corinne, poëte, écrivain, improvisatrice, et l'une des plus belles personnes de Rome. Il fit quelques questions sur cette cérémonie, consacrée par les noms de Pétrarque et du Tasse, et toutes les réponses qu'il reçut excitèrent vivement sa curiosité.

Il n'y avait certainement rien de plus contraire aux habitudes et aux opinions d'un Anglais que cette grande publicité donnée à la destinée d'une femme; mais l'enthousiasme qu'inspirent aux Italiens tous les talents de l'imagination, gagne, au moins momentanément, les étrangers, et l'on oublie les préjugés mêmes de son pays, au milieu d'une nation si vive dans l'expression des sentiments qu'elle éprouve. Les gens du peuple à Rome connaissent les arts, raisonnent avec goût sur les statues; les tableaux, les monuments, les antiquités, et le mérite littéraire porté à un certain degré, sont pour eux un intérêt national.

Oswald sortit pour aller sur la place publique; il y entendit parler de Corinne, de son talent, de son génie. On avait décoré les rues par lesquelles elle devait passer. Le peuple, qui ne se rassemble d'ordinaire que sur les pas de la fortune ou de la puissance, était là presque en rumeur, pour voir une personne dont l'esprit était la seule distinction. Dans l'état actuel des Italiens, la gloire des beaux-arts est l'unique qui leur soit permise ; et ils sentent le génie en ce genre avec une vivacité qui devrait faire naître beaucoup de grands hommes s'il suffisait de l'applaudissement pour les produire, s'il ne fallait pas une vie forte, de grands intérêts et une existence indépendante, pour alimenter la pensée.

Oswald se promenait dans les rues de Rome en attendant l'arrivée de Corinne. A chaque instant on la nommait, on racontait un trait nouveau d'elle, qui annonçait la réunion de tous les talents qui captivent l'imagination. L'un disait que sa voix était la plus touchante d'Italie ; l'autre, que personne ne jouait la tragédie comme elle ; l'autre, qu'elle dansait comme une nymphe, et qu'elle dessinait avec autant de grâce que d'invention : tous disaient qu'on n'avait jamais écrit ni improvisé d'aussi beaux vers, et que, dans la conversation habituelle, elle avait tour à tour une grâce et une éloquence qui charmaient tous les esprits. On disputait pour savoir quelle ville d'Italie lui avait donné la naissance ; mais les Romains soutenaient vivement qu'il fallait être né à Rome pour parler l'italien avec cette pureté. Son nom de famille était ignoré. Son premier ouvrage avait paru cinq ans auparavant, et portait seulement le nom de Corinne. Personne ne savait où elle avait vécu, ni ce qu'elle avait été avant cette époque ; elle avait maintenant à peu près vingt-six ans. Ce mystère et cette publicité tout à la fois, cette femme dont tout le monde parlait, et dont on ne connaissait pas le véritable nom, parurent à lord Nelvil une des merveilles du singulier pays qu'il venait voir. Il aurait jugé très-sévèrement une telle femme en Angleterre ; mais il n'appliquait à l'Italie aucune des convenances sociales, et le couronnement de Corinne lui inspirait d'avance l'intérêt que ferait naître une aventure de l'Arioste.

Une musique très-belle et très-éclatante précéda l'arrivée

de la marche triomphale. Un événement, quel qu'il soit, annoncé par la musique, cause toujours de l'émotion. Un grand nombre de seigneurs romains et quelques étrangers précédaient le char qui conduisait Corinne. *C'est le cortége de ses admirateurs*, dit un Romain. — *Oui*, répondit l'autre; *elle reçoit l'encens de tout le monde, mais elle n'accorde à personne une préférence décidée; elle est riche, indépendante; l'on croit même, et certainement elle en a bien l'air, que c'est une femme d'une illustre naissance, qui ne veut pas être connue.* — *Quoi qu'il en soit*, reprit un troisième, *c'est une divinité entourée de nuages*. Oswald regarda l'homme qui parlait ainsi, et tout désignait en lui le rang le plus obscur de la société; mais, dans le Midi, l'on se sert si naturellement des expressions les plus poétiques, qu'on dirait qu'elles se puisent dans l'air et sont inspirées par le soleil.

Enfin les quatre chevaux blancs qui traînaient le char de Corinne se firent place au milieu de la foule. Corinne était assise sur ce char construit à l'antique, et de jeunes filles, vêtues de blanc, marchaient à côté d'elle. Partout où elle passait, l'on jetait en abondance des parfums dans les airs; chacun se mettait aux fenêtres pour la voir, et ces fenêtres étaient parées en dehors de pots de fleurs et de tapis d'écarlate; tout le monde criait : *Vive Corinne! vive le génie! vive la beauté!* L'émotion était générale; mais lord Nelvil ne la partageait point encore; et bien qu'il se fût déjà dit qu'il fallait mettre à part, pour juger tout cela, la réserve de l'Angleterre et les plaisanteries françaises, il ne se livrait point à cette fête, lorsque enfin il aperçut Corinne.

Elle était vêtue comme la sibylle du Dominiquin, un châle des Indes tourné autour de sa tête, et ses cheveux, du plus beau noir, entremêlés avec ce châle; sa robe était blanche, une draperie bleue se rattachait au-dessous de son sein, et son costume était très-pittoresque, sans s'écarter cependant assez des usages reçus pour que l'on pût y trouver de l'affectation. Son attitude sur le char était noble et modeste : on apercevait bien qu'elle était contente d'être admirée; mais un sentiment de timidité se mêlait à sa joie et semblait demander grâce pour son triomphe ; l'expression de sa physionomie, de ses yeux, de son sourire, intéressait pour elle, et le premier regard fit de lord Nelvil son ami, avant même qu'une impression plus vive le subjuguât. Ses bras étaient d'une éclatante beauté ; sa taille grande, mais un peu forte, à la manière des statues grecques, caractérisait énergiquement la jeunesse et le bonheur ; son regard avait quelque chose d'inspiré. L'on voyait dans sa manière de saluer et de remercier pour les applaudissements qu'elle recevait, une sorte de naturel qui relevait l'éclat de la situation extraordinaire dans laquelle elle se trouvait ; elle donnait à la fois l'idée d'une prêtresse d'Apollon qui s'avançait vers le temple du Soleil, et d'une femme parfaitement simple dans les rapports habituels de la vie ; enfin, tous ses mouvements avaient un charme qui excitait l'intérêt et la curiosité, l'étonnement et l'affection.

L'admiration du peuple pour elle allait toujours croissant, plus elle approchait du Capitole, de ce lieu si fécond en souvenirs. Ce beau ciel, ces Romains si enthousiastes, et pardessus tout Corinne, électrisaient l'imagination d'Oswald : il avait vu souvent dans son pays des hommes d'État portés en triomphe par le peuple ; mais c'était pour la première fois qu'il était témoin des honneurs rendus à une femme, à une femme illustrée seulement par les dons du génie : son char de victoire ne coûtait de larmes à personne ; et nul regret, comme nulle crainte, n'empêchait d'admirer les plus beaux dons de la nature, l'imagination, le sentiment et la pensée.

Oswald était tellement absorbé dans ses réflexions, des idées si nouvelles l'occupaient tant, qu'il ne remarqua point les lieux antiques et célèbres à travers lesquels passait le char de Corinne. C'est au pied de l'escalier qui conduit au Capitole que ce char s'arrêta ; et, dans ce moment, tous les amis de Corinne se précipitèrent pour lui offrir la main. Elle choisit celle du prince Castel-Forte, le grand seigneur romain le plus estimé par son esprit et son caractère ; chacun approuva le choix de Corinne. elle monta cet escalier du Capitole, dont l'imposante majesté semblait accueillir avec bienveillance les plus légers pas d'une femme. La musique se fit entendre avec un nouvel éclat au moment de l'arrivée de Corinne; le canon retentit, et la sibylle triomphante entra dans le palais préparé pour la recevoir.

Au fond de la salle où elle fut reçue étaient placés le sénateur qui devait la couronner et les conservateurs du sénat, d'un côté tous les cardinaux et les femmes les plus distinguées du pays, de l'autre les hommes de lettres de l'Académie de Rome; à l'extrémité opposée, la salle était occupée par une partie de la foule immense qui avait suivi Corinne. La chaise destinée pour elle était sur un gradin inférieur à celui du sénateur. Corinne, avant de s'y placer, devait, selon l'usage, en présence de cette auguste assemblée, mettre un genou en terre sur le premier degré. Elle le fit avec tant de noblesse et de modestie, de douceur et de dignité, que lord Nelvil sentit en ce moment ses yeux mouillés de larmes; il s'étonna lui-même de son attendrissement; mais au milieu de tout cet éclat, de tous ces succès, il lui semblait que Corinne avait imploré, par ses regards, la protection d'un ami, protection dont jamais une femme, quelque supérieure qu'elle soit, ne peut se passer; et il pensait en lui-même qu'il serait doux d'être l'appui de celle à qui sa sensibilité seule rendrait cet appui nécessaire.

Dès que Corinne fut assise, les poëtes romains commencèrent à lire les sonnets et les odes qu'ils avaient composés pour elle. Tous l'exaltaient jusqu'aux cieux; mais ils lui donnaient des louanges qui ne la caractérisaient pas plus qu'une autre femme d'un génie supérieur. C'était une agréable réunion d'images et d'allusions à la mythologie, qu'on aurait pu, depuis Sapho jusqu'à nos jours, adresser de siècle en siècle à toutes les femmes que leurs talents littéraires ont illustrées.

Déjà lord Nelvil souffrait de cette manière de louer Corinne; il lui semblait déjà qu'en la regardant, il aurait fait à l'instant même un portrait d'elle plus juste, plus vrai, plus détaillé, un portrait enfin qui ne pût convenir qu'à Corinne.

CHAPITRE II

Le prince Castel-Forte prit la parole, et ce qu'il dit sur Corinne attira l'attention de toute l'assemblée. C'était un homme de cinquante ans, qui avait dans ses discours et dans son maintien beaucoup de mesure et de dignité; son âge, et l'assurance qu'on avait donnée à lord Nelvil qu'il n'était que l'ami de Corinne, lui inspirèrent un intérêt sans mélange pour le portrait qu'il fit d'elle. Oswald, sans ces motifs de sécurité, se serait déjà senti capable d'un mouvement confus de jalousie.

Le prince Castel-Forte lut quelques pages en prose, sans prétention, mais singulièrement propres à faire connaître Corinne. Il indiqua d'abord le mérite particulier de ses ouvrages : il dit que ce mérite consistait en partie dans l'étude approfondie qu'elle avait faite des littératures étrangères; elle savait unir au plus haut degré l'imagination, les tableaux, la vie brillante du Midi, cette connaissance, cette observation du cœur humain qui semble le partage des pays où les objets extérieurs excitent moins l'intérêt.

Il vanta la grâce et la gaieté de Corinne, cette gaieté qui ne tenait en rien à la moquerie, mais seulement à la vivacité de l'esprit, à la fraîcheur de l'imagination; il essaya de louer sa sensibilité, mais on pouvait aisément deviner qu'un regret personnel se mêlait à ce qu'il en disait. Il se plaignit de la difficulté qu'éprouvait une femme supérieure à rencontrer l'objet dont elle s'est fait une image idéale, une image revêtue de tous les dons que le cœur et le génie peuvent souhaiter. Il se complut cependant à peindre la sensibilité passionnée qui inspirait la poésie de Corinne, et l'art qu'elle avait de saisir des rapports touchants entre les beautés de la nature et les impressions les plus intimes de l'âme. Il releva l'originalité des expressions de Corinne, de ces expressions qui naissaient toutes de son caractère et de sa manière de sentir, sans que jamais aucune nuance d'affectation pût altérer un genre de charme non-seulement naturel, mais involontaire.

Il parla de son éloquence comme d'une force toute-puissante qui devait d'autant plus entraîner ceux qui l'écoutaient, qu'ils avaient en eux-mêmes plus d'esprit et de sensibilité véritable. « Corinne, dit-il, est sans doute la femme la plus célèbre de notre pays, et cependant ses amis seuls peuvent la peindre; car les qualités de l'âme, quand elles sont vraies, ont toujours besoin d'être devinées; l'éclat, aussi bien que l'obscurité, peut empêcher de les reconnaître, si quelque sympathie n'aide pas à les pénétrer. » Il s'étendit sur son talent d'improviser, qui ne ressemblait en rien à ce qu'on est convenu d'appeler de ce nom en Italie. « Ce n'est pas seulement, continua-t-il, à la fécondité de son esprit qu'il faut l'attribuer, mais à l'émotion profonde qu'excitent en elle toutes les pensées généreuses; elle ne peut prononcer un mot qui les rappelle, sans que l'inépuisable source des sentiments et des idées, l'enthousiasme, l'anime et l'inspire. » Le prince Castel-Forte fit sentir aussi le charme d'un style toujours pur, toujours harmonieux. « La poésie de Corinne, ajouta-t-il, est une mélodie intellectuelle qui seule peut exprimer le charme des impressions les plus fugitives et les plus délicates. »

Il vanta l'entretien de Corinne; on sentait qu'il en avait goûté les délices. « L'imagination et la simplicité, la justesse et l'exaltation, la force et la douceur se réunissent, disait-il, dans une même personne, pour varier à chaque instant tous les plaisirs de l'esprit; on peut lui appliquer ce charmant vers de Pétrarque :

>   Il parlar che nell' anima si sente[1] ;

et je lui crois quelque chose de cette grâce tant vantée, de ce charme oriental, que les anciens attribuaient à Cléopâtre.

« Les lieux que j'ai parcourus avec elle, ajouta le prince Castel-Forte, la musique que nous avons entendue ensemble, les tableaux qu'elle m'a fait voir, les livres qu'elle m'a fait comprendre, composent l'univers de mon imagination. Il y a

1. Le langage qu'on entend au fond de l'âme.

dans tous ces objets une étincelle de sa vie; et s'il me fallait exister loin d'elle, je voudrais au moins m'en entourer, certain que je serais de ne retrouver nulle part cette trace de feu, cette trace d'elle enfin qu'elle y a laissée. Oui, continua-t-il (et dans ce moment ses yeux tombèrent par hasard sur Oswald), voyez Corinne, si vous pouvez passer votre vie avec elle, si cette double existence qu'elle vous donnera peut vous être longtemps assurée; mais ne la voyez pas, si vous êtes condamné à la quitter : vous chercheriez en vain, tant que vous vivriez, cette âme créatrice qui partageait et multipliait vos sentiments et vos pensées; vous ne la retrouveriez jamais. »

Oswald tressaillit à ces paroles; ses yeux se fixèrent sur Corinne, qui les écoutait avec une émotion que l'amour-propre ne faisait pas naître, mais qui tenait à des sentiments plus aimables et plus touchants. Le prince Castel-Forte reprit son discours, qu'un moment d'attendrissement lui avait fait suspendre; il parla du talent de Corinne pour la peinture, pour la musique, pour la déclamation, pour la danse : il dit que dans tous les talents c'était toujours Corinne, ne s'astreignant point à telle manière, à telle règle, mais exprimant dans des langages variés la même puissance d'imagination, le même enchantement des beaux-arts, sous leurs diverses formes.

« Je ne me flatte pas, dit en terminant le prince Castel-Forte, d'avoir pu peindre une personne dont il est impossible d'avoir l'idée quand on ne l'a pas entendue; mais sa présence est pour nous à Rome comme l'un des bienfaits de notre ciel brillant, de notre nature inspirée. Corinne est le lien de ses amis entre eux; elle est le mouvement, l'intérêt de notre vie; nous comptons sur sa bonté; nous sommes fiers de son génie; nous disons aux étrangers : « Regardez-la, c'est l'image de notre belle Italie; elle est ce que nous serions sans l'ignorance, l'envie, la discorde et l'indolence auxquelles notre sort nous a condamnés. » Nous nous plaisons à la contempler comme une admirable production de notre climat, de nos beaux-arts, comme un rejeton du passé, comme une prophétie de l'avenir; et quand les étrangers insultent à ce pays, d'où sont sorties les lumières qui ont éclairé l'Europe ; quand ils sont sans pitié pour nos torts, qui naissent de nos malheurs, nous leur disons : « Regardez Corinne. » Oui, nous suivrions ses traces, nous serions hommes comme elle est femme, si les hommes pouvaient, comme les femmes, se créer un monde dans leur propre cœur, et si notre génie, nécessairement dépendant des relations sociales et des circonstances extérieures, pouvait s'allumer tout entier au seul flambeau de la poésie. »

Au moment où le prince Castel-Forte cessa de parler, des applaudissements unanimes se firent entendre ; et quoiqu'il y eût dans la fin de son discours un blâme indirect de l'état actuel des Italiens, tous les grands de l'État l'approuvèrent : tant il est vrai qu'on trouve en Italie cette sorte de libéralité qui ne porte pas à changer les institutions, mais fait pardonner, dans les esprits supérieurs, une opposition tranquille aux préjugés existants.

La réputation du prince Castel-Forte était très-grande à Rome. Il parlait avec une sagacité rare ; et c'était un don remarquable dans un pays où l'on met encore plus d'esprit dans sa conduite que dans ses discours. Il n'avait pas dans les affaires l'habileté qui distingue souvent les Italiens, mais il se plaisait à penser, et ne craignait pas la fatigue de la méditation. Les heureux habitants du Midi se refusent quelquefois à cette fatigue, et se flattent de tout deviner par l'imagination, comme leur féconde terre donne des fruits sans culture, à l'aide seulement de la faveur du ciel.

CHAPITRE III

Corinne se leva lorsque le prince Castel-Forte eut cessé de parler ; elle le remercia par une inclination de tête si noble et si douce, qu'on y sentait tout à la fois et la modestie et la joie bien naturelle d'avoir été louée selon son cœur. Il était d'usage que le poëte couronné au Capitole improvisât ou récitât une pièce de vers avant que l'on posât sur sa tête les lauriers qui lui étaient destinés. Corinne se fit apporter sa lyre, instrument de son choix, qui ressemblait beaucoup à la harpe, mais était cependant plus antique par la forme, et plus simple dans les sons. En l'accordant, elle éprouva d'abord un grand sentiment de timidité, et ce fut avec une voix tremblante qu'elle demanda le sujet qui lui était imposé. « *La gloire et le bonheur de l'Italie!* s'écria-t-on autour d'elle d'une voix unanime. — Eh bien, oui, reprit-elle, déjà saisie, déjà soutenue par son talent, *La gloire et le bonheur de l'Italie!* » Et se sentant animée par l'amour de son pays, elle se fit entendre dans des vers pleins de charmes, dont la prose ne peut donner qu'une idée bien imparfaite.

IMPROVISATION DE CORINNE AU CAPITOLE.

« Italie, empire du soleil; Italie, maîtresse du monde; Italie, berceau des lettres, je te salue! Combien de fois la race humaine te fut soumise, tributaire de tes armes, de tes beaux-arts et de ton ciel!

« Un dieu quitta l'Olympe pour se réfugier en Ausonie; l'aspect de ce pays fit rêver les vertus de l'âge d'or, et l'homme y parut trop heureux pour l'y supposer coupable.

« Rome conquit l'univers par son génie, et fut reine par la liberté. Le caractère romain s'imprima sur le monde, et l'invasion des barbares, en détruisant l'Italie, obscurcit l'univers entier.

« L'Italie reparut, avec les divins trésors que les Grecs fugitifs rapportèrent dans son sein; le ciel lui révéla se lois; l'audace de ses enfants découvrit un nouvel hémisphère; elle fut reine encore par le sceptre de la pensée, mais ce sceptre de lauriers ne fit que des ingrats.

« L'imagination lui rendit l'univers qu'elle avait perdu. Les peintres, les poëtes, enfantèrent pour elle une terre, un Olympe, des enfers et des cieux; et le feu qui l'anime, mieux gardé par son génie que par le dieu des païens, ne trouva point dans l'Europe un Prométhée qui le ravit.

« Pourquoi suis-je au Capitole? pourquoi mon humble front
« va-t-il recevoir la couronne que Pétrarque a portée, et qui
« reste suspendue au cyprès funèbre du Tasse? pourquoi.... si
« vous n'aimiez assez la gloire, ô mes concitoyens! pour ré-
« compenser son culte autant que ses succès!

« Eh bien, si vous l'aimez, cette gloire, qui choisit trop
« souvent ses victimes parmi les vainqueurs qu'elle a couron-
« nés, pensez avec orgueil à ces siècles qui virent la renais-
« sance des arts. Le Dante, l'Homère des temps modernes,
« poëte sacré de nos mystères religieux, héros de la pensée,
« plongea son génie dans le Styx pour aborder à l'enfer, et
« son âme fut profonde comme les abîmes qu'il a décrits.

« L'Italie, au temps de sa puissance, revit tout entière dans
« le Dante. Animé par l'esprit des républiques, guerrier aussi
« bien que poëte, il souffle la flamme des actions parmi les
« morts, et ses ombres ont une vie plus forte que les vivants
« d'aujourd'hui.

« Les souvenirs de la terre les poursuivent encore; leurs
« passions sans but s'acharnent à leur cœur; elles s'agitent
« sur le passé, qui leur semble encore moins irrévocable que
« leur éternel avenir.

« On dirait que le Dante, banni de son pays, a transporté
« dans les régions imaginaires les peines qui le dévoraient.
« Ses ombres demandent sans cesse des nouvelles de l'exis-
« tence, comme le poëte lui-même s'informe de sa patrie, et
« l'enfer s'offre à lui sous les couleurs de l'exil.

« Tout à ses yeux se revêt du costume de Florence. Les
« morts antiques qu'il évoque semblent renaître aussi Toscans
« que lui; ce ne sont point les bornes de son esprit, c'est la
« force de son âme qui fait entrer l'univers dans le cercle de
« sa pensée.

« Un enchaînement mystique de cercles et de sphères le
« conduit de l'enfer au purgatoire, du purgatoire au paradis:
« historien fidèle de sa vision, il inonde de clarté les régions
« les plus obscures, et le monde qu'il crée dans son triple
« poëme est complet, animé, brillant comme une planète nou-
« velle aperçue dans le firmament.

« A sa voix, tout sur la terre se change en poésie ; les ob-
« jets, les idées, les lois, les phénomènes, semblent un nou-
« vel Olympe de nouvelles divinités ; mais cette mythologie
« de l'imagination s'anéantit, comme le paganisme, à l'aspect
« du paradis, de cet océan de lumières, étincelant de rayons
« et d'étoiles, de vertus et d'amour.

« Les magiques paroles de notre plus grand poëte sont le
« prisme de l'univers ; toutes ses merveilles s'y réfléchissent,
« s'y divisent, s'y recomposent ; les sons imitent les couleurs,
« les couleurs se fondent en harmonie ; la rime, sonore ou bi-
« zarre, rapide ou prolongée, est inspirée par cette divination
« poétique, beauté suprême de l'art, triomphe du génie, qui
« découvre dans la nature tous les secrets en relation avec le
« cœur de l'homme.

« Le Dante espérait de son poëme la fin de son exil ; il
« comptait sur la renommée pour médiateur, mais il mourut
« trop tôt pour recueillir les palmes de la patrie. Souvent la
« vie passagère de l'homme s'use dans les revers ; et si la
« gloire triomphe, si l'on aborde enfin sur une plage plus
« heureuse, la tombe s'ouvre derrière le port, et le destin à
« mille formes annonce souvent la fin de la vie par le retour
« du bonheur.

« Ainsi le Tasse infortuné, que vos hommages, Romains,
« devaient consoler de tant d'injustices, beau, sensible, che-
« valeresque, rêvant les exploits, éprouvant l'amour qu'il
« chantait, s'approcha de ces murs, comme ces héros de Jé-
« rusalem, avec respect et reconnaissance. Mais, la veille du
« jour choisi pour le couronner, la mort l'a réclamé pour sa
« terrible fête. le ciel est jaloux de la terre, et rappelle ses
« favoris des rives trompeuses du temps.

« Dans un siècle plus fier et plus libre que celui du Tasse,
« Pétrarque fut aussi, comme le Dante, le poëte valeureux de
« l'indépendance italienne. Ailleurs on ne connaît de lui que
« ses amours ; ici des souvenirs plus sévères honorent à jamais
« son nom, et la patrie l'inspira mieux que Laure elle-même.

« Il ranima l'antiquité par ses veilles, et, loin que son ima-
« gination mît obstacle aux études les plus profondes, cette

« puissance créatrice, en lui soumettant l'avenir, lui révéla
« les secrets des siècles passés. Il éprouva que connaître sert
« beaucoup pour inventer, et son génie fut d'autant plus ori-
« ginal, que, semblable aux forces éternelles, il sut être pré-
« sent à tous les temps.

« Notre air serein, notre climat riant, ont inspiré l'Arioste.
« C'est l'arc-en-ciel qui parut après nos longues guerres :
« brillant et varié comme ce messager du beau temps, il sem-
« ble se jouer familièrement avec la vie, et sa gaieté légère et
« douce est le sourire de la nature, et non pas l'ironie de
« l'homme.

« Michel-Ange, Raphaël, Pergolèse, Galilée, et vous, intré-
« pides voyageurs avides de nouvelles contrées, bien que la
« nature ne pût vous offrir rien de plus beau que la vôtre, joi-
« gnez aussi votre gloire à celle des poëtes ! Artistes, savants,
« philosophes, vous êtes comme eux enfants du soleil qui tour
« à tour développe l'imagination, anime la pensée, excite le
« courage, endort dans le bonheur, et semble tout promettre
« ou tout faire oublier.

« Connaissez-vous cette terre où les orangers fleurissent,
« que les rayons des cieux fécondent avec amour? Avez-vous
« entendu les sons mélodieux qui célèbrent la douceur des
« nuits? Avez-vous respiré ces parfums, luxe de l'air déjà si
« pur et si doux? Répondez, étrangers, la nature est-elle chez
« vous belle et bienfaisante?

« Ailleurs, quand des calamités sociales affligent un pays,
« les peuples doivent s'y croire abandonnés par la Divinité;
« mais ici nous sentons toujours la protection du ciel, nous
« voyons qu'il s'intéresse à l'homme, et qu'il a daigné le trai-
« ter comme une noble créature.

« Ce n'est pas seulement de pampres et d'épis que notre
« nature est parée; mais elle prodigue sous les pas de
« l'homme, comme à la fête d'un souverain, une abondance
« de fleurs et de plantes inutiles qui, destinées à plaire, ne
« s'abaissent point à servir.

« Les plaisirs délicats, soignés par la nature, sont goûtés
« par une nation digne de les sentir; les mets les plus simples

« lui suffisent; elle ne s'enivre point aux fontaines de vin que
« l'abondance lui prépare : elle aime son soleil, ses beaux-
« arts, ses monuments, sa contrée tout à la fois antique et
« printanière; les plaisirs raffinés d'une société brillante, les
« plaisirs grossiers d'un peuple avide, ne sont pas faits pour
« elle.

« Ici les sensations se confondent avec les idées, la vie se
« puise tout entière à la même source, et l'âme, comme l'air,
« occupe les confins de la terre et du ciel. Ici le génie se sent
« à l'aise, parce que la rêverie y est douce; s'il agite, elle
« calme; s'il regrette un but, elle lui fait don de mille chi-
« mères; si les hommes l'oppriment, la nature est là pour
« l'accueillir.

« Ainsi, toujours elle répare, et sa main secourable guérit
« toutes les blessures. Ici l'on se console des peines mêmes du
« cœur, en admirant un Dieu de bonté, en pénétrant le secret
« de son amour; les revers passagers de notre vie éphémère se
« perdent dans le sein fécond et majestueux de l'immortel
« univers. »

Corinne fut interrompue pendant quelques moments par les applaudissements les plus impétueux. Le seul Oswald ne se mêla point aux transports bruyants qui l'entouraient. Il avait penché sa tête sur sa main, lorsque Corinne avait dit : *Ici l'on se console des peines mêmes du cœur;* et depuis lors il ne l'avait point relevée. Corinne le remarqua, et bientôt, à ses traits, à la couleur de ses cheveux, à son costume, à sa taille élevée, à toutes ses manières enfin, elle le reconnut pour un Anglais. Le deuil qu'il portait et sa physionomie pleine de tristesse la frappèrent. Son regard, alors attaché sur elle, semblait lui faire doucement des reproches; elle devina les pensées qui l'occupaient, et se sentit le besoin de le satisfaire, en parlant du bonheur avec moins d'assurance, en consacrant à la mort quelques vers au milieu d'une fête. Elle reprit donc sa lyre dans ce dessein, fit rentrer dans le silence toute l'assemblée par les sons touchants et prolongés qu'elle tira de son instrument, et recommença ainsi :

« Il est des peines cependant que notre ciel consolateur ne

« saurait effacer; mais dans quel séjour les regrets peuvent-ils
« porter à l'âme une impression plus douce et plus noble que
« dans ces lieux?

« Ailleurs, les vivants trouvent à peine assez de place pour
« leurs rapides courses et leurs ardents désirs; ici, les ruines,
« les déserts, les palais inhabités laissent aux ombres un vaste
« espace. Rome maintenant n'est-elle pas la patrie des tom-
« beaux?

« Le Colisée, les obélisques, toutes les merveilles qui, du
« fond de l'Égypte et de la Grèce, de l'extrémité des siècles,
« depuis Romulus jusqu'à Léon X, se sont réunies ici, comme
« si la grandeur attirait la grandeur, et qu'un même lieu dût
« renfermer tout ce que l'homme a pu mettre à l'abri du
« temps; toutes ces merveilles sont consacrées aux monu-
« ments funèbres. Notre indolente vie est à peine aperçue, le
« silence des vivants est un hommage pour les morts; ils du-
« rent, et nous passons.

« Eux seuls sont honorés, eux seuls sont encore célèbres;
« nos destinées obscures relèvent l'éclat de nos ancêtres, notre
« existence actuelle ne laisse debout que le passé, il ne se fait
« aucun bruit autour des souvenirs. Tous nos chefs-d'œuvre
« sont l'ouvrage de ceux qui ne sont plus, et le génie lui-
« même est compté parmi les illustres morts.

« Peut-être un des charmes secrets de Rome est-il de ré-
« concilier l'imagination avec le long sommeil. On s'y résigne
« pour soi, l'on en souffre moins pour ce qu'on aime. Les
« peuples du Midi se représentent la fin de la vie sous des
« couleurs moins sombres que les habitants du Nord. Le so-
« leil, comme la gloire, réchauffe même la tombe.

« Le froid et l'isolement du sépulcre sous ce beau ciel, à
« côté de tant d'urnes funéraires, poursuivent moins les es-
« prits effrayés. On se croit attendu par la foule des ombres;
« et, de notre ville solitaire à la ville souterraine, la transition
« semble assez douce.

« Ainsi la pointe de la douleur est émoussée : non que le
« cœur soit blasé, non que l'âme soit aride; mais une har-
« monie plus parfaite, un air plus odoriférant, se mêlent à

« l'existence. On s'abandonne à la nature avec moins de
« crainte, à cette nature dont le Créateur a dit : Les lis ne
« travaillent ni ne filent, et cependant quels vêtements des
« rois pourraient égaler la magnificence dont j'ai revêtu ces
« fleurs ? »

Oswald fut tellement ravi par ces dernières strophes, qu'il exprima son admiration par les témoignages les plus vifs ; et cette fois les transports des Italiens eux-mêmes n'égalèrent pas les siens. En effet, c'était à lui, plus qu'aux Romains, que la seconde improvisation de Corinne était destinée.

La plupart des Italiens ont, en lisant les vers, une sorte de chant monotone appelé *cantilène*, qui détruit toute émotion. C'est en vain que les paroles sont diverses : l'impression reste la même, puisque l'accent, qui est encore plus intime que les paroles, ne change presque point. Mais Corinne récitait avec une variété de tons qui ne détruisait pas le charme soutenu de l'harmonie ; c'était comme des airs différents joués tous par un instrument céleste.

Le son de voix touchant et sensible de Corinne, en faisant entendre cette langue italienne, si pompeuse et si sonore, produisit sur Oswald une impression tout à fait nouvelle. La prosodie anglaise est uniforme et voilée ; ses beautés naturelles sont toutes mélancoliques ; les nuages ont formé ses couleurs, et le bruit des vagues sa modulation ; mais quand ces paroles italiennes, brillantes comme un jour de fête, retentissantes comme les instruments de victoire que l'on a comparés à l'écarlate parmi les couleurs ; quand ces paroles, encore tout empreintes des joies qu'un beau climat répand dans tous les cœurs, sont prononcées par une voix émue, leur éclat adouci, leur force concentrée, fait éprouver un attendrissement aussi vif qu'imprévu. L'intention de la nature semblable trompée, ses bienfaits inutiles, ses offres repoussées ; et l'expression de la peine, au milieu de tant de jouissances, étonne et touche plus profondément que la douleur chantée dans les langues du Nord, qui semblent inspirées par elle.

CHAPITRE IV

Le sénateur prit la couronne de myrte et de laurier qu'il devait placer sur la tête de Corinne. Elle détacha le châle qui entourait son front, et tous ses cheveux, d'un noir d'ébène, tombèrent en boucles sur ses épaules. Elle s'avança la tête nue, le regard animé par un sentiment de plaisir et de reconnaissance qu'elle ne cherchait point à dissimuler. Elle se remit une seconde fois à genoux pour recevoir la couronne; mais elle paraissait moins troublée et moins tremblante que la première fois; elle venait de parler, elle venait de remplir son âme des plus nobles pensées; l'enthousiasme l'emportait sur la timidité. Ce n'était plus une femme craintive, mais une prêtresse inspirée, qui se consacrait avec joie au culte du génie.

Quand la couronne fut placée sur la tête de Corinne, tous les instruments se firent entendre et jouèrent ces airs triomphants qui exaltent l'âme d'une manière si puissante et si sublime. Le bruit des timbales et des fanfares émut de nouveau Corinne; ses yeux se remplirent de larmes; elle s'assit un moment, et couvrit son visage de son mouchoir. Oswald, vivement touché, sortit de la foule et fit quelques pas pour lui parler; mais un invincible embarras le retint. Corinne le regarda quelque temps, en prenant garde néanmoins qu'il ne remarquât qu'elle faisait attention à lui; mais lorsque le prince Castel-Forte vint prendre sa main pour l'accompagner du Capitole à son char, elle se laissa conduire avec distraction, et retourna la tête plusieurs fois, sous divers prétextes, pour voir Oswald.

Il la suivit; et, dans le moment où elle descendait l'escalier, accompagnée de son cortége, elle fit un mouvement en arrière pour l'apercevoir encore : ce mouvement fit tomber sa couronne. Oswald se hâta de la relever, et lui dit en la lui rendant quelques mots en italien qui signifiaient que les humbles mortels mettaient aux pieds des dieux la couronne qu'ils n'osaient placer sur leurs têtes. Corinne remercia lord Nelvil, en anglais, avec ce pur accent national, ce pur accent insulaire qui presque jamais ne peut être imité sur le continent. Quel fut l'étonnement d'Oswald en l'entendant! Il resta d'abord immobile à sa place, et, se sentant troublé, il s'appuya sur un des lions de basalte qui sont au pied de l'escalier du Capitole. Corinne le considéra de nouveau, vivement frappée de son émotion; mais on l'entraîna vers son char, et toute la foule disparut longtemps avant qu'Oswald eût retrouvé sa force et sa présence d'esprit.

Corinne jusqu'alors l'avait enchanté comme la plus charmante des étrangères, comme l'une des merveilles du pays qu'il voulait parcourir; mais cet accent anglais lui rappelait tous les souvenirs de sa patrie, cet accent naturalisait pour lui tous les charmes de Corinne. Était-elle Anglaise? avait-elle passé plusieurs années de sa vie en Angleterre? Il ne pouvait le deviner; mais il était impossible que l'étude seule apprît à parler ainsi; il fallait que Corinne et lord Nelvil eussent vécu dans le même pays. Qui sait si leurs familles n'étaient pas en relation ensemble? Peut-être même l'avait-il vue dans son enfance? On a souvent dans le cœur je ne sais quelle image innée de ce qu'on aime, qui pourrait persuader qu'on reconnaît l'objet que l'on voit pour la première fois.

Oswald avait beaucoup de préventions contre les Italiennes; il les croyait passionnées, mais mobiles, mais incapables d'éprouver des affections profondes et durables. Déjà ce que Corinne avait dit au Capitole lui avait inspiré tout une autre idée; que serait-ce donc s'il pouvait à la fois retrouver les souvenirs de sa patrie et recevoir par l'imagination une vie nouvelle, renaître pour l'avenir sans rompre avec le passé?

Au milieu de ses rêveries, Oswald se trouva sur le pont Saint-Ange, qui conduit au château du même nom, ou plutôt au tombeau d'Adrien, dont on a fait une forteresse. Le silence du lieu, les pâles ombres du Tibre, les rayons de la lune qui éclairaient les statues placées sur le pont et faisaient des statues comme des ombres blanches regardant fixement couler les flots et les temps qui ne les concernent plus; tous ces objets le ramenèrent à ses idées habituelles. Il mit la main sur sa poitrine, et sentit le portrait de son père qu'il y portait toujours; il l'en détacha pour le considérer ; et le moment de bonheur qu'il venait d'éprouver, et la cause de ce bonheur, ne lui rappelèrent que trop le sentiment qui l'avait rendu jadis si coupable envers son père. Cette réflexion renouvela ses remords.

« Éternel souvenir de ma vie ! s'écria-t-il ; ami trop offensé, et pourtant si généreux ! aurais-je pu croire que l'émotion du plaisir pût trouver sitôt accès dans mon âme ? Ce n'est pas toi, le meilleur et le plus indulgent des hommes, ce n'est pas toi qui me le reproches ; tu veux que je sois heureux, tu le veux encore malgré mes fautes : mais puissé-je du moins ne pas méconnaître ta voix, si tu me parles du haut du ciel, comme je l'ai méconnue sur la terre! »

LIVRE TROISIÈME

CORINNE

CHAPITRE PREMIER

Le comte d'Erfeuil avait assisté à la fête du Capitole; il vint le lendemain chez lord Nelvil, et lui dit : Mon cher Oswald, voulez-vous que je vous mène ce soir chez Corinne? — Comment! interrompit Oswald, est-ce que vous la connaissez? — Non, répondit le comte d'Erfeuil; mais une personne aussi célèbre est toujours flattée qu'on désire de la voir, et je lui ai écrit ce matin pour lui demander la permission d'aller chez elle ce soir avec vous. — J'aurais souhaité, répondit Oswald en rougissant, que vous ne m'eussiez pas ainsi nommé sans mon consentement. — Sachez-moi gré, reprit le comte d'Erfeuil, de vous avoir épargné quelques formalités ennuyeuses : au lieu d'aller chez un ambassadeur, qui vous aurait mené chez un cardinal, qui vous aurait conduit chez une femme, qui vous aurait introduit chez Corinne, je vous présente, vous me présentez, et nous serons très-bien reçus tous les deux.

— J'ai moins de confiance que vous, et sans doute avec raison, reprit lord Nelvil; je crains que cette demande précipitée n'ait pu déplaire à Corinne. — Pas du tout, je vous assure, dit le comte d'Erfeuil; elle a trop d'esprit pour cela, et sa réponse est très-polie. — Comment! elle vous a répondu! reprit lord Nelvil; et que vous a-t-elle donc dit, mon cher comte? — Ah! mon cher comte, dit en riant M. d'Erfeuil, vous vous adoucissez donc depuis que vous savez que Corinne m'a répondu? mais enfin *je vous aime et tout est pardonné.* Je vous avouerai donc modestement que dans mon billet j'avais parlé de moi plus que de vous, et que dans sa réponse il me semble qu'elle vous nomme le premier ; mais je ne suis jamais jaloux de mes amis. — Assurément, répondit lord Nelvil, je ne pense pas que ni vous ni moi nous puissions nous flatter de plaire à Corinne ; et quant à moi, tout ce que je désire, c'est de jouir quelquefois de la société d'une personne aussi étonnante : à ce soir donc, puisque vous l'avez arrangé ainsi. — Vous viendrez avec moi? dit le comte d'Erfeuil. — Eh bien, oui, répondit lord Nelvil avec un embarras très-visible. — Pourquoi donc, continua le comte d'Erfeuil, pourquoi s'être tant plaint de ce que j'ai fait? vous finissez comme j'ai commencé ; mais il fallait bien vous laisser l'honneur d'être plus réservé que moi, pourvu toutefois que vous n'y perdissiez rien. C'est vraiment une charmante personne que Corinne : elle a de l'esprit et de la grâce ; je n'ai pas bien compris ce qu'elle disait, parce qu'elle parlait italien ; mais, à la voir, je gagerais qu'elle sait très-bien le français ; nous en jugerons ce soir. Elle mène une vie singulière ; elle est riche, jeune, libre, sans qu'on puisse savoir avec certitude si elle a des amants ou non. Il paraît certain néanmoins qu'à présent elle ne préfère personne ; au reste, ajouta-t-il, il se peut qu'elle n'ait pas rencontré dans ce pays un homme digne d'elle : cela ne m'étonnerait pas. »

Le comte d'Erfeuil continua quelque temps encore à discourir ainsi, sans que lord Nelvil l'interrompît. Il ne disait rien qui fût précisément inconvenable ; mais il froissait toujours les sentiments délicats d'Oswald, en parlant trop fort ou trop légèrement sur ce qui l'intéressait. Il y a des ménagements que l'esprit même et l'usage du monde n'apprennent pas ; et, sans manquer à la plus parfaite politesse, on blesse souvent le cœur.

Lord Nelvil fut très-agité tout le jour, en pensant à la visite du soir ; mais il écarta, tant qu'il le put, les réflexions qui le troublaient, et tâcha de se persuader qu'il pouvait y avoir du plaisir dans un sentiment, sans que ce sentiment décidât du sort de la vie. Fausse sécurité ! car l'âme ne reçoit aucun plaisir de ce qu'elle reconnaît elle-même pour passager.

Lord Nelvil et le comte d'Erfeuil arrivèrent chez Corinne. Sa maison était placée dans le quartier des Transtévérins, un peu au delà du château Saint-Ange. La vue du Tibre embellissait cette maison, ornée dans l'intérieur avec l'élégance la plus parfaite. Le salon était décoré des copies en plâtre des meilleures statues de l'Italie : la Niobé, le Laocoon, la Vénus de Médicis, le Gladiateur mourant ; et, dans le cabinet où se tenait Corinne, l'on voyait des instruments de musique, des livres, un ameublement simple mais commode, et seulement arrangé pour rendre la conversation facile et le cercle resserré. Corinne n'était point encore dans son cabinet lorsque Oswald arriva ; en l'attendant, il se promenait avec anxiété dans son appartement ; il y remarquait dans chaque détail un mélange heureux de tout ce qu'il y a de plus agréable dans les trois nations, française, anglaise et italienne : le goût de la société, l'amour des lettres, et le sentiment des beaux-arts.

Corinne enfin parut ; elle était vêtue sans aucune recherche, mais toujours pittoresquement. Elle avait dans ses cheveux des camées antiques, et portait à son cou un collier de corail. Sa politesse était noble et facile ; en la voyant ainsi familièrement au milieu du cercle de ses amis, on retrouvait en elle la divinité du Capitole, bien qu'elle fût parfaitement simple et naturelle en tout. Elle salua d'abord le comte d'Erfeuil, en regardant Oswald ; et puis, comme si elle se fût repentie de cette espèce de fausseté, elle s'avança vers Oswald ; et l'on put remarquer qu'en l'appelant lord Nelvil, ce nom semblait produire un effet singulier sur elle, et deux fois elle le répéta d'une voix émue, comme s'il lui eût retracé de touchants souvenirs.

Enfin elle dit en italien à lord Nelvil quelques mots pleins de grâce sur l'obligeance qu'il lui avait témoignée la veille en relevant sa couronne. Oswald lui répondit en cherchant à lui exprimer l'admiration qu'elle lui avait inspirée, et se plaignit avec douceur de ce qu'elle ne lui parlait pas en anglais. « Vous suis-je, ajouta-t-il, plus étranger qu'hier ? — Non, assurément, lui répondit Corinne ; mais, quand on a comme moi parlé plusieurs années de sa vie deux ou trois langues différentes, l'une ou l'autre est inspirée par les sentiments que l'on doit exprimer. — Sûrement, dit Oswald, l'anglais est votre langue habituelle, celle que vous parlez à vos amis, celle... — Je suis Italienne, interrompit Corinne ; pardonnez-moi, milord, mais il me semble que je retrouve en vous cet orgueil national qui caractérise souvent vos compatriotes. Dans ce pays, nous sommes plus modestes : nous ne sommes ni contents de nous comme des Français, ni fiers de nous comme des Anglais. Un peu d'indulgence nous suffit de la part des étrangers ; et comme il nous est refusé depuis long-temps d'être une nation, nous avons le grand tort de manquer souvent, comme individus, de la dignité qui ne nous est pas permise comme peuple ; mais quand vous connaîtrez les Italiens, vous verrez qu'ils ont dans leur caractère quelques traces de la grandeur antique, quelques traces rares, effacées, mais qui pourraient reparaître dans des temps plus heureux. Je vous parlerai anglais quelquefois, mais pas toujours ; l'italien m'est cher · j'ai beaucoup souffert, dit-elle en soupirant, pour vivre en Italie. »

Le comte d'Erfeuil fit des reproches aimables à Corinne de ce qu'elle l'oubliait tout à fait en s'exprimant dans des langues qu'il n'entendait pas. « Belle Corinne, lui dit-il, de grâce parlez français ; vous en êtes vraiment digne. » Corinne sourit à ce compliment, et se mit à parler français très-purement, très-facilement, mais avec l'accent anglais. Lord Nelvil et le comte d'Erfeuil s'en étonnèrent également ; mais le comte d'Erfeuil, qui croyait qu'on pouvait tout dire, pourvu que ce fût avec grâce, et qui s'imaginait que l'impolitesse consistait dans la forme et non dans le fond, demanda directement à Corinne raison de cette singularité. Elle fut d'abord un peu troublée de cette interrogation subite ; puis, reprenant ses esprits, elle dit au comte d'Erfeuil : « Apparemment, monsieur, que j'ai appris le français d'un Anglais. » Il renouvela ses questions en riant, mais avec instance. Corinne s'embarrassa toujours davantage, et lui dit enfin : « Depuis quatre ans, monsieur, que je suis fixée à Rome, aucun de mes amis, aucun de ceux qui, j'en suis sûre, s'intéressent beaucoup à moi, ne m'ont interrogée sur ma destinée ; ils ont compris d'abord qu'il m'était pénible d'en parler. » Ces paroles mirent un terme aux questions du comte d'Erfeuil ; mais Corinne eut peur de l'avoir blessé ; et, comme il avait l'air d'être très-lié avec lord Nelvil, elle craignit encore plus, sans vouloir s'en rendre raison, qu'il ne parlât d'elle désavantageusement à son ami, et elle se remit à prendre assez de soin pour lui plaire.

Le prince Castel-Forte arriva dans ce moment avec plusieurs Romains de ses amis et de ceux de Corinne. C'étaient des hommes d'un esprit aimable et gai, très-bienveillants dans leurs formes, et si facilement animés par la conversation des autres, qu'on trouvait un vif plaisir à leur parler, tant ils sentaient vivement ce qui méritait d'être senti. L'indolence des Italiens les porte à ne point montrer en société ni souvent d'aucune manière, tout l'esprit qu'ils ont. La plupart d'entre eux ne cultivent pas même dans la retraite les facultés intellectuelles que la nature leur a données ; mais ils jouissent avec transport de ce qui leur vient sans peine.

Corinne avait beaucoup de gaieté dans l'esprit. Elle apercevait le ridicule avec la sagacité d'une Française, et le peignait avec l'imagination d'une Italienne ; mais elle mêlait à tout un sentiment de bonté : on ne voyait jamais rien en elle de calculé ni d'hostile ; car, en toute chose c'est la froideur qui offense, et l'imagination, au contraire, a presque toujours de la bonhomie.

Oswald trouvait Corinne pleine de grace, et d'une grâce qui lui était toute nouvelle. Une grande et terrible circonstance de sa vie était attachée au souvenir d'une femme française très-aimable et très-spirituelle ; mais Corinne ne lui ressemblait en rien : sa conversation était un mélange de tous les genres d'esprit ; l'enthousiasme des beaux-arts et la connaissance du monde, la finesse des idées et la profondeur des sentiments, enfin tous les charmes de la vivacité et de la rapidité s'y faisaient remarquer, sans que pour cela ses pensées fussent jamais incomplètes, ni ses réflexions légères. Oswald était tout à la fois surpris et charmé, inquiet et entraîné; il ne comprenait pas comment une seule personne pouvait réunir tout ce que possédait Corinne ; il se demandait si le lien de tant de qualités presque opposées était l'inconséquence ou la supériorité; si c'était à force de tout sentir, ou parce qu'elle oubliait tout successivement, qu'elle passait ainsi, presque dans un même instant, de la mélancolie à la gaieté, de la profondeur à la grâce, de la conversation la plus étonnante, et par les connaissances et par les idées, à la coquetterie d'une femme qui cherche à plaire et veut captiver; mais il y avait dans cette coquetterie une noblesse si parfaite, qu'elle imposait autant de respect que la réserve la plus sévère.

Le prince Castel-Forte était très-occupé de Corinne, et tous les Italiens qui composaient sa société lui montraient un sentiment qui s'exprimait par les soins et les hommages les plus délicats et les plus assidus : le culte habituel dont ils l'entouraient répandait comme un air de fête sur tous les jours de sa vie. Corinne était heureuse d'être aimée; mais heureuse comme on l'est de vivre dans un climat doux, d'entendre des sons harmonieux, de ne recevoir enfin que des impressions agréables. Le sentiment profond et sérieux de l'amour ne se peignait point sur son visage, où tout était exprimé par la physionomie la plus vive et la plus mobile. Oswald la regardait en silence; sa présence animait Corinne, et lui inspirait le désir d'être aimable. Cependant elle s'arrêtait quelquefois dans les moments où sa conversation était la plus brillante, étonnée du calme extérieur d'Oswald, ne sachant pas s'il l'approuvait ou s'il la blâmait secrètement, et si ses idées anglaises lui permettaient d'applaudir à de tels succès dans une femme.

Oswald était trop captivé par les charmes de Corinne pour se rappeler alors ses anciennes opinions sur l'obscurité qui convenait aux femmes; mais il se demandait si l'on pouvait être aimé d'elle, s'il était possible de concentrer en soi seul tant de rayons; enfin, il était à la fois ébloui et troublé; et, bien qu'à son départ elle l'eût invité très-poliment à revenir la voir, il laissa passer tout un jour sans aller chez elle, éprouvant une sorte de terreur du sentiment qui l'entraînait.

Quelquefois il comparait ce sentiment nouveau avec l'erreur fatale des premiers moments de sa jeunesse, et repoussait vivement ensuite cette comparaison; car c'était l'art, et un art perfide, qui l'avait subjugué, tandis qu'on ne pouvait douter de la vérité de Corinne. Son charme tenait-il de la magie ou de l'inspiration poétique? était-ce Armide ou Sapho? pouvait-on espérer de captiver jamais un génie doué de si brillantes ailes? Il était impossible de le décider; mais au moins on sentait que ce n'était pas la société, que c'était plutôt le ciel même qui avait formé cet être extraordinaire, et que son esprit était aussi incapable d'imiter que son caractère de feindre. « O mon père! disait Oswald, si vous aviez connu Corinne, qu'auriez-vous pensé d'elle? »

CHAPITRE II

Le comte d'Erfeuil vint, selon sa coutume, le matin chez lord Nelvil; et, en lui reprochant de n'avoir pas été la veille chez Corinne, il lui dit : « Vous auriez été bien heureux si vous y étiez venu. — Et pourquoi? reprit Oswald. — Parce que j'ai acquis hier la certitude que vous l'intéressez vivement. — Encore de la légèreté! interrompit lord Nelvil; ne savez-vous donc pas que je ne puis ni ne veux en avoir? — Vous appelez légèreté, dit le comte d'Erfeuil, la promptitude de mes observations. Ai-je moins de raison parce que j'ai raison plus vite? Vous étiez tous faits pour vivre dans cet heureux temps des patriarches, où l'homme avait cinq siècles de vie : on nous en a retranché au moins quatre, je vous en avertis. — Soit, répondit Oswald; et ces observations si rapides, que vous ont-elles fait découvrir? — Que Corinne vous aime. Hier, je suis arrivé chez elle : sans doute elle m'a très-bien reçu; mais ses yeux étaient attachés sur la porte pour regarder si vous me suiviez. Elle a essayé un moment de parler d'autre chose; mais, comme c'est une personne très-vive et très-naturelle, elle m'a enfin demandé tout simplement pourquoi vous n'étiez pas venu avec moi. Je vous ai blâmé, vous ne m'en voudrez pas ; j'ai dit que vous étiez une créature sombre et bizarre ; mais je vous épargne d'ailleurs tous les éloges que j'ai faits de vous.

« Il est triste, m'a dit Corinne ; il a perdu sans doute une personne qui lui était chère. De qui porte-t-il le deuil ? — De son père, madame, lui ai-je dit, quoiqu'il y ait plus d'un an qu'il l'a perdu ; et comme la loi de la nature nous oblige tous à survivre à nos parents, j'imagine que quelque autre motif secret est la cause de sa longue et profonde mélancolie. — Oh ! reprit Corinne, je suis bien loin de penser que des douleurs en apparence semblables soient les mêmes pour tous les hommes. Le père de votre ami et votre ami lui-même ne sont peut-être pas dans la règle commune, et je suis bien tentée de le croire. » Sa voix était très-douce, mon cher Oswald, en prononçant ces derniers mots. — Est-ce là, reprit Oswald, toutes les preuves d'intérêt que vous m'annoncez ? — En vérité, reprit le comte d'Erfeuil, c'est bien assez, selon moi, pour être sûr d'être aimé ; mais, puisque vous voulez mieux, vous aurez mieux : j'ai réservé le plus fort pour la fin. Le prince Castel-Forte est arrivé, et il a raconté toute votre histoire d'Ancône, sans savoir que c'était vous dont il parlait. il l'a racontée avec beaucoup de feu et d'imagination, autant que j'en puis juger, grâce aux deux leçons d'italien que j'ai prises ; mais il y a tant de mots français dans les langues étrangères, que nous les comprenons presque toutes, même sans les savoir. D'ailleurs, la physionomie de Corinne m'aurait expliqué ce que je n'entendais pas. On y lisait si visiblement l'agitation de son cœur ; elle ne respirait pas, de peur de perdre un seul mot ; quand elle demanda si l'on savait le nom de cet Anglais, son anxiété était telle, qu'il était bien facile de juger combien elle craignait qu'un autre nom que le vôtre ne fût prononcé.

« Le prince Castel-Forte dit qu'il ignorait quel était cet Anglais ; et Corinne, se retournant avec vivacité vers moi, s'écria : « N'est-il pas vrai, monsieur, que c'est lord Nelvil ?

— Oui, madame, lui répondis-je, c'est lui. » Et Corinne alors fondit en larmes. Elle n'avait pas pleuré pendant l'histoire; qu'y avait-il donc dans le nom du héros de plus attendrissant que le récit même ? — Elle a pleuré ! s'écria lord Nelvil; ah! que n'étais-je là ! » Puis, s'arrêtant tout à coup, il baissa les yeux, et son visage mâle exprima la timidité la plus délicate; il se hâta de reprendre la parole, de peur que le comte d'Erfeuil ne troublât sa joie secrète en la remarquant. « Si l'aventure d'Ancône mérite d'être racontée, dit Oswald, c'est à vous aussi, mon cher comte, que l'honneur en appartient. — On a bien parlé, répondit le comte d'Erfeuil en riant, d'un Français très-aimable qui était là, milord, avec vous; mais personne que moi n'a fait attention à cette parenthèse du récit. La belle Corinne vous préfère, elle vous croit sans doute le plus fidèle de nous deux; vous ne le serez pas davantage, peut-être même lui ferez-vous plus de chagrin que je ne lui en aurais fait; mais les femmes aiment la peine, pourvu qu'elle soit bien romanesque : ainsi vous lui convenez. » Lord Nelvil souffrait à chaque mot du comte d'Erfeuil; mais que lui dire? il ne disputait jamais, il n'écoutait jamais assez attentivement pour changer d'avis : ses paroles une fois lancées, il ne s'y intéressait plus; et le mieux était encore de les oublier, si on le pouvait, aussi vite que lui-même.

CHAPITRE III

Oswald arriva le soir chez Corinne avec un sentiment tout nouveau; il pensa qu'il était peut-être attendu. Quel enchantement que cette première lueur d'intelligence avec ce qu'on aime ! Avant que le souvenir entre en partage avec l'espérance, avant que les paroles aient exprimé les sentiments, avant que l'éloquence ait su peindre ce que l'on éprouve, il y a dans ces premiers instants je ne sais quel vague, je ne sais quel mystère d'imagination, plus passager que le bonheur même, mais plus céleste encore que lui. Oswald, en entrant dans la chambre de Corinne, se sentit plus timide que jamais.

Il vit qu'elle était seule, et il en éprouva presque de la peine : il aurait voulu l'observer longtemps au milieu du monde ; il aurait souhaité d'être assuré, de quelque manière, de sa préférence, avant de se trouver tout à coup engagé dans un entretien qui pouvait refroidir Corinne à son égard, si, comme il en était certain, il se montrait embarrassé, et froid par embarras.

Soit que Corinne s'aperçût de cette disposition d'Oswald, ou qu'une disposition semblable produisît en elle le désir d'animer la conversation pour faire cesser la gêne, elle se hâta de demander à lord Nelvil s'il avait vu quelques-uns des monuments de Rome. « Non, répondit Oswald. — Qu'avez-vous donc fait hier? reprit Corinne en souriant. — J'ai passé la journée chez moi, dit Oswald : depuis que je suis à Rome, je n'ai vu que vous, madame, ou je suis resté seul. » Corinne voulut lui parler de sa conduite à Ancône ; elle commença par ces mots : « Hier, j'ai appris... » puis elle s'arrêta, et dit : « Je vous parlerai de cela quand il viendra du monde. » Lord Nelvil avait une dignité dans les manières qui intimidait Corinne ; et d'ailleurs elle craignait, en lui rappelant sa noble conduite, de montrer trop d'émotion ; il lui semblait qu'elle en aurait moins quand ils ne seraient plus seuls. Oswald fut profondément touché de la réserve de Corinne, et de la franchise avec laquelle elle trahissait, sans y penser, les motifs de cette réserve ; mais plus il était troublé, moins il pouvait exprimer ce qu'il éprouvait.

Il se leva donc tout à coup, et s'avança vers la fenêtre, puis il sentit que Corinne ne pourrait expliquer ce mouvement ; et, plus déconcerté que jamais, il revint à sa place sans rien dire. Corinne avait en conversation plus d'assurance qu'Oswald ; néanmoins l'embarras qu'il témoignait était partagé par elle ; et dans sa distraction, cherchant une contenance, elle posa ses doigts sur la harpe qui était placée à côté d'elle, et fit quelques accords sans suite et sans dessein. Ces sons harmonieux, en accroissant l'émotion d'Oswald, semblaient lui inspirer un peu plus de hardiesse. Déjà il avait osé regarder Corinne : eh ! qui pouvait la regarder sans être frappé de l'inspiration divine qui se peignait dans ses yeux ? Et, rassuré au même instant par l'expression de bonté qui voilait l'éclat de ses regards, peut-être Oswald allait-il parler, lorsque le prince Castel-Forte entra.

Il ne vit pas sans peine lord Nelvil tête à tête avec Corinne; mais il avait l'habitude de dissimuler ses impressions : cette habitude, qui se trouve souvent réunie, chez les Italiens, avec une grande véhémence de sentiments, était plutôt en lui le résultat de l'indolence et de la douceur naturelle. Il était résigné à n'être pas le premier objet des affections de Corinne; il n'était plus jeune; il avait beaucoup d'esprit, un grand goût pour les arts, une imagination aussi animée qu'il le fallait pour diversifier la vie sans l'agiter, et un tel besoin de passer toutes ses soirées avec Corinne, que, si elle se fût mariée, il aurait conjuré son époux de le laisser venir tous les jours chez elle, comme de coutume; et, à cette condition, il n'eût pas été très-malheureux de la voir liée à un autre. Les chagrins du cœur, en Italie, ne sont point compliqués par les peines de la vanité; de manière que l'on y rencontre, ou des hommes assez passionnés pour poignarder leur rival par jalousie, ou des hommes assez modestes pour prendre volontiers le second rang auprès d'une femme dont l'entretien leur est agréable; mais l'on n'en trouverait guère qui, par la crainte de passer pour dédaignés, se refusassent à conserver une relation quelconque qui leur plairait : l'empire de la société sur l'amour-propre est presque nul dans ce pays.

Le comte d'Erfeuil et la société qui se rassemblait tous les soirs chez Corinne étant réunis, la conversation se dirigea sur le talent d'improviser, que Corinne avait si glorieusement montré au Capitole, et l'on en vint à lui demander à elle-même ce qu'elle en pensait. « C'est une chose si rare, dit le prince Castel-Forte, de trouver une personne à la fois susceptible d'enthousiasme et d'analyse, douée comme un artiste, et capable de s'observer elle-même, qu'il faut la conjurer de nous révéler, autant qu'elle le pourra, les secrets de son génie. — Ce talent d'improviser, reprit Corinne, n'est pas plus extraordinaire dans les langues du Midi que l'éloquence de la tribune, ou la vivacité brillante de la conversation, dans les autres langues. Je dirai même que malheureusement il est chez nous plus facile de faire des vers à l'improviste que de bien parler en prose. Le langage de la poésie diffère tellement de celui de la prose, que, dès les premiers vers, l'attention est commandée par les expressions mêmes, qui placent pour ainsi dire le poëte à distance des auditeurs. Ce n'est pas uniquement à la douceur de l'italien, mais bien plutôt à la vibration forte et prononcée de ses syllabes sonores, qu'il faut attribuer l'empire de la poésie parmi nous. L'italien a un charme musical qui fait trouver du plaisir dans le son des mots, presque indépendamment des idées; ces mots, d'ailleurs, ont presque tous quelque chose de pittoresque, ils peignent ce qu'ils expriment. Vous sentez que c'est au milieu des arts et sous un beau ciel que s'est formé ce langage mélodieux et coloré. Il est donc plus aisé en Italie que partout ailleurs de séduire avec des paroles, sans profondeur dans les pensées et sans nouveauté dans les images. La poésie, comme tous les beaux-arts, captive autant les sensations que l'intelligence. J'ose dire cependant que je n'ai jamais improvisé sans qu'une émotion vraie, ou une idée que je croyais nouvelle, m'ait animée; j'espère donc que je me suis un peu moins fiée que les autres à notre langue enchanteresse. Elle peut, pour ainsi dire, préluder au hasard, et donner encore un vif plaisir, seulement par le charme du rhythme et de l'harmonie.

— Vous croyez donc, interrompit un des amis de Corinne, que le talent d'improviser fait du tort à notre littérature? Je le croyais aussi avant de vous avoir entendue, mais vous m'avez fait entièrement revenir de cette opinion. — J'ai dit, reprit Corinne, qu'il résultait de cette facilité, de cette abondance littéraire, une très-grande quantité de poésies communes; mais je suis bien aise que cette fécondité existe en Italie, comme il me plaît de voir nos campagnes couvertes de mille productions superflues. Cette libéralité de la nature m'enorgueillit. J'aime surtout l'improvisation dans les gens du peuple; elle nous fait voir leur imagination, qui est cachée partout ailleurs, et ne se développe que parmi nous. Elle donne quelque chose de poétique aux derniers rangs de la société, et nous épargne le dégoût qu'on ne peut s'empêcher de sentir pour ce qui est vulgaire en tout genre. Quand nos Siciliens, en conduisant les voyageurs dans leurs barques, leur adressent dans leur gracieux dialecte d'aimables félicitations, et leur disent en vers un doux et long adieu, on dirait que le souffle pur du ciel et de la mer agit sur l'imagination des hommes, comme le vent sur les harpes éoliennes, et que la poésie, comme les accords, est l'écho de la nature. Une chose me fait encore attacher du prix à notre talent d'improviser, c'est que ce talent serait presque impossible dans une société disposée à la moquerie; il faut, passez-moi cette expression, il faut la bonhomie du Midi, ou plutôt des pays où l'on aime à s'amuser sans trouver du plaisir à critiquer ce qui amuse, pour que les poëtes se risquent à cette périlleuse entreprise. Un sourire railleur suffirait pour ôter la présence d'esprit nécessaire à une composition subite et non interrompue; il faut que les auditeurs s'animent avec vous, et que leurs applaudissements vous inspirent.

— Mais vous, madame, mais vous, dit enfin Oswald, qui jusqu'alors avait gardé le silence sans avoir un moment cessé de regarder Corinne, à laquelle de vos poésies donnez-vous la préférence ? Est-ce à celles qui sont l'ouvrage de la réflexion, ou de l'inspiration instantanée ? — Milord, répondit Corinne avec un regard qui exprimait et beaucoup d'intérêt et le sentiment plus délicat encore d'une considération respectueuse, ce serait vous que j'en ferais juge; mais si vous me demandez d'examiner moi-même ce que je pense à cet égard, je dirai que l'improvisation est pour moi comme une conversation animée. Je ne me laisse point astreindre à tel ou tel sujet; je m'abandonne à l'impression que produit sur moi l'intérêt de ceux qui m'écoutent, et c'est à mes amis que je dois, surtout en ce genre, la plus grande partie de mon talent. Quelquefois l'intérêt passionné que m'inspire un entretien où l'on a parlé des grandes et nobles questions qui concernent l'existence morale de l'homme, sa destinée, son but, ses devoirs, ses affections; quelquefois cet intérêt m'élève au-dessus de mes forces, me fait découvrir dans la nature, dans mon propre cœur, des vérités audacieuses, des expressions pleines de vie, que la réflexion solitaire n'aurait pas fait naître. Je crois éprouver alors un enthousiasme surnaturel, et je sens bien que ce qui parle en moi vaut mieux que moi-même; souvent il m'arrive de quitter le rhythme de la poésie, et d'exprimer ma pensée en prose; quelquefois je cite les plus beaux vers des diverses langues qui me sont connues. Ils sont à moi, ces vers divins dont mon âme s'est pénétrée. Quelquefois aussi j'achève sur ma lyre, par des accords, par des airs simples et nationaux, les sentiments et les pensées qui échappent à mes paroles. Enfin je me sens poëte, non pas seulement quand un heureux choix de rimes et de syllabes harmonieuses, quand une heureuse réunion d'images éblouit les auditeurs, mais quand mon âme s'élève, quand elle dédaigne de plus haut l'égoïsme et la bassesse, enfin quand une belle action me serait plus facile : c'est alors que mes vers sont meilleurs. Je suis poëte lorsque j'admire, lorsque je méprise, lorsque je hais, non par des sentiments personnels, non pour ma propre cause, mais pour la dignité de l'espèce humaine et la gloire du monde. »

Corinne s'aperçut alors que la conversation l'avait entraînée; elle en rougit un peu; et, se tournant vers lord Nelvil, elle lui dit : « Vous le voyez, je ne puis approcher d'aucun des sujets qui me touchent, sans éprouver cette sorte d'ébranlement qui est la source de la beauté idéale dans les arts, de la religion dans les âmes solitaires, de la générosité dans les héros, du désintéressement parmi les hommes; pardonnez-le-moi, milord, bien qu'une telle femme ne ressemble guère à celles que l'on approuve dans votre pays. — Qui pourrait vous ressembler? reprit lord Nelvil; et peut-on faire des lois pour une personne unique? »

Le comte d'Erfeuil était dans un véritable enchantement, bien qu'il n'eût pas entendu tout ce que disait Corinne; mais ses gestes, le son de sa voix, sa manière de prononcer, le charmaient, et c'était la première fois qu'une grâce qui n'était pas française avait agi sur lui. Mais, à la vérité, le grand succès de Corinne à Rome le mettait un peu sur la voie de ce qu'il devait penser d'elle, et il ne perdait pas, en l'admirant, la bonne habitude de se laisser guider par l'opinion des autres.

Il sortit avec lord Nelvil, et lui dit en s'en allant : « Convenez, mon cher Oswald, que j'ai pourtant quelque mérite en ne faisant pas ma cour à une aussi charmante personne. — Mais, répondit lord Nelvil, il me semble qu'on dit généralement qu'il n'est pas facile de lui plaire. — On le dit, reprit le comte d'Erfeuil, mais j'ai de la peine à le croire. Une femme seule, indépendante, et qui mène à peu près la vie d'un artiste, ne doit pas être difficile à captiver. » Lord Nelvil fut blessé de cette réflexion. Le comte d'Erfeuil, soit qu'il ne s'en aperçût pas, soit qu'il voulût suivre le cours de ses propres idées, continua ainsi :

« Ce n'est pas cependant, dit-il, que, si je voulais croire à la vertu d'une femme, je ne crusse aussi volontiers à celle de Corinne qu'à toute autre. Elle a certainement mille fois plus d'expression dans le regard, de vivacité dans les démonstrations, qu'il n'en faudrait chez vous, et même chez nous, pour faire douter de la sévérité d'une femme; mais, c'est une personne d'un esprit si supérieur, d'une instruction si profonde, d'un tact si fin, que les règles ordinaires pour juger les femmes ne peuvent s'appliquer à elle. Enfin, croiriez-vous que je la trouve imposante, malgré son naturel et le *laisser-aller* de sa conversation? J'ai voulu hier, tout en respectant son intérêt pour vous, dire quelques mots au hasard pour mon compte: c'était de ces mots qui deviennent ce qu'ils peuvent; si on les écoute, à la bonne heure; si on ne les écoute pas, à la bonne heure encore; et Corinne m'a regardé froidement, d'une manière qui m'a tout à fait troublé. C'est pourtant singulier d'être timide avec une Italienne, un artiste, un poëte, enfin tout ce qui doit mettre à l'aise. — Son nom est inconnu, reprit lord Nelvil, mais ses manières doivent le faire croire illustre. — Ah! c'est dans les romans, dit le comte d'Erfeuil, qu'il est d'usage de cacher le plus beau; mais dans le monde réel on dit tout ce qui nous fait honneur, et même un peu plus que tout. — Oui, interrompit Oswald, dans quelques sociétés où l'on ne songe qu'à l'effet que l'on produit les uns sur les autres ; mais là où l'existence est intérieure, il peut y avoir des mystères dans les circonstances, comme il y a des secrets dans les sentiments ; et celui-là seulement qui voudrait épouser Corinne pourrait savoir... — Épouser Corinne ! interrompit le comte d'Erfeuil en riant aux éclats ; oh ! cette idée-là ne me serait jamais venue ! Croyez-moi, mon cher Nelvil, si vous voulez faire des sottises, faites-en qui soient réparables ; mais, pour le mariage, il ne faut jamais consulter que les convenances. Je vous parais frivole ; eh bien, néanmoins, je parie que dans la conduite de la vie je serai plus raisonnable que vous. — Je le crois aussi, » répondit lord Nelvil ; et il n'ajouta pas un mot de plus.

En effet, pouvait-il dire au comte d'Erfeuil qu'il y a souvent beaucoup d'égoïsme dans la frivolité, et que cet égoïsme ne peut jamais conduire aux fautes de sentiment, à ces fautes dans lesquelles on se sacrifie presque toujours aux autres ? Les hommes frivoles sont très-capables de devenir habiles dans la direction de leurs propres intérêts ; car dans tout ce qui s'appelle la science politique de la vie privée, comme de la vie publique, on réussit encore plus souvent par les qualités qu'on n'a pas que par celles qu'on possède. Absence d'enthousiasme, absence d'opinion, absence de sensibilité, un peu d'esprit combiné avec ce trésor négatif, et la vie sociale proprement dite, c'est-à-dire la fortune et le rang, s'acquièrent ou se maintiennent assez bien. Les plaisanteries du comte d'Erfeuil cependant avaient fait de la peine à lord Nelvil. Il les blâmait, mais il se les rappelait d'une manière importune.

LIVRE QUATRIÈME

ROME

CHAPITRE PREMIER

Quinze jours se passèrent, pendant lesquels lord Nelvil se consacra tout entier à la société de Corinne. Il ne sortait de chez lui que pour se rendre chez elle; il ne voyait rien, il ne cherchait rien qu'elle; et sans lui parler jamais de son sentiment, il l'en faisait jouir à tous les moments du jour. Elle était accoutumée aux hommages vifs et flatteurs des Italiens; mais la dignité des manières d'Oswald, son apparente froideur, et sa sensibilité, qui se trahissait malgré lui, exerçaient sur l'imagination une bien plus grande puissance. Jamais il ne racontait une action généreuse, jamais il ne parlait d'un malheur, sans que ses yeux se remplissent de larmes, et toujours il cherchait à cacher son émotion. Il inspirait à Corinne un sentiment de respect qu'elle n'avait pas éprouvé depuis longtemps. Aucun esprit, quelque distingué qu'il fût, ne pouvait l'étonner; mais l'élévation et la dignité du caractère agissaient profondément sur elle. Lord Nelvil joignait à ces qualités une noblesse dans les expressions, une élégance dans les moindres actions de la vie, qui faisaient contraste avec la négligence et la familiarité de la plupart des grands seigneurs romains.

Bien que les goûts d'Oswald fussent, à quelques égards, différents de ceux de Corinne, ils se comprenaient mutuellement d'une façon merveilleuse. Lord Nelvil devinait les impressions de Corinne avec une sagacité parfaite, et Corinne découvrait, à la plus légère altération du visage de lord Nelvil, ce qui se passait en lui. Habituée aux démonstrations orageuses de la passion des Italiens, cet attachement timide et fier, ce sentiment prouvé sans cesse et jamais avoué, répandait sur sa vie un intérêt tout à fait nouveau. Elle se sentait comme environnée d'une atmosphère plus douce et plus pure, et chaque instant de la journée lui causait un sentiment de bonheur qu'elle aimait à goûter, sans vouloir s'en rendre compte.

Un matin, le prince Castel-Forte vint chez elle, il était triste, elle lui en demanda la cause. « Cet Écossais, lui dit-il, va nous enlever votre affection, et qui sait même s'il ne vous emmènera pas loin de nous! » Corinne garda quelques instants le silence, puis répondit : « Je vous atteste qu'il ne m'a point dit qu'il m'aimât. — Vous le croyez néanmoins, répondit le prince Castel-Forte; il vous parle par sa vie, et son silence même est un habile moyen de vous intéresser. Que peut-on vous dire en effet que vous n'ayez pas entendu! quelle est la louange qu'on ne vous ait pas offerte! quel est l'hommage auquel vous ne soyez pas accoutumée! mais il y a quelque chose de contenu, de voilé dans le caractère de lord Nelvil, qui ne vous permettra jamais de le juger entièrement comme vous nous jugez. Vous êtes la personne du monde la plus facile à connaître; mais c'est précisément parce que vous vous montrez volontiers telle que vous êtes, que la réserve et le mystère vous plaisent et vous dominent. L'inconnu, quel qu'il soit, a plus d'ascendant sur vous que tous les sentiments qu'on vous témoigne. » Corinne sourit. « Vous croyez donc, cher prince, lui dit-elle, que mon cœur est ingrat et mon imagination capricieuse? Il me semble cependant que lord Nelvil possède et laisse voir des qualités assez remarquables pour que je ne puisse pas me flatter de les avoir découvertes. — C'est, j'en conviens, répondit le prince Castel-Forte, un homme fier, généreux, spirituel, sensible même, et surtout mélancolique; mais je me trompe fort, ou ses goûts n'ont pas le moindre rapport avec les vôtres. Vous ne vous en apercevrez pas tant qu'il sera sous le charme de votre présence; mais votre empire sur lui ne tiendrait pas, s'il était loin de vous. Les obstacles le fatigueraient ; son âme a contracté, par les chagrins qu'il a éprouvés, une sorte de découragement qui doit nuire à l'énergie de ses résolutions ; et vous savez d'ailleurs combien les Anglais en général sont asservis aux mœurs et aux habitudes de leur pays. »

A ces mots, Corinne se tut et soupira. Des réflexions pénibles sur les premiers événements de sa vie se retracèrent à sa pensée, mais le soir elle revit Oswald plus occupé d'elle que jamais ; et tout ce qui resta dans son esprit de la conversation du prince Castel-Forte, ce fut le désir de fixer lord Nelvil en Italie, en lui faisant aimer les beautés de tout genre dont ce pays est doué. C'est dans cette intention qu'elle lui écrivit la lettre suivante. La liberté du genre de vie qu'on mène à Rome excusait cette démarche ; et Corinne en particulier, bien qu'on pût lui reprocher tant de franchise et d'entraînement dans le caractère, savait conserver beaucoup de dignité dans l'indépendance, et de modestie dans la vivacité.

CORINNE A LORD NELVIL.

« Ce 15 décembre 1794.

« Je ne sais, milord, si vous me trouverez trop de confiance
« en moi-même, ou si vous rendrez justice aux motifs qui
« peuvent excuser cette confiance. Hier, je vous ai entendu
« dire que vous n'aviez point encore voyagé dans Rome, que
« vous ne connaissiez ni les chefs-d'œuvre de nos beaux-arts,
« ni les ruines antiques qui nous apprennent l'histoire par
« l'imagination et le sentiment, et j'ai conçu l'idée d'oser me
« proposer pour guide dans ces courses à travers les siècles.

« Sans doute Rome présenterait aisément un grand nombre
« de savants dont l'érudition profonde pourrait vous être
« bien plus utile ; mais si je puis réussir à vous faire aimer
« ce séjour, vers lequel je me suis toujours sentie si impé-
« rieusement attirée, vos propres études achèveront ce que
« mon imparfaite esquisse aura commencé.

« Beaucoup d'étrangers viennent à Rome comme ils iraient
« à Londres, comme ils iraient à Paris, pour chercher les

« distractions d'une grande ville, et si l'on osait avouer qu'on
« s'est ennuyé à Rome, je crois que la plupart l'avoueraient;
« mais il est également vrai qu'on peut y découvrir un
« charme dont on ne se lasse jamais. Me pardonnerez-vous,
« milord, de souhaiter que ce charme vous soit connu?

« Sans doute il faut oublier ici tous les intérêts politiques
« du monde; mais lorsque ces intérêts ne sont pas unis à des
« devoirs ou à des sentiments sacrés, ils refroidissent le
« cœur. Il faut aussi renoncer à ce qu'on appellerait ailleurs
« les plaisirs de la société; mais ces plaisirs, presque tou-
« jours, flétrissent l'imagination. L'on jouit à Rome d'une
« existence tout à la fois solitaire et animée, qui développe
« librement en nous-mêmes tout ce que le ciel y a mis. Je le
« répète, milord, pardonnez-moi cet amour pour ma patrie,
« qui me fait désirer de la faire aimer d'un homme tel que
« vous, et ne jugez point avec la sévérité anglaise les témoi-
« gnages de bienveillance qu'une Italienne croit pouvoir don-
« ner sans rien perdre à ses yeux, ni aux vôtres.

« Corinne. »

En vain Oswald aurait voulu se le cacher, il fut vivement
heureux en recevant cette lettre; il entrevit un avenir confus
de jouissances et de bonheur; l'imagination, l'amour, l'enthousiasme, tout ce qu'il y a de divin dans l'âme de l'homme,
lui parut réuni dans le projet enchanteur de voir Rome avec
Corinne. Cette fois il ne réfléchit pas; cette fois il sortit à
l'instant même pour aller voir Corinne; et, dans la route, il
regarda le ciel, il sentit le beau temps, il porta la vie légèrement. Ses regrets et ses craintes se perdirent dans les nuages de l'espérance; son cœur, depuis longtemps opprimé par
la tristesse, battait et tressaillait de joie; il craignait bien
qu'une si heureuse disposition ne pût durer, mais l'idée même
qu'elle était passagère donnait à cette fièvre de bonheur plus
de force et d'activité.

« Vous voilà? dit Corinne en voyant entrer lord Nelvil; ah!
merci. » Et elle lui tendit la main. Oswald la prit, y imprima
ses lèvres avec une vive tendresse et ne sentit pas dans ce

moment cette timidité souffrante qui se mêlait souvent à ses impressions les plus agréables, et lui donnait quelquefois, avec les personnes qu'il aimait le mieux, des sentiments amers et pénibles. L'intimité avait commencé entre Oswald et Corinne depuis qu'ils s'étaient quittés; c'était la lettre de Corinne qui l'avait établie; ils étaient contents tous les deux, et ressentaient l'un pour l'autre une tendre reconnaissance.

« C'est donc ce matin, dit Corinne, que je vous montrerai le Panthéon et Saint-Pierre : j'avais bien quelque espoir, ajouta-t-elle en souriant, que vous accepteriez le voyage de Rome avec moi; aussi mes chevaux sont prêts. Je vous ai attendu; vous êtes arrivé, tout est bien, partons. — Étonnante personne! dit Oswald; qui donc êtes-vous? où avez-vous pris tant de charmes divers qui sembleraient devoir s'exclure : sensibilité, gaieté, profondeur, grâce, abandon, modestie? Êtes-vous une illusion? êtes-vous un bonheur surnaturel pour la vie de celui qui vous rencontre? — Ah! si j'ai le pouvoir de faire quelque bien, reprit Corinne, vous ne devez pas croire que jamais j'y renonce. — Prenez garde, reprit Oswald en saisissant la main de Corinne avec émotion, prenez garde à ce bien que vous voulez me faire. Depuis près de deux ans une main de fer serre mon cœur; si votre douce présence m'a donné quelque relâche, si je respire près de vous, que deviendrai-je quand il faudra rentrer dans mon sort? que deviendrai-je?... — Laissons au temps, laissons au hasard, interrompit Corinne, à décider si cette impression d'un jour que j'ai produite sur vous durera plus qu'un jour. Si nos âmes s'entendent, notre affection mutuelle ne sera point passagère. Quoi qu'il en soit, allons admirer ensemble tout ce qui peut élever notre esprit et nos sentiments; nous goûterons toujours ainsi quelques moments de bonheur. » En achevant ces mots, Corinne descendit, et lord Nelvil la suivit, étonné de sa réponse. Il lui sembla qu'elle admettait la possibilité d'un demi-sentiment, d'un attrait momentané. Enfin il crut entrevoir de la légèreté dans la manière dont elle s'était exprimée, et il en fut blessé.

Il se plaça sans rien dire dans la voiture de Corinne, qui,

devinant sa pensée, lui dit : « Je ne crois pas que le cœur soit ainsi fait, que l'on éprouve toujours ou point d'amour, ou la passion la plus invincible. Il y a des commencements de sentiment qu'un examen plus approfondi peut dissiper. On se flatte, on se détrompe, et l'enthousiasme même dont on est susceptible, s'il rend l'enchantement plus rapide, peut faire aussi que le refroidissement soit plus prompt. — Vous avez beaucoup réfléchi sur le sentiment, madame, dit Oswald avec amertume. Corinne rougit à ce mot, et se tut quelques instants ; puis, reprenant la parole avec un mélange assez frappant de franchise et de dignité : « Je ne crois pas, dit-elle, qu'une femme sensible soit jamais arrivée jusqu'à vingt-six ans sans avoir connu l'illusion de l'amour ; mais si n'avoir jamais été heureuse, si n'avoir jamais rencontré l'objet qui pouvait mériter toutes les affections de son cœur est un titre à l'intérêt, j'ai droit au vôtre. » Ces paroles, et l'accent avec lequel Corinne les prononça, dissipèrent un peu le nuage qui s'était élevé dans l'âme de lord Nelvil ; néanmoins il se dit en lui-même : « C'est la plus séduisante des femmes, mais c'est une Italienne ; et ce n'est pas ce cœur timide, innocent, à lui-même inconnu, que possède sans doute la jeune Anglaise à laquelle mon père me destinait. »

Cette jeune Anglaise se nommait Lucile Edgermont, la fille du meilleur ami du père de lord Nelvil ; mais elle était trop enfant lorsqu'Oswald quitta l'Angleterre, pour qu'il pût l'épouser, ni même prévoir ce qu'elle serait un jour.

CHAPITRE II

Oswald et Corinne allèrent d'abord au Panthéon, qu'on appelle aujourd'hui *Sainte-Marie de la Rotonde*. Partout, en Italie, le catholicisme a hérité du paganisme ; mais le Panthéon est le seul temple antique à Rome qui soit conservé tout entier, le seul où l'on puisse remarquer dans son ensemble la beauté de l'architecture des anciens et le caractère particulier de leur culte. Oswald et Corinne s'arrêtèrent sur la place du Panthéon pour admirer le portique de ce temple et les colonnes qui le soutiennent.

Corinne fit observer à lord Nelvil que le Panthéon était construit de manière qu'il paraissait beaucoup plus grand qu'il ne l'est. « L'église Saint-Pierre, dit-elle, produira sur vous un effet tout différent; vous la croirez d'abord moins vaste qu'elle ne l'est en réalité. L'illusion si favorable au Panthéon vient, à ce qu'on assure, de ce qu'il y a plus d'espace entre les colonnes, et que l'air joue librement autour ; mais surtout de ce que l'on n'y aperçoit presque point d'ornements de détail, tandis que Saint-Pierre en est surchargé. C'est ainsi que la poésie antique ne dessinait que les grandes masses, et laissait à la pensée de l'auditeur à remplir les intervalles, à suppléer les développements : en tous genres, nous autres modernes, nous disons trop.

« Ce temple, continua Corinne, fut consacré par Agrippa, le favori d'Auguste, à son ami, ou plutôt à son maître. Cependant ce maître eut la modestie de refuser la dédicace du temple, et Agrippa se vit obligé de le dédier à tous les dieux de l'Olympe, pour remplacer le dieu de la terre, la puissance. Il y avait un char de bronze au sommet du Panthéon, sur lequel étaient placées les statues d'Auguste et d'Agrippa. De chaque côté du portique, ces mêmes statues se retrouvaient sous une autre forme, et sur le frontispice du temple on lit encore : *Agrippa l'a consacré*. Auguste donna son nom à son siècle, parce qu'il a fait de ce siècle une époque de l'esprit humain. Les chefs-d'œuvre en divers genres de ses contemporains formèrent pour ainsi dire les rayons de son auréole. Il sut honorer habilement les hommes de génie qui cultivaient les lettres, et dans la postérité sa gloire s'en est bien trouvée.

« Entrons dans le temple, dit Corinne; vous le voyez, il reste découvert presque comme il l'était autrefois. On dit que cette lumière qui venait d'en haut était l'emblème de la Divinité supérieure à toutes les divinités. Les païens ont toujours aimé les images symboliques. Il semble en effet que ce langage convient mieux à la religion que la parole. La pluie tombe souvent sur ces parvis de marbre; mais aussi les rayons du soleil viennent éclairer les prières. Quelle sérénité! quel air de fête on remarque dans cet édifice! Les païens ont divinisé la vie, et les chrétiens ont divinisé la mort : tel est l'esprit des deux cultes; mais notre catholicisme romain est moins sombre cependant que ne l'était celui du Nord. Vous l'observerez quand nous serons à Saint-Pierre. Dans l'intérieur du sanctuaire du Panthéon sont les bustes de nos artistes les plus célèbres : ils décorent les niches où l'on avait placé les dieux des anciens. Comme, depuis la destruction de l'empire des Césars, nous n'avons presque jamais eu d'indépendance politique en Italie, on ne trouve point ici des hommes d'État ni de grands capitaines. C'est le génie de l'imagination qui fait notre seule gloire : mais ne trouvez-vous pas, milord, qu'un peuple qui honore ainsi les talents qu'il possède mériterait une plus noble destinée? — Je suis sévère pour les nations, répondit Oswald; je crois toujours qu'elles méritent leur sort, quel qu'il soit. — Cela est dur, reprit Corinne; peut-être, en vivant en Italie, éprouverez-vous un sentiment d'attendrissement sur ce beau pays que la nature semble avoir paré comme une victime; mais, du moins, souvenez-vous que notre plus chère espérance, à nous autres artistes, à nous autres amants de la gloire, c'est d'obtenir une place ici. J'ai déjà marqué la mienne, dit-elle en montrant une niche encore vide. Oswald, qui sait si vous ne reviendrez pas dans cette même enceinte quand mon buste y sera placé? Alors... » Oswald l'interrompit vivement, et lui dit : « Resplendissante de jeunesse et de beauté, pouvez-vous parler ainsi à celui que le malheur et la souffrance font déjà pencher vers la tombe? — Ah! reprit Corinne, l'orage peut briser en un moment les fleurs qui tiennent encore la tête levée. Oswald, cher Oswald, ajouta-t-elle, pourquoi ne seriez-vous pas heureux? pourquoi... — Ne m'interrogez jamais, reprit lord Nelvil; vous avez vos secrets, j'ai les miens; respectons mutuellement notre silence. Non, vous ne savez pas quelle émotion j'éprouverais s'il fallait raconter mes malheurs! » Corinne se tut, et ses pas, en sortant du temple, étaient plus lents et ses regards plus rêveurs.

Elle s'arrêta sous le portique. « Là, dit-elle à lord Nelvil, était une urne de porphyre de la plus grande beauté, transportée maintenant à Saint-Jean-de-Latran; elle contenait les cendres d'Agrippa, qui furent placées au pied de la statue qu'il s'était élevée à lui-même. Les anciens mettaient tant de soin à adoucir l'idée de la destruction, qu'ils savaient en écarter ce qu'elle peut avoir de lugubre et d'effrayant. Il y avait d'ailleurs tant de magnificence dans leurs tombeaux, que le contraste du néant, de la mort et des splendeurs de la vie s'y faisait moins sentir. Il est vrai aussi que l'espérance d'un autre monde était chez eux beaucoup moins vive que chez les chrétiens; les païens s'efforçaient de disputer à la mort le souvenir que nous déposons sans crainte dans le sein de l'Éternel.»

Oswald soupira, et garda le silence. Les idées mélancoliques ont beaucoup de charmes tant qu'on n'a pas été soi-même profondément malheureux; mais quand la douleur, dans toute son âpreté, s'est emparée de l'âme, on n'entend plus, sans tressaillir, de certains mots qui jadis n'excitaient en nous que des rêveries plus ou moins douces.

CHAPITRE III

On passe, en allant à Saint-Pierre, sur le pont Saint-Ange; Corinne et lord Nelvil le traversèrent à pied. « C'est sur ce pont, dit Oswald, qu'en revenant du Capitole j'ai pour la première fois pensé, longtemps pensé à vous. — Je ne me flattais pas, reprit Corinne, que ce couronnement du Capitole me vaudrait un ami; mais cependant, en cherchant la gloire, j'ai toujours espéré qu'elle me ferait aimer. A quoi servirait-elle, du moins aux femmes, sans cet espoir? — Restons encore ici quelques instants, dit Oswald. Quel souvenir, entre tous les siècles, peut valoir pour mon cœur ce lieu qui me rappelle le premier jour où je vous ai vue? — Je ne sais si je me trompe, reprit Corinne, mais il me semble qu'on se devient plus cher l'un à l'autre en admirant ensemble les monuments qui parlent à l'âme par une véritable grandeur. Les édifices de Rome

ne sont ni froids ni muets ; le génie les a créés, des événements
mémorables les consacrent ; peut-être même faut-il aimer,
Oswald, aimer surtout un caractère tel que le vôtre, pour se
complaire à sentir avec lui tout ce qu'il y a de noble et de beau
dans l'univers. — Oui, reprit lord Nelvil, mais en vous regardant, mais en vous écoutant, je n'ai pas besoin d'autres merveilles. » Corinne le remercia par un sourire plein de charmes.

En allant à Saint-Pierre, ils s'arrêtèrent devant le château
Saint-Ange. « Voilà, dit Corinne, l'un des édifices dont l'extérieur a le plus d'originalité ; ce tombeau d'Adrien, changé
en forteresse par les Goths, porte le caractère de sa première
et de sa seconde destination. Bâti pour la mort, une impénétrable enceinte l'environne, et cependant les vivants y ont
ajouté quelque chose d'hostile, par les fortifications extérieures, qui contrastent avec le silence et la noble inutilité
d'un monument funéraire. On voit sur le sommet un ange de
bronze avec son épée nue ; et dans l'intérieur sont pratiquées
des prisons très-cruelles. Tous les événements de l'histoire de
Rome, depuis Adrien jusqu'à nos jours, sont liés à ce monument. Bélisaire s'y défendit contre les Goths, et, presque
aussi barbare que ceux qui l'attaquaient, il lança contre ses
ennemis les belles statues qui décoraient l'intérieur de l'édifice. Crescentius, Arnault de Brescia, Nicolas Rienzi, ces
amis de la liberté romaine, qui ont pris si souvent les souvenirs pour des espérances, se sont défendus longtemps dans
le tombeau d'un empereur. J'aime ces pierres qui s'unissent
à tant de faits illustres. J'aime ce luxe du maître du monde,
un magnifique tombeau. Il y a quelque chose de grand dans
l'homme qui, possesseur de toutes les jouissances et de toutes
les pompes terrestres, ne craint pas de s'occuper longtemps
d'avance de sa mort. Des idées morales, des sentiments désintéressés remplissent l'âme, dès qu'elle sort de quelque manière des bornes de la vie.

« C'est d'ici, continua Corinne, que l'on devrait apercevoir
Saint-Pierre, et c'est jusqu'ici que les colonnes qui le précèdent devaient s'étendre : tel était le superbe plan de Michel-Ange ; il espérait du moins qu'on l'achèverait après lui ; mais

les hommes de notre temps ne pensent plus à la postérité. Quand une fois on a tourné l'enthousiasme en ridicule, on a tout défait, excepté l'argent et le pouvoir. — C'est vous qui ferez renaître ce sentiment! s'écria lord Nelvil. Qui jamais éprouva le bonheur que je goûte? Rome montrée par vous, Rome interprétée par l'imagination et le génie, *Rome, qui est un monde animé par le sentiment, sans lequel le monde lui-même est un désert.* Ah! Corinne, que succédera-t-il à ces jours, plus heureux que mon sort et mon cœur ne le permettent? Corinne lui répondit avec douceur : « Toutes les affections sincères viennent du ciel, Oswald; pourquoi ne protégerait-il pas ce qu'il inspire? C'est à lui qu'il appartient de disposer de nous. »

Alors Saint-Pierre leur apparut, cet édifice le plus grand que les hommes aient jamais élevé; car les pyramides d'Égypte elles-mêmes lui sont inférieures en hauteur. « J'aurais peut-être dû vous faire voir, dit Corinne, le plus beau de nos édifices le dernier; mais ce n'est pas mon système. Il me semble que, pour se rendre sensible aux beaux-arts, il faut commencer par voir les objets qui inspirent une admiration vive et profonde. Ce sentiment, une fois éprouvé, révèle pour ainsi dire une nouvelle sphère d'idées, et rend ensuite plus capable d'aimer et de juger tout ce qui, dans un ordre même inférieur, retrace cependant la première impression qu'on a reçue. Toutes ces gradations, ces manières prudentes et nuancées pour préparer les grands effets, ne sont point de mon goût. On n'arrive point au sublime par degrés; des distances infinies le séparent même de ce qui n'est que beau. » Oswald sentit une émotion tout à fait extraordinaire en arrivant en face de Saint-Pierre. C'était la première fois que l'ouvrage des hommes produisait sur lui l'effet d'une merveille de la nature. C'est le seul travail de l'art, sur notre terre actuelle, qui ait le genre de grandeur qui caractérise les œuvres immédiates de la création. Corinne jouissait de l'étonnement d'Oswald. « J'ai choisi, lui dit-elle, un jour où le soleil est dans tout son éclat pour vous faire voir ce monument. Je vous réserve un plaisir plus intime, plus religieux : c'est de le contempler au clair de la lune; mais il fallait d'abord vous faire assister à la plus brillante des fêtes, le génie de l'homme décoré par la magnificence de la nature. »

La place de Saint-Pierre est entourée de colonnes, légères de loin, et massives de près. Le terrain, qui va toujours un peu en montant jusqu'au portique de l'église, ajoute encore à l'effet qu'elle produit. Un obélisque de quatre-vingts pieds de haut, qui paraît à peine élevé en présence de la coupole de Saint-Pierre, est au milieu de la place. La forme des obélisques elle seule a quelque chose qui plaît à l'imagination; leur sommet se perd dans les airs, et semble porter jusqu'au ciel une grande pensée de l'homme. Ce monument, qui vint d'Égypte pour orner les bains de Caligula, et que Sixte-Quint a fait transporter ensuite au pied du temple de Saint-Pierre; ce contemporain de tant de siècles, qui n'ont pu rien contre lui, inspire un sentiment de respect : l'homme se sent tellement passager, qu'il a toujours de l'émotion en présence de ce qui est immuable. A quelque distance, des deux côtés de l'obélisque, s'élèvent deux fontaines dont l'eau jaillit perpétuellement et retombe avec abondance en cascade dans les airs. Ce murmure des ondes, qu'on a coutume d'entendre au milieu de la campagne, produit dans cette enceinte une sensation toute nouvelle; mais cette sensation est en harmonie avec celle que fait naître l'aspect d'un temple majestueux.

La peinture, la sculpture, imitant le plus souvent la figure humaine ou quelque objet existant dans la nature, réveillent dans notre âme des idées parfaitement claires et positives; mais un beau monument d'architecture n'a point, pour ainsi dire, de sens déterminé, et l'on est saisi, en le contemplant, par cette rêverie sans calcul et sans but qui mène si loin la pensée. Le bruit des eaux convient à toutes ces impressions vagues et profondes; il est uniforme comme l'édifice est régulier

L'éternel mouvement et l'éternel repos [1]

sont ainsi rapprochés l'un de l'autre. C'est dans ce lieu surtout

---

1. Vers de M. de Fontanes.

que le temps est sans pouvoir; car il ne tarit pas plus ces sources jaillissantes qu'il n'ébranle ces immobiles pierres. Les eaux qui s'élancent en gerbe de ces fontaines sont si légères et si nuageuses, que, dans un beau jour, les rayons du soleil y produisent de petits arcs-en-ciel formés des plus belles couleurs.

« Arrêtez-vous un moment ici, dit Corinne à lord Nelvil comme il était déjà sous le portique de l'église; arrêtez-vous, avant de soulever le rideau qui couvre la porte du temple : votre cœur ne bat-il pas à l'approche de ce sanctuaire? et ne ressentez-vous pas, au moment d'entrer, tout ce que ferait éprouver l'attente d'un événement solennel? » Corinne elle-même souleva le rideau, et le retint pour laisser passer lord Nelvil; elle avait tant de grâce dans cette attitude, que le premier regard d'Oswald fut pour la considérer ainsi : il se plut même pendant quelques instants à ne rien observer qu'elle. Cependant il s'avança dans le temple, et l'impression qu'il reçut sous ces voûtes immenses fut si profonde et si religieuse, que le sentiment même de l'amour ne suffisait plus pour remplir en entier son âme. Il marchait lentement à côté de Corinne; l'un et l'autre se taisaient. Là tout commande le silence : le moindre bruit retentit si loin, qu'aucune parole ne semble digne d'être ainsi répétée dans une demeure presque éternelle. La prière seule, l'accent du malheur, de quelque faible voix qu'il parte, émeut profondément dans ces vastes lieux. Et quand, sous ces dômes immenses, on entend de loin venir un vieillard dont les pas tremblants se traînent sur ces beaux marbres arrosés par tant de pleurs, l'on sent que l'homme est imposant par cette infirmité même de sa nature, qui soumet son âme divine à tant de souffrances, et que le culte de la douleur, le christianisme, contient le vrai secret du passage de l'homme sur la terre.

Corinne interrompit la rêverie d'Oswald, et lui dit : « Vous avez vu des églises gothiques en Angleterre et en Allemagne, vous avez dû remarquer qu'elles ont un caractère beaucoup plus sombre que cette église. Il y avait quelque chose de mystique dans le catholicisme des peuples septentrionaux. Le nôtre parle à l'imagination par les objets extérieurs. Michel-Ange a dit, en voyant la coupole du Panthéon : « Je la placerai dans les airs. » Et en effet, Saint-Pierre est un temple posé sur une église. Il y a quelque alliance des religions antiques et du christianisme dans l'effet que produit sur l'imagination l'intérieur de cet édifice. Je viens m'y promener souvent pour rendre à mon âme la sérénité qu'elle perd quelquefois. La vue d'un tel monument est comme une musique continuelle et fixée, qui vous attend pour vous faire du bien quand vous vous en approchez; et certainement il faut mettre au nombre des titres de notre nation à la gloire, la patience, le courage et le désintéressement des chefs de l'Église qui ont consacré cent cinquante années, tant d'argent et tant de travaux à l'achèvement d'un édifice dont ceux qui l'élevaient ne pouvaient se flatter de jouir. C'est un service rendu, même à la morale publique, que de faire don à une nation d'un monument qui est l'emblème de tant d'idées nobles et généreuses. — Oui, répondit Oswald, ici les arts ont de la grandeur, l'imagination et l'invention sont pleines de génie; mais la dignité de l'homme même, comment y est-elle défendue? Quelles institutions, quelle faiblesse dans la plupart des gouvernements d'Italie! et, quoiqu'ils soient si faibles, combien ils asservissent les esprits! — D'autres peuples, interrompit Corinne, ont supporté le joug comme nous, et ils ont de moins l'imagination qui fait rêver une autre destinée

Servi siam, si, ma servi ognor frementi.

« *Nous sommes esclaves, mais des esclaves toujours frémissants*, dit Alfieri, le plus fier de nos écrivains modernes. Il y a tant d'âme dans nos beaux-arts, que peut-être un jour notre caractère égalera notre génie.

« Regardez, continua Corinne, ces statues placées sur les tombeaux, ces tableaux en mosaïque, patientes et fidèles copies des chefs-d'œuvre de nos grands maîtres. Je n'examine jamais Saint-Pierre en détail, parce que je n'aime pas à y trouver ces beautés multipliées qui dérangent un peu l'impression de l'ensemble. Mais qu'est-ce donc qu'un monument où les chefs-d'œuvre de l'esprit humain eux-mêmes paraissent des ornements superflus! Ce temple est comme un monde à part. On y trouve un asile contre le froid et la chaleur. Il a ses saisons à lui, son printemps perpétuel, que l'atmosphère du dehors n'altère jamais. Une église souterraine est bâtie sous le parvis de ce temple, les papes et plusieurs souverains des pays étrangers y sont ensevelis : Christine, après son abdication; les Stuarts, depuis que leur dynastie est renversée. Rome depuis longtemps est l'asile des exilés du monde; Rome elle-même n'est-elle pas détrônée ! son aspect console les rois dépouillés comme elle.

> *Cadono le città, cadono i regni,*
> *E l' uom, d' esser mortal par che si sdegni* [1] !

« Placez-vous ici, dit Corinne à lord Nelvil, près de l'autel, au milieu de la coupole; vous apercevrez à travers les grilles de fer l'église des morts qui est sous nos pieds, et, en relevant les yeux, vos regards atteindront à peine au sommet de la voûte. Ce dôme, en le considérant, même d'en bas, fait éprouver un sentiment de terreur. On croit voir des abîmes suspendus sur sa tête. Tout ce qui est au delà d'une certaine proportion cause à l'homme, à la créature bornée, un invincible effroi. Ce que nous connaissons est aussi inexplicable que l'inconnu ; mais nous avons pour ainsi dire pratiqué notre obscurité habituelle, tandis que de nouveaux mystères nous épouvantent et mettent le trouble dans nos facultés.

« Toute cette église est ornée de marbres antiques, et ses pierres en savent plus que nous sur les siècles écoulés. Voici la statue de Jupiter, dont on a fait un saint Pierre en lui mettant une auréole sur la tête. L'expression générale de ce temple caractérise parfaitement le mélange des dogmes sombres et des cérémonies brillantes; un fond de tristesse dans les idées, mais, dans l'application, la mollesse et la vivacité du Midi ; des intentions sévères, mais des interprétations très-douces; la théologie chrétienne et les images du paganisme;

[1]. Les cités tombent, les empires disparaissent, et l'homme s'indigne d'être mortel.

enfin la réunion la plus admirable de l'éclat et de la majesté que l'homme peut donner à son culte envers la Divinité.

« Les tombeaux décorés par les merveilles des beaux-arts ne présentent point la mort sous un aspect redoutable. Ce n'est pas tout à fait comme les anciens, qui sculptaient sur les sarcophages des danses et des jeux; mais la pensée est détournée de la contemplation d'un cercueil par les chefs-d'œuvre du génie. Ils rappellent l'immortalité sur l'autel même de la mort; et l'imagination, animée par l'admiration qu'ils inspirent, ne sent pas, comme dans le Nord, le silence et le froid, immuables gardiens des sépulcres. — Sans doute, dit Oswald, nous voulons que la tristesse environne la mort; et, même avant que nous fussions éclairés par les lumières du christianisme, notre mythologie ancienne, notre Ossian, ne place à côté de la tombe que les regrets et les chants funèbres. Ici, vous voulez oublier et jouir; je ne sais si je désirerais que votre beau ciel me fît ce genre de bien. — Ne croyez pas cependant, reprit Corinne, que notre caractère soit léger et notre esprit frivole. Il n'y a que la vanité qui rend frivole; l'indolence peut mettre quelques intervalles de sommeil ou d'oubli dans la vie, mais elle n'use ni ne flétrit le cœur; et, malheureusement pour nous, on peut sortir de cet état par des passions plus profondes et plus terribles que celles des âmes habituellement actives. »

En achevant ces mots, Corinne et lord Nelvil s'approchaient de la porte de l'église. « Encore un dernier coup d'œil vers ce sanctuaire immense, dit-elle à lord Nelvil. Voyez comme l'homme est peu de chose en présence de la religion, alors même que nous sommes réduits à ne considérer que son emblème matériel! voyez quelle immobilité, quelle durée les mortels peuvent donner à leurs œuvres, tandis qu'eux-mêmes ils passent si rapidement et ne survivent que par le génie! Ce temple est une image de l'infini; il n'y a point de terme aux sentiments qu'il fait naître, aux idées qu'il retrace, à l'immense quantité d'années qu'il rappelle à la réflexion, soit dans le passé, soit dans l'avenir; et quand on sort de son enceinte, il semble qu'on passe des pensées célestes aux intérêts du monde, et de l'éternité religieuse à l'air léger du temps. »

Corinne fit remarquer à lord Nelvil, lorsqu'ils furent hors de l'église, que sur ses portes étaient représentées en bas-relief les Métamorphoses d'Ovide. « On ne se scandalise point à Rome, lui dit-elle, des images du paganisme, quand les beaux-arts les ont consacrées. Les merveilles du génie portent toujours à l'âme une impression religieuse, et nous faisons hommage au culte chrétien de tous les chefs-d'œuvre que les autres cultes ont inspirés. » Oswald sourit à cette explication. « Croyez-moi, milord, continua Corinne, il y a beaucoup de bonne foi dans les sentiments des nations dont l'imagination est très-vive. Mais à demain; si vous le voulez, je vous mènerai au Capitole. J'ai, je l'espère, plusieurs courses à vous proposer encore; quand elles seront finies, est-ce que vous partirez? est-ce que... « Elle s'arrêta, craignant d'en avoir déjà trop dit. « Non, Corinne, reprit Oswald; non, je ne renoncerai point à cet éclair de bonheur que peut-être un ange tutélaire fait luire sur moi du haut du ciel. »

CHAPITRE IV

Le lendemain, Oswald et Corinne partirent avec plus de confiance et de sérénité. Ils étaient des amis qui voyageaient ensemble; ils commençaient à dire *nous*. Ah! qu'il est touchant, ce *nous* prononcé par l'amour! quelle déclaration il contient, timidement et cependant vivement exprimée! « Nous allons donc au Capitole, dit Corinne. — Oui, nous y allons, » reprit Oswald; et sa voix disait tout avec des mots si simples, tant son accent avait de tendresse et de douceur! « C'est du haut du Capitole, tel qu'il est maintenant, dit Corinne, que nous pouvons facilement apercevoir les sept collines. Nous les parcourrons toutes ensuite l'une après l'autre; il n'en est pas une qui ne conserve des traces de l'histoire. »

Corinne et lord Nelvil suivirent d'abord ce qu'on appelait autrefois la voie Sacrée, ou la voie Triomphale. « Votre char a passé par là ? dit Oswald à Corinne. — Oui, répondit-elle : cette poussière antique devait s'étonner de porter un tel char; mais depuis la république romaine, tant de traces criminelles se sont empreintes sur cette route, que le sentiment de respect qu'elle inspirait est bien affaibli. » Corinne se fit conduire ensuite au pied de l'escalier du Capitole actuel. L'entrée du Capitole ancien était par le Forum. « Je voudrais bien, dit Corinne, que cet escalier fût le même que monta Scipion lorsque, repoussant la calomnie par la gloire, il alla dans le temple pour rendre grâce aux dieux des victoires qu'il avait remportées. Mais ce nouvel escalier, mais ce nouveau Capitole a été bâti sur les ruines de l'ancien, pour recevoir le paisible magistrat qui porte à lui tout seul ce nom immense de sénateur romain, jadis l'objet des respects de l'univers. Ici nous n'avons plus que des noms; mais leur harmonie, mais leur antique dignité cause toujours une sorte d'ébranlement, une sensation assez douce, mêlée de plaisir et de regret. Je demandai l'autre jour à une pauvre femme que je rencontrai, où elle demeurait : *A la Roche Tarpéienne*, me répondit-elle; et ce mot, bien que dépouillé des idées qui jadis y étaient attachées, agit encore sur l'imagination. »

Oswald et Corinne s'arrêtèrent pour considérer les deux lions de basalte qu'on voit au pied de l'escalier du Capitole. Ils viennent d'Égypte; les sculpteurs égyptiens saisissaient avec bien plus de génie la figure des animaux que celle des hommes. Ces lions du Capitole sont noblement paisibles, et leur genre de physionomie est la véritable image de la tranquillité dans la force.

A guisa di lion, quando si posa[1].
DANTE.

Non loin de ces lions, on voit une statue de Rome mutilée, que les Romains modernes ont placée là, sans songer qu'ils donnaient ainsi le plus parfait emblème de leur Rome actuelle. Cette statue n'a ni tête ni pieds, mais le corps et la draperie qui restent ont encore des beautés antiques. Au haut

1. A la manière du lion quand il se repose.

de l'escalier sont deux colosses qui représentent, à ce qu'on croit, Castor et Pollux, puis les trophées de Marius, puis deux colonnes milliaires qui servaient à mesurer l'univers romain, et la statue équestre de Marc-Aurèle, belle et calme au milieu de ces divers souvenirs. Ainsi tout est là : les temps héroïques représentés par les Dioscures; la république, par les lions; les guerres civiles, par Marius; et les beaux temps des empereurs, par Marc-Aurèle.

En avançant vers le Capitole moderne, on voit à droite et à gauche deux églises bâties sur les ruines du temple de Jupiter Férétrien et de Jupiter Capitolin. En avant du vestibule est une fontaine présidée par deux fleuves, le Nil et le Tibre, avec la louve de Romulus. On ne prononce pas le nom du Tibre comme celui des fleuves sans gloire; c'est un des plaisirs de Rome que de dire : *Conduisez-moi sur les bords du Tibre; traversons le Tibre.* Il semble qu'en prononçant ces paroles on invoque l'histoire, et qu'on ranime les morts. En allant au Capitole, du côté du Forum, on trouve à droite les prisons Mamertines. Ces prisons furent d'abord construites par Ancus Martius, et servaient alors aux criminels ordinaires. Mais Servius Tullius en fit creuser sous terre de beaucoup plus cruelles pour les criminels d'État, comme si ces criminels n'étaient pas ceux qui méritent le plus d'égards puisqu'il peut y avoir de la bonne foi dans leurs erreurs. Jugurtha et les complices de Catilina périrent dans ces prisons; on dit aussi que saint Pierre et saint Paul y ont été renfermés. De l'autre côté du Capitole est la roche Tarpéienne, au pied de cette roche, l'on trouve aujourd'hui un hôpital appelé l'*Hôpital de la Consolation*. Il semble que l'esprit sévère de l'antiquité et la douceur du christianisme soient ainsi rapprochés dans Rome à travers les siècles, et se montrent aux regards comme à la réflexion.

Quand Oswald et Corinne furent arrivés au haut de la tour du Capitole, Corinne lui montra les sept collines; la ville de Rome, bornée d'abord au mont Palatin, ensuite aux murs de Servius Tullius, qui renfermaient les sept collines, enfin aux murs d'Aurélien, qui servent encore aujourd'hui d'enceinte à la plus grande partie de Rome. Corinne rappela les vers de Tibulle et de Properce, qui se glorifient des faibles commencements dont est sortie la maîtresse du monde. Le mont Palatin fut à lui seul tout Rome pendant quelque temps; mais dans la suite le palais des empereurs remplit l'espace qui avait suffi pour une nation. Un poëte du temps de Néron fit a cette occasion cette épigramme[1] : *Rome ne sera bientôt plus qu'un palais. Allez à Véies, Romains, si toutefois ce palais n'occupe pas déjà Véies même.*

Les sept collines sont infiniment moins élevées qu'elles ne l'étaient autrefois, lorsqu'elles méritaient le nom de *monts escarpés.* Rome moderne est élevée de quarante pieds au-dessus de Rome ancienne. Les vallées qui séparaient les collines sont presque comblées par le temps et par les ruines des édifices; mais, ce qui est plus singulier encore, un amas de vases brisés a élevé deux collines nouvelles[2] et c'est presque une image des temps modernes que ces progrès, ou plutôt ces débris de la civilisation, mettant de niveau les montagnes avec les vallées, effaçant, au moral comme au physique, toutes les belles inégalités produites par la nature.

Trois autres collines[3], non comprises dans les sept fameuses, donnent à la ville de Rome quelque chose de si pittoresque, que c'est peut-être la seule ville qui, par elle-même, et dans sa propre enceinte, offre les plus magnifiques points de vue. On y trouve un mélange si remarquable de ruines et d'édifices, de campagnes et de déserts, qu'on peut contempler Rome de tous les côtés, et voir toujours un tableau frappant dans la perspective opposée.

Oswald ne pouvait se lasser de considérer les traces de l'antique Rome du point élevé du Capitole où Corinne l'avait conduit. La lecture de l'histoire, les réflexions qu'elle excite, agissent moins sur notre âme que ces pierres en désordre,

1. *Roma domus fiet : Veios migrate, Quirites;*
    Si non et Veios occupat ista domus.

2. Le monte Citorio et Testacio.
3. Le Janicule, le monte Vaticano et le monte Mario.

que ces ruines mêlées aux habitations nouvelles. Les yeux sont tout-puissants sur l'âme : après avoir vu les ruines romaines, on croit aux antiques Romains comme si l'on avait vécu de leur temps. Les souvenirs de l'esprit sont acquis par l'étude ; les souvenirs de l'imagination naissent d'une impression plus immédiate et plus intime, qui donne de la vie à la pensée, et nous rend pour ainsi dire témoins de ce que nous avons appris. Sans doute on est importuné de tous ces bâtiments modernes qui viennent se mêler aux antiques débris ; mais un portique debout à côté d'un humble toit, mais des colonnes entre lesquelles de petites fenêtres d'église sont pratiquées, un tombeau servant d'asile à toute une famille rustique, produisent je ne sais quel mélange d'idées grandes et simples, je ne sais quel plaisir de découverte qui inspire un intérêt continuel. Tout est commun, tout est prosaïque dans l'extérieur de la plupart de nos villes européennes ; et Rome, plus souvent qu'aucune autre, présente le triste aspect de la misère et de la dégradation ; mais tout à coup une colonne brisée, un bas-relief à demi détruit, des pierres liées à la façon indestructible des architectes anciens, vous rappellent qu'il y a dans l'homme une puissance éternelle, une étincelle divine, et qu'il ne faut pas se lasser de l'exciter en soi-même et de la ranimer dans les autres.

Ce Forum, dont l'enceinte est si resserrée, et qui a vu tant de choses étonnantes, est une preuve frappante de la grandeur morale de l'homme. Quand l'univers, dans les derniers temps de Rome, était soumis à des maîtres sans gloire, on trouve des siècles entiers dont l'histoire peut à peine conserver quelques faits ; et ce Forum, petit espace, centre d'une ville alors très-circonscrite, et dont les habitants combattaient autour d'elle pour son territoire, ce Forum n'a-t-il pas occupé, par les souvenirs qu'il retrace, les plus beaux génies de tous les temps ? Honneur donc, éternel honneur aux peuples courageux et libres, puisqu'ils captivent ainsi les regards de la postérité !

Corinne fit remarquer à lord Nelvil qu'on ne trouvait à Rome que très-peu de débris des temps républicains. Les aqueducs, les canaux construits sous terre pour l'écoulement des eaux, étaient le seul luxe de la république et des rois qui l'ont précédée. Il ne nous reste d'elle que des édifices utiles : des tombeaux élevés à la mémoire de ses grands hommes et quelques temples de brique subsistent encore. C'est seulement après la conquête de la Sicile que les Romains firent usage, pour la première fois, du marbre pour leurs monuments; mais il suffit de voir les lieux où de grandes actions se sont passées, pour éprouver une émotion indéfinissable. C'est à cette disposition de l'âme qu'on doit attribuer la puissance religieuse des pèlerinages. Les pays célèbres en tout genre, alors même qu'ils sont dépouillés de leurs grands hommes et de leurs monuments, exercent beaucoup de pouvoir sur l'imagination. Ce qui frappait les regards n'existe plus, mais le charme du souvenir y est resté.

On ne voit plus sur le Forum aucune trace de cette fameuse tribune d'où le peuple romain était gouverné par l'éloquence; on y trouve encore trois colonnes d'un temple élevé par Auguste en l'honneur de Jupiter Tonnant, lorsque la foudre tomba près de lui sans le frapper; un arc de triomphe à Septime Sévère, que le sénat lui éleva pour récompense de ses exploits. Les noms de ses deux fils, Caracalla et Géta, étaient inscrits sur le fronton de l'arc; mais lorsque Caracalla eut assassiné Géta, il fit ôter son nom, et l'on voit encore la trace des lettres enlevées. Plus loin est un temple à Faustine, monument de la faiblesse aveugle de Marc-Aurèle; un temple de Vénus, qui, du temps de la république, était consacré à Pallas; un peu plus loin, les ruines d'un temple dédié au Soleil et à la Lune, bâti par l'empereur Adrien, qui était jaloux d'Apollodore, fameux architecte grec, et le fit périr pour avoir blâmé les proportions de son édifice.

De l'autre côté de la place, on voit les ruines de quelques monuments consacrés à des souvenirs plus nobles et plus purs : les colonnes d'un temple qu'on croit être celui de Jupiter Stator, de Jupiter qui empêchait les Romains de jamais fuir devant leurs ennemis; une colonne, débris d'un temple de Jupiter Gardien, placée, dit-on, non loin de l'abîme où s'est précipité Curtius; des colonnes d'un temple élevé, les uns disent à la Concorde, les autres à la Victoire : peut-être les peuples conquérants confondent-ils ces deux idées, et pensent-ils qu'il ne peut exister de véritable paix que quand ils ont soumis l'univers. A l'extrémité du mont Palatin s'élève un bel arc de triomphe dédié à Titus, pour la conquête de Jérusalem. On prétend que les juifs qui sont à Rome ne passent jamais sous cet arc, et l'on montre un petit chemin qu'ils prennent, dit-on, pour l'éviter. Il est à souhaiter, pour l'honneur des juifs, que cette anecdote soit vraie : les longs ressouvenirs conviennent aux longs malheurs.

Non loin de là est l'arc de Constantin, embelli de quelques bas-reliefs enlevés au Forum de Trajan par les chrétiens, qui voulaient décorer le monument consacré au *fondateur du repos* : c'est ainsi que Constantin fut appelé. Les arts, à cette époque, étaient déjà dans la décadence, et l'on dépouillait le passé pour honorer de nouveaux exploits. Ces portes triomphales qu'on voit encore à Rome perpétuaient, autant que les hommes le peuvent, les honneurs rendus à la gloire. Il y avait sur leurs sommets une place destinée aux joueurs de flûte et de trompette, pour que le vainqueur, en passant, fût enivré tout à la fois par la musique et par la louange, et goûtât dans un même moment toutes les émotions les plus exaltées.

En face de ces arcs de triomphe sont les ruines du temple de la Paix, bâti par Vespasien; il était tellement orné de bronze et d'or dans l'intérieur, que, lorsqu'un incendie le consuma, des laves de métaux brûlants en découlèrent jusque dans le Forum. Enfin le Colisée, la plus belle ruine de Rome, termine la noble enceinte où comparaît toute l'histoire. Ce superbe édifice, dont les pierres seules, dépouillées de l'or et des marbres, subsistent encore, servit d'arène aux gladiateurs combattant contre les bêtes féroces. C'est ainsi qu'on amusait et trompait le peuple romain par des émotions fortes, alors que les sentiments naturels ne pouvaient plus avoir d'essor. L'on entrait par deux portes dans le Colisée : l'une qui était consacrée aux vainqueurs, l'autre par laquelle on emportait les morts [1]. Singulier mépris pour l'espèce humaine que de destiner d'avance la mort ou la vie de l'homme au simple passe-temps d'un spectacle! Titus, le meilleur des empereurs, dédia ce Colisée au peuple romain ; et ces admirables ruines portent avec elles un si beau caractère de magnificence et de génie, qu'on est tenté de se faire illusion sur la véritable grandeur, et d'accorder aux chefs-d'œuvre de l'art l'admiration qui n'est due qu'aux monuments consacrés à des institutions généreuses.

Oswald ne se laissait point aller à l'admiration qu'éprouvait Corinne en contemplant ces quatre galeries, ces quatre édifices s'élevant les uns sur les autres, ce mélange de pompe et de vétusté qui tout à la fois inspire le respect et l'attendrissement : il ne voyait dans ces lieux que le luxe du maître et le sang des esclaves, et se sentait prévenu contre les beaux-arts, qui ne s'inquiètent point du but, et prodiguent leurs dons, à quelque objet qu'on les destine. Corinne essayait de combattre cette disposition. « Ne portez point, dit-elle à lord Nelvil, la rigueur de vos principes de morale et de justice dans la contemplation des monuments d'Italie ; ils rappellent, pour la plupart, je vous l'ai dit, plutôt la splendeur, l'élégance et le goût des formes antiques, que l'époque glorieuse de la vertu romaine. Mais ne trouvez-vous pas quelques traces de la grandeur morale des premiers temps dans le luxe gigantesque des monuments qui leur ont succédé? La dégradation même de ce peuple romain est imposante encore ; son deuil de la liberté couvre le monde de merveilles, et le génie des beautés idéales cherche à consoler l'homme de la dignité réelle et vraie qu'il a perdue. Voyez ces bains immenses, ouverts à tous ceux qui voulaient en goûter les voluptés orientales ; ces cirques, destinés aux éléphants qui venaient combattre avec les tigres ; ces aqueducs, qui faisaient tout à coup un lac de ces arènes, où les galères luttaient à leur tour, où des crocodiles paraissaient à la place où les lions naguère s'étaient montrés : voilà quel fut le luxe des Romains quand ils

---

1. *Sana vivaria, sandapilaria.*

placèrent dans le luxe leur orgueil ! Ces obélisques amenés d'Égypte et dérobés aux ombres africaines pour venir décorer les sépulcres des Romains, cette population de statues qui existait autrefois dans Rome, ne peuvent être considérés comme l'inutile et fastueuse pompe des despotes de l'Asie : c'est le génie romain, vainqueur du monde, que les arts ont revêtu d'une forme extérieure. Il y a quelque chose de surnaturel dans cette magnificence, et sa splendeur poétique fait oublier et son origine et son but. »

L'éloquence de Corinne excitait l'admiration d'Oswald, sans le convaincre ; il cherchait partout un sentiment moral, et toute la magie des arts ne pouvait jamais lui suffire. Alors Corinne se rappela que, dans cette même arène, les chrétiens persécutés étaient morts victimes de leur persévérance ; et montrant à lord Nelvil les autels élevés en l'honneur de leurs cendres, et cette route de la croix que suivent les pénitents, au pied des plus magnifiques débris de la grandeur mondaine, elle lui demanda si cette poussière des martyrs ne disait rien à son cœur. « Oui, s'écria-t-il, j'admire profondément cette puissance de l'âme et de la volonté contre les douleurs et la mort : un sacrifice, quel qu'il soit, est plus beau, plus difficile que tous les élans de l'âme et de la pensée. L'imagination exaltée peut produire les miracles du génie ; mais ce n'est qu'en se dévouant à son opinion ou à ses sentiments qu'on est vraiment vertueux : c'est alors seulement qu'une puissance céleste subjugue en nous l'homme mortel. » Ces paroles nobles et pures troublèrent cependant Corinne ; elle regarda lord Nelvil, puis elle baissa les yeux ; et bien qu'en ce moment il prît sa main et la serrât contre son cœur, elle frémit de l'idée qu'un tel homme pouvait immoler les autres et lui-même au culte des opinions, des principes, ou des devoirs dont il aurait fait choix.

CHAPITRE V

Après la course du Capitole et du Forum, Corinne et lord Nelvil employèrent deux jours à parcourir les sept collines.

Les Romains d'autrefois faisaient une fête en l'honneur des sept collines : c'est une des beautés originales de Rome que ces monts enfermés dans son enceinte ; et l'on conçoit sans peine comment l'amour de la patrie se plaisait à célébrer cette singularité.

Oswald et Corinne, ayant vu la veille le mont Capitolin, recommencèrent leurs courses par le mont Palatin. Le palais des Césars, appelé le *Palais d'or*, l'occupait tout entier. Ce mont n'offre à présent que les débris de ce palais. Auguste, Tibère, Caligula et Néron en ont bâti les quatre côtés, et des pierres recouvertes par des plantes fécondes sont tout ce qu'il en reste aujourd'hui : la nature y a repris son empire sur les travaux des hommes, et la beauté des fleurs console de la ruine des palais. Le luxe, du temps des rois et de la république, consistait seulement dans les édifices publics ; les maisons des particuliers étaient très-petites et très-simples. Cicéron, Hortensius, les Gracques, habitaient sur ce mont Palatin, qui suffit a peine, lors de la décadence de Rome, à la demeure d'un seul homme. Dans les derniers siècles, la nation ne fut plus qu'une foule anonyme, désignée seulement par l'ère de son maître : on cherche en vain dans ces lieux les deux lauriers plantés devant la porte d'Auguste, le laurier de la guerre, et celui des beaux-arts cultivés par la paix ; tous deux ont disparu.

Il reste encore sur le mont Palatin quelques chambres des bains de Livie ; on y montre la place des pierres précieuses qu'on prodiguait alors aux plafonds, comme un ornement ordinaire ; et l'on y voit des peintures dont les couleurs sont encore parfaitement intactes ; la fragilité même des couleurs ajoute à l'étonnement de les voir conservées, et rapproche de nous les temps passés. S'il est vrai que Livie abrégea les jours d'Auguste, c'est dans l'une de ces chambres que fut conçu cet attentat ; et les regards du souverain du monde, trahi dans ses affections les plus intimes, se sont peut-être arrêtés sur l'un de ces tableaux dont les élégantes fleurs subsistent encore. Que pensa-t-il, dans sa vieillesse, de la vie et de ses pompes ? Se rappela-t-il ses proscriptions ou sa gloire ?

craignit-il, espéra-t-il un monde à venir? et la dernière pensée, qui révèle tout à l'homme, la dernière pensée d'un maître de l'univers, erre-t-elle encore sous ces voûtes?

Le mont Aventin offre plus qu'aucun autre les traces des premiers temps de l'histoire romaine. Précisément en face du palais construit par Tibère, on voit les débris du temple de la Liberté, bâti par le père des Gracques. Au pied du mont Aventin était le temple dédié à la Fortune virile par Servius Tullius pour remercier les dieux de ce que, étant né esclave, il était devenu roi. Hors des murs de Rome, on trouve aussi les débris d'un temple qui fut consacré à la Fortune des femmes, lorsque Véturie arrêta Coriolan. Vis-à-vis du mont Aventin est le mont Janicule, sur lequel Porsenna plaça son armée. C'est en face de ce mont qu'Horatius Coclès fit couper derrière lui le pont qui conduisait à Rome. Les fondements de ce pont subsistent encore; il y a sur les bords du fleuve un arc de triomphe bâti en briques, aussi simple que l'action qu'il rappelle était grande. Cet arc fut élevé, dit-on, en l'honneur d'Horatius Coclès. Au milieu du Tibre, on aperçoit une île formée de gerbes de blé recueillies dans les champs de Tarquin, et qui furent pendant longtemps exposées sur le fleuve, parce que le peuple romain ne voulait point les prendre, croyant qu'un mauvais sort y était attaché. On aurait de la peine, de nos jours, à faire tomber sur des richesses quelconques des malédictions assez efficaces pour que personne ne consentît à s'en emparer.

C'est sur le mont Aventin que furent placés les temples de la Pudeur patricienne et de la Pudeur plébéienne. Au pied de ce mont on voit le temple de Vesta, qui subsiste encore presque en entier, quoique les inondations du Tibre l'aient souvent menacé [1]. Non loin de là sont les débris d'une prison pour dettes, où se passa, dit-on, le beau trait de piété filiale généralement connu. C'est aussi dans ce même lieu que Clélie et ses compagnes, prisonnières de Porsenna, traversèrent le Tibre pour venir joindre les Romains. Ce mont Aventin re-

---

1. *Vidimus flavum Tiberim.*

pose l'âme de tous les souvenirs pénibles que rappellent les autres collines, et son aspect est beau comme les souvenirs qu'il retrace. On avait donné le nom de belle rive (*pulchrum littus*) au bord du fleuve qui est au pied de cette colline. C'est là que se promenaient les orateurs de Rome, en sortant du Forum ; c'est là que César et Pompée se rencontraient comme de simples citoyens, et qu'ils cherchaient à captiver Cicéron, dont l'indépendante éloquence leur importait plus alors que la puissance même de leurs armées.

La poésie vient encore embellir ce séjour. Virgile a placé sur le mont Aventin la caverne de Cacus ; et les Romains, si grands par leur histoire, le sont encore par les fictions héroïques dont les poëtes ont orné leur origine fabuleuse. Enfin, en revenant du mont Aventin, on aperçoit la maison de Nicolas Rienzi, qui essaya vainement de faire revivre les temps anciens dans les temps modernes ; et ce souvenir, tout faible qu'il est à côté des autres, fait encore penser longtemps. Le mont Cœlius est remarquable, parce qu'on y voit les débris du camp des prétoriens et de celui des soldats étrangers. On a trouvé cette inscription dans les ruines de l'édifice construit pour recevoir ces soldats : *Au génie saint des camps étrangers* : saint, en effet, pour ceux dont il maintenait la puissance ! Ce qui reste de ces antiques casernes fait juger qu'elles étaient bâties à la manière des cloîtres, ou plutôt que les cloîtres ont été bâtis sur leur modèle.

Le mont Esquilin était appelé le *mont des Poëtes*, parce que, Mécène ayant son palais sur cette colline, Horace, Properce et Tibulle y avaient aussi leur habitation. Non loin de là sont les ruines des Thermes de Titus et de Trajan. On croit que Raphaël prit le modèle de ses arabesques dans les peintures à fresque des Thermes de Titus. C'est aussi là qu'on a découvert le groupe de Laocoon. La fraîcheur de l'eau donne un tel sentiment de plaisir dans les pays chauds, qu'on se plaisait à réunir toutes les pompes du luxe et toutes les jouissances de l'imagination dans les lieux où l'on se baignait. Les Romains y faisaient exposer les chefs-d'œuvre de la peinture et de la sculpture. C'était à la clarté des lampes qu'ils les considéraient : car il paraît, par la construction de ces bâtiments, que le jour n'y pénétrait jamais, et qu'on voulait ainsi se préserver de ces rayons du soleil si poignants dans le Midi : c'est sans doute à cause de la sensation qu'ils produisent que les anciens les ont appelés les dards d'Apollon. On pourrait croire en observant les précautions extrêmes prises par les anciens contre la chaleur, que le climat était alors plus brûlant encore que de nos jours. C'est dans les Thermes de Caracalla qu'étaient placés l'Hercule Farnèse, la Flore et le groupe de Dircé. Près d'Ostie, l'on a trouvé dans les bains de Néron l'Apollon du Belvédère. Peut-on concevoir qu'en regardant cette noble figure Néron n'ait pas senti quelques mouvements généreux ?

Les Thermes et les Cirques sont les seuls genres d'édifices consacrés aux amusements publics dont il reste des traces à Rome. Il n'y a point d'autre théâtre que celui de Marcellus, dont les ruines subsistent encore. Pline raconte que l'on a vu trois cent soixante colonnes de marbre, et trois mille statues dans un théâtre qui ne devait durer que peu de jours. Tantôt les Romains élevaient des bâtiments si solides qu'ils résistaient aux tremblements de terre; tantôt ils se plaisaient à consacrer des travaux immenses à des édifices qu'ils détruisaient eux-mêmes quand les fêtes étaient finies : ils se jouaient ainsi du temps sous toutes les formes. Les Romains, d'ailleurs, n'avaient pas, comme les Grecs, la passion des représentations dramatiques ; les beaux-arts ne fleurirent à Rome que par les ouvrages et les artistes de la Grèce, et la grandeur romaine s'exprimait plutôt par la magnificence colossale de l'architecture que par les chefs-d'œuvre de l'imagination. Ce luxe gigantesque, ces merveilles de la richesse, ont un grand caractère de dignité : ce n'était plus de la liberté, mais c'était toujours de la puissance. Les monuments consacrés aux bains publics s'appelaient des provinces; on y réunissait les diverses productions et les divers établissements qui peuvent se trouver dans un pays tout entier. Le Cirque appelé *Circus maximus*, dont on voit encore les débris, touchait de si près aux palais des Césars, que Néron, des fenêtres de son palais, peuvait donner le signal des jeux. Le Cirque était assez grand pour contenir trois cent mille personnes. La nation presque tout entière était amusée dans le même moment : ces fêtes immenses pouvaient être considérées comme une sorte d'institution populaire, qui réunissait tous les hommes pour le plaisir, comme autrefois ils se réunissaient pour la gloire.

Le mont Quirinal et le mont Viminal se tiennent de si près, qu'il est difficile de les distinguer : c'était là qu'existaient la maison de Salluste et celle de Pompée ; c'est aussi là que le pape a maintenant fixé son séjour. On ne peut faire un pas dans Rome sans rapprocher le présent du passé, et les différents passés entre eux. Mais on apprend à se calmer sur les événements de son temps, en voyant l'éternelle mobilité de l'histoire des hommes ; et l'on a comme une sorte de honte de s'agiter en présence de tant de siècles qui tous ont renversé l'ouvrage de leurs prédécesseurs.

A côté des sept collines, ou sur leur penchant, ou sur leur sommet, on voit s'élever une multitude de clochers, des obélisques, la colonne Trajane, la colonne Antonine, la tour de Conti, d'où l'on prétend que Néron contempla l'incendie de Rome, et la coupole de Saint-Pierre, qui domine encore sur tout ce qui domine. Il semble que l'air soit peuplé par tous ces monuments qui se prolongent vers le ciel, et qu'une ville aérienne plane avec majesté sur la ville de la terre.

En rentrant dans Rome, Corinne fit passer Oswald sous le portique d'Octavie, de cette femme qui a si bien aimé et tant souffert; puis ils traversèrent la *route Scélérate*, par laquelle l'infâme Tullie a passé, foulant le corps de son père sous les pieds de ses chevaux : on voit de loin le temple élevé par Agrippine en l'honneur de Claude qu'elle a fait empoisonner; et l'on passe enfin devant le tombeau d'Auguste, dont l'enceinte intérieure sert aujourd'hui d'arène aux combats des animaux.

« Je vous ai fait parcourir bien rapidement, dit Corinne à lord Nelvil, quelques traces de l'histoire antique ; mais vous comprendrez le plaisir qu'on peut éprouver dans ces recherches, à la fois savantes et poétiques, qui parlent à l'imagination comme à la pensée. Il y a dans Rome beaucoup d'hommes distingués dont la seule occupation est de découvrir un nouveau rapport entre l'histoire et les ruines. — Je ne sais point d'étude qui captivât davantage mon intérêt, reprit lord Nelvil, si je me sentais assez de calme pour m'y livrer : ce genre d'érudition est bien plus animé que celle qui s'acquiert par les livres ; on dirait que l'on fait revivre ce qu'on découvre, et que le passé reparaît sous la poussière qui l'a enseveli. — Sans doute, dit Corinne, et ce n'est pas un vain préjugé que cette passion pour les temps antiques. Nous vivons dans un siècle où l'intérêt personnel semble le seul principe de toutes les actions des hommes ; et quelle sympathie, quelle émotion, quel enthousiasme pourrait jamais résulter de l'intérêt personnel ? Il est plus doux de rêver à ces jours de dévouement, de sacrifices et d'héroïsme, qui pourtant ont existé, et dont la terre porte encore les honorables traces. »

CHAPITRE VI

Corinne se flattait en secret d'avoir captivé le cœur d'Oswald ; mais, comme elle connaissait sa réserve et sa sévérité, elle n'avait point osé lui montrer tout l'intérêt qu'il lui inspirait, quoiqu'elle fût disposée, par caractère, à ne point cacher ce qu'elle éprouvait. Peut-être aussi croyait-elle que, même en se parlant sur des sujets étrangers à leur sentiment, leur voix avait un accent qui trahissait leur affection mutuelle, et qu'un aveu secret d'amour était peint dans leurs regards et dans ce langage mélancolique et voilé qui pénètre si profondément dans l'âme.

Un matin, lorsque Corinne se préparait à continuer ses courses avec Oswald, elle reçut un billet de lui, presque cérémonieux, qui lui annonçait que le mauvais état de sa santé le retenait chez lui pour quelques jours. Une inquiétude douloureuse serra le cœur de Corinne : d'abord elle craignit qu'il ne fût dangereusement malade ; mais le comte d'Erfeuil qu'elle vit le soir, lui dit que c'était un de ces accès de mélancolie auxquels il était très-sujet, et pendant lesquels il ne voulait parler à personne. « Moi-même, dit alors le comte d'Erfeuil, quand il est comme cela, je ne le vois pas. » Ce *moi-même* déplaisait assez à Corinne; mais elle se garda bien de le témoigner au seul homme qui pût lui donner des nouvelles de lord Nelvil. Elle l'interrogea, se flattant qu'un homme aussi léger, du moins en apparence, lui dirait tout ce qu'il savait. Mais tout à coup, soit qu'il voulût cacher par un air de mystère qu'Oswald ne lui avait rien confié, soit qu'il crût plus honorable de refuser ce qu'on lui demandait que de l'accorder, il opposa un silence imperturbable à l'ardente curiosité de Corinne. Elle, qui avait toujours eu de l'ascendant sur tous ceux à qui elle avait parlé, ne pouvait comprendre pourquoi ses moyens de persuasion étaient sans effet sur le comte d'Erfeuil : ne savait-elle pas que l'amour-propre est ce qu'il y a au monde de plus inflexible?

Quelle ressource restait-il donc à Corinne pour savoir ce qui se passait dans le cœur d'Oswald? Lui écrire? Tant de mesure est nécessaire en écrivant! et Corinne était surtout aimable par l'abandon et le naturel. Trois jours s'écoulèrent pendant lesquels elle ne vit point lord Nelvil, et fut tourmentée par une agitation mortelle. « Qu'ai-je donc fait, se disait-elle, pour le détacher de moi? Je ne lui ai point dit que je l'aimais, je n'ai point eu ce tort si terrible en Angleterre et si pardonnable en Italie. L'a-t-il deviné? Mais pourquoi m'en estimerait-il moins? » Oswald ne s'était éloigné de Corinne que parce qu'il se sentait trop vivement entraîné par son charme. Bien qu'il n'eût pas donné sa parole d'épouser Lucile Edgermond, il savait que l'intention de son père avait été de la lui donner pour femme, et il désirait s'y conformer. Enfin Corinne n'était point connue sous son véritable nom, et menait, depuis plusieurs années, une vie beaucoup trop indépendante; un tel mariage n'eût point obtenu (lord Nelvil le croyait) l'approbation de son père, et il sentait bien que ce n'était pas ainsi qu'il pouvait expier ses torts envers lui. Voilà quels étaient ses motifs pour s'éloigner de Corinne. Il avait formé le projet de lui écrire, en quittant Rome, ce qui le condamnait à cette résolution ; mais comme il ne s'en sentait pas la force, il se bornait à ne pas aller chez elle, et ce sacrifice toutefois lui parut dès le second jour trop pénible.

Corinne était frappée de l'idée qu'elle ne reverrait plus Oswald, qu'il s'en irait sans lui dire adieu. Elle s'attendait à chaque instant à recevoir la nouvelle de son départ, et cette crainte exaltait tellement son sentiment, qu'elle se sentit saisie tout à coup par la passion, par cette griffe de vautour sous laquelle le bonheur et l'indépendance succombent. Ne pouvant rester dans sa maison, où lord Nelvil ne venait pas, elle errait quelquefois dans les jardins de Rome, espérant le rencontrer. Elle supportait mieux les heures pendant lesquelles, se promenant au hasard, elle avait une chance quelconque de l'apercevoir. L'imagination ardente de Corinne était la source de son talent ; mais, pour son malheur, cette imagination se mêlait à sa sensibilité naturelle, et la lui rendait souvent très-douloureuse.

Le soir du quatrième jour de cette cruelle absence, il faisait un beau clair de lune ; et Rome est bien belle pendant le silence de la nuit : il semble alors qu'elle n'est habitée que par ses illustres ombres. Corinne, en revenant de chez une femme de ses amies, oppressée par la douleur, descendit de sa voiture et se reposa quelques instants près de la fontaine de Trevi, devant cette source abondante qui tombe en cascade au milieu de Rome et semble comme la vie de ce tranquille séjour. Lorsque pendant quelques jours cette cascade s'arrête, on dirait que Rome est frappée de stupeur. C'est le bruit des voitures que l'on a besoin d'entendre dans les autres villes ; à Rome, c'est le murmure de cette fontaine immense, qui semble comme l'accompagnement nécessaire à l'existence rêveuse qu'on y mène : l'image de Corinne se peignit dans cette onde si pure qu'elle porte depuis plusieurs siècles le nom de l'*eau virginale*. Oswald, qui s'était arrêté dans le même lieu peu de moments après, aperçut le charmant visage de son amie qui se répétait dans l'eau. Il fut saisi d'une émotion tellement vive, qu'il ne savait pas d'abord si c'était son imagination qui lui faisait apparaître l'ombre de Corinne, comme tant de fois elle lui avait montré celle de son père ; il se pencha vers la fontaine pour mieux voir, et ses propres traits vinrent alors se réfléchir à côté de ceux de Corinne. Elle le reconnut, fit un cri, s'élança vers lui rapidement, et lui saisit le bras, comme si elle eût craint qu'il ne s'échappât de nouveau ; mais à peine se fut-elle livrée à ce mouvement trop impétueux, qu'elle rougit, en se ressouvenant du caractère de lord Nelvil, d'avoir montré si vivement ce qu'elle éprouvait ; et, laissant tomber la main qui retenait Oswald, elle se couvrit le visage avec l'autre pour cacher ses pleurs.

« Corinne, dit Oswald, chère Corinne, mon absence vous a donc rendue malheureuse ? — Oh ! oui, répondit-elle, et vous en étiez sûr ! Pourquoi donc me faire du mal ? ai-je mérité de souffrir par vous ? — Non, s'écria lord Nelvil, non, sans doute. Mais si je ne me crois pas libre, si je sens que je n'ai dans le cœur que des inquiétudes et des regrets, pourquoi vous associerais-je à cette tourmente de sentiments et de craintes ? Pourquoi... — Il n'est plus temps, interrompit Corinne, il n'est plus temps ; la douleur est déjà dans mon sein : ménagez-moi. — Vous, de la douleur ? reprit Oswald ; est-ce au milieu d'une carrière si brillante de tant de succès, avec une imagination si vive ? — Arrêtez, dit Corinne, vous ne me connaissez pas ; de toutes mes facultés, la plus puissante, c'est la faculté de souffrir. Je suis née pour le bonheur ; mon caractère est confiant, mon imagination est animée ; mais la peine excite en moi je ne sais quelle impétuosité qui peut troubler ma raison ou me donner la mort. Je vous le répète encore, ménagez-moi ; la gaieté, la mobilité, ne me servent qu'en apparence ; mais il y a dans mon âme des abîmes de tristesse dont je ne pouvais me défendre qu'en me préservant de l'amour. »

Corinne prononça ces mots avec une expression qui émut vivement Oswald. « Je reviendrai vous voir demain matin, reprit-il ; n'en doutez pas, Corinne. — Me le jurez-vous ? dit-elle avec une inquiétude qu'elle s'efforçait en vain de cacher. — Oui, je le jure, » s'écria lord Nelvil ; et il disparut.

LIVRE CINQUIÈME

TOMBEAUX, ÉGLISES ET PALAIS

CHAPITRE PREMIER

Le lendemain, Oswald et Corinne furent embarrassés l'un et l'autre en se revoyant. Corinne n'avait plus de confiance dans l'amour qu'elle inspirait. Oswald était mécontent de lui-même ; il se connaissait dans le caractère un genre de faiblesse qui l'irritait quelquefois contre ses propres sentiments comme contre une tyrannie, et tous les deux cherchèrent à ne point se parler de leur affection mutuelle. « Je vous propose aujourd'hui, dit Corinne, une course assez solennelle, mais qui sûrement vous intéressera : allons voir les tombeaux, allons voir le dernier asile de ceux qui vécurent parmi les monuments dont nous avons contemplé les ruines. — Oui, répondit Oswald, vous avez deviné ce qui convient à la disposition actuelle de mon âme ; » et il prononça ces mots avec un accent si douloureux, que Corinne se tut quelques moments, n'osant pas essayer de lui parler. Mais, reprenant courage par le désir de soulager Oswald de ses peines en l'intéressant vivement à tout ce qu'ils voyaient ensemble, elle lui dit : « Vous le savez, milord, loin que chez les anciens l'aspect des tombeaux décourageât les vivants, on croyait inspirer une émulation nouvelle en plaçant ces tombeaux sur les routes publiques, afin que, retraçant aux jeunes gens le souvenir des hommes illustres, ils invitassent silencieusement à les imiter. — Ah! que j'envie, dit Oswald en soupirant, tous ceux dont les regrets ne sont pas mêlés à des remords! — Vous, des remords! s'écria Corinne, vous! Ah! je suis certaine qu'ils ne sont en vous qu'une vertu de plus, un scrupule du cœur, une délicatesse exaltée. — Corinne, Corinne, n'approchez pas de ce sujet, interrompit Oswald : dans votre heureuse contrée, les sombres pensées disparaissent à la clarté des cieux ; mais la douleur qui a creusé jusqu'au fond de notre âme ébranle à jamais toute notre existence. — Vous me jugez mal, répondit Corinne ; je vous l'ai déjà dit, bien que mon caractère soit fait pour jouir vivement du bonheur, je souffrirais plus que vous si... » Elle n'acheva pas, et changea de discours. « Mon seul désir, milord, continua-t-elle, c'est de vous distraire un moment ; je n'espère rien de plus. » La douceur de cette réponse toucha lord Nelvil ; et, voyant une expression de mélancolie dans les regards de Corinne, naturellement si pleins d'intérêt et de flamme, il se reprocha d'attrister une personne née pour les impressions vives et douces, et s'efforça de l'y ramener. Mais l'inquiétude qu'éprouvait Corinne sur les projets d'Oswald, sur la possibilité de son départ, troublait entièrement sa sérénité accoutumée.

Elle conduisit lord Nelvil hors des portes de la ville, sur les anciennes traces de la voie Appienne. Ces traces sont marquées, au milieu de la campagne de Rome, par des tombeaux à droite et à gauche, dont les ruines se voient à perte de vue, à plusieurs milles au delà des murs. Les Romains ne souffraient pas qu'on ensevelît les morts dans l'intérieur de la ville ; les tombeaux seuls des empereurs y étaient admis. Cependant un simple citoyen, nommé Publius Biblius, obtint cette faveur, en récompense de ses vertus obscures. Les contemporains, en effet, honorent plus volontiers celles-là que toutes les autres.

On passe, pour aller à la voie Appienne, par la porte Saint-Sébastien, autrefois appelée *Capène*. Cicéron dit qu'en sortant par cette porte, les tombeaux qu'on aperçoit les premiers sont ceux des Métellus, des Scipion et des Servilius. Le tombeau de la famille des Scipion a été trouvé dans ces lieux mêmes, et transporté depuis au Vatican. C'est presque un sacrilége de déplacer les cendres, d'altérer les ruines ; l'imagination tient de plus près qu'on ne croit à la morale ; il ne faut pas l'offenser. Parmi tant de tombeaux qui frappent les regards, on place les noms au hasard, sans pouvoir être assuré de ce qu'on suppose ; mais cette incertitude même inspire une émotion qui ne permet pas de voir avec indifférence aucun de ces monuments. Il en est dans lesquels des maisons de paysans sont pratiquées ; car les Romains consacraient un grand espace et des édifices assez vastes à l'urne funéraire de leurs amis ou de leurs concitoyens illustres. Ils n'avaient pas cet aride principe d'utilité qui fertilise quelques coins de terre de plus, en frappant de stérilité le vaste domaine du sentiment et de la pensée.

On voit, à quelque distance de la voie Appienne, un temple élevé par la république à l'Honneur et à la Vertu ; un autre, au dieu qui a fait retourner Annibal sur ses pas ; la fontaine d'Égérie, où Numa allait consulter la divinité des hommes de bien, la conscience interrogée dans la solitude. Il semble qu'autour de ces tombeaux les traces seules des vertus subsistent encore. Aucun monument des siècles du crime ne se trouve à côté des lieux où reposent ces illustres morts ; ils se sont entourés d'un honorable espace, où les plus nobles souvenirs peuvent régner sans être troublés.

L'aspect de la campagne, autour de Rome, a quelque chose de singulièrement remarquable : sans doute c'est un désert, car il n'y a point d'arbres ni d'habitations ; mais la terre est couverte de plantes naturelles que l'énergie de la végétation renouvelle sans cesse. Ces plantes parasites se glissent dans les tombeaux, décorent les ruines, et semblent là seulement pour honorer les morts. On dirait que l'orgueilleuse nature a repoussé tous les travaux de l'homme, depuis que les Cincinnatus ne conduisent plus la charrue qui sillonnait son sein ; elle produit des plantes au hasard, sans permettre que les vivants se servent de sa richesse. Ces plaines incultes doivent déplaire aux agriculteurs, aux administrateurs, à tous ceux qui spéculent sur la terre et veulent l'exploiter pour les besoins de l'homme ; mais les âmes rêveuses, que la mort occupe autant que la vie, se plaisent à contempler cette campagne de Rome, où le temps présent n'a imprimé aucune trace ; cette terre qui chérit ses morts et les couvre avec amour des inutiles fleurs, des inutiles plantes qui se traînent sur le sol, et ne s'élèvent jamais assez pour se séparer des cendres qu'elles ont l'air de caresser.

Oswald convint que dans ce lieu l'on devait goûter plus de calme que partout ailleurs. L'âme n'y souffre pas autant par les images que la douleur lui présente; il semble que l'on partage encore avec ceux qui ne sont plus les charmes de cet air, de ce soleil et de cette verdure. Corinne observa l'impression que recevait lord Nelvil, et elle en conçut quelque espérance. Elle ne se flattait point de consoler Oswald; elle n'eût pas même souhaité d'effacer de son cœur les justes regrets qu'il devait à la perte de son père; mais il y a dans le sentiment même des regrets quelque chose de doux et d'harmonieux qu'il faut tâcher de faire connaître à ceux qui n'en ont encore éprouvé que les amertumes : c'est le seul bien qu'on puisse leur faire.

« Arrêtons-nous ici, dit Corinne, en face de ce tombeau, le seul qui reste encore presque en entier : ce n'est point le tombeau d'un Romain célèbre; c'est celui de Cécilia Métella, jeune fille à qui son père a fait élever ce monument. — Heureux, dit Oswald, heureux les enfants qui meurent dans les bras de leur père, et qui reçoivent la mort dans le sein qui leur donna la vie! la mort elle-même alors perd son aiguillon pour eux.

— Oui, dit Corinne avec émotion, heureux ceux qui ne sont pas orphelins! Voyez, on a sculpté des armes sur ce tombeau, bien que ce soit celui d'une femme; mais les filles des héros peuvent avoir sur leurs tombes les trophées de leur père : c'est une belle union que celle de l'innocence et de la valeur. Il y a une élégie de Properce, qui peint mieux qu'aucun autre écrit de l'antiquité cette dignité des femmes chez les Romains, plus imposante et plus pure que l'éclat même dont elles jouissaient pendant le temps de la chevalerie. Cornélie, morte dans sa jeunesse, adresse à son époux les adieux et les consolations les plus touchantes, et l'on y sent presque à chaque mot tout ce qu'il y a de respectable et de sacré dans les liens de famille. Le noble orgueil d'une vie sans tache se peint dans cette poésie majestueuse des Latins, dans cette poésie noble et sévère comme les maîtres du monde. *Oui*, dit Cornélie, *aucune tache n'a souillé ma vie : depuis l'hymen jusqu'au bûcher, j'ai vécu pure entre les deux flambeaux.* Quelle admirable expression! s'écria Corinne; quelle image sublime! et qu'il est digne d'envie, le sort de la femme qui peut ainsi conserver la plus parfaite unité dans sa destinée, et n'emporte au tombeau qu'un souvenir! c'est assez pour une vie »

En achevant ces mots, les yeux de Corinne se remplirent de larmes; un sentiment cruel, un soupçon pénible s'empara du cœur d'Oswald. « Corinne, s'écria-t-il, Corinne! votre âme délicate n'a-t-elle rien à se reprocher? Si je pouvais disposer de moi, si je pouvais m'offrir à vous, n'aurais-je point de rivaux dans le passé? pourrais-je être fier de mon choix? une jalousie cruelle ne troublerait-elle pas mon bonheur? — Je suis libre, et je vous aime comme je n'ai jamais aimé, répondit Corinne; que voulez-vous de plus? Faut-il me condamner à vous avouer qu'avant de vous avoir connu, mon imagination a pu me tromper sur l'intérêt qu'on m'inspirait! et n'y a-t-il pas dans le cœur de l'homme une pitié divine pour les erreurs que le sentiment, ou du moins l'illusion du sentiment, aurait fait commettre! » En achevant ces mots, une rougeur modeste couvrit son visage. Oswald tressaillit, mais il se tut. Il y avait dans le regard de Corinne une expression de repentir et de timidité qui ne lui permit pas de la juger avec rigueur, et il lui sembla qu'un rayon du ciel descendait sur elle pour l'absoudre. Il prit sa main, la serra contre son cœur, et se mit à genoux devant elle, sans rien prononcer, sans rien promettre, mais en la contemplant avec un regard d'amour qui laissait tout espérer.

« Croyez-moi, dit Corinne à lord Nelvil, ne formons point de plan pour les années qui suivront; les plus heureux moments de la vie sont encore ceux qu'un hasard bienfaisant nous accorde. Est-ce donc ici, est-ce donc au milieu des tombeaux, qu'il faut tant croire à l'avenir? — Non, s'écria lord Nelvil, non, je ne crois point à l'avenir qui nous séparerait! Ces quatre jours d'absence m'ont trop bien appris que je n'existais plus maintenant que par vous. » Corinne ne répondit rien à ces douces paroles, mais elle les recueillit religieusement dans son cœur; elle craignait toujours, en prolongeant l'entretien sur le sentiment qui seul l'occupait, d'exciter Oswald à déclarer ses projets avant qu'une plus longue habitude lui rendît la séparation impossible. Souvent même elle dirigeait à dessein son attention vers les objets extérieurs comme cette sultane des contes arabes, qui cherchait à captiver par mille récits divers l'intérêt de celui qu'elle aimait, afin d'éloigner la décision de son sort jusqu'au moment où les charmes de son esprit remportèrent la victoire.

CHAPITRE II

Non loin de la voie Appienne, Oswald et Corinne se firent montrer les *Columbarium,* où les esclaves sont réunis à leurs maîtres, où l'on voit dans un même tombeau tout ce qui vécut par la protection d'un seul homme ou d'une seule femme. Les femmes de Livie, par exemple, celles qui, consacrées jadis aux soins de sa beauté, luttaient pour elle contre le temps, et disputaient aux années quelques-uns de ses charmes, sont placées à côté d'elle dans de petites urnes. On croit voir une collection de morts obscurs autour d'un mort illustre, non moins silencieux que son cortége. A peu de distance de là, l'on aperçoit un champ où les vestales infidèles à leurs vœux étaient enterrées vivantes : singulier exemple de fanatisme dans une religion naturellement tolérante.

« Je ne vous mènerai point aux catacombes, dit Corinne à lord Nelvil, quoique, par un hasard singulier, elles soient au-dessous de cette voie Appienne, et qu'ainsi les tombeaux reposent sur les tombeaux. Mais cet asile des chrétiens persécutés a quelque chose de si sombre et de si terrible, que je ne puis me résoudre à y retourner : ce n'est pas cette mélancolie touchante que l'on respire dans les lieux ouverts, c'est le cachot près du sépulcre, c'est le supplice de la vie à côté des horreurs de la mort. Sans doute on se sent pénétré d'admiration pour les hommes qui, par la seule puissance de l'enthousiasme, ont pu supporter cette vie souterraine, et se sont ainsi séparés entièrement du soleil et de la nature ; mais l'âme est si mal à l'aise dans ce lieu, qu'il n'en peut résulter aucun bien pour elle. L'homme est une partie de la création ; il faut qu'il trouve son harmonie morale dans l'ensemble de l'univers, dans l'ordre habituel de la destinée ; et de certaines exceptions violentes et redoutables peuvent étonner la pensée, mais effrayent tellement l'imagination, que la disposition habituelle de l'âme ne saurait y gagner. Allons plutôt, continua Corinne, voir la pyramide de Cestius : les protestants qui meurent ici sont tous ensevelis autour de cette pyramide, et c'est un doux asile, tolérant et libéral. — Oui, répondit Oswald, c'est là que plusieurs de mes compatriotes ont trouvé leur dernier séjour. Allons-y ; peut-être est-ce ainsi du moins que je ne vous quitterai jamais. » Corinne frémit à ces mots, et sa main tremblait en s'appuyant sur le bras de lord Nelvil. « Je suis mieux, reprit-il, bien mieux depuis que je vous connais. » Et le visage de Corinne fut éclairé de nouveau par cette joie douce et tendre, son expression habituelle.

Cestius présidait aux jeux des Romains ; son nom ne se trouve point dans l'histoire, mais il est illustré par son tombeau. La pyramide massive qui le renferme défend sa mort de l'oubli qui a tout à fait effacé sa vie. Aurélien, craignant qu'on ne se servît de cette pyramide comme d'une forteresse pour attaquer Rome, l'a fait enclaver dans les murs, qui subsistent encore, non pas comme d'inutiles ruines, mais comme l'enceinte actuelle de Rome moderne. On dit que les pyramides imitent, par leur forme, la flamme qui s'élève sur un bûcher. Ce qu'il y a de certain, c'est que cette forme mystérieuse attire les regards et donne un caractère pittoresque à tous les points de vue dont elle fait partie. En face de cette pyramide est le mont Testacée, sous lequel il y a des grottes extrêmement fraîches, où l'on donne des festins pendant l'été. Les festins, à Rome, ne sont point troublés par la vue des tombeaux. Les pins et les cyprès qu'on aperçoit de distance en distance dans la riante campagne d'Italie retracent aussi ces souvenirs solennels; et ce contraste produit le même effet que les vers d'Horace,

> . . . . *Moriture Delli,*
> . . . .
> *Linquenda tellus, et domus, et placens*
> *Uxor* [1],

au milieu des poésies consacrées à toutes les jouissances de la terre. Les anciens ont toujours senti que l'idée de la mort a sa volupté; l'amour et les fêtes la rappellent, et l'émotion d'une joie vive semble s'accroître par l'idée même de la brièveté de la vie.

Corinne et lord Nelvil revinrent de la course des tombeaux en côtoyant les bords du Tibre. Jadis il était couvert de vaisseaux et bordé de palais; jadis ses inondations mêmes étaient regardées comme des présages : c'était le fleuve-prophète, la divinité tutélaire de Rome. Maintenant on dirait qu'il coule parmi les ombres, tant il est solitaire, tant la couleur de ses eaux paraît livide! Les plus beaux monuments des arts, les plus admirables statues ont été jetées dans le Tibre, et sont cachées sous ses flots. Qui sait si, pour les chercher, on ne le détournera pas un jour de son lit? Mais quand on songe que les chefs-d'œuvre du génie humain sont peut-être là, devant nous, et qu'un œil plus perçant les verrait à travers les ondes, l'on éprouve je ne sais quelle émotion, qui sans cesse renaît à Rome sous diverses formes, et fait trouver une société pour la pensée dans les objets physiques, muets partout ailleurs.

CHAPITRE III

Raphaël a dit que Rome moderne était presque en entier bâtie avec les débris de Rome ancienne; et il est certain qu'on n'y peut faire un pas sans être frappé de quelques restes de l'antiquité. L'on aperçoit les *murs éternels*, selon l'expression

---

1. Dellius, il faut mourir... il faut quitter la terre, et ta demeure, et ton épouse chérie.

de Pline, à travers l'ouvrage des derniers siècles : les édifices de Rome portent presque tous une empreinte historique ; on y peut remarquer, pour ainsi dire, la physionomie des âges. Depuis les Étrusques jusqu'à nos jours, depuis ces peuples plus anciens que les Romains mêmes, et qui ressemblent aux Égyptiens par la solidité de leurs travaux et la bizarrerie de leurs dessins ; depuis ces peuples jusqu'au cavalier Bernin, cet artiste maniéré comme les poëtes italiens au dix-septième siècle, on peut observer l'esprit humain à Rome dans les différents caractères des arts, des édifices et des ruines. Le moyen âge et le siècle brillant des Médicis reparaissent à nos yeux par leurs œuvres ; et cette étude du passé, dans les objets présents à nos regards, nous fait pénétrer le génie des temps. On croit que Rome avait autrefois un nom mystérieux, qui n'était connu que de quelques adeptes ; il semble qu'il est encore nécessaire d'être initié dans le secret de cette ville. Ce n'est pas simplement un assemblage d'habitations, c'est l'histoire du monde, figurée par divers emblèmes et représentée sous diverses formes.

Corinne convint avec lord Nelvil qu'ils iraient voir ensemble d'abord les édifices de Rome moderne, et qu'ils réserveraient pour un autre temps les admirables collections de tableaux et de statues qu'elle renferme. Peut-être, sans s'en rendre raison, Corinne désirait-elle de renvoyer le plus qu'il était possible ce qu'on ne peut se dispenser de connaître à Rome : car qui l'a jamais quittée sans avoir contemplé l'Apollon du Belvédère et les tableaux de Raphaël ! Cette garantie, toute faible qu'elle était, qu'Oswald ne partirait pas encore, plaisait à son imagination. Y a-t-il de la fierté, dira-t-on, à vouloir retenir ce qu'on aime par un autre motif que celui du sentiment? Je ne sais ; mais plus on aime, moins on se fie au sentiment que l'on inspire ; et quelle que soit la cause qui nous assure la présence de l'objet qui nous est cher, on l'accepte toujours avec joie. Il y a souvent bien de la vanité dans un certain genre de fierté ; et si des charmes généralement admirés, tels que ceux de Corinne, ont un véritable avantage, c'est qu'ils permettent de placer son orgueil dans le sentiment qu'on éprouve, plus encore que dans celui qu'on inspire.

Corinne et lord Nelvil recommencèrent leurs courses par les églises les plus remarquables entre les nombreuses églises de Rome : elles sont toutes décorées par les magnificences antiques; mais quelque chose de sombre et de bizarre se mêle à ces beaux marbres, à ces ornements de fête enlevés aux temples païens. Les colonnes de porphyre et de granit étaient en si grand nombre à Rome, qu'on les a prodiguées presque sans y attacher aucun prix. A Saint-Jean-de-Latran, dans cette église fameuse par les conciles qui y ont été tenus, on trouve une telle quantité de colonnes de marbre, qu'il en est plusieurs qu'on a recouvertes d'un mastic de plâtre pour en faire des pilastres, tant la multitude de ces richesses y avait rendu indifférent!

Quelques-unes de ces colonnes étaient dans le tombeau d'Adrien, d'autres au Capitole; celles-ci portent encore sur leur chapiteau la figure des oies qui ont sauvé le peuple romain : ces colonnes soutiennent des ornements gothiques, et quelques-unes des ornements à la manière des Arabes. L'urne d'Agrippa recèle les cendres d'un pape; car les morts eux-mêmes ont cédé la place à d'autres morts, et les tombeaux ont presque aussi souvent changé de maîtres que la demeure des vivants.

Près de Saint-Jean-de-Latran est l'escalier saint, transporté, dit-on, de Jérusalem à Rome. On ne peut le monter qu'à genoux. César lui-même et Claude montèrent aussi à genoux l'escalier qui conduisait au temple de Jupiter Capitolin. A côté de Saint-Jean-de-Latran est le baptistère où l'on dit que Constantin fut baptisé. Au milieu de la place l'on voit un obélisque qui est peut-être le plus ancien monument qui soit dans le monde; un obélisque contemporain de la guerre de Troie! un obélisque que le barbare Cambyse respecta cependant assez pour faire arrêter en son honneur l'incendie d'une ville! un obélisque pour lequel un roi mit en gage la vie de son fils unique! Les Romains l'ont fait arriver miraculeusement du fond de l'Égypte jusqu'en Italie; ils détournèrent le Nil de son cours pour qu'il allât le chercher et le transportât jusqu'à la mer. Cet obélisque est encore couvert des hiéroglyphes qui gardent leur secret depuis tant de siècles, et défient jusqu'à ce jour les plus savantes recherches. Les Indiens, les Égyptiens, l'antiquité de l'antiquité, nous seraient peut-être révélés par ces signes. Le charme merveilleux de Rome, ce n'est pas seulement la beauté réelle de ses monuments, mais l'intérêt qu'ils inspirent en excitant à penser ; et ce genre d'intérêt s'accroît chaque jour par chaque étude nouvelle.

Une des églises les plus singulières de Rome, c'est Saint-Paul : son extérieur est celui d'une grange mal bâtie, et l'intérieur est orné par quatre-vingts colonnes d'un marbre si beau, d'une forme si parfaite, qu'on croit qu'elles appartiennent à un temple d'Athènes décrit par Pausanias. Cicéron dit : *Nous sommes entourés des vestiges de l'histoire.* S'il le disait alors, que dirons-nous maintenant ?

Les colonnes, les statues, les bas-reliefs de l'ancienne Rome sont tellement prodigués dans les églises de la ville moderne, qu'il en est une (Sainte-Agnès) où des bas-reliefs retournés servent de marches à un escalier, sans qu'on se soit donné la peine de savoir ce qu'ils représentent. Quel étonnant aspect offrirait maintenant Rome antique, si l'on avait laissé les colonnes, les marbres, les statues, à la place même où ils ont été trouvés ! la ville ancienne presque en entier serait encore debout ; mais les hommes de nos jours oseraient-ils s'y promener ?

Les palais des grands seigneurs sont extrêmement vastes, d'une architecture souvent très-belle, et toujours imposante ; mais les ornements de l'intérieur sont rarement de bon goût, et l'on n'y a point l'idée de ces appartements élégants que les jouissances perfectionnées de la vie sociale ont fait inventer ailleurs. Ces vastes demeures des princes romains sont désertes et silencieuses ; les paresseux habitants de ces palais se retirent chez eux dans quelques petites chambres inaperçues, et laissent les étrangers parcourir leurs magnifiques galeries, où les plus beaux tableaux du siècle de Léon X sont réunis. Ces grands seigneurs romains sont aussi étrangers maintenant au luxe pompeux de leurs ancêtres, que ces ancêtres l'étaient eux-mêmes aux vertus austères des Romains de la république. Les maisons de campagne donnent encore davantage l'idée de cette solitude, de cette indifférence des possesseurs au milieu des plus admirables séjours du monde. On se promène dans ces immenses jardins sans se douter qu'ils aient un maître. L'herbe croît au milieu des allées ; et, dans ces mêmes allées abandonnées, les arbres sont taillés artistement selon l'ancien goût qui régnait en France : singulière bizarrerie, que cette négligence du nécessaire et cette affectation de l'inutile! Mais on est souvent surpris à Rome, et dans la plupart des autres villes d'Italie, du goût qu'ont les Italiens pour les ornements maniérés, eux qui ont sans cesse sous les yeux la noble simplicité de l'antique. Ils aiment ce qui est brillant, plutôt que ce qui est élégant et commode. Ils ont en tout genre les avantages et les inconvénients de ne point vivre habituellement en société. Leur luxe est pour l'imagination plutôt que pour la jouissance : isolés qu'ils sont entre eux, ils ne peuvent redouter l'esprit de moquerie, qui pénètre rarement à Rome dans les secrets de la maison ; et l'on dirait souvent, à voir le contraste du dedans et du dehors du palais, que la plupart des grands seigneurs d'Italie arrangent leurs demeures pour éblouir les passants, mais non pour y recevoir des amis.

Après avoir parcouru les églises et les palais, Corinne conduisit Oswald dans la villa Mellini, jardin solitaire, et sans autre ornement que des arbres magnifiques. On voit de là, dans l'éloignement, la chaîne des Apennins ; la transparence de l'air colore ces montagnes, les rapproche et les dessine d'une manière singulièrement pittoresque. Oswald et Corinne restèrent dans ce lieu quelque temps pour goûter le charme du ciel et la tranquillité de la nature. On ne peut avoir l'idée de cette tranquillité singulière, quand on n'a pas vécu dans les contrées méridionales. L'on ne sent pas, dans un jour chaud, le plus léger souffle de vent. Les plus faibles brins de gazon sont d'une immobilité parfaite ; les animaux eux-mêmes partagent l'indolence inspirée par le beau temps ; à midi, vous n'entendez point le bourdonnement des mouches, ni le bruit des cigales, ni le chant des oiseaux ; nul ne se fatigue en agitations inutiles et passagères ; tout dort, jusqu'au moment où les orages, où les passions réveillent la nature véhémente qui sort avec impétuosité de son propre repos.

Il y a dans les jardins de Rome un grand nombre d'arbres toujours verts, qui ajoutent encore à l'illusion qui fait déjà la douceur du climat pendant l'hiver. Des pins d'une élégance particulière, larges et touffus vers le sommet, et rapprochés l'un de l'autre, forment comme une espèce de plaine dans les airs, dont l'effet est charmant, quand on monte assez haut pour l'apercevoir. Les arbres inférieurs sont placés à l'abri de cette voûte de verdure. Deux palmiers seulement se trouvent dans Rome, et sont tous les deux dans des jardins de moines : l'un d'eux, placé sur une hauteur, sert de point de vue à distance, et l'on a toujours un sentiment de plaisir en apercevant, en retrouvant, dans les diverses perspectives de Rome, ce député de l'Afrique, cette image d'un midi plus brûlant encore que celui de l'Italie, et qui réveille tant d'idées et de sensations nouvelles.

« Ne trouvez-vous pas, dit Corinne en contemplant avec Oswald la campagne dont ils étaient environnés, que la nature en Italie fait plus rêver que partout ailleurs? On dirait qu'elle est ici plus en relation avec l'homme, et que le Créateur s'en sert comme d'un langage entre la créature et lui. — Sans doute, reprit Oswald, je le crois ainsi ; mais qui sait si ce n'est pas l'attendrissement profond que vous excitez dans mon cœur, qui me rend sensible à tout ce que je vois? Vous me révélez les pensées et les émotions que les objets extérieurs peuvent faire naître. Je ne vivais que dans mon cœur, vous avez réveillé mon imagination. Mais cette magie de l'univers que vous m'apprenez à connaître ne m'offrira jamais rien de plus beau que votre regard, de plus touchant que votre voix. — Puisse ce sentiment que je vous inspire aujourd'hui durer autant que ma vie, dit Corinne, ou, du moins, puisse ma vie ne pas durer plus que lui ! »

Oswald et Corinne terminèrent leur voyage de Rome par la Villa Borghèse, celui de tous les jardins et de tous les palais romains où les splendeurs de la nature et des arts sont rassemblées avec le plus de goût et d'éclat. On y voit des arbres de toutes les espèces, et des eaux magnifiques. Une réunion incroyable de statues, de vases, de sarcophages antiques, se mêlent avec la fraîcheur de la jeune nature du Sud. La mythologie des anciens y semble ranimée. Les naïades sont placées sur le bord des ondes, les nymphes dans des bois dignes d'elles, les tombeaux sous des ombrages élyséens; la statue d'Esculape est au milieu d'une île ; celle de Vénus semble sortir des ondes ; Ovide et Virgile pourraient se promener dans ce beau lieu, et se croire encore au siècle d'Auguste. Les chefs-d'œuvre de sculpture que renferme le palais lui donnent une magnificence à jamais nouvelle. On aperçoit de loin, à travers les arbres, la ville de Rome, et Saint-Pierre, et la campagne, et les longues arcades, débris des aqueducs qui transportaient les sources des montagnes dans l'ancienne Rome. Tout est là pour la pensée, pour l'imagination, pour la rêverie. Les sensations les plus pures se confondent avec les plaisirs de l'âme, et donnent l'idée d'un bonheur parfait ; mais quand on demande : Pourquoi ce séjour ravissant n'est-il pas habité? l'on vous répond que le mauvais air (*la cattiva aria*) ne permet pas d'y vivre pendant l'été.

Ce mauvais air fait, pour ainsi dire, le siége de Rome ; il avance chaque année quelques pas de plus, et l'on est forcé d'abandonner les plus charmantes habitations à son empire. Sans doute l'absence d'arbres dans la campagne, autour de la ville, est une des causes de l'insalubrité de l'air ; et c'est peut-être pour cela que les anciens Romains avaient consacré les bois aux déesses, afin de les faire respecter par le peuple. Maintenant des forêts sans nombre ont été abattues : pourrait-il en effet exister de nos jours des lieux assez sanctifiés pour que l'avidité s'abstînt de les dévaster ? Le mauvais air est le fléau des habitants de Rome, et menace la ville d'une entière dépopulation ; mais il ajoute peut-être encore à l'effet que produisent les superbes jardins qu'on voit dans l'enceinte de Rome. L'influence maligne ne se fait sentir par aucun signe extérieur : vous respirez un air qui semble pur et qui est très-agréable ; la terre est riante et fertile ; une fraîcheur délicieuse vous repose le soir des chaleurs brûlantes du jour : et tout cela, c'est la mort !

« J'aime, disait Oswald à Corinne, ce danger mystérieux, invisible, ce danger sous la forme des impressions les plus douces. Si la mort n'est, comme je le crois, qu'un appel à une existence plus heureuse, pourquoi le parfum des fleurs, l'ombrage des beaux arbres, le souffle rafraîchissant du soir, ne seraient-ils pas chargés de nous en apporter la nouvelle ? Sans doute le gouvernement doit veiller de toutes les manières à la conservation de la vie humaine ; mais la nature a des secrets que l'imagination seule peut pénétrer ; et je conçois facilement que les habitants et les étrangers ne se dégoûtent point de Rome par le genre de péril que l'on y court pendant les plus belles saisons de l'année. »

LIVRE SIXIÈME

MŒURS ET CARACTÈRE DES ITALIENS

CHAPITRE PREMIER

L'irrésolution du caractère d'Oswald, augmentée par ses malheurs, le portait à craindre tous les partis irrévocables. Il n'avait pas même osé, dans son incertitude, demander à Corinne le secret de son nom et de sa destinée, et cependant son amour pour elle acquérait chaque jour de nouvelles forces, il ne la regardait jamais sans émotion ; il pouvait à peine, au milieu de la société, s'éloigner, même pour un instant, de la place où elle était assise ; elle ne disait pas un mot qu'il ne sentît ; elle n'avait pas un instant de tristesse ou de gaieté dont le reflet ne se peignît sur sa propre physionomie. Mais, tout en admirant, tout en aimant Corinne, il se rappelait combien une telle femme s'accordait peu avec la manière de vivre des Anglais, combien elle différait de l'idée que son père s'était formée de celle qu'il lui convenait d'épouser ; et ce qu'il disait à Corinne se ressentait du trouble et de la contrainte que ces réflexions faisaient naître en lui.

Corinne ne s'en apercevait que trop bien ; mais il lui en aurait tant coûté de rompre avec lord Nelvil, qu'elle se prêtait elle-même à ce qu'il n'y eût point entre eux d'explication décisive ; et comme elle avait dans le caractère assez d'imprévoyance, elle était heureuse du présent tel qu'il était, quoiqu'il lui fût impossible de savoir ce qui devait en arriver.

Elle s'était entièrement séparée du monde pour se consacrer à son sentiment pour Oswald. Mais à la fin, blessée de son silence sur leur avenir, elle résolut d'accepter une invitation pour un bal où elle était vivement désirée. Rien n'est plus indifférent à Rome que de quitter la société et d'y reparaître tour à tour, selon que cela convient : c'est le pays où l'on s'occupe le moins de ce qu'on appelle ailleurs le *commérage*; chacun fait ce qu'il veut sans que personne s'en informe, à moins qu'on ne rencontre dans les autres un obstacle à son amour ou à son ambition. Les Romains ne s'inquiètent pas plus de la conduite de leurs compatriotes que de celle des étrangers qui passent et repassent dans leur ville, rendez-vous des Européens. Quand lord Nelvil sut que Corinne allait au bal, il en éprouva de l'humeur. Il avait cru voir en elle depuis quelque temps une disposition mélancolique qui sympathisait avec la sienne ; tout à coup elle lui parut vivement occupée de la danse, de ce talent dans lequel elle excellait, et son imagination semblait animée par la perspective d'une fête. Corinne n'était pas une personne frivole, mais elle se sentait chaque jour plus subjuguée par son amour pour Oswald, et elle voulait essayer d'en affaiblir la force. Elle savait par expérience que la réflexion et les sacrifices ont moins de pouvoir sur les caractères passionnés que la distraction, et elle pensait que la raison ne consiste pas à triompher de soi selon les règles, mais comme on le peut.

« Il faut, disait-elle à lord Nelvil, qui lui reprochait cette intention, il faut pourtant que je sache s'il n'y a plus que vous au monde qui puissiez remplir ma vie, si ce qui me plaisait autrefois ne peut pas encore m'amuser, et si le sentiment que vous m'inspirez doit absorber tout autre intérêt et toute autre idée. — Vous voulez donc cesser de m'aimer? reprit Oswald. — Non, répondit Corinne; mais ce n'est que dans la vie domestique qu'il peut être doux de se sentir ainsi dominée par une seule affection. Moi qui ai besoin de mes talents, de mon esprit, de mon imagination, pour soutenir l'éclat de la vie que j'ai adoptée, cela me fait mal, et beaucoup de mal, d'aimer comme je vous aime. — Vous ne me sacrifieriez donc pas, lui dit Oswald, ces hommages, cette gloire?... — Que vous importe, dit Corinne, de savoir si je vous les sacrifierais! Il ne faut pas, puisque nous ne sommes point destinés l'un à l'autre, flétrir à jamais pour moi le genre de bonheur dont je dois me contenter. » Lord Nelvil ne répondit point, parce qu'il fallait, en exprimant son sentiment, dire aussi quel dessein ce sentiment lui inspirait; et son cœur l'ignorait encore. Il se tut donc en soupirant, et suivit Corinne au bal, quoiqu'il lui en coûtât beaucoup d'y aller.

C'était la première fois, depuis son malheur, qu'il revoyait une grande assemblée; et le tumulte d'une fête lui causa une telle impression de tristesse, qu'il resta longtemps dans une salle à côté de celle du bal, la tête appuyée sur sa main, et ne cherchant pas même à voir danser Corinne. Il écoutait cette musique de danse, qui, comme toutes les musiques, fait rêver, bien qu'elle ne semble destinée qu'à la joie. Le comte d'Erfeuil arriva, tout enchanté d'un bal, d'une assemblée, d'une société nombreuse enfin qui lui rappelait un peu la France. « J'ai fait ce que j'ai pu, dit-il à lord Nelvil, pour trouver quelque intérêt à ces ruines dont on parle tant à Rome; je ne vois rien de beau dans cela : c'est un préjugé que l'admiration de ces débris couverts de ronces. J'en dirai mon avis quand je reviendrai à Paris, car il est temps que ce prestige de l'Italie finisse. Il n'y a pas un monument en Europe, subsistant aujourd'hui dans son entier, qui ne vaille mieux que ces tronçons de colonnes, que ces bas-reliefs noircis par le temps, qu'on ne peut admirer qu'à force d'érudition. Un plaisir qu'il faut acheter par tant d'études ne me paraît pas bien vif en lui-même ; car, pour être ravi par les spectacles de Paris, personne n'a besoin de pâlir sur les livres. » Lord Nelvil ne répondit rien. Le comte d'Erfeuil l'interrogea de nouveau sur l'impression que Rome avait produite sur lui. « Au milieu d'un bal, dit Oswald, ce n'est pas trop le moment d'en parler d'une manière sérieuse, et vous savez que je ne sais pas parler autrement. — A la bonne heure, reprit le comte d'Erfeuil ; je suis plus gai que vous j'en conviens; mais qui sait si je ne suis pas plus sage? Il y a beaucoup de philosophie, croyez-moi, dans mon apparente légèreté; la vie doit être prise comme cela. — Vous avez peut-être raison, reprit Oswald; mais c'est par nature et non par réflexion, que vous êtes ainsi, et voilà pourquoi votre manière d'être ne convient qu'à vous. »

Le comte d'Erfeuil entendit nommer Corinne dans la salle du bal, et il y entra pour savoir ce dont il s'agissait. Lord Nelvil s'avança jusqu'à la porte, et vit le prince d'Amalfi, Napolitain de la plus belle figure, qui priait Corinne de danser avec lui la *Tarentelle*, une danse de Naples, pleine de grâce et d'originalité. Les amis de Corinne le lui demandaient aussi. Elle accepta sans se faire prier, ce qui étonna assez le comte d'Erfeuil, accoutumé qu'il était aux refus par lesquels il est d'usage de faire précéder le consentement. Mais, en Italie, on ne connaît pas ce genre de grâces, et chacun croit tout simplement plaire davantage à la société en s'empressant de faire ce qu'elle désire. Corinne aurait inventé cette manière naturelle, si déjà elle n'avait pas été en usage. L'habit qu'elle avait mis pour le bal était élégant et léger; ses cheveux étaient rassemblés dans un filet de soie à l'italienne, et ses yeux exprimaient un plaisir vif qui la rendait plus séduisante que jamais. Oswald en fut troublé; il combattait contre lui-même; il s'indignait d'être captivé par des charmes dont il devait se plaindre, puisque, loin de songer à lui plaire, c'était presque pour échapper à son empire que Corinne se montrait si ravissante. Mais qui peut résister aux séductions de la grâce? Fût-elle même dédaigneuse, elle serait encore toute-puissante; et ce n'était assurément pas la disposition de Corinne. Elle aperçut lord Nelvil, rougit, et ses yeux avaient, en le regardant, une douceur enchanteresse.

Le prince d'Amalfi s'accompagnait, en dansant, avec des castagnettes. Corinne, avant de commencer, fit avec les deux mains un salut plein de grâce à l'assemblée; et, tournant légèrement sur elle-même, elle prit le tambour de basque que le prince d'Amalfi lui présentait. Elle se mit à danser en frappant l'air de ce tambour de basque; et tous ses mouvements avaient une souplesse, une grâce, un mélange de pudeur et de volupté, qui pouvaient donner l'idée de la puissance que les bayadères exercent sur l'imagination des Indiens, quand elles sont, pour ainsi dire, poétes avec leur danse, quand elles expriment tant de sentiments divers par les pas caractérisés et les tableaux enchanteurs qu'elles offrent aux regards. Corinne connaissait si bien toutes les attitudes que représentent les peintres et les sculpteurs antiques, que, par un léger mouvement de ses bras, en plaçant son tambour de basque tantôt au-dessus de sa tête, tantôt en avant avec une de ses mains, tandis que l'autre parcourait les grelots avec une incroyable dextérité, elle rappelait les danseuses d'Herculanum, et faisait naître successivement une foule d'idées nouvelles pour le dessin et la peinture.

Ce n'était point la danse française, si remarquable par l'élégance et la difficulté des pas; c'était un talent qui tenait de beaucoup plus près à l'imagination et au sentiment. Le caractère de la musique était exprimé tour à tour par la précision et la mollesse des mouvements. Corinne, en dansant, faisait passer dans l'âme des spectateurs ce qu'elle éprouvait, comme si elle avait improvisé, comme si elle avait joué de la lyre, ou dessiné quelques figures; tout était langage pour elle : les musiciens, en la regardant, s'animaient à mieux faire sentir le génie de leur art ; et je ne sais quelle joie passionnée et quelle sensibilité d'imagination électrisait à la fois tous les témoins de cette danse magique, et les transportait dans une existence idéale, où l'on rêve un bonheur qui n'est pas de ce monde.

Il y a un moment dans cette danse napolitaine où la femme se met à genoux, tandis que l'homme tourne autour d'elle, non en maître, mais en vainqueur. Quel était dans ce moment le charme de la dignité de Corinne ! comme à genoux elle était souveraine ! Et quand elle se releva, en faisant retentir le son de son instrument, de sa cymbale aérienne, elle semblait animée par un enthousiasme de vie, de jeunesse et de beauté, qui devait persuader qu'elle n'avait besoin de personne pour être heureuse. Hélas! il n'en était pas ainsi; mais Oswald le craignait, et soupirait en admirant Corinne, comme si chacun de ses succès l'eût séparée de lui. A la fin de la danse, l'homme se jette à genoux à son tour, et c'est la femme qui danse autour de lui. Corinne en cet instant se surpassa en-

…core, s'il était possible ; sa course était si légère en parcourant deux ou trois fois le même cercle, que ses pieds, chaussés en brodequins, volaient sur le plancher avec la rapidité de l'éclair ; et quand elle éleva une de ses mains en agitant son tambour de basque, et que de l'autre elle fit signe au prince d'Amalfi de se relever, tous les hommes étaient tentés de se mettre à genoux comme lui : tous, excepté lord Nelvil, qui se retira de quelques pas en arrière ; et le comte d'Erfeuil, qui fit quelques pas en avant pour complimenter Corinne. Quant aux Italiens qui étaient là, ils ne pensaient point à se faire remarquer par leur enthousiasme ; ils s'y livraient, parce qu'ils l'éprouvaient. Ce ne sont pas des hommes assez habitués à la société et à l'amour-propre qu'elle excite, pour s'occuper de l'effet qu'ils produisent ; ils ne se laissent jamais détourner de leur plaisir par la vanité, ni de leur but par les applaudissements.

Corinne était charmée de son succès, et remerciait tout le monde avec une grâce pleine de simplicité. Elle était contente d'avoir réussi, et le laissait voir en bonne enfant, si l'on peut s'exprimer ainsi ; mais ce qui l'occupait surtout, c'était le désir de traverser la foule pour arriver jusqu'à la porte contre laquelle Oswald était appuyé. Elle y arriva enfin, et s'arrêta un moment pour attendre un mot de lui. « Corinne, lui dit-il en s'efforçant de cacher son trouble, son enchantement et sa peine ; Corinne, voilà bien des hommages, voilà bien des succès ! Mais, au milieu de ces adorateurs si enthousiastes, y a-t-il un ami courageux et sûr ? y a-t-il un protecteur pour la vie ? et le vain tumulte des applaudissements devrait-il suffire à une âme telle que la vôtre ? »

CHAPITRE II

La foule empêcha Corinne de répondre à lord Nelvil. On allait souper, et chaque *cavaliere servente* se hâtait de s'asseoir à côté de sa dame. Une étrangère arriva ; et, ne trouvant plus de place, aucun homme, excepté lord Nelvil et le comte d'Erfeuil, ne lui offrit la sienne : ce n'était ni par impolitesse ni par égoïsme qu'aucun Romain ne s'était levé; mais l'idée que les grands seigneurs de Rome ont de l'honneur et du devoir, c'est de ne pas quitter d'un pas ni d'un instant leur dame. Quelques-uns, n'ayant pas pu s'asseoir, se tenaient derrière la chaise de leurs belles, prêts à les servir au moindre signe. Les dames ne parlaient qu'à leurs cavaliers; les étrangers erraient en vain autour de ce cercle, où personne n'avait rien à leur dire ; car les femmes ne savent pas en Italie ce que c'est que la coquetterie, ce que c'est en amour qu'un succès d'amour-propre; elles n'ont envie de plaire qu'à celui qu'elles aiment; il n'y a point de séduction d'esprit avant celle du cœur ou des yeux ; les commencements les plus rapides sont suivis quelquefois par un sincère dévouement, et même une très-longue constance. L'infidélité est en Italie blâmée plus sévèrement dans un homme que dans une femme. Trois ou quatre hommes, sous des titres différents, suivent la même femme, qui les mène avec elle, sans se donner quelquefois même la peine de dire leur nom au maître de la maison qui les reçoit : l'un est le préféré, l'autre celui qui aspire à l'être, un troisième s'appelle le souffrant (*il patito*); celui-là est tout à fait dédaigné, mais on lui permet cependant de faire le service d'adorateur; et tous ces rivaux vivent paisiblement ensemble. Les gens du peuple seuls ont encore conservé la coutume des coups de poignard. Il y a dans ce pays un bizarre mélange de simplicité et de corruption, de dissimulation et de vérité, de bonhomie et de vengeance, de faiblesse et de force, qui s'explique par une observation constante : c'est que les bonnes qualités viennent de ce qu'on n'y fait rien pour la vanité, et les mauvaises de ce qu'on y fait beaucoup pour l'intérêt, soit que cet intérêt tienne à l'amour, à l'ambition ou à la fortune.

Les distinctions de rang font en général peu d'effet en Italie; ce n'est point par philosophie, mais par facilité de caractère et familiarité de mœurs, qu'on y est peu susceptible des préjugés aristocratiques; et comme la société ne s'y constitue juge de rien, elle admet tout.

Après le souper, chacun se mit au jeu, quelques femmes aux jeux de hasard, d'autres au whist le plus silencieux ; et pas un mot n'était prononcé dans cette chambre naguère si bruyante. Les peuples du Midi passent souvent de la plus grande agitation au plus profond repos ; c'est encore un des contrastes de leur caractère, que la paresse unie à l'activité la plus infatigable : ce sont en tout des hommes qu'il faut se garder de juger au premier coup d'œil, car les qualités comme les défauts les plus opposés se trouvent en eux : si vous les voyez prudents dans tel instant, il se peut que dans un autre ils se montrent les plus audacieux des hommes ; s'ils sont indolents, c'est peut-être qu'ils se reposent d'avoir agi, ou se préparent pour agir encore ; enfin ils ne perdent aucune force de l'âme dans la société, et toutes s'amassent en eux pour les circonstances décisives.

Dans cette assemblée de Rome où se trouvaient Oswald et Corinne, il y avait des hommes qui perdaient des sommes énormes au jeu, sans qu'on pût l'apercevoir le moins du monde sur leur physionomie : ces mêmes hommes auraient eu l'expression la plus vive et les gestes les plus animés, s'ils avaient raconté quelques faits de peu d'importance. Mais quand les passions arrivent à un certain degré de violence, elles craignent les témoins, et se voilent presque toujours par le silence et l'immobilité.

Lord Nelvil avait conservé un ressentiment amer de la scène du bal ; il croyait que les Italiens, et leur manière animée d'exprimer l'enthousiasme, avaient détourné de lui, du moins pour un moment, l'intérêt de Corinne. Il en était très-malheureux ; mais sa fierté lui conseillait de le cacher, ou de le témoigner seulement en montrant du dédain pour les suffrages qui flattaient sa brillante amie. On lui proposa de jouer, il le refusa, Corinne aussi, et elle lui fit signe de venir s'asseoir à côté d'elle. Oswald était inquiet de compromettre Corinne, en passant ainsi la soirée seul avec elle en présence de tout le monde. « Soyez tranquille, lui dit-elle, personne ne s'occupera de nous ; c'est l'usage ici de ne faire en société que ce qui plaît ; il n'y a pas une convenance établie, pas un égard exigé : une politesse bienveillante suffit; personne ne veut que l'on se gêne les uns pour les autres. Ce n'est sûrement pas un pays où la liberté subsiste telle que vous l'entendez en Angleterre, mais on y jouit d'une parfaite indépendance sociale. — C'est-à-dire, reprit Oswald, qu'on n'y montre aucun respect pour les mœurs. — Au moins, interrompit Corinne, aucune hypocrisie. M. de la Rochefoucauld a dit : *Le moindre des défauts d'une femme galante est de l'être.* En effet, quels que soient les torts des femmes en Italie, elles n'ont pas recours au mensonge; et si le mariage n'y est pas assez respecté, c'est du consentement des deux époux.

— Ce n'est point la sincérité qui est la cause de ce genre de franchise, répondit Oswald, mais l'indifférence pour l'opinion publique. En arrivant ici j'avais une lettre de recommandation pour une princesse ; je la donnai à mon domestique de place pour la porter; il me dit : *Monsieur, dans ce moment cette lettre ne vous servirait à rien ; car la princesse ne voit personne, elle est* INNAMORATA ; et cet état d'être INNAMORATA se proclamait comme toute autre situation de la vie, et cette publicité n'est point excusée par une passion extraordinaire; plusieurs attachements se succèdent ainsi, et sont également connus. Les femmes mettent si peu de mystère à cet égard, qu'elles avouent leurs liaisons avec moins d'embarras que nos femmes n'en auraient en parlant de leurs époux. Aucun sentiment profond ni délicat ne se mêle, on le croit aisément, à cette mobilité sans pudeur. Aussi, dans cette nation où l'on ne pense qu'à l'amour, il n'y a pas un seul roman, parce que l'amour y est si rapide, si public, qu'il ne prête à aucun genre de développement, et que, pour peindre véritablement les mœurs générales à cet égard, il faudrait commencer et finir dans la première page. Pardon, Corinne, s'écria lord Nelvil en remarquant la peine qu'il lui faisait; vous êtes Italienne, cette idée devrait me désarmer. Mais l'une des causes de votre grâce incomparable, c'est la réunion de tous les charmes qui caractérisent les différentes nations. Je ne sais dans quel pays vous avez été élevée; mais certainement vous n'avez point passé toute votre vie en Italie : peut-être est-ce en Angleterre même... Ah! Corinne, si cela était vrai, comment auriez-vous pu quitter ce sanctuaire de la pudeur et de la délicatesse, pour venir ici, où non-seulement la vertu, mais l'amour même est si mal connu? On le respire dans l'air, mais pénètre-t-il dans le cœur? Les poésies dans lesquelles l'amour joue un si grand rôle ont beaucoup de grâce, beaucoup d'imagination; elles sont ornées par des tableaux brillants dont les couleurs sont vives et voluptueuses. Mais où trouverez-vous ce sentiment mélancolique et tendre qui anime notre poésie? Que pourriez-vous comparer à la scène de Belvidera et de son époux dans Otway; à Roméo, dans Shakspeare, enfin surtout aux admirables vers de Thompson, dans son chant du Printemps, lorsqu'il peint avec des traits si nobles et si touchants le bonheur de l'amour dans le mariage? Y a-t-il un tel mariage en Italie? et là où il n'y a pas de bonheur domestique, peut-il exister de l'amour? N'est-ce pas ce bonheur qui est le but de la passion du cœur, comme la possession est celui de la passion des sens? Toutes les femmes jeunes et belles ne se ressemblent-elles pas, si les qualités de l'âme et de l'esprit ne fixent pas la préférence? et ces qualités, que font-elles désirer? le mariage, c'est-à-dire l'association de tous les sentiments et de toutes les pensées. L'amour illégitime, quand malheureusement il existe chez nous, est encore, si j'ose m'exprimer ainsi, un reflet du mariage. On y cherche ce bonheur intime qu'on n'a pu goûter chez soi, et l'infidélité même est plus morale en Angleterre que le mariage en Italie. »

Ces paroles étaient dures, elles blessèrent profondément Corinne; et se levant aussitôt, les yeux remplis de larmes, elle sortit de la chambre, et retourna subitement chez elle. Oswald fut au désespoir d'avoir offensé Corinne; mais il avait une sorte d'irritation de ses succès du bal, qui s'était trahie par les paroles qui venaient de lui échapper. Il la suivit chez elle, mais elle refusa de lui parler; il y retourna le lendemain matin encore inutilement, sa porte était fermée. Ce refus prolongé de recevoir lord Nelvil n'était pas dans le caractère de Corinne ; mais elle était douloureusement affligée de l'opinion qu'il avait témoignée sur les Italiennes, et cette opinion même lui faisait une loi de cacher à l'avenir, si elle le pouvait, le sentiment qui l'entraînait.

Oswald, de son côté, trouvait que Corinne ne se conduisait pas dans cette circonstance avec la simplicité qui lui était naturelle, et il se confirmait toujours davantage dans le mécontentement que le bal lui avait causé ; il excitait en lui cette disposition qui pouvait lutter contre le sentiment dont il redoutait l'empire. Ses principes étaient sévères, et le mystère qui enveloppait la vie passée de celle qu'il aimait lui causait une grande douleur. Les manières de Corinne lui paraissaient pleines de charmes, mais quelquefois un peu trop animées par le désir universel de plaire. Il lui trouvait beaucoup de noblesse et de réserve dans les discours et dans le maintien, mais trop d'indulgence dans les opinions. Enfin Oswald était un homme séduit, entraîné, mais conservant au dehors de lui-même un opposant qui combattait ce qu'il éprouvait. Cette situation porte souvent à l'amertume. On est mécontent de soi-même et des autres. L'on souffre, et l'on a comme une sorte de besoin de souffrir encore davantage, ou du moins d'amener une explication violente qui fasse triompher complétement l'un des deux sentiments qui déchirent le cœur.

C'est dans cette disposition que lord Nelvil écrivit à Corinne. Sa lettre était amère et inconvenable ; il le sentait, mais des mouvements confus le portaient à l'envoyer : il était si malheureux par ses combats, qu'il voulait à tout prix une circonstance quelconque qui pût les terminer.

Un bruit auquel il ne croyait pas, mais que le comte d'Erfeuil était venu lui raconter, contribua peut-être encore à rendre ses expressions plus âpres. On répandait dans Rome que Corinne épouserait le prince d'Amalfi. Oswald savait bien qu'elle ne l'aimait pas, et devait penser que le bal était la seule cause de cette nouvelle ; mais il se persuada qu'elle l'avait reçu chez elle le matin du jour où il n'avait pu lui-même être admis ; et, trop fier pour exprimer un sentiment de jalousie, il satisfit son mécontentement secret en dénigrant la nation pour laquelle il voyait avec tant de peine la prédilection de Corinne.

CHAPITRE III

LETTRE D'OSWALD A CORINNE.

« Ce 24 janvier 1795.

« Vous refusez de me voir; vous êtes offensée de notre
« conversation d'avant-hier; vous vous proposez sans doute
« de ne plus admettre à l'avenir chez vous que vos compa-
« triotes : vous voulez expier apparemment le tort que vous
« avez eu de recevoir un homme d'une autre nation. Cepen-
« dant, loin de me repentir d'avoir parlé avec sincérité sur
« les Italiennes, à vous que, dans mes chimères, je voulais
« considérer comme une Anglaise, j'oserai dire avec bien plus
« de force encore, que vous ne trouverez ni bonheur ni di-
« gnité, si vous voulez faire choix d'un époux au milieu de
« la société qui vous environne. Je ne connais pas un homme
« parmi les Italiens qui puisse vous mériter; il n'en est pas
« un qui vous honorât par son alliance, de quelque titre qu'il
« vous revêtît. Les hommes, en Italie, valent beaucoup moins
« que les femmes; car ils ont les défauts des femmes, et les
« leurs propres en sus. Me persuaderez-vous qu'ils soient ca-
« pables d'amour, ces habitants du Midi, qui fuient avec tant
« de soin la peine, et sont si décidés au bonheur? N'avez-
« vous pas vu, je le tiens de vous, le mois dernier, au spec-
« tacle, un homme qui avait perdu huit jours auparavant sa
« femme, et une femme qu'il disait aimer? On veut ici se dé-
« barrasser le plus tôt possible, et des morts, et de l'idée de
« la mort. Les cérémonies des funérailles sont accomplies
« par les prêtres, comme les soins de l'amour sont observés
« par les *cavaliers servants*. Les rites et l'habitude ont tout
« prescrit d'avance, les regrets et l'enthousiasme n'y sont

« pour rien. Enfin, et c'est là surtout ce qui détruit l'amour,
« les hommes n'inspirent aucun genre de respect aux femmes;
« elles ne leur savent aucun gré de leur soumission, parce
« qu'ils n'ont aucune fermeté de caractère, aucune occupation
« sérieuse dans la vie. Il faut, pour que la nature et l'ordre
« social se montrent dans toute leur beauté, que l'homme soit
« protecteur et la femme protégée, mais que ce protecteur
« adore la faiblesse qu'il défend, et respecte la divinité sans
« pouvoir qui, comme ses dieux pénates, porte bonheur à sa
« maison. Ici on dirait presque que les femmes sont le sultan,
« et les hommes le sérail.

« Les hommes ont la douceur et la souplesse du caractère
« des femmes. Un proverbe italien dit : *Qui ne sait pas fein-*
« *dre ne sait pas vivre.* N'est-ce pas là un proverbe de
« femme? et en effet, dans un pays où il n'y a ni carrière
« militaire, ni institution libre, comment un homme pour-
« rait-il se former à la dignité et à la force? Aussi tournent-
« ils tout leur esprit vers l'habileté; ils jouent la vie comme
« une partie d'échecs, dans laquelle le succès est tout. Ce
« qui leur reste des souvenirs de l'antiquité, c'est quelque
« chose de gigantesque dans les expressions et dans la ma-
« gnificence extérieure; mais, à côté de cette grandeur sans
« base, vous voyez souvent tout ce qu'il y a de plus vulgaire
« dans les goûts et de plus misérablement négligé dans la vie
« domestique. Est-ce là, Corinne, la nation que vous devez
« préférer à toute autre? Est-ce elle dont les bruyants ap-
« plaudissements vous sont si nécessaires, que toute autre
« destinée vous paraîtrait silencieuse à côté de ces *bravos*
« retentissants? Qui pourrait se flatter de vous rendre heu-
« reuse en vous arrachant à ce tumulte? Vous êtes une per-
« sonne inconcevable : profonde dans vos sentiments, et
« légère dans vos goûts; indépendante par la fierté de votre
« âme, et cependant asservie par le besoin de distractions :
« capable d'aimer un seul, mais ayant besoin de tous. Vous
« êtes une magicienne, qui inquiétez et rassurez alternative-
« ment; qui vous montrez sublime, et disparaissez tout à coup
« de cette région où vous êtes seule, pour vous confondre

7.

« dans la foule. Corinne, Corinne, on ne peut s'empêcher de
« vous redouter en vous aimant!

« Oswald. »

Corinne, en lisant cette lettre, fut offensée des préjugés
haineux qu'Oswald exprimait contre sa nation. Mais elle eut
cependant le bonheur de deviner qu'il était irrité de la fête,
et de ce qu'elle s'était refusée à le recevoir depuis la conversation du souper : cette réflexion adoucit un peu l'impression
pénible que lui faisait sa lettre. Elle hésita quelque temps, ou
du moins crut hésiter sur la conduite qu'elle devait tenir
envers lui. Son sentiment l'entraînait à le revoir; mais il lui
était extrêmement pénible qu'il pût s'imaginer qu'elle désirait
de l'épouser, bien que la fortune fût au moins égale, et qu'elle
pût, en révélant son nom, montrer qu'il n'était en rien inférieur à celui de lord Nelvil. Néanmoins, ce qu'il y avait de
singulier et d'indépendant dans le genre de vie qu'elle avait
adopté devait lui inspirer de l'éloignement pour le mariage;
et sûrement elle en aurait repoussé l'idée, si son sentiment
ne l'eût pas aveuglée sur toutes les peines qu'elle aurait à
souffrir en épousant un Anglais, et en renonçant à l'Italie.

On peut abdiquer la fierté dans tout ce qui tient au cœur;
mais dès que les convenances ou les intérêts du monde se
présentent de quelque manière pour obstacle, dès qu'on peut
supposer que la personne qu'on aime ferait un sacrifice quelconque en s'unissant à vous, il n'est plus possible de lui
montrer à cet égard aucun abandon de sentiment. Corinne,
néanmoins, ne pouvant se résoudre à rompre avec Oswald,
voulut se persuader qu'elle pourrait le voir désormais, et lui
cacher l'amour qu'elle ressentait pour lui : c'est donc dans
cette intention qu'elle se fit une loi, dans sa lettre, de répondre seulement à ses accusations injustes contre la nation italienne, et de raisonner avec lui sur ce sujet comme si c'était
le seul qui l'intéressât. Peut-être la meilleure manière dont
une femme d'un esprit supérieur peut reprendre sa froideur
et sa dignité, c'est lorsqu'elle se retranche dans la pensée
comme dans un asile.

CORINNE A LORD NELVIL.

» Ce 25 janvier 1795.

« Si votre lettre ne concernait que moi, milord, je n'essayerais point de me justifier : mon caractère est tellement facile à connaître, que celui qui ne me comprendrait pas de lui-même ne me comprendrait pas davantage par l'explication que je lui en donnerais. La réserve pleine de vertu des femmes anglaises, et l'art plein de grâce des femmes françaises, servent souvent à cacher, croyez-moi, la moitié de ce qui se passe dans l'âme des unes et des autres : et ce qu'il vous plaît d'appeler en moi de la magie, c'est un naturel sans contrainte, qui laisse voir quelquefois des sentiments divers et des pensées opposées sans travailler à les mettre d'accord ; car cet accord, quand il existe, est presque toujours factice, et la plupart des caractères vrais sont inconséquents. Mais ce n'est pas de moi que je veux vous parler, c'est de la nation infortunée que vous attaquez si cruellement. Serait-ce mon affection pour mes amis qui vous inspirerait cette malveillance amère ? vous me connaissez trop pour en être jaloux, et je n'ai point l'orgueil de croire qu'un tel sentiment vous rendît injuste au point où vous l'êtes. Vous dites sur les Italiens ce que disent tous les étrangers, ce qui doit frapper au premier abord ; mais il faut pénétrer plus avant pour juger ce pays, qui a été si grand à diverses époques. D'où vient donc que cette nation a été, sous les Romains, la plus militaire de toutes, la plus jalouse de sa liberté dans les républiques du moyen âge, et, dans le seizième siècle, la plus illustre par les lettres, les sciences et les arts? N'a-t-elle pas poursuivi la gloire sous toutes les formes? Et si maintenant elle n'en a plus, pourquoi n'en accuseriez-vous pas sa situation politique, puisque dans d'autres circonstances elle s'est montrée si différente de ce qu'elle est maintenant?

« Je ne sais si je m'abuse, mais les torts des Italiens ne font que m'inspirer un sentiment de pitié pour leur sort.

« Les étrangers, de tout temps, ont conquis, déchiré ce beau
« pays, l'objet de leur ambition perpétuelle; et les étrangers
« reprochent avec amertume à cette nation les torts des na-
« tions vaincues et déchirées! L'Europe a reçu des Italiens
« les arts et les sciences : et maintenant qu'elle a tourné
« contre eux leurs propres présents, elle leur conteste souvent
« encore la dernière gloire qui soit permise aux nations sans
« force militaire et sans liberté politique, la gloire des sciences
« et des arts.

« Il est si vrai que les gouvernements font le caractère des
« nations, que, dans cette même Italie, vous voyez des diffé-
« rences de mœurs remarquables entre les divers États qui
« la composent. Les Piémontais, qui formaient un petit corps
« de nation, ont l'esprit plus militaire que le reste de l'Italie;
« les Florentins, qui ont possédé ou la liberté ou des princes
« d'un caractère libéral, sont éclairés et doux; les Vénitiens
« et les Génois se montrent capables d'idées politiques, parce
« qu'il y a chez eux une aristocratie républicaine; les Mila-
« nais sont plus sincères, parce que les nations du Nord y ont
« apporté depuis longtemps ce caractère; les Napolitains
« pourraient aisément devenir belliqueux, parce qu'ils ont été
« réunis depuis plusieurs siècles sous un gouvernement très-
« imparfait, mais enfin sous un gouvernement à eux. La no-
« blesse romaine, n'ayant rien à faire, ni militairement, ni
« politiquement, doit être ignorante et paresseuse; mais l'es-
« prit des ecclésiastiques, qui ont une carrière et une occu-
« pation, est beaucoup plus développé que celui des nobles;
« et comme le gouvernement papal n'admet aucune distinc-
« tion de naissance, et qu'il est au contraire purement électif
« dans l'ordre du clergé, il en résulte une sorte de libéralité,
« non dans les idées, mais dans les habitudes, qui fait de Rome
« le séjour le plus agréable pour tous ceux qui n'ont plus ni
« l'ambition ni la possibilité de jouer un rôle dans le monde.

« Les peuples du Midi sont plus aisément modifiés par les
« institutions que les peuples du Nord; ils ont une indolence
« qui devient bientôt de la résignation; et la nature leur offre
« tant de jouissances, qu'ils se consolent facilement des avan-

« tages que la société leur refuse. Il y a sûrement beaucoup
« de corruption en Italie, et cependant la civilisation y est
« beaucoup moins raffinée que dans d'autres pays. On pour-
« rait presque trouver quelque chose de sauvage à ce peuple,
« malgré la finesse de son esprit : cette finesse ressemble à
« celle du chasseur dans l'art de surprendre sa proie. Les
« peuples indolents sont facilement rusés : ils ont une habi-
« tude de douceur qui leur sert à dissimuler, quand il le faut,
« même leur colère ; c'est toujours avec ces manières accou-
« tumées qu'on parvient à cacher une situation accidentelle.

« Les Italiens ont de la sincérité, de la fidélité dans les re-
« lations privées. L'intérêt et l'ambition exercent un grand
« empire sur eux, mais non l'orgueil ou la vanité; les distinc-
« tions de rang y font très-peu d'impression ; il n'y a point
« de société, point de salon, point de mode, point de petits
« moyens journaliers de faire effet en détail. Ces sources ha-
« bituelles de dissimulation et d'envie n'existent point chez
« eux : quand ils trompent leurs ennemis et leurs concur-
« rents, c'est parce qu'ils se considèrent avec eux comme en
« état de guerre; mais, en paix, ils ont du naturel et de la
« vérité. C'est même cette vérité qui est cause du scandale
« dont vous vous plaignez; les femmes, entendant parler
« d'amour sans cesse, vivant au milieu des séductions et des
« exemples de l'amour, ne cachent pas leurs sentiments, et
« portent pour ainsi dire une sorte d'innocence dans la galan-
« terie même; elles ne se doutent pas non plus du ridicule,
« surtout de celui que la société peut donner. Les unes sont
« d'une ignorance telle, qu'elles ne savent pas écrire, et l'a-
« vouent publiquement ; elles font répondre à un billet du
« matin par leur procureur (*il paglietto*) sur du papier à
« grand format, et en style de requête. Mais, en revanche,
« parmi celles qui sont instruites, vous en verrez qui sont
« professeurs dans les académies, et donnent des leçons pu-
« bliquement, en écharpe noire; et si vous vous avisiez de
« rire de cela, l'on vous répondrait : *Y a-t-il du mal à savoir*
« *le grec? y a-t-il du mal à gagner sa vie par son travail?*
« *pourquoi riez-vous donc d'une chose aussi simple?*

« Enfin, milord, aborderai-je un sujet plus délicat? cher-
« cherai-je à démêler pourquoi les hommes montrent souvent
« peu d'esprit militaire? Ils exposent leur vie pour l'amour et
« pour la haine avec une grande facilité; et les coups de poi-
« gnard donnés et reçus pour cette cause n'étonnent ni n'in-
« timident personne; ils ne craignent point la mort, quand
« les passions naturelles commandent de la braver; mais sou-
« vent, il faut l'avouer, ils aiment mieux la vie que des inté-
« rêts politiques, qui ne les touchent guère, parce qu'ils n'ont
« point de patrie. Souvent aussi l'honneur chevaleresque a
« peu d'empire au milieu d'une nation où l'opinion et la so-
« ciété qui la forme n'existent pas. Il est assez simple que,
« dans une telle désorganisation de tous les pouvoirs publics,
« les femmes prennent beaucoup d'ascendant sur les hommes,
« et peut-être en ont-elles trop pour les respecter et les ad-
« mirer. Néanmoins leur conduite envers elles est pleine de
« délicatesse et de dévouement. Les vertus domestiques font
« en Angleterre la gloire et le bonheur des femmes; mais s'il
« y a des pays où l'amour subsiste hors des liens sacrés du
« mariage, parmi ces pays, celui de tous où le bonheur des
« femmes est le plus ménagé, c'est l'Italie. Les hommes s'y
« sont fait une morale pour des rapports hors de la morale;
« mais du moins ont-ils été justes et généreux dans le par-
« tage des devoirs; ils se sont considérés eux-mêmes comme
« plus coupables que les femmes, quand ils brisaient les liens
« de l'amour, parce que les femmes avaient fait plus de sacri-
« fices, et perdaient davantage; ils ont pensé que, devant le
« tribunal du cœur, les plus criminels sont ceux qui font le
« plus de mal. Quand les hommes ont tort, c'est par dureté;
« quand les femmes ont tort, c'est par faiblesse. La société,
« qui est à la fois rigoureuse et corrompue, c'est-à-dire im-
« pitoyable pour les fautes, quand elles entraînent des mal-
« heurs, doit être plus sévère pour les femmes: mais, dans un
« pays où il n'y a pas de société, la bonté naturelle a plus
« d'influence.

« Les idées de considération et de dignité sont beaucoup
« moins puissantes, et même beaucoup moins connues, j'en

« conviens, en Italie que partout ailleurs. L'absence de so-
« ciété et d'opinion publique en est la cause. Mais, malgré
« tout ce qu'on a dit de la perfidie des Italiens, je soutiens
« que c'est un des pays du monde où il y a le plus de bonho-
« mie. Cette bonhomie est telle, dans tout ce qui tient à la
« vanité, que bien que ce pays soit celui dont les étrangers
« aient dit le plus de mal, il n'en est point où ils rencontrent
« un accueil aussi bienveillant. On reproche aux Italiens
« trop de penchant à la flatterie ; mais il faut aussi convenir
« que la plupart du temps ce n'est point par calcul, mais seu-
« lement par désir de plaire, qu'ils prodiguent leurs douces
« expressions, inspirées par une obligeance véritable ; ces
« expressions ne sont point démenties par la conduite habi-
« tuelle de la vie. Toutefois, seraient-ils fidèles à l'amitié
« dans des circonstances extraordinaires, s'il fallait braver
« pour elle les périls et l'adversité ? Le petit nombre, j'en
« conviens, le très-petit nombre en serait capable ; mais ce
« n'est pas à l'Italie seulement que cette observation peut
« s'appliquer.

« Les Italiens ont une paresse orientale dans l'habitude de
« la vie ; mais il n'y a point d'hommes plus persévérants ni
« plus actifs quand une fois leurs passions sont excitées. Ces
« mêmes femmes aussi, que vous voyez indolentes comme les
« odalisques du sérail, sont capables tout à coup des actions
« les plus dévouées. Il y a des mystères dans le caractère et
« l'imagination des Italiens, et vous y rencontrez tour à tour
« des traits inattendus de générosité et d'amitié, ou des preu-
« ves sombres et redoutables de haine et de vengeance. Il n'y
« a ici d'émulation pour rien : la vie n'y est plus qu'un som-
« meil rêveur, sous un beau ciel ; mais donnez à ces hommes
« un but, et vous les verrez en six mois tout apprendre et tout
« concevoir. Il en est de même des femmes ; pourquoi s'ins-
« truiraient-elles, puisque la plupart des hommes ne les en-
« tendraient pas ? Elles isoleraient leur cœur en cultivant leur
« esprit ; mais ces mêmes femmes deviendraient bien vite
« dignes d'un homme supérieur, si cet homme supérieur
« était l'objet de leur tendresse. Tout dort ici ; mais, dans un

« pays où les grands intérêts sont assoupis, le repos et l'insou-
« ciance sont plus nobles qu'une vaine agitation pour les pe-
« tites choses.

« Les lettres elles-mêmes languissent là où les pensées ne
« se renouvellent point par l'action forte et variée de la vie.
« Mais dans quel pays cependant a-t-on jamais témoigné plus
« qu'en Italie de l'admiration pour la littérature et les beaux-
« arts? L'histoire nous apprend que les papes, les princes et
« les peuples ont rendu dans tous les temps, aux peintres, aux
« poëtes, aux écrivains distingués, les hommages les plus écla-
« tants. Cet enthousiasme pour le talent est, je l'avouerai,
« milord, un des premiers motifs qui m'attachent à ce pays.
« On n'y trouve point l'imagination blasée, l'esprit découra-
« geant, ni la médiocrité despotique, qui savent si bien
« ailleurs tourmenter ou étouffer le génie naturel. Une idée,
« un sentiment, une expression heureuse, prennent feu, pour
« ainsi dire, parmi les auditeurs. Le talent, par cela même
« qu'il tient ici le premier rang, excite beaucoup d'envie.
« Pergolèse a été assassiné pour son *Stabat*; Giorgione s'ar-
« mait d'une cuirasse quand il était obligé de peindre dans un
« lieu public; mais la jalousie violente qu'inspire le talent
« parmi nous est celle que fait naître ailleurs la puissance;
« cette jalousie ne dégrade point son objet; cette jalousie peut
« haïr, proscrire, tuer; et néanmoins, toujours mêlée au fana-
« tisme de l'admiration, elle excite encore le génie tout en le
« persécutant. Enfin, quand on voit tant de vie dans un cercle
« si resserré, au milieu de tant d'obstacles et d'avertissements
« de tout genre, on ne peut s'empêcher, ce me semble, de
« prendre un vif intérêt à ce peuple, qui respire avec avidité
« le peu d'air que l'imagination fait pénétrer à travers les
« bornes qui le renferment.

« Ces bornes sont telles, je ne le nierai point, que les hommes
« maintenant acquièrent rarement en Italie cette dignité, cette
« fierté qui distinguent les nations libres et militaires. J'a-
« vouerai même, si vous le voulez, milord, que le caractère
« de ces nations pourrait inspirer aux femmes plus d'enthou-
« siasme et d'amour. Mais ne serait-il pas possible aussi qu'un

« homme intrépide, noble et sévère, réunit toutes les qualités
« qui font aimer, sans posséder celles qui promettent le bon-
« heur?

« CORINNE. »

CHAPITRE IV

La lettre de Corinne fit repentir une seconde fois Oswald
d'avoir pu songer à se détacher d'elle. La dignité spirituelle
et la douceur imposante avec laquelle elle repoussait les paroles dures qu'il s'était permises, le touchèrent et le pénétrè-
rent d'admiration. Une supériorité si grande, si simple, si
vraie, lui parut au-dessus de toutes les règles ordinaires. Il
sentait bien toujours que Corinne n'était pas la femme faible,
timide, doutant de tout, hors de ses devoirs et de ses sentiments, qu'il avait choisie dans son imagination pour la compagne de sa vie; et le souvenir de Lucile, telle qu'il l'avait
vue à l'âge de douze ans, s'accordait mieux avec cette idée :
mais pouvait-on rien comparer à Corinne? Les lois, les règles communes, pouvaient-elles s'appliquer à une personne
qui réunissait en elle tant de qualités diverses, dont le génie
et la sensibilité étaient le lien? Corinne était un miracle de la
nature; et ce miracle ne se faisait-il pas en faveur d'Oswald,
quand il pouvait se flatter d'intéresser une telle femme? Mais
quel était son nom, quelle était sa destinée, quels seraient ses
projets, s'il lui déclarait l'intention de s'unir à elle? Tout
était encore dans l'obscurité; et, quoique l'enthousiasme
qu'Oswald ressentait pour Corinne lui persuadât qu'il était
décidé à l'épouser, souvent aussi l'idée que la vie de Corinne
n'avait pas été tout à fait irréprochable, et qu'un tel mariage
aurait été sûrement condamné par son père, bouleversait de
nouveau toute son âme, et le jetait dans l'anxiété la plus pénible.

Il n'était pas aussi abattu par la douleur que dans le temps
où il ne connaissait pas Corinne, mais il ne sentait plus cette
sorte de calme qui peut exister même au milieu du repentir
lorsque la vie entière est consacrée à l'expiation d'une grande

faute. Il ne craignait pas autrefois de s'abandonner à ses souvenirs, quelle que fût leur amertume; maintenant il redoutait les rêveries longues et profondes, qui lui auraient révélé ce qui se passait au fond de son âme. Il se préparait cependant à se rendre chez Corinne pour la remercier de sa lettre, et pour obtenir le pardon de celle qu'il avait écrite, lorsqu'il vit entrer dans sa chambre M. Edgermond, un parent de la jeune Lucile.

C'était un brave gentilhomme anglais, qui avait presque toujours vécu dans la principauté de Galles, où il possédait une terre; il avait les principes et les préjugés qui servent à maintenir en tout pays les choses comme elles sont; et c'est un bien quand ces choses sont aussi bonnes que la raison humaine le permet : alors les hommes tels que M. Edgermond, c'est-à-dire les partisans de l'ordre établi, quoique fortement et même opiniâtrément attachés à leurs habitudes et à leur manière de voir, doivent être considérés comme des esprits éclairés et raisonnables.

Lord Nelvil tressaillit en entendant annoncer chez lui M. Edgermond; il lui sembla que tous ses souvenirs se représentaient à la fois; mais bientôt il lui vint dans l'esprit que lady Edgermond, la mère de Lucile, avait envoyé son parent pour lui faire des reproches, et qu'elle voulait ainsi gêner son indépendance. Cette pensée lui rendit toute sa fermeté, et il reçut M. Edgermond avec une froideur extrême. Il avait d'autant plus tort en l'accueillant ainsi, que M. Edgermond n'avait pas le moindre projet qui pût concerner lord Nelvil. Il traversait l'Italie pour sa santé, en faisant beaucoup d'exercice, en chassant, en buvant à la santé du roi George et de la vieille Angleterre : c'était le plus honnête homme du monde, et même il avait beaucoup plus d'esprit et d'instruction que ses habitudes ne devaient le faire croire. Il était Anglais avant tout, non-seulement comme il devait l'être, mais aussi comme on aurait pu souhaiter qu'il ne le fût pas; suivant dans tous les pays les coutumes du sien, ne vivant qu'avec les Anglais, et ne s'entretenant jamais avec les étrangers, non par dédain, mais par une sorte de répugnance à parler les langues étrangères, et de timidité, même à l'âge de cinquante ans, qui lui rendait très-difficile de faire de nouvelles connaissances.

« Je suis charmé de vous voir, dit-il à lord Nelvil; je vais à Naples dans quinze jours, vous y trouverai-je? Je le voudrais; car j'ai peu de temps à rester en Italie, parce que mon régiment doit bientôt s'embarquer. — Votre régiment? » répéta lord Nelvil; et il rougit, comme s'il avait oublié qu'il avait un congé d'une année, son régiment ne devant pas être employé avant cette époque; mais il rougit en pensant que Corinne pourrait peut-être lui faire oublier même son devoir. « Votre régiment à vous, continua M. Edgermond, ne sera pas mis en activité de sitôt; ainsi rétablissez votre santé ici sans inquiétude. J'ai vu, avant de partir, ma jeune cousine, à laquelle vous vous intéressez; elle est plus charmante que jamais; et dans un an, quand vous reviendrez, je ne doute pas qu'elle ne soit la plus belle femme de l'Angleterre. » Lord Nelvil se tut, et M. Edgermond garda le silence aussi de son côté. Ils se dirent encore quelques mots d'une manière assez laconique, quoique bienveillante; et M. Edgermond allait sortir, lorsqu'il revint sur ses pas et dit : « A propos, milord, vous pouvez me faire un plaisir : on m'a dit que vous connaissiez la célèbre Corinne; et bien que je n'aime pas en général les nouvelles connaissances, je suis tout à fait curieux de celle-là. — Je demanderai à Corinne la permission de vous mener chez elle, puisque vous le désirez, répondit Oswald. — Faites, je vous prie, reprit M. Edgermond, que je la voie un jour où elle improvisera, chantera ou dansera en notre présence. — Corinne, dit lord Nelvil, ne montre point ainsi ses talents aux étrangers; c'est une femme votre égale et la mienne sous tous les rapports. — Pardon de ma méprise, reprit M. Edgermond; comme on ne lui connaît pas d'autre nom que Corinne, et qu'à vingt-six ans elle vit toute seule, sans aucune personne de sa famille, je croyais qu'elle existait par ses talents, et saisissait volontiers l'occasion de les faire connaître. — Sa fortune, répondit vivement lord Nelvil, est tout à fait indépendante, et son âme encore plus. » M. Edgermond finit à l'instant de parler sur Corinne, et se repentit de l'avoir nommée quand il vit que ce sujet intéressait Oswald. Les Anglais sont les hommes du monde qui ont le plus de discrétion et de ménagement dans tout ce qui tient aux affections véritables.

M. Edgermond s'en alla. Lord Nelvil, resté seul, ne put s'empêcher de s'écrier dans son émotion : « Il faut que j'épouse Corinne; il faut que je sois son protecteur, afin que personne désormais ne puisse la méconnaître. Je lui donnerai le peu que je puis donner, un rang, un nom, tandis qu'elle me comblera de toutes les félicités qu'elle seule peut accorder sur la terre. » Ce fut dans cette disposition qu'il se hâta d'aller chez Corinne, et jamais il n'y entra avec un plus doux sentiment d'espérance et d'amour; mais, par un mouvement naturel de timidité, il commença la conversation en se rassurant lui-même par des paroles insignifiantes, et de ce nombre fut la demande d'amener M. Edgermond chez elle. A ce nom, Corinne se troubla visiblement, et refusa d'une voix émue ce que désirait Oswald. Il en fut singulièrement étonné, et lui dit : « Je pensais que dans une maison où vous recevez tant de monde, le titre de mon ami ne serait pas un motif d'exclusion. — Ne vous offensez pas, milord, reprit Corinne; croyez-moi, il faut que j'aie des raisons bien puissantes pour ne pas consentir à ce que vous désirez. — Et ces raisons, me les direz-vous? reprit Oswald. — Impossible! s'écria Corinne, impossible! — Ainsi donc... » dit Oswald; et la violence de son émotion lui coupant la parole, il voulut sortir. Corinne alors, tout en pleurs, lui dit en anglais : « Au nom de Dieu, si vous ne voulez pas briser mon cœur, ne partez pas. »

Ces paroles, cet accent, remuèrent profondément l'âme d'Oswald, et il se rassit à quelque distance de Corinne, la tête appuyée contre un vase d'albâtre qui éclairait sa chambre; puis tout à coup il lui dit : « Cruelle femme! vous voyez que je vous aime, vous voyez que vingt fois par jour je suis prêt à vous offrir et ma main et ma vie, et vous ne voulez pas m'apprendre qui vous êtes! Dites-le-moi, Corinne, dites-le-moi, répétait-il en lui tendant la main avec la plus touchante expression de sensibilité. — Oswald, s'écria Corinne, Oswald, vous ne savez pas le mal que vous me faites. Si j'étais assez insensée pour vous tout dire, si je l'étais, vous ne m'aimeriez plus. — Grand Dieu! reprit-il, qu'avez-vous donc à révéler? — Rien qui me rende indigne de vous; mais des hasards, mais des différences entre nos goûts, nos opinions, qui jadis ont existé, qui n'existeraient plus. N'exigez pas de moi que je me fasse connaître à vous; un jour peut-être, un jour, si vous m'aimez assez, si... Ah! je ne sais ce que je dis, continua Corinne; vous saurez tout, mais ne m'abandonnez pas avant de m'entendre. Promettez-le-moi, au nom de votre père qui réside dans le ciel. — Ne prononcez pas ce nom! s'écria lord Nelvil; savez-vous s'il nous réunit ou s'il nous sépare? Croyez-vous qu'il consentit à notre union? Si vous le croyez, attestez-le-moi, je ne serai plus troublé, déchiré. Une fois, je vous dirai quelle a été ma triste vie; mais à présent voyez dans quel état je suis, dans quel état vous me mettez. — Et en effet, son front était couvert d'une froide sueur, son visage était pâle, et ses lèvres tremblaient en articulant à peine ces dernières paroles. Corinne s'assit à côté de lui; et tenant ses mains dans les siennes, le rappela doucement à lui-même. « Mon cher Oswald, lui dit-elle, demandez à M. Edgermond s'il n'a jamais été dans le Northumberland, ou du moins si ce n'est que depuis cinq ans qu'il y a été; dans ce cas seulement vous pouvez l'amener ici. » Oswald regarda fixement Corinne à ces mots; elle baissa les yeux et se tut. Lord Nelvil lui répondit : « Je ferai ce que vous m'ordonnez. » Et il partit.

Rentré chez lui, il s'épuisait en conjectures sur les secrets de Corinne; il lui paraissait évident qu'elle avait passé beaucoup de temps en Angleterre, et que son nom et sa famille devaient y être connus; mais quel motif les lui faisait cacher, et pourquoi avait-elle quitté l'Angleterre, si elle y avait été établie? Ces diverses questions agitaient extrêmement le cœur d'Oswald; il était convaincu que rien de mal ne pouvait être découvert dans la vie de Corinne, mais il craignait une combinaison de circonstances qui pût la rendre coupable aux yeux des autres; et ce qu'il redoutait le plus pour elle, c'était la désapprobation de l'Angleterre. Il se sentait fort contre celle de tout autre pays; mais le souvenir de son père était si intimement uni dans sa pensée avec sa patrie, que ces deux sentiments s'accroissaient l'un par l'autre. Oswald sut de M. Edgermond qu'il avait été pour la première fois dans le Northumberland l'année précédente, et lui promit de le conduire le soir même chez Corinne. Il arriva le premier pour la prévenir des idées que M. Edgermond avait conçues sur elle, et la pria de lui faire sentir par des manières froides et réservées, combien il s'était trompé.

« Si vous le permettez, reprit Corinne, je serai avec lui comme avec tout le monde; s'il désire de m'entendre, j'improviserai pour lui; enfin je me montrerai telle que je suis, et je crois cependant qu'il apercevra tout aussi bien la dignité de l'âme à travers une conduite simple, que si je me donnais un air contraint qui serait affecté. — Oui, Corinne, répondit Oswald, oui, vous avez raison. Ah! qu'il aurait tort celui qui voudrait altérer en rien votre admirable naturel! » M. Edgermond arriva dans ce moment avec le reste de la société. Au commencement de la soirée, lord Nelvil se plaçait à côté de Corinne; et, avec un intérêt qui tenait à la fois de l'amant et du protecteur, il disait tout ce qui pouvait la faire valoir; il lui témoignait un respect qui avait encore plus pour but de commander les égards des autres que de se satisfaire lui-même; mais il sentit bientôt avec joie l'inutilité de toutes ses inquiétudes. Corinne captiva tout à fait M. Edgermond; elle le captiva non-seulement par son esprit et ses charmes, mais en lui inspirant le sentiment d'estime que les caractères vrais obtiennent toujours des caractères honnêtes; et lorsqu'il osa lui demander de se faire entendre sur un sujet de son choix, il aspirait à cette grâce avec autant de respect que d'empressement. Elle y consentit sans se faire prier un instant, et sut prouver ainsi que cette faveur avait un prix indépendant de la difficulté de l'obtenir. Mais elle avait un si vif désir de plaire à un compatriote d'Oswald, à un homme qui, par la considération qu'il méritait, pouvait influer sur son opinion en lui parlant d'elle, que ce sentiment la remplit tout à coup d'une timidité qui lui était nouvelle ; elle voulut commencer, et elle sentit que l'émotion lui coupait la parole. Oswald souffrait de ce qu'elle ne se montrait pas dans toute sa supériorité à un Anglais. Il baissait les yeux ; et son embarras était si visible, que Corinne, uniquement occupée de l'effet qu'elle produisait sur lui, perdait toujours de plus en plus la présence d'esprit nécessaire pour le talent d'improviser. Enfin, sentant qu'elle hésitait, que les paroles lui venaient par la mémoire et non par le sentiment, et qu'elle ne peignait ainsi ni ce qu'elle pensait ni ce qu'elle éprouvait réellement, elle s'arrêta tout à coup, et dit à M. Edgermond : « Pardonnez-moi, si la timidité m'ôte aujourd'hui mon talent ; c'est la première fois, mes amis le savent, que je me suis trouvée ainsi tout à fait au-dessous de moi-même ; mais ce ne sera peut-être pas la dernière, » ajouta-t-elle en soupirant.

Oswald fut profondément ému par la touchante faiblesse de Corinne. Jusqu'alors il avait toujours vu l'imagination et le génie triompher de ses affections, et relever son âme dans les moments où elle était le plus abattue ; cette fois le sentiment avait subjugué tout à fait son esprit ; et néanmoins Oswald s'était tellement identifié dans cette occasion avec la gloire de Corinne qu'il avait souffert de son trouble, au lieu d'en jouir. Mais comme il était certain qu'elle brillerait un autre jour avec l'éclat qui lui était naturel, il se livra sans regret à la douceur des observations qu'il venait de faire, et l'image de son amie régna plus que jamais dans son cœur.

LIVRE SEPTIÈME

LA LITTÉRATURE ITALIENNE

CHAPITRE PREMIER

Lord Nelvil désirait vivement que M. Edgermond jouît de l'entretien de Corinne, qui valait bien ses vers improvisés. Le jour suivant, la même société se rassembla chez elle; et, pour l'engager à parler, il amena la conversation sur la littérature italienne, et provoqua sa vivacité naturelle, en affirmant que l'Angleterre possédait un plus grand nombre de vrais poëtes, et de poëtes supérieurs, par l'énergie et la sensibilité, à tous ceux dont l'Italie pouvait se vanter.

« D'abord, répondit Corinne, les étrangers ne connaissent, pour la plupart, que nos poëtes du premier rang, le Dante, Pétrarque, l'Arioste, Guarini, le Tasse et Métastase; tandis que nous en avons plusieurs autres, tels que Chiabrera, Guidi, Filicaja, Parini, etc., sans compter Sannazar, Politien, etc., qui ont écrit en latin avec génie : et tous réunissent dans leurs vers le coloris à l'harmonie; tous savent, avec plus ou moins de talent, faire entrer les merveilles des beaux-arts et de la nature dans les tableaux représentés par la parole. Sans doute il n'y a pas dans nos poëtes cette mélancolie profonde, cette connaissance du cœur humain qui caractérise les vôtres; mais ce genre de supériorité n'appartient-il pas plutôt aux écrivains philosophes qu'aux poëtes? La mélodie brillante de l'italien convient mieux à l'éclat des objets extérieurs qu'à la méditation. Notre langue serait plus propre à peindre la fureur que la tristesse, parce que les sentiments réfléchis exigent des expressions plus métaphysiques, tandis que le désir de la vengeance anime l'imagination, et tourne la douleur en dehors. Cesarotti a fait la meilleure et la plus élégante traduction d'Ossian qu'il y ait; mais il semble, en la lisant, que les mots ont eux-mêmes un air de fête qui contraste avec les idées sombres qu'ils rappellent. On se laisse charmer par nos douces paroles, de *ruisseau limpide,* de *campagne riante,* d'*ombrage frais,* comme par le murmure des eaux et la variété des couleurs; qu'exigez-vous de plus de la poésie? pourquoi demander au rossignol ce que signifie son chant? il ne peut expliquer qu'en recommençant à chanter, on ne peut le comprendre qu'en se laissant aller à l'impression qu'il produit. La mesure des vers, les rimes harmonieuses, ces terminaisons rapides, composées de deux syllabes brèves, dont les sons glissent en effet, comme l'indique leur nom (*Sdruccioli*), imitent quelquefois les pas légers de la danse; quelquefois des tons plus graves rappellent le bruit de l'orage ou l'éclat des armes; enfin notre poésie est une merveille de l'imagination, il ne faut y chercher que ses plaisirs sous toutes les formes.

— Sans doute, reprit lord Nelvil, vous expliquez, aussi bien qu'il est possible, et les beautés et les défauts de votre poésie; mais quand ces défauts, sans les beautés, se trouvent dans la prose, comment les défendrez-vous? Ce qui n'est que du vague dans la poésie, devient du vide dans la prose; et cette foule d'idées communes que vos poëtes savent embellir par leur mélodie et leurs images reparaît à froid dans la prose, avec une vivacité fatigante. La plupart de vos écrivains en prose, aujourd'hui, ont un langage si déclamatoire, si diffus, si abondant en superlatifs, qu'on dirait qu'ils écrivent tous de commande, avec de phrases reçues, et pour une nature de convention; ils semblent ne pas se douter qu'écrire c'est exprimer son caractère et sa pensée. Le style littéraire est pour eux un tissu artificiel, une mosaïque rapportée, je ne sais quoi d'étranger enfin à leur âme, qui se fait avec la plume, comme un ouvrage mécanique avec les doigts; ils possèdent au plus haut degré le secret de développer, de commander, d'enfler une idée, de faire mousser un sentiment, si l'on peut parler ainsi; tellement qu'on serait tenté de dire à ces écrivains, comme cette femme africaine à une dame française qui portait un grand panier sous une longue robe: *Madame, tout cela est-il vous même?* En effet, où est l'être réel, dans toute cette pompe de mots qu'une expression vraie ferait disparaître comme un vain prestige?

— Vous oubliez, interrompit vivement Corinne, d'abord Machiavel et Boccace; puis Gravina, Filangieri, et, de nos jours encore, Cesarotti, Verri, Bettinelli, et tant d'autres enfin qui savent écrire et penser (16). Mais je conviens avec vous que depuis les derniers siècles, des circonstances malheureuses ayant privé l'Italie de son indépendance, on y a perdu tout intérêt pour la vérité, et souvent même la possibilité de le dire. Il en est résulté l'habitude de se complaire dans les mots, sans oser approcher des idées. Comme l'on était certain de ne pouvoir obtenir par ses écrits aucune influence sur les choses, on n'écrivait que pour montrer de l'esprit, ce qui est le plus sûr moyen de finir bientôt par n'avoir pas même de l'esprit : car c'est en dirigeant ses efforts vers un objet noblement utile qu'on rencontre le plus d'idées. Quand les écrivains en prose ne peuvent influer en aucun genre sur le bonheur d'une nation, quand on n'écrit que pour briller, enfin quand c'est la route qui est le but, on se replie en mille détours, mais l'on n'avance pas. Les Italiens, il est vrai, craignent les pensées nouvelles; mais c'est par paresse qu'ils les redoutent, et non par servilité littéraire. Leur caractère, leur gaieté, leur imagination, ont beaucoup d'originalité; et cependant, comme ils ne se donnent plus la peine de réfléchir, leurs idées générales sont communes; leur éloquence même, si vive quand ils parlent, n'a point de naturel quand ils écrivent; on dirait qu'ils se refroidissent en travaillant: d'ailleurs les peuples du Midi sont gênés par la prose, et ne peignent leurs véritables sentiments qu'en vers. Il n'en est pas de même dans la littérature française, dit Corinne en s'adressant au comte d'Erfeuil; vos prosateurs sont souvent plus éloquents, et même plus poétiques que vos poëtes. — Il est vrai, répondit le comte d'Erfeuil, que nous avons en ce genre les véritables autorités classiques: Bossuet, la Bruyère,

Montesquieu, Buffon, ne peuvent être surpassés; surtout les deux premiers, qui appartiennent à ce siècle de Louis XIV qu'on ne saurait trop louer, et dont il faut imiter, autant qu'on le peut, les parfaits modèles. C'est un conseil que les étrangers doivent s'empresser de suivre, aussi bien que nous. —
— J'ai de la peine à croire, répondit Corinne, qu'il fût désirable pour le monde entier de perdre toute couleur nationale, toute originalité de sentiments et d'esprit; et j'oserai vous dire, monsieur le comte, que, dans votre pays même, cette orthodoxie littéraire, si je puis m'exprimer ainsi, qui s'oppose à toute innovation heureuse, doit rendre à la longue votre littérature très-stérile. Le génie est essentiellement créateur; il porte le caractère de l'individu qui le possède. La nature, qui n'a pas voulu que deux feuilles se ressemblassent, a mis encore plus de diversité dans les âmes; et l'imitation est une espèce de mort, puisqu'elle dépouille chacun de son existence naturelle.

— Ne voudriez-vous pas, belle étrangère, reprit le comte d'Erfeuil, que nous admissions chez nous la barbarie tudesque, les Nuits d'Young des Anglais, les *concetti* des Italiens et des Espagnols? Que deviendraient le goût, l'élégance du style français, après un tel mélange? » Le prince Castel-Forte, qui n'avait point encore parlé, dit : « Il me semble que nous avons tous besoin les uns des autres ; la littérature de chaque pays découvre à qui sait la connaître une nouvelle sphère d'idées. C'est Charles-Quint lui-même qui a dit qu'*un homme qui sait quatre langues vaut quatre hommes.* Si ce grand génie politique jugeait ainsi les affaires, combien cela n'est-il pas plus vrai pour les lettres! Les étrangers savent tous le français ; ainsi leur point de vue est plus étendu que celui des Français, qui ne savent pas les langues étrangères. Pourquoi ne se donnent-ils pas plus souvent la peine de les apprendre? ils conserveraient ce qui les distingue, et découvriraient ainsi quelquefois ce qui peut leur manquer.

CHAPITRE II

« Vous m'avouerez au moins, reprit le comte d'Erfeuil, qu'il est un rapport sous lequel nous n'avons rien à apprendre de personne. Notre théâtre est décidément le premier de l'Europe, car je ne pense pas que les Anglais eux-mêmes imaginassent de nous opposer Shakspeare. — Je vous demande pardon, interrompit M. Edgermond, ils l'imaginent. » Et, ce mot dit, il rentra dans le silence. « Alors je n'ai rien à dire, continua le comte d'Erfeuil avec un sourire qui exprimait un dédain gracieux; chacun peut penser ce qu'il veut, mais enfin je persiste à croire qu'on peut affirmer sans présomption que nous sommes les premiers dans l'art dramatique : et quant aux Italiens, s'il m'est permis de parler franchement, il ne se doutent seulement pas qu'il y ait un art dramatique dans le monde. La musique est tout chez eux, et la pièce n'est rien. Si le second acte d'une pièce a une meilleure musique que le premier, ils commencent par le second acte; si ce sont les deux premiers actes de deux pièces différentes, ils jouent ces deux actes le même jour, et mettent entre deux un acte d'une comédie en prose, qui contient ordinairement la meilleure morale du monde, mais une morale toute composée de sentences que nos ancêtres mêmes ont déjà renvoyées à l'étranger comme trop vieilles pour eux. Vos musiciens fameux disposent en entier de vos poëtes; l'un lui déclare qu'il ne peut pas chanter s'il n'a dans son ariette le mot *felicità;* le ténor demande la *tomba;* et le troisième chanteur ne peut faire des roulades que sur le mot *catene*. Il faut que le pauvre poëte arrange ces goûts divers comme il peut avec la situation dramatique. Ce n'est pas tout encore, il y a des virtuoses qui ne veulent pas arriver de plain-pied sur le théâtre; il faut qu'ils se montrent d'abord dans un nuage, ou qu'ils descendent du haut de l'escalier d'un palais, pour produire plus d'effet à leur entrée. Quand l'ariette est chantée, dans quelque situation touchante ou violente que ce soit, l'acteur doit saluer pour remercier des applaudissements qu'il obtient. L'autre jour, à *Sémiramis*, après que le spectre de Ninus eut chanté son ariette, l'acteur qui le représentait fit, en son costume d'ombre, une grande révérence au parterre; ce qui diminua beaucoup l'effroi de l'apparition.

« On est accoutumé en Italie à regarder le théâtre comme une grande salle de réunion où l'on n'écoute que les airs et le ballet. C'est avec raison que je dis *où l'on n'écoute que le ballet*, car c'est seulement lorsqu'il va commencer que le parterre fait faire silence; et ce ballet est encore un chef-d'œuvre de mauvais goût. Excepté les grotesques, qui sont de véritables caricatures de la danse, je ne sais pas ce qui peut amuser dans ces ballets, si ce n'est leur ridicule. J'ai vu Gengis-kan, mis en ballet, tout couvert d'hermine, tout revêtu de beaux sentiments; car il cédait sa couronne à l'enfant du roi qu'il avait vaincu, et l'élevait en l'air sur un pied : nouvelle façon d'établir un monarque sur le trône. J'ai aussi vu le dévouement de Curtius, ballet en trois actes, avec tous les divertissements. Curtius, habillé en berger d'Arcadie, dansait longtemps avec sa maîtresse avant de monter sur un véritable cheval, au milieu du théâtre, et de s'élancer ainsi dans un gouffre de feu fait avec du satin jaune et du papier doré; ce qui lui donnait beaucoup plus l'apparence d'un surtout de dessert que d'un abîme. Enfin j'ai vu tout l'abrégé de l'histoire romaine en ballet, depuis Romulus jusqu'à César.

— Tout ce que vous dites est vrai, répondit le prince Castel-Forte avec douceur; mais vous n'avez parlé que de la musique et de la danse, et ce n'est pas là ce que dans aucun pays l'on considère comme l'art dramatique. — C'est bien pis, interrompit le comte d'Erfeuil, quand on représente les tragédies, ou des drames qui ne sont pas nommés *drames d'une fin joyeuse*; on réunit plus d'horreurs en cinq actes que l'imagination ne pourrait se le figurer. Dans une des pièces de ce genre, l'amant tue le frère de sa maîtresse dès le second acte; au troisième, il brûle la cervelle à sa maîtresse elle-même sur le théâtre; le quatrième est rempli par l'enterrement; dans l'intervalle du quatrième au cinquième acte l'acteur qui joue l'amant vient annoncer le plus tranquillement du monde, au parterre, les arlequinades que l'on donne le jour suivant, et reparaît en scène au cinquième acte pour se tuer d'un coup de pistolet. Les acteurs tragiques sont en parfaite harmonie avec le froid et le gigantesque des pièces. Ils commettent toutes ces terribles actions avec le plus grand calme. Quand un acteur s'agite, on dit qu'il se démène comme un prédicateur ; car, en effet, il y a beaucoup plus de mouvement dans la chaire que sur le théâtre, et c'est bien heureux que ces acteurs soient si paisibles dans le pathétique ; car, comme il n'y a rien d'intéressant dans la pièce ni dans la situation, plus ils feraient de bruit, plus ils seraient ridicules ; encore si ce ridicule était gai ! mais il n'est que monotone. Il n'y a pas plus en Italie de comédie que de tragédie ; et, dans cette carrière encore, c'est nous qui sommes les premiers. Le seul genre qui appartienne vraiment à l'Italie, ce sont les arlequinades : un valet fripon, gourmand et poltron ; un vieux tuteur dupe, avare ou amoureux, voilà tout le sujet de ces pièces. Vous conviendrez qu'il ne faut pas beaucoup d'efforts pour une telle invention, et que le Tartufe et le Misanthrope supposent un peu plus de génie. »

Cette attaque du comte d'Erfeuil déplaisait assez aux Italiens qui l'écoutaient, mais cependant ils en riaient ; et le comte d'Erfeuil, en conversation, aimait beaucoup mieux montrer de l'esprit que de la bonté. Sa bienveillance naturelle influait sur ses actions, mais son amour-propre sur ses paroles. Le prince Castel-Forte et tous les Italiens qui se trouvaient là étaient impatients de réfuter le comte d'Erfeuil ; mais comme ils croyaient leur cause mieux défendue par Corinne que par tout autre, et que le plaisir de briller en conversation ne les occupait guère, ils suppliaient Corinne de répondre, et se contentaient seulement de citer les noms si connus de Maffei, de Métastase, de Goldoni, d'Alfieri, de Monti. Corinne convint d'abord que les Italiens n'avaient point de théâtre ; mais elle voulut prouver que les circonstances, et non l'absence du talent, en étaient la cause. La comédie, qui tient à l'observation des mœurs, ne peut exister que dans un pays où l'on vit habituellement au centre d'une société nombreuse et brillante : il n'y a en Italie que des passions violentes ou des jouissances paresseuses ; et les passions violentes produisent des crimes ou des vices d'une couleur si forte, qu'elles font disparaître toutes les nuances des caractères. Mais la comédie idéale, pour ainsi dire, celle qui tient à l'imagination, et peut convenir à tous les temps comme à tous les pays, c'est en Italie qu'elle a été inventée. Les personnages d'Arlequin, de Brighella, de Pantalon, etc., se trouvent dans toutes les pièces avec le même caractère. Ils ont, sous tous les rapports, des masques et non pas des visages ; c'est-à-dire que leur physionomie est celle de tel genre de personnes, et non pas de tel individu. Sans doute les auteurs modernes des arlequinades, trouvant tous les rôles donnés d'avance, comme les pièces d'un jeu d'échecs, n'ont pas le mérite de les avoir inventés ; mais cette première invention est due à l'Italie ; et ces personnages fantasques, qui, d'un bout de l'Europe à l'autre, amusent tous les enfants et les hommes que l'imagination rend enfants, doivent être considérés comme une création des Italiens qui leur donne des droits à l'art de la comédie.

L'observation du cœur humain est une source inépuisable pour la littérature ; mais les nations qui sont plus propres à la poésie qu'à la réflexion se livrent plutôt à l'enivrement de la joie qu'à l'ironie philosophique. Il y a quelque chose de triste au fond de la plaisanterie fondée sur la connaissance des hommes : la gaieté vraiment inoffensive est celle qui appartient seulement à l'imagination. Ce n'est pas que les Italiens n'étudient habilement les hommes avec lesquels ils ont affaire, et ne découvrent plus finement que personne les pensées les plus secrètes ; mais c'est comme esprit de conduite qu'ils ont ce talent, et ils n'ont point l'habitude d'en faire un usage littéraire. Peut-être même n'aimeraient-ils pas à généraliser leurs découvertes, à publier leurs aperçus. Ils ont dans le caractère quelque chose de prudent et de dissimulé qui leur conseille peut-être de ne pas mettre en dehors, par les comédies, ce qui leur sert à se guider dans les relations particulières, et de ne pas révéler, par les fictions de l'esprit, ce qui peut être utile dans les circonstances de la vie réelle.

Machiavel cependant, bien loin de rien cacher, a fait connaître tous les secrets d'une politique criminelle, et l'on peut voir par lui de quelle terrible connaissance du cœur humain les Italiens sont capables : mais une telle profondeur n'est pas du ressort de la comédie, et les loisirs de la société proprement dite peuvent seuls apprendre à peindre les hommes sur la scène comique. Goldoni, qui vivait à Venise, la ville d'Italie où il y a le plus de société, met déjà dans ses pièces beaucoup plus de finesse d'observation qu'il ne s'en trouve communément dans les autres auteurs. Néanmoins, ses comédies sont monotones; on y voit revenir les mêmes situations, parce qu'il y a peu de variété dans les caractères. Ses nombreuses pièces semblent faites sur le modèle des pièces de théâtre en général, et non d'après la vie. Le vrai caractère de la gaieté italienne, ce n'est pas la moquerie, c'est l'imagination; ce n'est pas la peinture des mœurs, mais les exagérations poétiques. C'est l'Arioste, et non pas Molière, qui peut amuser l'Italie.

Gozzi, le rival de Goldoni, a bien plus d'originalité dans ses compositions; elles ressemblent bien moins à des comédies régulières. Il a pris son parti de se livrer franchement au génie italien, de représenter des contes de fées; de mêler les bouffonneries, les arlequinades au merveilleux des poëmes; de n'imiter en rien la nature, mais de se laisser aller aux fantaisies de la gaieté, comme aux chimères de la féerie, et d'entraîner de toutes les manières l'esprit au delà des bornes de ce qui se passe dans le monde. Il eut un succès prodigieux dans son temps, et peut-être est-il l'auteur comique dont le genre convient le mieux à l'imagination italienne; mais, pour savoir avec certitude quelles pourraient être la comédie et la tragédie en Italie, il faudrait qu'il y eût quelque part un théâtre et des acteurs. La multitude des petites villes, qui toutes veulent avoir un théâtre, perd, en les dispersant, le peu de ressources qu'on pourrait rassembler. La division des États, si favorable en général à la liberté et au bonheur, est nuisible à l'Italie. Il lui faudrait un centre de lumières et de puissance pour résister aux préjugés qui la dévorent. L'autorité des gouvernements réprime souvent ailleurs l'élan individuel. En Italie cette autorité serait un bien, si elle luttait contre l'ignorance des États séparés et des hommes isolés entre eux, si elle combattait par l'émulation l'indolence naturelle au climat, enfin si elle donnait une vie à toute cette nation qui se contente d'un rêve.

Ces diverses idées et plusieurs autres encore furent spirituellement développées par Corinne. Elle entendait aussi très-bien l'art rapide des entretiens légers, qui n'insistent sur rien, et l'occupation de plaire, qui fait valoir chacun à son tour, quoiqu'elle s'abandonnât souvent dans la conversation au genre de talent qui la rendait une improvisatrice célèbre. Plusieurs fois elle pria le prince Castel-Forte de venir à son secours, en faisant connaître ses propres opinions sur le même sujet ; mais elle parlait si bien, que tous les auditeurs se plaisaient à l'écouter, et ne supportaient pas qu'on l'interrompît. M. Edgermond surtout ne pouvait se rassasier de voir et d'entendre Corinne ; il osait à peine lui exprimer le sentiment d'admiration qu'elle lui inspirait, et prononçait tout bas quelques mots à sa louange, espérant qu'elle les comprendrait sans qu'il fût obligé de les lui dire. Il avait cependant un désir si vif de savoir ce qu'elle pensait de la tragédie, qu'il se hasarda, malgré sa timidité, à lui adresser la parole sur ce sujet.

« Madame, lui dit-il, ce qui me paraît surtout manquer à la littérature italienne, ce sont des tragédies ; il me semble qu'il y a moins loin des enfants aux hommes que de vos tragédies aux nôtres ; car les enfants, dans leur mobilité, ont des sentiments légers, mais vrais, tandis que le sérieux de vos tragédies a quelque chose d'affecté et de gigantesque qui détruit pour moi toute émotion. N'est-il pas vrai, lord Nelvil ? » continua M. Edgermond en se retournant vers lui, et l'appelant par ses regards à le soutenir, étonné qu'il était d'avoir osé parler devant tant de monde.

« Je pense entièrement comme vous, répondit Oswald. Métastase, que l'on vante comme le poëte de l'amour, donne à cette passion, dans tous les pays, dans toutes les situations, la même couleur. On doit applaudir à des ariettes, admirables tantôt par la grâce et l'harmonie, tantôt par les beautés lyriques du premier ordre qu'elles renferment, surtout quand on les détache du drame où elles sont placées ; mais il nous est impossible, à nous qui possédons Shakspeare, le poëte qui a le mieux approfondi l'histoire et les passions de l'homme, de supporter ces deux couples d'amoureux qui se partagent presque toutes les pièces de Métastase, et qui s'appellent tantôt Achille, tantôt Tircis, tantôt Brutus, tantôt Corilas, et chantent tous de la même manière des chagrins et des martyres d'amour qui remuent à peine l'âme à la superficie, et peignent comme une fadeur le sentiment le plus orageux qui puisse agiter le cœur humain. C'est avec un respect profond pour le caractère d'Alfieri que je me permettrai quelques réflexions sur ses pièces. Leur but est si noble, les sentiments que l'auteur exprime sont si bien d'accord avec sa conduite personnelle, que ses tragédies doivent toujours être louées comme des actions, quand même elles seraient critiquées à quelques égards comme des ouvrages littéraires. Mais il me semble que quelques-unes de ses tragédies ont autant de monotonie dans la force, que Métastase en a dans la douceur. Il y a dans les pièces d'Alfieri une telle profusion d'énergie et de magnanimité, ou bien une telle exagération de violence et de crime, qu'il est impossible d'y reconnaître le véritable caractère des hommes. Ils ne sont jamais ni si méchants ni si généreux qu'il les peint. La plupart des scènes sont composées pour mettre en contraste le vice et la vertu ; mais ces oppositions ne sont pas présentées avec les gradations de la vérité. Si les tyrans supportaient dans la vie ce que les opprimés leur disent en face dans les tragédies d'Alfieri, on serait presque tenté de les plaindre. La pièce d'*Octavie* est une de celles où ce défaut de vraisemblance est le plus frappant. Sénèque y moralise sans cesse Néron, comme s'il était le plus patient des hommes, et lui, Sénèque, le plus courageux de tous. Le maître du monde, dans la tragédie, consent à se laisser insulter et à se mettre en colère à chaque scène, pour le plaisir des spectateurs, comme s'il ne dépendait pas de lui de tout finir avec un mot. Certainement ces dialogues continuels donnent lieu à de très belles réponses de Sénèque, et l'on voudrait trouver dans une harangue ou un ouvrage les nobles pensées qu'il exprime, mais est-ce ainsi qu'on peut donner l'idée de la tyrannie? Ce n'est pas la peindre sous ses redoutables couleurs, c'est en faire seulement un but pour l'escrime de la parole. Mais si Shakspeare avait représenté Néron entouré d'hommes tremblants, qui osent à peine répondre à la question la plus indifférente, lui-même cachant son trouble, s'efforçant de paraître calme, et Sénèque près de lui travaillant à l'apologie du meurtre d'Agrippine, la terreur n'eût-elle pas été mille fois plus grande? et pour une réflexion énoncée par l'auteur, mille ne seraient-elles pas nées dans l'âme des spectateurs, par le silence même de la rhétorique et la vérité des tableaux? »

Oswald aurait pu parler longtemps encore sans que Corinne l'eût interrompue ; elle se plaisait tellement et dans le son de sa voix, et dans la noble élégance de son langage, qu'elle eût voulu prolonger cette impression des heures entières. Ses regards fixés sur lui avaient peine à s'en détacher, lors même qu'il eut cessé de parler. Elle se tourna lentement vers le reste de la société, qui lui demandait avec impatience ce qu'elle pensait de la tragédie italienne ; et, revenant à lord Nelvil : « Milord, dit-elle, je suis de votre avis presque sur tout ; ce n'est donc pas pour vous combattre que je réponds ; mais pour présenter quelques exceptions à vos observations, peut-être trop générales. Il est vrai que Métastase est plutôt un poëte lyrique que dramatique, et qu'il peint l'amour comme l'un des beaux arts qui embellissent la vie, et non comme le secret le plus intime de nos peines ou de notre bonheur. En général, quoique notre poésie ait été consacrée à chanter l'amour, je hasarderai de dire que nous avons plus de profondeur et de sensibilité dans la peinture de toutes les autres passions. A force de faire des vers amoureux, on s'est créé à cet égard parmi nous un langage convenu : et ce n'est pas ce qu'on a éprouvé, mais ce qu'on a lu qui sert d'inspiration aux poëtes. L'amour, tel qu'il existe en Italie, ne ressemble nullement à l'amour tel que nos écrivains le peignent. Je ne connais qu'un roman, *Fiammetta*, de Boccace, dans lequel on puisse se faire une idée de cette passion, décrite avec des couleurs vraiment nationales. Nos poëtes subtilisent et exagèrent le sentiment, tandis que le véritable caractère de la nature italienne, c'est une impression rapide et profonde, qui s'exprimerait bien plutôt par des actions silencieuses et passionnées que par un ingénieux langage. En général, notre littérature exprime peu notre caractère et nos mœurs. Nous sommes une nation beaucoup trop modeste, je dirai presque trop humble, pour oser avoir des tragédies à nous, composées avec notre histoire, ou du moins caractérisées d'après nos propres sentiments.

« Alfieri, par un hasard singulier, était, pour ainsi dire, transplanté de l'antiquité dans les temps modernes; il était né pour agir, et il n'a pu qu'écrire : son style et ses tragédies se ressentent de cette contrainte. Il a voulu marcher par la littérature à un but politique : ce but était le plus noble de tous sans doute; mais n'importe, rien ne dénature les ouvrages d'imagination comme d'en avoir un. Alfieri, impatienté de vivre au milieu d'une nation où l'on rencontrait des savants très-érudits et quelques hommes très-éclairés, mais dont les littérateurs et les lecteurs ne s'intéressaient pour la plupart à rien de sérieux, et se plaisaient uniquement dans les contes, dans les nouvelles, dans les madrigaux; Alfieri, dis-je, a voulu donner à ses tragédies le caractère le plus austère. Il en a retranché les confidents, les coups de théâtre, tout, hors l'intérêt du dialogue. Il semblait qu'il voulût ainsi faire faire pénitence aux Italiens de leur vivacité et de leur imagination naturelle; il a pourtant été fort admiré, parce qu'il est vraiment grand par son caractère et par son âme, et parce que les habitants de Rome surtout applaudissent aux louanges données aux actions et aux sentiments des anciens Romains, comme si cela les regardait encore. Ils sont amateurs de l'énergie et de l'indépendance, comme des beaux tableaux qu'ils possèdent dans leurs galeries. Mais il n'en est pas moins vrai qu'Alfieri n'a pas créé ce qu'on pourrait appeler un théâtre italien, c'est-à-dire des tragédies dans lesquelles on trouvât un mérite particulier à l'Italie. Et même il n'a pas caractérisé les mœurs des pays et des siècles qu'il a peints. Sa *Conjuration des Pazzi*, *Virginie*, *Philippe second*, sont admirables par l'élévation et la force des idées ; mais on y voit toujours l'empreinte d'Alfieri, et non celle des nations et des temps qu'il met en scène. Bien que l'esprit français et celui d'Alfieri n'aient pas la moindre analogie, ils se ressemblent en ceci, que tous les deux font porter leurs propres couleurs à tous les sujets qu'ils traitent. »

Le comte d'Erfeuil, entendant parler de l'esprit français, prit la parole : « Il nous serait impossible, dit-il, de supporter sur la scène les inconséquences des Grecs, ni les monstruosités de Shakspeare ; les Français ont un goût trop pur pour cela. Notre théâtre est le modèle de la délicatesse et de l'élégance ; c'est là ce qui le distingue, et ce serait nous plonger dans la barbarie que de vouloir introduire rien d'étranger parmi nous. — Autant vaudrait, dit Corinne en souriant, élever autour de vous la grande muraille de la Chine. Il y a sûrement de rares beautés dans vos auteurs tragiques ; il s'en développerait peut-être encore de nouvelles si vous permettiez quelquefois que l'on vous montrât sur la scène autre chose que des Français. Mais nous qui sommes Italiens, notre génie dramatique perdrait beaucoup à s'astreindre à des règles dont nous n'aurions pas l'honneur, et dont nous souffririons la contrainte. L'imagination, le caractère, les habitudes d'une nation doivent former son théâtre. Les Italiens aiment passionnément les beaux-arts, la musique, la peinture, et même la pantomime, enfin tout ce qui frappe les sens. Comment se pourrait-il donc que l'austérité d'un dialogue éloquent fût le seul plaisir théâtral dont ils se contentassent ? C'est en vain qu'Alfieri, avec tout son génie, a voulu les y réduire ; il a senti lui-même que son système était trop rigoureux.

« La *Mérope* de Maffei, le *Saül* d'Alfieri, l'*Aristodème* de Monti, et surtout le poëme du Dante, bien que cet auteur n'ait point composé de tragédie, me semblent faits pour donner l'idée de ce que pourrait être l'art dramatique en Italie. Il y a dans la *Mérope* de Maffei une grande simplicité d'action, mais une poésie brillante, revêtue des images les plus heureuses; et pourquoi s'interdirait-on cette poésie dans les ouvrages dramatiques? La langue des vers est si magnifique en Italie, que l'on y aurait plus tort que partout ailleurs en renonçant à ses beautés. Alfieri, qui excellait, quand il le voulait, dans tous les genres, a fait dans son *Saül* un superbe usage de la poésie lyrique; et l'on pourrait y introduire heureusement la musique elle-même, non pas pour mêler le chant aux paroles, mais pour calmer les transports furieux de Saül par la harpe de David. Nous possédons une musique si délicieuse, que ce plaisir peut rendre indolent sur les jouissances de l'esprit. Loin donc de vouloir les séparer, il faudrait chercher à les réunir, non en faisant chanter les héros, ce qui détruit toute dignité dramatique, mais en introduisant ou des chœurs, comme les anciens, ou des effets de musique qui se lient à la situation par des combinaisons naturelles, comme cela arrive si souvent dans la vie. Loin de diminuer sur le théâtre italien les plaisirs de l'imagination, il me semble qu'il faudrait, au contraire, les augmenter et les multiplier de toutes les manières. Le goût vif des Italiens pour la musique et pour les ballets à grand spectacle est un indice de la puissance de leur imagination et de la nécessité de l'intéresser toujours, même en traitant les objets sérieux, au lieu de les rendre encore plus sévères qu'ils ne le sont, comme l'a fait Alfieri.

« La nation croit de son devoir d'applaudir à ce qui est austère et grave; mais elle retourne bientôt à ses goûts naturels, et ils pourraient être satisfaits dans la tragédie si on l'embellissait par le charme et la variété des différents genres de poésie, et par toutes les diversités théâtrales dont les Anglais et les Espagnols savent jouir.

« L'*Aristodème* de Monti a quelque chose du terrible pathétique du Dante, et sûrement cette tragédie est, à juste titre, une des plus admirées. Le Dante, ce grand maître en tant de genres, possédait le génie tragique qui aurait produit le plus d'effet en Italie, si de quelque manière on pouvait l'adapter à la scène; car ce poëte sait peindre aux yeux ce qui se passe au fond de l'âme, et son imagination fait sentir et voir la douleur. Si le Dante avait écrit des tragédies, elles auraient frappé les enfants comme les hommes, la foule comme les esprits distingués. La littérature dramatique doit être populaire ; elle est comme un événement public, toute la nation en doit juger.

— Lorsque le Dante vivait, dit Oswald, les Italiens jouaient en Europe et chez eux un grand rôle politique. Peut-être vous est-il impossible maintenant d'avoir un théâtre tragique national. Pour que ce théâtre existe, il faut que de grandes circonstances développent dans la vie les sentiments qu'on exprime sur la scène. De tous les chefs-d'œuvre de la littérature, il n'en est point qui tienne autant qu'une tragédie à tout l'ensemble d'un peuple ; les spectateurs y contribuent presque autant que les auteurs. Le génie dramatique se compose de l'esprit public, de l'histoire, du gouvernement, des mœurs, enfin de tout ce qui s'introduit chaque jour dans la pensée et forme l'être moral, comme l'air que l'on respire alimente la vie physique. Les Espagnols, avec lesquels votre climat et votre religion doivent vous donner des rapports, ont bien plus que vous cependant le génie dramatique ; leurs pièces sont remplies de leur histoire, de leur chevalerie, de leur foi religieuse, et ces pièces sont originales et vivantes ; mais aussi leurs succès en ce genre remontent-ils à l'époque de leur gloire historique. Comment donc pourrait-on maintenant fonder en Italie ce qui n'y a jamais existé, un théâtre tragique ? — Il est malheureusement possible que vous ayez raison, milord, reprit Corinne ; néanmoins j'espère toujours beaucoup pour nous de l'essor naturel des esprits en Italie, de leur émulation individuelle, alors même qu'aucune circonstance extérieure ne les favorise ; mais ce qui nous manque surtout pour la tragédie, ce sont des acteurs. Des paroles affectées amènent nécessairement une déclamation fausse ; mais il n'est pas de langue dans laquelle un grand acteur pût montrer autant de talent que dans la nôtre ; car la mélodie des sons ajoute un nouveau charme à la vérité de l'accent ; c'est une musique continuelle, qui se mêle à l'expression des sentiments sans lui rien ôter de sa force. — Si vous voulez, interrompit le prince Castel-Forte, convaincre de ce que vous dites, il faut que vous nous le prouviez : oui, donnez-nous l'inexprimable plaisir de vous voir jouer la tragédie ; il faut que vous accordiez aux étrangers que vous en croyez dignes la rare jouissance de connaître un talent que vous seule possédez en Italie, ou plutôt que vous seule dans le monde possédez, puisque toute votre âme y est empreinte. »

Corinne avait un désir secret de jouer la tragédie devant lord Nelvil, et de se montrer ainsi fort à son avantage ; mais elle n'osait accepter sans son approbation, et ses regards la lui demandaient. Il les entendit ; et comme il était tout à la fois touché de la timidité qui l'avait empêchée la veille d'improviser, et ambitieux pour elle du suffrage de M. Edgermond, il se joignit aux sollicitations de ses amis. Corinne alors n'hésita plus. « Eh bien, dit-elle en se retournant vers le prince Castel-Forte, nous accomplirons donc, si vous le voulez, le projet que j'avais formé depuis longtemps de jouer la traduction que j'ai faite de *Roméo et Juliette*. — *Roméo et Juliette* de Shakspeare! s'écria M. Edgermond : vous savez donc l'anglais? — Oui, répondit Corinne. — Et vous aimez Shakspeare? dit encore M. Edgermond. — Comme un ami, reprit-elle, puisqu'il connaît tous les secrets de la douleur. — Et vous le jouerez en italien ! s'écria M. Edgermond, et je l'entendrai ! et vous l'entendrez aussi, mon cher Nelvil! ah! que vous êtes heureux! » Puis, se repentant à l'instant de cette parole indiscrète, il rougit ; et la rougeur inspirée par la délicatesse et la bonté peut intéresser à tous les âges. « Que nous serons heureux, reprit-il avec embarras, si nous assistons à un tel spectacle ! »

CHAPITRE III

Tout fut arrangé en peu de jours, les rôles distribués, et la soirée choisie pour la représentation, dans un palais que possédait une parente du prince Castel-Forte, amie de Corinne. Oswald avait un mélange d'inquiétude et de plaisir à l'approche de ce nouveau succès ; il en jouissait par avance, mais par avance aussi il était jaloux, non de tel homme en particulier, mais du public, témoin des talents de celle qu'il aimait ; il eût voulu connaître seul ce qu'elle avait d'esprit et de charmes ; il eût voulu que Corinne, timide et réservée comme une Anglaise, possédât cependant pour lui seul son éloquence et son génie. Quelque distingué que soit un homme, peut-être ne jouit-il jamais sans mélange de la supériorité d'une femme : s'il l'aime, son cœur s'en inquiète ; s'il ne l'aime pas, son amour-propre s'en offense. Oswald, près de Corinne, était plus enivré qu'heureux, et l'admiration qu'elle lui inspirait augmentait son amour, sans donner à ses projets plus de stabilité. Il la voyait comme un phénomène admirable qui lui apparaissait de nouveau chaque jour ; mais le ravissement et l'étonnement même qu'elle lui faisait éprouver semblaient éloigner l'espoir d'une vie tranquille et paisible. Corinne cependant était la femme la plus douce et la plus facile à vivre ; on l'eût aimée pour ses qualités communes, indépendamment de ses qualités brillantes : mais, encore une fois, elle réunissait trop de talents, elle était trop remarquable en tout genre. Lord Nelvil, de quelque avantage qu'il fût doué, ne croyait pas l'égaler, et cette idée lui inspirait des craintes sur la durée de leur affection mutuelle. En vain Corinne, à force d'amour, se faisait son esclave ; le maître, souvent inquiet de cette reine dans les fers, ne jouissait point en paix de son empire.

Quelques heures avant la représentation, lord Nelvil conduisit Corinne dans le palais de la princesse Caltel-Forte, où le théâtre était préparé. Il faisait un soleil admirable, et d'une des fenêtres de l'escalier on découvrait Rome et la campagne. Oswald arrêta Corinne un moment, et lui dit : « Voyez ce beau temps, c'est pour vous, c'est pour éclairer vos succès. — Ah ! si cela était, reprit-elle, c'est vous qui me porteriez bonheur, c'est à vous que je devrais la protection du ciel. — Les sentiments doux et purs que cette belle nature inspire suffiraient-ils à votre bonheur ? reprit Oswald ; il y a loin de cet air que nous respirons, de cette rêverie que fait naitre

la campagne, à la salle bruyante qui va retentir de votre nom.
— Oswald, lui dit Corinne, ces applaudissements, si je les obtiens, n'est-ce pas parce que vous les entendrez qu'ils auront e pouvoir de me toucher? et si je montre quelque talent, ne sera-ce pas mon sentiment pour vous qui me l'inspirera ? La poésie, l'amour, la religion, tout ce qui tient à l'enthousiasme enfin est en harmonie avec la nature ; et en regardant le ciel azuré, en me livrant à l'impression qu'il me cause, je comprends mieux les sentiments de Juliette, je suis plus digne de Roméo. — Oui, tu en es digne, céleste créature! s'écria lord Nelvil ; oui, c'est une faiblesse de l'âme que cette jalousie de tes talents, que ce besoin de vivre seul avec toi dans l'univers. Va recueillir les hommages du monde, va ; mais que ce regard d'amour, qui est plus divin encore que ton génie, ne soit dirigé que sur moi. » Ils se quittèrent alors, et lord Nelvil alla se placer dans la salle, en attendant le plaisir de voir paraître Corinne.

C'est un sujet italien que Roméo et Juliette ; la scène se passe à Vérone ; on y montre encore le tombeau de ces deux amants. Shakspeare a écrit cette pièce avec cette imagination du Midi, tout à la fois si passionnée et si riante, cette imagination qui triomphe dans le bonheur, et passe si facilement, néanmoins, de ce bonheur au désespoir, et du désespoir à la mort. Tout y est rapide dans les impressions, et l'on sent cependant que ces impressions rapides seront ineffaçables. C'est la force de la nature, et non la frivolité du cœur, qui, sous un climat énergique, hâte le développement des passions. Le sol n'est point léger, quoique la végétation soit prompte ; et Shakspeare, mieux qu'aucun écrivain étranger, a saisi le caractère national de l'Italie, et cette fécondité d'esprit qui invente mille manières pour varier l'expression des mêmes sentiments, cette éloquence orientale qui se sert des images de toute la nature pour peindre ce qui se passe dans le cœur. Ce n'est pas, comme dans l'Ossian, une même teinte, un même son, qui répond constamment à la corde la plus sensible du cœur ; mais les couleurs multipliées que Shakspeare emploie dans Roméo et Juliette ne donnent point à son style une froide affectation; c'est le rayon divisé, réfléchi, varié, qui produit ses couleurs, et l'on y sent toujours la lumière et le feu dont elles viennent. Il y a dans cette composition une séve de vie, un éclat d'expression qui caractérise et le pays et les habitants. La pièce de Roméo et Juliette, traduite en italien, semblait rentrer dans sa langue maternelle.

La première fois que Juliette paraît, c'est à un bal où Roméo Montague s'est introduit, dans la maison des Capulets, les ennemis mortels de sa famille. Corinne était revêtue d'un habit de fête charmant, et cependant conforme au costume du temps; ses cheveux étaient artistement mêlés avec des pierreries et des fleurs. Elle frappait d'abord comme une personne nouvelle; puis on reconnaissait sa voix et sa figure, mais sa figure divinisée, qui ne conservait plus qu'une expression poétique. Des applaudissements unanimes firent retentir la salle à son arrivée. Ses premiers regards découvrirent à l'instant Oswald, et s'arrêtèrent sur lui; une étincelle de joie, une espérance douce et vive se peignit dans sa physionomie. En la voyant, le cœur battait de plaisir et de crainte; on sentait que tant de félicité ne pouvait pas durer sur la terre : était-ce pour Juliette, était-ce pour Corinne que ce pressentiment devait s'accomplir?

Quand Roméo approcha d'elle pour lui adresser à demi-voix des vers si brillants dans l'anglais, si magnifiques dans la traduction italienne, sur sa grâce et sa beauté, les spectateurs, ravis d'être interprétés ainsi, s'unirent tous avec transport à Roméo; et la passion subite qui le saisit, cette passion allumée par le premier regard, parut à tous les yeux bien vraisemblable. Oswald commença dès ce moment à se troubler; il lui semblait que tout était prêt à se révéler, qu'on allait proclamer Corinne un ange parmi les femmes, l'interroger lui-même sur ce qu'il ressentait pour elle, la lui disputer, la lui ravir; je ne sais quel nuage éblouissant passa devant ses yeux; il craignit de ne plus voir, il craignit de s'évanouir, et se retira derrière une colonne pendant quelques instants. Corinne inquiète le cherchait avec anxiété, et prononça ce vers :

Too early seen unknown, and known too late!

Ah! je l'ai vu trop tôt sans le connaître, et je l'ai connu trop tard! avec un accent si profond, qu'Oswald tressaillit en l'entendant, parce qu'il lui sembla que Corinne l'appliquait à leur situation personnelle.

Il ne pouvait se lasser d'admirer la grâce de ses gestes, la dignité de ses mouvements, une physionomie qui peignait ce que la parole ne pouvait dire, et découvrait ces mystères du cœur qu'on n'a jamais exprimés, et qui pourtant disposent de la vie. L'accent, le regard, les moindres signes d'un acteur vraiment ému, vraiment inspiré, sont une révélation continuelle du cœur humain; et l'idéal des beaux-arts se mêle toujours à ces révélations de la nature. L'harmonie des vers, le charme des attitudes, prêtent à la passion ce qui lui manque souvent dans la réalité, la dignité et la grâce. Ainsi tous les sentiments du cœur et tous les mouvements de l'âme passent à travers l'imagination, sans rien perdre de leur vérité.

Au second acte, Juliette paraît sur le balcon de son jardin pour s'entretenir avec Roméo. De toute la parure de Corinne, il ne lui restait plus que les fleurs, et, bientôt après, les fleurs aussi devaient disparaître; le théâtre, à demi éclairé, pour représenter la nuit, répandait sur le visage de Corinne une lumière plus douce et plus touchante. Le son de sa voix était encore plus harmonieux que dans l'éclat d'une fête. Sa main levée vers les étoiles semblait invoquer les seuls témoins dignes de l'entendre; et quand elle répétait *Roméo! Roméo!* bien qu'Oswald fût certain que c'était à lui qu'elle pensait, il se sentait jaloux des accents délicieux qui faisaient retentir un autre nom dans les airs. Oswald se trouvait placé en face du balcon; et celui qui jouait Roméo étant un peu caché par l'obscurité, tous les regards de Corinne purent tomber sur Oswald lorsqu'elle dit ces vers ravissants

In truth, fair Montague, I am too fond,
And therefore thou may'st think my haviour light :
But trust me, gentleman, I'll prove more true,
Than those that have more cunning to be strange.
. . . .
. . . . *therefore pardon me.*

« Il est vrai, beau Montague, je me suis montrée trop passionnée, et tu pourrais penser que ma conduite a été légère : mais crois-moi, noble Roméo, tu me trouveras plus fidèle que celles qui ont plus d'art pour cacher ce qu'elles éprouvent ; ainsi donc pardonne-moi. »

A ce mot : pardonne-moi ! pardonne-moi d'aimer ! pardonne-moi de te l'avoir laissé connaître ! il y avait dans le regard de Corinne une prière si tendre ! tant de respect pour son amant, tant d'orgueil de son choix, lorsqu'elle disait : Noble Roméo ! beau Montague ! qu'Oswald se sentit aussi fier qu'il était heureux. Il releva sa tête que l'attendrissement avait fait pencher, et se crut le roi du monde, puisqu'il régnait sur un cœur qui renfermait tous les trésors de la vie.

Corinne, en apercevant l'effet qu'elle produisait sur Oswald, s'anima de plus en plus par cette émotion du cœur qui seule produit des miracles ; et quand, à l'approche du jour, Juliette croit entendre le chant de l'alouette, signal du départ de Roméo, les accents de Corinne avaient un charme surnaturel : ils peignaient l'amour, et cependant on y sentait un mystère religieux, quelques souvenirs du ciel, un présage de retour vers lui, une douleur toute céleste, telle que celle d'une âme exilée sur la terre, et que sa divine patrie va bientôt rappeler. Ah ! qu'elle était heureuse, Corinne, le jour où elle représentait ainsi devant l'ami de son choix un noble rôle dans une belle tragédie ! que d'années, combien de vies seraient ternes auprès d'un tel jour !

Si lord Nelvil avait pu jouer avec Corinne le rôle de Roméo, le plaisir qu'elle goûtait n'eût pas été si complet. Elle aurait désiré d'écarter les vers des plus grands poëtes, pour parler elle-même selon son cœur : peut-être même qu'un sentiment invincible de timidité eût entraîné son talent ; elle n'eût pas osé regarder Oswald, de peur de se trahir ; enfin, la vérité portée jusqu'à ce point aurait détruit le prestige de l'art : mais qu'il était doux de savoir là celui qu'elle aimait, quand elle éprouvait ce mouvement d'exaltation que la poésie seule peut donner ! quand elle ressentait tout le charme des émotions sans en avoir le trouble ni le déchirement réel ! quand

9.

les affections qu'elle exprimait n'avaient à la fois rien de personnel ni d'abstrait, et qu'elle semblait dire à lord Nelvil :
« Voyez-vous comme je suis capable d'aimer ! »

Il est impossible que, dans sa propre situation, on puisse être contente de soi ; la passion et la timidité tour à tour entraînent ou retiennent, inspirent trop d'amertume ou trop de soumission : mais se montrer parfaite, sans qu'il y ait de l'affectation ; unir le calme à la sensibilité quand trop souvent elle l'ôte ; enfin, exister pour un moment dans les plus doux rêves du cœur, telle était la jouissance pure de Corinne en jouant la tragédie. Elle joignait à ce plaisir celui de tous les succès, de tous les applaudissements qu'elle obtenait, et son regard les mettait aux pieds d'Oswald, aux pieds de l'objet dont le suffrage valait à lui seul plus que la gloire. Ah ! du moins un moment, Corinne sentit le bonheur ; un moment elle connut, au prix de son repos, ces délices de l'âme, que jusqu'alors elle avait souhaitées vainement, et qu'elle devait regretter toujours.

Juliette, au troisième acte, devient secrètement l'épouse de Roméo. Dans le quatrième, ses parents voulant la forcer à en épouser un autre, elle se décide à prendre le breuvage assoupissant qu'elle tient de la main d'un moine, et qui doit lui donner l'apparence de la mort. Tous les mouvements de Corinne, sa démarche agitée, ses accents altérés, ses regards, tantôt vifs, tantôt abattus, peignaient le cruel combat de la crainte et de l'amour, les images terribles qui la poursuivaient, à l'idée de se voir transporter vivante dans les tombeaux de ses ancêtres, et cependant l'enthousiasme de passion qui faisait triompher une âme si jeune d'un effroi si naturel. Oswald sentait comme un besoin irrésistible de voler à son secours. Une fois elle leva les yeux vers le ciel, avec une ardeur qui exprimait profondément ce besoin de la protection divine dont jamais un être humain n'a pu s'affranchir. Une autre fois lord Nelvil crut voir qu'elle étendait les bras vers lui, comme pour l'appeler à son aide, et il se leva dans un transport insensé, puis se rassit, ramené à lui-même par les regards surpris de ceux qui l'environnaient ; mais son émotion devenait si forte, qu'elle ne pouvait plus se cacher.

Au cinquième acte, Roméo, qui croit Juliette sans vie, la soulève du tombeau avant son réveil, et la presse contre son cœur ainsi évanouie. Corinne était vêtue de blanc, ses cheveux noirs tout épars, sa tête penchée sur Roméo avec une grâce et cependant avec une vérité de mort si touchante et si sombre, qu'Oswald se sentit ébranlé tout à la fois par les impressions les plus opposées. Il ne pouvait supporter de voir Corinne dans les bras d'un autre ; il frémissait en contemplant l'image de celle qu'il aimait ainsi privée de vie ; enfin il éprouvait, comme Roméo, ce mélange cruel de désespoir et d'amour, de mort et de volupté, qui fait de cette scène la plus déchirante du théâtre. Enfin, quand Juliette se réveille de ce tombeau, au pied duquel son amant vient de s'immoler, et que ses premiers mots, dans son cercueil, sous ces voûtes funèbres, ne sont point inspirés par l'effroi qu'elles devaient causer, lorsqu'elle s'écrie :

Where is my lord? where is my Romeo?

« *Où est mon époux? où est mon Roméo?* » lord Nelvil répondit à ces cris par des gémissements, et ne revint à lui que lorsqu'il fut entraîné par M. Edgermond hors de la salle.

La pièce finie, Corinne s'était trouvée mal d'émotion et de fatigue. Oswald entra le premier dans sa chambre, et la vit seule avec ses femmes, encore revêtue du costume de Juliette, et, comme elle, presque évanouie entre leurs bras. Dans l'excès de son trouble, il ne savait pas distinguer si c'était la vérité ou la fiction ; et se jetant aux pieds de Corinne, il lui dit en anglais ces paroles de Roméo :

« O mes yeux, regardez-la pour la dernière fois ! ô mes bras, serrez-la pour la dernière fois contre mon cœur ! »

Eyes, look your last! arms, tak your last embrace!

Corinne, encore égarée, s'écria : « Grand Dieu ! que dites-vous ? Voudriez-vous me quitter ? le voudriez-vous ? — Non, non, interrompit Oswald ; non, je le jure..... » A l'instant, la foule des amis et des admirateurs de Corinne força sa porte pour la voir ; elle regardait Oswald, attendant avec anxiété ce qu'il allait dire ; mais ils ne purent se parler de toute la soirée, on ne les laissa pas seuls un instant.

Jamais tragédie n'avait produit un tel effet en Italie. Les Romains exaltaient avec transport et la traduction, et la pièce, et l'actrice. Ils disaient que c'était là véritablement la tragédie qui convenait aux Italiens, peignait leurs mœurs, ranimait leur âme en captivant leur imagination, et faisait valoir leur belle langue, par un style tour à tour éloquent et lyrique, inspiré et naturel. Corinne recevait tous ces éloges avec un air de douceur et de bienveillance; mais son âme était restée suspendue à ce mot *Je jure...* qu'Oswald avait prononcé, et dont l'arrivée du monde avait interrompu la suite. ce mot pouvait en effet contenir le secret de sa destinée.

LIVRE HUITIÈME

LES STATUES ET LES TOMBEAUX

CHAPITRE PREMIER

Après la journée qui venait de se passer, Oswald ne put fermer l'œil de la nuit. Il n'avait jamais été plus près de tout sacrifier à Corinne. Il ne voulait pas même lui demander son secret, ou du moins il voulait prendre, avant de le savoir, l'engagement solennel de lui consacrer sa vie. L'incertitude semblait, pendant quelques heures, entièrement écartée de son esprit ; et il se plaisait à composer dans sa tête la lettre qu'il écrirait le lendemain, et qui déciderait de son sort. Mais cette confiance dans le bonheur, ce repos dans la résolution, ne fut pas de longue durée. Bientôt ses pensées le ramenèrent vers le passé : il se souvint qu'il avait aimé, bien moins, il est vrai, qu'il n'aimait Corinne, et l'objet de son premier choix ne pouvait lui être comparé ; mais enfin c'était ce sentiment qui l'avait entraîné à des actions irréfléchies, à des actions qui avaient déchiré le cœur de son père. « Ah ! qui sait, s'écria-t-il, qui sait s'il ne craindrait pas également aujourd'hui que son fils n'oubliât sa patrie et ses devoirs envers elle ?

« O toi ! dit-il en s'adressant au portrait de son père ; toi, le meilleur ami que j'aurai jamais sur la terre, je ne peux plus entendre ta voix ; mais apprends-moi par ce regard muet, si puissant encore sur mon âme, apprends-moi ce que je dois faire pour te donner dans le ciel quelque contentement de ton fils. Et cependant n'oublie pas ce besoin de bonheur qui consume les mortels ; sois indulgent dans ta demeure céleste, comme tu l'étais sur la terre. J'en deviendrai meilleur, si je suis heureux quelque temps, si je vis avec cette créature angélique, si j'ai l'honneur de protéger, de sauver une telle femme. — La sauver? reprit-il tout à coup; et de quoi? d'une vie qui lui plaît, d'une vie d'hommages, de succès, d'indépendance! » Cette réflexion, qui venait de lui, l'effraya lui-même comme une inspiration de son père.

Dans les combats de sentiment, qui n'a pas souvent éprouvé je ne sais quelle superstition secrète qui nous fait prendre ce que nous pensons pour un présage, et ce que nous souffrons pour un avertissement du ciel? Ah! quelle lutte se passe dans les âmes susceptibles et de passion et de conscience!

Oswald se promenait dans sa chambre avec une agitation cruelle, s'arrêtant quelquefois pour regarder la lune d'Italie, si douce et si belle. L'aspect de la nature enseigne la résignation, mais ne peut rien sur l'incertitude. Le jour vint pendant qu'il était dans cet état; et quand le comte d'Erfeuil et M. Edgermond entrèrent chez lui, ils s'inquiétèrent de sa santé, tant les anxiétés de la nuit l'avaient changé! Le comte d'Erfeuil rompit le premier le silence qui s'était établi entre eux trois : « Il faut convenir, dit-il, que le spectacle d'hier était charmant. Corinne est admirable. Je perdais la moitié de ses paroles, mais je devinais tout par ses accents et par sa physionomie. Quel dommage que ce soit une personne riche qui ait un tel talent! car, si elle était pauvre, libre comme elle l'est, elle pourrait monter sur le théâtre, et ce serait la gloire de l'Italie qu'une actrice comme elle. »

Oswald ressentit une impression pénible par ce discours, et ne savait néanmoins de quelle manière la témoigner; car le comte d'Erfeuil avait cela de particulier, que l'on ne pouvait pas légitimement se fâcher de ce qu'il disait, lors même qu'on en recevait une impression désagréable. Il n'y a que les âmes sensibles qui sachent se ménager réciproquement : l'amour-propre, si susceptible pour lui-même, ne devine presque jamais la susceptibilité des autres.

M Edgermond loua Corinne dans les termes les plus convenables et les plus flatteurs. Oswald lui répondit en anglais,

LES STATUES ET LES TOMBEAUX.

afin de soustraire la conversation sur Corinne aux éloges déplaisants du comte d'Erfeuil. « Je suis de trop, ce me semble, dit alors le comte d'Erfeuil ; je m'en vais chez Corinne ; elle sera bien aise d'entendre mes observations sur son jeu d'hier au soir. J'ai quelques conseils à lui donner, qui portent sur des détails ; mais les détails font beaucoup à l'ensemble ; et c'est vraiment une femme si étonnante, qu'il ne faut rien négliger pour lui faire atteindre la perfection. Et puis, dit-il en se penchant vers l'oreille de lord Nelvil, je veux l'encourager à jouer plus souvent la tragédie : c'est un moyen sûr pour se faire épouser par quelque étranger de distinction qui passera par ici. Vous et moi, mon cher Oswald, nous ne donnerons pas dans cette idée, nous sommes trop accoutumés aux femmes charmantes pour qu'elles nous fassent faire une sottise ; mais un prince allemand, un grand d'Espagne, qui sait ? » A ces mots, Oswald se leva hors de lui-même, et l'on ne peut savoir ce qu'il en serait arrivé, si le comte d'Erfeuil avait aperçu son mouvement ; mais il avait été si satisfait de sa dernière réflexion, qu'il s'en était allé là-dessus, légèrement et sur la pointe du pied, ne se doutant pas qu'il avait offensé lord Nelvil : s'il l'avait su, bien qu'il l'aimât autant qu'il pouvait aimer, il serait sûrement resté. La valeur brillante du comte d'Erfeuil contribuait, plus encore que son amour-propre, à lui faire illusion sur ses défauts. Comme il avait beaucoup de délicatesse dans tout ce qui tenait à l'honneur, il n'imaginait pas qu'il pût en manquer dans ce qui avait rapport à la sensibilité ; et se croyant, avec raison, aimable et brave, il s'applaudissait de son lot, et ne soupçonnait rien de plus profond dans la vie.

Aucun des sentiments qui agitaient Oswald n'avait échappé à M. Edgermond ; et quand le comte d'Erfeuil fut sorti, il lui dit : « Mon cher Oswald, je pars, je vais à Naples. — Et pourquoi sitôt ? répondit lord Nelvil. — Parce qu'il ne fait pas bon ici pour moi, continua M. Edgermond. J'ai cinquante ans, et cependant je ne suis pas sûr que je ne devinsse fou de Corinne. — Et si vous le deveniez, interrompit Oswald, que vous en arriverait-il ? — Une telle femme n'est pas faite pour vivre dans le pays de Galles, reprit M. Edgermond : croyez-moi, mon cher Oswald, il n'y a que les Anglaises pour l'Angleterre. Il ne m'appartient pas de vous donner des conseils, et je n'ai pas besoin de vous assurer que je ne dirai pas un mot de ce que j'ai vu; mais, tout aimable qu'est Corinne, je pense comme Thomas Walpole : *que fait-on de cela à la maison?* Et *la maison* est tout chez nous, vous le savez. tout pour les femmes du moins. Vous représentez-vous votre belle Italienne restant seule pendant que vous chasserez, ou que vous irez au parlement, et vous quittant au dessert pour aller préparer le thé quand vous sortirez de table? Cher Oswald, nos femmes ont des vertus domestiques que vous ne trouverez nulle part. Les hommes en Italie n'ont rien à faire qu'à plaire aux femmes; ainsi, plus elles sont aimables, et mieux c'est. Mais chez nous, où les hommes ont une carrière active, il faut que les femmes soient dans l'ombre, et ce serait bien dommage d'y mettre Corinne; je la voudrais sur le trône de l'Angleterre, mais non pas sous mon humble toit. Milord, j'ai connu votre mère, que votre respectable père a tant regrettée : c'était une personne tout à fait semblable à ma jeune cousine; et c'est comme cela que je voudrais une femme, si j'étais encore dans l'âge de choisir et d'être aimé. Adieu, mon cher ami; ne me sachez pas mauvais gré de ce que je viens de vous dire, car personne n'est plus que moi l'admirateur de Corinne, et peut-être qu'à votre âge je ne serais pas capable de renoncer à l'espérance de lui plaire. » En achevant ces mots, il prit la main de lord Nelvil, la serra cordialement, et s'en alla, sans qu'Oswald lui répondît un seul mot. Mais M. Edgermond comprit la cause de son silence; et, satisfait du serrement de main d'Oswald qui avait répondu au sien, il partit, impatient lui-même de finir une conversation qui lui coûtait.

De tout ce qu'il avait dit, un seul mot avait frappé au cœur Oswald : c'était le souvenir de sa mère et de l'attachement profond que son père avait eu pour elle. Il l'avait perdue lorsqu'il n'avait encore que quatorze ans, mais il se rappelait avec un profond respect et ses vertus et le caractère timide et réservé de ses vertus. « Insensé que je suis! s'écria-t-il quand il fut seul, je veux savoir quelle est l'épouse que mon père me destinait : et ne le sais-je pas, puisque je puis me retracer l'image de ma mère, qu'il a tant aimée ? Que veux-je donc de plus ? et pourquoi me tromper moi-même en faisant semblant d'ignorer ce qu'il penserait à présent si je pouvais le consulter encore ? » Il était cependant affreux pour Oswald de retourner chez Corinne, après ce qui s'était passé la veille, sans lui rien dire qui confirmât les sentiments qu'il lui avait témoignés. Son agitation, sa peine devint si forte, qu'elle lui rendit un accident dont il se croyait guéri : le vaisseau cicatrisé dans sa poitrine se rouvrit. Pendant que ses gens effrayés appelaient du secours de toutes parts, il souhaitait en secret que la fin de sa vie terminât ses chagrins. « Si je pouvais mourir, se disait-il, après avoir revu Corinne, après qu'elle m'aurait appelé son Roméo ! » Et des larmes s'échappèrent de ses yeux : c'étaient les premières, depuis la mort de son père, qu'une autre douleur lui arrachât.

Il écrivit à Corinne l'accident qui le retenait chez lui, et quelques mots mélancoliques terminaient sa lettre. Corinne avait commencé ce jour même avec des pressentiments bien trompeurs : elle jouissait de l'impression qu'elle avait produite sur Oswald; et, se croyant aimée, elle était heureuse, car elle ne savait pas bien clairement d'ailleurs ce qu'elle désirait. Mille circonstances faisaient que l'idée d'épouser lord Nelvil était pour elle mêlée de beaucoup de crainte; et comme c'était une personne plus passionnée que prévoyante, dominée par le présent, mais s'occupant peu de l'avenir, ce jour qui devait lui coûter tant de peines s'était levé pour elle comme le jour le plus pur et le plus serein de sa vie.

En recevant le billet d'Oswald, un trouble cruel s'empara de son âme : elle le crut dans un grand danger, et partit à l'instant à pied, traversant le *Corso* à l'heure où toute la ville s'y promène, et entrant dans la maison d'Oswald à la vue de presque toute la société de Rome. Elle ne s'était pas donné le temps de réfléchir; et sa course avait été si rapide, qu'en arrivant dans la chambre d'Oswald, elle ne pouvait plus respirer ni prononcer un seul mot. Lord Nelvil comprit tout ce qu'elle venait de hasarder pour le voir ; et, s'exagérant les conséquences de cette action, qui, en Angleterre, aurait entièrement perdu de réputation une femme, et à plus forte raison une femme non mariée, il se sentit saisi par la générosité, l'amour et la reconnaissance ; et, se levant, tout faible qu'il était, il serra Corinne contre son cœur, et s'écria : « Chère amie, non, je ne t'abandonnerai pas, quand ton sentiment pour moi te compromet ! quand je dois réparer... » Corinne comprit sa pensée ; et, l'interrompant aussitôt, en se dégageant doucement de ses bras, elle lui dit, après s'être informée de son état, qui s'était amélioré : « Vous vous trompez, milord ; je ne fais rien, en venant vous voir, que la plupart des femmes de Rome n'eussent fait à ma place. Je vous ai su malade, vous êtes étranger ici, vous n'y connaissez que moi, c'est à moi de vous soigner. Les convenances établies sont très-respectables quand il ne faut leur sacrifier que soi ; mais ne doivent-elles pas céder aux sentiments vrais et profonds que fait naître le danger ou la douleur d'un ami ? Quel serait donc le sort d'une femme si ces mêmes convenances sociales, en permettant d'aimer, défendaient seulement le mouvement irrésistible qui fait voler au secours de ce qu'on aime ? Mais, je vous le répète, milord, ne craignez point qu'en venant ici je me sois compromise. J'ai, par mon âge et mes talents, à Rome, la liberté d'une femme mariée. Je ne cache point à mes amis que je suis venue chez vous ; je ne sais s'ils me blâment de vous aimer, mais sûrement ils ne me blâmeront pas d'être dévouée à vous, quand je vous aime. »

En entendant ces paroles si naturelles et si sincères, Oswald éprouva un mélange confus d'impressions diverses ; il était touché par la délicatesse de la réponse de Corinne, mais il était presque fâché que ce qu'il avait pensé d'abord ne fût pas vrai ; il aurait souhaité qu'elle eût commis pour lui une grande faute selon le monde, afin que cette faute même, lui faisant un devoir de l'épouser, terminât ses incertitudes. Il pensait avec humeur à cette liberté des mœurs d'Italie, qui prolongeait son anxiété, en lui laissant beaucoup de bonheur, sans lui imposer aucun lien. Il eût voulu que l'honneur lui commandât ce qu'il désirait. Ces pensées pénibles lui causèrent de nouveau des accidents dangereux. Corinne, dans la plus affreuse inquiétude, sut lui prodiguer des soins pleins de douceur et de charme.

Vers le soir, Oswald paraissait plus oppressé; et Corinne, à genoux auprès de son lit, soutenait sa tête entre ses bras, quoiqu'elle fût elle-même bien plus émue que lui. Il la regardait souvent avec une impression de bonheur à travers ses souffrances. « Corinne, lui dit-il à voix basse, lisez-moi dans ce recueil, où sont écrites les pensées de mon père, ses réflexions sur la mort. Ne pensez pas, dit-il en voyant l'effroi de Corinne, que je m'en croie menacé ; mais jamais je ne suis malade sans relire ses consolations, qu'il me semble encore entendre de sa bouche ; et puis je veux, chère amie, vous faire ainsi connaître quel homme était mon père ; vous comprendrez mieux et ma douleur et son empire sur moi, et tout ce que je veux vous confier un jour. » Corinne prit ce recueil, dont Oswald ne se séparait jamais, et d'une voix tremblante elle en lut quelques pages :

« Justes, aimés du Seigneur, vous parlerez de la mort sans
« crainte, car elle ne sera pour vous qu'un changement d'ha-
« bitation ; et celle que vous quitterez est peut-être la moin-
« dre de toutes. O mondes innombrables, qui remplissez à
« nos yeux l'infini de l'espace ! communautés inconnues des
« créatures de Dieu, communautés de ses enfants, éparses
« dans le firmament et rangées sous ses voûtes ! que nos
« louanges se joignent aux vôtres : nous ignorons votre con-
« dition ; nous ignorons votre première, votre seconde, votre
« dernière part aux générosités de l'Être suprême ; mais en
« parlant de la mort et de la vie, du temps passé, du temps à
« venir, nous atteignons, nous touchons aux intérêts de tous
« les êtres intelligents et sensibles, n'importent les lieux et
« les distances qui les séparent. Familles des peuples, familles
« des nations, assemblages des mondes, vous dites avec nous :
« Gloire au maître des cieux, au roi de la nature, au Dieu de
« l'univers ! gloire, hommage à celui qui peut, à sa volonté,

« transformer la stérilité en abondance, l'ombre en réalité,
« et la mort elle-même en éternelle vie!

« Ah! sans doute, la fin du juste est la mort désirable;
« mais peu d'entre nous, peu d'entre nos anciens en ont été
« les témoins. Où est-il cet homme qui se présenterait sans
« crainte aux regards de l'Éternel? Où est-il cet homme qui
« a aimé Dieu sans distraction, qui l'a servi dès sa jeunesse,
« et qui, atteignant un âge avancé, ne trouve dans ses souve-
« nirs aucun sujet d'inquiétude? Où est-il cet homme mo-
« ral en toutes ses actions, sans jamais songer à la louange et
« aux récompenses de l'opinion? Où est-il cet homme si rare
« parmi les hommes, cet être si digne de nous servir à tous
« de modèle? Où est-il? où est-il? Ah! s'il existe au milieu
« de nous, que nos respects l'environnent; et demandez,
« vous ferez bien, demandez d'assister à sa mort, comme au
« plus beau des spectacles : armez-vous seulement de cou-
« rage, afin de le suivre attentivement sur le lit d'épouvante
« dont il ne se relèvera point. Il le prévoit, il en est certain,
« et la sérénité règne dans ses regards, et son front semble
« environné d'une auréole céleste : il dit avec l'Apôtre : *Je*
« *sais à qui j'ai cru*; et cette confiance, lorsque ses forces
« s'éteignent, anime encore ses traits. Il contemple déjà sa
« nouvelle patrie; mais, sans oublier celle qu'il va quitter, il
« est à son Créateur et à son Dieu, sans rejeter loin de lui les
« sentiments qui ont charmé sa vie.

« C'est une épouse fidèle qui, selon les lois de la nature,
« doit, entre les siens, le suivre la première : il la console, il
« essuie ses larmes, il lui donne rendez-vous dans ce séjour
« de félicité qu'il ne peut se peindre sans elle. Il lui retrace
« les jours heureux qu'ils ont parcourus ensemble, non pour
« déchirer le cœur d'une sensible amie, mais pour accroître
« leur confiance mutuelle en la bonté céleste. Il rappelle en-
« core à la compagne de sa fortune l'amour si tendre qu'il
» eut toujours pour elle, non pour animer des regrets qu'il
« voudrait adoucir, mais pour jouir de la douce idée que deux
« vies ont tenu à la même tige, et que, par leur union, elles
« deviendront peut-être une défense, une garantie de plus,

« dans cet obscur avenir, où la pitié d'un Dieu suprême est
« le dernier refuge de nos pensées. Hélas! peut-on se for-
« mer une juste image de toutes les émotions qui pénètrent
« une âme aimante, au moment où une vaste solitude se pré-
« sente à nos regards, au moment où les sentiments, les inté-
« rêts dont on a subsisté pendant le cours de ses belles années,
« vont s'évanouir pour jamais? Ah! vous qui devez survivre
« à cet être semblable à vous, que le ciel vous avait donné
« pour soutien, à cet être qui était tout pour vous, et dont
« les regards vous disent un effrayant adieu, vous ne refuserez
« pas de placer votre main sur un cœur défaillant, afin
« qu'une dernière palpitation vous parle encore, lorsque tout
« autre langage n'existera plus. Eh! vous blâmerions-nous,
« amis fidèles, si vous aviez désiré que vos cendres se con-
« fondissent, que vos dépouilles mortelles fussent réunies dans
« le même asile? Dieu de bonté, réveillez-les ensemble; ou
« si l'un des deux seulement a mérité cette faveur, si l'un
« des deux seulement doit être du nombre des élus, que
« l'autre en apprenne la nouvelle; que l'autre aperçoive la
« lumière des anges, au moment où le sort des heureux sera
« proclamé, afin qu'il ait encore un moment de joie avant de
« retomber dans la nuit éternelle.

« Ah! nous nous égarons peut-être lorsque nous essayons
« de décrire les derniers jours de l'homme sensible, de
« l'homme qui voit la mort s'avancer à grands pas, qui la
« voit prête à le séparer de tous les objets de son affection.

« Il se ranime, et reprend un moment de force, afin que
« ses dernières paroles servent d'instruction à ses enfants. Il
« leur dit : « Ne vous effrayez point d'assister à la fin pro-
« chaine de votre père, de votre ancien ami. C'est par une
« loi de la nature qu'il quitte avant vous cette terre où il est
« venu le premier. Il vous montrera du courage; et pourtant
« il s'éloigne de vous avec douleur. Il eût souhaité, sans
« doute, de vous aider plus longtemps de son expérience, et
« de faire encore quelques pas avec vous à travers les périls
« dont votre jeunesse est environnée; *mais la vie n'a point
« de défense, quand il faut descendre au tombeau.* Vous irez

« seuls maintenant, seuls au milieu d'un monde d'où je vais
« disparaître. Puissiez-vous recueillir avec abondance les
« biens que la Providence y a semés! mais n'oubliez jamais
« que ce monde lui-même est une patrie passagère, et qu'une
« autre plus durable vous appelle. Nous nous reverrons peut-
« être ; et quelque part, sous les regards de mon Dieu, j'of-
« frirai pour vous en sacrifice et mes vœux et mes larmes.
« Aimez la religion, qui a tant de promesses; aimez la reli-
« gion, ce dernier trait d'alliance entre les pères et les en-
« fants, entre la mort et la vie..... Approchez-vous de moi!...
« que je vous aperçoive encore. Que la bénédiction d'un ser-
« viteur de Dieu soit sur vous... » Il meurt... O anges du
« ciel! recevez son âme, et laissez-nous sur la terre le sou-
« venir de ses actions, le souvenir de ses pensées, le souvenir
« de ses espérances. »

L'émotion d'Oswald et de Corinne avait souvent interrompu cette lecture. Enfin ils furent forcés d'y renoncer.
Corinne craignait pour Oswald l'abondance de ses pleurs.
Elle était bouleversée de l'état où elle le voyait, et elle ne
s'apercevait pas qu'elle-même était aussi troublée que lui.
« Oui, lui dit Oswald en lui tendant la main, oui, chère amie
de mon cœur, tes larmes se sont confondues avec les miennes.
Tu le pleures avec moi, cet ange tutélaire dont je sens encore
le dernier embrassement, dont je vois encore le noble regard;
peut-être est-ce toi qu'il a choisie pour me consoler; peut-
être... — Non, non, s'écria Corinne, non, il ne m'en a pas crue
digne. — Que dites-vous? » interrompit Oswald. Corinne eut
peur d'avoir révélé ce qu'elle voulait cacher, et répéta ce qui
venait de lui échapper, en disant seulement : « Il ne m'en
croirait pas digne! » Ce mot changé dissipa l'inquiétude que
le premier avait fait naître dans le cœur d'Oswald, et il continua sans crainte à s'entretenir de son père avec Corinne.

Les médecins arrivèrent et la rassurèrent un peu ; mais ils
défendirent absolument à lord Nelvil de parler, jusqu'à ce que
le vaisseau qui s'était ouvert dans sa poitrine fût fermé. Six
jours entiers se passèrent, pendant lesquels Corinne ne quitta
point Oswald, et l'empêcha de prononcer un seul mot, lui im-

LES STATUES ET LES TOMBEAUX.

posant doucement silence dès qu'il voulait parler. Elle trouvait l'art de varier les heures par la lecture, par la musique, et quelquefois par une conversation dont elle faisait tous les frais, en cherchant à s'animer elle-même, dans le sérieux comme dans la plaisanterie, avec un intérêt soutenu. Toute cette grâce, tout ce charme voilait l'inquiétude qu'elle éprouvait intérieurement, et qu'il fallait dérober à lord Nelvil; mais elle n'en était pas distraite un seul instant. Elle s'apercevait presque avant Oswald lui-même de ce qu'il souffrait, et le courage qu'il mettait à le cacher ne trompait jamais Corinne; elle découvrait toujours ce qui pouvait lui faire du bien, et se hâtait de le soulager, en tâchant seulement de fixer son attention le moins qu'il était possible sur les soins qu'elle lui rendait. Cependant, quand Oswald pâlissait, la couleur abandonnait aussi les lèvres de Corinne, et ses mains tremblaient en lui portant du secours; mais elle s'efforçait bientôt de se remettre, et souriait, quoique ses yeux fussent remplis de larmes. Quelquefois elle pressait la main d'Osvald sur son cœur, et semblait vouloir ainsi lui donner sa propre vie. Enfin ses soins réussirent, Oswald se guérit.

« Corinne, lui dit-il lorsqu'elle lui permit de parler, pourquoi M. Edgermond, mon ami, n'a-t-il pas été témoin des jours que vous venez de passer auprès de moi! il aurait vu que vous n'êtes pas moins bonne qu'admirable; il aurait vu que la vie domestique se compose avec vous d'enchantements continuels, et que vous ne différez des autres femmes que pour ajouter à toutes les vertus le prestige de tous les charmes. Non, c'en est trop, il faut faire cesser le combat qui me déchire, ce combat qui vient de me mettre au bord du tombeau. Corinne, tu m'entendras, tu sauras tous mes secrets, toi qui me caches les tiens, et tu prononceras sur notre sort.
— Notre sort, répondit Corinne, si vous sentez comme moi, c'est de ne pas nous quitter. Mais m'en croirez-vous, quand je vous dirai que, jusqu'à présent du moins, je n'ai pas osé souhaiter d'être votre épouse? Ce que j'éprouve est bien nouveau pour moi : mes idées sur la vie, mes projets pour l'avenir, sont tout à fait bouleversés par ce sentiment, qui me

trouble et m'asservit chaque jour davantage. Mais je ne sais pas si nous pouvons, si nous devons nous unir. — Corinne, reprit Oswald, me mépriseriez-vous d'avoir hésité? l'attribueriez-vous à des considérations misérables? N'avez-vous pas deviné que le remords profond et douloureux qui, depuis près de deux ans, me poursuit et me déchire, a pu seul causer mes incertitudes?

— Je l'ai compris, reprit Corinne. Si je vous avais soupçonné d'un motif étranger aux affections du cœur, vous ne seriez pas celui que j'aime. Mais la vie, je le sais, n'appartient pas tout entière à l'amour. Les habitudes, les souvenirs, les circonstances, créent autour de nous je ne sais quel enlacement que la passion même ne peut détruire. Brisé pour un moment, il se reformerait, et le lierre viendrait à bout du chêne. Mon cher Oswald, ne donnons pas à chaque époque de notre existence plus que cette époque ne demande. Ce qui m'est nécessaire dans ce moment, c'est que vous ne me quittiez pas. Cette terreur d'un départ qui pourrait être subit me poursuit sans cesse. Vous êtes étranger dans ce pays; aucun lien ne vous y retient. Si vous partiez, tout serait dit, il ne me resterait de vous que ma douleur. Cette nature, ces beaux-arts, cette poésie que je sens avec vous, et maintenant, hélas! seulement avec vous, tout deviendrait muet pour mon âme. Je ne me réveille qu'en tremblant; je ne sais pas, quand je vois ce beau jour, s'il ne me trompe point par ses rayons resplendissants, si vous êtes encore là, vous, l'astre de ma vie. Oswald, ôtez-moi cette terreur, et je ne verrai rien au delà de cette sécurité délicieuse. — Vous savez, répondit Oswald, que jamais un Anglais n'a renoncé à sa patrie, que la guerre peut me rappeler, que... — Ah! Dieu! s'écria Corinne, voudriez-vous me préparer... » Et tous ses membres tremblaient, comme à l'approche du plus effroyable danger. « Eh bien! s'il est ainsi, emmenez-moi comme épouse, comme esclave... » Mais tout à coup, reprenant ses esprits, elle dit : « Oswald, vous ne partirez jamais sans m'en prévenir ; jamais, n'est-ce pas? Écoutez: dans aucun pays un criminel n'est conduit au supplice sans que quelques heures lui soient données pour recueillir ses pensées. Ce ne sera pas par une lettre, ce sera vous-même qui viendrez me le dire; vous m'avertirez, vous m'entendrez avant de vous éloigner de moi. — Et le pourrais-je alors?... — Quoi! vous hésitez à m'accorder ce que je demande! s'écria Corinne. — Non, répond t Oswald, je n'hésite pas : tu le veux, eh bien! je le jure; si ce départ est nécessaire, je vous en préviendrai, et ce moment décidera de votre vie. » Et elle sortit.

CHAPITRE II

Pendant les jours qui suivirent la maladie d'Oswald, Corinne évita soigneusement ce qui pouvait amener une explication entre eux. Elle voulait rendre la vie de son ami aussi douce qu'il était possible, mais elle ne voulait point lui confier encore son histoire. Tout ce qu'elle avait remarqué dans leurs entretiens ne l'avait que trop convaincue de l'impression qu'il recevrait en apprenant et ce qu'elle était, et ce qu'elle avait sacrifié; et rien ne lui faisait plus de peur que cette impression qui pouvait le détacher d'elle.

Revenant donc à l'aimable adresse dont elle avait coutume de se servir pour empêcher Oswald de se livrer à ses inquiétudes passionnées, elle voulut intéresser de nouveau son esprit et son imagination par les merveilles des beaux-arts qu'il n'avait point encore vues, et retarder ainsi l'instant où le sort devait s'éclaircir et se décider. Une telle situation serait insupportable dans tout autre sentiment que l'amour; mais il donne des heures si douces, il répand un tel charme sur chaque minute, que, bien qu'il ait besoin d'un avenir indéfini, il s'enivre du présent, et reçoit un jour comme un siècle de bonheur ou de peine, tant ce jour est rempli par une multitude d'émotions et d'idées! Ah! sans doute, c'est par l'amour que l'éternité peut être comprise; il confond toutes les notions du temps, il efface les idées de commencement et de fin; on croit avoir toujours aimé l'objet qu'on aime, tant il est difficile de concevoir qu'on ait pu vivre sans lui. Plus la séparation est affreuse, moins elle paraît vraisemblable; elle devient, comme la mort, une crainte dont on parle plus qu'on n'y croit, un avenir qui semble impossible, alors même qu'on le sait inévitable.

Corinne, parmi ses innocentes ruses pour varier les amusements d'Oswald, avait encore réservé les statues et les tableaux. Un jour donc, lorsque lord Nelvil fut rétabli, elle lui proposa d'aller voir ensemble ce que la sculpture et la peinture offraient à Rome de plus beau. « Il est honteux, lui dit-elle en souriant, que vous ne connaissiez ni nos statues ni nos tableaux, et demain il faut commencer le tour des musées et des galeries. — Vous le voulez, répondit lord Nelvil, j'y consens. Mais en vérité, Corinne, vous n'avez pas besoin de ces ressources étrangères pour me fixer auprès de vous; c'est, au contraire, un sacrifice que je vous fais quand je détourne mes regards de vous pour quelque objet que ce puisse être. »

Ils allèrent d'abord au musée du Vatican, ce palais des statues, où l'on voit la figure humaine divinisée par le paganisme, comme les sentiments de l'âme le sont maintenant par le christianisme. Corinne fit remarquer à lord Nelvil ces salles silencieuses, où sont rassemblées les images des dieux et des héros; où la plus parfaite beauté, dans un repos éternel, sembl jouir d'elle-même. En contemplant ces traits et ces formes admirables, il se révèle je ne sais quel dessein de la Divinité sur l'homme, exprimé par la noble figure dont elle a daigné lui faire don. L'âme s'élève, par cette contemplation, à des espérances pleines d'enthousiasme et de vertu; car la beauté est une dans l'univers, et, sous quelque forme qu'elle se présente, elle excite toujours une émotion religieuse dans le cœur de l'homme. Quelle poésie que ces visages, où la sublime expression est pour jamais fixée, où les plus grandes pensées sont revêtues d'une image si digne d'elle!

Quelquefois un sculpteur ancien ne faisait qu'une statue dans sa vie; elle était toute son histoire. Il la perfectionnait chaque jour; s'il aimait, s'il était aimé, s'il recevait par la nature ou par les beaux-arts une impression nouvelle, il embellissait les traits de son héros par ses souvenirs et par ses affections. Il savait ainsi traduire aux regards tous les sentiments de son âme. La douleur de nos temps modernes, au milieu de notre état social si froid et si oppressif, est ce qu'il y a de plus noble dans l'homme; et, de nos jours, qui n'aurait pas souffert, n'aurait jamais senti ni pensé. Mais il y avait dans l'antiquité quelque chose de plus noble que la douleur : c'était le calme héroïque, c'était le sentiment de sa force, qui pouvait se développer au milieu d'institutions franches et libres. Les plus belles statues des Grecs n'ont presque jamais indiqué que le repos. Le Laocoon et la Niobé sont les seules qui peignent des douleurs violentes; mais c'est la vengeance du ciel qu'elles rappellent toutes les deux, et non les passions nées dans le cœur humain. L'être moral avait une organisation si saine chez les anciens, l'air circulait si librement dans leur large poitrine, et l'ordre politique était si bien en harmonie avec les facultés, qu'il n'existait presque jamais, comme de notre temps, des âmes mal à l'aise. cet état fait découvrir beaucoup d'idées fines, mais ne fournit point aux arts, et particulièrement à la sculpture, les simples affections, les éléments primitifs des sentiments, qui peuvent seuls s'exprimer par le marbre éternel.

A peine trouve-t-on dans leurs statues quelques traces de mélancolie. Une tête d'Apollon, au palais Justiniani, une autre d'Alexandre mourant, sont les seules où les dispositions de l'âme rêveuse et souffrante soient indiquées; mais elles appartiennent l'une et l'autre, selon toute apparence, au temps où la Grèce était asservie. Dès lors il n'y avait plus cette fierté ni cette tranquillité d'âme qui ont produit chez les anciens les chefs-d'œuvre de la sculpture et de la poésie composée dans le même esprit.

La pensée qui n'a plus d'aliments au dehors se replie sur elle-même, analyse, travaille, creuse les sentiments intérieurs; mais elle n'a plus cette force de création qui suppose et le bonheur et la plénitude de forces que le bonheur seul peut donner. Les sarcophages, même chez les anciens, ne rappellent que des idées guerrières ou riantes : dans la multitude de ceux qui se trouvent au musée du Vatican, on voit des batailles, des jeux représentés en bas-reliefs sur les tombeaux. Le souvenir de l'activité de la vie était le plus bel hommage que l'on crût devoir rendre aux morts. Rien n'affaiblissait, rien ne diminuait les forces. L'encouragement, l'émulation, étaient le principe des beaux-arts comme de la politique; il y avait place pour toutes les vertus, comme pour tous les talents. Le vulgaire se glorifiait de savoir admirer ; et le culte du génie était desservi par ceux même qui ne pouvaient point aspirer à ses couronnes.

La religion grecque n'était point, comme le christianisme, la consolation du malheur, la richesse de la misère, l'avenir des mourants; elle voulait la gloire, le triomphe; elle faisait, pour ainsi dire, l'apothéose de l'homme. Dans ce culte périssable, la beauté même était un dogme religieux. Si les artistes étaient appelés à peindre les passions basses ou féroces, ils en sauvaient la honte à la figure humaine, en y joignant, comme dans les faunes et les centaures, quelques traits des animaux; et, pour donner à la beauté son plus sublime caractère, ils unissaient tour à tour dans les statues des hommes et des femmes, dans la Minerve guerrière et dans l'Apollon Musagète, les charmes des deux sexes, la force à la douceur, la douceur à la force; mélange heureux de deux qualités opposées, sans lequel aucune des deux ne serait parfaite.

Corinne, en continuant ses observations, retint Oswald quelque temps devant des statues endormies qui sont placées sur les tombeaux, et montrent l'art de la sculpture sous le point de vue le plus agréable. Elle lui fit remarquer que toutes les fois que les statues sont censées représenter une action, le mouvement qui s'arrête produit une sorte d'étonnement quelquefois pénible. Mais les statues dans le sommeil, ou seulement dans l'attitude d'un repos complet, offrent une image de l'éternelle tranquillité, qui s'accorde merveilleusement avec l'effet général du Midi sur l'homme. Il semble que là les beaux-arts soient les paisibles spectateurs de la nature, et que le génie lui-même, qui agite l'âme dans le Nord, ne soit, sous un beau ciel, qu'une harmonie de plus.

Oswald et Corinne passèrent dans la salle où sont rassemblées les images sculptées des animaux et des reptiles; et la statue de Tibère se trouve par hasard au milieu de cette cour. C'est sans projet qu'une telle réunion s'est faite. Ces marbres se sont d'eux-mêmes rangés autour de leur maître. Une autre salle renferme les monuments tristes et sévères des Égyptiens, de ce peuple chez lequel les statues ressemblent plus aux momies qu'aux hommes, et qui, par ses institutions silencieuses, roides et serviles, semble avoir, autant qu'il le pouvait, assimilé la vie à la mort. Les Égyptiens excellaient bien plus dans l'art d'imiter les animaux que les hommes; c'est l'empire de l'âme qui semble leur être inaccessible.

Viennent ensuite les portiques du musée, où l'on voit à chaque pas un nouveau chef-d'œuvre Des vases, des autels, des ornements de toute espèce entourent l'Apollon, le Laocoon, les Muses. C'est là qu'on apprend à sentir Homère et Sophocle; c'est là que se révèle à l'âme une connaissance de l'antiquité qui ne peut jamais s'acquérir ailleurs. C'est en vain que l'on se fie à la lecture de l'histoire pour comprendre l'esprit des peuples; ce que l'on voit excite en nous bien plus d'idées que ce qu'on lit, et les objets extérieurs causent une émotion forte qui donne à l'étude du passé l'intérêt et la vie qu'on trouve dans l'observation des hommes et des faits contemporains.

Au milieu des superbes portiques, asile de tant de merveilles, il y a des fontaines qui coulent sans cesse, et vous avertissent doucement des heures qui passaient de même, il y a deux mille ans, quand les artistes de ces chefs-d'œuvre existaient encore. Mais l'impression la plus mélancolique que l'on éprouve au musée du Vatican, c'est en contemplant les débris des statues que l'on y voit rassemblés : le torse d'Hercule, des têtes séparés du tronc; un pied de Jupiter, qui suppose une statue plus grande et plus parfaite que toutes celles que nous connaissons. On croit voir le champ de bataille où le temps a lutté contre le génie, et ces membres mutilés attestent sa victoire et nos pertes.

Après être sortis du Vatican, Corinne conduisit Oswald devant les colosses de Monte-Cavallo; ces deux statues représentent, dit-on, Castor et Pollux. Chacun des deux héros dompte d'une seule main un cheval fougueux qui se cabre. Ces formes colossales, cette lutte de l'homme avec les animaux, donne, comme tous les ouvrages des anciens, une admirable idée de la puissance physique de la nature humaine. Mais cette puissance a quelque chose de noble qui ne se retrouve plus dans notre ordre social, où la plupart des exercices du corps sont abandonnés aux gens du peuple. Ce n'est point la force animale de la nature humaine, si l'on peut s'exprimer ainsi, qui se fait remarquer dans ces chefs-d'œuvre. Il semble qu'il y avait une union plus intime entre les qualités physiques et morales chez les anciens, qui vivaient sans cesse au milieu de la guerre, et d'une guerre presque d'homme à homme. La force du corps et la générosité de l'âme, la dignité des traits et la fierté du caractère, la hauteur de la stature et l'autorité du commandement, étaient des idées inséparables, avant qu'une religion intellectuelle eût placé la puissance de l'homme dans son âme. La figure humaine, qui était aussi la figure des dieux, paraissait symbolique; et le colosse nerveux de l'Hercule, et toutes les figures de l'antiquité dans ce genre, ne retracent point les vulgaires idées de la vie commune, mais la volonté toute-puissante, la volonté divine, qui se montre sous l'emblème d'une force physique surnaturelle.

Corinne et lord Nelvil terminèrent leur journée en allant voir l'atelier de Canova, du plus grand sculpteur moderne. Comme il était tard, ce fut aux flambeaux qu'ils se le firent montrer, et les statues gagnent beaucoup à cette manière d'être vues. Les anciens en jugeaient ainsi, puisqu'ils les plaçaient souvent dans leurs Thermes, où le jour ne pouvait pas pénétrer. A la lueur des flambeaux, l'ombre plus prononcée amortit la brillante uniformité du marbre, et les statues paraissent des figures pâles, qui ont un caractère plus touchant et de grâce et de vie. Il y avait chez Canova une admirable statue destinée pour un tombeau : elle représentait le génie de la douleur appuyé sur un lion, emblème de la force. Corinne, en contemplant ce génie, crut y trouver quel-

que ressemblance avec Oswald, et l'artiste lui-même en fut aussi frappé. Lord Nelvil se détourna pour ne point attirer ce genre d'attention ; mais il dit à voix basse à son amie :
« Corinne, j'étais condamné à cette éternelle douleur quand je vous ai rencontrée ; mais vous avez changé ma vie ; et quelquefois l'espoir, et toujours un trouble mêlé de charmes, remplit ce cœur qui ne devait plus éprouver que des regrets. »

CHAPITRE III

Les chefs-d'œuvre de la peinture étaient alors réunis a Rome ; et sa richesse, sous ce rapport, surpassait toutes celles du reste du monde. Un seul point de discussion pouvait exister sur l'effet que produisaient ces chefs-d'œuvre. La nature des sujets que les grands artistes d'Italie ont choisis se prête-t-elle à toute la variété, à toute l'originalité de passions et de caractères que la peinture peut exprimer ? Oswald et Corinne différaient d'opinion à cet égard ; mais cette différence, comme toutes celles qui existaient entre eux, tenait à la diversité des nations, des climats et des religions. Corinne affirmait que les sujets les plus favorables à la peinture, c'étaient les sujets religieux. Elle disait que la sculpture était l'art du paganisme, comme la peinture était celui du christianisme ; et que l'on retrouvait dans ces arts, comme dans la poésie, les qualités qui distinguent la littérature ancienne et moderne. Les tableaux de Michel-Ange, ce peintre de la Bible, de Raphaël, ce peintre de l'Évangile, supposent autant de profondeur et de sensibilité qu'on en peut trouver dans Shakspeare et Racine. La sculpture ne saurait présenter aux regards qu'une existence énergique et simple, tandis que la peinture indique les mystères du recueillement et de la résignation, et fait parler l'âme immortelle à travers de passagères couleurs. Corinne soutenait aussi que les faits historiques, ou tirés des poëmes, étaient rarement pittoresques. Il faudrait souvent, pour comprendre de tels tableaux, que l'on eût conservé l'usage des peintres du vieux temps, d'écrire les paroles que doivent dire les personnages sur un ruban qui sort de leur bouche. Mais les sujets religieux sont à l'instant entendus par tout le monde, et l'attention n'est point détournée de l'art pour deviner ce qu'il représente.

Corinne pensait que l'expression des peintres modernes, en général, était souvent théâtrale; qu'elle avait l'empreinte de leur siècle, où l'on ne connaissait plus, comme André Mantègne, Pérugin et Léonard de Vinci, cette unité d'existence, ce naturel dans la manière d'être, qui tient encore du repos antique. Mais à ce repos est unie la profondeur de sentiments qui caractérise le christianisme. Elle admirait la composition sans artifice des tableaux de Raphaël, surtout dans sa première manière. Toutes les figures sont dirigées vers un objet principal, sans que l'artiste ait songé à les grouper en attitude, à travailler l'effet qu'elles peuvent produire. Corinne disait que cette bonne foi dans les arts d'imagination, comme dans tout le reste, est le caractère du génie, et que le calcul du succès est presque toujours destructeur de l'enthousiasme. Elle prétendait qu'il y avait de la rhétorique en peinture comme dans la poésie, et que tous ceux qui ne savaient pas caractériser cherchaient les ornements accessoires, réunissaient tout le prestige d'un sujet brillant aux costumes riches, aux attitudes remarquables; tandis qu'une simple vierge tenant son enfant dans ses bras, un vieillard attentif dans la messe de Bolsène, un homme appuyé sur son bâton dans l'école d'Athènes, sainte Cécile levant les yeux au ciel, produisaient, par l'expression seule du regard et de la physionomie, des impressions bien plus profondes. Ces beautés naturelles se découvrent chaque jour davantage; mais, au contraire, dans les tableaux d'effet, le premier coup d'œil est toujours le plus frappant.

Corinne ajoutait à ces réflexions une observation qui les fortifiait encore : c'est que les sentiments religieux des Grecs et des Romains, la disposition de leur âme en tout genre ne pouvant être la nôtre, il nous est impossible de créer dans leur sens, d'inventer, pour ainsi dire, sur leur terrain. L'on peut les imiter à force d'étude; mais comment le génie trouverait-il tout son essor dans un travail où la mémoire et l'érudition sont si nécessaires ? Il n'en est pas de même des sujets qui appartiennent à notre propre histoire ou à notre propre religion. Les peintres peuvent en avoir eux-mêmes l'inspiration personnelle ; ils sentent ce qu'ils peignent, ils peignent ce qu'ils ont vu. La vie leur sert pour imaginer la vie ; mais, en se transportant dans l'antiquité, il faut qu'ils inventent d'après les livres et les statues. Enfin, Corinne trouvait que les tableaux pieux faisaient à l'âme un bien que rien ne pouvait remplacer, et qu'ils supposaient dans l'artiste un saint enthousiasme qui se confond avec le génie, le renouvelle, le ranime, et peut seul le soutenir contre les dégoûts de la vie et les injustices des hommes.

Oswald recevait, sous quelques rapports, une impression différente. D'abord il était presque scandalisé de voir représenter en peinture, comme l'a fait Michel-Ange, la figure de la Divinité même revêtue de traits mortels. Il croyait que la pensée n'osait lui donner des formes, et qu'on trouvait à peine au fond de son âme une idée assez intellectuelle, assez éthérée, pour l'élever jusqu'à l'Être suprême ; et quant aux sujets tirés de l'Écriture sainte, il lui semblait que l'expression et les images dans ce genre de tableaux laissaient beaucoup à désirer. Il croyait, avec Corinne, que la méditation religieuse est le sentiment le plus intime que l'homme puisse éprouver ; et, sous ce rapport, il est celui qui fournit aux peintres les plus grands mystères de la physionomie et du regard ; mais la religion réprimant tous les mouvements du cœur qui ne naissent pas immédiatement d'elle, les figures des saints et des martyrs ne peuvent être très-variées. Le sentiment de l'humilité, si noble devant le ciel, affaiblit l'énergie des passions terrestres, et donne nécessairement de la monotonie à la plupart des sujets religieux. Quand Michel-Ange, avec son terrible talent, a voulu peindre ces sujets, il en a presque altéré l'esprit, en donnant à ses prophètes une expression redoutable et puissante qui en a fait des Jupiters plutôt que des saints. Souvent aussi il se sert, comme le Dante, des images du paganisme, et mêle la mythologie à la religion chrétienne.

Une des circonstances les plus admirables de l'établissement du christianisme, c'est l'état vulgaire des apôtres qui l'ont prêché, l'asservissement et la misère du peuple juif, dépositaire pendant longtemps des promesses qui annonçaient le Christ. Ce contraste entre la petitesse des moyens et la grandeur du résultat est très-beau moralement; mais en peinture, où les moyens seuls peuvent paraître, les sujets chrétiens doivent être moins éclatants que ceux qui sont tirés des temps héroïques et fabuleux. Parmi les arts, la musique seule peut être purement religieuse. La peinture ne saurait se contenter d'une expression aussi rêveuse et aussi vague que celle des sons. Il est vrai que l'heureuse combinaison des couleurs et du clair-obscur produit, si l'on peut s'exprimer ainsi, un effet musical dans la peinture; mais, comme elle représente la vie, on lui demande l'expression des passions dans toute leur énergie et leur diversité. Sans doute il faut choisir parmi les faits historiques ceux qui sont assez connus pour qu'il ne faille point d'étude pour les comprendre; car l'effet produit par les tableaux doit être immédiat et rapide, comme tous les plaisirs causés par les beaux-arts; mais quand les faits historiques sont aussi populaires que les sujets religieux, ils ont sur eux l'avantage de la variété des situations et des sentiments qu'ils retracent.

Lord Nelvil pensait aussi qu'on devait de préférence représenter en tableaux les scènes de tragédie, ou les fictions poétiques les plus touchantes, afin que tous les plaisirs de l'imagination et de l'âme fussent réunis. Corinne combattit encore cette opinion, quelque séduisante qu'elle fût. Elle était convaincue que l'empiétement d'un art sur l'autre leur nuisait mutuellement. La sculpture perd les avantages qui lui sont particuliers, quand elle aspire aux groupes de la peinture; la peinture, quand elle veut atteindre à l'expression dramatique. Les arts sont bornés dans leurs moyens, quoique sans bornes dans leurs effets. Le génie ne cherche point à combattre ce qui est dans l'essence des choses; sa supériorité consiste, au contraire, à la deviner. « Vous, mon cher Oswald, dit Corinne, vous n'aimez pas les arts en eux-mê-

mêmes, mais seulement à cause de leurs rapports avec le sentiment ou l'esprit. Vous n'êtes ému que par ce qui vous retrace les peines du cœur. La musique et la poésie conviennent à cette disposition ; tandis que les arts qui parlent aux yeux, bien que leur signification soit idéale, ne plaisent et n'intéressent que lorsque notre âme est tranquille et notre imagination tout à fait libre. Il ne faut pas non plus, pour les goûter, la gaieté qu'inspire la société, mais la sérénité que fait naître un beau jour, un beau climat. Il faut sentir, dans ces arts qui représentent les objets extérieurs, l'harmonie universelle de la nature ; et quand notre âme est troublée, nous n'avons plus en nous-mêmes cette harmonie : le malheur l'a détruite. — Je ne sais, répondit Oswald, si je ne cherche dans les beaux-arts que ce qui peut rappeler les souffrances de l'âme ; mais je sais bien au moins que je ne puis supporter d'y trouver la représentation des douleurs physiques. Ma plus forte objection, continua-t-il, contre les sujets chrétiens en peinture, c'est le sentiment pénible que fait éprouver l'image du sang, des blessures, des supplices bien que le plus noble enthousiasme ait animé les victimes. Philoctète est peut-être le seul sujet tragique dans lequel les maux physiques puissent être admis. Mais de combien de circonstances poétiques ces maux cruels ne sont-ils pas entourés ! Ce sont les flèches d'Hercule qui les ont causés ; le fils d'Esculape doit les guérir ; enfin, cette blessure se confond presque avec le ressentiment moral qu'elle fait naître dans celui qui en est atteint, et ne peut exciter aucune impression de dégoût. Mais la figure du possédé, dans le superbe tableau de la Transfiguration, par Raphaël, est une image désagréable, et qui n'a nullement la dignité des beaux-arts. Il faut qu'ils nous découvrent le charme de la douleur, comme la mélancolie de la prospérité ; c'est l'idéal de la destinée humaine qu'ils doivent représenter dans chaque circonstance particulière. Rien ne tourmente plus l'imagination que des plaies sanglantes ou des convulsions nerveuses. Il est impossible que dans de semblables tableaux l'on ne cherche et l'on ne craigne pas en même temps de trouver l'exactitude de l'imitation. L'art qui ne consisterait que dans cette imitation, quel plaisir nous donnerait-il? Il est plus horrible ou moins beau que la nature même, dès l'instant qu'il aspire seulement à lui ressembler.

— Vous avez raison, milord, dit Corinne, de désirer qu'on écarte des sujets chrétiens les images pénibles; elles n'y sont pas nécessaires. Mais avouez cependant que le génie, et le génie de l'âme, sait triompher de tout. Voyez cette Communion de saint Jérôme, par le Dominiquin. Le corps du vénérable mourant est livide et décharné; c'est la mort qui se soulève : mais dans ce regard est la vie éternelle, et toutes les misères du monde ne sont là que pour disparaître devant le pur éclat d'un sentiment religieux. Cependant, cher Oswald, continua Corinne, bien que je ne sois pas de votre avis en tout, je veux vous montrer que, même en différant, nous avons toujours quelque analogie. J'ai essayé ce que vous désirez dans la galerie de tableaux que des artistes de mes amis m'ont composée, et dont j'ai moi-même esquissé quelques dessins. Vous y verrez les défauts et les avantages des sujets de peinture que vous aimez. Cette galerie est dans ma maison de campagne, à Tivoli. Le temps est assez beau pour la voir; voulez-vous que nous y allions demain? » Et comme elle attendait qu'Oswald y consentît, il lui dit : « Mon amie, pouvez-vous douter de ma réponse? Ai-je un autre bonheur dans ce monde, une autre idée que vous? Et ma vie, que j'ai trop affranchie peut-être de toute occupation, comme de tout intérêt, n'est-elle pas uniquement remplie par le bonheur de vous entendre et de vous voir? »

CHAPITRE IV

Ils partirent donc le lendemain pour Tivoli. Oswald conduisait lui-même les quatre chevaux qui les traînaient, et se plaisait dans la rapidité de leur course, rapidité qui semble accroître la vivacité du sentiment de l'existence; et cette impression est douce à côté de ce qu'on aime. Il dirigeait la voiture avec une attention extrême, dans la crainte que le moindre accident ne pût arriver à Corinne. Il avait ces soins protecteurs qui sont le plus doux lien de l'homme avec la femme. Corinne n'était point, comme la plupart des femmes, facilement effrayée par les dangers possibles d'une route ; mais il lui était si doux de remarquer la sollicitude d'Oswald, qu'elle souhaitait presque d'avoir peur, afin d'être rassurée par lui.

Ce qui donnait, comme on le verra dans la suite, un si grand ascendant à lord Nelvil sur le cœur de son amie, c'étaient les contrastes inattendus qui prêtaient à toute sa manière d'être un charme particulier. Tout le monde admirait son esprit et la grâce de sa figure ; mais il devait intéresser surtout une personne qui, réunissant en elle, par un accord singulier, la constance à la mobilité, se plaisait dans les impressions tout à la fois variées et fidèles. Jamais il n'était occupé que de Corinne ; et cette occupation même prenait sans cesse des caractères différents : tantôt la réserve y dominait, tantôt l'abandon, tantôt une douceur parfaite, tantôt une amertume sombre, qui prouvait la profondeur des sentiments, mais mêlait le trouble à la confiance, et faisait naître sans cesse une émotion nouvelle. Oswald, intérieurement agité, cherchait à se contenir au dehors ; et celle qui l'aimait, occupée à le deviner, trouvait dans ce mystère un intérêt continuel. On eût dit que les défauts mêmes d'Oswald étaient faits pour relever ses agréments. Un homme, quelque distingué qu'il eût été, mais dont le caractère n'eût point offert de contradiction ni de combats, n'aurait pas ainsi captivé l'imagination de Corinne. Elle avait une sorte de peur d'Oswald qui l'asservissait à lui ; il régnait sur son âme par une bonne et par une mauvaise puissance, par ses qualités, et par l'inquiétude que ces qualités mal combinées pouvaient inspirer ; enfin, il n'y avait pas de sécurité dans le bonheur que donnait lord Nelvil : et peut-être faut-il expliquer par ce tort même l'exaltation de la passion de Corinne ; peut-être ne pouvait-elle aimer à ce point que celui qu'elle craignait de perdre. Un esprit supérieur, une sensibilité aussi ardente que délicate, pouvait se lasser de tout, excepté de l'homme vraiment extraordinaire dont l'âme constamment ébranlée ressemblait au ciel même, qui se montre tantôt serein, tantôt couvert de nuages. Oswald, toujours vrai, toujours profond et passionné, était néanmoins souvent prêt à renoncer à l'objet de sa tendresse, parce qu'une longue habitude de la peine lui faisait croire qu'il ne pouvait y avoir que du remords et de la souffrance dans les affections trop vives du cœur.

Lord Nelvil et Corinne, dans leur course à Tivoli, passèrent devant les ruines du palais d'Adrien et du jardin immense qui l'entourait. Ce prince avait réuni dans son jardin les productions les plus rares, les chefs-d'œuvre les plus admirables des pays conquis par les Romains. On y voit encore aujourd'hui quelques pierres éparses qui s'appellent *l'Égypte, l'Inde et l'Asie*. Plus loin était la retraite où Zénobie, reine de Palmyre, a terminé ses jours. Elle n'a pas soutenu dans l'adversité la grandeur de sa destinée; elle n'a su, ni, comme un homme, mourir pour la gloire; ni, comme une femme, mourir plutôt que de trahir son ami.

Enfin ils découvrirent Tivoli, qui fut la demeure de tant d'hommes célèbres, de Brutus, d'Auguste, de Mécène, de Catulle; mais surtout la demeure d'Horace; car ce sont ses vers qui ont illustré ce séjour. La maison de Corinne était bâtie au-dessus de la cascade bruyante du Téverone; au haut de la montagne, en face de son jardin, était le temple de la Sibylle. C'est une belle idée qu'avaient les anciens de placer les temples au sommet des lieux élevés. Ils dominaient sur la campagne, comme les idées religieuses sur toute autre pensée. Ils inspiraient plus d'enthousiasme pour la nature, en annonçant la Divinité dont elle émane, et l'éternelle reconnaissance des générations successives envers elle. Le paysage, de quelque point de vue qu'on le considérât, faisait tableau avec le temple, qui était là comme le centre ou l'ornement de tout. Les ruines répandent un singulier charme sur la campagne d'Italie. Elles ne rappellent pas, comme les édifices modernes, le travail et la présence de l'homme; elles se confondent avec les arbres, avec la nature; elles semblent en harmonie avec le torrent solitaire, image du temps qui les a faites ce qu'elles sont. Les plus belles contrées du monde, quand elles ne retracent aucun souvenir quand elles ne portent l'empreinte d'aucun événement remarquable, sont dépourvues d'intérêt, en comparaison des pays historiques. Quel lieu pouvait mieux convenir à l'habitation de Corinne en Italie, que le séjour consacré à la Sibylle, à la mémoire d'une femme animée par une inspiration divine? La maison de Corinne était ravissante; elle était ornée avec l'élégance du goût moderne, et cependant le charme d'une imagination qui se plaît dans les beautés antiques s'y faisait sentir. L'on y remarquait une rare intelligence du bonheur, dans le sens le plus élevé de ce mot, c'est-à-dire, en le faisant consister dans tout ce qui ennoblit l'âme, excite la pensée et vivifie le talent.

En se promenant avec Corinne, Oswald s'aperçut que le souffle du vent avait un son harmonieux, et répandait dans l'air des accords qui semblaient venir du balancement des fleurs, de l'agitation des arbres, et prêter une voix à la nature. Corinne lui dit que c'étaient des harpes éoliennes que le vent faisait résonner, et qu'elle avait placées dans quelques grottes du jardin, pour remplir l'atmosphère de sons aussi bien que de parfums. Dans cette demeure délicieuse, Oswald était inspiré par le sentiment le plus pur. « Écoutez, dit-il à Corinne, jusqu'à ce jour j'éprouvais du remords en étant heureux près de vous; mais, à présent, je ne dis que c'est mon père qui vous a envoyée vers moi, pour que je ne souffre plus sur cette terre. C'est lui que j'avais offensé, et c'est lui cependant dont les prières dans le ciel ont obtenu ma grâce. Corinne, s'écria-t-il en se jetant à ses genoux, je suis pardonné; je le sens à ce calme innocent et doux qui règne dans mon âme. Tu peux, sans crainte, t'unir à mon sort; il n'aura plus rien de fatal. — Eh bien, dit Corinne, jouissons encore quelque temps de cette paix du cœur qui nous est accordée. Ne touchons pas à la destinée ; elle fait tant de peur quand on veut s'en mêler, quand on tâche d'obtenir plus qu'elle ne donne! Ah! mon ami, ne changeons rien, puisque nous sommes heureux. »

Lord Nelvil fut blessé de cette réponse de Corinne. Il pensait qu'elle devait comprendre qu'il était prêt à lui tout dire, à lui tout promettre, si, dans ce moment, elle lui confiait son histoire; et cette manière de l'éviter encore l'offensa en l'affligeant; il n'aperçut pas qu'un sentiment de délicatesse empêchait Corinne de profiter de l'émotion d'Oswald pour le lier par un serment. Peut-être, d'ailleurs, est-il dans la nature d'un amour profond et vrai de redouter un moment solennel, quelque désiré qu'il soit, et de ne changer qu'en tremblant l'espérance contre le bonheur même. Oswald, loin d'en juger ainsi, se persuada que Corinne, tout en l'aimant, désirait de conserver son indépendance, et qu'elle éloignait attentivement tout ce qui pouvait amener une union indissoluble. Cette pensée lui fit éprouver une irritation douloureuse; et, prenant aussitôt un air froid et contenu, il suivit Corinne dans sa galerie de tableaux, sans prononcer un seul mot. Elle devina bien vite l'impression qu'elle avait produite sur lui. Mais, connaissant sa fierté, elle n'osa pas lui dire ce qu'elle avait remarqué; toutefois, en lui montrant ses tableaux, en lui parlant sur des idées générales, elle avait une espérance vague de l'adoucir, qui donnait à sa voix un charme plus touchant, alors même qu'elle ne prononçait que des paroles indifférentes.

Sa galerie était composée de tableaux d'histoire, de tableaux sur des sujets poétiques et religieux, et de paysages. Il n'y en avait point qui fussent composés d'un très-grand nombre de figures. Ce genre présente sans doute de grandes difficultés, mais il donne moins de plaisir. Les beautés qu'on y trouve sont trop confuses ou trop détaillées. L'unité d'intérêt, ce principe de vie dans les arts, comme dans tout, y est nécessairement morcelé. Le premier des tableaux historiques représentait Brutus dans une méditation profonde, assis au pied de la statue de Rome. Dans le fond, des esclaves portent ses deux fils sans vie, qu'il a lui-même condamnés à mort, et de l'autre côté du tableau la mère et les sœurs s'abandonnent au désespoir . les femmes sont heureusement dispensées du courage qui fait sacrifier les affections du cœur.

La statue de Rome, placée près de Brutus, est une belle idée : c'est elle qui dit tout. Cependant comment pourrait-on savoir, sans une explication, que c'est Brutus l'ancien, qui vient d'envoyer ses fils au supplice? et néanmoins il est impossible de caractériser cet événement plus qu'il ne l'est dans ce tableau. L'on aperçoit dans l'éloignement Rome simple encore, sans édifices, sans ornements, mais bien grande comme patrie, puisqu'elle inspire un tel sacrifice. « Sans doute, dit Corinne à lord Nelvil, quand je vous ai nommé Brutus, toute votre âme s'est attachée à ce tableau; mais vous auriez pu le voir sans en deviner le sujet. Et cette incertitude, qui existe presque toujours dans les tableaux historiques, ne mêle-t-elle pas le tourment d'une énigme aux jouissances des beaux-arts, qui doivent être si faciles et si claires ?

« J'ai choisi ce sujet, parce qu'il rappelle la plus terrible action que l'amour de la patrie ait inspirée. Le pendant de ce tableau, c'est Marius épargné par le Cimbre, qui ne peut se résoudre à tuer ce grand homme : la figure de Marius est imposante; le costume du Cimbre, l'expression de sa physionomie, sont très-pittoresques. C'est la deuxième époque de Rome, lorsque les lois n'existaient plus, mais quand le génie exerçait encore un grand empire sur les circonstances. Vient ensuite celle où les talents et la gloire n'attiraient que le malheur et l'insulte. Le troisième tableau que voici représente Bélisaire portant sur ses épaules son jeune guide, mort en demandant l'aumône pour lui. Bélisaire aveugle et mendiant, est ainsi récompensé par son maître; et dans l'univers qu'il a conquis, il n'a plus d'autre emploi que de porter dans la tombe les tristes restes du pauvre enfant qui seul ne l'avait point abandonné. Cette figure de Bélisaire est admirable; et, depuis les peintres anciens, on n'en a guère fait d'aussi belles. L'imagination du peintre, comme celle d'un poëte, a réuni tous les genres de malheur, et peut-être même y en a-t-il trop pour la pitié; mais qui nous dit que c'est Bélisaire? Ne faut-il pas être fidèle à l'histoire pour la rappeler? et quand on y est fidèle, est-elle assez pittoresque? Après ces tableaux, qui représentent dans Brutus les vertus qui ressemblent au crime ; dans Marius, la gloire, cause des malheurs ; dans Bélisaire, les services payés par les persécutions les plus noires ; enfin toutes les misères de la destinée humaine, que les événements de l'histoire racontent chacun à sa manière, j'ai placé deux tableaux de l'ancienne école, qui soulagent un peu l'âme oppressée, en rappelant la religion qui a consolé l'univers asservi et déchiré, la religion qui donnait une vie au fond du cœur, quand tout au dehors n'était qu'oppression et silence. Le premier est de l'Albane ; il a peint le Christ enfant endormi sur la croix. Voyez quelle douceur, quel calme dans ce visage ! quelles idées pures il rappelle ! comme il fait sentir que l'amour divin n'a rien à craindre de la douleur ni de la mort ! Le Titien est l'auteur du second tableau : c'est Jésus-Christ succombant sous le fardeau de la croix. Sa mère vient au-devant de lui ; elle se jette à genoux en l'apercevant : admirable respect d'une mère pour les malheurs et les vertus célestes de son fils ! Quel regard que celui du Christ ! quelle divine résignation, et cependant quelle souffrance ! et quelle sympathie, par cette souffrance, avec le cœur de l'homme ! Voilà sans doute le plus beau de mes tableaux. C'est celui vers lequel je reporte sans cesse mes regards, sans pouvoir jamais épuiser l'émotion qu'il me cause. Viennent ensuite, continua Corinne, les tableaux dramatiques tirés des quatre grands poëtes. Jugez avec moi, milord, de l'effet qu'ils produisent. Le premier représente Énée dans les champs Élysées, lorsqu'il veut s'approcher de Didon. L'ombre indignée s'éloigne, et s'applaudit de ne plus porter dans son sein le cœur qui battait encore d'amour à l'aspect du coupable. La couleur vaporeuse des ombres, et la pâle nature qui les environne, font contraste avec l'air de vie d'Énée et de la sibylle qui le conduit. Mais c'est un jeu de l'artiste que ce genre d'effet, et la description du poëte est nécessairement bien supérieure à ce que l'on peut en peindre. J'en dirai autant du tableau que voici : Clorinde mourante et Tancrède. Le plus grand attendrissement qu'il puisse causer, c'est de rappeler les beaux vers du Tasse, lorsque Clorinde pardonne à son ennemi qui l'adore et vient de lui percer le sein. C'est nécessairement subordonner la peinture à la poésie que de la consacrer à des sujets traités par les grands poëtes; car il reste de leurs paroles une impression qui efface tout; et presque toujours les situations qu'ils ont choisies tirent leur plus grande force du développement des passions et de leur éloquence, tandis que la plupart des effets pittoresques naissent d'une beauté calme, d'une expression simple, d'une attitude noble, d'un moment de repos, enfin, digne d'être infiniment prolongé, sans que le regard s'en lasse jamais.

« Votre terrible Shakspeare, milord, continua Corinne, a fourni le sujet du troisième tableau dramatique. C'est Macbeth, l'invincible Macbeth, qui, prêt à combattre Macduff, dont il a fait périr la femme et les enfants, apprend que l'oracle des sorcières s'est accompli, que la forêt de Birman paraît s'avancer vers Dunsinane, et qu'il se bat avec un homme né depuis la mort de sa mère. Macbeth est vaincu par le sort, mais non par son adversaire. Il tient le glaive d'une main désespérée; il sait qu'il va mourir, mais il veut essayer si la force humaine ne pourrait pas triompher du destin. Certainement il y a dans cette tête une belle expression de désordre et de fureur, de trouble et d'énergie ; mais à combien de beautés du poëte cependant ne faut-il pas renoncer! Peut-on peindre Macbeth précipité dans le crime par les prestiges de l'ambition, qui s'offrent à lui sous la forme de la sorcellerie? Comment exprimer la terreur qu'il éprouve, cette terreur qui se concilie cependant avec une bravoure intrépide? Peut-on caractériser le genre de superstition qui l'opprime? cette croyance sans dignité, cette fatalité de l'enfer qui pèse sur lui, son mépris de la vie, son horreur de la mort? Sans doute la physionomie de l'homme est le plus grand des mystères ; mais cette physionomie, fixée dans un tableau, ne peut guère exprimer que les profondeurs d'un sentiment unique. Les contrastes, les luttes, les événements enfin appartiennent à l'art dramatique. La peinture peut difficilement rendre ce qui est successif : le temps ni le mouvement n'existent pas pour elle.

« La Phèdre de Racine a fourni le sujet du quatrième tableau, dit Corinne en le montrant à lord Nelvil. Hippolyte, dans toute la beauté de la jeunesse et de l'innocence, repousse les accusations perfides de sa belle-mère ; le héros Thésée protége encore son épouse coupable, qu'il entoure de son bras vainqueur. Phèdre porte sur son visage un trouble qui glace d'effroi ; et sa nourrice, sans remords, l'encourage dans son crime. Hippolyte, dans ce tableau, est peut-être plus beau que dans Racine même ; il y ressemble davantage au Méléagre antique, parce que nul amour pour Aricie ne dérange l'impression de sa noble et sauvage vertu ; mais est-il possible de supposer que Phèdre, en présence d'Hippolyte, pût soutenir son mensonge, qu'elle le vît innocent et persécuté, et ne tombât point à ses pieds ? Une femme offensée peut outrager ce qu'elle aime en son absence ; mais quand elle le voit, il n'y a plus dans son cœur que de l'amour. Le poëte n'a jamais mis en scène Hippolyte avec Phèdre depuis que Phèdre l'a calomnié ; le peintre devait les réunir pour rassembler, comme il l'a fait, toutes les beautés des contrastes : mais n'est-ce pas une preuve qu'il y a toujours une telle différence entre les sujets poétiques et les sujets pittoresques, qu'il vaut mieux que les poëtes fassent des vers d'après les tableaux, que les peintres des tableaux d'après les poëtes ? L'imagination doit toujours précéder la pensée : l'histoire de l'esprit humain nous le prouve. »

Pendant que Corinne expliquait ainsi ses tableaux à lord Nelvil, elle s'était arrêtée plusieurs fois, espérant qu'il lui parlerait ; mais son âme blessée ne se trahissait par aucun mot : seulement, chaque fois qu'elle exprimait une idée sensible, il soupirait et détournait la tête, afin qu'elle ne vît pas combien dans sa disposition actuelle il était facilement ému. Corinne, oppressée par ce silence, s'assit en couvrant son visage de ses mains. Lord Nelvil se promena quelque temps avec vivacité dans la chambre, puis il s'approcha de Corinne, et fut au moment de se plaindre et de se livrer à ce qu'il éprouvait ; mais un mouvement de fierté tout à fait invincible dans son caractère réprima son attendrissement, et il retourna vers les tableaux comme s'il attendait que Corinne achevât de les lui montrer. Elle espérait beaucoup de l'effet du dernier de tous; et, faisant effort à son tour pour paraître calme, elle se leva et dit : « Milord, il me reste encore trois paysages à vous faire voir; deux font allusion à quelques idées intéressantes : je n'aime pas beaucoup les scènes champêtres, qui sont fades en peinture, comme des idylles, quand elles ne font aucune allusion à la Fable ou à l'histoire. Ce qui vaut le mieux, ce me semble, en ce genre, c'est la manière de Salvator Rosa, qui représente, comme vous le voyez dans ce tableau, un rocher, des torrents et des arbres, sans un seul être vivant, sans que seulement le vol d'un oiseau rappelle l'idée de la vie. L'absence de l'homme au milieu de la nature excite des réflexions profondes. Que serait cette terre ainsi délaissée? Œuvre sans but, et cependant œuvre encore si belle, dont la mystérieuse impression ne s'adresserait qu'à la Divinité!

« Enfin voici les deux tableaux où, selon moi, l'histoire et la poésie sont heureusement unies au paysage. L'un représente le moment où Cincinnatus est invité par les consuls à quitter sa charrue pour commander les armées romaines. C'est tout le luxe du Midi que vous verrez dans ce paysage, son abondante végétation, son ciel brûlant, cet air riant de toute la nature, qui se retrouve dans la physionomie même des plantes. Et cet autre tableau qui fait contraste avec celui-ci, c'est le fils de Caïrbar endormi sur la tombe de son père. Il attend depuis trois jours et trois nuits le barde qui doit rendre les honneurs à la mémoire des morts. Ce barde est aperçu dans le lointain, descendant de la montagne; l'ombre du père plane sur les nuages; la campagne est couverte de frimas; les arbres, quoique dépouillés, sont agités par les vents, et leurs branches mortes et leurs feuilles desséchées suivent encore la direction de l'orage. »

Oswald jusqu'alors avait conservé du ressentiment contre ce qui s'était passé dans le jardin, mais, à l'aspect de ce tableau, le tombeau de son père et les montagnes d'Écosse se retracèrent à sa pensée, et ses yeux se remplirent de larmes. Corinne prit sa harpe, et, devant ce tableau, elle se mit à chanter les romances écossaises dont les simples notes semblent accompagner le bruit du vent qui gémit dans les vallées. Elle chanta les adieux d'un guerrier en quittant sa patrie et sa maîtresse, et ce mot jamais (*no more*), un des plus harmonieux et des plus sensibles de la langue anglaise, Corinne le prononçait avec l'expression la plus touchante. Oswald ne résista point à l'émotion qui l'oppressait, et l'un et l'autre s'abandonnèrent sans contrainte à leurs larmes. « Ah! s'écria lord Nelvil, cette patrie, qui est la mienne, ne dit-elle rien à ton cœur? Me suivrais-tu dans ces retraites peuplées par mes souvenirs? Serais-tu la digne compagne de ma vie, comme tu en es le charme et l'enchantement? — Je le crois, répondit Corinne, je le crois, puisque je vous aime. — Au nom de l'amour et de la pitié, ne me cachez plus rien, dit Oswald. — Vous le voulez, interrompit Corinne; j'y souscris. Ma promesse est donnée; je n'y mets qu'une condition, c'est que vous ne me demanderez pas de l'accomplir avant l'époque prochaine de nos solennités religieuses. Au moment où je vais décider de mon sort, l'appui du ciel ne m'est-il pas plus que jamais nécessaire? — Va, s'écria lord Nelvil, si ce sort dépend de moi, Corinne, il n'est plus douteux. — Vous le croyez, reprit-elle; je n'ai pas la même confiance; mais enfin, je vous en conjure, ayez pour ma faiblesse la condescendance que je désire. » Oswald soupira, sans accorder ni refuser le délai demandé. « Partons maintenant, dit Corinne, et retournons à la ville. Comment vous rien taire dans cette solitude! et si ce que j'ai à vous dire devait vous détacher de moi, faudrait-il que sitôt... Partons. Oswald, vous reviendrez ici, quoi qu'il arrive, mes cendres y reposeront. » Oswald, attendri, troublé, obéit à Corinne. Il revint avec elle, et pendant la route ils ne se parlèrent presque pas. De temps en temps ils se regardaient avec une affection qui disait tout; mais néanmoins un sentiment de mélancolie régnait au fond de leur âme quand ils arrivèrent au milieu de Rome.

LIVRE NEUVIÈME

LA FÊTE POPULAIRE ET LA MUSIQUE

CHAPITRE PREMIER

C'était le jour de la fête la plus bruyante de l'année, à la fin du carnaval, lorsqu'il prend au peuple romain comme une fièvre de joie, comme une fureur d'amusement dont on ne trouve point d'exemple ailleurs. Toute la ville se déguise; à peine reste-t-il aux fenêtres des spectateurs sans masque, pour regarder ceux qui en ont; et cette gaieté commence tel jour à point nommé, sans que les événements publics ou particuliers de l'année empêchent presque jamais personne de se divertir à cette époque.

C'est là qu'on peut juger de toute l'imagination des gens du peuple. L'Italien est plein de charmes, même dans leur bouche. Alfieri disait qu'il allait, à Florence, sur le marché public, pour apprendre le bon italien. Rome a le même avantage; et ces deux villes sont peut-être les seules au monde où le peuple parle si bien, que l'amusement de l'esprit peut se rencontrer à tous les coins des rues.

Le genre de gaieté qui brille dans les auteurs des arlequinades et de l'opéra-bouffe se trouve très communément même parmi les hommes sans éducation. Dans ces jours de carnaval, où l'exagération et la caricature sont admises, il se passe entre les masques les scènes les plus comiques

Souvent une gravité grotesque contraste avec la vivacité des Italiens, et l'on dirait que leurs vêtements bizarres leur inspirent une dignité qui ne leur est pas naturelle. D'autres fois ils font voir une connaissance si singulière de la mythologie dans les déguisements qu'ils arrangent, qu'on croirait les anciennes fables encore populaires à Rome. Plus souvent ils se moquent des divers états de la société avec une plaisanterie pleine de force et d'originalité. La nation paraît mille fois plus distinguée dans ses jeux que dans son histoire. La langue italienne se prête à toutes les nuances de la gaieté avec une facilité qui ne demande qu'une légère inflexion de voix, une terminaison un peu différente, pour accroître ou diminuer, ennoblir ou travestir le sens des paroles. Elle a surtout de la grâce dans la bouche des enfants. L'innocence de cet âge et la malice naturelle de la langue font un contraste très-piquant. Enfin, on pourrait dire que c'est une langue qui va d'elle-même, exprime sans qu'on s'en mêle, et paraît presque toujours avoir plus d'esprit que celui qui la parle.

Il n'y a ni luxe ni bon goût dans la fête du carnaval; une sorte de pétulance universelle la fait ressembler aux bacchanales de l'imagination, mais de l'imagination seulement; car les Romains sont en général très-sobres, et même assez sérieux, les derniers jours du carnaval exceptés. On fait en tout genre des découvertes subites dans le caractère des Italiens, et c'est ce qui contribue à leur donner la réputation d'hommes rusés. Il y a sans doute une grande habitude de feindre dans ce pays, qui a supporté tant de jougs différents; mais ce n'est pas à la dissimulation qu'il faut toujours attribuer le passage rapide d'une manière d'être à l'autre. Une imagination inflammable en est souvent la cause. Les peuples qui ne sont que raisonnables ou spirituels peuvent aisément s'expliquer et se prévoir ; mais tout ce qui tient à l'imagination est inattendu. Elle saute les intermédiaires ; un rien peut la blesser, et quelquefois elle est indifférente à ce qui devrait le plus l'émouvoir. Enfin, c'est en elle-même que tout se passe, et l'on ne peut calculer ses impressions d'après ce qui les cause.

On ne comprend pas du tout, par exemple, d'où vient l'amusement que les grands seigneurs romains trouvent à se promener en voiture d'un bout du *Corso* à l'autre, des heures entières, soit pendant les jours du carnaval, soit les autres jours de l'année. Rien ne les dérange de cette habitude. Il y a aussi, parmi les masques, des hommes qui se promènent le plus ennuyeusement du monde, dans le costume le plus ridicule, et qui, tristes arlequins et taciturnes polichinelles, ne disent pas une parole pendant toute la soirée, mais ont, pour ainsi dire, leur conscience de carnaval satisfaite quand ils n'ont rien négligé pour se divertir.

On trouve à Rome un genre de masques qui n'existe point ailleurs. Ce sont les masques pris d'après les figures des statues antiques, et qui de loin imitent une parfaite beauté : souvent les femmes perdent beaucoup en les quittant. Mais cependant cette immobile imitation de la vie, ces visages de cire ambulants, quelque jolis qu'ils soient, font une sorte de peur. Les grands seigneurs montrent un assez grand luxe de voitures les derniers jours du carnaval ; mais le plaisir de cette fête, c'est la foule et la confusion : c'est comme un souvenir des saturnales ; toutes les classes de Rome sont mêlées ensemble ; les plus graves magistrats se promènent assidûment, et presque officiellement, dans leurs carrosses, au milieu des masques ; toutes les fenêtres sont décorées ; toute la ville est dans les rues : c'est véritablement une fête populaire. Le plaisir du peuple ne consiste ni dans les spectacles, ni dans les festins qu'on lui donne, ni dans la magnificence dont il est témoin. Il ne fait aucun excès de vin ni de nourriture ; il s'amuse seulement d'être mis en liberté, et de se trouver au milieu des grands seigneurs, qui se divertissent à leur tour de se trouver au milieu du peuple. C'est surtout le raffinement et la délicatesse des plaisirs qui mettent une barrière entre les différentes classes ; c'est aussi la recherche et la perfection de l'éducation. Mais, en Italie, les rangs en ce genre ne sont pas marqués d'une manière très-sensible, et le pays est plus distingué par le talent naturel et l'imagination de tous, que par la culture d'esprit des premières classes. Il y a donc pendant le carnaval un mélange complet de rangs, de manières et d'esprits ; et la foule, et les cris, et les bons mots, et les dragées dont on inonde indistinctement les voitures qui passent, confondent tous les êtres mortels ensemble.

remettent la nation pêle-mêle, comme s'il n'y avait plus d'ordre social.

Corinne et lord Nelvil, tous les deux rêveurs et pensifs, arrivèrent au milieu de ce tumulte. Ils en furent d'abord étourdis; car rien ne paraît plus singulier que cette activité des plaisirs bruyants, quand l'âme est tout entière recueillie en elle-même. Ils s'arrêtèrent à la place du Peuple pour monter sur l'amphithéâtre près de l'obélisque, d'où l'on voit la course des chevaux. Au moment où ils descendirent de leur calèche, le comte d'Erfeuil les aperçut, et prit à part Oswald pour lui parler.

« Ce n'est pas bien, lui dit-il, de vous montrer ainsi publiquement, arrivant seul de la campagne avec Corinne : vous la compromettrez; et qu'en ferez-vous après? — Je ne crois pas, répondit lord Nelvil, que je compromette Corinne en montrant l'attachement qu'elle m'inspire; mais si cela était vrai, je serais trop heureux que le dévouement de ma vie..... — Ah! pour heureux, interrompit le comte d'Erfeuil, je n'en crois rien; on n'est heureux que par ce qui est convenable. La société a, quoi qu'on fasse, beaucoup d'empire sur le bonheur; et ce qu'elle n'approuve pas, il ne faut jamais le faire. — On vivrait donc toujours pour ce que la société dira de nous, reprit Oswald; et ce qu'on pense et ce qu'on sent ne servirait jamais de guide! S'il en était ainsi, si l'on devait s'imiter constamment les uns les autres, à quoi bon une âme et un esprit pour chacun? La Providence aurait pu s'épargner ce luxe. — C'est très-bien dit, reprit le comte d'Erfeuil, très-philosophiquement pensé; mais avec ces maximes-là l'on se perd; et quand l'amour est passé, le blâme de l'opinion reste. Moi qui vous parais léger, je ne ferai jamais rien qui puisse m'attirer la désapprobation du monde. On peut se permettre de petites libertés, d'aimables plaisanteries qui annoncent de l'indépendance dans la manière de voir, pourvu qu'il n'y en ait pas dans la manière d'agir; car, quand cela touche au sérieux... — Mais le sérieux, répondit lord Nelvil, c'est l'amour et le bonheur. — Non, non, interrompit le comte d'Erfeuil, ce n'est pas cela que je veux dire; ce sont de certaines convenances établies qu'il ne faut pas braver, sous peine de passer pour un homme bizarre, pour un homme... enfin, vous m'entendez, pour un homme qui n'est pas comme les autres. » Lord Nelvil sourit; et, sans humeur comme sans peine, il plaisanta le comte d'Erfeuil sur sa frivole sévérité, il sentit avec joie que, pour la première fois, sur un sujet qui lui causait tant d'émotion, le comte d'Erfeuil n'avait pas eu la moindre influence sur lui. Corinne, de loin, avait deviné tout ce qui se passait; mais le sourire de lord Nelvil remit le calme dans son cœur; et cette conversation du comte d'Erfeuil, loin de troubler Oswald ni son amie, leur inspira des dispositions plus analogues à la fête.

La course des chevaux se préparait. Lord Nelvil s'attendait à voir une course semblable à celles d'Angleterre; mais il fut étonné d'apprendre que de petits chevaux barbes devaient courir tout seuls, sans cavaliers, les uns contre les autres. Ce spectacle attire singulièrement l'attention des Romains. Au moment où il va commencer, toute la foule se range des deux côtés de la rue. La place du Peuple, qui était couverte de monde, est vide en un moment. Chacun monte sur les amphithéâtres qui entourent les obélisques, et des multitudes innombrables de têtes et d'yeux noirs sont tournés vers la barrière d'où les chevaux doivent s'élancer.

Ils arrivent sans bride et sans selle, seulement le dos couvert d'une étoffe brillante, et conduits par des palefreniers très-bien vêtus, qui mettent à leurs succès un intérêt passionné. On place les chevaux derrière la barrière, et leur ardeur pour la franchir est excessive. A chaque instant on les retient; ils se cabrent, ils hennissent, ils trépignent comme s'ils étaient impatients d'une gloire qu'ils vont obtenir à eux seuls, sans que l'homme les dirige. Cette impatience des chevaux, ces cris des palefreniers, font, du moment où la barrière tombe, un vrai coup de théâtre. Les chevaux partent, les palefreniers crient : *place, place!* avec un transport inexprimable. Ils accompagnent leurs chevaux du geste et de la voix aussi longtemps qu'ils peuvent les apercevoir. Les chevaux sont jaloux l'un de l'autre comme des hommes. Le pavé étin-

celle sous leurs pas, leur crinière voie ; et leur désir de gagner
le prix, ainsi abandonnés à eux-mêmes, est tel, qu'il en est
qui, en arrivant, sont morts de la rapidité de leur course. On
s'étonne de voir ces chevaux libres ainsi animés par des passions personnelles ; cela fait peur, comme si c'était de la pensée sous cette forme d'animal. La foule rompt les rangs quand
ses chevaux sont passés, et les suit en tumulte. Ils arrivent
au palais de Venise, où est le but ; et il faut entendre les exclamations des palefreniers dont les chevaux sont vainqueurs.
Celui qui avait gagné le premier prix se jeta à genoux devant
son cheval, et le remercia, et le recommanda à saint Antoine,
patron des animaux, avec un enthousiasme aussi sérieux en
lui que comique pour les spectateurs.

C'est à la fin du jour ordinairement que les courses finissent.
Alors commence un autre genre d'amusement beaucoup moins
pittoresque, mais aussi très-bruyant. Les fenêtres sont illumi-
nées. Les gardes abandonnent leur poste, pour se mêler eux-
mêmes à la joie générale. Chacun prend alors un petit flambeau appelé *moccolo*, et l'on cherche mutuellement à se
l'éteindre, en répétant le mot *ammazzare* (tuer) avec une vivacité redoutable. (CHE LA BELLA PRINCIPESSA SIA AMMAZZATA !
CHE IL SIGNORE ABBATE SIA AMMAZATO !) *Que la belle princesse
soit tuée! que le seigneur abbé soit tué!* crie-t-on d'un bout de
la rue à l'autre. La foule rassurée, parce qu'à cette heure on
interdit les chevaux et les voitures, se précipite de tous les
côtés ; enfin il n'y a plus d'autre plaisir que le tumulte et
l'étourdissement. Cependant la nuit s'avance ; le bruit cesse
par degrés, le plus profond silence lui succède, et il ne reste
plus de cette soirée que l'idée d'un songe confus, qui, chan-
geant l'existence de chacun en un rêve, a fait oublier pour
un moment, au peuple ses travaux, aux savants leurs études,
aux grands seigneurs leur oisiveté.

CHAPITRE II

Oswald, depuis son malheur, ne s'était pas encore senti le courage d'écouter la musique. Il redoutait ces accords ravissants qui plaisent à la mélancolie, mais font un véritable mal quand les chagrins réels nous oppressent. La musique réveille les souvenirs que l'on s'efforçait d'apaiser. Lorsque Corinne chantait, Oswald écoutait les paroles qu'elle prononçait, il contemplait l'expression de son visage ; c'était d'elle uniquement qu'il était occupé : mais si, dans les rues, le soir, plusieurs voix se réunissaient, comme cela arrive souvent en Italie, pour chanter les beaux airs des grands maîtres, il essayait d'abord de rester pour les entendre, puis il s'éloignait, parce qu'une émotion si vive et si vague en même temps renouvelait toutes ses peines. Cependant on devait donner à Rome, dans la salle du spectacle, un superbe concert, où les premiers chanteurs étaient réunis : Corinne engagea lord Nelvil à y venir avec elle, et il y consentit, espérant que la présence de celle qu'il aimait répandrait de la douceur sur tout ce qu'il pourrait éprouver.

En entrant dans sa loge, Corinne fut d'abord reconnue, et le souvenir du Capitole ajoutant à l'intérêt qu'elle inspirait ordinairement, la salle retentit d'applaudissements. De toutes parts on cria : *Vive Corinne!* et les musiciens eux-mêmes, électrisés par ce mouvement général, se mirent à jouer des fanfares de victoire; car le triomphe, quel qu'il soit, rappelle toujours aux hommes la guerre et les combats. Corinne fut vivement émue de ces témoignages universels d'admiration et de bienveillance. La musique, les applaudissements, les *bravos*, et cette impression indéfinissable que produit toujours une grande multitude d'hommes, quand ils expriment un même sentiment, lui causèrent un attendrissement profond qu'elle cherchait à contenir; mais ses yeux se remplirent de larmes, et les battements de son cœur soulevaient sa robe sur son sein. Oswald en ressentit de la jalousie; et, s'approchant d'elle, il lui dit à demi-voix : « Il ne faut pas, madame, vous arracher à de tels succès ; ils valent l'amour, puisqu'ils font ainsi palpiter votre cœur. » Et, en achevant ces mots, il alla se placer à l'extrémité de la loge de Corinne, sans attendre sa réponse. Elle fut cruellement troublée de ce qu'il venait de lui dire, et dans l'instant il lui ravit tout le plaisir qu'elle avait trouvé dans ces succès dont elle aimait qu'il fût témoin.

Le concert commença. Qui n'a pas entendu le chant italien ne peut avoir l'idée de la musique. Les voix, en Italie, ont cette mollesse et cette douceur qui rappelle et le parfum des fleurs et la pureté du ciel. La nature a destiné cette musique pour ce climat : l'une est comme un reflet de l'autre. Le monde est l'œuvre d'une seule pensée qui s'exprime sous mille formes différentes. Les Italiens, depuis des siècles, aiment la musique avec transport. Le Dante, dans le poème du Purgatoire, rencontre un des meilleurs chanteurs de son temps ; il lui demande un de ses airs délicieux, et les âmes ravies s'oublient en l'écoutant, jusqu'à ce que leur gardien les rappelle. Les chrétiens, comme les païens, ont étendu l'empire de la musique après la mort. De tous les beaux-arts, c'est celui qui agit le plus immédiatement sur l'âme. Les autres la dirigent vers telle ou telle idée ; celui-là seul s'adresse à la source intime de l'existence et change en entier la disposition antérieure. Ce qu'on a dit de la grâce divine, qui tout à coup transforme les cœurs, peut, humainement parlant, s'appliquer à la puissance de la mélodie ; et parmi les pressentiments de la vie à venir, ceux qui naissent de la musique ne sont point à dédaigner.

La gaieté même que la musique *bouffe* sait si bien exciter n'est point une gaieté vulgaire qui ne dise rien à l'imagination. Au fond de la joie qu'elle donne il y a des sensations poétiques, une rêverie agréable que les plaisanteries parlées ne sauraient jamais inspirer. La musique est un plaisir si passager, on le sent tellement s'échapper à mesure qu'on l'éprouve, qu'une impression mélancolique se mêle à la gaieté qu'elle cause ; mais aussi, quand elle exprime la douleur, elle fait encore naître un sentiment doux. Le cœur bat plus vite en l'écoutant : la satisfaction que cause la régularité de la mesure, en rappelant la brièveté du temps, donne le besoin d'en jouir. Il n'y a plus de vide, il n'y a plus de silence autour de vous; la vie est remplie, le sang coule rapidement, vous sentez en vous-même le mouvement que donne une existence active, et vous n'avez point à craindre au dehors de vous les obstacles qu'elle rencontre.

La musique double l'idée que nous avons des facultés de notre âme; quand on l'entend, on se sent capable des plus nobles efforts. C'est par elle qu'on marche à la mort avec enthousiasme; elle a l'heureuse impuissance d'exprimer aucun sentiment bas, aucun artifice, aucun mensonge. Le malheur même, dans le langage de la musique, est sans amertume, sans déchirement, sans irritation. La musique soulève doucement le poids qu'on a presque toujours sur le cœur, quand on est capable d'affections sérieuses et profondes; ce poids qui se confond quelquefois avec le sentiment même de l'existence, tant que la douleur qu'il cause est habituelle. il semble qu'en écoutant des sons purs et délicieux on est prêt à saisir le secret du Créateur, à pénétrer le mystère de la vie. Aucune parole ne peut exprimer cette impression; car les paroles se traînent après les impressions primitives, comme les traducteurs en prose sur les pas des poëtes. Il n'y a que le regard qui puisse en donner quelque idée; le regard de ce qu'on aime, longtemps attaché sur nous, et pénétrant par degrés tellement dans votre cœur, qu'il faut à la fin baisser les yeux pour se dérober à un bonheur si grand : ainsi le rayon d'une autre vie consumerait l'être mortel qui voudrait le considérer fixement.

La justesse admirable de deux voix parfaitement d'accord produit, dans le duo des grands maîtres d'Italie, un attendrissement délicieux, mais qui ne pourrait se prolonger sans une sorte de douleur : c'est un bien-être trop grand pour la nature humaine; et l'âme vibre alors comme un instrument à l'unisson, que briserait une harmonie trop parfaite. Oswald était resté obstinément loin de Corinne pendant la première partie du concert; mais lorsque le duo commença, presque à demi-voix, accompagné par les instruments à vent qui faisaient entendre doucement des sons plus purs encore que la voix même, Corinne couvrit son visage de son mouchoir, et son émotion l'absorbait tout entière; elle pleurait sans souffrir, elle aimait sans rien craindre. Sans doute l'image d'Oswald était présente à son cœur; mais l'enthousiasme le plus noble se mêlait à cette image, et des pensées confuses erraient en foule dans son âme; il eût fallu borner ces pensées pour les rendre distinctes. On dit qu'un prophète, en une minute, parcourut sept régions différentes des cieux. Celui qui conçut ainsi tout ce qu'un instant peut renfermer avait sûrement entendu les accords d'une belle musique à côté de l'objet qu'il aimait. Oswald en sentit la puissance, son ressentiment s'apaisa par degrés. L'attendrissement de Corinne expliqua tout, justifia tout; il se rapprocha doucement, et Corinne l'entendit respirer auprès d'elle, dans le moment le plus enchanteur de cette musique céleste. C'en était trop : la tragédie la plus pathétique n'aurait pas excité dans son cœur autant de trouble que ce sentiment intime de l'émotion profonde qui les pénétrait tous deux en même temps, et que chaque instant, chaque son nouveau exaltait toujours davantage. Les paroles que l'on chante ne sont pour rien dans cette émotion; à peine quelques mots et d'amour et de mort dirigent-ils de temps en temps la réflexion; mais plus souvent le vague de la musique se prête à tous les mouvements de l'âme, et chacun croit retrouver dans cette mélodie, comme dans l'astre pur et tranquille de la nuit, l'image de ce qu'il souhaite sur la terre.

« Sortons, dit Corinne à lord Nelvil; je me sens près de m'évanouir. — Qu'avez-vous? lui dit Oswald avec inquiétude, vous pâlissez; venez à l'air avec moi, venez. » Et ils sortirent ensemble. Corinne était soutenue par le bras d'Oswald, et sentait ses forces revenir en s'appuyant sur lui. Ils s'approchèrent tous les deux d'un balcon; et Corinne vivement émue, dit à son ami : « Cher Oswald, je vais vous quitter pour huit jours. — Que dites-vous? interrompit-il. — Tous les ans, reprit-elle, à l'approche de la semaine sainte, je vais passer quelque temps dans un couvent de religieuses, pour me préparer à la solennité de Pâques. » Oswald n'opposa rien à ce dessein ; il savait qu'à cette époque la plupart des dames romaines se livrent aux pratiques les plus sévères, sans pour cela s'occuper très-sérieusement de religion le reste de l'année ; mais il se rappela que Corinne professait un culte différent du sien, et qu'ils ne pouvaient prier ensemble. « Que n'êtes-vous, s'écria-t-il, de la même religion, du même pays que moi ! » Et puis il s'arrêta après avoir prononcé ce vœu. « Notre âme et notre esprit n'ont-ils pas la même patrie? répondit Corinne. — C'est vrai, répondit Oswald ; mais je n'en sens pas moins avec douleur tout ce qui nous sépare. » Et cette absence de huit jours lui serrait tellement le cœur, que, les amis de Corinne étant venus la rejoindre, il ne prononça pas un mot de toute la soirée.

CHAPITRE III

Oswald alla le lendemain de bonne heure chez Corinne, inquiet de ce qu'elle lui avait dit. Sa femme de chambre vint au-devant de lui, et lui remit un billet de sa maîtresse, qui lui annonçait qu'elle s'était retirée dans le couvent le matin même, comme elle l'en avait prévenu, et qu'elle ne le reverrait qu'après le vendredi saint. Elle lui avouait qu'elle n'avait pas eu le courage de lui dire la veille qu'elle s'éloignait le lendemain. Oswald fut surpris comme par un coup inattendu. Cette maison, où il avait toujours vu Corinne, et qui était devenue si solitaire, lui causa l'impression la plus pénible. Il voyait là sa harpe, ses livres, ses dessins, tout ce qui l'entourait habituellement ; mais elle n'y était plus. Un frisson douloureux s'empara d'Oswald : il se rappela la chambre de son père, et il fut forcé de s'asseoir, car il ne pouvait plus se soutenir.

« Il se pourrait donc, s'écria-t-il, que j'apprisse ainsi sa perte ! Cet esprit si animé, ce cœur si vivant, cette figure si brillante de fraîcheur et de vie, pourraient être frappés par la foudre, et la tombe de la jeunesse serait aussi muette que celle des vieillards! Ah! quelle illusion que le bonheur! Quel moment dérobé à ce temps inflexible qui veille toujours sur sa proie! Corinne! Corinne! il ne fallait pas me quitter; c'était votre charme qui m'empêchait de réfléchir; tout se confondait dans ma pensée, ébloui que j'étais par les moments heureux que je passais avec vous; à présent me voilà seul, à présent je me retrouve, et toutes mes blessures vont se rouvrir. » Et il appelait Corinne avec une sorte de désespoir qu'on ne pouvait attribuer à une si courte absence, mais à l'angoisse habituelle de son cœur, que Corinne elle seule avait le pouvoir de soulager. La femme de chambre de Corinne rentra : elle avait entendu les gémissements d'Oswald; et touchée de ce qu'il regrettait ainsi sa maîtresse, elle lui dit : « Milord, je veux vous consoler en trahissant un secret de ma maîtresse; j'espère qu'elle me pardonnera. Venez dans sa chambre à coucher, vous y verrez votre portrait. — Mon portrait! s'écria-t-il. — Elle y a travaillé de mémoire, reprit Thérésine (c'était le nom de la femme de chambre de Corinne); elle s'est levée, depuis huit jours, à cinq heures du matin, pour l'avoir fini avant d'aller à son couvent. »

Oswald vit ce portrait, qui était très-ressemblant, et peint avec une grâce parfaite : ce témoignage de l'impression qu'il avait produite sur Corinne le pénétra de la plus douce émotion. En face de ce portrait il y avait un tableau charmant qui représentait la Vierge, et l'oratoire de Corinne était devant ce tableau. Ce mélange singulier d'amour et de religion se trouve chez la plupart des femmes italiennes, avec des circonstances beaucoup plus extraordinaires encore que dans l'appartement de Corinne; car, libre comme elle l'était, le souvenir d'Oswald ne s'unissait dans son âme qu'aux espérances et aux sentiments les plus purs : mais cependant placer ainsi l'image de celui qu'on aime vis-à-vis d'un emblème de la Divinité, et se préparer à la retraite dans un couvent par huit jours consacrés à tracer cette image, c'était un trait qui caractérisait les femmes italiennes en général plutôt que

Corinne en particulier. Leur genre de dévotion suppose plus d'imagination et de sensibilité que de sérieux dans l'âme ou de sévérité dans les principes, et rien n'était plus contraire aux idées d'Oswald sur la manière de concevoir et de sentir la religion ; néanmoins, comment aurait-il pu blâmer Corinne, dans le moment même où il recevait une si touchante preuve de son amour?

Ses regards parcouraient avec émotion cette chambre où il entrait pour la première fois. Au chevet du lit de Corinne, il vit le portrait d'un homme âgé, mais dont la figure n'avait point le caractère d'une physionomie italienne. Deux bracelets étaient attachés près de ce portrait : l'un fait avec des cheveux noirs et blancs, et l'autre avec des cheveux d'un blond admirable ; et ce qui parut à lord Nelvil un hasard singulier, ces cheveux étaient parfaitement semblables à ceux de Lucile Edgermond, qu'il avait remarqués très-attentivement, il y avait trois ans, à cause de leur rare beauté. Oswald considérait ces bracelets et ne disait pas un mot ; car interroger Thérésine sur sa maîtresse était indigne de lui. Mais Thérésine, croyant deviner ce qui occupait Oswald, et voulant écarter de lui tout soupçon de jalousie, se hâta de lui dire que, depuis onze ans qu'elle était attachée à Corinne, elle lui avait toujours vu porter ces bracelets, et qu'elle savait que c'étaient des cheveux de son père, de sa mère et de sa sœur. « Il y a onze ans que vous êtes avec Corinne, dit lord Nelvil ; vous savez donc... » et puis il s'interrompit tout à coup en rougissant, honteux de la question qu'il allait commencer, et sortit précipitamment de la maison, pour ne pas dire un mot de plus.

En s'en allant il se retourna plusieurs fois pour apercevoir encore les fenêtres de Corinne ; mais quand il eut perdu de vue son habitation, il éprouva une tristesse nouvelle pour lui, celle que cause la solitude. Il essaya d'aller le soir dans une grande société de Rome ; il cherchait la distraction ; car, pour trouver du charme dans la rêverie, il faut, dans le bonheur comme dans le malheur, être en paix avec soi-même.

Le monde fut bientôt insupportable à lord Nelvil ; il comprit encore mieux tout le charme, tout l'intérêt que Corinne savait répandre sur la société, en remarquant quel vide y laissait son absence : il essaya de parler à quelques femmes, qui lui répondirent ces insipides phrases dont on est convenu pour n'exprimer avec vérité ni ses sentiments, ni ses opinions, si toutefois celles qui s'en servent ont en ce genre quelque chose à cacher. Il s'approcha de plusieurs groupes d'hommes qui, à leurs gestes et à leur voix, semblaient s'entretenir avec chaleur sur quelque objet important; il entendit discuter les plus misérables intérêts, de la manière la plus commune. Il s'assit alors, pour considérer à son aise cette vivacité sans but et sans cause, qui se retrouve dans la plupart des assemblées nombreuses; et néanmoins en Italie la médiocrité est assez bonne personne : elle a peu de vanité, peu de jalousie, beaucoup de bienveillance pour les esprits supérieurs; et si elle fatigue de son poids, elle ne blesse du moins presque jamais par ses prétentions.

C'était dans ces mêmes assemblées cependant qu'Oswald avait trouvé tant d'intérêt peu de jours auparavant; le léger obstacle qu'opposait le grand monde à son entretien avec Corinne, le soin qu'elle mettait à revenir vers lui dès qu'elle avait été suffisamment polie envers les autres, l'intelligence qui existait entre eux sur les observations que la société leur suggérait, le plaisir qu'avait Corinne à causer devant Oswald, à lui adresser indirectement des réflexions dont lui seul comprenait le véritable sens, variaient tellement la conversation, qu'à toutes les places de ce même salon, Oswald se retraçait les moments doux, piquants, agréables, qui lui avaient fait croire que ces assemblées mêmes étaient amusantes. « Ah! dit-il en s'en allant, ici, comme dans tous les lieux du monde, c'est elle seule qui donne la vie; allons plutôt dans les endroits les plus déserts jusqu'à ce qu'elle revienne. Je sentirai moins douloureusement son absence, lorsqu'il n'y aura rien autour de moi qui ressemble à du plaisir. »

LIVRE DIXIEME

LA SEMAINE SAINTE

CHAPITRE PREMIER

Oswald passa le jour suivant dans les jardins de quelques couvents d'hommes. Il alla d'abord au couvent des Chartreux, et s'arrêta quelque temps avant d'y entrer, pour considérer deux lions égyptiens qui sont à peu de distance de la porte. Ces lions ont une expression remarquable de force et de repos; il y a quelque chose dans leur physionomie qui n'appartient ni à l'animal ni à l'homme : ils semblent une puissance de la nature; et l'on conçoit, en les voyant, comment les dieux du paganisme pouvaient être représentés sous cet emblème.

Le couvent des Chartreux est bâti sur les débris des Thermes de Dioclétien, et l'église qui est à côté du couvent est décorée avec les colonnes de granit qu'on y a trouvées debout. Les moines qui habitent ce couvent les montrent avec empressement; ils ne tiennent plus au monde que par l'intérêt qu'ils prennent aux ruines. La manière de vivre des Chartreux suppose, dans les hommes qui sont capables de la mener, ou un esprit extrêmement borné, ou la plus noble et la plus continuelle exaltation des sentiments religieux. Cette succession de jours sans variété d'événements rappelle ce vers fameux :

> Sur les mondes détruits, le Temps dort immobile.

Il semble que la vie ne serve là qu'à contempler la mort. La mobilité des idées, avec une telle uniformité d'existence, se-

rait le plus cruel des supplices. Au milieu du cloître s'élèvent
quatre cyprès. Cet arbre noir et silencieux, que le vent même
agite difficilement, n'introduit pas le mouvement dans ce séjour. Entre les cyprès, il y a une fontaine d'où sort un peu
d'eau que l'on entend à peine, tant le jet en est faible et lent;
on dirait que c'est la clepsydre qui convient à cette solitude,
où le temps fait si peu de bruit. Quelquefois la lune y pénètre
avec sa pâle lumière, et son absence et son retour sont un
événement dans cette vie monotone.

Ces hommes qui existent ainsi sont pourtant les mêmes à
qui la guerre et toute son activité suffiraient à peine s'ils y
étaient accoutumés. C'est un sujet inépuisable de réflexion,
que les différentes combinaisons de la destinée humaine sur
la terre. Il se passe dans l'intérieur de l'âme mille accidents,
il se forme mille habitudes qui font de chaque individu un
monde et son histoire. Connaître un autre parfaitement serait
l'étude d'une vie entière; qu'est-ce donc qu'on entend par
connaître les hommes? Les gouverner, cela se peut; mais les
comprendre, Dieu seul le fait.

Oswald, du couvent des Chartreux, se rendit au couvent de
Bonaventure, bâti sur les ruines du palais de Néron; là où
tant de crimes se sont commis sans remords, de pauvres
moines, tourmentés par des scrupules de conscience, s'imposent des supplices cruels pour les plus légères fautes. « *Nous
espérons seulement,* disait un de ces religieux, *qu'à l'instant de
la mort nos péchés n'auront pas excédé nos pénitences.* » Lord
Nelvil, en entrant dans ce couvent, heurta contre une trappe,
et il en demanda l'usage : « *C'est par là qu'on nous enterre,* »
dit l'un des plus jeunes religieux, que la maladie du mauvais
air avait déjà frappé. Les habitants du Midi craignant beaucoup la mort, l'on s'étonne d'y trouver des institutions qui la
rappellent à ce point; mais il est dans la nature d'aimer à se
livrer à l'idée même de ce que l'on redoute. Il y a comme
un enivrement de tristesse qui fait à l'âme le bien de la remplir tout entière.

Un antique sarcophage d'un jeune enfant sert de fontaine à
ce couvent. Le beau palmier dont Rome se vante est le seul

arbre du jardin de ces moines; mais ils ne font point d'attention aux objets extérieurs. Leur discipline est trop rigoureuse pour laisser à leur esprit aucun genre de liberté. Leurs regards sont abattus, leur démarche est lente; ils ne font plus en rien usage de leur volonté. Ils ont abdiqué le gouvernement d'eux-mêmes, tant cet empire *fatigue son triste possesseur!* Ce séjour néanmoins n'agit pas fortement sur l'âme d'Oswald; l'imagination se révolte contre une intention si manifeste de lui présenter le souvenir de la mort sous toutes les formes. Quand ce souvenir se rencontre d'une manière inattendue, quand c'est la nature qui nous en parle, et non pas l'homme, l'impression que nous en recevons est bien plus profonde.

Des sentiments doux et calmes s'emparèrent de l'âme d'Oswald, lorsqu'au coucher du soleil il entra dans le jardin de *San Giovanni e Paolo*. Les moines de ce couvent sont soumis à des pratiques moins sévères, et leur jardin domine toutes les ruines de l'ancienne Rome. On voit de là le Colisée, le Forum, tous les arcs de triomphe encore debout, les obélisques, les colonnes. Quel beau site pour un tel asile! Les solitaires se consolent de n'être rien, en considérant les monuments élevés par tous ceux qui ne sont plus. Oswald se promena longtemps sous les ombrages du jardin de ce couvent, si rares en Italie. Ces beaux arbres interrompent un moment la vue de Rome, comme pour redoubler l'émotion qu'on éprouve en la revoyant. C'était à l'heure de la soirée où l'on entend toutes les cloches de Rome sonner l'*Ave, Maria* :

. . . . squilla di lontano,
Che paja il giorno pianger che, si muore.

DANTE.

Et le son de l'airain, dans l'éloignement, paraît plaindre le jour qui se meurt. La prière du soir sert à compter les heures. En Italie l'on dit : *Je vous verrai une heure avant, une heure après l'Ave, Maria*; et les époques du jour ou de la nuit sont ainsi religieusement désignées. Oswald jouit alors de l'admirable spectacle du soleil qui, vers le soir, descend lentement au milieu des ruines, et semble pour un moment se soumettre au déclin comme les ouvrages des hommes. Oswald sentit renaître en lui toutes ses pensées habituelles. Corinne elle-même avait trop de charmes, promettait trop de bonheur pour l'occuper en ce moment. Il cherchait l'ombre de son père au milieu des ombres célestes qui l'avaient accueillie. Il lui semblait qu'à force d'amour il animerait de ses regards les nuages qu'il considérait, et parviendrait à leur faire prendre la forme sublime et touchante de son immortel ami; il espérait enfin que ses vœux obtiendraient du ciel je ne sais quel souffle pur et bienfaisant qui ressemblerait à la bénédiction d'un père.

CHAPITRE II

Le désir de connaître et d'étudier la religion de l'Italie décida lord Nelvil à chercher l'occasion d'entendre quelques-uns des prédicateurs qui font retentir les églises de Rome pendant le carême. Il comptait les jours qui devaient le réunir à Corinne; et tant que durait son absence, il ne voulait rien voir qui pût appartenir aux beaux-arts, rien qui reçût son charme de l'imagination. Il ne pouvait supporter l'émotion de plaisir que donnent les chefs-d'œuvre, quand il n'était pas avec Corinne; il ne se pardonnait le bonheur que lorsqu'il venait d'elle; la poésie, la peinture, la musique, tout ce qui embellit la vie par de vagues espérances lui faisait mal partout ailleurs qu'à ses côtés.

C'est le soir, et avec les lumières presque éteintes, que les prédicateurs, à Rome, se font entendre pendant la semaine sainte dans les églises. Toutes les femmes alors sont vêtues de noir, en souvenir de la mort de Jésus-Christ; et il y a quelque chose de bien touchant dans ce deuil anniversaire renouvelé tant de fois depuis tant de siècles. C'est donc avec une émotion véritable que l'on arrive au milieu de ces belles églises, où les tombeaux préparent si bien à la prière; mais le prédicateur dissipe presque toujours cette émotion en peu d'instants.

Sa chaire est une assez longue tribune, qu'il parcourt d'un bout à l'autre avec autant d'agitation que de régularité. Il ne manque jamais de partir au commencement d'une phrase, et de revenir à la fin, comme le balancier d'une pendule; et cependant il fait tant de gestes, il a l'air si passionné, qu'on le croirait capable de tout oublier. Mais c'est, si l'on peut s'exprimer ainsi, une fureur systématique, telle qu'on en voit beaucoup en Italie, où la vivacité des mouvements extérieurs n'indique souvent qu'une émotion superficielle. Un crucifix est suspendu à l'extrémité de la chaire; le prédicateur le détache, le baise, le presse sur son cœur, et puis le remet à sa place avec un très-grand sang-froid, quand la période pathétique est achevée. Il y a aussi un moyen de faire effet, dont les prédicateurs ordinaires se servent assez souvent, c'est le bonnet carré qu'ils portent sur la tête; ils l'ôtent et le remettent avec une rapidité inconcevable. L'un d'eux s'en prenait à Voltaire, et surtout à Rousseau, de l'irréligion du siècle. Il jetait son bonnet au milieu de la chaire, le chargeait de représenter Jean-Jacques; et en cette qualité il le haranguait, et lui disait : *Eh bien, philosophe genevois, qu'avez-vous à objecter à mes arguments?* Il se taisait alors quelques moments, comme pour attendre la réponse; et le bonnet ne répondant rien, il le remettait sur sa tête, et terminait l'entretien par ces mots : *A présent que vous êtes convaincu, n'en parlons plus.*

Ces scènes bizarres se renouvellent souvent parmi les prédicateurs à Rome; car le véritable talent en ce genre y est très-rare. La religion est respectée en Italie comme une loi toute-puissante; elle captive l'imagination par les pratiques et les cérémonies; mais on s'y occupe beaucoup moins en chaire de la morale que du dogme, et l'on n'y pénètre point, par les idées religieuses, dans le fond du cœur humain. L'éloquence de la chaire, ainsi que beaucoup d'autres branches de la littérature, est donc absolument livrée aux idées communes qui ne peignent rien, qui n'expriment rien. Une pensée nouvelle causerait presque une sorte de rumeur dans ces esprits tellement ardents et paresseux tout à la fois, qu'ils ont besoin de l'uniformité pour se calmer, et qu'ils l'aiment parce qu'elle les repose. Il y a dans les sermons une sorte d'étiquette pour les idées et les phrases. Les unes viennent presque toujours à la suite des autres; et cet ordre serait dérangé si l'orateur, parlant d'après lui-même, cherchait dans son âme ce qu'il faut dire. La philosophie chrétienne, celle qui cherche l'analogie de la religion avec la nature humaine, est aussi peu connue des prédicateurs italiens que toute autre philosophie. Penser sur la religion les scandaliserait presque autant que de penser contre, tant ils sont accoutumés à la routine dans ce genre.

Le culte de la Vierge est particulièrement cher aux Italiens et à toutes les nations du Midi; il semble s'allier de quelque manière à ce qu'il y a de plus pur et de plus sensible dans l'affection pour les femmes. Mais les mêmes formes de rhétorique exagérées se retrouvent encore dans tout ce que les prédicateurs disent à ce sujet, et l'on ne conçoit pas comment leurs gestes et leurs discours ne changent pas en plaisanteries ce qu'il y a de plus sérieux. On ne rencontre presque jamais en Italie, dans l'auguste fonction de la chaire, un accent vrai ni une parole naturelle.

Oswald, lassé de la monotonie la plus fatigante de toutes, celle d'une véhémence affectée, voulut aller au Colisée, pour entendre le capucin qui devait y prêcher en plein air, au pied de l'un des autels qui désignent, dans l'intérieur de l'enceinte, ce qu'on appelle *la Route de la croix*. Quel plus beau sujet pour l'éloquence que l'aspect de ce monument, que cette arène où les martyrs ont succédé aux gladiateurs! Mais il ne faut rien espérer, à cet égard, du pauvre capucin; il ne connaît de l'histoire des hommes que sa propre vie. Néanmoins, si l'on parvient à ne pas écouter son mauvais sermon, on se sent ému par les divers objets dont il est entouré. La plupart de ses auditeurs sont de la confrérie des Camaldules; ils se revêtent, pendant les exercices religieux, d'une espèce de robe grise qui couvre entièrement la tête et tout le corps, et ne laisse que deux petites ouvertures pour les yeux : c'est ainsi que les ombres pourraient être représentées. Ces hommes, ainsi cachés sous leurs vêtements, se prosternent la face contre terre et se frappent la poitrine. Quand le prédicateur se jette à genoux en criant *miséricorde et pitié!* le peuple qui l'environne se jette aussi à genoux, et répète ce même cri, qui va se perdre sous les vieux portiques du Colisée. Il est impossible de ne pas éprouver alors une émotion profondément religieuse; cet appel de la douleur à la bonté, de la terre au ciel, remue l'âme jusque dans son sanctuaire le plus intime. Oswald tressaillit au moment où tous les assistants se mirent à genoux; il resta debout, pour ne pas professer un culte qui n'était pas le sien; mais il lui en coûtait de ne pas s'associer publiquement aux mortels, quels qu'ils fussent, qui se prosternaient devant Dieu. Hélas! en effet, est-il une invocation à la pitié céleste qui ne convienne pas également à tous les hommes?

Le peuple avait été frappé de la belle figure de lord Nelvil et de ses manières étrangères, mais ne fut pas scandalisé de ce qu'il ne se mettait pas à genoux. Il n'y a point de peuple plus tolérant que les Romains : ils sont accoutumés à ce qu'on ne vienne chez eux que pour voir et pour observer; et, soit fierté, soit indolence, ils ne cherchent à faire partager leurs opinions à personne. Ce qui est plus extraordinaire encore, c'est que, pendant la semaine sainte surtout, il en est beaucoup parmi eux qui s'infligent des pénitences corporelles; et, pendant qu'ils se donnent des coups de discipline, la porte de l'église est ouverte, on peut y entrer, cela leur est égal. C'est un peuple qui ne s'occupe pas des autres ; il ne fait rien pour être regardé, il ne s'abstient de rien parce qu'on le regarde; il marche toujours à son but ou à son plaisir, sans se douter qu'il y ait un sentiment qui s'appelle la vanité, pour lequel il n'y a ni plaisir ni but, excepté le besoin d'être applaudi.

CHAPITRE III

On a souvent parlé des cérémonies de la semaine sainte à Rome. Tous les étrangers viennent exprès pendant le carême pour jouir de ce spectacle, et comme la musique de la chapelle Sixtine et l'illumination de Saint-Pierre sont des beautés uniques dans leur genre, il est naturel qu'elles attirent vivement la curiosité ; mais l'attente n'est pas également satisfaite par les cérémonies proprement dites. Le dîner des douze apôtres, servi par le pape, leurs pieds lavés par lui, enfin les diverses coutumes de ces temps solennels, rappellent toutes des idées touchantes ; mais mille circonstances inévitables nuisent souvent à l'intérêt et à la dignité de ce spectacle. Tous ceux qui y contribuent ne sont pas également recueillis, également occupés d'idées pieuses ; ces cérémonies, tant de fois répétées, sont devenues une sorte d'exercice machinal pour la plupart de ceux qui s'en mêlent, et les jeunes prêtres dépêchent le service des grandes fêtes avec une activité et une dextérité peu imposantes. Ce vague, cet inconnu, ce mystérieux qui convient tant à la religion, est tout à fait dissipé par l'espèce d'attention qu'on ne peut s'empêcher de donner à la manière dont chacun s'acquitte de ses fonctions. L'avidité des uns pour les mets qui leur sont présentés, et l'indifférence des autres pour les génuflexions qu'ils multiplient ou les prières qu'ils récitent, rendent souvent la fête peu solennelle.

Les anciens costumes qui servent encore aujourd'hui d'habillement aux ecclésiastiques s'accordent mal avec la coiffure moderne ; l'évêque grec avec sa longue barbe est celui dont le vêtement paraît le plus respectable. Les vieux usages aussi, tels que celui de faire la révérence comme les femmes, au lieu de saluer à la manière actuelle des hommes, produisent une impression peu sérieuse. L'ensemble, enfin, n'est pas en harmonie, et l'antique et le nouveau s'y mêlent sans qu'on prenne aucun soin pour frapper l'imagination, et surtout pour éviter tout ce qui peut la distraire. Un culte éclatant et majestueux dans les formes extérieures est certainement très-propre à remplir l'âme des sentiments les plus élevés ; mais il faut prendre garde que les cérémonies ne dégénèrent en un spectacle, où l'on joue son rôle l'un vis-à-vis de l'autre, où l'on apprend ce qu'il faut faire, à quel moment il faut le faire, quand on doit prier, finir de prier, se mettre à genoux, se relever ; la régularité des cérémonies d'une cour, introduite dans un temple, gêne le libre élan du cœur, qui donne seul à l'homme l'espérance de se rapprocher de la Divinité.

Ces observations sont assez généralement senties par les étrangers ; mais les Romains, pour la plupart, ne se lassent point de ces cérémonies, et tous les ans ils y trouvent un nouveau plaisir. Un trait singulier du caractère des Italiens, c'est que leur mobilité ne les porte point à l'inconstance, et que leur vivacité ne leur rend point la variété nécessaire. Ils sont, en toute chose, patients et persévérants ; leur imagination embellit ce qu'ils possèdent ; elle occupe leur vie, au lieu de la rendre inquiète ; ils trouvent tout plus magnifique, plus imposant, plus beau que cela ne l'est réellement ; et tandis qu'ailleurs la vanité consiste à se montrer blasé, celle des Italiens, ou plutôt la chaleur et la vivacité qu'ils ont en eux-mêmes, leur fait trouver du plaisir dans le sentiment de l'admiration.

Lord Nelvil s'attendait, d'après tout ce que les Romains lui avaient dit, à recevoir beaucoup plus d'effet par les cérémonies de la semaine sainte. Il regretta les nobles et simples fêtes du culte anglican. Il revint chez lui avec une impression pénible ; car rien n'est plus triste que de n'être pas ému par ce qui devait nous émouvoir : on se croit l'âme desséchée ; on craint d'avoir perdu cette puissance d'enthousiasme, sans laquelle la faculté de penser ne servirait plus qu'à dégoûter de la vie.

CHAPITRE IV

Mais le vendredi saint rendit bientôt à lord Nelvil toutes les émotions religieuses qu'il regrettait de n'avoir pas éprouvées les jours précédents. La retraite de Corinne allait finir ; il attendait le bonheur de la revoir. les douces espérances du sentiment s'accordent avec la piété ; il n'y a que la vie factice du monde qui puisse en détourner tout à fait. Oswald se rendit à la chapelle Sixtine, pour entendre le fameux *Mise-*

rere vanté dans toute l'Europe. Il arriva de jour encore, et
vit ces peintures célèbres de Michel-Ange, qui représentent
le jugement dernier avec toute la force effrayante de ce sujet
et du talent qui l'a traité. Michel-Ange s'était pénétré de la
lecture du Dante ; et le peintre, comme le poëte, représente
des êtres mythologiques en présence de Jésus-Christ ; mais il
fait presque toujours du paganisme le mauvais principe, et
c'est sous la forme des démons qu'il caractérise les fables
païennes. On aperçoit sous la voûte de la chapelle les prophètes et les sibylles, appelés en témoignage par les chrétiens [1] ; une foule d'anges les entourent, et toute cette voûte
ainsi peinte semble rapprocher le ciel de nous ; mais ce ciel
est sombre et redoutable ; le jour perce à peine à travers les
vitraux, qui jettent sur les tableaux plutôt des ombres que
des lumières ; l'obscurité agrandit encore les figures déjà si
imposantes que Michel-Ange a tracées ; l'encens, dont le parfum a quelque chose de funéraire, remplit l'air dans cette enceinte, et toutes les sensations préparent à la plus profonde
de toutes, celle que la musique doit produire.

Pendant qu'Oswald était absorbé par les réflexions que faisaient naître tous les objets qui l'environnaient, il vit entrer
dans la tribune des femmes, derrière la grille qui les sépare
des hommes, Corinne, qu'il n'espérait pas encore, Corinne,
vêtue de noir, toute pâle de l'absence, et si tremblante dès
qu'elle aperçut Oswald, qu'elle fut obligée de s'appuyer sur
la balustrade pour avancer. En ce moment le *Miserere* commença.

Les voix, parfaitement exercées à ce chant antique et pur,
partent d'une tribune à l'origine de la voûte ; on ne voit point
ceux qui chantent ; la musique semble planer dans les airs ;
à chaque instant, la chute du jour rend la chapelle plus sombre : ce n'était plus cette musique voluptueuse et passionnée
qu'Oswald et Corinne avaient entendue huit jours auparavant ;
c'était une musique toute religieuse, qui conseillait le renoncement à la terre. Corinne se jeta à genoux devant la grille,
et resta plongée dans la plus profonde méditation ; Oswald

1. *Teste David cum Sibylla.*

lui-même disparut à ses yeux. Il lui semblait que c'était dans un tel moment d'exaltation qu'on aimerait à mourir, si la séparation de l'âme d'avec le corps ne s'accomplissait point par la douleur; si tout à coup un ange venait enlever sur ses ailes le sentiment et la pensée, étincelles divines qui retourneraient vers leur source : la mort ne serait, pour ainsi dire, alors qu'un acte spontané du cœur, qu'une prière plus ardente et mieux exaucée.

Le *Miserere*, c'est-à-dire *ayez pitié de nous*, est un psaume composé de versets qui se chantent alternativement d'une manière très-différente. Tour à tour une musique céleste se fait entendre, et le verset suivant, dit en récitatif, est murmuré d'un ton sourd et presque rauque : on dirait que c'est la réponse des caractères durs aux cœurs sensibles, que c'est le réel de la vie qui vient flétrir et repousser les vœux des âmes généreuses; et quand ce chœur si doux reprend, on renaît à l'espérance; mais lorsque le verset récité recommence, une sensation de froid saisit de nouveau; ce n'est pas la terreur qui la cause, mais le découragement de l'enthousiasme. Enfin le dernier morceau, plus noble et plus touchant encore que tous les autres, laisse au fond de l'âme une impression douce et pure : Dieu nous accorde cette même impression avant de mourir.

On éteint les flambeaux; la nuit s'avance; les figures des prophètes et des sibylles apparaissent comme des fantômes enveloppés du crépuscule. Le silence est profond, la parole ferait un mal insupportable dans cet état de l'âme, où tout est intime et intérieur; et quand le dernier son s'éteint, chacun s'en va lentement et sans bruit; chacun semble craindre de rentrer dans les intérêts vulgaires de ce monde.

Corinne suivit la procession qui se rendait dans le temple de Saint-Pierre, qui n'est alors éclairé que par une croix illuminée; ce signe de douleur seul, resplendissant dans l'auguste obscurité de cet immense édifice, est la plus belle image du christianisme au milieu des ténèbres de la vie. Une lumière pâle et lointaine se projette sur les statues qui décorent les tombeaux. Les vivants qu'on aperçoit en foule sous ces voûtes semblent des pygmées en comparaison des images des morts. Il y a autour de la croix un espace éclairé par elle, où se prosterne le pape vêtu de blanc, et tous les cardinaux rangés derrière lui. Ils restent là près d'une demi-heure dans le plus profond silence, et il est impossible de n'être pas ému de ce spectacle. On ne sait pas ce qu'ils demandent, on n'entend pas leurs secrets gémissements; mais ils sont vieux, ils nous devancent dans la route de la tombe : quand nous passerons à notre tour dans cette terrible avant-garde, Dieu nous fera-t-il la grâce d'ennoblir assez la vieillesse pour que le déclin de la vie soit les premiers jours de l'immortalité?

Corinne aussi, la jeune et belle Corinne, était à genoux derrière le cortége des prêtres, et la douce lumière qui éclairait son visage pâlissait son teint sans affaiblir l'éclat de ses yeux. Oswald la contemplait ainsi comme un tableau ravissant et comme un être adoré. Quand sa prière fut finie, elle se leva; lord Nelvil n'osait l'approcher encore, respectant la méditation religieuse dans laquelle il la croyait plongée; mais elle vint à lui la première avec un transport de bonheur; et ce sentiment se répandant sur tout ce qu'elle faisait, elle accueillit avec une gaieté vive ceux qui l'abordèrent dans Saint-Pierre, devenu tout à coup comme une grande promenade publique, où chacun se donne rendez-vous pour parler de ses affaires ou de ses plaisirs.

Oswald était étonné de cette mobilité qui faisait succéder l'une à l'autre des impressions si différentes; et, bien qu'il fût heureux de la joie de Corinne, il était surpris de ne trouver en elle aucune trace des émotions de la journée : il ne concevait pas comment on permettait que cette belle église fût, dans un jour si solennel, le café de Rome, où l'on se rassemblait pour s'amuser; et regardant Corinne au milieu de son cercle, parlant avec vivacité et ne pensant point aux objets dont elle était entourée, il conçut un sentiment de défiance sur la légèreté dont elle pouvait être capable : elle s'en aperçut à l'instant; et, se séparant brusquement de la société, elle prit le bras d'Oswald pour se promener avec lui dans l'Église, et lui dit : « Je ne vous ai jamais entretenu de mes sentiments religieux ; permettez qu'aujourd'hui je vous en parle, peut-être dissiperai-je ainsi les nuages que j'ai vus s'élever dans votre esprit.

CHAPITRE V

« La différence de nos religions, mon cher Oswald, continua Corinne, est cause du blâme secret que vous ne pouvez vous empêcher de me laisser voir. La vôtre est sévère et sérieuse, la nôtre est vive et tendre. On croit généralement que le catholicisme est plus rigoureux que le protestantisme, et cela peut être vrai dans les pays où la lutte a existé entre les deux religions; mais en Italie nous n'avons point eu de dissensions religieuses, et en Angleterre vous en avez beaucoup éprouvé; il est résulté de cette différence que le catholicisme a pris, en Italie, un caractère de douceur et d'indulgence, et que, pour détruire le catholicisme en Angleterre, la réformation s'est armée de la plus grande sévérité dans les principes et dans la morale. Notre religion, comme celle des anciens, anime les arts, inspire les poëtes, fait partie, pour ainsi dire, de toutes les jouissances de notre vie; tandis que la vôtre, s'établissant dans un pays où la raison dominait plus encore que l'imagination, a pris un caractère d'austérité morale dont elle ne s'écartera jamais. La nôtre parle au nom de l'amour, la vôtre au nom du devoir. Nos principes sont libéraux, nos dogmes sont absolus; et néanmoins, dans l'application, notre despotisme orthodoxe transige avec les circonstances particulières; et votre liberté religieuse fait respecter ses lois, sans aucune exception. Il est vrai que notre catholicisme impose à ceux qui sont entrés dans l'état monastique des pénitences très-dures : cet état, choisi librement, est un rapport mystérieux entre l'homme et la Divinité; mais la religion des séculiers, en Italie, est une source habituelle d'émotions touchantes. L'amour, l'espérance et la foi sont les vertus principales de cette religion, et toutes ces vertus annoncent et donnent le bonheur. Loin donc que nos prêtres nous interdisent en aucun temps le pur sentiment de la joie, ils nous disent que ce sentiment exprime notre reconnaissance envers les dons du Créateur. Ce qu'ils exigent de nous, c'est l'observation des pratiques qui prouvent notre respect pour notre culte et notre désir de plaire à Dieu ; c'est la charité pour les malheureux et la repentance dans nos faiblesses. Mais ils ne se refusent point à nous absoudre quand nous le leur demandons avec zèle ; et les attachements du cœur inspirent ici plus qu'ailleurs une indulgente pitié. Jésus-Christ n'a-t-il pas dit de la Madeleine : *Il lui sera beaucoup pardonné, parce qu'elle a beaucoup aimé?* Ces mots ont été prononcés sous un ciel aussi beau que le nôtre ; ce même ciel implore pour nous la miséricorde de la Divinité.

— Corinne, répondit lord Nelvil, comment combattre des paroles si douces, et dont mon cœur a tant de besoin! Mais je le ferai cependant, parce que ce n'est pas pour un jour que j'aime Corinne, et que j'espère avec elle un long avenir de bonheur et de vertu. La religion la plus pure est celle qui fait du sacrifice de nos passions, et de l'accomplissement de nos devoirs, un hommage continuel à l'Être suprême. La moralité de l'homme est son culte envers Dieu : c'est dégrader l'idée que nous avons du Créateur que de lui supposer, dans ses rapports avec la créature, une volonté qui ne soit pas relative à son perfectionnement intellectuel. La paternité, cette noble image d'un maître souverainement bon, ne demande rien aux enfants que pour les rendre meilleurs ou plus heureux ; comment donc s'imaginer que Dieu exigerait de l'homme ce qui n'aurait pas l'homme même pour objet! Aussi voyez quelle confusion il résulte, dans la tête de votre peuple, de l'habitude où il est d'attacher plus d'importance aux pratiques religieuses qu'aux devoirs de la morale : c'est après la semaine sainte, vous le savez, que se commet à Rome le plus grand nombre de meurtres. Le peuple se croit, pour ainsi dire, en fonds par le carême, et dépense en assassinats les trésors de sa pénitence. On a vu des criminels qui, tout dégouttants encore de meurtre, se faisaient scrupule de manger de la viande le vendredi ; et les esprits grossiers, à qui l'on a persuadé que le plus grand des crimes consiste à désobéir aux pratiques ordonnées par l'Église, épuisent leur conscience sur ce sujet, et considèrent la Divinité comme les gouvernements du monde, qui font plus de cas de la soumission à leur pouvoir que de toute autre vertu : ce sont des rapports de courtisan mis à la place du respect qu'inspire le Créateur, comme la source et la récompense d'une vie scrupuleuse et délicate. Le catholicisme italien, tout en démonstrations extérieures, dispense l'âme de la méditation et du recueillement. Quand le spectacle est fini, l'émotion cesse, le devoir est rempli ; et l'on n'est pas, comme chez nous, longtemps absorbé dans les pensées et les sentiments que fait naître l'examen rigoureux de sa conduite et de son cœur.

— Vous êtes sévère, mon cher Oswald, reprit Corinne, ce n'est pas la première fois que je l'ai remarqué. Si la religion consistait seulement dans la stricte observation de la morale, qu'aurait-elle de plus que la philosophie et la raison? et quel sentiment de piété se développerait en nous, si notre principal but était d'étouffer les sentiments du cœur? Les stoïciens en savaient presque autant que nous sur les devoirs et l'austérité de la conduite; mais ce qui n'est dû qu'au christianisme, c'est l'enthousiasme religieux qui s'unit à toutes les affections de l'âme; c'est la puissance d'aimer et de plaindre; c'est le culte de sentiment et d'indulgence qui favorise si bien l'essor de l'âme vers le ciel! Que signifie la parabole de l'Enfant prodigue, si ce n'est l'amour, l'amour sincère, préféré même à l'accomplissement le plus exact de tous les devoirs? Il avait quitté, cet enfant, la maison paternelle, et son frère y était resté; il s'était plongé dans tous les plaisirs du monde, et son frère ne s'était pas écarté un seul instant de la régularité de la vie domestique; mais il revint, mais il pleura, mais il aima, et son père fit une fête pour son retour. Ah! sans doute que, dans les mystères de notre nature, aimer, encore aimer, est ce qui nous est resté de notre héritage céleste. Nos vertus mêmes sont souvent trop compliquées avec la vie pour que nous puissions toujours comprendre ce qui est bien, ce qui est mieux, et quel est le sentiment secret qui nous dirige et nous égare. Je demande à mon Dieu de m'apprendre à l'adorer, et je sens l'effet de mes prières par les larmes que je répands. Mais, pour se soutenir dans cette disposition, les pratiques religieuses sont plus nécessaires que vous ne pensez ; c'est une relation constante avec la Divinité ; ce sont des actions journalières sans rapport avec aucun des intérêts de la vie, et seulement dirigées vers le monde invisible. Les objets extérieurs aussi sont d'un grand secours pour la piété ; l'âme retombe sur elle-même, si les beaux-arts, les grands monuments, les chants harmonieux, ne viennent pas ranimer ce génie poétique, qui est aussi le génie religieux.

« L'homme le plus vulgaire, lorsqu'il prie, lorsqu'il souffre, et qu'il espère dans le ciel, cet homme, dans ce moment, a quelque chose en lui qui s'exprimerait comme Milton, comme Homère, ou comme le Tasse, si l'éducation lui avait appris à revêtir de paroles ses pensées. Il n'y a que deux classes d'hommes distinctes sur la terre : celle qui sent l'enthousiasme, et celle qui le méprise ; toutes les autres différences sont le travail de la société. Celui-là n'a pas de mots pour ses sentiments ; celui-ci sait ce qu'il faut dire pour cacher le vide de son cœur. Mais la source qui jaillit du rocher même à la voix du ciel, cette source est le vrai talent, la vraie religion, le véritable amour.

« La pompe de notre culte, ces tableaux, où les saints à genoux expriment dans leurs regards une prière continuelle ; ces statues, placées sur les tombeaux comme pour se réveiller un jour avec les morts ; ces églises et leurs voûtes immenses, ont un rapport intime avec les idées religieuses. J'aime cet hommage éclatant rendu par les hommes à ce qui ne leur promet ni la fortune ni la puissance, à ce qui ne les punit ou ne les récompense que par un sentiment du cœur ; je me sens alors plus fière de mon être ; je reconnais dans l'homme quelque chose de désintéressé ; et, dût-on multiplier trop les magnificences religieuses, j'aime cette prodigalité des richesses terrestres pour une autre vie, du temps pour l'éternité : assez de choses se font pour demain, assez de de soins se prennent pour l'économie des affaires humaines.

Oh! que j'aime l'inutile! l'inutile, si l'existence n'est qu'un travail pénible pour un misérable gain! Mais si nous sommes sur cette terre en marche vers le ciel, qu'y a-t-il de mieux à faire que d'élever assez notre âme pour qu'elle sente l'infini, l'invisible et l'éternel, au milieu de toutes les bornes qui l'entourent?

« Jésus-Christ laissait une femme faible, et peut-être repentante, arroser ses pieds des parfums les plus précieux; il repoussa ceux qui conseillaient de réserver ces parfums pour un usage plus profitable : *Laissez-la faire*, disait-il, *car je suis pour peu de temps avec vous.* Hélas! tout ce qu'il y a de bon, de sublime sur cette terre, est pour peu de temps avec nous; l'âge, les infirmités, la mort tariront bientôt cette goutte de rosée qui tombe du ciel et ne se repose que sur des fleurs. Cher Oswald, laissez-nous donc tout confondre, amour, religion, génie et le soleil, et les parfums, et la musique, et la poésie; il n'y a d'athéisme que dans la froideur, l'égoïsme, la bassesse. Jésus-Christ a dit : *Quand deux ou trois seront rassemblés en mon nom, je serai au milieu d'eux.* Et qu'est-ce, ô mon Dieu! que d'être rassemblé en votre nom, si ce n'est jouir des dons sublimes de notre belle nature, et vous en faire hommage, et vous remercier de la vie, et vous en remercier surtout quand un cœur aussi créé par vous répond tout entier au nôtre! »

Une inspiration céleste animait dans cet instant la physionomie de Corinne. Oswald put à peine s'empêcher de se jeter à genoux devant elle au milieu du temple, et se tut pendant longtemps, pour se livrer au plaisir de se rappeler ses paroles, et de les retrouver encore dans ses regards. Enfin, cependant, il voulut répondre, il ne voulut point abandonner la cause qui lui était chère. « Corinne, dit-il alors, permettez encore quelques mots à votre ami. Son âme n'a point de sécheresse; non, Corinne, elle n'en a point, croyez-le; et si j'aime l'austérité dans les principes et dans les actions, c'est parce qu'elle donne aux sentiments plus de profondeur et plus de durée. Si j'aime la raison dans la religion, c'est-à-dire si je repousse les dogmes contradictoires et les moyens humains de faire effet sur les hommes, c'est parce que je vois la Divinité dans la raison comme dans l'enthousiasme; et si je ne puis souffrir qu'on prive l'homme d'aucune de ses facultés, c'est qu'il n'a pas trop de toutes pour reconnaître une vérité que la réflexion lui révèle, aussi bien que l'instinct du cœur, l'existence de Dieu et l'immortalité de l'âme. Que peut-on ajouter à ces idées sublimes, à leur union avec la vertu ? que peut-on y ajouter qui ne soit au-dessous d'elles ? L'enthousiasme poétique, qui vous donne tant de charmes, n'est pas, j'ose le dire, la dévotion la plus salutaire. Corinne, comment pourrait-on se préparer par cette disposition aux sacrifices sans nombre qu'exige de nous le devoir ? Il n'y avait de révélation que par les élans de l'âme, quand la destinée humaine, future et présente, ne s'offrait à l'esprit qu'à travers les nuages; mais pour nous, à qui le christianisme l'a rendue claire et positive, le sentiment peut être notre récompense, mais il ne doit pas être notre seul guide : vous décrivez l'existence des bienheureux, et non pas celle des mortels. La vie religieuse est un combat, et non pas un hymne. Si nous n'étions pas condamnés à réprimer dans ce monde les mauvais penchants des autres et de nous-mêmes, il n'y aurait, en effet, d'autre distinction à faire qu'entre les âmes froides et les âmes exaltées. Mais l'homme est une créature plus âpre et plus redoutable que votre cœur ne vous le peint; et la raison dans la piété, et l'autorité dans le devoir, sont un frein nécessaire à ses orgueilleux égarements,

« De quelque manière que vous considériez les pompes extérieures et les pratiques multipliées de votre religion, croyez-moi, chère amie, la contemplation de l'univers et de son auteur sera toujours le premier des cultes, celui qui remplira l'imagination sans que l'examen y puisse trouver rien de futile ni d'absurde. Les dogmes qui blessent ma raison refroidissent aussi mon enthousiasme. Sans doute le monde, tel qu'il est, est un mystère que nous ne pouvons ni nier ni comprendre; il serait donc bien fou, celui qui se refuserait à croire tout ce qu'il ne peut expliquer; mais ce qui est contradictoire est toujours de la création des hommes. Le mystère, tel que Dieu nous l'a donné, est au-dessus des lumières de l'esprit, mais non en opposition avec elles. Un philosophe allemand a dit : *Je ne connais que deux belles choses dans l'univers : le ciel étoilé sur nos têtes, et le sentiment du devoir dans nos cœurs.* En effet, toutes les merveilles de la création sont réunies dans ces paroles.

« Loin qu'une religion simple et sévère dessèche le cœur, j'aurais pensé avant de vous connaître, Corinne, qu'elle seule pouvait concentrer et perpétuer les affections. J'ai vu la conduite la plus austère et la plus pure développer dans un homme une inépuisable tendresse ; j'ai l'ai vu conserver jusque dans la vieillesse une virginité d'âme que les orages des passions et les fautes qu'elles font commettre auraient nécessairement flétrie. Sans doute le repentir est une belle chose, et j'ai besoin plus que personne de croire à son efficacité ; mais le repentir qui se répète fatigue l'âme, ce sentiment ne régénère qu'une fois. C'est la rédemption qui s'accomplit au fond de notre âme ; et ce grand sacrifice ne peut se renouveler. Quand la faiblesse humaine s'y accoutume, elle perd la force d'aimer : car il faut de la force pour aimer, du moins avec constance.

« Je ferai des objections du même genre à ce culte plein de splendeur qui, selon vous, agit si vivement sur l'imagination : je crois l'imagination modeste et retirée comme le cœur ; les émotions qu'on lui commande sont moins puissantes que celles qui naissent d'elle-même. J'ai vu dans les Cévennes un ministre protestant qui prêchait, vers le soir, dans le fond des montagnes. Il invoquait les tombeaux des Français bannis et proscrits par leurs frères, et dont les cendres avaient été rapportées dans ces lieux ; il promettait à leurs amis qu'ils les retrouveraient dans un meilleur monde ; il disait qu'une vie vertueuse nous assurait ce bonheur ; il disait : *Faites du bien aux hommes, pour que Dieu cicatrise dans votre cœur la blessure de la douleur.* Il s'étonnait de l'inflexibilité, de la dureté que l'homme d'un jour montre à l'homme d'un jour comme lui, et s'emparait de cette terrible pensée de la mort, que les vivants ont conçue, mais qu'ils n'épuiseront jamais. Enfin il n'annonçait rien qui ne fût touchant et vrai : c'étaient des paroles parfaitement en harmonie avec la nature. Le torrent qu'on entendait dans l'éloignement, la lumière scintillante des étoiles semblaient exprimer la même pensée sous une autre forme. La magnificence de la nature était là, cette magnificence, la seule qui donne des fêtes sans offenser l'infortune ; et toute cette imposante simplicité remuait l'âme bien plus profondément que des cérémonies éclatantes. »

Le surlendemain de cet entretien, le jour de Pâques, Corinne et lord Nelvil étaient ensemble sur la place de Saint-Pierre, au moment où le pape s'avance sur le balcon le plus élevé de l'église, et demande au ciel la bénédiction qu'il va répandre sur la terre; lorsqu'il prononce ces mots : *urbi et orbi* (à la ville et au monde), tout le peuple rassemblé se jette à genoux ; et Corinne et lord Nelvil sentirent, par l'émotion qu'ils éprouvèrent en ce moment, que tous les cultes se ressemblent. Le sentiment religieux unit intimement les hommes entre eux, quand l'amour-propre et le fanatisme n'en font pas un objet de jalousie et de haine. Prier ensemble, dans quelque langue, dans quelque rite que ce soit, c'est la plus touchante fraternité d'espérance et de sympathie que les hommes puissent contracter sur cette terre.

CHAPITRE VI

Le jour de Pâques s'était passé, et Corinne ne parlait point d'accomplir sa promesse, en confiant son histoire à lord Nelvil. Blessé de ce silence, il dit un jour devant elle qu'on vantait beaucoup les beautés de Naples, et qu'il avait envie d'y aller. Corinne, pénétrant à l'instant ce qui se passait dans son âme, lui proposa de faire le voyage avec lui. Elle se flattait de reculer les aveux qu'il exigeait d'elle, en lui donnant cette preuve d'amour qui devait le satisfaire. Et d'ailleurs elle pensait que s'il l'emmenait, c'était sans doute parce qu'il avait dessein de lui consacrer sa vie. Elle attendait donc avec anxiété ce qu'il dirait, et ses regards, presque suppliants, lui demandaient une réponse favorable. Oswald ne put y résister; il avait d'abord été surpris de cette offre, et de la simplicité avec laquelle Corinne la faisait ; il hésita quelque temps à l'accepter ; mais en voyant le trouble de son amie, l'agitation de son sein, ses yeux remplis de larmes, il consentit à partir avec elle, sans se rendre compte à lui-même de l'importance d'une telle résolution. Corinne fut au comble de la joie, car son cœur se fia tout à fait, dans ce moment, au sentiment d'Oswald.

Le jour fut pris, et la douce perspective de voyager ensemble fit disparaître toute autre idée. Ils s'amusèrent à ordonner les détails de ce voyage, et il n'y avait pas un de ces détails qui ne fût une source de plaisir. Heureuse disposition de l'âme, où tous les arrangements de la vie ont un charme particulier en se rattachant à quelque espérance du cœur ! Il ne vient que trop tôt, le moment où l'existence fatigue dans chacune de ses heures comme dans son ensemble, où chaque matin exige un travail pour supporter le réveil et conduire le jour jusqu'au soir.

Au moment où lord Nelvil sortait de chez Corinne, afin de tout préparer pour leur départ, le comte d'Erfeuil y arriva, et apprit d'elle le projet qu'ils venaient d'arrêter ensemble. « Y pensez-vous ? lui dit-il ; quoi ! vous mettre en route avec lord Nelvil sans qu'il soit votre époux, sans qu'il vous ait promis de l'être ! et que deviendrez-vous s'il vous abandonne ? — Ce que je deviendrais, répondit Corinne, dans toutes les situations de la vie, s'il cessait de m'aimer : la plus malheureuse personne du monde. — Oui ; mais si vous n'avez rien fait qui vous compromette, vous resterez, vous, tout entière. — Moi tout entière, s'écria Corinne, quand le plus profond sentiment de ma vie serait flétri ! quand mon cœur serait brisé ! — Le public ne le saurait pas, et vous pourriez, en dissimulant, ne rien perdre dans l'opinion. — Et pourquoi ménager cette opinion, répondit Corinne, si ce n'est pour avoir un charme de plus aux yeux de ce qu'on aime ? — On cesse d'aimer, reprit le comte d'Erfeuil, mais l'on ne cesse pas de vivre au milieu de la société, et d'avoir besoin d'elle. — Ah ! si je

13.

pouvais penser, répondit Corinne, qu'il arrivera, le jour où l'affection d'Oswald ne serait pas tout pour moi dans ce monde ; si je pouvais le penser, j'aurais déjà cessé de l'aimer. Qu'est-ce donc que l'amour quand il prévoit, quand il calcule le moment où il n'existera plus ? S'il y a quelque chose de religieux dans ce sentiment, c'est parce qu'il fait disparaître tous les autres intérêts, et se complaît, comme la dévotion, dans le sacrifice entier de soi-même.

— Que me dites-vous là ? reprit le comte d'Erfeuil ; une personne d'esprit comme vous peut-elle se remplir la tête de pareilles folies ! C'est notre avantage, à nous autres hommes, que les femmes pensent comme vous : nous avons alors bien plus d'ascendant sur elles ; mais il ne faut pas que votre supériorité soit perdue, il faut qu'elle vous serve à quelque chose. — Me servir ! dit Corinne ; ah ! je lui dois beaucoup, si elle me fait mieux sentir tout ce qu'il y a de touchant et de généreux dans le caractère de lord Nelvil.

— Lord Nelvil est un homme tout comme un autre, reprit le comte d'Erfeuil ; il retournera dans son pays, suivra sa carrière, il sera raisonnable enfin ; et vous exposez imprudemment votre réputation en allant à Naples avec lui. — J'ignore les intentions de lord Nelvil, dit Corinne, et peut-être aurais-je mieux fait d'y réfléchir avant de l'aimer ; mais, à présent, qu'importe un sacrifice de plus ! ma vie ne dépend-elle pas toujours de son sentiment pour moi ? Je trouve, au contraire, quelque douceur à ne me laisser aucune ressource : il n'en est jamais quand le cœur est blessé ; néanmoins le monde peut quelquefois croire qu'il vous en reste, et j'aime à penser que, même sous ce rapport, mon malheur serait complet si lord Nelvil se séparait de moi. — Et sait-il à quel point vous vous compromettez pour lui ? continua le comte d'Erfeuil. — J'ai pris grand soin de le lui dissimuler, répondit Corinne ; et, comme il ne connaît pas bien les usages de ce pays, j'ai pu lui exagérer un peu la facilité qu'ils donnent. Je vous demande votre parole de ne pas lui dire un mot à cet égard ; je veux qu'il soit libre, et toujours libre dans ses relations avec moi : il ne peut faire mon bonheur par aucun genre de sacrifice. Le sentiment qui me rend heureuse est la fleur de la vie, et ni la bonté ni la délicatesse ne pourraient la ranimer si elle venait à se flétrir. Je vous en conjure donc, mon cher comte, ne vous mêlez pas de ma destinée ; rien de ce que vous savez sur les affections du cœur ne peut me convenir. Ce que vous dites est sage, bien raisonné, fort applicable aux situations comme aux personnes ordinaires ; mais vous me feriez très-innocemment un mal affreux, en voulant juger mon caractère d'après ces grandes divisions communes, pour lesquelles il y a des maximes toutes faites. Je souffre, je jouis, je sens à ma manière ; et ce serait moi seule qu'il faudrait observer, si l'on voulait influer sur mon bonheur. »

L'amour-propre du comte d'Erfeuil était un peu blessé de l'inutilité de ses conseils, et de la grande marque d'amour que Corinne donnait à lord Nelvil ; il savait bien qu'il n'était pas aimé d'elle ; il savait également qu'Oswald l'était ; mais il lui était désagréable que tout cela fût constaté si publiquement. Il y a toujours dans le succès d'un homme auprès d'une femme quelque chose qui déplaît, même aux meilleurs amis de cet homme. « Je vois que je n'y peux rien, dit le comte d'Erfeuil ; mais quand vous serez bien malheureuse, vous vous souviendrez de moi : en attendant, je vais quitter Rome ; puisque ni vous ni lord Nelvil n'y serez plus, je m'y ennuierais trop en votre absence ; je vous reverrai sûrement l'un et l'autre en Écosse ou en Italie, car j'ai pris goût aux voyages, en attendant mieux. Pardonnez-moi mes conseils, charmante Corinne, et croyez toujours à mon dévouement. » Corinne le remercia, et se sépara de lui avec un sentiment de regret. Elle l'avait connu en même temps qu'Oswald, et ce souvenir formait entre elle et lui des liens qu'elle n'aimait pas à voir brisés. Elle se conduisit comme elle l'avait annoncé au comte d'Erfeuil. Quelques inquiétudes troublèrent un moment la joie avec laquelle lord Nelvil avait accepté le projet du voyage : il craignait que le départ pour Naples ne pût faire tort à Corinne, et voulait obtenir d'elle son secret avant ce départ, pour savoir avec certitude s'ils n'étaient point séparés par quelque obstacle invincible : mais elle lui déclara qu'elle ne s'expliquerait qu'à

Naples, et lui fit doucement illusion sur ce qu'on pourrait dire du parti qu'elle prenait. Oswald se prêtait à cette illusion : l'amour, dans un caractère incertain et faible, trompe à demi, la raison éclaire à demi, et c'est l'émotion présente qui décide laquelle des deux moitiés sera le tout. L'esprit de lord Nelvil était singulièrement étendu et pénétrant, mais il ne se jugeait bien lui-même que dans le passé. Sa situation actuelle ne s'offrait jamais à lui que confusément. Susceptible tout à la fois d'entraînement et de remords, de passions et de timidité, ces contrastes ne lui permettaient de se connaître que quand l'événement avait décidé du combat qui se passait en lui.

Lorsque les amis de Corinne, et particulièrement le prince Castel-Forte, furent instruits de son projet, ils en éprouvèrent un grand chagrin. Le prince Castel-Forte surtout en ressentit une telle peine, qu'il résolut d'aller la rejoindre dans peu de temps. Il n'y avait pas, assurément, de vanité à se mettre ainsi à la suite d'un amant préféré; mais ce qu'il ne pouvait supporter, c'était le vide affreux de l'absence de son amie; il n'avait pas un ami qu'il ne rencontrât chez Corinne, et jamais il n'allait dans une autre maison que la sienne.

La société qui se rassemblait autour d'elle devait se disperser quand elle n'y serait plus; il deviendrait impossible d'en réunir les débris. Le prince Castel-Forte avait peu l'habitude de vivre dans sa famille; bien que fort spirituel, l'étude le fatiguait : le jour entier eût donc été pour lui d'un poids insupportable, s'il n'était pas venu le soir et le matin chez Corinne; elle partait, il ne savait plus que devenir, il se promit en secret de se rapprocher d'elle comme un ami sans exigence, mais qui est toujours là pour nous consoler dans le malheur; et cet ami doit être bien sûr que son moment arrivera.

Corinne éprouvait un sentiment de mélancolie en rompant ainsi toutes ses habitudes; elle s'était fait depuis quelques années dans Rome une manière d'être qui lui plaisait; elle était le centre de tout ce qu'il y avait d'artistes célèbres et d'hommes éclairés; une indépendance parfaite d'idées et d'habitudes donnait beaucoup de charmes à son existence :

qu'allait-elle maintenant devenir? Si elle était destinée au bonheur d'avoir Oswald pour époux, c'était en Angleterre qu'il devait la conduire ; et de quelle manière y serait-elle jugée? comment elle-même saurait-elle s'astreindre à ce genre de vie si différent de celui qu'elle venait de mener depuis six ans? Mais ces réflexions ne faisaient que traverser son esprit, et toujours son sentiment pour Oswald en effaçait les légères traces. Elle le voyait, elle l'entendait, et ne comptait les heures que par son absence ou sa présence. Qui sait disputer avec le bonheur? qui ne le reçoit pas quand il vient? Corinne surtout avait peu de prévoyance; la crainte ni l'espérance n'étaient pas faites pour elle ; sa foi dans l'avenir était confuse, et son imagination lui faisait en ce genre peu de bien et peu de mal.

Le matin de son départ, le prince Castel-Forte entra chez elle, et, les larmes aux yeux, il lui dit: «Ne reviendrez-vous plus à Rome? — O mon Dieu, oui, répondit-elle, dans un mois nous y serons. — Mais si vous epousez lord Nelvil, il faudra quitter l'Italie. — Quitter l'Italie! » dit Corinne; et elle soupira. « Ce pays, continua le prince Castel-Forte, où l'on parle votre langue, où l'on vous entend si bien, où vous êtes si vivement admirée! Et vos amis, Corinne, et vos amis! Où serez-vous aimée comme ici? où trouverez-vous l'imagination et les beaux-arts qui vous plaisent? Est-ce donc un seul sentiment qui fait la vie? N'est-ce pas la langue, les coutumes, les mœurs, dont se compose l'amour de la patrie, cet amour qui donne le mal du pays, terrible douleur des exilés! — Ah! que me dites-vous! s'écria Corinne; ne l'ai-je pas éprouvée! N'est-ce pas cette douleur qui a décidé de mon sort! » Elle regarda tristement sa chambre et les statues qui la décoraient, puis le Tibre qui coulait sous ses fenêtres, et le ciel dont la beauté semblait l'inviter à rester. Mais, dans ce moment, Oswald passait à cheval sur le pont Saint-Ange, il venait avec la rapidité de l'éclair. « Le voilà! » s'écria Corinne. A peine avait-elle dit ces mots, que déjà il était arrivé ; elle courut au-devant de lui ; tous les deux, impatients de partir, se hâtèrent de monter en voiture. Corinne dit cependant un aimable adieu au prince Castel-Forte ; mais ses paroles obligeantes se perdirent dans les airs, au milieu des cris des postillons, des hennissements des chevaux, et de tout ce bruit de départ, quelquefois triste, quelquefois enivrant, selon la crainte ou l'espoir qu'inspirent les nouvelles chances de la destinée.

LIVRE ONZIÈME

NAPLES ET L'ERMITAGE DE SAINT-SALVADO

CHAPITRE PREMIER

Oswald était fier d'emmener sa conquête; lui, qui se sentait presque toujours troublé dans ses jouissances par 'es réflexions et les regrets, n'éprouvait plus cette fois la peine de l'incertitude. Ce n'était pas qu'il fût décidé, mais il ne s'occupait pas de l'être, et il se laissait aller aux événements, espérant bien être entraîné par eux à ce qu'il souhaitait. Ils traversèrent la campagne d'Albano, lieu où l'on montre encore ce qu'on croit être le tombeau des Horaces et des Curiaces. Ils passèrent près du lac de Nemi et des bois sacrés qui l'entourent. On dit qu'Hippolyte fut ressuscité par Diane dans ces lieux; elle ne permettait pas aux chevaux d'en approcher, et perpétuait, par cette défense, le souvenir du malheur de son jeune favori. C'est ainsi qu'en Italie, presque à chaque pas, la poésie et l'histoire viennent se retracer à l'esprit, et les sites charmants qui les rappellent adoucissent tout ce qu'il y a de mélancolique dans le passé, et semblent lui conserver une jeunesse éternelle.

Oswald et Corinne traversèrent ensuite les marais Pontins campagne fertile et pestilentielle tout à la fois, où l'on ne voit pas une seule habitation, quoique la nature y semble féconde. Quelques hommes malades attellent vos chevaux, et vous recommandent de ne pas vous endormir en passant les marais, car le sommeil est là le véritable avant-coureur de la mort. Des buffles, d'une physionomie tout à la fois basse et féroce, traînent la charrue que d'imprudents cultivateurs conduisent encore quelquefois sur cette terre fatale, et le plus brillant soleil éclaire ce triste spectacle. Les lieux marécageux et malsains, dans le Nord, sont annoncés par leur effrayant aspect; mais, dans les contrées les plus funestes du Midi, la nature conserve une sérénité dont la douceur trompeuse fait illusion aux voyageurs. S'il est vrai qu'il soit très-dangereux de s'endormir en traversant les marais Pontins, l'invincible penchant au sommeil qu'ils inspirent dans la chaleur est encore une des impressions perfides que ce lieu fait éprouver. Lord Nelvil veillait constamment sur Corinne : quelquefois elle penchait sa tête sur Thérésine, qui les accompagnait; quelquefois elle fermait les yeux, vaincue par la langueur de l'air. Oswald se hâtait de la réveiller avec une inexprimable terreur; et, bien qu'il fût silencieux naturellement, il était inépuisable en sujets de conversation, toujours soutenus, toujours nouveaux, pour l'empêcher de succomber un moment à ce fatal sommeil. Ah! ne faut-il pas pardonner au cœur des femmes les regrets déchirants qui s'attachent à ces jours où elles étaient aimées, où leur existence était si nécessaire à l'existence d'un autre, lorsqu'à tous les instants elles se sentaient soutenues et protégées? Quel isolement doit succéder à ces temps de délices! et qu'elles sont heureuses celles que le lien sacré du mariage a conduites doucement de l'amour à l'amitié, sans qu'un moment cruel ait déchiré leur vie!

Oswald et Corinne, après le passage inquiétant des marais Pontins, arrivèrent enfin à Terracine, sur le bord de la mer, aux confins du royaume de Naples. C'est là que commence véritablement le Midi ; c'est là qu'il accueille les voyageurs, avec toute sa magnificence. Cette terre de Naples, *cette campagne heureuse*, est comme séparée du reste de l'Europe, et par la mer qui l'entoure, et par cette contrée dangereuse qu'il faut traverser pour y arriver. On dirait que la nature s'est réservé le secret de ce séjour de délices, et qu'elle a voulu que les abords en fussent périlleux. Rome n'est point encore le Midi : on en pressent les douceurs, mais son enchantement ne commence véritablement que sur le territoire de Naples.

Non loin de Terracine est le promontoire choisi par les poëtes comme la demeure de Circé ; et derrière Terracine s'élève le mont Anxur, où Théodoric, roi des Goths, avait placé l'un des châteaux forts dont les guerriers du Nord couvrirent la terre. Il y a très-peu de traces de l'invasion des barbares en Italie ; ou du moins là où ces traces consistent en destructions, elles se confondent avec l'effet du temps. Les nations septentrionales n'ont point donné à l'Italie cet aspect guerrier que l'Allemagne a conservé. Il semble que la molle terre de l'Ausonie n'ait pu garder les fortifications et les citadelles dont les pays du Nord sont hérissés. Rarement un édifice gothique, un château féodal s'y rencontre encore ; et les souvenirs des antiques Romains règnent seuls à travers les siècles, malgré les peuples qui les ont vaincus.

Toute la montagne qui domine Terracine est couverte d'orangers et de citronniers qui embaument l'air d'une manière délicieuse. Rien ne ressemble, dans nos climats, au parfum méridional des citronniers en pleine terre ; il produit sur l'imagination presque le même effet qu'une musique mélodieuse ; il donne une disposition poétique, excite le talent, et l'enivre de la nature. Les aloès, les cactus à larges feuilles, que vous rencontrez à chaque pas, ont une physionomie particulière qui rappelle ce que l'on sait des redoutables productions de l'Afrique. Ces plantes causent une sorte d'effroi : elles ont l'air d'appartenir à une nature violente et dominatrice. Tout l'aspect du pays est étranger : on se sent dans un autre monde, dans un monde qu'on n'a connu que par les descriptions des poëtes de l'antiquité, qui ont tout à la fois dans leurs peintures tant d'imagination et d'exactitude. En entrant à Terracine, les enfants jetèrent dans la voiture de Corinne une immense quantité de fleurs qu'ils cueillaient au bord du chemin, qu'ils allaient chercher sur la montagne, et qu'ils répandaient au hasard, tant ils se confiaient dans la prodigalité de la nature ! Les chariots qui rapportaient la moisson des champs étaient ornés tous les jours avec des guirlandes de roses, et quelquefois les enfants entouraient leurs coupes de fleurs : car l'imagination du peuple même devient poétique

sous un beau ciel. On voyait, on entendait, à côté de ces
riants tableaux, la mer dont les vagues se brisaient avec fureur. Ce n'était point l'orage qui l'agitait, mais les rochers,
obstacle habituel qui s'opposait à ses flots, et dont sa grandeur était irritée.

> *E non udite ancor come risuona*
> *Il roco ed alto fremito marino?*

*Et n'entendez-vous pas encore comme retentit le frémissement
rauque et profond de la mer?* Ce mouvement sans but, cette
force sans objet, qui se renouvelle pendant l'éternité, sans
que nous puissions connaître ni sa cause ni sa fin, nous attire
sur le rivage, où ce grand spectacle s'offre à nos regards : et
l'on éprouve comme un besoin mêlé de terreur de s'approcher
des vagues, et d'étourdir sa pensée par leur tumulte.

Vers le soir tout se calma. Corinne et lord Nelvil se pro-
menèrent lentement et avec délices dans la campagne. Chaque
pas, en pressant les fleurs, faisait sortir des parfums de leur
sein. Les rossignols venaient se reposer plus volontiers sur
les arbustes qui portaient les roses. Ainsi les chants les plus
purs se réunissaient aux odeurs les plus suaves ; tous les
charmes de la nature s'attiraient mutuellement : mais ce qui
est surtout ravissant et inexprimable, c'est la douceur de
l'air qu'on respire. Quand on contemple un beau site dans le
Nord, le climat, qui se fait sentir, trouble toujours un peu le
plaisir qu'on pourrait goûter. C'est comme un son faux dans
un concert, que ces petites sensations de froid et d'humidité
qui détournent plus ou moins votre attention de ce que vous
voyez ; mais, en approchant de Naples, vous éprouvez un bien-
être si parfait, une si grande amitié de la nature pour vous,
que rien n'altère les sensations agréables qu'elle vous cause.
Tous les rapports de l'homme, dans nos climats, sont avec la
société. La nature, dans les pays chauds, met en relation
avec les objets extérieurs, et les sentiments s'y répandent
doucement au dehors. Ce n'est pas que le Midi n'ait aussi sa
mélancolie ; dans quels lieux la destinée de l'homme ne pro-
duit-elle pas cette impression ! Mais il n'y a dans cette mé-

lancolie ni mécontentement, ni anxiété, ni regret. Ailleurs, c'est la vie qui, telle qu'elle est, ne suffit pas aux facultés de l'âme; ici, ce sont les facultés de l'âme qui ne suffisent pas à la vie, et la surabondance des sensations inspire une rêveuse indolence, dont on se rend à peine compte en l'éprouvant.

Pendant la nuit, des mouches luisantes se montraient dans les airs; on eût dit que la montagne étincelait, et que la terre brûlante laissait échapper quelques-unes de ses flammes. Ces mouches volaient à travers les arbres, se reposaient quelquefois sur les feuilles, et le vent balançait ces petites étoiles, et variait de mille manières leurs lumières incertaines. Le sable aussi contenait un grand nombre de petites pierres ferrugineuses qui brillaient de toutes parts; c'était la terre de feu, conservant encore dans son sein les traces du soleil dont les rayons venaient de l'échauffer. Il y a tout à la fois dans cette nature une vie et un repos qui satisfont en entier les vœux divers de l'existence. Corinne se livrait au charme de cette soirée, s'en pénétrait avec joie; Oswald ne pouvait cacher son émotion. Plusieurs fois il serra Corinne contre son cœur, plusieurs fois il s'éloigna, puis revint, puis s'éloigna de nouveau, pour respecter celle qui devait être la compagne de sa vie. Corinne ne pensait point aux dangers qui auraient pu l'alarmer; car telle était son estime pour Oswald, que, s'il lui avait demandé le don entier de son être, elle n'eût pas douté que cette prière ne fût le serment solennel de l'épouser; mais elle était bien aise qu'il triomphât de lui-même, et l'honorât par ce sacrifice; et il y avait dans son âme cette plénitude de bonheur et d'amour qui ne permet pas de former un désir de plus. Oswald était bien loin de ce calme : il se sentait embrasé par les charmes de Corinne. Une fois il embrassa ses genoux avec violence, et semblait avoir perdu tout empire sur sa passion; mais Corinne le regarda avec tant de douceur et de crainte, elle semblait tellement reconnaître son pouvoir, en lui demandant de n'en pas abuser, que cette humble défense lui inspira plus de respect que toute autre.

Ils aperçurent alors dans la mer le reflet d'un flambeau qu'une main inconnue portait sur le rivage, en se rendant secrètement dans la maison voisine. « Il va voir celle qu'il aime, dit Oswald. — Oui, répondit Corinne. — Et pour moi, reprit Oswald, le bonheur de ce jour va finir. » Les regards de Corinne, élevés vers le ciel en cet instant, se remplirent de larmes. Oswald craignit de l'avoir offensée, et se prosterna devant elle pour obtenir le pardon de l'amour qui l'entraînait. « Non, lui dit Corinne, en lui tendant la main et l'invitant à s'en retourner ensemble; non, Oswald, j'en suis assurée, vous respecterez celle qui vous aime. Vous le savez, une simple prière de vous serait toute-puissante; c'est donc vous qui répondez de moi ; c'est vous qui me refuseriez à jamais pour votre épouse si vous me rendiez indigne de l'être. — Eh bien, répondit Oswald, puisque vous croyez à ce cruel empire de votre volonté sur mon cœur, d'où vient, Corinne, d'où vient donc votre tristesse? — Hélas! reprit-elle, je me disais que ces moments que je passe avec vous à présent étaient les plus heureux de ma vie : et comme je tournais mes regards vers le ciel pour l'en remercier, je ne sais par quel hasard une superstition de mon enfance s'est ranimée dans mon cœur. La lune, que je contemplais, s'est couverte d'un nuage, et l'aspect de ce nuage était funeste. J'ai toujours trouvé que le ciel avait une expression, tantôt paternelle, tantôt irritée; et je vous le dis, Oswald, ce soir il condamnait notre amour. — Chère amie, répondit lord Nelvil, les seuls augures de la vie de l'homme, ce sont ses actions, bonnes ou mauvaises; et n'ai-je pas, ce soir même, immolé mes plus ardents désirs à un sentiment de vertu? — Eh bien, tant mieux si vous n'êtes pas compris dans ce présage, reprit Corinne; en effet, il se peut que ce ciel orageux n'ait menacé que moi. »

CHAPITRE II

Ils arrivèrent à Naples, de jour, au milieu de cette immense population qui est si animée et si oisive tout à la fois; ils traversèrent d'abord la rue de Tolède, et virent les lazzaroni couchés sur les pavés, ou retirés dans un panier d'osier qui leur sert d'habitation jour et nuit. Cet état sauvage qui se voit là, mêlé avec la civilisation, a quelque chose de très-original. Il en est, parmi ces hommes, qui ne savent pas même leur propre nom, et vont à confesse avouer des péchés anonymes, ne pouvant dire comment s'appelle celui qui les a commis. Il existe à Naples une grotte sous terre, où des milliers de lazzaroni passent leur vie, en sortant seulement à midi pour voir le soleil, et dormant le reste du jour, pendant que leurs femmes filent. Dans les climats où le vêtement et la nourriture sont si faciles, il faudrait un gouvernement très-indépendant et très-actif pour donner à la nation une émulation suffisante; car il est si aisé pour le peuple de subsister matériellement à Naples, qu'il peut se passer du genre d'industrie nécessaire ailleurs pour gagner sa vie. La paresse et l'ignorance, combinées avec l'air volcanique qu'on respire dans ce séjour, doivent produire la férocité quand les passions sont excitées; mais ce peuple n'est pas plus méchant qu'un autre. Il a de l'imagination, ce qui pourrait être le principe d'actions désintéressées; et avec cette imagination on le conduirait au bien, si ses institutions politiques et religieuses étaient bonnes.

On voit des Calabrois qui se mettent en marche pour aller cultiver les terres, avec un joueur de violon à leur tête, et dansant de temps en temps pour se reposer de marcher. Il y a tous les ans, près de Naples, une fête consacrée à la *Madone de la grotte*, dans laquelle les jeunes filles dansent au son du tambourin et des castagnettes; et il n'est pas rare qu'elles fassent mettre pour condition, dans leur contrat de mariage, que leurs époux les conduiront tous les ans à cette fête. On voit à Naples, sur le théâtre, un acteur de quatre-vingts ans, qui, depuis soixante ans, fait rire les Napolitains, dans leur rôle comique national, le polichinelle. Se représente-t-on ce que sera l'immortalité de l'âme pour un homme qui remplit ainsi sa longue vie? Le peuple de Naples n'a d'autre idée du bonheur que le plaisir; mais l'amour du plaisir vaut encore mieux qu'un égoïsme aride.

Il est vrai que c'est le peuple du monde qui aime le plus

l'argent : si vous demandez à un homme du peuple votre chemin dans la rue, il tend la main après avoir fait un signe, car ils sont plus paresseux pour les paroles que pour les gestes. Mais leur goût pour l'argent n'est point méthodique ni réfléchi ; ils le dépensent aussitôt qu'ils le reçoivent. Si l'argent s'introduisait chez les sauvages, les sauvages le demanderaient comme cela. Ce qui manque le plus à cette nation en général, c'est le sentiment de la dignité. Ils font des actions généreuses et bienveillantes par bon cœur plutôt que par principe ; car leur théorie, en tout genre, ne vaut rien, et l'opinion, en ce pays, n'a point de force. Mais lorsque des hommes ou des femmes échappent à cette anarchie morale, leur conduite est plus remarquable en elle-même, et plus digne d'admiration que partout ailleurs, puisque rien, dans les circonstances extérieures, ne favorise la vertu ; on la prend tout entière dans son âme. Les lois ni les mœurs ne récompensent ni ne punissent. Celui qui est vertueux est d'autant plus héroïque qu'il n'en est pour cela ni plus considéré ni plus recherché.

A quelques honorables exceptions près, les hautes classes ont assez de ressemblance avec les dernières : l'esprit des unes n'est guère plus cultivé que celui des autres, et l'usage du monde fait la seule différence à l'extérieur. Mais, au milieu de cette ignorance, il y a un fonds d'esprit naturel et d'aptitude à tout, tel qu'on ne peut prévoir ce que deviendrait une semblable nation, si toute la force du gouvernement était dirigée dans le sens des lumières et de la morale. Comme il y a peu d'instruction à Naples, on y trouve, jusqu'à présent, plus d'originalité dans le caractère que dans l'esprit. Mais les hommes remarquables de ce pays, tels que l'abbé Galiani, Caraccioli, etc., possédaient, dit-on, au plus haut degré la plaisanterie et la réflexion, rares puissances de la pensée, réunion sans laquelle la pédanterie ou la frivolité vous empêche de connaître la véritable valeur des choses !

. Le peuple napolitain, à quelques égards, n'est point du tout civilisé ; mais il n'est point vulgaire à la manière des autres peuples. Sa grossièreté même frappe l'imagination. La rive

africaine, qui borde la mer de l'autre côté, se fait presque
déjà sentir, et il y a je ne sais quoi de numide dans les cris
sauvages qu'on entend de toutes parts. Ces visages brunis,
ces vêtements formés de quelques morceaux d'étoffe rouge ou
violette dont la couleur foncée attire les regards; ces lambeaux d'habillements que ce peuple artiste drape encore avec
art, donnent quelque chose de pittoresque à la populace,
tandis qu'ailleurs l'on ne peut voir en elle que les misères de
la civilisation. Un certain goût pour la parure et les décorations se trouvent souvent, à Naples, à côté du manque absolu
des choses nécessaires ou commodes. Les boutiques sont ornées agréablement avec des fleurs et des fruits : quelques-unes ont un air de fête qui ne tient ni à l'abondance ni à la
félicité publique, mais seulement à la vivacité de l'imagination ; on veut réjouir les yeux avant tout. La douceur du climat permet aux ouvriers en tout genre de travailler dans la
rue. Les tailleurs y font des habits, les traiteurs leurs repas;
et les occupations de la maison, se passant ainsi au dehors,
multiplient les mouvements de mille manières. Les chants, les
danses, les jeux bruyants accompagnent assez bien tout ce
spectacle, et il n'y a point de pays où l'on sente plus clairement la différence de l'amusement au bonheur; enfin, l'on
sort de l'intérieur de la ville pour arriver sur les quais, d'où
l'on voit et la mer et le Vésuve, et l'on oublie alors tout ce
que l'on sait des hommes.

Oswald et Corinne arrivèrent à Naples pendant que l'éruption du Vésuve durait encore. Ce n'était de jour qu'une fumée
noire, qui pouvait se confondre avec les nuages; mais le soir,
en s'avançant sur le balcon de leur demeure, ils éprouvèrent
une émotion tout à fait inattendue. Le fleuve de feu descend
vers la mer; et ses vagues de flamme, semblables aux vagues
de l'onde, expriment, comme elles, la succession rapide et
continuelle d'un infatigable mouvement. On dirait que la nature, lorsqu'elle se transforme en des éléments divers, conserve néanmoins toujours quelques traces d'une pensée unique
et première. Ce phénomène du Vésuve cause un véritable
battement de cœur. On est si familiarisé d'ordinaire avec les

objets extérieurs, qu'on aperçoit à peine leur existence, et l'on ne reçoit guère d'émotion nouvelle, en ce genre, au milieu de nos prosaïques contrées ; mais tout à coup l'étonnement que doit causer l'univers se renouvelle à l'aspect d'une merveille inconnue de la création : tout notre être est agité par cette puissance de la nature, dont les combinaisons sociales nous avaient distraits longtemps ; nous sentons que les plus grands mystères de ce monde ne consistent pas tous dans l'homme, et qu'une force indépendante de lui le menace ou le protége, selon des lois qu'il ne peut pénétrer. Oswald et Corinne se promirent de monter sur le Vésuve, et ce qu'il pouvait y avoir de périlleux dans cette entreprise répandait un charme de plus sur un projet qu'ils devaient exécuter ensemble.

CHAPITRE III

Il y avait alors dans le port de Naples un vaisseau de guerre anglais, où le service religieux se faisait tous les dimanches. Le capitaine et la société anglaise qui étaient à Naples proposèrent à lord Nelvil d'y venir le lendemain. Il l'accepta sans songer d'abord s'il y conduirait Corinne, et comment il la présenterait à ses compatriotes. Il fut tourmenté par cette inquiétude toute la nuit. Comme il se promenait avec Corinne, le matin suivant, près du port, et qu'il était prêt à lui conseiller de ne pas venir sur le vaisseau, ils virent arriver une chaloupe anglaise conduite par dix matelots vêtus de blanc, portant sur leur tête un bonnet de velours noir, et le léopard en argent brodé sur ce bonnet : un jeune officier descendit ; et, saluant Corinne du nom de lady Nelvil, il lui proposa de monter dans la barque pour se rendre au grand vaisseau. A ce nom de lady Nelvil, Corinne se troubla, rougit et baissa les yeux. Oswald parut hésiter un moment ; puis tout à coup lui prenant la main, il lui dit en anglais : « Venez, ma chère. » Et elle le suivit.

Le bruit des vagues et le silence des matelots, qui, dans une discipline admirable, ne faisaient pas un mouvement, ne disaient pas une parole inutile, et conduisaient rapidement la barque sur cette mer qu'ils avaient tant de fois parcourue, inspiraient la rêverie. D'ailleurs Corinne n'osait pas faire une question à lord Nelvil sur ce qui venait de se passer. Elle cherchait à deviner son projet, ne croyant pas (ce qui est toujours cependant le plus probable) qu'il n'en eût point, et qu'il se laissât aller à chaque circonstance nouvelle. Un moment elle imagina qu'il la conduisait au service divin pour la prendre là pour épouse, et cette idée lui causa, dans ce moment, plus d'effroi que de bonheur : il lui semblait qu'elle quittait l'Italie, et retournait en Angleterre, où elle avait beaucoup souffert. La sévérité des mœurs et des habitudes de ce pays revenait à sa pensée, et l'amour même ne pouvait triompher entièrement du trouble de ses souvenirs. Combien, cependant, dans d'autres circonstances, elle s'étonnera de ces pensées, quelque passagères qu'elles fussent ! combien elle les abjurera !

Corinne monta sur le vaisseau, dont l'intérieur était entretenu avec les soins et la propreté la plus recherchée. On n'entendait que la voix du capitaine, qui se prolongeait et se répétait d'un bord à l'autre par le commandement et l'obéissance. La subordination, le sérieux, la régularité, le silence qu'on remarquait dans ce vaisseau, étaient l'image d'un ordre social libre et sévère, en contraste avec cette ville de Naples, si vive, si passionnée, si tumultueuse. Oswald était occupé de Corinne et de l'impression qu'elle recevait ; mais il était aussi quelquefois distrait d'elle par le plaisir de se trouver dans sa patrie. Et n'est-ce pas, en effet, une seconde patrie, pour un Anglais, que les vaisseaux et la mer ? Oswald se promenait avec les Anglais qui étaient à bord, pour savoir des nouvelles de l'Angleterre, pour causer de son pays et de la politique. Pendant ce temps, Corinne était auprès des femmes anglaises qui étaient venues de Naples pour assister au culte divin. Elles étaient entourées de leurs enfants, beaux comme le jour, mais timides comme leurs mères, et pas un mot ne se disait devant une nouvelle connaissance. Cette contrainte, ce silence, rendaient Corinne assez triste ; elle levait les yeux vers la belle Naples, vers ses bords fleuris, vers sa vie animée, et elle soupirait. Heureusement pour elle, Oswald ne s'en aperçut pas; au contraire, en la voyant assise au milieu des femmes anglaises, ses paupières noires baissées comme leurs paupières blondes, et se conformant en tout à leurs manières, il éprouva un grand sentiment de joie. C'est en vain qu'un Anglais se plaît un moment aux mœurs étrangères; son cœur revient toujours aux premières impressions de sa vie. Si vous interrogez des Anglais voguant sur un vaisseau à l'extrémité du monde, et que vous leur demandiez où ils vont, ils vous répondront : *home* (chez nous), si c'est en Angleterre qu'ils retournent. Leurs vœux, leurs sentiments, à quelque distance qu'ils soient de leur patrie, sont toujours tournés vers elle.

L'on descendit entre les deux premiers ponts pour écouter le service divin, et Corinne s'aperçut bientôt que son idée était sans nul fondement, et que lord Nelvil n'avait point le projet solennel qu'elle lui avait d'abord supposé. Alors elle se reprocha de l'avoir craint, et sentit renaître en elle l'embarras de sa situation; car tout ce qui était là ne doutait pas qu'elle ne fût la femme de lord Nelvil, et elle n'avait pas eu la force de dire un mot qui pût détruire ou confirmer cette idée. Oswald souffrait aussi cruellement; mais il avait, à travers mille rares qualités, beaucoup de faiblesse et d'irrésolution dans le caractère. Ces défauts sont inaperçus de celui qui les a, et prennent à ses yeux une nouvelle forme dans chaque circonstance : tantôt c'est la prudence, la sensibilité ou la délicatesse qui éloignent le moment de prendre un parti et prolongent une situation indécise; presque jamais l'on ne sent que c'est le même caractère qui donne à toutes les circonstances le même genre d'inconvénient.

Corinne, cependant, malgré les pensées pénibles qui l'occupaient, reçut une impression profonde par le spectacle dont elle fut témoin. Rien ne parle plus à l'âme, en effet, que le service divin sur un vaisseau; et la noble simplicité du culte des réformés semble particulièrement adaptée aux sentiments que l'on éprouve alors. Un jeune homme remplissait les fonctions de chapelain; il prêchait avec une voix ferme et douce.

et sa figure avait la sévérité d'une âme pure dans la jeunesse. Cette sévérité porte avec elle une idée de force qui convient à la religion prêchée au milieu des périls de la guerre. A des moments marqués, le ministre anglican prononçait des prières dont toute l'assemblée répétait avec lui les dernières paroles. Ces voix confuses, et néanmoins assez douces, venaient de distance en distance ranimer l'intérêt et l'émotion. Les matelots, les officiers, le capitaine, se mettaient plusieurs fois à genoux, surtout à ces mots : « *Lord, have mercy upon us* (Seigneur, faites-nous miséricorde). » Le sabre du capitaine, qu'on voyait traîner à côté de lui pendant qu'il était à genoux, rappelait cette noble réunion de l'humilité devant Dieu et de l'intrépidité contre les hommes, qui rend la dévotion des guerriers si touchante ; et pendant que tous ces braves gens priaient le Dieu des armées, on apercevait la mer à travers les sabords, et quelquefois le bruit léger de ses vagues, alors tranquilles, semblait seulement dire : « Vos prières sont entendues. » Le chapelain finit le service par la prière qui est particulière aux marins anglais : *Que Dieu, disent-ils, nous fasse la grâce de défendre au dehors notre heureuse constitution, et de retrouver dans nos foyers, au retour, le bonheur domestique!* Que de beaux sentiments sont réunis dans ces simples paroles ! Les études préalables et continuelles qu'exige la marine, la vie austère d'un vaisseau, en font comme un cloître militaire au milieu des flots, et la régularité des opérations les plus sérieuses n'y est interrompue que par les périls et la mort. Souvent les matelots, malgré leurs habitudes guerrières, s'expriment avec beaucoup de douceur, et montrent une pitié singulière pour les femmes et les enfants, quand il s'en trouve à bord avec eux. On est d'autant plus touché de ces sentiments, qu'on sait avec quel sang-froid ils s'exposent à ces effroyables dangers de la guerre et de la mer, au milieu desquels la présence de l'homme a quelque chose de surnaturel.

Corinne et lord Nelvil remontèrent sur la barque qui devait les conduire ; ils revirent cette ville de Naples, bâtie en amphithéâtre, comme pour assister plus commodément à la fête de la nature; et Corinne, en mettant le pied sur le rivage, ne put se défendre d'un sentiment de joie. Si lord Nelvil s'était douté de ce sentiment, il en eût été vivement blessé, peut-être avec raison; et cependant il eût été injuste envers Corinne, car elle l'aimait passionnément, malgré l'impression pénible que lui faisaient les souvenirs d'un pays où des circonstances cruelles l'avaient rendue malheureuse. Son imagination était mobile : il y avait dans son cœur une grande puissance d'aimer; mais le talent, et le talent surtout dans une femme, cause une disposition à l'ennui, un besoin de distraction que la passion la plus profonde ne fait pas disparaître entièrement. L'image d'une vie monotone, même au sein du bonheur, fait éprouver de l'effroi à un esprit qui a besoin de variété. C'est quand on a peu de vent dans les voiles qu'on peut côtoyer toujours la rive; mais l'imagination divague, bien que la sensibilité soit fidèle; il en est ainsi du moins jusqu'au moment où le malheur fait disparaître toutes ces inconséquences, et ne laisse plus qu'une seule pensée, et ne fait plus sentir qu'une douleur.

Oswald attribua la rêverie de Corinne uniquement au trouble que lui causait encore l'embarras dans lequel elle avait dû se trouver en s'entendant nommer lady Nelvil; et se reprochant vivement de ne l'en avoir pas tirée, il craignit qu'elle ne le soupçonnât de légèreté. Il commença donc, pour arriver enfin à l'explication tant désirée, par lui offrir de lui confier sa propre histoire. « Je parlerai le premier, dit-il, et votre confiance suivra la mienne. — Oui, sans doute, il le faut, répondit Corinne en tremblant. Eh bien, vous le voulez? quel jour? à quelle heure? Quand vous aurez parlé... je dirai tout. — Dans quelle douloureuse agitation vous êtes! reprit Oswald. Quoi donc! éprouverez-vous toujours cette crainte de votre ami, cette défiance de son cœur? — Non, il le faut, continua Corinne; j'ai tout écrit ; si vous le voulez, demain... — Demain, dit lord Nelvil, nous devons aller ensemble au Vésuve; je veux contempler avec vous cette étonnante merveille, apprendre de vous à l'admirer, et, dans ce voyage même, si j'en ai la force, vous apprendre tout ce qui concerne mon propre sort. Il faut que ma confiance précède la vôtre; mon cœur y est résolu. — Eh bien, oui, reprit Corinne; vous me donnez donc encore demain; je vous remercie de ce jour. Ah! qui sait si vous serez toujours le même pour moi, quand je vous aurai ouvert mon cœur? qui le sait? et comment ne pas frémir de ce doute? »

CHAPITRE IV

Les ruines de Pompéia sont proches du Vésuve, et c'est par ces ruines que Corinne et lord Nelvil commencèrent leur voyage. Ils étaient silencieux l'un et l'autre : car le moment de la décision de leur sort approchait, et cette vague espérance dont ils avaient joui si longtemps, et qui s'accorde si bien avec l'indolence et la rêverie qu'inspire le climat d'Italie, devait enfin être remplacée par une destinée positive. Ils virent ensemble Pompéia, la ruine la plus curieuse de l'antiquité. A Rome, l'on ne trouve guère que les débris des monuments publics, et ces monuments ne retracent que l'histoire politique des siècles écoulés; mais à Pompéia, c'est la vie privée des anciens qui s'offre à vous telle qu'elle était. Le volcan qui a couvert cette ville de cendres l'a préservée des outrages du temps. Jamais les édifices exposés à l'air ne se seraient ainsi maintenus, et ce souvenir enfoui s'est retrouvé tout entier. Les peintures, les bronzes, étaient encore dans leur beauté première, et tout ce qui peut servir aux usages domestiques est conservé d'une manière effrayante. Les amphores sont encore préparées pour le festin du jour suivant; la farine qui allait être pétrie est encore là; les restes d'une femme sont encore ornés des parures qu'elle portait dans le jour de fête que le volcan a troublé, et ses bras desséchés ne remplissent plus le bracelet de pierreries qui les entoure encore. On ne peut voir nulle part une image aussi frappante de l'interruption subite de la vie. Le sillon des roues est visiblement marqué sur les pavés dans les rues, et les pierres qui bordent les puits portent la trace des cordes qui les ont creusées peu à peu. On voit encore sur les murs d'un corps de

14.

garde les caractères mal formés, les figures grossièrement esquissées que les soldats traçaient pour passer le temps, tandis que ce temps avançait pour les engloutir.

Quand on se place au milieu du carrefour des rues, d'où l'on voit de tous les côtés la ville, qui subsiste encore presque en entier, il semble qu'on attend quelqu'un, que le maître soit prêt à venir, et l'apparence même de vie qu'offre ce séjour fait sentir plus tristement son éternel silence. C'est avec des morceaux de lave pétrifiée que sont bâties la plupart de ces maisons qui ont été ensevelies par d'autres laves. Ainsi, ruines sur ruines, et tombeaux sur tombeaux ! Cette histoire du monde, où les époques se comptent de débris en débris; cette vie humaine, dont la trace se suit à la lueur des volcans qui l'ont consumée, remplissent le cœur d'une profonde mélancolie. Qu'il y a longtemps que l'homme existe ! qu'il y a longtemps qu'il vit, qu'il souffre et qu'il périt ! Où peut-on retrouver ses sentiments et ses pensées ? L'air qu'on respire dans ces ruines en est-il encore empreint, ou sont-elles pour jamais déposées dans le ciel, où règne l'immortalité ? Quelques feuilles brûlées des manuscrits qui ont été retrouvés à Herculanum et à Pompéia, et que l'on essaye de dérouler à Portici, sont tout ce qui nous reste pour interpréter les malheureuses victimes que le volcan, la foudre de la terre, a dévorées. Mais en passant près de ces cendres, que l'art parvient à ranimer, on tremble de respirer, de peur qu'un souffle n'enlève cette poussière, où de nobles idées sont peut-être encore empreintes.

Les édifices publics, dans cette ville même de Pompéia qui était une des moins grandes de l'Italie, sont encore assez beaux. Le luxe des anciens avait presque toujours pour but un objet d'intérêt public. Leurs maisons particulières sont très-petites, et l'on n'y voit point la recherche de la magnificence ; mais un goût vif pour les beaux-arts s'y fait remarquer. Presque tout l'intérieur était orné de peintures les plus agréables, et de pavés de mosaïque artistement travaillés. Il y a beaucoup de ces pavés sur lesquels on trouve écrit : « *Salve* (salut). » Ce mot est placé sur le seuil de la porte. Ce n'était pas sûrement une simple politesse que ce salut, mais une invocation à l'hospitalité. Les chambres sont singulièrement étroites, peu éclairées, n'ayant jamais de fenêtres sur la rue, et donnant presque toutes sur un portique qui est dans l'intérieur de la maison, ainsi que la cour de marbre qu'il entoure. Au milieu de cette cour est une citerne simplement décorée. Il est évident, par ce genre d'habitation, que les anciens vivaient presque toujours en plein air, et que c'était ainsi qu'ils recevaient leurs amis. Rien ne donne une idée plus douce et plus voluptueuse de l'existence que ce climat, qui unit intimement l'homme avec la nature. Il semble que le caractère des entretiens et de la société doit être tout autre, avec de telles habitudes, que dans les pays où la rigueur du froid force à se renfermer dans les maisons. On comprend mieux les dialogues de Platon en voyant ces portiques sous lesquels les anciens se promenaient la moitié du jour. Ils étaient sans cesse animés par le spectacle d'un beau ciel : l'ordre social, tels qu'ils le concevaient, n'était point l'aride combinaison du calcul et de la force, mais un heureux ensemble d'institutions qui excitaient les facultés, développaient l'âme, et donnaient à l'homme pour but le perfectionnement de lui-même et de ses semblables.

L'antiquité inspire une curiosité insatiable. Les érudits qui s'occupent seulement à recueillir une collection de noms qu'ils appellent l'histoire sont sûrement dépourvus de toute imagination. Mais pénétrer dans le passé, interroger le cœur humain à travers les siècles, saisir un fait par un mot, et le caractère d'une nation par un fait; enfin, remonter jusqu'aux temps les plus reculés pour tâcher de se figurer comment la terre, dans sa première jeunesse, apparaissait aux regards des hommes, et de quelle manière ils supportaient alors ce don de la vie, que la civilisation a tant compliqué maintenant, c'est un effort continuel de l'imagination, qui devine et découvre les plus beaux secrets que la réflexion et l'étude puissent nous révéler. Ce genre d'intérêt et d'occupation attirait singulièrement Oswald, et il répétait souvent à Corinne, que s'il n'avait pas eu dans son pays de nobles intérêts à servir, il n'aurait trouvé la vie supportable que dans les contrées où les monuments de l'histoire tiennent lieu de l'existence présente. Il faut au moins regretter la gloire, quand il n'est plus possible de l'obtenir. C'est l'oubli seul qui dégrade l'âme; mais elle peut trouver un asile dans le passé quand d'arides circonstances privent les actions de leur but.

En sortant de Pompéia et repassant à Portici, Corinne et lord Nelvil furent bientôt entourés par les habitants, qui les engageaient à grands cris à venir voir *la montagne*; c'est ainsi qu'ils appellent le Vésuve. A-t-il besoin d'être nommé? Il est pour les Napolitains la gloire et la patrie : leur pays est signalé par cette merveille. Oswald voulut que Corinne fût portée sur une espèce de palanquin jusqu'à l'ermitage de Saint-Salvador, qui est à moitié chemin de la montagne, et où les voyageurs se reposent avant d'entreprendre de gravir sur le sommet; il allait à cheval à côté d'elle, pour surveiller ceux qui la portaient; et plus son cœur était rempli par les généreuses pensées qu'inspirent la nature et l'histoire, plus il adorait Corinne.

Au pied du Vésuve, la campagne est la plus fertile et la mieux cultivée que l'on puisse trouver dans le royaume de Naples, c'est-à-dire dans la contrée de l'Europe la plus favorisée du ciel. La vigne célèbre dont le vin est appelé *lacryma Christi* se trouve dans cet endroit, et tout à côté des terres dévastées par la lave. On dirait que la nature a fait un dernier effort en ce lieu voisin du volcan, et s'est parée de ses plus beaux dons avant de périr. A mesure que l'on s'élève, on découvre, en se retournant, Naples et l'admirable pays qui l'environne. Les rayons du soleil font scintiller la mer comme des pierres précieuses; mais toute la splendeur de la création s'éteint par degrés jusqu'à la terre de cendre et de fumée qui annonce l'approche du volcan. Les laves ferrugineuses des années précédentes tracent sur le sol leur large et noir sillon, et tout est aride autour d'elles. A une certaine hauteur, les oiseaux ne volent plus; à telle autre, les plantes deviennent très-rares, puis les insectes mêmes ne trouvent plus rien pour subsister dans cette nature consumée. Enfin, tout ce qui a vie disparaît : vous entrez dans l'empire de la mort, et la cendre de cette terre pulvérisée roule seule sous vos pieds mal affermis.

*Nè greggi nè armenti
Guida bifolco mai, guida pastore.*

Jamais le berger ni le pasteur ne conduisent en ce lieu ni leurs brebis ni leurs troupeaux.

Un ermite habite là, sur les confins de la vie et de la mort. Un arbre, le dernier adieu de la végétation, est devant sa porte ; et, c'est à l'ombre de son pâle feuillage que les voyageurs ont coutume d'attendre que la nuit vienne pour continuer leur route ; car, pendant le jour, les feux du Vésuve ne s'aperçoivent que comme un nuage de fumée, et la lave, si ardente de nuit, paraît sombre à la clarté du soleil. Cette métamorphose elle-même est un beau spectacle, qui renouvelle chaque soir l'étonnement que la continuité du même aspect pourrait affaiblir. L'impression de ce lieu, sa solitude profonde, donnèrent à lord Nelvil plus de force pour révéler ses secrets sentiments ; et, désirant encourager la confiance de Corinne, il consentit à lui parler, et lui dit avec une vive émotion . « Vous voulez lire jusqu'au fond de l'âme de votre malheureux ami ; eh bien ! je vous avouerai tout : mes blessures vont se rouvrir, je le sens ; mais en présence de cette nature immuable, faut-il donc avoir tant de peur des souffrances que le temps entraîne avec lui ?

LIVRE DOUZIÈME

HISTOIRE DE LORD NELVIL

CHAPITRE PREMIER

« J'ai été élevé dans la maison paternelle avec une tendresse, avec une bonté que j'admire bien davantage depuis que je connais les hommes. Je n'ai jamais rien aimé plus profondément que mon père ; et cependant il me semble que si j'avais su, comme je le sais à présent, combien son caractère était unique dans le monde, mon affection eût été plus vive encore et plus dévouée. Je me rappelle mille traits de sa vie qui me paraissaient tout simples, parce que mon père les trouvait tels, et qui m'attendrissent douloureusement aujourd'hui que j'en connais la valeur. Les reproches qu'on se fait envers une personne qui nous fut chère et qui n'est plus, donnent l'idée de ce que pourraient être les peines éternelles, si la miséricorde divine ne venait point au secours d'une telle douleur.

« J'étais heureux et calme auprès de mon père ; mais je souhaitais de voyager avant de m'engager dans l'armée. Il y a dans mon pays la plus belle carrière civile pour les hommes éloquents ; mais j'avais, j'ai même encore une si grande timidité, qu'il m'eût été très-pénible de parler en public, et je préférais l'état militaire. J'aimais mieux avoir affaire aux périls certains qu'aux dégoûts possibles. Mon amour-propre est, à tous les égards, plus susceptible qu'ambitieux ; et j'ai toujours trouvé que les hommes s'offrent à l'imagination comme des fantômes quand ils vous blâment, et comme des pygmées quand ils vous louent. J'avais envie d'aller en France, où venait d'éclater cette révolution qui, malgré la vieillesse du genre humain, prétendait à recommencer l'histoire du monde. Mon père avait conservé quelques préventions contre Paris qu'il avait vu vers la fin du règne de Louis XV, et ne concevait guère comment des coteries pouvaient se changer en nation, des prétentions en vertus, et des vanités en enthousiasme. Néanmoins il consentit au voyage que je désirais, parce qu'il craignait de rien exiger ; il avait une sorte d'embarras de son autorité paternelle quand le devoir ne lui commandait pas d'en faire usage ; il redoutait toujours que cette autorité n'altérât la vérité, la pureté d'affection qui tient à ce qu'il y a de plus libre et de plus involontaire dans notre nature, et il avait, avant tout, besoin d'être aimé. Il m'accorda donc, au commencement de 1791, lorsque j'avais vingt et un ans accomplis, six mois de séjour en France ; et je partis pour connaître cette nation, si voisine de nous, et toutefois si différente par ses institutions et les habitudes qui en sont résultées.

« Je croyais ne jamais aimer ce pays ; j'avais contre lui les préjugés que nous inspirent la fierté et la gravité anglaises. Je craignais les moqueries contre tous les cultes du cœur et de la pensée ; je détestais cet art de rabattre tous les élans et de désenchanter tous les amours. Le fond de cette gaieté tant vantée me paraissait bien triste, puisqu'il frappait de mort mes sentiments les plus chers. Je ne connaissais pas alors les Français vraiment distingués ; et ceux-là réunissent aux qualités les plus nobles des manières pleines de charmes. Je fus étonné de la simplicité, de la liberté qui régnaient dans les sociétés de Paris. Les plus grands intérêts y étaient traités sans frivolité comme sans pédanterie ; il semblait que les idées les plus profondes fussent devenues le patrimoine de la conversation, et que la révolution du monde entier ne se fît que pour rendre la société de Paris plus aimable. Je rencontrais des hommes d'une instruction sérieuse, d'un talent supérieur, animés par le désir de plaire, plus encore que par le besoin d'être utiles ; recherchant les suffrages d'un salon, même après ceux d'une tribune, et vivant dans la société des femmes pour être applaudis plutôt que pour être aimés.

« Tout, à Paris, était parfaitement bien combiné, par rapport au bonheur extérieur. Il n'y avait aucune gêne dans les détails de la vie; de l'égoïsme au fond, mais jamais dans les formes; un mouvement, un intérêt qui prenait chacun de vos jours, sans vous en laisser beaucoup de fruit, mais aussi sans que jamais vous en sentissiez le poids; une promptitude de conception qui permettait d'indiquer et de comprendre par un mot ce qui aurait exigé ailleurs un long développement; un esprit d'imitation qui pourrait bien s'opposer à toute indépendance véritable, mais qui introduit dans la conversation cette sorte de bon accord et de complaisance qu'on ne trouve nulle autre part; enfin, une manière facile de conduire la vie, de la diversifier, de la soustraire à la réflexion, sans en écarter le charme de l'esprit. A tous ces moyens de s'étourdir, il faut ajouter les spectacles, les étrangers, les nouvelles, et vous aurez l'idée de la ville la plus sociale qui soit au monde. Je m'étonne presque de prononcer son nom dans cet ermitage, au milieu d'un désert, à l'autre extrême des impressions que fait naître la plus active population du monde; mais je devais vous peindre ce séjour et son effet sur moi.

« Le croiriez-vous, Corinne? maintenant que vous m'avez connu si sombre et si découragé, je me laissai séduire par ce tourbillon spirituel! Je fus bien aise de n'avoir pas un moment d'ennui, eussé-je dû n'en avoir pas un de méditation, et d'émousser en moi la faculté de souffrir, bien que celle d'aimer s'en ressentît. Si j'en puis juger par moi-même, il me semble qu'un homme d'un caractère sérieux et sensible peut être fatigué par l'intensité même et la profondeur de ses impressions : il revient toujours à sa nature; mais ce qui l'en fait sortir, au moins pour quelque temps, lui fait du bien.

C'est en m'élevant au-dessus de moi-même, Corinne, que vous dissipez ma mélancolie naturelle; c'est en me faisant valoir moins que je ne vaux réellement, qu'une femme, dont je vous parlerai bientôt, étourdissait ma tristesse intérieure. Cependant, quoique j'eusse pris le goût et l'habitude de Paris, elle ne m'aurait pas suffi longtemps, si je n'avais pas obtenu l'amitié d'un homme, parfait modèle du caractère français dans son antique loyauté, et de l'esprit français dans sa culture nouvelle.

« Je ne vous dirai pas, mon amie, le véritable nom des personnes dont j'ai à vous parler, et vous comprendrez ce qui m'oblige à vous le cacher, en apprenant le reste de cette histoire. Le comte Raimond était de la plus illustre famille de France; il avait dans l'âme toute la fierté chevaleresque de ses ancêtres, et sa raison adoptait les idées philosophiques quand elles lui commandaient des sacrifices personnels; il ne s'était point activement mêlé de la révolution, mais il aimait ce qu'il y avait de vertueux dans chaque parti; le courage de la reconnaissance dans les uns, l'amour de la liberté dans les autres; tout ce qui était désintéressé lui plaisait. La cause de tous les opprimés lui paraissait juste, et cette générosité de caractère était encore relevée par la plus grande négligence pour sa propre vie. Ce n'était pas qu'il fût précisément malheureux; mais il y avait un tel contraste entre son âme et la société, telle qu'elle est en général, que la peine journalière qu'il en ressentait le détachait de lui-même. Je fus assez heureux pour intéresser le comte Raimond; il souhaita de vaincre ma réserve naturelle, et, pour en triompher, il mit dans notre liaison une coquetterie d'amitié vraiment romanesque; il ne connaissait aucun obstacle, ni pour rendre un grand service, ni pour faire un grand plaisir. Il voulait aller s'établir la moitié de l'année en Angleterre, pour ne pas me quitter; j'avais beaucoup de peine à l'empêcher de partager avec moi tout ce qu'il possédait.

« Je n'ai qu'une sœur, me disait-il, mariée à un vieillard très-riche, et je suis libre de faire ce que je veux de ma fortune. D'ailleurs cette révolution tournera mal, et je pourrais bien être tué : faites-moi donc jouir de ce que j'ai, en le regardant comme étant à vous. » Hélas! ce généreux Raimond prévoyait trop bien sa destinée. Quand on est capable de se connaître, on se trompe rarement sur son sort; et les pressentiments ne sont le plus souvent qu'un jugement sur soi-même qu'on ne s'est pas encore tout à fait avoué. Noble, sincère, imprudent même, le comte Raimond mettait dehors toute son âme ; c'était un plaisir nouveau pour moi qu'un tel caractère : chez nous, les trésors de l'âme ne sont pas facilement exposés aux regards, et nous avons pris l'habitude de douter de tout ce qui se montre ; mais cette bonté expansive que je trouvais dans mon ami me donnait des jouissances tout à la fois faciles et sûres, et je n'avais pas un doute sur ses qualités, bien qu'elles se fissent toutes voir dès le premier instant. Je n'éprouvais aucune timidité dans mes rapports avec lui, et, ce qui valait mieux encore, il me mettait à l'aise avec moi-même. Tel était l'aimable Français pour qui j'ai senti cette amitié parfaite, cette fraternité de compagnons d'armes, dont on n'est capable que dans la jeunesse, avant qu'on ait connu le sentiment de la rivalité, avant que les carrières irrévocablement tracées sillonnent et partagent le champ de l'avenir.

« Un jour le comte Raimond me dit : « Ma sœur est veuve, et j'avoue que je n'en suis point affligé ; je n'aimais pas son mariage : elle avait accepté la main du vieillard qui vient de mourir, dans un moment où nous n'avions pas de fortune ni l'un ni l'autre, car la mienne vient d'un héritage qui m'est arrivé nouvellement ; mais, néanmoins, je m'étais opposé, dans le temps, à cette union autant que j'avais pu : je n'aime pas qu'on fasse rien par calcul, et encore moins la plus solennelle action de la vie. Mais enfin elle s'est conduite à merveille avec l'époux qu'elle n'aimait pas ; il n'y a rien à dire à tout cela, selon le monde ; maintenant qu'elle est libre, elle revient demeurer chez moi. Vous la verrez ; c'est une personne très-aimable à la longue : et vous autres Anglais, vous aimez à faire des découvertes. Pour moi, je trouve plus agréable de lire d'abord tout dans la physionomie ; vos manières contenues cependant, mon cher Oswald, ne m'ont jamais fait de peine ; mais celles de ma sœur me gênent un peu. »

« Madame d'Arbigny, la sœur du comte Raimond, arriva le lendemain matin, et le même soir je lui fus présenté : elle avait des traits semblables à ceux de son frère, un son de voix analogue, mais une manière d'accentuer toute différente, et beaucoup plus de réserve et de finesse dans l'expression de ses regards; sa figure d'ailleurs était très-agréable, sa taille pleine de grâce, et il y avait dans tous ses mouvements un élégance parfaite; elle ne disait pas un mot qui ne fût convenable; elle ne manquait à aucun genre d'égards, sans que sa politesse fût en rien exagérée; elle flattait l'amour-propre avec beaucoup d'adresse, et montrait qu'on lui plaisait sans jamais se compromettre : car, dans tout ce qui tenait à la sensibilité, elle s'exprimait toujours comme si, dans ce genre, elle eût voulu dérober aux autres ce qui se passait dans son cœur. Cette manière avait, avec celle des femmes de mon pays, une ressemblance apparente qui me séduisit. Il me semblait bien que madame d'Arbigny trahissait trop souvent ce qu'elle prétendait vouloir cacher, et que le hasard n'amenait pas tant d'occasions d'attendrissement involontaire qu'il en naissait autour d'elle; mais cette réflexion traversait légèrement mon esprit, et ce que j'éprouvais habituellement auprès de madame d'Arbigny m'était doux et nouveau.

« Je n'avais jamais été flatté par personne. Chez nous l'on ressent avec profondeur et l'amour et l'enthousiasme qu'il inspire, mais l'art de s'insinuer dans le cœur par l'amour-propre est peu connu. D'ailleurs je sortais des universités, et jusqu'alors personne en Angleterre n'avait fait attention à moi. Madame d'Arbigny relevait chaque mot que je disais; elle s'occupait de moi avec une attention constante : je ne crois pas qu'elle connût bien l'ensemble de ce que je puis être; mais elle me révélait à moi-même, par mille observations, des détails dont la sagacité me confondait. Il me semblait quelquefois qu'il y avait un peu d'art dans son langage, qu'elle parlait trop bien et d'une voix trop douce, que ses phrases étaient trop soigneusement rédigées; mais sa ressemblance avec son frère, le plus sincère de tous les hommes, éloignait de mon esprit ces doutes, et contribuait à m'inspirer de l'attrait pour elle.

« Un jour je disais au comte Raimond l'effet que produisait

sur moi cette ressemblance : il m'en remercia ; mais, après un instant de réflexion, il me dit : « Ma sœur et moi, cependant, nous n'avons pas de rapports dans le caractère. » Il se tut après ces mots ; mais en me les rappelant, ainsi que beaucoup d'autres circonstances, j'ai été convaincu dans la suite qu'il ne désirait pas que j'épousasse sa sœur. Je ne puis douter qu'elle n'en eût l'intention dès lors, quoique cette intention ne fût pas aussi prononcée que dans la suite ; nous passions notre vie ensemble, et les jours s'écoulèrent avec elle, souvent agréablement, toujours sans peine. J'ai réfléchi, depuis, qu'elle était habituellement de mon avis ; quand je commençais une phrase, elle la finissait, ou, prévoyant d'avance celle que j'allais dire, elle se hâtait de s'y conformer ; et cependant, malgré cette douceur parfaite dans les formes, elle exerçait un empire très-despotique sur mes actions ; elle avait une manière de me dire : *Sûrement vous vous conduirez ainsi, sûrement vous ne ferez pas telle démarche*, qui me dominait tout à fait ; il me semblait que je perdrais toute son estime pour moi si je trompais son attente, et j'attachais du prix à cette estime, témoignée souvent avec des expressions très-flatteuses.

« Cependant, Corinne, croyez-moi, car je le pensais même avant de vous connaître, ce n'était point de l'amour que le sentiment que m'inspirait madame d'Arbigny, je ne lui avais point dit que je l'aimasse ; je ne savais point si une telle belle-fille conviendrait à mon père ; il n'était point dans ses idées que j'épousasse une Française, et je ne voulais rien faire sans son aveu. Mon silence, je le crois, déplaisait à madame d'Arbigny : car elle avait quelquefois de l'humeur, dont elle faisait toujours de la tristesse, et qu'elle exprimait après par des motifs touchants, bien que sa physionomie, dans les moments où elle ne s'observait pas, eût quelquefois beaucoup de sécheresse ; mais j'attribuais ces instants d'inégalité à nos rapports ensemble, dont je n'étais pas content moi-même ; car cela fait mal d'aimer un peu et de ne pas aimer tout à fait.

« Ni le comte Raimond ni moi nous ne parlions de sa sœur : c'était la première gêne qui eût existé entre nous ; mais plusieurs fois madame d'Arbigny m'avait conjuré de ne pas m'entretenir d'elle avec son frère; et lorsque je m'étonnais de cette prière, elle me disait : « Je ne sais si vous êtes comme moi, mais je ne puis souffrir qu'un tiers, même mon ami intime, se mêle de mes sentiments pour un autre. J'aime le secret dans toutes les affections. » Cette explication me plaisait assez, et j'obéissais à ses désirs. Je reçus alors une lettre de mon père, qui me rappelait en Écosse. Les six mois fixés pour mon séjour en France étaient écoulés, et les troubles de ce pays allaient toujours en croissant ; il ne pensait pas qu'il convînt à un étranger d'y rester davantage. Cette lettre me causa d'abord une vive peine. Je sentais néanmoins combien mon père avait raison ; j'avais un grand désir de le revoir ; mais la vie que je menais à Paris dans la société du comte Raimond et de sa sœur m'était tellement agréable, que je ne pouvais m'en arracher sans un amer chagrin. J'allai tout de suite chez madame d'Arbigny, je lui montrai ma lettre, et, pendant qu'elle la lisait, j'étais si absorbé par ma peine, que je ne vis pas même quelle impression elle en recevait ; je l'entendis seulement qui me disait quelques mots pour m'engager à retarder mon départ, à écrire à mon père que j'étais malade, enfin à *louvoyer* avec sa volonté. Je me souviens que ce fut le terme dont elle se servit ; j'allais répondre, et j'aurais dit ce qui était vrai, c'est que mon départ était résolu pour le lendemain, lorsque le comte Raimond entra, et, sachant ce dont il s'agissait, déclara le plus nettement du monde que je devais obéir à mon père, et qu'il n'y avait pas à hésiter. Je fus étonné de cette décision si rapide ; je m'attendais à être sollicité, retenu ; je voulais résister à mes propres regrets : mais je ne croyais pas que l'on me rendît le triomphe si facile, et, pour un moment, je méconnus le sentiment de mon ami : il s'en aperçut, me prit la main et me dit : « Dans trois mois je serai en Angleterre ; pourquoi donc vous retiendrais-je en France ? J'ai mes raisons pour n'en rien faire, » ajouta-t-il à demi voix. Mais sa sœur l'entendit, et se hâta de dire qu'il était sage, en effet, d'éviter les dangers que pouvait courir un Anglais en France, au milieu de la révolution. Je suis bien

sûr à présent que ce n'était pas a cela que le comte Raimond
faisait allusion ; mais il ne contredit ni ne confirma l'explication de sa sœur. Je partais ; il ne crut pas nécessaire de
m'en dire davantage.

« Si je pouvais être utile à mon pays, je resterais, continua-t-il ; mais, vous le voyez, il n'y a plus de France. Les
idées et les sentiments qui la faisaient aimer n'existent plus.
Je regretterai encore le sol, mais je retrouverai ma patrie
quand je respirerai le même air que vous. » Combien je fus
ému des touchantes expressions d'une amitié si vraie ! combien en ce moment Raimond l'emportait sur sa sœur dans
mes affections! Elle le devina bien vite ; et ce soir-là même,
je la vis sous un point de vue nouveau. Il arriva du monde ;
elle fit les honneurs de chez elle à merveille, parla de mon
départ avec la plus grande simplicité, et donna généralement
l'idée que c'était pour elle l'événement le plus ordinaire.
J'avais déjà remarqué dans plusieurs occasions qu'elle mettait un tel prix à la considération, que jamais elle ne laissait
voir à personne les sentiments qu'elle me témoignait ; mais,
cette fois, c'en était trop, et j'étais tellement blessé de son
indifférence, que je résolus de partir avant la société, et de
ne pas rester seul un moment avec elle. Elle vit que je m'approchais de son frère pour lui demander de me dire adieu le
lendemain matin, avant mon départ : alors elle vint à moi, et
me dit assez haut pour que l'on pût l'entendre, qu'elle avait
une lettre à me remettre pour une de ses amies en Angleterre,
et elle ajouta très-vite et très-bas : « Vous ne regrettez que
mon frère, vous ne parlez qu'à lui, et vous voulez me percer
le cœur en vous en allant ainsi ! » Puis elle retourna sur-le-champ s'asseoir au milieu de son cercle. Je fus troublé de ces
paroles, et j'allais rester comme elle le désirait, lorsque le
comte Raimond me prit par le bras, et m'emmena dans sa
chambre.

« Quand tout le monde fut parti, nous entendîmes sonner
à coups redoublés dans l'appartement de madame d'Arbigny ;
le comte Raimond n'y faisait pas attention ; je le forçai cependant à s'en inquiéter, et nous envoyâmes demander ce

que c'était : on nous répondit que madame d'Arbigny venait de se trouver mal. Je fus vivement ému ; je voulais la revoir, retourner chez elle encore une fois ; le comte Raimond m'en empêcha obstinément. « Évitons ces émotions, dit-il ; les femmes se consolent toujours mieux quand elles sont seules. » Je ne pouvais comprendre cette dureté pour sa sœur, si fort en contraste avec la constante bonté de mon ami, et je me séparai de lui, le lendemain, avec une sorte d'embarras qui rendit nos adieux moins tendres. Ah ! si j'avais deviné le sentiment plein de délicatesse qui l'empêchait de consentir à ce que sa sœur me captivât, quand il ne la croyait pas faite pour me rendre heureux ! si j'avais prévu surtout quels événements allaient nous séparer pour toujours, mes adieux auraient satisfait et son âme et la mienne.

CHAPITRE II

Oswald cessa de parler pendant quelques instants ; Corinne écoutait son récit avec une telle avidité, qu'elle se tut aussi, dans la crainte de retarder le moment où il reprendrait la parole. « Je serais heureux, continua-t-il, si mes rapports avec madame d'Arbigny avaient fini alors, si j'étais resté près de mon père, et si je n'avais pas remis le pied sur la terre de France ! Mais la fatalité, c'est-à-dire peut-être la faiblesse de mon caractère, a pour jamais empoisonné ma vie : oui, pour jamais, chère amie, même auprès de vous.

« Je passai près d'une année en Écosse avec mon père, et notre tendresse l'un pour l'autre devint chaque jour plus intime ; je pénétrai dans le sanctuaire de cette âme céleste, et je trouvais dans l'amitié qui m'unissait à lui ces sympathies du sang dont les liens mystérieux tiennent à tout notre être. Je recevais des lettres de Raimond pleines d'affection : il me racontait les difficultés qu'il trouvait à dénaturer sa fortune pour venir me joindre ; mais sa persévérance dans ce projet était la même. Je l'aimais toujours ; mais quel ami pouvais-je comparer à mon père ! Le respect qu'il m'inspirait ne gênait pas ma confiance. J'avais foi aux paroles de mon père comme à un oracle, et les incertitudes qui sont malheureusement dans mon caractère cessaient toujours dès qu'il avait parlé. *Le ciel nous a formés,* dit un écrivain anglais, *pour l'amour de ce qui est vénérable.* Mon père n'a pas su, il n'a pu savoir à quel point je l'aimais, et ma fatale conduite a dû l'en faire douter. Cependant il a eu pitié de moi; il m'a plaint, en mourant, de la douleur que me causerait sa perte. Ah! Corinne, j'avance dans ce triste récit; soutenez mon courage, j'en ai besoin. — Cher ami, lui dit Corinne, trouvez quelque douceur à montrer votre âme si noble et si sensible devant la personne du monde qui vous admire et vous chérit le plus.

— Il m'envoya pour ses affaires à Londres, reprit lord Nelvil, et je le quittai lorsque je ne devais plus le revoir, sans qu'aucun trémissement m'avertît de mon malheur. Il fut plus aimable que jamais dans nos derniers entretiens : on dirait que l'âme des justes donne, comme les fleurs, plus de parfums vers le soir. Il m'embrassa les larmes aux yeux : il me disait souvent qu'à son âge tout était solennel ; mais moi je croyais à sa vie comme à la mienne : nos âmes s'entendaient si bien, il était si jeune pour aimer, que je ne songeais pas à sa vieillesse. La confiance comme la crainte sont inexplicables dans les affections vives. Mon père m'accompagna cette fois jusqu'au seuil de la porte de son château que j'ai revu depuis désert et dévasté comme mon triste cœur.

« Il n'y avait pas huit jours que j'étais à Londres, quand je reçus de madame d'Arbigny la fatale lettre dont j'ai retenu chaque mot : « Hier 10 août, me disait-elle, mon frère
« a été massacré aux Tuileries en défendant son roi. Je suis
« proscrite comme sa sœur, et obligée de me cacher pour
« échapper à mes persécuteurs. Le comte Raimond avait
« pris toute ma fortune avec la sienne, pour la faire passer
« en Angleterre : l'avez-vous déjà reçue? ou savez-vous à
« qui il l'a confiée pour vous la remettre? Je n'ai qu'un mot
« de lui, écrit du château même, au moment où il a su qu'on

« se disposait à l'attaquer, et ce mot me dit seulement de
« m'adresser à vous pour tout savoir. Si vous pouviez venir
« ici pour m'emmener, vous me sauveriez peut-être la vie ;
« car les Anglais voyagent librement encore en France, et
« moi je ne puis obtenir de passe-port : le nom de mon frère
« me rend suspecte. Si la malheureuse sœur de Raimond
« vous intéresse assez pour venir la chercher, vous saurez à
« Paris, chez M. de Maltigues, mon parent, le lieu de ma re-
« traite. Mais si vous avez la généreuse intention de me se-
« courir, ne perdez pas un instant pour l'accomplir; car on
« dit que la guerre peut éclater d'un jour à l'autre entre nos
« deux pays. »

« Représentez-vous l'effet que cette lettre produisit sur
moi. Mon ami massacré, sa sœur au désespoir, et leur fortune, disait-elle, entre mes mains, bien que n'en eusse pas
reçu la moindre nouvelle. Ajoutez à ces circonstances le
danger de madame d'Arbigny, et l'idée qu'elle avait que je
pouvais la servir en allant la chercher. Il ne me parut pas
possible d'hésiter ; et je partis à l'instant, en envoyant un
courrier à mon père, qui lui portait la lettre que je venais de
recevoir, et la promesse qu'avant quinze jours je serais re-
venu. Par un hasard vraiment cruel, l'homme que j'envoyai
tomba malade en route, et la seconde lettre que j'écrivis à
mon père, de Douvres, lui parvint avant la première. Il sut
ainsi mon départ sans en connaître les motifs ; et, quand
l'explication lui arriva, il avait pris sur ce voyage une
inquiétude qui ne se dissipa point.

« J'arrivai à Paris en trois jours ; j'y appris que madame
d'Arbigny s'était retirée dans une ville de province, à soixante
lieues, et je continuai ma route pour aller l'y rejoindre. Nous
éprouvâmes l'un et l'autre une profonde émotion en nous revoyant : elle était, dans son malheur, beaucoup plus aimable
qu'auparavant, parce qu'il y avait dans ses manières moins
d'art et de contrainte. Nous pleurâmes ensemble son noble
frère et les désastres publics. Je m'informai avec anxiété de
sa fortune . elle me dit qu'elle n'en avait aucune nouvelle ;
mais, peu de jours après, j'appris que le banquier auquel le

15.

comte Raimond l'avait confiée la lui avait rendue ; et, ce qui est singulier, je l'appris par un négociant de la ville où nous étions, qui me le dit par hasard, et m'assura que madame d'Arbigny n'avait jamais dû en être véritablement inquiète. Je n'y compris rien, et j'allai chez madame d'Arbigny pour lui demander ce que cela signifiait. Je trouvai chez elle un de ses parents, M. de Maltigues, qui me dit, avec une promptitude et un sang-froid remarquables, qu'il arrivait à l'instant même de Paris pour apporter à madame d'Arbigny la nouvelle du retour du banquier qu'elle croyait parti pour l'Angleterre, et dont elle n'avait pas entendu parler depuis un mois. Madame d'Arbigny confirma ce qu'il disait, et je la crus ; mais, en me rappelant qu'elle a constamment trouvé des prétextes pour ne pas me montrer le prétendu billet de son frère, dont elle me parlait dans sa lettre, j'ai compris, depuis, qu'elle s'était servie d'une ruse pour m'inquiéter sur sa fortune.

« Au moins est-il vrai qu'elle était riche, et que dans son désir de m'épouser il ne se mêlait aucun motif intéressé ; mais le grand tort de madame d'Arbigny était de faire une entreprise du sentiment, de mettre de l'adresse là où il suffisait d'aimer, et de dissimuler sans cesse, quand il eût mieux valu montrer tout simplement ce qu'elle éprouvait ; car elle m'aimait alors autant qu'on peut aimer quand on combine ce qu'on fait, presque même ce que l'on pense, et que l'on conduit les relations du cœur comme des intrigues politiques.

« La tristesse de madame d'Arbigny ajoutait encore à ses charmes extérieurs, et lui donnait une expression touchante qui me plaisait extrêmement. Je lui avais formellement déclaré que je ne me marierais point sans le consentement de mon père ; mais je ne pouvais m'empêcher de lui exprimer les transports que sa figure séduisante excitait en moi ; et comme il entrait dans ses projets de me captiver à tout prix, je crus entrevoir qu'elle n'était pas invariablement résolue à repousser mes désirs ; et maintenant que je me retrace ce qui s'est passé entre nous, il me semble qu'elle hésitait par des motifs étrangers à l'amour, et que ses combats apparents étaient des délibérations secrètes. Je me trouvais seul avec elle tout le jour; et, malgré les résolutions que la délicatesse m'inspirait, je ne pus résister à mon entraînement, et madame d'Arbigny m'imposa tous les devoirs en m'accordant tous les droits; elle me montra plus de douleur et de remords que peut-être elle n'en avait réellement et me lia fortement à son sort par son repentir même. Je voulais le mener en Angleterre avec moi, la faire connaître à mon père, et le conjurer de consentir à mon union avec elle; mais elle se refusait à quitter la France sans que je fusse son époux. Peut-être avait-elle raison en cela; mais, sachant bien de tout temps que je ne pouvais me résoudre à l'épouser sans l'aveu de mon père, elle avait tort dans les moyens qu'elle prenait, et pour ne pas partir, et pour me retenir, malgré les devoirs qui me rappelaient en Angleterre.

« Quand la guerre fut déclarée entre les deux pays, mon désir de quitter la France devint plus vif, et les obstacles qu'y opposait madame d'Arbigny se multiplièrent. Tantôt elle ne pouvait obtenir un passe-port; tantôt, si je voulais partir seul, elle m'assurait qu'elle serait compromise en restant en France après mon départ, parce qu'on la soupçonnerait d'être en correspondance avec moi. Cette femme, si douce, si mesurée, se livrait par moments à des accès de désespoir qui bouleversaient entièrement mon âme; elle employait les attraits de sa figure et les grâces de son esprit pour me plaire, et sa douleur pour m'intimider.

« Peut-être les femmes ont-elles tort de commander au nom des larmes, et d'asservir ainsi la force à leur faiblesse; mais quand elles ne craignent pas d'employer ce moyen, il réussit presque toujours, au moins pour un temps. Sans doute le sentiment s'affaiblit par l'empire même que l'on usurpe sur lui, et la puissance des pleurs, trop souvent exercée, refroidit l'imagination. Mais il y avait en France, dans ce temps, mille occasions de ranimer l'intérêt et la pitié. La santé de madame d'Arbigny paraissait aussi tous les jours plus faible; et c'est encore un terrible moyen de domination pour les femmes que la maladie. Celles qui n'ont pas comme vous, Corinne, une juste confiance dans leur esprit et dans leur âme, ou celles qui ne sont pas, comme nos Anglaises, si fières et si timides que la feinte leur est impossible, ont recours à l'art pour inspirer l'attendrissement; et le mieux que l'on puisse attendre d'elles alors, c'est que la dissimulation ait pour cause un sentiment vrai.

« Un tiers se mêlait, à mon insu, de mes relations avec madame d'Arbigny; c'était M. de Maltigues : elle lui plaisait, il ne demandait pas mieux que de l'épouser, mais une immoralité réfléchie le rendait indifférent à tout; il aimait l'intrigue comme un jeu, même quand le but ne l'intéressait pas, et secondait madame d'Arbigny dans le désir qu'elle avait de s'unir à moi, quitte à déjouer ce projet si l'occasion de servir le sien se présentait. C'était un homme pour qui j'avais un singulier éloignement : à peine âgé de trente ans, ses manières et son extérieur étaient d'une sécheresse remarquable. En Angleterre, où l'on nous accuse d'être froids, je n'ai rien vu de comparable au sérieux de son maintien, quand il entrait dans une chambre. Je ne l'aurais jamais pris pour un Français, s'il n'avait pas eu le goût de la plaisanterie, et un besoin de parler, très-bizarre dans un homme qui paraissait blasé sur tout, et qui mettait cette disposition en système. Il prétendait qu'il était né très-sensible, très-enthousiaste; mais que la connaissance des hommes, dans la révolution de France, l'avait détrompé de tout cela. Il avait aperçu, disait-il, qu'il n'y avait de bon dans le monde que la fortune ou le pouvoir, ou tous les deux, et que les amitiés, en général, devaient être considérées comme des moyens qu'il faut prendre ou quitter selon les circonstances. Il était assez habile dans la pratique de cette opinion; il n'y faisait qu'une faute, c'était de la dire; mais bien qu'il n'eût pas, comme les Français d'autrefois, le désir de plaire, il lui restait le besoin de faire effet par la conversation, et cela le rendait très-imprudent : bien différent en cela de madame d'Arbigny, qui voulait atteindre son but, mais qui ne se trahissait point, comme M. de Maltigues, en cherchant à briller par l'immoralité même. Entre ces deux personnes, ce qui était bizarre, c'est que la plus vive cachait bien son secret, et que l'homme froid ne savait pas se taire.

« Tel qu'il était, ce M. de Maltigues, il avait un ascendant singulier sur madame d'Arbigny ; il la devinait, ou bien elle lui confiait tout ; cette femme, habituellement dissimulée, avait peut-être besoin de faire de temps en temps une imprudence, comme pour respirer ; au moins est-il certain que, quand M. de Maltigues la regardait durement, elle se troublait toujours ; s'il avait l'air mécontent, elle se levait pour le prendre à part ; s'il sortait avec humeur, elle s'enfermait presque à l'instant pour lui écrire. Je m'expliquais cette puissance de M. de Maltigues sur madame d'Arbigny, parce qu'il la connaissait dès son enfance, et dirigeait ses affaires depuis qu'elle n'avait pas de plus proche parent que lui ; mais le principal motif de ces ménagements singuliers, c'était le projet qu'elle avait formé, et j'appris trop tard, de l'épouser si je la quittais ; car elle ne voulait à aucun prix passer pour une femme abandonnée. Une telle résolution devrait faire croire qu'elle ne m'aimait pas ; et cependant elle n'avait, pour me préférer, aucune raison que le sentiment ; mais elle avait mêlé toute sa vie le calcul à l'entraînement, et les prétentions factices de la société aux affections naturelles. Elle pleurait parce qu'elle était émue, mais elle pleurait aussi parce que c'est ainsi qu'on attendrit. Elle était heureuse d'être aimée parce qu'elle aimait, mais aussi parce que cela fait honneur dans le monde ; elle avait de bons sentiments quand elle était toute seule, mais elle n'en jouissait pas si elle ne pouvait les faire tourner au profit de son amour-propre ou de ses désirs. C'était une personne formée par et pour la bonne compagnie, et qui avait cet art de travailler le vrai, qui se rencontre si souvent dans les pays où le désir de produire de l'effet par ses sentiments, est plus vif que ces sentiments mêmes.

« Je n'avais pas, depuis longtemps, de nouvelles de mon père, parce que la guerre avait interrompu sa correspondance avec moi. Une lettre enfin m'arriva par une occasion ; il m'adjurait de partir, au nom de mon devoir et de sa tendresse ; il me déclarait en même temps, de la manière la plus formelle, que si j'épousais madame d'Arbigny, je lui causerais une douleur mortelle, et me demandait au moins de revenir libre en Angleterre, et de ne me décider qu'après l'avoir entendu. Je lui répondis à l'instant, en lui donnant ma parole d'honneur que je ne me marierais pas sans son consentement, et l'assurant que dans peu je le rejoindrais Madame d'Arbigny employa d'abord la prière, puis le désespoir, pour me retenir ; et, voyant enfin qu'elle ne réussissait pas, je crois qu'elle eut recours à la ruse ; mais comment alors aurais-je pu la soupçonner?

» Un matin elle arriva chez moi, pâle, échevelée, et se jeta dans mes bras, en me suppliant de la protéger : elle paraissait mourir de frayeur. A peine pus-je comprendre, à travers son émotion, que l'ordre était venu de l'arrêter, comme sœur du comte Raimond, et qu'il fallait que je lui trouvasse un asile pour la dérober à ceux qui la poursuivaient. A cette époque même, des femmes avaient péri, et toutes les terreurs paraissaient naturelles. Je la menai chez un négociant qui m'était dévoué ; je l'y cachai, je crus la sauver, et M. de Maltigues et moi nous avions seuls le secret de sa retraite. Comment, dans cette situation, ne pas s'intéresser vivement au sort d'une femme? comment se séparer d'une personne proscrite? Quel est le jour, quel est le moment où il se peut qu'on lui dise : « Vous avez compté sur mon appui, et je vous le retire ! » Cependant le souvenir de mon père me poursuivait continuellement, et, dans plusieurs occasions, j'essayai d'obtenir de madame d'Arbigny la permission de partir seul ; mais elle me menaça de se livrer à ses assassins si je la quittais, et sortit deux fois en plein jour, dans un trouble affreux qui me pénétra de douleur et de crainte. Je la suivis dans la rue, en la conjurant en vain de revenir. Heureusement, par hasard ou par combinaison, nous rencontrâmes chaque fois M. de Maltigues, et il la ramena en lui faisant sentir l'imprudence de sa conduite. Alors je me résignai à rester, et j'écrivis à mon père en motivant, autant que je le pus, ma conduite ; mais je rougissais d'être en France, au milieu des événements affreux qui s'y passaient, et lorsque mon pays était en guerre avec les Français.

« M. de Maltigues se moquait souvent de mes scrupules; mais, tout spirituel qu'il était, il ne prévoyait pas ou ne se donnait pas la peine d'observer l'effet de ses plaisanteries, car elles réveillaient en moi tous les sentiments qu'il voulait éteindre. Madame d'Arbigny remarquait bien l'impression que je recevais; mais elle n'avait point d'empire sur M. de Maltigues, qui se décidait souvent par le caprice, au défaut de l'intérêt. Elle recourait, pour m'attendrir, à sa douleur véritable, à sa douleur exagérée; elle se servait de la faiblesse de sa santé autant pour plaire que pour toucher, car elle n'était jamais plus attrayante que quand elle s'évanouissait à mes pieds. Elle savait embellir sa beauté comme tout le reste de ses agréments, et ses charmes extérieurs eux-mêmes étaient habilement combinés avec ses émotions pour me captiver.

« Je vivais ainsi toujours troublé, toujours incertain, tremblant quand je recevais une lettre de mon père, plus malheureux encore quand je n'en recevais pas, retenu par l'attrait que je ressentais pour madame d'Arbigny, et surtout par la peur de son désespoir; car, par un mélange singulier, c'était la personne la plus douce dans l'habitude de la vie, la plus égale, souvent même la plus enjouée, et néanmoins la plus violente dans une scène. Elle voulait enchaîner par le bonheur et par la crainte, et transformait ainsi toujours son naturel en moyens. Un jour, c'était au mois de septembre 1793, il y avait plus d'un an déjà que j'étais en France, je reçus une lettre de mon père, conçue en peu de mots; mais ces mots étaient si sombres et si douloureux, qu'il faut, Corinne, m'épargner de vous les dire : ils me feraient trop de mal. Mon père était déjà malade, mais il ne me le dit pas : sa délicatesse et sa fierté l'en empêchèrent. Cependant toute sa lettre exprimait tant de douleur, et sur mon absence et sur la possibilité de mon mariage avec madame d'Arbigny, que je ne conçois pas encore comment, en la lisant, je n'ai pas prévu le malheur dont j'étais menacé. Je fus assez ému néanmoins pour ne plus hésiter, et j'allai chez madame d'Arbigny, parfaitement décidé à prendre congé d'elle. Elle aperçut bien vite que mon parti était pris ; et, se recueillant en elle-même, tout à coup elle se leva et me dit : « Avant de partir, il faut que vous sachiez un secret que je rougissais de vous avouer. Si vous m'abandonnez, ce ne sera pas moi seule que vous ferez mourir, et le fruit de ma honte et de mon coupable amour périra dans mon sein avec moi. » Rien ne peut exprimer l'émotion que j'éprouvai ; ce devoir sacré, ce devoir nouveau s'empara de toute mon âme, et je fus soumis à madame d'Arbigny comme l'esclave le plus dévoué.

« Je l'aurais épousée, comme elle le voulait, s'il ne se fût pas rencontré dans ce moment les plus grands obstacles à ce qu'un Anglais pût se marier en France, en déclarant, comme il le fallait, son nom à l'officier civil. J'ajournai donc notre union jusqu'au moment où nous pourrions aller ensemble en Angleterre, et je résolus de ne pas quitter madame d'Arbigny jusqu'alors : elle se calma d'abord, quand elle fut tranquillisée sur le danger prochain de mon départ ; mais elle recommença bientôt à se plaindre et à se montrer tour à tour blessée et malheureuse de ce que je ne surmontais pas toutes les difficultés pour l'épouser. J'aurais fini par céder à sa volonté ; j'étais tombé dans la mélancolie la plus profonde, je passais des jours entiers chez moi, sans pouvoir en sortir ; j'étais en proie à une idée que je ne m'avouais jamais et qui me persécutait toujours. J'avais un pressentiment de la maladie de mon père, et je ne voulais pas croire à mon pressentiment, que je prenais pour une faiblesse. Par une bizarrerie, résultat de l'effroi que me causait la douleur de madame d'Arbigny, je combattais mon devoir comme une passion ; et ce qu'on aurait pu croire une passion me tourmentait comme un devoir. Madame d'Arbigny m'écrivait sans cesse pour m'engager à venir chez elle ; j'y venais, et quand je la voyais, je ne lui parlais pas de son état, parce que je n'aimais pas à rappeler ce qui lui donnait des droits sur moi ; il me semble à présent qu'elle aussi m'en parlait moins qu'elle n'aurait dû le faire ; mais je souffrais trop alors pour rien remarquer.

« Enfin, une fois que j'étais resté trois jours chez moi, dévoré de remords, écrivant vingt lettres à mon père et les déchirant toutes, M. de Maltigues, qui ne venait guère me voir, parce que nous ne nous convenions pas, arriva, député par madame d'Arbigny, pour m'arracher à ma solitude, mais s'intéressant assez peu, comme vous allez en juger, au succès de son ambassade. Il aperçut en entrant, avant que j'eusse le temps de le cacher, que j'avais le visage couvert de larmes. « A quoi bon cette douleur, mon cher? me dit-il; quittez ma cousine, ou bien épousez-la : ces deux partis sont également bons, puisqu'ils en finissent. — Il y a des situations dans la vie, lui répondis-je, où, même en se sacrifiant, on ne sait pas encore comment remplir tous ses devoirs. — C'est qu'il ne faut pas se sacrifier, reprit M. de Maltigues; je ne connais, quant à moi, aucune circonstance où cela soit nécessaire : avec de l'adresse on se tire de tout; l'habileté est la reine du monde. — Ce n'est pas l'habileté que j'envie, lui dis-je; mais je voudrais au moins, je vous le répète, en me résignant à n'être pas heureux, ne pas affliger ce que j'aime. — Croyez-moi, dit M. de Maltigues, ne mêlez pas à cette œuvre difficile qu'on appelle vivre, le sentiment qui la complique encore plus : c'est une maladie de l'âme : j'en suis atteint quelquefois tout comme un autre; mais quand elle m'arrive, je me dis que cela passera, et je me tiens toujours parole. — Mais, lui répondis-je, en cherchant à rester comme lui dans les idées générales, car je ne pouvais ni ne voulais lui témoigner aucune confiance, quand on pourrait écarter le sentiment, il resterait toujours l'honneur et la vertu, qui s'opposent souvent à nos désirs en tout genre. — L'honneur! reprit M. de Maltigues : entendez-vous par l'honneur, se battre quand on est insulté? à cet égard il n'y a pas de doute; mais sous tous les autres rapports, quel intérêt aurait-on à se laisser entraver par mille délicatesses vaines? — Quel intérêt! interrompis-je; il me semble que ce n'est pas là le mot dont il s'agit. — A parler sérieusement, continua M. de Maltigues, il en est peu qui aient un sens aussi clair. Je sais bien qu'autrefois l'on disait : *Un honorable malheur, un glorieux revers.* Mais aujourd'hui que tout le monde est persécuté, les coquins comme ce qu'on est convenu d'appeler les honnêtes gens. Il n'y a de différence dans ce monde qu'entre les oiseaux pris au filet et ceux qui ont échappé. — Je crois à une autre différence, lui répondis-je, la prospérité méprisée, et les revers honorés par l'estime des hommes de bien. — Trouvez-les-moi donc, reprit M. de Maltigues, ces hommes de bien qui vous consolent de vos peines par leur courageuse estime ; il me semble, au contraire, que la plupart des personnes soi-disant vertueuses, si vous êtes heureux, vous excusent ; si vous êtes puissant, vous aiment. C'est très-beau sans doute à vous de ne pas savoir contrarier un père, qui devrait à présent ne plus se mêler de vos affaires ; mais il ne faudrait pas pour cela perdre votre vie ici de toutes les façons : quant à moi, quoi qu'il m'arrive, je veux à tout prix épargner à mes amis le chagrin de me voir souffrir, et à moi le spectacle du visage allongé de la consolation. — Je croyais, interrompis-je vivement, que le but de la vie d'un honnête homme n'était pas le bonheur qui ne sert qu'à lui, mais la vertu qui sert aux autres. — La vertu, la vertu !... dit M. de Maltigues en hésitant un peu ; puis se décidant à la fin : « c'est un langage pour le vulgaire, que les augures ne peuvent se parler entre eux sans rire. Il y a de bonnes âmes que de certains mots, de certains sons harmonieux remuent encore, c'est pour elles que l'on fait jouer l'instrument ; mais toute cette poésie que l'on appelle la conscience, le dévouement, l'enthousiasme, a été inventée pour consoler ceux qui n'ont pas su réussir dans le monde ; c'est comme un *De profundis* que l'on chante pour les morts. Les vivants, quand ils sont dans la prospérité, ne sont pas du tout curieux d'obtenir ce genre d'hommage. »

« Je fus tellement irrité de ce discours, que je ne pus m'empêcher de dire avec hauteur : « Je serais fâché, monsieur, si j'avais des droits sur la maison de madame d'Arbigny, qu'elle reçût chez elle un homme qui se permet une telle manière de penser et de s'exprimer. — Vous pouvez à cet égard, répondit M. de Maltigues, quand il en sera temps, décider ce qui vous plaira ; mais si ma cousine m'en croit, elle n'épousera point un homme qui se montre si malheureux de la possibilité de cette union; depuis longtemps, elle peut vous le dire, je lui reproche sa faiblesse et tous les moyens qu'elle emploie pour un but qui n'en vaut pas la peine. » A ce mot, que l'accent rendait encore plus insultant, je fis signe à M. de Maltigues de sortir avec moi, et pendant le chemin je dois dire qu'il continuait à développer son système avec le plus grand sang-froid du monde ; et, pouvant mourir dans peu d'instants, il ne disait pas un mot qui fût religieux ni sensible. « Si j'avais donné dans toutes vos fadaises, à vous autres jeunes gens, me disait-il, pensez-vous que ce qui se passe dans mon pays ne m'en aurait pas guéri? Quand avez-vous vu que d'être scrupuleux à votre manière servît à rien? — Je conviens avec vous, lui dis-je, que dans votre pays, à présent, cela sert un peu moins qu'ailleurs, mais avec le temps, ou par delà le temps, tout a sa récompense. — Oui, reprit M. de Maltigues, en faisant entrer le ciel dans ses calculs. — Et pourquoi pas ? lui dis-je ; l'un de nous va peut-être savoir ce qui en est. — Si c'est moi qui dois mourir, continua-t-il en riant, je suis bien sûr que je n'en saurai rien ; si c'est vous, vous ne reviendrez pas éclairer mon âme. » En chemin je pensais que, si j'étais tué par M. de Maltigues, je n'avais pris aucune précaution pour faire savoir mon sort à mon père, ni pour donner à madame d'Arbigny une partie de ma fortune, à laquelle je lui croyais des droits. Pendant que je faisais ces réflexions, nous passâmes devant la maison de M. de Maltigues, et je lui demandai la permission d'y monter pour écrire deux lettres; il y consentit : et lorsque nous continuâmes notre route pour sortir de la ville, je les lui remis, et je lui parlai de madame d'Arbigny avec beaucoup d'intérêt, en la lui recommandant comme à un ami que je croyais sûr. Cette preuve de confiance le toucha; car il faut observer, à la gloire de l'honnêteté, que les hommes qui professent le plus ouvertement l'immoralité sont très-flattés si par hasard on leur donne une marque d'estime : la circonstance aussi dans laquelle nous nous trouvions était assez grave pour que M. de Maltigues en fût peut-être ému ; mais comme pour rien au monde il n'aurait voulu qu'on le remarquât, il dit en plaisantant ce qui lui était inspiré, je le crois, par un sentiment plus sérieux.

« Vous êtes une honnête créature, mon cher Nelvil ; je veux faire pour vous quelque chose de généreux : on dit que cela porte bonheur, et la générosité est en effet une qualité si enfantine, qu'elle doit être plutôt récompensée dans le ciel que sur la terre. Mais, avant de vous servir, il faut que nos conditions soient bien faites ; quoi que je vous dise, nous ne nous en battrons pas moins. » Je répondis à ces mots par un consentement très-dédaigneux, à ce que je crois, car je trouvais la précaution oratoire au moins inutile. M. de Maltigues continua d'un ton sec et dégagé : « Madame d'Arbigny ne vous convient pas, vos caractères n'ont aucun rapport ensemble ; votre père, d'ailleurs, serait désespéré, si vous faisiez ce mariage ; et vous seriez désespéré d'affliger votre père. Il vaut donc mieux que, si je vis, ce soit moi qui épouse madame d'Arbigny ; et, si vous me tuez, il vaut mieux encore qu'elle en épouse un troisième ; car c'est une personne d'une haute sagesse que ma cousine, et qui, lors même qu'elle aime, prend toujours de sages précautions pour le cas où on ne l'aimerait plus. Vous apprendrez tout cela par ses lettres ; je vous les laisse après moi : vous les trouverez dans mon secrétaire, dont voici la clef. Je suis lié avec ma cousine depuis qu'elle est au monde, et vous savez que, bien qu'elle soit très-mystérieuse, elle ne me cache aucun de ses secrets ; elle croit que je ne dis que ce que je veux ; il est vrai que je ne suis entraîné par rien ; mais aussi je ne mets pas d'importance à grand'chose, et je pense que nous autres hommes, nous nous devons de ne nous rien taire à l'égard des femmes. Aussi bien, si je meurs, c'est pour les beaux yeux de madame d'Arbigny que cet accident m'arrivera, et quoique je sois prêt à périr pour elle de bonne grâce, je ne lui suis pas trop obligé de la situation où elle m'a mis par sa double intrigue. Au reste, ajouta-t-il, il n'est pas dit que vous me tuerez ; » et en achevant ces mots, comme nous étions hors de la ville, il tira son épée et se mit en garde.

« Il avait parlé avec une vivacité singulière, et j'étais resté confondu de ce qu'il m'avait dit. L'approche du danger, sans le troubler, l'animait pourtant davantage, et je ne pouvais deviner si c'était la vérité qui lui échappait, ou un mensonge qu'il forgeait pour se venger. Néanmoins, dans cette incertitude, je ménageai beaucoup sa vie ; il était moins adroit que moi dans les exercices du corps, et dix fois j'aurais pu lui plonger mon épée dans le cœur, mais je me contentai de le blesser au bras et de le désarmer. Il parut sensible à mon procédé ; et je lui rappelai, en le conduisant chez lui, la conversation qui avait précédé l'instant où nous nous étions battus. Il me dit alors : « Je suis fâché d'avoir trahi la confiance de ma cousine ; le péril est comme le vin, il monte la tête ; mais enfin je m'en console, car vous n'auriez pas été heureux avec madame d'Arbigny ; elle est trop rusée pour vous. Moi, cela m'est égal ; car, bien que je la trouve charmante et que son esprit me plaise extrêmement, elle ne me fera jamais rien faire à mon détriment, et nous nous servirons très-bien en tout, parce que le mariage rendra nos intérêts communs. Mais vous, qui êtes romanesque, vous auriez été sa dupe. Il ne tenait qu'à vous de me tuer, et je vous dois la vie, je ne puis donc vous refuser les lettres que je vous avais promises après ma mort. Lisez-les, partez pour l'Angleterre, et ne soyez pas trop tourmenté des chagrins de madame d'Arbigny. Elle pleurera, parce qu'elle vous aime ; mais elle se consolera, parce que c'est une femme assez raisonnable pour ne pas vouloir être malheureuse, et surtout passer pour l'être. Dans trois mois elle sera madame de Maltigues. » Tout ce qu'il me disait était vrai : les lettres qu'il me montra le prouvèrent. Je restai convaincu que madame d'Arbigny n'était point dans l'état qu'elle avait feint de m'avouer en rougissant, pour me contraindre à l'épouser, et qu'elle m'avait, à cet égard, indignement trompé. Sans doute elle m'aimait, puisqu'elle le disait dans ses lettres à M. de Maltigues lui-même ; mais elle le flattait avec tant d'art, elle lui laissait tant d'espérance, et montrait, pour lui plaire, un caractère si différent de celui qu'elle m'avait toujours fait voir, qu'il me fut impossible de douter qu'elle ne le ménageât, dans l'intention de l'épouser si notre mariage n'avait pas lieu. Telle était la femme Corinne, qui m'a coûté pour toujours le repos du cœur et de la conscience!

« Je lui écrivis en partant, et je ne la revis plus ; et, comme M. de Maltigues l'avait prédit, j'ai su depuis qu'elle l'avait épousé. Mais j'étais loin d'envisager alors le malheur qui m'attendait : je croyais obtenir le pardon de mon père ; j'étais sûr qu'en lui disant combien j'avais été trompé, il m'aimerait davantage, puisqu'il me saurait plus à plaindre. Après un voyage de près d'un mois, jour et nuit, à travers l'Allemagne, j'arrivai en Angleterre plein de confiance dans l'inépuisable bonté paternelle. Corinne, en débarquant, un papier public m'annonça que mon père n'était plus! Vingt mois se sont passés depuis ce moment, et il est toujours devant moi comme un fantôme qui me poursuit. Les lettres qui formaient ces mots : *Lord Nelvil vient de mourir*, ces lettres étaient flamboyantes ; le feu du volcan qui est là devant nous est moins effrayant qu'elles. Ce n'est pas tout encore ; j'appris qu'il était mort profondément affligé de mon séjour en France, craignant que je ne renonçasse à la carrière militaire, que je n'épousasse une femme dont il pensait peu de bien, et que, me fixant dans un pays en guerre avec le mien, je ne me perdisse entièrement de réputation en Angleterre! Qui sait si ces douloureuses pensées n'ont pas abrégé ses jours! Corinne, Corinne, ne suis-je pas un assassin, ne le suis-je pas? dites-le-moi. — Non, s'écria-t-elle, non, vous n'êtes que malheureux ; c'est la bonté, c'est la générosité qui vous ont entraîné. Je vous respecte autant que je vous aime : jugez-vous dans mon cœur ; prenez-le pour votre conscience. La douleur vous égare : croyez celle qui vous chérit. Ah! l'amour, tel que je le sens, n'est point une illusion : c'est parce que vous êtes le meilleur, le plus sensible des hommes, que je vous admire et vous adore. — Corinne, lui dit Oswald, cet hommage ne m'est pas dû ; mais il se peut cependant que je ne sois pas si coupable. Mon père m'a pardonné avant de mourir ; j'ai trouvé dans un dernier écrit de lui, qui m'était adressé, de douces paroles. Une lettre de moi lui était parvenue, qui m'avait un peu justifié ; mais le mal était fait, et la douleur qui venait de moi avait déchiré son cœur.

« Quand je rentrai dans son château, quand ses vieux serviteurs m'entourèrent, je repoussai leurs consolations, je m'accusai devant eux ; j'allai me prosterner sur sa tombe ; j'y jurai, comme si le temps de réparer existait encore pour moi, que jamais je ne me marierais sans le consentement de mon père. Hélas ! que promettais-je à celui qui n'était plus ! qu signifiaient alors ces paroles de mon délire ! Je ne dois les considérer au moins comme un engagement de ne rien faire qu'i eût désapprouvé pendant sa vie. Corinne, chère amie, pourquoi ces mots vous troublent-ils ? Mon père a pu me demander le sacrifice d'une femme dissimulée, qui ne devait qu'à son adresse le goût qu'elle m'inspirait ; mais la personne la plus vraie, la plus naturelle et la plus généreuse, celle pour qui j'ai senti le premier amour, celui qui purifie l'âme au lieu de l'égarer, pourquoi les êtres célestes voudraient-ils me séparer d'elle ?

« Lorsque j'entrai dans la chambre de mon père, je vis son manteau, son fauteuil, son épée, qui étaient encore là, comme autrefois ; encore là : mais sa place était vide, et mes cris l'appelaient en vain ! Ce manuscrit, ce recueil de ses pensées, est tout ce qui me répond : vous en connaissez déjà quelques morceaux, dit Oswald en le donnant à Corinne ; je le porte toujours avec moi. Lisez ce qu'il écrivait sur le devoir des enfants envers leurs parents ; lisez, Corinne : votre douce voix me familiarisera peut-être avec ces paroles. Corinne obéit à la voix d'Oswald, et lut ce qui suit :

« Ah ! qu'il faut peu de chose pour rendre défiants d'eux-
« mêmes, un père, une mère avancés dans la vie ! Ils croient
« aisément qu'ils sont de trop sur la terre. A quoi se croi-
« raient-ils bons pour vous, qui ne leur demandez plus de con-
« seils ? Vous vivez tout entiers dans le moment présent ; vous
« y êtes consignés par une passion dominante, et tout ce qui
« ne se rapporte pas à ce moment vous paraît antique et su-
« ranné. Enfin, vous êtes tellement en votre personne et de
« cœur et d'esprit, que, croyant former à vous seuls un point
« historique, les ressemblances éternelles entre le temps et les
« hommes échappent à votre attention ; et l'autorité de l'expé-

« rience vous semble une fiction, ou une vaine garantie des-
« tinée uniquement au crédit des vieillards et aux dernières
« jouissances de leur amour-propre. Quelle erreur est la vôtre!
« Le monde, ce vaste théâtre, ne change pas d'acteurs ; c'est
« toujours l'homme qui s'y montre en scène; mais l'homme
« ne se renouvelle point, il se diversifie; et comme toutes ses
« formes sont dépendantes de quelques passions principales
« dont le cercle est depuis longtemps parcouru, il est rare
« que, dans les petites combinaisons de la vie privée, l'expé-
« rience, cette science du passé, ne soit la source féconde
« des enseignements les plus utiles.

« Honneur donc aux pères et aux mères, honneur et res-
« pect, ne fût-ce que pour leur règne passé, pour ce temps
« dont ils ont été seuls maîtres, et qui ne reviendra plus; ne
« fût-ce que pour ces années à jamais perdues, et dont ils
« portent sur le front l'auguste empreinte!

« Voilà votre devoir, enfants présomptueux, et qui paraîs-
« sez impatients de courir seuls dans la route de la vie. Ils
« s'en iront, vous n'en pouvez douter, ces parents qui tardent
« à vous faire place; ce père, dont les discours ont encore
« une teinte de sévérité qui vous blesse; cette mère, dont le
« vieil âge vous impose des soins qui vous importunent : ils s'en
« iront, ces surveillants attentifs de votre enfance, et ces
« protecteurs animés de votre jeunesse ; ils s'en iront, et vous
« chercherez en vain de meilleurs amis ; ils s'en iront, et dès
« qu'ils ne seront plus, ils se présenteront à vous sous un
« nouvel aspect; car le temps, qui vieillit les gens présents à
« notre vue, les rajeunit pour nous quand la mort les a fait
« disparaître; le temps leur prête alors un éclat qui nous
« était inconnu : nous les voyons dans le tableau de l'éter-
« nité, où il n'y a plus d'âge, comme il n'y a plus de gradua-
« tion; et, s'ils avaient laissé sur la terre un souvenir de leur
« vertu, nous les ornerions en imagination d'un rayon cé-
« leste, nous les suivrions de nos regards dans le séjour des
« élus, nous les contemplerions dans ces demeures de gloire
« et de félicité; et, près des vives couleurs dont nous compo-
« serions leur sainte auréole nous nous trouverions effacés,

« au milieu même de nos beaux jours, au milieu des triomphes
« dont nous sommes le plus éblouis. »

« Corinne, s'écria lord Nelvil avec une douleur déchirante,
pensez-vous que ce soit contre moi qu'il écrivit ces éloquentes
plaintes? — Non, non, répondit Corinne; vous savez qu'il
vous chérissait, qu'il croyait à votre tendresse; et je tiens de
vous que ces réflexions furent écrites longtemps avant que
vous eussiez eu le tort que vous vous reprochez. Écoutez plutôt,
continua Corinne en parcourant le recueil qu'elle avait encore
entre les mains, écoutez ces réflexions sur l'indulgence, qui
sont écrites quelques pages plus loin :

« Nous marchons dans la vie, environnés de piéges, et d'un
« pas chancelant ; nos sens se laissent séduire par des amorces
« trompeuses; notre imagination nous égare par de fausses
« lueurs; et notre raison elle-même reçoit chaque jour de
« l'expérience le degré de lumière qui lui manquait et la con-
« fiance dont elle a besoin. Tant de dangers, unis à une si
« grande faiblesse; tant d'intérêts divers, avec une prévoyance
« si limitée, une capacité si restreinte; enfin tant de choses
« inconnues et une si courte vie, toutes ces circonstances,
« toutes ces conditions de notre nature, ne sont-elles pas
« pour nous un avertissement du haut rang que nous devons
« accorder à l'Indulgence dans l'ordre des vertus sociales?...
« Hélas! où est-il, l'homme qui soit exempt de faiblesse? où
« est-il, l'homme qui n'ait aucun reproche à se faire? où est-
« il, l'homme qui puisse regarder en arrière de sa vie sans
« éprouver un seul remords, ou sans connaître aucun regret?
« Celui-là seul est étranger aux agitations d'une âme timorée,
« qui ne s'est jamais examiné lui-même, qui n'a jamais sé-
» journé dans la solitude de sa conscience. »

« Voilà, reprit Corinne, les paroles que votre père vous
adresse du haut du ciel; voilà celles qui sont pour vous. —
Cela est vrai, dit Oswald; oui, Corinne, vous êtes l'ange des
consolations, vous me faites du bien; mais, si j'avais pu le
voir un moment avant sa mort, s'il avait su de moi que je
n'étais pas indigne de lui, s'il m'avait dit qu'il le croyait, je
ne serais pas agité par les remords, comme le plus criminel

16

des hommes ; je n'aurais pas cette conduite vacillante, cette âme troublée qui ne promet de bonheur à personne. Ne m'accusez pas de faiblesse ; mais le courage ne peut rien contre la conscience : c'est d'elle qu'il vient : comment pourrait-il triompher d'elle ? A présent même que l'obscurité s'avance, il me semble que je vois dans ces nuages les sillons de la foudre qui me menace. Corinne! Corinne! rassurez votre malheureux ami, ou laissez-moi couché sur cette terre, qui s'entr'ouvrira peut-être à mes cris, et me laissera pénétrer jusqu'au séjour des morts. »

LIVRE TREIZIÈME

LE VÉSUVE ET LA CAMPAGNE DE NAPLES

CHAPITRE PREMIER

Lord Nelvil resta longtemps anéanti, après le récit cruel qui avait ébranlé toute son âme. Corinne essaya doucement de le rappeler à lui-même : la rivière de feu qui tombait du Vésuve, rendue visible enfin par la nuit, frappa vivement l'imagination troublée d'Oswald. Corinne profita de cette impression pour l'arracher aux souvenirs qui l'agitaient, et se hâta de l'entraîner avec elle sur le rivage de cendres de la lave enflammée.

Le terrain qu'ils traversèrent, avant d'y arriver, fuyait sous leurs pas, et semblait les repousser loin d'un séjour ennemi de tout ce qui a vie : la nature n'est plus dans ces lieux en relation avec l'homme, il ne peut plus s'en croire le dominateur; elle échappe à son tyran par la mort. Le feu du torrent est d'une couleur funèbre; néanmoins, quand il brûle les vignes ou les arbres, on en voit sortir une flamme claire et brillante; mais la lave même est sombre, tel qu'on se représente un fleuve de l'enfer; elle roule lentement comme un sable noir de jour, et rouge la nuit. On entend, quand elle approche, un petit bruit d'étincelles qui fait d'autant plus de peur qu'il est léger, et que la ruse semble se joindre à la force : le tigre royal arrive ainsi secrètement, à pas comptés. Cette lave avance sans jamais se hâter, et sans perdre un instant; si elle rencontre un mur élevé, un édifice quelconque qui s'oppose à son passage, elle s'arrête, elle amoncelle devant l'obstacle ses torrents noirs et bitumineux, et l'ensevelit enfin sous ses vagues brûlantes. Sa marche n'est point assez rapide pour que les hommes ne puissent pas fuir devant elle; mais elle atteint, comme le temps, les imprudents et les vieillards qui, la voyant venir lourdement et silencieusement, s'imaginent qu'il est aisé de lui échapper. Son éclat est si ardent, que la terre se réfléchit dans le ciel et lui donne l'apparence d'un éclair continuel : ce ciel, à son tour, se répète dans la mer, et la nature est embrasée par cette triple image du feu.

Le vent se fait entendre et se fait voir par des tourbillons de flamme dans le gouffre d'où sort la lave. On a peur de ce qui se passe au sein de la terre, et l'on sent que d'étranges fureurs la font trembler sous nos pas. Les rochers qui entourent la source de la lave sont couverts de soufre, de bitume, dont les couleurs ont quelque chose d'infernal. Un vert livide, un jaune brun, un rouge sombre, forment comme une dissonance pour les yeux, et tourmentent la vue, comme l'ouïe serait déchirée par ces sons aigus que faisaient entendre les sorcières quand elles appelaient, de nuit, la lune sur la terre.

Tout ce qui entoure le volcan rappelle l'enfer, et les descriptions des poëtes sont sans doute empruntées de ces lieux. C'est là que l'on conçoit comment les hommes ont cru à l'existence d'un génie malfaisant qui contrariait les desseins de la Providence. On a dû se demander, en contemplant un tel séjour, si la bonté seule présidait aux phénomènes de la création, ou bien si quelque principe caché forçait la nature, comme l'homme, à la férocité. « Corinne, s'écria lord Nelvil, est-ce de ces bords infernaux que part la douleur? L'ange de la mort prend-il son vol de ce sommet? Si je ne voyais pas ton céleste regard, je perdrais ici jusqu'au souvenir des œuvres de la Divinité qui décorent le monde; et cependant cet aspect de l'enfer, tout affreux qu'il est, me cause moins d'effroi que les remords du cœur. Tous les périls peuvent être bravés; mais comment l'objet qui n'est plus pourrait-il nous délivrer des torts que nous nous reprochons envers lui? Jamais! jamais! Ah! Corinne, quelle parole de fer et de feu! Les supplices inventés par les rêves de la souffrance, la roue qui tourne sans cesse, l'eau qui fuit dès qu'on veut s'en approcher, les pierres qui retombent à mesure qu'on les soulève ne sont qu'une faible image pour exprimer cette terrible pensée, l'impossible et l'irréparable. »

Un silence profond régnait autour d'Oswald et de Corinne; les guides eux-mêmes s'étaient retirés dans l'éloignement; et comme il n'y a près du cratère ni animal, ni insecte, ni plante, on n'y entendait que le sifflement de la flamme agitée. Néanmoins, un bruit de la ville arriva jusque dans ce lieu; c'était le son des cloches qui se faisaient entendre à travers les airs : peut-être célébraient-elles la mort; peut-être annonçaient-elles la naissance ; n'importe, elles causèrent une douce émotion aux voyageurs. « Cher Oswald, dit Corinne, quittons ce désert, redescendons vers les vivants; mon âme est ici mal à l'aise. Toutes les autres montagnes, en nous rapprochant du ciel, semblent nous élever au-dessus de la vie terrestre; mais ici je ne sens que du trouble et de l'effroi : il me semble voir la nature traitée comme un criminel, et condamnée, comme un être dépravé, à ne plus sentir le souffle bienfaisant de son Créateur. Ce n'est sûrement pas ici le séjour des bons; allons-nous-en. »

Une pluie abondante tombait pendant que Corinne et lord Nelvil redescendaient vers la plaine. Leurs flambeaux étaient à chaque instant près de s'éteindre. Les lazzaroni les accompagnaient en poussant des cris continuels, qui pourraient inspirer de la terreur à qui ne saurait pas que c'est leur façon d'être habituelle. Mais ces hommes sont quelquefois agités par un superflu de vie dont ils ne savent que faire, parce qu'ils réunissent au même degré la paresse et la violence. Leur physionomie, plus marquée que leur caractère, semble indiquer un genre de vivacité dans lequel l'esprit et le cœur n'entrent pour rien. Oswald, inquiet que la pluie ne fît du mal à Corinne, que la lumière ne leur manquât, enfin qu'elle ne fût exposée à quelque danger, ne s'occupait plus que d'elle; et cet intérêt si tendre remit son âme, par degrés, de l'état où l'avait jetée la confidence qu'il lui avait faite. Ils retrouvèrent leur voiture au pied de la montagne; ils ne s'arrêtèrent point aux ruines d'Herculanum, qu'on a comme ensevelies de nouveau, pour ne pas renverser la ville de Portici, qui est bâtie sur cette ville ancienne. Ils arrivèrent à Naples vers minuit, et Corinne promit à lord Nelvil, en le quittant, de lui remettre le lendemain matin l'histoire de sa vie.

CHAPITRE II

En effet, le lendemain matin Corinne voulut s'imposer l'effort qu'elle avait promis ; et bien que la connaissance plus intime qu'elle avait acquise du caractère d'Oswald redoublât son inquiétude, elle sortit de sa chambre, portant ce qu'elle avait écrit, tremblante, et résolue néanmoins à le donner. Elle entra dans le salon de l'auberge où ils demeuraient tous les deux. Oswald y était, et venait de recevoir des lettres de l'Angleterre. Une de ces lettres était sur la cheminée, et l'écriture frappa tellement Corinne, qu'avec un trouble inexdrimable elle lui demanda de qui elle était. « C'est de lady Edgermond, répondit Oswald. — Vous êtes en correspondance avec elle ? interrompit Corinne. — Lord Edgermond était l'ami de mon père, reprit Oswald ; et puisque le hasard m'a fait vous parler d'elle, je ne vous dissimulerai point que mon père avait pensé qu'il pouvait me convenir un jour d'épouser Lucile Edgermond, sa fille. — Grand Dieu ! » s'écria Corinne, et elle tomba sur une chaise, presque évanouie.

« D'où vient cette émotion cruelle ? dit lord Nelvil ; que pouvez-vous craindre de moi, Corinne, quand je vous aime avec idolâtrie ? Si mon père m'avait, en mourant, demandé d'épouser Lucile, sans doute je ne me croirais pas libre, et je me serais éloigné de votre charme irrésistible ; mais il n'a fait que me conseiller ce mariage, en m'écrivant lui-même qu'il ne pouvait pas juger Lucile, puisqu'elle n'était encore qu'une enfant. Je ne l'ai vue moi-même qu'une fois ; à peine alors avait-elle douze ans. Je n'ai pris avec sa mère aucun engagement avant de partir ; cependant les incertitudes, le trouble que vous avez pu remarquer dans ma conduite, venaient uniquement de ce désir de mon père : avant de vous connaître, je souhaitais de pouvoir l'accomplir, tout fugitif qu'il était, comme une espèce d'expiation envers lui, comme une manière de prolonger après sa mort l'empire de sa volonté sur mes résolutions ; mais vous avez triomphé de ce sentiment, vous avez triomphé de tout moi-même, et j'ai seulement besoin de me faire pardonner ce qui, dans ma conduite, a dû vous paraître de la faiblesse ou de l'irrésolution. Corinne, on ne se relève jamais entièrement de la douleur que j'ai éprouvée : elle flétrit l'espérance, elle donne un sentiment de timidité pénible et douloureux ; la destinée m'a tant fait de mal, qu'alors même qu'elle semble m'offrir le plus grand bien, je me défie encore d'elle. Mais, chère amie, ces inquiétudes sont dissipées ; je suis à toi pour toujours, à toi ! Je me dis que si mon père vous avait connue, c'est vous qu'il aurait choisie pour la compagne de ma vie ; c'est vous... — Arrêtez, s'écria Corinne en fondant en pleurs, je vous en conjure, ne me parlez pas ainsi.

— Pourquoi vous opposeriez-vous, dit lord Nelvil, au plaisir que je trouve à vous unir dans ma pensée avec le souvenir de mon père, à confondre ainsi dans mon cœur tout ce qui m'est cher et sacré ? — Vous ne le pouvez pas, interrompit Corinne ; Oswald, je sais trop que vous ne le pouvez pas. — Juste ciel ! reprit lord Nelvil, qu'avez-vous à m'apprendre ? Donnez-moi cet écrit qui doit contenir l'histoire de votre vie, donnez-le-moi. — Vous l'aurez, reprit Corinne ; mais je vous en conjure, encore huit jours de grâce, seulement huit jours. Ce que j'ai appris ce matin m'oblige à quelques détails de plus. — Comment ! dit Oswald, quel rapport avez-vous ?...
— N'exigez pas que je vous réponde à présent, interrompit Corinne ; bientôt vous saurez tout, et ce sera peut-être la fin, la terrible fin de mon bonheur ; mais, avant cet instant, je veux que nous voyions ensemble la campagne heureuse de Naples, avec un sentiment encore doux, avec une âme encore accessible à cette ravissante nature : je veux consacrer de quelque manière, dans ces beaux lieux, l'époque la plus solennelle de la vie ; il faut que vous conserviez un dernier sou-

venir de moi, telle que j'étais, telle que j'aurais toujours été, si mon cœur s'était défendu de vous aimer.

— Ah! Corinne, dit Oswald, que voulez-vous m'annoncer par ces paroles sinistres? Il ne se peut pas que vous ayez rien à m'apprendre qui refroidisse et ma tendresse et mon admiration. Pourquoi donc prolonger encore de huit jours cette anxiété, ce mystère, qui semble élever une barrière entre nous? — Cher Oswald, je le veux, répondit Corinne, pardonnez-moi ce dernier acte de pouvoir; bientôt vous seul déciderez de nous deux; j'attendrai mon sort de votre bouche, sans murmurer, s'il est cruel; car je n'ai sur cette terre ni sentiments ni liens qui me condamnent à survivre à votre amour. » En achevant ces mots, elle sortit, en repoussant doucement avec sa main Oswald qui voulait la suivre.

CHAPITRE III

Corinne avait résolu de donner une fête à lord Nelvil, pendant les huit jours de délai qu'elle avait demandés, et cette idée d'une fête s'unissait pour elle aux sentiments les plus mélancoliques. En examinant le caractère d'Oswald, il était impossible qu'elle ne fût pas inquiète de l'impression qu'il recevrait par ce qu'elle avait à lui dire. Il fallait juger Corinne en poëte, en artiste, pour lui pardonner le sacrifice de son rang, de sa famille, de son nom, à l'enthousiasme du talent et des beaux-arts. Lord Nelvil avait sans doute tout l'esprit nécessaire pour admirer l'imagination et le génie; mais il croyait que les relations de la vie sociale devaient l'emporter sur tout, et que la première destination des femmes, et même des hommes, n'était pas l'exercice des facultés intellectuelles, mais l'accomplissement des devoirs particuliers à chacun. Les remords cruels qu'il avait éprouvés, en s'écartant de la ligne qu'il s'était tracée, avaient encore fortifié les principes sévères de morale innés en lui. Les mœurs d'Angleterre, les habitudes et les opinions d'un pays où l'on se trouve si bien du respect le plus scrupuleux pour les devoirs comme pour les lois, le retenaient dans des liens assez étroits à beaucoup d'égards ; enfin le découragement qui naît d'une profonde tristesse fait aimer ce qui est dans l'ordre naturel, ce qui va de soi-même, et n'exige point de résolution nouvelle, ni de décision contraire aux circonstances qui nous sont marquées par le sort.

L'amour d'Oswald pour Corinne avait modifié toute sa manière de sentir : mais l'amour n'efface jamais entièrement le caractère, et Corinne apercevait ce caractère à travers la passion qui en triomphait ; et peut-être même le charme de lord Nelvil tenait-il beaucoup à cette opposition entre sa nature et son sentiment, opposition qui donnait un nouveau prix à tous les témoignages de sa tendresse. Mais l'instant approchait où les inquiétudes fugitives que Corinne avait constamment écartées, et qui n'avaient mêlé qu'un trouble léger et rêveur à la félicité dont elle jouissait, devaient décider de sa vie. Cette âme née pour le bonheur, accoutumée aux sensations mobiles du talent et de la poésie, s'étonnait de l'âpreté, de la fixité de la douleur : un frémissement que n'éprouvent point les femmes résignées depuis longtemps à souffrir agitait alors tout son être.

Cependant, au milieu de la plus cruelle anxiété, elle préparait secrètement une journée brillante qu'elle voulait encore passer avec Oswald. Son imagination et sa sensibilité s'unissaient ainsi d'une manière romanesque. Elle invita les Anglais qui étaient à Naples, quelques Napolitains et Napolitaines dont la société lui plaisait ; et le matin du jour qu'elle avait choisi pour être tout à la fois et celui d'une fête et la veille d'un aveu qui pouvait détruire à jamais son bonheur, un trouble singulier animait ses traits, et leur donnait une expression toute nouvelle. Des yeux distraits pouvaient prendre cette expression si vive pour de la joie ; mais ses mouvements agités et rapides, ses regards qui ne s'arrêtaient sur rien, ne prouvaient que trop à lord Nelvil ce qui se passait dans son âme. C'est en vain qu'il essayait de la calmer par les protestations les plus tendres. « Vous me direz cela dans deux jours, lui disait-elle, si vous pensez toujours de même ; à présent, ces douces paroles ne me font que du mal. » Et elle s'éloignait de lui.

Les voitures qui devaient conduire la société que Corinne avait invitée arrivèrent à la fin du jour, au moment où le vent de mer se lève, et, rafraîchissant l'air, permet à l'homme de contempler la nature. La première station de la promenade fut au tombeau de Virgile. Corinne et sa société s'y arrêtèrent avant de traverser la grotte de Pausilippe. Ce tombeau est placé dans le plus beau site du monde; le golfe de Naples lui sert de perspective. Il y a tant de repos et de magnificence dans cet aspect, qu'on est tenté de croire que c'est Virgile lui-même qui l'a choisi; ce simple vers des Géorgiques aurait pu servir d'épitaphe :

Illo Virgilium me tempore dulcis alebat Parthenope[1]. . . . . . .

Ses cendres y reposent encore, et la mémoire de son nom attire dans ce lieu les hommages de l'univers. C'est tout ce que l'homme, sur cette terre, peut arracher à la mort.

Pétrarque a planté un laurier sur ce tombeau, et Pétrarque n'est plus, et le laurier se meurt. Les étrangers qui sont venus en foule honorer la mémoire de Virgile ont écrit leurs noms sur les murs qui environnent l'urne. On est importuné par ses noms obscurs, qui semblent là seulement pour troubler la paisible idée de solitude que ce séjour fait naître. Il n'y a que Pétrarque qui fût digne de laisser une trace durable de son voyage au tombeau de Virgile. On redescend en silence de cet asile funéraire de la gloire : on se rappelle et les pensées et les images que le talent du poète a consacrées pour toujours. Admirable entretien avec les races futures, entretien que l'art d'écrire perpétue et renouvelle! Ténèbres de la mort, qu'êtes-vous donc? Les idées, les sentiments, les expressions d'un homme subsistent, et ce qui était lui ne subsisterait plus! Non, une telle contradiction dans la nature est impossible.

1. Dans ce temps-là la douce Parthénope m'accueillait.

« Oswald, dit Corinne à lord Nelvil, les impressions que vous venez d'éprouver préparent mal pour une fête ; mais combien, ajouta-t-elle avec une sorte d'exaltation dans le regard, combien de fêtes se sont passées non loin des tombeaux ! — Chère amie, répondit Oswald, d'où vient cette peine secrète qui vous agite ? confiez-vous à moi ; je vous ai dû six mois les plus fortunés de ma vie, peut-être aussi pendant ce temps ai-je répandu quelque douceur sur vos jours Ah! qui pourrait être impie envers le bonheur ? qui pourrait se ravir la jouissance suprême de faire du bien à une âme telle que la vôtre ? Hélas ! c'est déjà beaucoup que de se sentir nécessaire au plus humble des mortels ; mais être nécessaire à Corinne, croyez-moi, c'est trop de gloire, c'est trop de délices pour y renoncer. — Je crois à vos promesses, répondit Corinne ; mais n'y a-t-il pas des moments où quelque chose de violent et de bizarre s'empare du cœur, et accélère ses battements avec une agitation douloureuse ? »

Ils traversèrent la grotte de Pausilippe aux flambeaux : on la passe ainsi, même à l'heure de midi, car c'est une route creusée sous la montagne pendant près d'un quart de lieue ; et lorsqu'on est au milieu, l'on aperçoit à peine le jour aux deux extrémités. Un retentissement extraordinaire se fait entendre sous cette longue voûte ; les pas des chevaux, les cris de leurs conducteurs, font un bruit étourdissant qui ne laisse dans la tête aucune pensée suivie. Les chevaux de Corinne entraînaient sa voiture avec une étonnante rapidité, et cependant elle n'était pas encore contente de leur vitesse, et disait à lord Nelvil : « Mon cher Oswald, comme ils avancent lentement ! faites donc qu'ils se pressent. — D'où vous vient cette impatience, Corinne ? répondit Oswald ; autrefois, quand nous étions ensemble, vous ne cherchiez pas à précipiter les heures, vous en jouissiez. — A présent, dit Corinne, il faut que tout se décide, il faut que tout arrive à son terme, et je me sens le besoin de tout hâter, fût-ce ma mort ! »

Au sortir de la grotte on éprouve une vive sensation de plaisir en retrouvant le jour et la nature ; et quelle nature que celle qui s'offre alors aux regards ! Ce qui manque souvent à la campagne d'Italie, ce sont les arbres : l'on en voit dans ce lieu en abondance. La terre, d'ailleurs, y est couverte de tant de fleurs, que c'est le pays où l'on peut le mieux se passer de ces forêts qui sont la plus grande beauté de la nature dans toute autre contrée. La chaleur est si grande à Naples, qu'il est impossible de se promener, même à l'ombre, pendant le jour ; mais, le soir, ce pays couvert, entouré par la mer et le ciel, s'offre en entier à la vue, et l'on respire la fraîcheur de toutes parts. La transparence de l'air, la variété des sites, les formes pittoresques des montagnes caractérisent si bien l'aspect du royaume de Naples, que les peintres en dessinent les paysages de préférence. La nature a dans ce pays une puissance et une originalité que l'on ne peut expliquer par aucun des charmes que l'on recherche ailleurs.

« Je vous fais passer, dit Corinne à ceux qui l'accompagnaient, sur les bords du lac d'Averne, près du Phlégéthon, et voilà devant vous le temple de la sibylle de Cumes. Nous traversons les lieux célébrés sous le nom des Délices de Bayes, mais je vous propose de ne pas vous y arrêter dans ce moment. Nous recueillerons les souvenirs de l'histoire et de la poésie qui nous entourent ici quand nous serons arrivés dans un lieu d'où nous pourrons les apercevoir tous à la fois. »

C'était sur le cap Misène que Corinne avait fait préparer les danses et la musique. Rien n'était plus pittoresque que l'arrangement de cette fête. Tous les matelots de Bayes étaient vêtus avec des couleurs vives et bien contrastées ; quelques orientaux, qui venaient d'un bâtiment levantin alors dans le port, dansaient avec des paysannes des îles voisines d'Ischia et de Procida, dont l'habillement a conservé de la ressemblance avec le costume grec ; des voix parfaitement justes se faisaient entendre dans l'éloignement, et les instruments se répondaient derrière les rochers, d'échos en échos, comme si les sons allaient se perdre dans la mer. L'air qu'on respirait était ravissant ; il pénétrait l'âme d'un sentiment de joie qui animait tous ceux qui étaient là, et s'empara même de Corinne. On lui proposa de se mêler à la danse des paysannes, et d'abord elle y consentit avec plaisir ; mais à peine eut-elle commencé, que les sentiments les plus sombres lui rendirent odieux les amusements auxquels elle prenait part; et, s'éloignant rapidement de la danse et de la musique, elle alla s'asseoir à l'extrémité du cap, sur le bord de la mer. Oswald se hâta de l'y suivre; mais, comme il arrivait près d'elle, la société qui les accompagnait les rejoignit aussitôt pour supplier Corinne d'improviser dans ce beau lieu. Son trouble était tel en ce moment, qu'elle se laissa ramener vers le tertre élevé où l'on avait placé la lyre, sans pouvoir réfléchir à ce qu'on attendait d'elle.

CHAPITRE IV

Cependant Corinne souhaitait qu'Oswald l'entendît encore une fois, comme au jour du Capitole, avec tout le talent qu'elle avait reçu du ciel; si ce talent devait être perdu pour jamais, elle voulait que ses derniers rayons, avant de s'éteindre, brillassent pour celui qu'elle aimait. Ce désir lui fit trouver, dans l'agitation même de son âme, l'inspiration dont elle avait besoin. Tous ses amis étaient impatients de l'entendre; le peuple même, qui la connaissait de réputation, ce peuple qui, dans le Midi, est, par l'imagination, bon juge de la poésie, entourait en silence l'enceinte où les amis de Corinne étaient placés, et tous ces visages napolitains exprimaient par leur vive physionomie l'attention la plus animée. La lune se levait à l'horizon; mais les derniers rayons du jour rendaient encore sa lumière très-pâle. Du haut de la petite colline qui s'avance dans la mer et forme le cap Misène, on découvrait parfaitement le Vésuve, le golfe de Naples, les îles dont il est parsemé, et la campagne qui s'étend depuis Naples jusqu'à Gaëte; enfin, la contrée de l'univers où les volcans, l'histoire et la poésie ont laissé le plus de traces. Aussi, d'un commun accord, tous les amis de Corinne lui demandèrent-ils de prendre pour sujet des vers qu'elle allait chanter, *les souvenirs que ces lieux retraçaient.* Elle accorda sa lyre, et commença d'une voix altérée. Son regard était beau; mais qui la connaissait comme Oswald pouvait y démêler l'anxiété de son âme. Elle essaya cependant de contenir sa peine, et de s'élever, du moins pour un moment, au-dessus de sa situation personnelle.

IMPROVISATION DE CORINNE, DANS LA CAMPAGNE DE NAPLES.

« La nature, la poésie et l'histoire rivalisent ici de gran-
« deur ; ici l'on peut embrasser d'un coup d'œil tous les temps
« et tous les prodiges.

« J'aperçois le lac d'Averne, volcan éteint dont les ondes
« inspiraient jadis la terreur : l'Achéron, le Phlégéthon,
« qu'une flamme souterraine fait bouillonner, sont les fleuves
« de cet enfer visité par Énée.

« Le feu, cette vie dévorante qui crée le monde et le con-
« sume, épouvantait d'autant plus que ses lois étaient moins
« connues. La nature jadis ne révélait ses secrets qu'à la
« poésie.

« La ville de Cumes, l'antre de la sibylle, le temple d'Apol-
« lon, étaient sur cette hauteur. Voici le bois où fut cueilli
« le rameau d'or. La terre de l'Énéide vous entoure ; et les
« fictions consacrées par le génie sont devenues des souvenirs
« dont on cherche encore les traces.

« Un Triton a plongé dans ces flots le Troyen téméraire
« qui osa défier les divinités de la mer par ses chants : ces
« rochers creux et sonores sont tels que Virgile les a décrits.
« L'imagination est fidèle quand elle est toute-puissante. Le
« génie de l'homme est créateur quand il sent la nature, imi-
« tateur quand il croit l'inventer.

« Au milieu de ces masses terribles, vieux témoins de la
« création, l'on voit une montagne nouvelle que le volcan a
« fait naître. Ici la terre est orageuse comme la mer, et ne
« rentre pas comme elle paisiblement dans ses bornes. Le lourd
« élément, soulevé par les tremblements de l'abîme, creuse
« les vallées, élève des monts, et ses vagues pétrifiées attes-
« tent les tempêtes qui déchirent son sein.

« Si vous frappez sur ce sol, la voûte souterraine retentit.
On dirait que le monde habité n'est plus qu'une surface

« prête à s'entr'ouvrir. La campagne de Naples est l'image
« des passions humaines : sulfureuse et féconde, ses dangers
« et ses plaisirs semblent naître de ces volcans enflammés qui
« donnent à l'air tant de charmes, et font gronder la foudre
« sous nos pas.

« Pline étudiait la nature pour mieux admirer l'Italie; il
« vantait son pays comme la plus belle des contrées, quand
« il ne pouvait plus l'honorer à d'autres titres. Cherchant la
« science, comme un guerrier les conquêtes, il partit de ce
« promontoire même pour observer le Vésuve à travers les
« flammes, et ces flammes l'ont consumé.

« O souvenir, noble puissance, ton empire est dans ces
« lieux! De siècle en siècle, bizarre destinée! l'homme se
« plaint de ce qu'il a perdu. L'on dirait que les temps écoulés
« sont tous dépositaires, à leur tour, d'un bonheur qui n'est
« plus; et tandis que la pensée s'enorgueillit de ses progrès,
« s'élance dans l'avenir, notre âme semble regretter une an-
« cienne patrie dont le passé la rapproche.

« Les Romains, dont nous envions la splendeur, n'enviaient-
« ils pas la simplicité mâle de leurs ancêtres? Jadis ils mé-
« prisaient cette contrée voluptueuse, et ses délices ne domp-
« tèrent que leurs ennemis. Voyez dans le lointain Capoue,
« elle a vaincu le guerrier dont l'âme inflexible résista plus
« longtemps à Rome que l'univers.

« Les Romains, à leur tour, habitèrent ces lieux : quand
« la force de l'âme servait seulement à mieux sentir la honte
« et la douleur, ils s'amollirent sans remords. A Bayes, on
« les a vus conquérir sur la mer un rivage pour leurs palais.
« Les monts furent creusés pour en arracher des colonnes;
« et les maîtres du monde, esclaves à leur tour, asservirent
« la nature pour se consoler d'être asservis.

« Cicéron a perdu la vie près du promontoire de Gaëte,
« qui s'offre à nos regards. Les triumvirs, sans respect pour
« la postérité, la dépouillèrent des pensées que ce grand
« homme aurait conçues. Le crime des triumvirs dure encore;
« c'est contre nous encore que leur forfait est commis.

« Cicéron succomba sous le poignard des tyrans. Scipion,

« plus malheureux, fut banni par son pays encore libre. Il
« termina ses jours non loin de cette rive, et les ruines de
« son tombeau son appelées *la Tour de la patrie*. Touchante
« allusion au souvenir dont sa grande âme fut occupée!

« Marius s'est réfugié dans ces marais de Minturnes, près
« de la demeure de Scipion. Ainsi, dans tous les temps les
« nations ont persécuté leurs grands hommes; mais ils sont
« consolés par l'apothéose; et le ciel, où les Romains croyaient
« commander encore, reçoit parmi ses étoiles Romulus, Numa,
« César : astres nouveaux, qui confondent à nos regards les
« rayons de la gloire et la lumière céleste.

« Ce n'est pas assez des malheurs, la trace de tous les
« crimes est ici. Voyez, à l'extrémité du golfe, l'île de Caprée,
« où la vieillesse a désarmé Tibère; où cette âme à la fois
« cruelle et voluptueuse, violente et fatiguée, s'ennuya même
« du crime, et voulut se plonger dans les plaisirs les plus
« bas, comme si la tyrannie ne l'avait pas encore assez dé-
« gradée.

« Le tombeau d'Agrippine est sur ces bords, en face de
« l'île de Caprée; il ne fut élevé qu'après la mort de Néron :
« l'assassin de sa mère proscrivit aussi ses cendres. Il habita
« longtemps à Bayes, au milieu des souvenirs de son forfait.
« Quels monstres le hasard rassemble sous nos yeux! Tibère
« et Néron se regardent.

« Les îles que les volcans ont fait sortir de la mer servi-
« rent, presque en naissant, aux crimes du vieux monde; les
« malheureux relégués sur ces rochers solitaires, au milieu
« des flots, contemplaient de loin leur patrie, tâchaient de
« respirer ses parfums dans les airs, et quelquefois, après un
« long exil, un arrêt de mort leur apprenait que leurs enne-
« mis du moins ne les avaient pas oubliés.

« O terre! toute baignée de sang et de larmes, **tu n'as** ja-
« mais cessé de produire et des fruits et des fleurs! es-tu
« donc sans pitié pour l'homme, et sa poussière retourne-
« t-elle dans ton sein maternel sans le faire tressaillir? »

Ici, Corinne se reposa quelques instants. Tous ceux que la
fête avait rassemblés jetaient à ses pieds des branches de

myrte et de laurier. La lueur douce et pure de la lune embellissait son visage ; le vent frais de la mer agitait ses cheveux pittoresquement; et la nature semblait se plaire à la parer. Corinne, cependant, fut tout à coup saisie par un attendrissement irrésistible : elle considéra ces lieux enchanteurs, cette soirée enivrante, Oswald qui était là, qui n'y serait peut-être pas toujours, et des larmes coulèrent de ses yeux. Le peuple même, qui venait de l'applaudir avec tant de bruit, respectait son émotion, et tous attendaient en silence que ses paroles fissent partager ce qu'elle éprouvait. Elle préluda quelque temps sur sa lyre, et ne divisant plus son chant en octaves, elle s'abandonna dans ses vers à un mouvement non interrompu.

« Quelques souvenirs du cœur, quelques noms de femmes,
« réclament aussi vos pleurs. C'est à Misène, dans le lieu
« même où nous sommes, que la veuve de Pompée, Cornélie,
« conserva jusqu'à la mort son noble deuil ; Agrippine pleura
« longtemps Germanicus sur ces bords. Un jour, le même as-
« sassin qui lui ravit son époux la trouva digne de le suivre.
« l'Ile de Nisida fut témoin des adieux de Brutus et de
« Porcie.

« Ainsi les femmes amies des héros ont vu périr l'objet
« qu'elles avaient adoré. C'est en vain que pendant longtemps
« elles suivirent ses traces ; un jour vint qu'il fallut le quitter.
« Porcie se donne la mort ; Cornélie presse contre son sein
« l'urne sacrée qui ne répond plus à ses cris ; Agrippine,
« pendant plusieurs années, irrite en vain le meurtrier de son
« époux : et ces créatures infortunées, errant comme des
« ombres sur les plages dévastées du fleuve éternel, sou-
« pirent pour aborder à l'autre rive ; dans leur longue soli-
« tude, elles interrogent le silence, et demandent à la nature
« entière, à ce ciel étoilé comme à cette mer profonde, un
« son d'une voix chérie, un accent qu'elles n'entendront
« plus.

« Amour, suprême puissance du cœur, mystérieux enthou-
« siasme qui renferme en lui-même la poésie, l'héroïsme et la
« religion ! qu'arrive-t-il quand la destinée nous sépare de

« celui qui avait le secret de notre âme, et nous avait donné
« la vie du cœur, la vie céleste? qu'arrive-t-il quand l'ab-
« sence ou la mort isole une femme sur la terre? Elle languit,
« elle tombe. Combien de fois ces rochers qui nous en-
« tourent n'ont-ils pas offert leur froid soutien à ces veuves
« délaissées, qui s'appuyaient jadis sur le sein d'un ami, sur
« le bras d'un héros!

« Devant vous est Sorrente : là demeurait la sœur du Tasse,
« quand il vint en pèlerin demander à cette obscure amie un
« asile contre l'injustice des princes; ses longues douleurs
« avaient presque égaré sa raison; il ne lui restait plus que
« du génie; il ne lui restait que la connaissance des choses
« divines; toutes les images de la terre étaient troublées.
« Ainsi le talent, épouvanté du désert qui l'environne, parcourt
« l'univers sans trouver rien qui lui ressemble. La nature pour
« lui n'a plus d'écho, et le vulgaire prend pour de la folie ce
« malaise d'une âme qui ne respire pas dans ce monde assez
« d'air, assez d'enthousiasme, assez d'espoir.

« La fatalité, continua Corinne avec une émotion tou-
« jours croissante, la fatalité ne poursuit-elle pas les âmes
« exaltées, les poëtes dont l'imagination tient à la puissance
« d'aimer et de souffrir? Ils sont les bannis d'une autre région,
« et l'universelle bonté ne devait pas ordonner toute chose
« pour le petit nombre des élus ou des proscrits. Que vou-
« laient dire les anciens quand ils parlaient de la destinée avec
« tant de terreur? Que peut-elle, cette destinée sur les êtres
« vulgaires et paisibles? Ils suivent les saisons, ils parcourent
« docilement le cours habituel de la vie. Mais la prêtresse
« qui rendait les oracles se sentait agitée par une puissance
« cruelle. Je ne sais quelle force involontaire précipite le gé-
« nie dans le malheur, il entend le bruit des sphères que les
« organes mortels ne sont pas faits pour saisir; il pénètre des
« mystères du sentiment inconnus aux autres hommes, et son
« âme recèle un Dieu qu'elle ne peut contenir!

« Sublime Créateur de cette belle nature, protége-nous!
« Nos élans sont sans force, nos espérances mensongères. Les
« passions exercent en nous une tyrannie tumultueuse qui

« ne nous laisse ni liberté ni repos. Peut-être ce que nous
« ferons demain décidera-t-il de notre sort; peut-être hier
« avons-nous dit un mot que rien ne peut racheter. Quand
« notre esprit s'élève aux plus hautes pensées, nous sentons,
« comme au sommet des édifices élevés, un vertige qui con-
« fond tous les objets à nos regards; mais alors même la dou-
« leur, la terrible douleur, ne se perd point dans les nuages;
« elle les sillonne, elle les entr'ouvre. O mon Dieu! que veut-
« elle nous annoncer?... »

A ces mots, une pâleur mortelle couvrit le visage de Corinne ; ses yeux se fermèrent, et elle serait tombée à terre, si
lord Nelvil ne s'était pas à l'instant trouvé près d'elle pour
la soutenir.

CHAPITRE V

Corinne revint à elle, et la vue d'Oswald, qui avait dans
son regard la plus touchante expression d'intérêt et d'inquiétude, lui rendit un peu de calme. Les Napolitains remar-
quaient avec étonnement la teinte sombre de la poésie de
Corinne; ils admiraient l'harmonieuse beauté de son langage;
néanmoins ils auraient souhaité que ses vers fussent inspirés
par une disposition moins triste : car ils ne considéraient les
beaux-arts, et parmi les beaux-arts la poésie, que comme
une manière de se distraire des peines de la vie, et non de
creuser plus avant dans ses terribles secrets. Mais les Anglais
qui avaient entendu Corinne étaient pénétrés d'admiration
pour elle.

Ils étaient ravis de voir ainsi les sentiments mélancoliques
exprimés avec l'imagination italienne. Cette belle Corinne,
dont les traits animés et le regard plein de vie étaient destinés à
peindre le bonheur; cette fille du soleil, atteinte par des
peines secrètes, ressemblait à ces fleurs encore fraîches et
brillantes, mais qu'un point noir, causé par une piqûre mortelle, menace d'une fin prochaine.

Toute la société s'embarqua pour retourner à Naples; et la
chaleur et le calme qui régnaient alors faisaient goûter vive-

ment le plaisir d'être sur la mer. Gœthe a peint dans une délicieuse romance ce penchant que l'on éprouve pour les eaux au milieu de la chaleur. La nymphe du fleuve vante au pêcheur le charme de ses flots ; elle l'invite à s'y rafraîchir, et, séduit par degrés, enfin il s'y précipite. Cette puissance magique de l'onde ressemble en quelque manière au regard du serpent qui attire en effrayant. La vague qui s'élève de loin et se grossit par degrés, et se hâte en approchant du rivage, semble correspondre avec un désir secret du cœur, qui commence doucement et devient irrésistible.

Corinne était plus calme, les délices du beau temps rassuraient son âme ; elle avait relevé les tresses de ses cheveux pour mieux sentir ce qu'il pouvait y avoir d'air autour d'elle ; sa figure était ainsi plus charmante que jamais. Les instruments à vent, qui suivaient dans une autre barque, produisaient un effet enchanteur : ils étaient en harmonie avec la mer, les étoiles et la douceur enivrante d'un soir d'Italie ; mais ils causaient une plus touchante émotion encore : ils étaient la voix du ciel au milieu de la nature. « Chère amie, dit Oswald à voix basse, chère amie de mon cœur, je n'oublierai jamais ce jour ; en pourra-t-il jamais exister un plus heureux ? » Et en prononçant ces paroles, ses yeux étaient remplis de larmes. L'un des agréments séducteurs d'Oswald, c'était cette émotion facile, et cependant contenue, qui mouillait souvent, malgré lui, ses yeux de pleurs : son regard avait alors une expression irrésistible. Quelquefois même, au milieu d'une douce plaisanterie, on s'apercevait qu'il était ébranlé par un attendrissement secret qui se mêlait à sa gaieté, et lui donnait un noble charme. « Hélas ! répondit Corinne, non, je n'espère plus un jour tel que celui-ci ; qu'il soit béni du moins comme le dernier de ma vie, s'il n'est pas, s'il ne peut pas être l'aurore d'un bonheur durable

CHAPITRE VI

Le temps commençait à changer lorsqu'ils arrivèrent à Naples; le ciel s'obscurcissait, et l'orage qui s'annonçait dans l'air agitait déjà fortement les vagues, comme si la tempête de la mer répondait du sein des flots à la tempête du ciel. Oswald avait devancé Corinne de quelques pas, parce qu'il voulait faire apporter des flambeaux pour la conduire plus sûrement jusqu'à sa demeure. En passant sur le quai, il vit des lazzaroni rassemblés qui criaient assez haut : « *Ah! le pauvre homme, il ne peut pas s'en tirer; il faut avoir patience: il périra.* — Que dites-vous? s'écria lord Nelvil avec impétuosité; de qui parlez-vous? — *D'un pauvre vieillard*, répondirent-ils, *qui se baignait là-bas, non loin du môle, mais qui a été pris par l'orage, et n'a pas assez de force pour lutter contre les vagues et regagner le bord.* « Le premier mouvement d'Oswald était de se jeter à l'eau; mais, réfléchissant à la frayeur qu'il causerait à Corinne lorsqu'elle approcherait, il offrit tout l'argent qu'il portait avec lui, et en promit le double à celui qui se jetterait dans l'eau pour retirer le vieillard. Les lazzaroni refusèrent en disant . *Nous avons trop peur, il y a trop de danger; cela ne se peut pas.* En ce moment le vieillard disparut sous les flots. Oswald n'hésita plus, et s'élança dans la mer, malgré les vagues qui recouvraient sa tête. Il lutta cependant heureusement contre elles, atteignit le vieillard, qui périssait un instant plus tard, le saisit et le ramena sur le bord. Mais le froid de l'eau, les efforts violents d'Oswald contre la mer agitée, lui firent tant de mal, qu'au moment où il apportait le vieillard sur la rive, il tomba sans connaissance, et sa pâleur était telle en cet état, qu'on devait croire qu'il n'existait plus.

Corinne passait alors, ne pouvant pas se douter de ce qui venait d'arriver. Elle aperçut une grande foule rassemblée, et entendant crier : *Il est mort!* elle allait s'éloigner, cédant à la terreur que lui inspiraient ces paroles, lorsqu'elle vit un des Anglais qui l'accompagnaient fendre précipitamment la foule. Elle fit quelques pas pour le suivre ; et le premier objet qui frappa ses regards, ce fut l'habit d'Oswald, qu'il avait laissé sur le rivage en se jetant dans l'eau. Elle saisit cet habit avec un désespoir convulsif, croyant qu'il ne restait plus que cela d'Oswald ; et quand elle le reconnut enfin lui-même, bien qu'il parût sans vie, elle se jeta sur son corps inanimé avec une sorte de transport ; et, le pressant dans ses bras avec ardeur, elle eut l'inexprimable bonheur de sentir encore les battements du cœur d'Oswald, qui se ranimait peut-être à l'approche de Corinne. « Il vit ! s'écria-t-elle, il vit ! » Et dans ce moment elle reprit une force, un courage qu'avaient à peine les simples amis d'Oswald. Elle appela tous les secours, elle-même sut les donner; elle soutenait la tête d'Oswald évanoui, elle le couvrait de ses larmes ; et, malgré la plus cruelle agitation, elle n'oubliait rien, elle ne perdait pas un instant, et ses soins n'étaient pas interrompus par sa douleur. Oswald paraissait un peu mieux ; cependant il n'avait point encore repris l'usage de ses sens. Corinne le fit transporter chez elle, et se mit à genoux à côté de lui, l'entoura de parfums qui devaient le ranimer, et l'appelait avec un accent si tendre, si passionné, que la vie devait revenir à cette voix. Oswald l'entendit, rouvrit les yeux, et lui serra la main.

Se peut-il que, pour jouir d'un tel moment, il ait fallu sentir les angoisses de l'enfer ! Pauvre nature humaine ! Nous ne connaissons l'infini que par la douleur ; et dans toutes les jouissances de la vie, il n'est rien qui puisse compenser le désespoir de voir mourir ce qu'on aime.

« Cruel ! s'écria Corinne, cruel ! qu'avez-vous fait ? — Pardonnez, répondit Oswald d'une voix tremblante, pardonnez. Dans l'instant où je me suis cru près de périr, croyez-moi, chère amie, j'avais peur pour vous. » Admirable expression de l'amour partagé, de l'amour au plus heureux moment de la confiance mutuelle ! Corinne, vivement émue par ces délicieuses paroles, ne put se les rappeler jusqu'à son dernier jour, sans un attendrissement qui, pour quelques instants, du moins, fait tout pardonner.

CHAPITRE VII

Le second mouvement d'Oswald fut de porter sa main sur sa poitrine, pour y retrouver le portrait de son père : il y était encore ; mais l'eau l'avait tellement effacé qu'il était à peine reconnaissable. Oswald, amèrement affligé de cette perte, s'écria : « Mon Dieu ! vous m'enlevez donc jusqu'à son image !
« Corinne pria lord Nelvil de lui permettre de rétablir ce portrait. Il y consentit, mais sans beaucoup d'espoir. Quel fut son étonnement lorsqu'au bout de trois jours elle le rapporta, non-seulement réparé, mais plus frappant de ressemblance encore qu'auparavant! « Oui, dit Oswald avec ravissement ; oui, vous avez deviné ses traits et sa physionomie. C'est un miracle du ciel qui vous désigne à moi comme la compagne de mon sort, puisqu'il vous révèle le souvenir de celui qui doit à jamais disposer de moi. Corinne, continua-t-il en se jetant à ses pieds, règne à jamais sur ma vie. Voilà l'anneau que mon père avait donné à sa femme, l'anneau le plus saint, le plus sacré, qui fut offert par la bonne foi la plus noble, accepté par le cœur le plus fidèle ; je l'ôte de mon doigt pour le mettre au tien. Et dès cet instant je ne suis plus libre ; tant que vous le conserverez, chère amie, je ne le suis plus. J'en prends l'engagement solennel, avant de savoir qui vous êtes ; c'est votre âme que j'en crois, c'est elle qui m'a tout appris. Les événements de votre vie, s'ils viennent de vous, doivent être nobles comme votre caractère ; s'ils viennent du sort, et que vous en ayez été la victime, je remercie le ciel d'être chargé de les réparer. Ainsi donc, ô ma Corinne ! apprenez-moi vos secrets, vous le devez à celui dont les promesses ont précédé votre confiance.

— Oswald, répondit Corinne, cette émotion si touchante naît en vous d'une erreur, et je ne puis accepter cet anneau sans la dissiper ; vous croyez que j'ai deviné, par une inspiration du cœur, les traits de votre père ; mais je dois vous apprendre que je l'ai vu lui-même plusieurs fois. — Vous avez vu mon père! s'écria lord Nelvil, et comment? dans quel lieu? se peut-il, ô mon Dieu! Qui donc êtes-vous? — Voilà votre anneau, dit Corinne avec une émotion étouffée, je dois déjà vous le rendre. — Non, reprit Oswald après un moment de silence, je jure de ne jamais être l'époux d'une autre, tant que vous ne me renverrez pas cet anneau. Mais pardonnez au trouble que vous venez d'exciter en mon âme ; des idées confuses se retracent à moi, mon inquiétude est douloureuse. — Je le vois, reprit Corinne, et je vais l'abréger. Mais déjà votre voix n'est plus la même, et vos paroles sont changées. Peut-être, après avoir lu mon histoire, peut-être que l'horrible mot adieu... — Adieu! s'écria lord Nelvil, non, chère amie. ce n'est que sur mon lit de mort que je pourrais te le dire. Ne le crains pas avant cet instant. » Corinne sortit, et, peu de minutes après, Thérésine entra dans la chambre d'Oswald pour lui remettre, de la part de sa maîtresse, l'écrit qu'on va lire.

LIVRE QUATORZIEME

HISTOIRE DE CORINNE

CHAPITRE PREMIER

« Oswald, je vais commencer par l'aveu qui doit décider de ma vie. Si, après avoir lu, vous ne croyez pas possible de me pardonner, n'achevez point cette lettre, et rejetez-moi loin de vous ; mais si, lorsque vous connaîtrez et le nom et le sort auxquels j'ai renoncé, tout n'est pas brisé entre nous, ce que vous apprendrez ensuite servira peut-être à m'excuser.

« Lord Edgermond était mon père ; je suis née en Italie de sa première femme, qui était Romaine, et Lucile Edgermond, qu'on vous destinait pour épouse, est ma sœur du côté paternel ; elle est le fruit du second mariage de mon père avec une Anglaise.

« Maintemant, écoutez-moi. Élevée en Italie, je perdis ma mère lorsque je n'avais encore que dix ans ; mais, comme en mourant elle avait témoigné un extrême désir que mon éducation fût terminée avant que j'allasse en Angleterre, mon père me laissa chez une tante de ma mère, à Florence, jusqu'à l'âge de quinze ans. Mes talents, mes goûts, mon caractère même étaient formés, quand la mort de ma tante décida mon père à me rappeler près de lui. Il vivait dans une petite ville du Northumberland, qui ne peut, je crois, donner aucune idée de l'Angleterre ; mais c'est tout ce que j'en ai connu pendant les six années que j'y ai passées. Ma mère, dès mon enfance, ne m'avait entretenue que du malheur de ne plus vivre en Italie ; et ma tante m'avait souvent répété que c'était la crainte de quitter son pays qui avait fait mourir ma mère de chagrin. Ma bonne tante se persuadait aussi qu'une catholique était damnée quand elle vivait dans un pays protestant; et bien que je ne partageasse pas cette crainte, cependant l'idée d'aller en Angleterre me causait beaucoup d'effroi.

« Je partis avec un sentiment de tristesse inexprimable. La femme qui était venue me chercher ne savait pas l'italien : j'en disais bien encore quelques mots à la dérobée avec ma pauvre Thérésine, qui avait consenti à me suivre, quoiqu'elle ne cessât de pleurer en s'éloignant de sa patrie ; mais il fallut me déshabituer de ces sons harmonieux qui plaisent tant, même aux étrangers, et dont le charme était uni pour moi à tous les souvenirs de l'enfance ; je m'avançai vers le Nord : sensation triste et sombre que j'éprouvais sans en concevoir bien clairement la cause. Il y avait cinq ans que je n'avais vu mon père quand j'arrivai chez lui. Je pus à peine le reconnaître : il me sembla que sa figure avait pris un caractère plus grave; cependant il me reçut avec un tendre intérêt, et me dit que je ressemblais beaucoup à ma mère. Ma petite sœur, qui avait alors trois ans, me fut amenée; c'était la figure la plus blanche, les cheveux de soie les plus blonds que j'eusse jamais vus. Je la regardai avec étonnement, car nous n'avons presque pas de ces figures en Italie; mais dès ce moment elle m'intéressa beaucoup ; je pris ce jour-là même de ses cheveux pour en faire un bracelet que j'ai toujours conservé depuis. Enfin, ma belle-mère parut ; et l'impression qu'elle me fit, la première fois que je la vis, s'est constamment accrue et renouvelée pendant les six années que j'ai passées avec elle.

« Lady Edgermond aimait exclusivement la province où elle était née, et mon père, qu'elle dominait, lui avait fait le sacrifice du séjour de Londres ou d'Édimbourg. C'était une personne froide, digne, silencieuse, dont les yeux étaient humides quand elle regardait sa fille, mais qui avait d'ailleurs quelque chose de si positif dans l'expression de sa physionomie et dans ses discours, qu'il paraissait impossible de lui faire entendre ni une idée nouvelle, ni seulement une parole à laquelle son esprit ne fût pas accoutumé. Elle me reçut bien; mais j'aperçus facilement que toute ma manière la surprenait, et qu'elle se proposait de la changer, si elle le pouvait. L'on ne dit mot pendant le dîner, bien qu'on eût invité quelques personnes du voisinage : je m'ennuyais tellement de ce silence, qu'au milieu du repas j'essayai de parler un peu à un homme âgé qui était assis à côté de moi; et je citai dans la conversation des vers italiens, très-purs, très-délicats, mais dans lesquels il était question d'amour : ma belle-mère, qui savait un peu l'italien, me regarda, rougit, et donna le signal aux femmes, plus tôt qu'à l'ordinaire encore, de se retirer pour aller préparer le thé, et laisser les hommes seuls à table pendant le dessert. Je n'entendais rien à cet usage, qui surprend beaucoup en Italie, où l'on ne peut concevoir aucun agrément dans la société sans les femmes; et je crus un moment que ma belle-mère était si indignée contre moi, qu'elle ne voulait pas rester dans la chambre où j'étais. Cependant je me rassurai parce qu'elle me fit signe de la suivre, et ne m'adressa aucun reproche pendant les trois heures que nous passâmes dans le salon, attendant que les hommes vinssent nous rejoindre.

« Ma belle-mère, à souper, me dit assez doucement qu'il n'était pas d'usage que les jeunes personnes parlassent, et que, surtout, elles ne devaient jamais se permettre de citer des vers où le mot d'amour était prononcé. « Miss Edgermond, ajouta-t-elle, vous devez tâcher d'oublier tout ce qui tient à l'Italie; c'est un pays qu'il serait à désirer que vous n'eussiez jamais connu. » Je passai la nuit à pleurer, mon cœur était oppressé de tristesse : le matin j'allai me promener; il faisait un brouillard affreux; je n'aperçus pas le soleil, qui du moins m'aurait rappelé ma patrie. Je rencontrai mon père, il vint à moi, et me dit : « Ma chère enfant, ce n'est pas ici comme en Italie, les femmes n'ont d'autre vocation parmi nous que les devoirs domestiques; les talents que vous avez vous désennuieront dans la solitude; peut-être aurez-vous un mari qui s'en fera plaisir : mais, dans une petite ville comme celle-ci, tout ce qui attire l'attention excite l'envie, et vous ne trouveriez pas du tout à vous marier si l'on croyait que vous avez des goûts étrangers à nos mœurs ; ici la manière d'exister doit être soumise aux anciennes habitudes d'une province éloignée. J'ai passé avec votre mère douze ans en Italie, et le souvenir m'en est très-doux ; j'étais jeune alors, et la nouveauté me plaisait ; à présent je suis rentré dans ma case, et je m'en trouve bien : une vie régulière, même un peu monotone, fait passer le temps sans qu'on s'en aperçoive. Mais il ne faut pas lutter contre les usages du pays où l'on est établi, l'on en souffre toujours ; car, dans une ville aussi petite que celle où nous sommes, tout se sait, tout se répète : il n'y a pas lieu à l'émulation, mais bien à la jalousie, et il vaut mieux supporter un peu d'ennui que de rencontrer toujours des visages surpris et malveillants, qui vous demanderaient à chaque instant raison de ce que vous faites. »

« Non, mon cher Oswald, vous ne pouvez vous faire une idée de la peine que j'éprouvai pendant que mon père parlait ainsi. Je me le rappelais plein de grâce et de vivacité, tel que je l'avais vu dans mon enfance, et je le voyais courbé maintenant sous ce manteau de plomb que le Dante décrit dans l'enfer, et que la médiocrité jette sur les épaules de ceux qui passent sous son joug ; tout s'éloignait à mes regards, l'enthousiasme de la nature, des beaux-arts, des sentiments ; et mon âme me tourmentait comme une flamme inutile, qui me dévorait moi-même, n'ayant plus d'aliment au dehors. Comme je suis naturellement douce, ma belle-mère n'avait point à se plaindre de moi dans mes rapports avec elle ; mon père encore moins, car je l'aimais tendrement, et c'était dans mes entretiens avec lui que je trouvais encore quelque plaisir. Il était résigné, mais il savait qu'il l'était ; tandis que la plupart de nos gentilshommes campagnards, buvant, chassant, et dormant, croyaient mener la plus sage et la plus belle vie du monde.

« Leur contentement me troublait à un tel point, que je me demandais si ce n'était pas moi dont la manière de penser était une folie, et si cette existence toute solide, qui échappe à la douleur comme à la pensée, au sentiment comme à la rêverie, ne valait pas beaucoup mieux que ma manière d'être : mais à quoi m'aurait servi cette triste conviction ? à m'affliger de mes facultés comme d'un malheur, tandis qu'elles passaient en Italie pour un bienfait du ciel.

« Parmi les personnes que nous voyions, il y en avait qui ne manquaient pas d'esprit, mais elles l'étouffaient comme une lueur importune ; et pour l'ordinaire, vers quarante ans, ce petit mouvement de leur tête s'était engourdi avec tout le reste. Mon père, vers la fin de l'automne, allait beaucoup à la chasse, et nous l'attendions quelquefois jusqu'à minuit. Pendant son absence, je restais dans ma chambre la plus grande partie de la journée pour cultiver mes talents, et ma belle-mère en avait de l'humeur. « A quoi bon tout cela? me disait-elle, en serez-vous plus heureuse? » Et ce mot me mettait au désespoir. Qu'est-ce donc que le bonheur, me disais-je, si ce n'est pas le développement de nos facultés? ne vaut-il pas autant se tuer physiquement que moralement? Et s'il faut étouffer mon esprit et mon âme, que sert de conserver le misérable reste de vie qui m'agite en vain? Mais je me gardais bien de parler ainsi à ma belle-mère. Je l'avais essayé une ou deux fois : elle m'avait répondu qu'une femme était faite pour soigner le ménage de son mari et la santé de ses enfants, que toutes les autres prétentions ne faisaient que du mal, et que le meilleur conseil qu'elle avait à me donner, c'était de les cacher si je les avais; et ce discours, tout commun qu'il était, me laissait absolument sans réponse : car l'émulation, l'enthousiasme, tous ces moteurs de l'âme et du génie, ont singulièrement besoin d'être encouragés, et se flétrissent comme les fleurs sous un ciel triste et glacé.

« Il n'y a rien de si facile que de se donner l'air très-moral, en condamnant tout ce qui tient à une âme élevée. Le devoir, la plus noble destination de l'homme, peut être dénaturé comme toute autre idée, et devenir une arme offensive dont les esprits étroits, les gens médiocres, et contents de l'être, se servent pour imposer silence au talent, et se débarrasser de l'enthousiasme, du génie, enfin de tous leurs ennemis. On dirait, à les entendre, que le devoir consiste dans le sacrifice des facultés distinguées que l'on possède, et que l'esprit est un tort qu'il faut expier, en menant précisément la même vie que ceux qui en manquent. Mais est-il vrai que le devoir prescrive à tous les caractères des règles semblables ? Les grandes pensées, les sentiments généreux ne sont-ils pas dans ce monde la dette des êtres capables de l'acquitter ? Chaque femme, comme chaque homme, ne doit-elle pas se frayer une route d'après son caractère et ses talents ? et faut-il imiter l'instinct des abeilles, dont les essaims se succèdent sans progrès et sans diversité ?

« Non, Oswald ; pardonnez à l'orgueil de Corinne, mais je me croyais faite pour une autre destinée : je me sens aussi soumise à ce que j'aime que ces femmes dont j'étais entourée, et qui ne permettaient ni un jugement à leur esprit ni un désir à leur cœur : s'il vous plaisait de passer vos jours au fond de l'Écosse, je serais heureuse d'y vivre et d'y mourir auprès de vous ; mais, loin d'abdiquer mon imagination, elle me servirait à mieux jouir de la nature ; et plus l'empire de mon esprit serait étendu, plus je trouverais de gloire et de bonheur à vous en déclarer le maître.

« Ma belle-mère était presque aussi importunée de mes idées que de mes actions ; il ne lui suffisait pas que je menasse la même vie qu'elle, il fallait encore que ce fût par les mêmes motifs, car elle voulait que les facultés qu'elle n'avait pas fussent considérées seulement comme une maladie. Nous vivions assez près du bord de la mer, et le vent du nord se faisait sentir souvent dans notre château ; je l'entendais siffler la nuit à travers les longs corridors de notre demeure, et le jour il favorisait merveilleusement notre silence quand nous étions réunies. Le temps était humide et froid ; je ne pouvais presque jamais sortir sans éprouver une sensation douloureuse ; il y avait dans la nature quelque chose d'hostile, qui me faisait regretter amèrement sa bienfaisance et sa douceur en Italie.

« Nous rentrions l'hiver dans la ville, si c'est une ville, toutefois, qu'un lieu où il n'y a ni spectacle, ni édifice, ni musique, ni tableaux ; c'était un rassemblement de commérages, une collection d'ennuis tout à la fois divers et monotones.

« La naissance, le mariage et la mort composaient toute l'histoire de notre société, et ces trois événements différaient là moins qu'ailleurs. Représentez-vous ce que c'était pour une Italienne comme moi, que d'être assise autour d'une table à thé plusieurs heures par jour après dîner, avec la société de ma belle-mère. Elle était composée de sept femmes, les plus graves de la province; deux d'entre elles étaient des demoiselles de cinquante ans, timides comme à quinze, mais beaucoup moins gaies qu'à cet âge. Une femme disait à l'autre : *Ma chère, croyez-vous que l'eau soit assez bouillante pour la jeter sur le thé?* — *Ma chère,* répondait l'autre, *je crois que ce serait trop tôt, car ces messieurs ne sont pas encore prêts à venir.* — *Resteront-ils longtemps à table aujourd'hui?* disait la troisième; *qu'en croyez-vous, ma chère?* — *Je ne sais pas,* répondait la quatrième; *il me semble que l'élection du parlement doit avoir lieu la semaine prochaine, et il se pourrait qu'ils restassent pour s'en entretenir.* — *Non,* reprenait la cinquième; *je crois plutôt qu'ils parlent de cette chasse au renard qui les a tant occupés la semaine passée, et qui doit recommencer lundi prochain; je crois cependant que le dîner sera bientôt fini.* — *Ah! je ne l'espère guère,* disait la sixième en soupirant, et le silence recommençait. J'avais été dans les couvents d'Italie, ils me paraissaient pleins de vie à côté de ce cercle, et je ne savais qu'y devenir.

« Tous les quarts d'heure il s'élevait une voix qui faisait la question la plus insipide pour obtenir la réponse la plus froide, et l'ennui soulevé retombait avec un nouveau poids sur ces femmes, que l'on aurait pu croire malheureuses, si l'habitude prise dès l'enfance n'apprenait pas à tout supporter. Enfin, les *messieurs* revenaient, et ce moment si attendu n'apportait pas un grand changement dans la manière d'être des femmes : les hommes continuaient leur conversation auprès de la cheminée, les femmes restaient dans le fond de la chambre, distribuant les tasses de thé; et quand l'heure du départ arrivait, elles s'en allaient avec leurs époux, prêts à recommencer le lendemain une vie qui ne différait de celle de la veille que par la date de l'almanach, et par la trace des années qui venait enfin s'imprimer sur le visage de ces femmes, comme si elles eussent vécu pendant ce temps.

« Je ne puis concevoir encore comment mon talent a pu échapper au froid mortel dont j'étais entourée ; car il ne faut pas se le cacher, il y a deux côtés à toutes les manières de voir : on peut vanter l'enthousiasme, on peut le blâmer ; le mouvement et le repos, la variété et la monotonie, sont susceptibles d'être attaqués et défendus par divers arguments ; on peut plaider pour la vie, et il y a cependant assez de bien à dire de la mort, ou de ce qui lui ressemble. Il n'est donc pas vrai qu'on puisse tout simplement mépriser ce que disent les gens médiocres ; ils pénètrent malgré vous dans le fond de votre pensée, ils vous attendent dans les moments où la supériorité vous a causé des chagrins, pour vous dire un *eh bien* tout tranquille, tout modéré en apparence, et qui est cependant le mot le plus dur qu'il soit possible d'entendre ; car on ne peut supporter l'envie que dans le pays où cette envie même est excitée par l'admiration qu'inspirent les talents ; mais quel plus grand malheur que de vivre là où la supériorité ferait naître la jalousie, et point l'enthousiasme ; là où l'on serait haï comme une puissance, en étant moins fort qu'un être obscur ! Telle était ma situation dans cet étroit séjour ; je n'y faisais qu'un bruit importun à presque tout le monde, et je ne pouvais, comme à Londres ou à Édimbourg, rencontrer ces hommes supérieurs qui savent tout juger et tout connaître, et qui, sentant le besoin des plaisirs inépuisables de l'esprit et de la conversation, auraient trouvé quelque charme dans l'entretien d'une étrangère, quand même elle ne se serait pas en tout conformée aux sévères usages du pays.

« Je passais quelquefois des jours entiers dans les sociétés de ma belle-mère, sans entendre dire un mot qui répondît ni à une idée ni à un sentiment ; l'on ne se permettait pas même des gestes en parlant ; on voyait sur le visage des jeunes filles la plus belle fraîcheur, les couleurs les plus vives, et la plus parfaite immobilité : singulier contraste entre la nature et la société ! Tous les âges avaient des plaisirs semblables : l'on prenait le thé, l'on jouait au whist, et les femmes vieillissaient en faisant toujours la même chose, en restant toujours à la même place : le temps était bien sûr de ne pas les manquer, il savait où les prendre.

« Il y a dans les plus petites villes d'Italie un théâtre, de la musique, des improvisateurs, beaucoup d'enthousiasme pour la poésie et les arts, un beau soleil; enfin on y sent qu'on vit; mais je l'oubliais tout à fait dans la province que j'habitais, et j'aurais pu, ce me semble, envoyer à ma place une poupée légèrement perfectionnée par la mécanique, elle aurait très-bien rempli mon emploi dans la société. Comme il y a partout, en Angleterre, des intérêts de divers genres qui honorent l'humanité, les hommes, dans quelque retraite qu'ils vivent, ont toujours les moyens d'occuper dignement leur loisir; mais l'existence des femmes, dans le coin isolé de la terre que j'habitais, était bien insipide. Il y en avait quelques-unes qui, par la nature et la réflexion, avaient développé leur esprit, et j'avais découvert quelques accents, quelques regards, quelques mots dits à voix basse, qui sortaient de la ligne commune; mais la petite opinion du petit pays, toute-puissante dans son petit cercle, étouffait entièrement ces germes : on aurait eu l'air d'une mauvaise tête, d'une femme de vertu douteuse, si l'on s'était livré à parler, à se montrer de quelque manière; et ce qui était pis que tous les inconvénients, il n'y avait aucun avantage.

« D'abord j'essayai de ranimer cette société endormie : je leur proposai de lire des vers, de faire de la musique. Une fois, le jour était pris pour cela; mais tout à coup une femme se rappela qu'il y avait trois semaines qu'elle était invitée à souper chez sa tante; une autre, qu'elle était en deuil d'une vieille cousine qu'elle n'avait jamais vue, et qui était morte depuis plus de trois mois; une autre, enfin, que dans son ménage il y avait des arrangements domestiques à prendre : tout cela était très-raisonnable; mais ce qui était toujours sacrifié, c'étaient les plaisirs de l'imagination et de l'esprit, et j'entendais si souvent dire : *Cela ne se peut pas,* que, parmi tant de négations, ne pas vivre m'eût encore semblé la meilleure de toute.

« Moi-même, après m'être débattue quelque temps, j'avais renoncé à mes vaines tentatives, non que mon père me les interdit, il avait même engagé ma belle-mère à ne pas me tourmenter à cet égard; mais les insinuations, mais les regards à la dérobée, pendant que je parlais, mille petites peines, semblables aux liens dont les pygmées entouraient Gulliver, me rendaient tous les mouvements impossibles, et je finissais par faire comme les autres en apparence, mais avec cette différence que je mourais d'ennui, d'impatience et de dégoût au fond du cœur. J'avais déjà passé ainsi quatre années les plus fastidieuses du monde; et ce qui m'affligeait davantage encore, je sentais mon talent se refroidir; mon esprit se remplissait, malgré moi, de petitesses : car, dans une société où l'on manque tout à la fois d'intérêt pour les sciences, la littérature, les tableaux et la musique, où l'imagination enfin n'occupe personne, ce sont les petits faits, les critiques minutieuses, qui font nécessairement le sujet des entretiens; et les esprits étrangers à l'activité comme à la méditation ont quelque chose d'étroit, de susceptible et de contraint, qui rend les rapports de la société tout à la fois pénibles et fades.

« Il n'y a là de jouissance que dans une certaine régularité méthodique, qui convient à ceux dont le désir est d'effacer toutes les supériorités, pour mettre le monde à leur niveau; mais cette uniformité est une douleur habituelle pour les caractères appelés à une destinée qui leur soit propre. Le sentiment amer de la malveillance, que j'excitais malgré moi, se joignait à l'oppression causée par le vide, qui m'empêchait de respirer. C'est en vain qu'on se dit : Tel homme n'est pas digne de me juger, telle femme n'est pas capable de me comprendre; le visage humain exerce un grand pouvoir sur le cœur humain; et quand vous lisez sur ce visage une désapprobation secrète, elle vous inquiète toujours, en dépit de vous-même. Enfin, le cercle qui vous environne finit toujours par vous cacher le reste du monde : le plus petit objet placé devant votre œil vous intercepte le soleil; il en est de même aussi de la société dans laquelle on vit : ni l'Europe, ni la postérité ne pourraient rendre insensible aux tracasseries de la maison voisine; et qui veut être heureux et développer son génie doit, avant tout, bien choisir l'atmosphère dont il s'entoure immédiatement.

CHAPITRE II

« Je n'avais d'autre amusement que l'éducation de ma petite sœur; ma belle-mère ne voulait pas qu'elle sût la musique, mais elle m'avait permis de lui apprendre l'italien et le dessin; et je suis persuadée qu'elle se souvient encore de l'un et de l'autre, car je lui dois la justice qu'elle montrait alors beaucoup d'intelligence. Oswald! Oswald! si c'est pour votre bonheur que je me suis donné tant de soins, je m'en applaudis encore, je m'en applaudirais dans le tombeau.

« J'avais près de vingt ans; mon père voulait me marier, et c'est ici que toute la fatalité de mon sort va se déployer. Mon père était l'intime ami du vôtre; et c'est à vous, Oswald, à vous qu'il pensa pour mon époux. Si nous nous étions connus alors, et si vous m'aviez aimée, notre sort à tous les deux eût été sans nuage. J'avais entendu parler de vous avec un tel éloge, que, soit pressentiment, soit orgueil, je fus extrêmement flatté par l'espoir de vous épouser. Vous étiez trop jeune pour moi, puisque j'ai dix-huit mois de plus que vous; mais votre esprit, votre goût pour l'étude devançaient, dit-on, votre âge; et je me faisais une idée si douce de la vie passée avec un caractère tel qu'on peignait le vôtre, que cet espoir effaçait entièrement mes préventions contre la manière d'exister des femmes en Angleterre. Je savais d'ailleurs que vous vouliez vous établir à Édimbourg ou à Londres, et j'étais sûre de trouver dans chacune de ces deux villes la société la plus distinguée. Je me disais alors ce que je crois encore à présent, c'est que tout le malheur de ma situation venait de vivre dans une petite ville, reléguée au fond d'une province du Nord. Les grandes villes seules conviennent aux personnes qui sortent de la règle commune, quand c'est en société qu'elles veulent vivre; comme la vie y est variée, la nouveauté y plaît; mais, dans les lieux où l'on a pris une assez douce habitude de la monotonie, l'on n'aime pas à s'amuser une fois, pour découvrir que l'on s'ennuie tous les jours.

« Je me plais à le répéter, Oswald, quoique je ne vous eusse jamais vu, j'attendais avec une véritable anxiété votre père, qui devait venir passer huit jours chez le mien ; et ce sentiment était alors trop peu motivé pour qu'il ne fût pas un avant-coureur de ma destinée. Quand lord Nelvil arriva, je désirai de lui plaire ; je le désirai peut-être trop, et je fis, pour y réussir, infiniment plus de frais qu'il n'en fallait : je lui montrai tous mes talents ; je chantai, je dansai, j'improvisai pour lui ; et mon esprit, longtemps contenu, fut peut-être trop vif en brisant ses chaînes. Depuis sept ans, l'expérience m'a calmée ; j'ai moins d'empressement à me montrer ; je suis plus accoutumée à moi ; je sais mieux attendre ; j'ai peut-être moins de confiance dans la bonne disposition des autres, mais aussi moins d'ardeur pour leurs applaudissements ; enfin, il est possible qu'alors il y eût en moi quelque chose d'étrange. On a tant de feu, tant d'imprudence dans la première jeunesse ! on se jette en avant de la vie avec tant de vivacité ! L'esprit, quelque distingué qu'il soit, ne supplée jamais au temps ; et, bien qu'avec cet esprit on sache parler sur les hommes comme si on les connaissait, on n'agit point en conséquence de ses propres aperçus ; on a je ne sais quelle fièvre dans les idées, qui ne nous permet pas de conformer notre conduite à nos propres raisonnements.

« Je crois, sans le savoir avec certitude, que je parus à lord Nelvil une personne trop vive ; car, après avoir passé huit jours chez mon père, et s'être montré cependant très-aimable pour moi, il nous quitta et écrivit à mon père que, toute réflexion faite, il trouvait son fils trop jeune pour conclure le mariage dont il avait été question. Oswald, quelle importance attacherez-vous à cet aveu ? Je pouvais vous dissimuler cette circonstance de ma vie, je ne l'ai pas fait. Serait-il possible cependant qu'elle vous parût ma condamnation ? Je suis, je le sais, améliorée depuis sept années ; et votre père aurait-il vu sans émotion ma tendresse et mon enthousiasme pour vous ? Oswald, il vous aimait ; nous nous serions entendus.

« Ma belle-mère forma le projet de me marier au fils de son frère aîné, qui possédait une terre dans notre voisinage : c'était un homme de trente ans, riche, d'une belle figure, d'une naissance illustre et d'un caractère fort honnête, mais si parfaitement convaincu de l'autorité d'un mari sur sa femme, et de la destination soumise et domestique de cette femme, qu'un doute à cet égard l'aurait autant révolté que si l'on avait mis en question l'honneur ou la probité. M. Maclinson (c'était son nom) avait assez de goût pour moi, et ce qu'on disait dans la ville de mon esprit et de mon caractère singulier ne l'inquiétait pas le moins du monde ; il y avait tant d'ordre dans sa maison, tout s'y faisait si régulièrement à la même heure et de la même manière, qu'il était impossible à personne d'y rien changer. Les deux vieilles tantes qui dirigeaient le ménage, les domestiques, les chevaux même, n'auraient pas su faire une seule chose différente de la veille ; et les meubles, qui assistaient à ce genre de vie depuis trois générations, se seraient, je crois, déplacés d'eux-mêmes, si quelque chose de nouveau leur était apparu. M. Maclinson avait donc raison de ne pas craindre mon arrivée dans ce lieu ; le poids des habitudes y était si fort, que la petite liberté que je me serais donnée aurait pu le désennuyer un quart d'heure par semaine, mais n'aurait sûrement jamais eu d'autre conséquence.

« C'était un homme bon, incapable de faire de la peine ; mais si cependant je lui avais parlé des chagrins sans nombre qui peuvent tourmenter une âme active et sensible, il m'aurait considérée comme une personne vaporeuse, et m'aurait simplement conseillé de monter à cheval et de prendre l'air il désirait de m'épouser, précisément parce qu'il ne se doutait pas des besoins de l'esprit et de l'imagination, et que je lui plaisais sans qu'il me comprît. S'il avait eu seulement l'idée de ce que c'était qu'une femme distinguée, et des avantages et des inconvénients qu'elle peut avoir, il eût craint de ne pas être assez aimable à mes yeux ; mais ce genre d'inquiétude n'entrait pas même dans sa tête. Jugez de ma répugnance pour un tel mariage ! Je le refusai décidément. Mon père me soutint ; ma belle-mère en conçut un vif ressentiment contre moi : pour moi, c'était une personne despotique **au fond de l'âme**, bien que sa timidité l'empêchât souvent d'exprimer sa volonté : quand on ne la devinait pas, elle en avait de l'humeur; et quand on lui résistait après qu'elle avait fait l'effort de s'exprimer, elle le pardonnait d'autant moins qu'il lui en avait plus coûté pour sortir de sa réserve accoutumée.

« Toute la ville me blâma de la manière la plus prononcée. Une union aussi convenable, une fortune si bien en ordre, un homme si estimable, un nom si considéré! tel était le cri général. J'essayai d'expliquer pourquoi cette union si convenable ne me convenait pas, j'y perdis ma peine. Quelquefois je me faisais comprendre quand je parlais; mais dès que j'étais partie, ce que j'avais dit ne laissait aucune trace; car les idées habituelles rentraient aussitôt dans les têtes de mes auditeurs, et ils recevaient avec un nouveau plaisir ces anciennes connaissances que j'avais un moment écartées.

« Une femme beaucoup plus spirituelle que les autres, bien qu'elle se fût conformée en tout extérieurement à la vie commune, me prit à part un jour que j'avais parlé avec encore plus de vivacité qu'à l'ordinaire, et me dit ces paroles, qui me firent une impression profonde : « Vous vous donnez beaucoup de peine, ma chère, pour un résultat impossible; vous ne changerez pas la nature des choses : une petite ville du Nord, sans rapport avec le reste du monde, sans goût pour les arts ni pour les lettres, ne peut être autrement qu'elle n'est; si vous devez vivre ici, soumettez-vous; allez-vous-en, si vous le pouvez : il n'y a que ces deux partis à prendre. » Ce raisonnement n'était que trop évident; je me sentis pour cette femme une considération que je n'avais pas pour moi-même; car, avec des goûts assez analogues aux miens, elle avait su se résigner à la destinée que je ne pouvais supporter, et, tout en aimant la poésie et les jouissances idéales, elle jugeait mieux la force des choses et l'obstination des hommes. Je cherchai beaucoup à la voir; mais ce fut en vain : son esprit sortait du cercle, mais sa vie y était enfermée, et je crois même qu'elle craignait un peu de réveiller par nos entretiens sa supériorité naturelle : qu'en aurait-elle fait?

CHAPITRE III

« J'aurais cependant passé toute ma vie dans la déplorable situation où je me trouvais, si j'avais conservé mon père; mais un accident subit me l'enleva : je perdis avec lui mon protecteur, mon ami, le seul qui m'entendît encore dans ce désert peuplé ; et mon désespoir fut tel, que je n'eus plus la force de résister à mes impressions. J'avais vingt ans quand il mourut, et je me trouvai sans autre appui, sans autre relation que ma belle-mère, une personne avec laquelle, depuis cinq ans que nous vivions ensemble, je n'étais pas plus liée que le premier jour. Elle se mit à me reparler de M. Maclinson ; et, quoiqu'elle n'eût pas le droit de me commander de l'épouser, elle ne recevait que lui chez elle, et me déclarait assez nettement qu'elle ne favoriserait aucun autre mariage. Ce n'était pas qu'elle aimât beaucoup M. Maclinson, quoiqu'il fût son propre parent; mais elle me trouvait dédaigneuse de le refuser, et elle faisait cause commune avec lui plutôt pour la défense de la médiocrité que par amour-propre de famille.

« Chaque jour ma situation devenait plus odieuse; je me sentais saisie par la maladie du pays, la plus inquiète douleur qui puisse s'emparer de l'âme. L'exil est quelquefois, pour les caractères vifs et sensibles, un supplice beaucoup plus cruel que la mort : l'imagination prend en déplaisance tous les objets qui vous entourent, le climat, le pays, la langue, les usages, la vie en masse, la vie en détail; il y a une peine pour chaque moment, comme pour chaque situation ; car la patrie nous donne mille plaisirs habituels que nous ne connaissons pas nous-mêmes, avant de les avoir perdus :

. . . . *La favella, i costumi,*
L'aria, i tronchi, il terren, le mura, i sassi [1] *!*

---

[1]. La langue, les mœurs, l'air, les arbres, la terre, les murs, les pierres ! MÉTASTASE.

C'est déjà un vif chagrin que de ne plus voir les lieux où l'on a passé son enfance : les souvenirs de cet âge, par un charme particulier, rajeunissent le cœur, et cependant adoucissent l'idée de la mort. La tombe rapprochée du berceau semble placer sous le même ombrage toute une vie ; tandis que les années passées sur un sol étranger sont comme des branches sans racine. La génération qui vous précède ne vous a pas vu naître ; elle n'est pas pour vous la génération des pères, la génération protectrice ; mille intérêts qui vous sont communs avec vos compatriotes ne sont plus entendus par les étrangers ; il faut tout expliquer, tout commenter, tout dire, au lieu de cette communication facile, de cette effusion de pensées, qui commence à l'instant où l'on retrouve ses concitoyens. Je ne pouvais me rappeler sans émotion les expressions bienveillantes de mon pays. *Cara, carissima,* disais-je quelquefois en me promenant toute seule, pour m'imiter à moi-même l'accueil si amical des Italiens et des Italiennes ; je comparais cet accueil à celui que je recevais.

« Chaque jour j'errais dans la campagne, où j'avais coutume d'entendre le soir, en Italie, des airs harmonieux chantés avec des voix si justes ; et les cris des corbeaux retentissaient seuls dans les nuages. Le soleil si beau, l'air si suave de mon pays, était remplacé par des brouillards ; les fruits mûrissaient à peine, je ne voyais point de vignes ; les fleurs croissaient languissamment, à long intervalle l'une de l'autre ; les sapins couvraient les montagnes toute l'année, comme un noir vêtement : un édifice antique, un tableau seulement, un beau tableau, aurait relevé mon âme ; mais je l'aurais vainement cherché à trente milles à la ronde. Tout était terne, tout était morne autour de moi, et ce qu'il y avait d'habitations et d'habitants servait seulement à priver la solitude de cette horreur poétique qui cause à l'âme un frissonnement assez doux. Il y avait de l'aisance, un peu de commerce et de la culture autour de nous, enfin ce qu'il faut pour qu'on vous dise : *Vous devez être contente, il ne vous manque rien.* Stupide jugement porté sur l'extérieur de la vie, quand tout le foyer du bonheur et de la souffrance est dans le sanctuaire le plus intime et le plus secret de nous-mêmes!

« A vingt et un ans, je devais naturellement entrer en possession de la fortune de ma mère et de celle que mon père m'avait laissée. Une fois alors, dans mes rêveries solitaires, il me vint dans l'idée, puisque j'étais orpheline et majeure, de retourner en Italie pour y mener une vie indépendante, tout entière consacrée aux arts. Ce projet, quand il entra dans ma pensée, m'enivra de bonheur, et d'abord je ne conçus pas la possibilité d'une objection. Cependant, quand ma fièvre d'espérance fut un peu calmée, j'eus peur de cette résolution irréparable; et, me représentant ce qu'en penseraient tous ceux que je connaissais, le projet que j'avais d'abord trouvé si facile me sembla tout à fait impraticable; mais néanmoins l'image de cette vie, au milieu de tous les souvenirs de l'antiquité, de la peinture, de la musique, s'était offerte à moi avec tant de détails et de charmes, que j'avais pris un nouveau dégoût pour mon ennuyeuse existence.

« Mon talent, que j'avais craint de perdre, s'était accru par l'étude suivie que j'avais faite de la littérature anglaise; la manière profonde de penser et de sentir qui caractérise vos poëtes avait fortifié mon esprit et mon âme, sans que j'eusse rien perdu de l'imagination vive qui semble n'appartenir qu'aux habitants de nos contrées. Je pouvais donc me croire destinée à des avantages particuliers par la réunion des circonstances rares qui m'avaient donné une double éducation, et, si je puis m'exprimer ainsi, deux nationalités différentes. Je me souvenais de l'approbation qu'un petit nombre de bons juges avaient accordée, dans Florence, à mes premiers essais en poésie. Je m'exaltais sur les nouveaux succès que je pouvais obtenir; enfin j'espérais beaucoup de moi : n'est-ce pas la première et la plus noble illusion de la jeunesse ?

« Il me semblait que j'entrerais en possession de l'univers, le jour où je ne sentirais plus le souffle desséchant de la médiocrité malveillante; mais quand il fallait prendre la résolution de partir, de m'échapper secrètement, je me sentais arrêtée par l'opinion, qui m'imposait beaucoup plus en Angleterre qu'en Italie ; car, bien que je n'aimasse pas la petite ville que j'habitais, je respectais l'ensemble du pays dont elle faisait partie. Si ma belle-mère avait daigné me conduire à Londres ou à Édimbourg, si elle avait songé à me marier avec un homme qui eût assez d'esprit pour faire cas du mien, je n'aurais jamais renoncé ni à mon nom ni à mon existence, même pour retourner dans mon ancienne patrie. Enfin, quelque dure que fût pour moi la domination de ma belle-mère, je n'aurais peut-être jamais eu la force de changer de situation, sans une multitude de circonstances qui se réunirent comme pour décider mon esprit incertain.

« J'avais près de moi la femme de chambre italienne que vous connaissez, Thérésine ; elle est Toscane ; et, bien que son esprit n'ait point été cultivé, elle se sert de ces expressions nobles et harmonieuses qui donnent tant de grâce aux moindres discours de notre peuple. C'était avec elle seulement que je parlais ma langue, et ce lien m'attachait à elle. Je la voyais souvent triste, et je n'osais lui en demander la cause, me doutant qu'elle regrettait, comme moi, notre pays, et craignant de ne pouvoir plus contraindre mes propres sentiments s'ils étaient excités par les sentiments d'une autre. Il y a des peines qui s'adoucissent en les communiquant ; mais les maladies de l'imagination s'augmentent quand on les confie ; elles s'augmentent surtout quand on aperçoit dans un autre une douleur semblable à la sienne. Le mal qu'on souffre paraît alors invincible, et l'on n'essaye plus de le combattre. Ma pauvre Thérésine tomba tout à coup sérieusement malade, et, l'entendant gémir nuit et jour, je me déterminai à lui demander enfin le sujet de ses chagrins. Quel fut mon étonnement de l'entendre me dire presque tout ce que j'avais senti ! Elle n'avait pas si bien réfléchi que moi sur la cause de ses peines ; elle s'en prenait davantage à des circonstances locales, à des personnes en particulier ; mais la tristesse de la nature, l'insipidité de la ville où nous demeurions, la froideur de ses habitants, la contrainte de leurs usages, elle sentait tout, sans pouvoir s'en rendre raison, et s'écriait sans cesse : « O mon pays ! ne vous reverrai-je donc jamais? » Et puis elle ajoutait cependant qu'elle ne voulait pas me quitter, et, avec une amertume qui me déchirait le cœur, elle pleurait de ne pouvoir concilier avec son attachement pour moi son beau ciel d'Italie et le plaisir d'entendre sa langue maternelle.

« Rien ne fit plus d'effet sur mon esprit que ce reflet de mes propres impressions dans une personne toute commune, mais qui avait conservé le caractère et les goûts italiens dans leur vivacité naturelle, et je lui promis qu'elle reverrait l'Italie. « Avec vous? » répondit-elle. Je gardai le silence. Alors elle s'arracha les cheveux, et jura qu'elle ne s'éloignerait jamais de moi; mais elle paraissait prête à mourir à mes yeux en prononçant ces paroles. Enfin il m'échappa de lui dire que j'y retournerais aussi; et ce mot, qui n'avait eu pour but que de la calmer, devint plus solennel par la joie inexprimable qu'il lui causa et la confiance qu'elle y prit. Depuis ce jour, sans en rien dire, elle se lia avec quelques négociants de la ville, et m'annonçait exactement quand un vaisseau partait du port voisin pour Gênes ou Livourne : je l'écoutais, et je ne répondais rien ; elle imitait aussi mon silence, mais ses yeux se remplissaient de larmes. Ma santé souffrait tous les jours davantage du climat et de mes peines intérieures; mon esprit a besoin de mouvement et de gaieté; je vous l'ai dit souvent, la douleur me tuerait; il y a trop de lutte en moi contre elle; il faut lui céder pour n'en pas mourir.

« Je revenais donc fréquemment à l'idée qui m'occupait depuis la mort de mon père; mais j'aimais beaucoup Lucile, qui avait alors neuf ans, et que je soignais depuis six comme sa seconde mère : un jour, je pensai que, si je partais ainsi secrètement, je ferais un tel tort à ma réputation, que le nom de ma sœur en souffrirait; et cette crainte me fit renoncer pour un temps à mes projets. Cependant, un soir que j'étais plus affectée que jamais des chagrins que j'éprouvais, et dans mes rapports avec ma belle-mère, et dans mes rapports avec la société, je me trouvai seule à souper avec lady Edgermond; et, après une heure de silence, il me prit tout à coup un tel ennui de son imperturbable froideur, que je commençai la conversation en me plaignant de la vie que je menais : plus, d'abord, pour la forcer à parler que pour l'amener à aucun résultat qui pût me concerner ; mais, en m'animant, je supposai tout à coup la possibilité, dans une situation semblable à la mienne, de quitter pour toujours l'Angleterre. Ma belle-mère n'en fut pas troublée ; et, avec un sang-froid et une sécheresse que je n'oublierai de ma vie, elle me dit : « Vous avez vingt et un an, miss Edgermond ; ainsi la fortune de votre mère et celle que votre père vous a laissée sont à vous. Vous êtes donc la maîtresse de vous conduire comme vous le voudrez ; mais, si vous prenez un parti qui vous déshonore dans l'opinion, vous devez à votre famille de changer de nom et de vous faire passer pour morte. » Je me levai, à ces paroles, avec impétuosité, et je sortis sans répondre.

« Cette dureté dédaigneuse m'inspira la plus vive indignation, et, pour un moment, un désir de vengeance tout à fait étrange à mon caractère s'empara de moi. Ces mouvements se calmèrent ; mais la conviction que personne ne s'intéressait à mon bonheur rompit les liens qui m'attachaient encore à la maison où j'avais vu mon père. Certainement lady Edgermond ne me plaisait pas, mais je n'avais pas pour elle l'indifférence qu'elle me témoignait : j'étais touchée de sa tendresse pour sa fille ; je croyais l'avoir intéressée par les soins que je donnais à cette enfant, et peut-être, au contraire, ces soins mêmes avaient-ils excité sa jalousie ; car plus elle s'était imposé de sacrifices sur tous les points, plus elle était passionnée dans la seule affection qu'elle se fût permise. Tout ce qu'il y a dans le cœur humain de vif et d'ardent, maîtrisé par sa raison sous tous les autres rapports, se retrouvait dans son caractère quand il s'agissait de sa fille.

« Au milieu du ressentiment qu'avait excité dans mon cœur mon entretien avec lady Edgermond, Thérésine vint me dire, avec une émotion extrême, qu'un bâtiment, arrivé de Livourne même, était entré dans le port, dont nous n'étions éloignées que de quelques lieues, et qu'il y avait sur ce bâtiment des négociants qu'elle connaissait, et qui étaient les plus honnêtes gens du monde. « Ils sont tous Italiens, me dit-elle en pleurant, ils ne parlent qu'italien. Dans huit jours ils se rembarquent, et vont directement en Italie; et si madame était décidée.... — Retournez avec eux, ma bonne Thérésine, lui répondis-je. — Non, madame, s'écria-t-elle; j'aime mieux mourir ici ! » Et elle sortit de ma chambre, où je restai, réfléchissant à mes devoirs envers ma belle-mère. Il me paraissait clair qu'elle désirait ne plus m'avoir auprès d'elle : mon influence sur Lucile lui déplaisait; elle craignait que la réputation que j'avais autour de moi d'être une personne extraordinaire ne nuisît un jour à l'établissement de sa fille; enfin elle m'avait dit le secret de son cœur en m'indiquant le désir que je me fisse passer pour morte; et ce conseil amer, qui m'avait d'abord tant révoltée, me parut, à la réflexion, assez raisonnable.

« Oui, sans doute, m'écriai-je, passons pour morte dans ces lieux, où mon existence n'est qu'un sommeil agité. Je revivrai avec la nature, avec le soleil, avec les beaux-arts; et les froides lettres qui composent mon nom, inscrites sur un vain tombeau, tiendront aussi bien que moi ma place dans ce séjour sans vie. » Ces élans de mon âme vers la liberté ne me donnèrent point encore cependant la force d'une résolution décisive. Il y a des moments où l'on se croit la puissance de ce qu'on désire, et d'autres où l'ordre habituel des choses paraît devoir l'emporter sur tous les sentiments de l'âme. J'étais dans cette indécision, qui pouvait durer toujours, puisque rien au dehors de moi ne m'obligeait à prendre un parti, lorsque, le dimanche qui suivit ma conversation avec ma belle-mère, j'entendis, vers le soir, sous mes fenêtres, des chanteurs italiens qui étaient venus sur le bâtiment de Livourne, et que Thérésine avait attirés pour me causer une agréable surprise. Je ne puis exprimer l'émotion que je ressentis; un déluge de pleurs couvrit mon visage, tous mes souvenirs se ranimèrent : rien ne retrace le passé comme la musique; elle fait plus que le retracer; il apparaît, quand elle l'évoque, semblable aux ombres de ceux qui nous sont chers, revêtu d'un voile mystérieux et mélancolique. Les musiciens chantèrent ces délicieuses paroles de Monti, qu'il a composées dans son exil :

> *Bella Italia, amate sponde*
> *Pur vi torno à riveder.*
> *Trema in petto e si confonde*
> *L'alma oppressa dal piacer* [1].
>
> . . . .
> . . . .

« J'étais dans une sorte d'ivresse, je sentais pour l'Italie tout ce que l'amour fait éprouver, désir, enthousiasme, regrets ; je n'étais plus maîtresse de moi-même, toute mon âme était entraînée vers ma patrie : j'avais besoin de la voir, de la respirer, de l'entendre ; chaque battement de mon cœur était un appel à mon beau séjour, à ma riante contrée ! Si la vie était offerte aux morts dans les tombeaux, ils ne soulèveraient pas la pierre qui les couvre avec plus d'impatience que je n'en éprouvais pour écarter de moi tous mes linceuls et reprendre possession de mon imagination, de mon génie, de la nature ! Au moment de cette exaltation causée par la musique, j'étais loin encore de prendre aucun parti, car mes sentiments étaient trop confus pour en tirer aucune idée fixe, lorsque ma belle-mère entra, et me pria de faire cesser ces chants, parce qu'il était scandaleux d'entendre de la musique le dimanche. Je voulus insister : les Italiens partaient le lendemain ; il y avait six ans que je n'avais joui d'un semblable plaisir. Ma belle-mère ne m'écouta pas ; et, me disant qu'il fallait avant tout respecter les convenances du pays où l'on vivait, elle s'approcha de la fenêtre, et commanda à ses gens d'éloigner mes pauvres compatriotes. Ils partirent, et me répétaient de loin en loin, en chantant, un adieu qui me perçait le cœur.

« La mesure de mes impressions était comblée. Le vaisseau devait s'éloigner le lendemain ; Thérésine, à tout hasard, et sans m'en avertir, avait tout préparé pour mon départ. Lu-

---

1. Belle Italie! bords chéris! je vais donc vous revoir encore; mon âme tremble et succombe à l'excès de ce plaisir.

cile était depuis huit jours chez une parente de sa mère. Les cendres de mon père ne reposaient pas dans la maison de campagne que nous habitions ; il avait ordonné que son tombeau fût élevé dans la terre qu'il avait en Écosse. Enfin je partis sans en prévenir ma belle-mère, et lui laissant une lettre qui lui apprenait ma résolution. Je partis dans un de ces moments où l'on se livre à la destinée, où tout paraît meilleur que la servitude, le dégoût et l'insipidité ; où la jeunesse inconsidérée se fie à l'avenir, et le voit dans les cieux comme une étoile brillante qui lui promet un heureux sort. »

CHAPITRE IV

« Des pensées plus inquiètes s'emparèrent de moi quand je perdis de vue les côtes d'Angleterre ; mais comme je n'y avais pas laissé d'attachement vif, je fus bientôt consolée, en arrivant à Livourne, par tout le charme de l'Italie. Je ne dis à personne mon véritable nom, comme je l'avais promis à ma belle-mère ; je pris seulement celui de Corinne, que l'histoire d'une femme grecque, amie de Pindare et poëte, m'avait fait aimer. Ma figure, en se développant, avait tellement changé, que j'étais sûre de n'être pas reconnue ; j'avais vécu assez solitaire à Florence, et je devais compter sur ce qui m'est arrivé, c'est que personne à Rome n'a su qui j'étais. Ma belle-mère me manda qu'elle avait répandu le bruit que les médecins m'avaient ordonné le voyage du Midi pour rétablir ma santé, et que j'étais morte dans la traversée. Sa lettre ne contenait d'ailleurs aucune réflexion. Elle me fit passer avec une très-grande exactitude toute ma fortune, qui est assez considérable ; mais elle ne m'a plus écrit. Cinq ans se sont écoulés depuis ce moment jusqu'à celui où je vous ai vu ; cinq ans pendant lesquels j'ai goûté assez de bonheur. Je suis venue m'établir à Rome ; ma réputation s'est accrue ; les beaux-arts et la littérature m'ont encore donné plus de jouissances solitaires qu'ils ne m'ont valu de succès, et je n'ai pas connu, jusqu'à vous, tout l'empire que le sentiment peut exercer ;

mon imagination colorait et décolorait quelquefois mes illusions sans me causer de vives peines; je n'avais point encore été saisie par une affection qui pût me dominer. L'admiration, le respect, l'amour, n'enchaînaient point toutes les facultés de mon âme; je concevais, même en aimant, plus de qualités et plus de charmes que je n'en ai rencontré; enfin, je restais supérieure à mes propres impressions, au lieu d'être entièrement subjuguée par elles.

« N'exigez point que je vous raconte comment deux hommes, dont la passion pour moi n'a que trop éclaté, ont occupé successivement ma vie avant de vous connaître : il faudrait faire violence à ma conviction intime pour me persuader maintenant qu'un autre que vous a pu m'intéresser, et j'en éprouve autant de repentir que de douleur. Je vous dirai seulement ce que vous avez appris déjà par mes amis : c'est que mon existence indépendante me plaisait tellement, qu'après de longues irrésolutions et de pénibles scènes, j'ai rompu deux fois des liens que le besoin d'aimer m'avait fait contracter, et que je n'ai pu me résoudre à rendre irrévocables. Un grand seigneur allemand voulait, en m'épousant, m'emmener dans son pays, où son rang et sa fortune le fixaient. Un prince italien m'offrait à Rome même l'existence la plus brillante. Le premier sut me plaire en m'inspirant la plus haute estime; mais je m'aperçus, avec le temps, qu'il avait peu de ressources dans l'esprit. Quand nous étions seuls, il fallait que je me donnasse beaucoup de peine pour soutenir la conversation, et pour lui cacher avec soin ce qui lui manquait. Je n'osais, en causant avec lui, lui montrer ce que je puis être, de peur de le mettre mal à l'aise; je prévis que son sentiment pour moi diminuerait nécessairement le jour où je cesserais de le ménager, et néanmoins il est difficile de conserver de l'enthousiasme pour ceux que l'on ménage. Les égards d'une femme pour une infériorité quelconque dans un homme supposent toujours qu'elle ressent pour lui plus de pitié que d'amour; et le genre de calcul et de réflexion que ces égards demandent flétrit la nature céleste d'un sentiment involontaire. Le prince italien était plein de grâce et de fécondité dans l'esprit. Il voulait s'établir à Rome, partageait tous mes goûts, aimait mon genre de vie ; mais je remarquai, dans une occasion importante, qu'il manquait d'énergie dans l'âme, et que dans les circonstances difficiles de la vie ce serait moi qui me verrais obligée de le soutenir et de le fortifier : alors tout fut dit pour l'amour ; car les femmes ont besoin d'appui, et rien ne les refroidit comme la nécessité d'en donner. Je fus donc deux fois détrompée de mes sentiments, non par des malheurs ni par des fautes, mais par l'esprit observateur qui me découvrit ce que l'imagination m'avait caché.

« Je me crus destinée à ne jamais aimer de toute la puissance de mon âme ; quelquefois cette idée m'était pénible, plus souvent je m'applaudissais d'être libre ; mais je craignais en moi cette faculté de souffrir ; cette nature passionnée qui menace mon bonheur et ma vie ; je me rassurais toujours, en songeant qu'il était difficile de captiver mon jugement, et je ne croyais pas que personne pût jamais répondre à l'idée que j'avais du caractère et de l'esprit d'un homme ; j'espérais toujours échapper au pouvoir absolu d'un attachement, en apercevant quelques défauts dans l'objet qui pourrait me plaire ; je ne savais pas qu'il existe des défauts qui peuvent accroître l'amour même par l'inquiétude qu'ils lui causent. Oswald, la mélancolie, l'incertitude, qui vous découragent de tout, la sévérité de vos opinions, troublent mon repos, sans refroidir mon sentiment ; je pense souvent que ce sentiment ne me rendra pas heureuse ; mais alors c'est moi que je juge, et jamais vous.

« Vous connaissez maintenant l'histoire de ma vie ; l'Angleterre abandonnée, mon changement de nom, l'inconstance de mon cœur, je n'ai rien dissimulé. Sans doute, vous penserez que l'imagination m'a souvent égarée ; mais si la société n'enchaînait pas les femmes par des liens de tout genre dont les hommes sont dégagés, qu'y aurait-il dans ma vie qui pût empêcher de m'aimer ? Ai-je jamais trompé ? ai-je jamais fait de mal ? mon âme a-t-elle jamais été flétrie par de vulgaires intérêts ? Sincérité, bonté, fierté, Dieu demandera-t-il davantage à l'orpheline qui se trouvait seule dans l'univers ? Heureuses les femmes qui rencontrent, à leurs premiers pas dans la vie, celui qu'elles doivent aimer toujours ! Mais le mérité-je moins, pour l'avoir connu trop tard ?

« Cependant, je vous le dirai, milord, et vous en croirez ma franchise : si je pouvais passer ma vie près de vous sans vous épouser, il me semble que, malgré la perte d'un grand bonheur et d'une gloire à mes yeux la première de toutes, je ne voudrais pas m'unir à vous. Peut-être ce mariage est-il pour vous un sacrifice ; peut-être un jour regretterez-vous cette belle Lucile, ma sœur, que votre père vous a destinée. Elle est plus jeune que moi de douze années ; son nom est sans tache, comme la première fleur du printemps ; il faudrait, en Angleterre, faire revivre le mien, qui a déjà passé sous l'empire de la mort. Lucile a, je le sais, une âme douce et pure ; si j'en juge par son enfance, il se peut qu'elle soit capable de vous entendre en vous aimant. Oswald, vous êtes libre ; quand vous le désirerez, votre anneau vous sera rendu.

« Peut-être voulez-vous savoir, avant que de vous décider, ce que je souffrirai si vous me quittez. Je l'ignore : il s'élève quelquefois des mouvements tumultueux dans mon âme, qui sont plus forts que ma raison, et je ne serais pas coupable si de tels mouvements me rendaient l'existence tout à fait insupportable. Il est également vrai que j'ai beaucoup de facultés de bonheur ; je sens quelquefois en moi comme une fièvre de pensées qui fait circuler mon sang plus vite. Je m'intéresse à tout ; je parle avec plaisir ; je jouis avec délices de l'esprit des autres, de l'intérêt qu'ils me témoignent, des merveilles de la nature, des ouvrages de l'art que l'affectation n'a point frappés de mort. Mais serait-il en ma puissance de vivre quand je ne vous verrai plus ? C'est à vous d'en juger, Oswald, car vous me connaissez mieux que moi-même ; je ne suis pas responsable de ce que je puis éprouver ; c'est à celui qui enfonce le poignard à savoir si la blessure qu'il fait est mortelle. Mais quand elle le serait, Oswald, je devrais vous le pardonner.

« Mon bonheur dépend en entier du sentiment que vous

m'avez montré depuis six mois. Je défierais toute la puissance de votre volonté et de votre délicatesse de me tromper sur la plus légère altération dans ce sentiment. Éloignez de vous, à cet égard, toute idée de devoir ; je ne connais pour l'amour ni promesse ni garantie. La Divinité seule peut faire renaître une fleur quand le vent l'a flétrie. Un accent, un regard de vous suffiraient pour m'apprendre que votre cœur n'est plus le même, et je détesterais tout ce que vous pourriez m'offrir à la place de votre amour, de ce rayon divin, ma céleste auréole. Soyez donc libre maintenant, Oswald, libre chaque jour, libre encore, quand vous seriez mon époux ; car, si vous ne m'aimiez plus, je vous affranchirais par ma mort des liens indissolubles qui vous attacheraient à moi.

« Dès que vous aurez lu cette lettre, je veux vous revoir ; mon impatience me conduira vers vous, et je saurai mon sort en vous apercevant ; car le malheur est rapide, et le cœur, tout faible qu'il est, ne doit pas se méprendre aux signes funestes d'une destinée irréprochable. Adieu. »

LIVRE QUINZIÈME

ADIEUX A ROME ET VOYAGE A VENISE

CHAPITRE PREMIER

C'était avec une émotion profonde qu'Oswald avait lu la lettre de Corinne. Un mélange confus de diverses peines l'agitait : tantôt il était blessé du tableau qu'elle faisait d'une province d'Angleterre, et se disait avec désespoir que jamais une telle femme ne pourrait être heureuse dans la vie domestique ; tantôt il la plaignait de ce qu'elle avait souffert, et ne pouvait s'empêcher d'aimer et d'admirer la franchise et la simplicité de son récit. Il se sentait jaloux aussi des affections qu'elle avait éprouvées avant de le connaître ; et plus il voulait se cacher à lui-même cette jalousie, plus il en était tourmenté : enfin, surtout, la part qu'avait son père dans son histoire l'affligeait amèrement, et l'angoisse de son âme était telle, qu'il ne savait plus ce qu'il pensait ni ce qu'il faisait. Il sortit précipitamment à midi, par un soleil brûlant : à cette heure il n'y a personne dans les rues de Naples ; l'effroi de la chaleur retient tous les êtres vivants à l'ombre. Il s'en alla du côté de Portici, marchant au hasard et sans dessein, et les rayons ardents qui tombaient sur sa tête excitaient tout à la fois et troublaient ses pensées.

Corinne cependant, après quelques heures d'attente, ne pu résister au besoin de voir Oswald ; elle entra dans sa chambre, et ne l'y trouvant point, cette absence dans ce moment lui causa une terreur mortelle. Elle vit sur la table de lord Nelvil ce qu'elle lui avait écrit ; et, ne doutant pas que ce fût près l'avoir lu qu'il s'en était allé, elle s'imagina qu'il était parti tout à fait et qu'elle ne le reverrait plus. Alors une douleur insupportable s'empara d'elle ; elle essaya d'attendre, et chaque moment la consumait ; elle parcourait sa chambre à grands pas, et puis s'arrêtait soudain, de peur de perdre le moindre bruit qui pourrait annoncer le retour. Enfin, ne résistant plus à son anxiété, elle descendit pour demander si l'on n'avait pas vu passer lord Nelvil, et de quel côté il avait porté ses pas. Le maître de l'auberge répondit que lord Nelvil était allé du côté de Portici, mais que sûrement, ajouta l'hôte, il n'avait pas été loin, car dans ce moment un coup de soleil serait très-dangereux. Cette crainte se mêlant à toutes les autres, bien que Corinne n'eût rien sur la tête qui pût la garantir de l'ardeur du jour, elle se mit à marcher au hasard dans la rue. Les larges pavés blancs de Naples, ces pavés de lave, placés là comme pour multiplier l'effet de la chaleur et de la lumière, brûlaient ses pieds et l'éblouissaient par le reflet des rayons du soleil.

Elle n'avait pas le projet d'aller jusqu'à Portici, mais elle avançait toujours, et toujours plus vite ; la souffrance et le trouble précipitaient ses pas. On ne voyait personne sur le grand chemin : à cette heure, les animaux eux-mêmes se tiennent cachés, ils redoutent la nature.

Une poussière horrible remplit l'air dès que le moindre souffle de vent ou le char le plus léger traverse la route : les prairies, couvertes de cette poussière, ne rappellent plus, par leur couleur, la végétation ni la vie. De moment en moment, Corinne se sentait près de tomber, elle ne rencontrait pas un arbre pour s'appuyer, et sa raison s'égarait dans ce désert enflammé ; elle n'avait plus que quelques pas à faire pour arriver au palais du roi, sous les portiques duquel elle aurait trouvé de l'ombre et de l'eau pour se rafraîchir. Mais les forces lui manquaient ; elle essayait en vain de marcher, elle ne voyait plus sa route ; un vertige la lui cachait et lui faisait apparaître mille lumières, plus vives encore que celles même du jour ; et tout à coup succédait à ces lumières un nuage qui l'environnait d'une obscurité sans fraîcheur. Une soif ardente la dévorait ; elle rencontra un lazzarone, l'unique créature humaine qui pût braver en ce moment la puissance du climat, et elle le pria d'aller lui chercher un peu d'eau ; mais cet homme, en voyant seule sur le chemin, à cette heure, une femme si remarquable et par sa beauté et par l'élégance de ses vêtements, ne douta pas qu'elle ne fût folle, et s'éloigna d'elle avec terreur.

Heureusement Oswald revenait sur ses pas à cet instant, et quelques accents de Corinne frappèrent de loin son oreille : hors de lui-même, il courut vers elle, et la reçut dans ses bras comme elle tombait sans connaissance ; il la porta ainsi sous le portique du palais de Portici, et la rappela à la vie par ses soins et sa tendresse.

Dès qu'elle le reconnut, elle lui dit, encore égarée : « Vous m'aviez promis de ne pas me quitter sans mon consentement ; je puis vous paraître à présent indigne de votre affection ; mais votre promesse, pourquoi la méprisez-vous ? — Corinne, répondit Oswald, jamais l'idée de vous quitter ne s'est approchée de mon cœur ; je voulais seulement réfléchir sur notre sort, et recueillir mes esprits avant de vous revoir. — Eh bien, dit alors Corinne en essayant de paraître calme, vous en avez eu le temps pendant ces mortelles heures qui ont failli me coûter la vie : vous en avez eu le temps ; parlez donc, et dites-moi ce que vous avez résolu. » Oswald, effrayé du son de voix de Corinne, qui trahissait son émotion intérieure, se mit à genoux devant elle, et lui dit : « Corinne, le cœur de ton ami n'est point changé ; qu'ai-je donc appris qui pût me désenchanter de toi ? Mais, écoute. » Et comme elle tremblait toujours plus fortement, il reprit avec instance : « Écoute sans terreur celui qui ne peut vivre et te savoir malheureuse. — Ah ! s'écria Corinne, c'est de mon bonheur que vous parlez ; il ne s'agit déjà plus du vôtre. Je ne repousse pas votre pitié : dans ce moment j'en ai besoin ; mais pensez-vous cependant que ce soit d'elle seule que je veuille vivre ? — Non, c'est de mon amour que nous vivrons tous les deux, dit Oswald ; je reviendrai... — Vous reviendrez ! interrompit Corinne ; ah ! vous voulez donc partir ? Qu'est-il arrivé, qu'y a-t-il de changé depuis hier ? Malheureuse que je suis ! —

— Chère amie, que ton cœur ne se trouble pas ainsi, reprit Oswald, et laisse-moi, si je puis, te révéler ce que j'éprouve, c'est moins que tu ne crains, bien moins. Mais il faut, dit-il en faisant effort sur lui-même pour s'expliquer, il faut pourtant que je connaisse les raisons que mon père peut avoir eues pour s'opposer, il y a sept ans, à notre union : il ne m'en a jamais parlé, j'ignore tout à cet égard ; mais son ami le plus intime, qui vit encore en Angleterre, saura quels étaient ses motifs. Si, comme je le crois, ils ne tiennent qu'à des circonstances peu importantes, je les compterai pour rien ; je te pardonnerai d'avoir quitté le pays de ton père et le mien, une si noble patrie ; j'espérerai que l'amour t'y rattachera, et que tu préféreras le bonheur domestique, les vertus sensibles et naturelles, à l'éclat même de ton génie ; j'espérerai tout, je ferai tout. Mais si mon père s'était prononcé contre toi, Corinne, je ne serais l'époux d'une autre, mais jamais aussi je ne pourrais être le tien. »

Quand ces paroles furent dites, une sueur froide coula sur le front d'Oswald, et l'effort qu'il avait fait pour parler ainsi était tel, que Corinne, ne pensant qu'à l'état où elle le voyait, fut quelque temps sans lui répondre ; et, prenant sa main, elle lui dit : « Quoi ! vous partez ! quoi ! vous allez en Angleterre sans moi ! » Oswald se tut. « Cruel ! s'écria Corinne avec désespoir, vous ne répondez rien, vous ne combattez pas ce que je vous dis ! Ah ! c'est donc vrai ! Hélas ! tout en le disant, je ne le croyais pas encore. — J'ai retrouvé, grâce à vos soins, répondit Oswald, la vie que j'étais près de perdre ; cette vie appartient à mon pays pendant la guerre. Si je puis m'unir à vous, nous ne nous quitterons plus, et je vous rendrai votre nom et votre existence en Angleterre. Si cette destinée trop heureuse m'était interdite, je reviendrais, à la paix, en Italie ; je resterais longtemps auprès de vous, et je ne changerais rien à votre sort qu'en vous donnant un fidèle ami de plus. — Ah ! vous ne changeriez rien à mon sort, dit Corinne, quand vous êtes devenu mon seul intérêt au monde, quand j'ai goûté de cette coupe enivrante qui donne le bonheur ou la mort ! Mais, au moins, dites-moi, ce départ, quand aura-t-il lieu ?

combien de jours me reste-t-il? — Chère amie, dit Oswald en la serrant contre son cœur, je jure qu'avant trois mois je ne te quitterai pas, et peut-être même alors... — Trois mois ! s'écria Corinne ; je vivrai donc encore tout ce temps : c'est beaucoup, je n'en espérais pas tant. Allons, je me sens mieux ; c'est un avenir que trois mois, — dit-elle avec un mélange de tristesse et de joie qui toucha profondément Oswald. Tous deux alors montèrent en silence dans la voiture qui les conduisit à Naples.

CHAPITRE II

En arrivant, ils trouvèrent le prince Castel-Forte, qui les attendait à l'auberge. Le bruit s'était répandu que lord Nelvil avait épousé Corinne ; et quoique cette nouvelle fit une grande peine à ce prince, il était venu pour s'assurer par lui-même si cela était vrai, et pour se rattacher de quelque manière encore à la société de son amie, lors même qu'elle serait pour jamais liée à un autre. La mélancolie de Corinne, l'état d'abattement dans lequel, pour la première fois, il la voyait, lui causèrent une vive inquiétude ; mais il n'osa point l'interroger, parce qu'elle semblait fuir toute conversation à ce sujet. Il est des situations de l'âme où l'on redoute de se confier à personne ; il suffirait d'une parole qu'on dirait ou qu'on entendrait pour dissiper à nos propres yeux l'illusion qui nous fait supporter l'existence ; et l'illusion dans les sentiments passionnés, de quelque genre qu'ils soient, a cela de particulier qu'on se ménage soi-même comme on ménagerait un ami que l'on craindrait d'affliger en l'éclairant, et que, sans s'en apercevoir, l'on met sa propre douleur sous la protection de sa propre pitié.

Le lendemain, Corinne, qui était la personne du monde la plus naturelle, et ne cherchait point à faire effet par sa douleur, essaya de paraître gaie, de se ranimer encore, et pensa même que le meilleur moyen pour retenir Oswald était de se montrer aimable comme autrefois ; elle commençait donc avec vivacité un sujet d'entretien intéressant, puis tout à coup la distraction s'emparait d'elle, et ses regards erraient sans objet. Elle, qui possédait au plus haut degré la facilité de la parole, hésitait dans le choix des mots, et quelquefois elle se servait d'une expression qui n'avait pas le moindre rapport avec ce qu'elle voulait dire. Alors elle riait d'elle-même; mais, à travers ce rire, ses yeux se remplissaient de larmes. Oswald était au désespoir de la peine qu'il lui causait; il voulait s'entretenir seul avec elle, mais elle en évitait avec soin les occasions.

« Que voulez-vous avoir de moi? lui dit-elle un jour qu'il insistait pour lui parler. Je me regrette, voilà tout. J'avais quelque orgueil de mon talent; j'aimais le succès, la gloire; les suffrages même des indifférents étaient l'objet de mon ambition : mais à présent je ne me soucie de rien, et ce n'est pas le bonheur qui m'a détachée de ces vains plaisirs, c'est un profond découragement. Je ne vous en accuse pas; il vient de moi, peut-être en triompherai-je : il se passe tant de choses au fond de l'âme que nous ne pouvons ni prévoir ni diriger! Mais je vous rends justice, Oswald, vous souffrez de ma peine, je le vois. J'ai aussi pitié de vous; pourquoi ce sentiment ne nous conviendrait-il pas à tous les deux? Hélas! il peut s'adresser à tout ce qui respire, sans commettre beaucoup d'erreurs. »

Oswald n'était pas alors moins malheureux que Corinne. Il l'aimait vivement, mais son histoire l'avait blessé dans sa manière de penser et dans ses affections. Il lui semblait voir clairement que son père avait tout prévu, tout jugé d'avance pour lui, et que c'était mépriser ses avertissements que d prendre Corinne pour épouse : cependant il ne pouvait y renoncer, et se trouvait replongé dans les incertitudes dont i espérait sortir en connaissant le sort de son amie. Elle, de son côté, n'avait pas souhaité le lien du mariage avec Oswald; et si elle s'était crue certaine qu'il ne la quitterait jamais, elle n'aurait eu besoin de rien de plus pour être heureuse; mais elle le connaissait assez pour savoir qu'il ne concevait le bonheur que dans la vie domestique; et que s'il abjurait le dessein de l'épouser, ce ne pouvait jamais être qu'en l'aimant moins. Le départ d'Oswald pour l'Angleterre lui paraissait un signal de mort; elle savait combien les mœurs et les opinions de ce pays avaient d'influence sur lui : c'est en vain qu'il formait le projet de passer sa vie avec elle en Italie; elle ne doutait point qu'en se retrouvant dans sa patrie, l'idée de la quitter une seconde fois ne lui devînt odieuse. Enfin elle sentait que tout son pouvoir venait de son charme; et qu'est-ce que ce pouvoir en absence? qu'est-ce que les souvenirs de l'imagination, lorsque de toutes parts l'on est cerné par la force et la réalité d'un ordre social d'autant plus dominateur qu'il est fondé sur des idées nobles et pures?

Corinne, tourmentée par ces réflexions, aurait souhaité d'exercer quelque empire sur son sentiment pour Oswald. Elle tâchait de s'entretenir avec le prince Castel-Forte sur les objets qui l'avaient toujours intéressée, la littérature et les beaux-arts; mais lorsque Oswald entrait dans la chambre, la dignité de son maintien, un regard mélancolique qu'il jetait sur Corinne, et qui semblait lui dire : *Pourquoi voulez-vous renoncer à moi?* détruisait tous ses projets. Vingt fois Corinne voulut dire à lord Nelvil que son irrésolution l'offensait, et qu'elle était décidée à s'éloigner de lui; mais elle le voyait tantôt appuyer sa tête sur sa main comme un homme accablé par des sentiments douloureux, tantôt respirer avec effort, ou rêver sur les bords de la mer, ou lever les yeux vers le ciel quand des sons harmonieux se faisaient entendre; et ces mouvements si simples, dont la magie n'était connue que d'elle, renversaient soudain tous ses efforts. L'accent, la physionomie, une certaine grâce dans chaque geste, révèle à l'amour les secrets les plus intimes de l'âme; et peut-être est-il vrai qu'un caractère froid en apparence, tel que celui de lord Nelvil, ne pouvait être pénétré que par celle qui l'aimait: l'indifférence, ne devinant rien, ne peut juger que ce qui se montre. Corinne, dans le silence de la réflexion, essayait ce qui lui avait réussi autrefois quand elle croyait aimer : elle appelait à son secours son esprit d'observation, qui découvrait avec sagacité les moindres faiblesses; elle tâchait d'exciter son imagination à lui représenter Oswald sous des traits moins séduisants ; mais il n'y avait rien en lui qui ne fût noble, touchant et simple ; et comment défaire à ses propres yeux le charme d'un caractère et d'un esprit parfaitement naturels? Il n'y a que l'affection qui puisse donner lieu à ces réveils subits du cœur étonné d'avoir aimé.

Il existait d'ailleurs entre Oswald et Corinne une sympathie singulière et toute-puissante : leurs goûts n'étaient point les mêmes, leurs opinions s'accordaient rarement, et dans le fond de leur âme, néanmoins, il y avait des mystères semblables, des émotions puisées à la même source, enfin je ne sais quelle ressemblance secrète qui supposait une même nature, bien que toutes les circonstances extérieures l'eussent modifiée différemment. Corinne s'aperçut donc, et ce fut avec effroi, qu'elle avait encore augmenté son sentiment pour Oswald en l'observant de nouveau, en le jugeant en détail, en luttant vivement contre l'impression qu'il lui faisait.

Elle offrit au prince Castel-Forte de revenir à Rome ensemble ; et lord Nelvil sentit qu'elle voulait éviter ainsi d'être seule avec lui ; il en eut de la tristesse, mais il ne s'y opposa pas : il ne savait plus si ce qu'il pouvait faire pour Corinne suffirait à son bonheur, et cette pensée le rendait timide. Corinne cependant aurait voulu qu'il refusât le prince Castel-Forte pour compagnon de voyage ; mais elle ne le dit pas. Leur situation n'était plus simple comme autrefois ; il n'y avait pas encore entre eux de la dissimulation, et néanmoins Corinne proposait ce qu'elle eût souhaité qu'Oswald refusât, et le trouble s'était mis dans une affection qui, pendant six mois, leur avait donné chaque jour un bonheur presque sans mélange.

En retournant par Capoue et par Gaëte, en revoyant ces mêmes lieux qu'elle avait traversés peu de temps auparavant avec tant de délices, Corinne ressentait un amer souvenir. Cette nature si belle, qui maintenant l'appelait en vain au bonheur, redoublait encore sa tristesse. Quand ce beau ciel ne dissipe pas la douleur, son expression riante fait souffrir encore plus par le contraste. Ils arrivèrent à Terracine le soir, par une fraîcheur délicieuse, et la même mer brisait ses flots contre le même rocher. Corinne disparut après le souper ; Oswald, ne la voyant pas revenir, sortit inquiet, et son cœur, comme celui de Corinne, le guida vers l'endroit où ils s'étaient reposés en allant à Naples. Il aperçut de loin Corinne, à genoux devant le rocher sur lequel ils s'étaient assis, et il vit, en regardant la lune, qu'elle était couverte d'un nuage, comme il y a deux mois, à la même heure. Corinne, à l'approche d'Oswald, se leva, et lui dit en lui montrant ce nuage : « Avais-je raison de croire aux présages? Mais n'est-il pas vrai qu'il y a quelque compassion dans le ciel? il m'avertissait de l'avenir, et aujourd'hui, vous le voyez, il porte mon deuil.

« N'oubliez pas, Oswald, de remarquer si ce même nuage ne passera pas sur la lune quand je mourrai. — Corinne! Corinne! s'écria lord Nelvil, ai-je mérité que vous me fassiez expirer de douleur? Vous le pouvez facilement, je vous l'assure ; parlez encore une fois ainsi, et vous me verrez tomber sans vie à vos pieds. Mais quel est donc mon crime? Vous êtes une personne indépendante de l'opinion par votre manière de penser; vous vivez dans un pays où cette opinion n'est jamais sévère, et, quand elle le serait, votre génie vous fait régner sur elle. Je veux, quoi qu'il arrive, passer mes jours près de vous ; je le veux . d'où vient donc votre douleur ? Si je ne pouvais être votre époux sans offenser un souvenir qui règne à l'égal de vous sur mon âme, ne m'aimeriez-vous donc pas assez pour trouver du bonheur dans ma tendresse, dans le dévouement de tous mes instants ? — Oswald, dit Corinne, si je croyais que nous ne nous quittassions jamais, je ne souhaiterais rien de plus , mais... — N'avez-vous pas l'anneau, gage sacré?... — Je vous le rendrai, reprit-elle. — Non, jamais, dit-il. — Ah! je vous le rendrai, continua-t-elle, quand vous désirerez de le reprendre ; et si vous cessiez de m'aimer, cet anneau même m'en instruira. Une ancienne croyance n'apprend-elle pas que le diamant est plus fidèle que l'homme, et qu'il se ternit quand celui qui l'a donné nous trahit? — Corinne, dit Oswald, vous osez parler de trahison! votre esprit s'égare , vous ne me connaissez plus. — Pardon, Oswald, pardon! s'écria Corinne; mais dans les passions profondes, le cœur est tout à coup doué d'un instinct miraculeux, et les souffrances sont des oracles. Que signifie donc cette palpitation douloureuse qui soulève mon sein ? Ah ! mon ami, je ne la redouterais pas si elle ne m'annonçait que la mort. »

En achevant ces mots, Corinne s'éloigna précipitamment; elle craignait de s'entretenir longtemps avec Oswald ; elle ne se complaisait point dans la douleur, et cherchait à briser les impressions de tristesse ; mais elles n'en revenaient que plus violemment lorsqu'elle les avait repoussées. Le lendemain, quand ils traversèrent les marais Pontins, les soins d'Oswald pour Corinne furent encore plus tendres que la première fois ; elle les reçut avec douceur et reconnaissance ; mais il y avait dans son regard quelque chose qui disait : *Pourquoi ne me laissez-vous pas mourir ?*

CHAPITRE III

Combien Rome semble déserte en revenant de Naples ! On entre par la porte Saint-Jean-de-Latran, on traverse de longues rues solitaires ; le bruit de Naples, sa population, la vivacité de ses habitants, accoutument à un certain degré de mouvement, qui d'abord fait paraître Rome singulièrement triste; l'on s'y plaît de nouveau après quelque temps de séjour : mais, quand on s'est habitué à une vie de distraction, on éprouve toujours une sensation mélancolique en rentrant en soi-même, dût-on s'y trouver bien. D'ailleurs le séjour de Rome, dans la saison de l'année où l'on était alors, à la fin de juillet, est très-dangereux. Le mauvais air rend plusieurs quartiers inhabitables, et la contagion s'étend souvent sur la ville entière. Cette année, particulièrement, les inquiétudes étaient encore plus grandes qu'à l'ordinaire, et tous les visages portaient l'empreinte d'une terreur secrète.

En arrivant, Corinne trouva sur le seuil de sa porte un moine qui lui demanda la permission de bénir sa maison pour la préserver de la contagion ; Corinne y consentit, et le prêtre parcourut toutes les chambres en y jetant de l'eau bénite, et en prononçant des prières latines. Lord Nelvil souriait un peu de cette cérémonie ; Corinne en était attendrie. « Je trouve un charme indéfinissable, lui dit-elle, dans tout ce qui est religieux, je dirais même superstitieux, quand il n'y a rien d'hostile ni d'intolérant dans cette superstition : le secours divin est si nécessaire lorsque les pensées et les sentiments sortent du cercle commun de la vie ! C'est pour les esprits distingués surtout que je conçois le besoin d'une protection surnaturelle. — Sans doute ce besoin existe, reprit lord Nelvil, mais est-ce ainsi qu'il peut être satisfait ? — Je ne refuse jamais, reprit Corinne, une prière en association avec les miennes, de quelque part qu'elle me soit offerte. — Vous avez raison, » dit lord Nelvil ; et il donna sa bourse pour les pauvres au prêtre vieux et timide, qui s'en alla en les bénissant tous les deux.

Dès que les amis de Corinne la surent arrivée, ils se hâtèrent d'aller chez elle. Aucun ne s'étonna qu'elle revînt sans être la femme de lord Nelvil ; aucun, du moins, ne lui demanda les motifs qui pouvaient avoir empêché cette union : le plaisir de la revoir était si grand, qu'il effaçait toute autre idée. Corinne s'efforçait de se montrer la même, mais elle ne pouvait y réussir ; elle allait contempler les chefs-d'œuvre de l'art, qui lui causaient jadis un plaisir si vif ; et il y avait de la douleur au fond de tout ce qu'elle éprouvait. Elle se promenait tantôt à la villa Borghèse, tantôt près du tombeau de Cécilia Métella, et l'aspect de ces lieux, qu'elle aimait tant autrefois, lui faisait mal ; elle ne goûtait plus cette douce rêverie qui, en faisant sentir l'instabilité de toutes les jouissances, leur donne un caractère encore plus touchant. Une pensée fixe et douloureuse l'occupait ; la nature, qui ne dit rien que de vague, ne fait aucun bien quand une inquiétude positive nous domine.

Enfin, dans les rapports de Corinne et d'Oswald il y avait une contrainte tout à fait pénible : ce n'était pas encore le malheur, car, dans les profondes émotions qu'il cause, il soulage quelquefois le cœur oppressé, et fait sortir de l'orage un éclair qui peut tout révéler ; c'était une gêne réciproque, c'étaient de vaines tentatives pour échapper aux circonstances qui les accablaient tous les deux, et leur inspiraient un peu de mécontentement l'un de l'autre. Peut-on souffrir, en effet, sans en accuser ce qu'on aime? Ne suffirait-il pas d'un regard, d'un accent, pour tout effacer? mais ce regard, cet accent, ne vient pas quand il est attendu, ne vient pas quand il est nécessaire. Rien n'est motivé dans l'amour; il semble que ce soit une puissance divine qui pense et sent en nous, sans que nous puissions influer sur elle.

Une maladie contagieuse, comme on n'en avait pas vu depuis longtemps, se développa tout à coup dans Rome; une jeune femme en fut atteinte, et ses amis et sa famille, qui n'avaient pas voulu la quitter, périrent avec elle; la maison voisine de la sienne éprouva le même sort. L'on voyait passer à chaque heure, dans les rues de Rome, cette confrérie vêtue de blanc, et le visage voilé, qui accompagne les morts à l'église : on dirait que ce sont des ombres qui portent les morts. Ceux-ci sont placés, à visage découvert, sur une espèce de brancard; on jette seulement sur leurs pieds un satin jaune ou rose, et les enfants s'amusent souvent à jouer avec les mains glacées de celui qui n'est plus. Ce spectacle, terrible et familier tout à la fois, est accompagné du murmure sombre et monotone de quelques psaumes; c'est une musique sans modulation, où l'accent de l'âme humaine ne se fait déjà plus sentir.

Un soir que lord Nelvil et Corinne étaient seuls ensemble, et que lord Nelvil souffrait beaucoup du sentiment douloureux et contraint qu'il apercevait dans Corinne, il entendit sous ses fenêtres ces sons lents et prolongés qui annonçaient une cérémonie funèbre; il écouta quelque temps en silence, puis il dit à Corinne : « Peut-être demain serai-je atteint aussi par cette maladie, contre laquelle il n'y a point de défense; et vous regretterez de n'avoir pas dit quelques paroles sensibles à votre ami un jour qui pouvait être le dernier de sa vie. Corinne, la mort nous menace de près tous les deux; n'est-ce donc pas assez des maux de la nature ? faut-il encore nous déchirer le cœur mutuellement? » A l'instant, Corinne fut frappée par l'idée du danger que courait Oswald au milieu de la contagion; elle le supplia de quitter Rome. Il s'y refusa de la manière la plus absolue. Alors elle lui proposa d'aller ensemble à Venise; il y consentit avec bonheur; car c'était pour Corinne qu'il tremblait, en voyant la contagion prendre chaque jour de nouvelles forces.

Leur départ fut fixé au surlendemain; mais, le matin de ce jour, lord Nelvil n'ayant pas vu Corinne la veille, parce qu'un Anglais de ses amis, qui quittait Rome, l'avait retenu, elle lui écrivit qu'une affaire indispensable et subite l'obligeait de partir pour Florence, et qu'elle irait le rejoindre dans quinze jours à Venise; elle le priait de passer par Ancône, ville pour laquelle elle lui donnait une commission qui semblait importante; le style de la lettre était d'ailleurs sensible et calme; et, depuis Naples, Oswald n'avait pas trouvé le langage de Corinne aussi tendre et aussi serein. Il crut donc à ce que cette lettre contenait, et se disposait à partir, lorsqu'il lui vint le désir de voir encore la maison de Corinne avant de quitter Rome. Il y va, la trouve fermée, frappe à la porte; la vieille femme qui la gardait lui dit que tous les gens de sa maîtresse sont partis avec elle, et ne répond pas un mot de plus à toutes ses questions. Il passe chez le prince Castel-Forte, qui ne savait rien de Corinne, et s'étonnait extrêmement qu'elle fût partie sans lui rien faire dire; enfin, l'inquiétude s'empara de lord Nelvil, et il imagina d'aller à Tivoli, pour voir l'homme d'affaires de Corinne, qui était établi là, et devait avoir reçu quelque ordre de sa part.

Il monte à cheval, et, avec une promptitude extraordinaire qui venait de son agitation, il arrive à la maison de Corinne toutes les portes en étaient ouvertes, il entre, parcourt quelques chambres sans trouver personne, pénètre enfin jusqu'à celle de Corinne; à travers l'obscurité qui y régnait, il la voit étendue sur son lit, et Thérésine seulement à côté d'elle. Il jette un cri en la reconnaissant; ce cri rappelle Corinne à elle-même; elle l'aperçoit, et, se soulevant, elle lui dit : « N'approchez pas, je vous le défends; je meurs si vous approchez de moi! » Une terreur sombre saisit Oswald; il pensa que son amie l'accusait de quelque crime caché qu'elle croyait avoir tout à coup découvert ; il s'imagina qu'il en était haï, méprisé ; et, tombant à genoux, il exprima cette crainte avec un désespoir et un abattement qui suggérèrent tout à coup à Corinne l'idée de profiter de son erreur, et elle lui commanda de s'éloigner d'elle pour jamais, comme s'il eût été coupable.

Interdit, offensé, il allait sortir, il allait la quitter, lorsque Thérésine s'écria : « Ah ! milord, abandonnerez-vous donc ma bonne maîtresse ? Elle a écarté tout le monde, et ne voulait pas même de mes soins, parce qu'elle a la maladie contagieuse ! » A ces mots, qui éclairèrent à l'instant Oswald sur la touchante ruse de Corinne, il se jeta dans ses bras avec un transport, avec un attendrissement qu'aucun moment de sa vie ne lui avait encore fait éprouver. En vain Corinne le repoussait, en vain elle se livrait à toute son indignation contre Thérésine. Oswald fit signe impérieusement à Thérésine de s'éloigner ; et, pressant alors Corinne contre son cœur, la couvrant de ses larmes et de ses caresses : « A présent, s'écria-t-il, à présent tu ne mourras pas sans moi ; et si le fatal poison coule dans tes veines, du moins, grâce au ciel, je l'ai respiré sur ton sein. — Cruel et cher Oswald, dit Corinne, à quel supplice tu me condamnes ! O mon Dieu ! puisqu'il ne veut pas vivre sans moi, vous ne permettrez pas que cet ange de lumière périsse ! non, vous ne le permettrez pas ! » En achevant ces mots, les forces de Corinne l'abandonnèrent. Pendant huit jours elle fut dans le plus grand danger. Au milieu de son délire, elle répétait sans cesse : *Qu'on éloigne Oswald de moi ! qu'il ne m'approche pas ! qu'on lui cache où je suis !* Et quand elle revenait à elle, et qu'elle le reconnaissait, elle lui disait : « Oswald ! Oswald ! vous êtes là : dans la mort comme dans la vie, nous serons donc réunis ! » Et lorsqu'elle le voyait pâle, un effroi mortel la saisissait, et elle appelait, dans son trouble, au secours de lord Nelvil, les médecins, qui lui avaient donné la preuve de dévouement très-rare de ne point la quitter.

Oswald tenait sans cesse dans ses mains les mains brûlantes de Corinne ; il finissait toujours la coupe dont elle avait bu la moitié; enfin, c'était avec une telle avidité qu'il cherchait à partager le péril de son amie, qu'elle-même avait renoncé à combattre ce dévouement passionné; et, laissant tomber sa tête sur le bras de lord Nelvil, elle se résignait à sa volonté. Deux êtres qui s'aiment assez pour sentir qu'ils n'existeraient pas l'un sans l'autre ne peuvent-ils pas arriver à cette noble et touchante intimité qui met tout en commun, même la mort? Heureusement lord Nelvil ne prit point la maladie qu'il avait si bien soignée. Corinne en guérit; mais un autre mal pénétra plus avant que jamais dans son cœur. La générosité, l'amour, que son ami lui avait témoignés, redoublèrent encore l'attachement qu'elle ressentait pour lui.

CHAPITRE IV

Il fut donc convenu que, pour s'éloigner de l'air funeste de Rome, Corinne et lord Nelvil iraient à Venise ensemble. Ils étaient retombés dans leur silence habituel sur leurs projets futurs; mais ils se parlaient de leur sentiment avec plus de tendresse que jamais, et Corinne évitait aussi soigneusement que lord Nelvil le sujet de conversation qui troublait la délicieuse paix de leurs rapports mutuels. Un jour passé avec lui était une telle jouissance, il avait l'air de goûter avec tant de plaisir l'entretien de son amie, il suivait tous ses mouvements, il étudiait ses moindres désirs avec un intérêt si constant et si soutenu, qu'il semblait impossible qu'il pût exister autrement, et qu'il donnât tant de bonheur sans être lui-même heureux. Corinne puisait sa sécurité dans la félicité même qu'elle goûtait. On finit par croire, après quelques mois d'un tel état, qu'il est inséparable de l'existence, et que c'est ainsi que l'on vit. L'agitation de Corinne s'était donc calmée de nouveau, et de nouveau son imprévoyance était venue à son secours.

Cependant, à la veille de quitter Rome, elle éprouvait un grand sentiment de mélancolie. Cette fois elle craignait et désirait que ce fût pour toujours. La nuit qui précédait le jour fixé pour son départ, comme elle ne pouvait dormir, elle entendit passer sous ses fenêtres une troupe de Romains et de Romaines qui se promenaient au clair de la lune en chantant. Elle ne put résister au désir de les suivre, et de parcourir ainsi encore une fois sa ville chérie ; elle s'habilla, se fit suivre de loin par sa voiture et ses gens ; et, se couvrant d'un voile pour n'être pas reconnue, rejoignit, à quelques pas de distance, cette troupe, qui s'était arrêtée sur le pont Saint-Ange, en face du mausolée d'Adrien. On eût dit qu'en cet endroit la musique exprimait la vanité des splendeurs de ce monde. On croyait voir dans les airs la grande ombre d'Adrien, étonnée de ne plus trouver sur la terre d'autres traces de sa puissance qu'un tombeau. La troupe continua sa marche toujours en chantant pendant le silence de la nuit, à cette heure où les heureux dorment. Cette musique si douce et si pure semblait se faire entendre pour consoler ceux qui souffraient Corinne la suivait, toujours entraînée par cet irrésistible charme de la mélodie, qui ne permet de sentir aucune fatigue, et fait marcher sur la terre avec des ailes.

Les musiciens s'arrêtèrent devant la colonne Antonine et devant la colonne Trajane ; ils saluèrent ensuite l'obélisque de Saint-Jean-de-Latran, et chantèrent en présence de chacun de ses édifices : le langage idéal de la musique s'accordait dignement avec l'expression idéale des monuments ; l'enthousiasme régnait seul dans la ville pendant le sommeil de tous les intérêts vulgaires. Enfin la troupe des chanteurs s'éloigna, et laissa Corinne seule auprès du Colisée. Elle voulut entrer dans son enceinte pour y dire adieu à Rome antique. Ce n'est pas connaître l'impression du Colisée que de ne l'avoir vu que de jour ; il y a dans le soleil d'Italie un éclat qui donne à tout un air de fête ; mais la lune est l'astre des ruines. Quelquefois, à travers les ouvertures de l'amphithéâtre, qui semble s'élever jusqu'aux nues, une partie de la voûte du ciel paraît comme un rideau d'un bleu sombre placé derrière l'édifice. Les plantes qui s'attachent aux murs dégradés, et croissent dans les lieux solitaires, se revêtent des couleurs de la nuit ; l'âme frissonne et s'attendrit tout à la fois en se trouvant seule avec la nature.

L'un des côtés de l'édifice est beaucoup plus dégradé que l'autre ; ainsi deux contemporains luttent inégalement contre le temps : il abat le plus faible, l'autre résiste encore, et tombe bientôt après. « Lieux solennels, s'écria Corinne, où dans ce moment nul être vivant n'existe avec moi, où ma voix seule répond à ma voix ! comment les orages des passions ne sont-ils pas apaisés par ce calme de la nature, qui laisse si tranquillement passer les générations devant elle? L'univers n'a-t-il pas un autre but que l'homme, et toutes ces merveilles sont-elles là seulement pour se réfléchir dans notre âme? Oswald! Oswald! pourquoi donc vous aimer avec tant d'idolâtrie? pourquoi s'abandonner à ces sentiments d'un jour, en comparaison des espérances infinies qui nous unissent à la Divinité? O mon Dieu! s'il est vrai, comme je le crois, qu'on vous admire d'autant plus qu'on est plus capable de réfléchir, faites-moi donc trouver dans la pensée un asile contre les tourments du cœur. Ce noble ami, dont les regards si touchants ne peuvent s'effacer de mon souvenir, n'est-il pas un être passager comme moi! Mais il y a là, parmi ces étoiles, un amour éternel qui peut seul suffire à l'immensité de nos vœux. » Corinne resta longtemps plongée dans ses rêveries, enfin elle s'achemina à sa demeure, à pas lents.

Mais, avant de rentrer, elle voulut aller à Saint-Pierre pour y attendre le jour, monter sur la coupole, et dire adieu de cette hauteur à la ville de Rome. En s'approchant de Saint-Pierre, sa première pensée fut de se représenter cet édifice comme il serait quand, à son tour, il deviendrait une ruine, l'objet de l'admiration des siècles à venir. Elle s'imagina ces colonnes, à présent debout, à demi couchées sur la terre, ce portique brisé, cette voûte découverte; mais alors même l'obélisque des Égyptiens devait encore régner sur les ruines nouvelles : ce peuple a travaillé pour l'éternité terrestre. Enfin l'aurore parut, et, du sommet de Saint-Pierre, Corinne contempla Rome, jetée dans la campagne inculte comme une oasis dans les déserts de la Libye. La dévastation l'environne: mais cette multitude de clochers, de coupoles, d'obélisques, de colonnes qui la dominent, et sur lesquels cependant Saint-Pierre s'élève encore, donnent à son aspect une beauté toute merveilleuse. Cette ville possède un charme pour ainsi dire individuel. On l'aime comme un être animé; ses édifices, ses ruines sont des amis auxquels on dit adieu.

Corinne adressa ses regrets au Colisée, au Panthéon, au château Saint-Ange, à tous les lieux dont la vue avait tant de fois renouvelé les plaisirs de son imagination. « Adieu, terre des souvenirs, s'écria-t-elle; adieu, séjour où la vie ne dépend ni de la société ni des événements, où l'enthousiasme se ranime par les regards et par l'union intime de l'âme avec les objets extérieurs. Je pars, je vais suivre Oswald sans savoir seulement quel sort il me destine, lui que je préfère à l'indépendante destinée qui m'a fait passer des jours si heureux! Je reviendrai peut-être ici, mais le cœur blessé, l'âme flétrie; et vous-mêmes, beaux-arts, antiques monuments, soleil que j'ai tant de fois invoqué dans les contrées nébuleuses où je me trouvais exilée, vous ne pourrez plus rien pour moi. »

Corinne versa des larmes en prononçant ces adieux; mais elle ne pensa pas un instant à laisser Oswald partir seul. Les résolutions qui viennent du cœur ont cela de particulier, qu'en les prenant on les juge, on les blâme souvent soi-même avec sévérité, sans cependant hésiter réellement à les prendre. Quand la passion se rend maîtresse d'un esprit supérieur, elle sépare entièrement le raisonnement de l'action, et, pour égarer l'une, elle n'a pas besoin de troubler l'autre.

Les cheveux de Corinne et son voile, pittoresquement arrangés par le vent, donnaient à sa figure une expression tellement remarquable, qu'au sortir de l'église les gens du peuple qui la virent la suivirent jusqu'à sa voiture, et lui donnèrent les témoignages les plus vifs de leur enthousiasme. Corinne soupira de nouveau en quittant un peuple dont les impressions sont toujours si passionnées, et quelquefois si aimables.

Mais ce n'était pas tout encore; il fallait que Corinne fût mise à l'épreuve des adieux et des regrets de ses amis. Ils inventèrent des fêtes pour la retenir encore quelques jours;

ils composèrent des vers, pour lui répéter de mille manières qu'elle ne devait pas les quitter ; et quand enfin elle partit, ils l'accompagnèrent tous à cheval jusqu'à vingt milles de Rome. Elle était profondément attendrie ; Oswald baissait les yeux avec confusion ; il se reprochait de la ravir à tant de jouissances, et cependant il savait que lui proposer de rester eût été plus cruel encore. Il se montrait personnel en éloignant ainsi Corinne de Rome, et néanmoins il ne l'était pas ; car la crainte de l'affliger en partant seul agissait encore plus sur lui que le bonheur même qu'il goûtait avec elle. Il ne savait pas ce qu'il ferait, il ne voyait rien au delà de Venise. Il avait écrit en Écosse à l'un des amis de son père pour savoir si son régiment serait bientôt employé activement dans la guerre, et il attendait sa réponse. Quelquefois il formait le projet d'emmener Corinne avec lui en Angleterre, et il sentait aussitôt qu'il la perdait à jamais de réputation s'il la conduisait avec lui dans ce pays sans qu'elle fût sa femme ; une autre fois, il voulait, pour adoucir l'amertume de la séparation, l'épouser secrètement avant de partir, et l'instant d'après il repoussait cette idée. « Y a-t-il des secrets pour les morts ? se disait-il ; et que gagnerais-je à faire un mystère d'une union qui n'est empêchée que par le culte d'un tombeau ? » Enfin, il était bien malheureux. Son âme, qui manquait de force dans tout ce qui tenait au sentiment, était cruellement agitée par des affections contraires. Corinne s'en remettait à lui comme une victime résignée, elle s'exaltait à travers ses peines par les sacrifices mêmes qu'elle lui faisait, et par la généreuse imprudence de son cœur ; tandis qu'Oswald, responsable du sort d'un autre, prenait à chaque instant de nouveaux liens sans acquérir la possibilité de s'y abandonner, et ne pouvait jouir ni de son amour ni de sa conscience, puisqu'il ne sentait l'un et l'autre que par leurs combats.

Au moment où tous les amis de Corinne prirent congé d'elle, ils recommandèrent avec instance son bonheur à lord Nelvil. Ils le félicitèrent d'être aimé par la femme la plus distinguée, et ce fut encore une peine pour Oswald que le reproche secret que semblaient contenir ces félicitations. Corinne le sentit, et abrégea ces témoignages d'amitié, tout aimables qu'ils étaient. Cependant, quand ses amis, qui se retournaient de distance en distance pour le saluer encore, furent disparus à ses yeux, elle dit à lord Nelvil seulement ces mots : « Oswald, je n'ai plus d'autre ami que vous. » Oh comme dans ce moment il se sentit le besoin de lui jurer qu'il serait son époux! Il fut près de le faire; mais quand on a souffert longtemps, une invincible défiance empêche de se livrer à ses premiers mouvements, et tous les partis irrévocables font trembler, alors même que le cœur les appelle. Corinne crut entrevoir ce qui se passait dans l'âme d'Oswald; et, par un sentiment de délicatesse, elle se hâta de diriger l'entretien sur la contrée qu'ils parcouraient ensemble.

CHAPITRE V

Ils voyageaient au commencement du mois de septembre; le temps était superbe dans la plaine; mais quand ils entrèrent dans les Apennins, ils éprouvèrent la sensation de l'hiver. Les hautes montagnes troublent souvent la température du climat, et l'on réunit rarement la douceur de l'air au plaisir causé par l'aspect pittoresque des monts élevés. Un soir que Corinne et lord Nelvil étaient tous deux dans leur voiture, il s'éleva soudain un ouragan terrible; une obscurité profonde les entourait, et les chevaux, qui sont si vifs dans ces contrées qu'il faut les atteler par surprise, les menaient avec une inconcevable rapidité; ils sentaient l'un et l'autre une douce émotion en étant ainsi entraînés ensemble. « Ah! s'écria lord Nelvil, si l'on nous conduisait loin de tout ce que je connais sur la terre, si l'on pouvait gravir les monts, s'élancer dans une autre vie, où nous retrouverions mon père qui nous recevrait, qui nous bénirait! Le veux-tu, chère amie? » Et il la serrait contre son cœur avec violence. Corinne n'était pas moins attendrie, et lui dit : « Fais ce que tu voudras de moi, enchaîne-moi comme une esclave à ta destinée; les esclaves autrefois n'avaient-elles pas des talents qui charmaient la vie de leurs maîtres? Eh bien, je serai de même pour toi; tu respecteras, Oswald, celle qui se dévoue ainsi à ton sort, et tu ne voudras pas que, condamnée par le monde, elle rougisse jamais à tes yeux. — Je le dois, s'écria lord Nelvil, je le veux, il faut tout obtenir ou tout sacrifier : il faut que je sois ton époux, ou que je meure d'amour à tes pieds, en étouffant les transports que tu m'inspires. Mais, je l'espère, oui, je pourrai m'unir à toi publiquement, me glorifier de ta tendresse. Ah! je t'en conjure, dis-le-moi, n'ai-je pas perdu dans ton affection par les combats qui me déchirent? Te crois-tu moins aimée? » Et en disant cela, son accent était si passionné, qu'il rendit un moment à Corinne toute sa confiance. Le sentiment le plus pur et le plus doux les animait tous les deux.

Cependant les chevaux s'arrêtèrent; lord Nelvil descendit le premier; il sentit le vent froid qui soufflait avec âpreté, et dont il ne s'apercevait pas dans la voiture. Il pouvait se croire arrivé sur les côtes de l'Angleterre; l'air glacé qu'il respirait ne s'accordait plus avec la belle Italie; cet air ne conseillait pas, comme celui du Midi, l'oubli de tout, hors l'amour. Oswald rentra bientôt dans ses réflexions douloureuses; et Corinne, qui connaissait l'inquiète mobilité de son imagination, ne le devina que trop facilement.

Le lendemain, ils arrivèrent à Notre-Dame-de-Lorette, qui est placée sur le haut de la montagne, et d'où l'on découvre la mer Adriatique. Pendant que lord Nelvil allait donner quelques ordres pour le voyage, Corinne se rendit à l'église, où l'image de la Vierge est renfermée, au milieu du chœur, dans une petite chapelle carrée revêtue de bas-reliefs assez remarquables. Le pavé de marbre qui environne ce sanctuaire est creusé par les pèlerins qui en ont fait le tour à genoux. Corinne fut attendrie en contemplant ces traces de la prière, et, se jetant à genoux aussi sur ce même pavé qui avait été pressé par un si grand nombre de malheureux, elle implora l'image de la bonté, le symbole de la sensibilité céleste. Oswald trouva Corinne prosternée devant ce temple, et baignée de pleurs. Il ne pouvait comprendre comment une personne d'un esprit si supérieur suivait ainsi les pratiques populaires. Elle aperçut ce qu'il pensait par ses regards, et lui dit : « Cher Oswald, n'arrive-t-il pas souvent que l'on n'ose élever ses vœux jusqu'à l'Être suprême ? Comment lui confier toutes les peines du cœur ? N'est-il donc pas doux alors de pouvoir considérer une femme comme l'intercesseur des faibles humains ? Elle a souffert sur cette terre, puisqu'elle y a vécu ; je l'implorais pour vous avec moins de rougeur ; la prière directe m'eût semblé trop imposante. — Je ne la fais pas non plus toujours, cette prière directe, répondit Oswald ; j'ai aussi mon intercesseur : l'ange gardien des enfants, c'est leur père ; et depuis que le mien est dans le ciel, j'ai souvent éprouvé dans ma vie des secours extraordinaires, des moments de calme sans cause, des consolations inattendues ; c'est aussi dans cette protection miraculeuse que j'espère pour sortir de ma perplexité. — Je vous comprends, dit Corinne ; il n'y a personne, je crois, qui n'ait au fond de son âme une idée singulière et mystérieuse sur sa propre destinée. Un événement qu'on a toujours redouté, sans qu'il fût vraisemblable, et qui pourtant arrive ; la punition d'une faute, quoiqu'il soit impossible de saisir les rapports qui lient nos malheurs avec elle, frappent souvent l'imagination. Depuis mon enfance, j'ai toujours craint de demeurer en Angleterre ; eh bien, le regret de ne pouvoir y vivre sera peut-être la cause de mon désespoir ; et je sens qu'à cet égard il y a quelque chose d'invincible dans mon sort, un obstacle contre lequel je lutte et me brise en vain. Chacun conçoit sa vie intérieurement tout autre qu'elle ne paraît. On croit confusément à une puissance surnaturelle qui agit à notre insu, et se cache sous la forme de circonstances extérieures, tandis qu'elle seule est l'unique cause de tout. Cher ami, les âmes capables de réflexion se plongent sans cesse dans l'abîme d'elles-mêmes, et n'en trouvent jamais la fin ! » Oswald, lorsqu'il entendait parler ainsi Corinne, s'étonnait toujours de ce qu'elle pouvait tout à la fois éprouver des sentiments si passionnés, et planer, en les jugeant, sur ses propres impressions. « Non, se disait-il souvent, non, aucune autre société sur la terre ne peut suffire à celui qui goûta l'entretien d'une telle femme. »

Ils arrivèrent de nuit à Ancône, parce que lord Nelvil craignait d'y être reconnu. Malgré ses précautions, il le fut, et le lendemain matin tous les habitants entourèrent la maison où il était. Corinne fut éveillée par les cris de *vive lord Nelvil! vive notre bienfaiteur!* qui retentissaient sous ses fenêtres; elle tressaillit à ces mots, se leva précipitamment, et alla se mêler à la foule, pour entendre louer celui qu'elle aimait. Lord Nelvil, averti que le peuple le demandait avec véhémence, fut enfin obligé de paraître; il croyait que Corinne dormait encore, et qu'elle devait ignorer ce qui se passait. Quel fut son étonnement de la trouver au milieu de la place, déjà connue, déjà chérie par toute cette multitude reconnaissante, qui la suppliait de lui servir d'interprète! L'imagination de Corinne se plaisait un peu dans toutes les circonstances extraordinaires; et cette imagination était son charme, et quelquefois son défaut. Elle remercia lord Nelvil au nom du peuple, et le fit avec tant de grâce et de noblesse, que tous les habitants d'Ancône en étaient ravis; elle disait : *Nous,* en parlant d'eux : *Vous nous avez sauvé, nous vous devons la vie.* Et quand elle s'avança pour offrir, en leur nom, à lord Nelvil, la couronne de chêne et de laurier qu'ils avaient tressée pour lui, une émotion indéfinissable la saisit; elle se sentit intimidée en s'approchant d'Oswald. A ce moment, tout le peuple, qui en Italie est si mobile et si enthousiaste, se prosterna devant lui, et Corinne, involontairement, plia le genou en lui présentant la couronne. Lord Nelvil, à cette vue, fut tellement troublé, que, ne pouvant supporter plus longtemps cette scène publique et l'hommage que lui rendait celle qu'il adorait, il l'entraîna loin de la foule avec lui.

En partant, Corinne, baignée de larmes, remercia tous les bons habitants d'Ancône, qui les accompagnaient de leurs bénédictions, tandis qu'Oswald se cachait dans le fond de la voiture, et répétait sans cesse : « Corinne à mes genoux ! Corinne, sur les traces de laquelle je voudrais me prosterner ! Ai-je mérité cet outrage ? Me croyez-vous l'indigne orgueil....

— Non sans doute, interrompit Corinne ; mais j'ai été saisie tout à coup par ce sentiment de respect qu'une femme éprouve toujours pour l'homme qu'elle aime. Les hommages extérieurs sont dirigés vers nous ; mais, dans la vérité, dans la nature, c'est la femme qui révère profondément celui qu'elle a choisi pour son défenseur. — Oui, je le serai, ton défenseur, jusqu'au dernier jour de ma vie, s'écria lord Nelvil, le ciel m'en est témoin ! tant d'âme et tant de génie ne se seront pas en vain réfugiés à l'abri de mon amour. — Hélas ! répondit Corinne, je n'ai besoin de rien que de cet amour ; et quelle promesse pourrait m'en répondre? N'importe, je sens que tu m'aimes à présent plus que jamais ; ne troublons pas ce retour. — Ce retour ! interrompit Oswald. — Oui, je ne rétracte point cette expression, dit Corinne ; mais ne l'expliquons pas, » continua-t-elle en faisant signe doucement à lord Nelvil de se taire.

CHAPITRE VI

Ils suivirent pendant deux jours les rivages de la mer Adriatique ; mais cette mer ne produit point, du côté de la Romagne, l'effet de l'Océan, ni même de la Méditerranée ; le chemin borde ces flots, et il y a du gazon sur ses rives : ce n'est pas ainsi qu'on se représente le redoutable empire des tempêtes. A Rimini et à Césène, on quitte la terre classique des événements de l'histoire romaine ; et le dernier souvenir qui s'offre à la pensée, c'est le Rubicon traversé par César, lorsqu'il résolut de se rendre maître de Rome. Par un rapprochement singulier, non loin de ce Rubicon, on voit aujourd'hui la république de Saint-Marin, comme si ce dernier faible vestige de la liberté devait subsister à côté des lieux où la république du monde a été détruite. Depuis Ancône, on s'avance par degrés vers une contrée qui présente un aspect tout différent de celui de l'État ecclésiastique. Le Bolonais, la Lombardie, les environs de Ferrare et de Rovigo, sont remarquables par la beauté et la culture ; ce n'est plus cette dévastation poétique qui annonçait l'approche de Rome et les événements terribles qui s'y sont passés. On quitte alors

Les pins, deuil de l'été, parure des hivers [1],

les cyprès conifères [2], images des obélisques, les montagnes et la mer. La nature, comme le voyageur, dit adieu par degrés aux rayons du Midi ; d'abord les orangers ne croissent plus en plein air, ils sont remplacés par les oliviers, dont la verdure pâle et légère semble convenir aux bosquets qu'habitent les ombres dans l'Élysée ; et, quelques lieues plus loin, les oliviers eux-mêmes disparaissent.

En entrant dans le Bolonais, on voit une plaine riante où les vignes, en forme de guirlandes, unissent les ormeaux entre eux ; toute la campagne a l'air paré comme un jour de fête. Corinne se sentit émue par le contraste de sa disposition intérieure et de l'éclat resplendissant de la contrée qui frappait ses regards. « Ah ! dit-elle à lord Nelvil en soupirant, la nature devrait-elle offrir ainsi tant d'images de bonheur aux amis qui peut-être vont se séparer ! — Non, ils ne se sépareront pas, dit Oswald ; chaque jour j'en ai moins la force. Votre inaltérable douceur joint encore le charme de l'habitude à la passion que vous inspirez. On est heureux avec vous, comme si vous n'étiez pas le génie le plus admirable, ou plutôt parce que vous l'êtes ; car la supériorité véritable donne une parfaite bonté : on est content de soi, de la nature, des autres ; quel sentiment amer pourrait-on éprouver ? »

Ils arrivèrent ensemble à Ferrare, l'une des villes d'Italie les plus tristes ; car elle est à la fois vaste et déserte ; le peu d'habitants qu'on y trouve de loin en loin, dans les rues, marchent lentement, comme s'ils étaient assurés d'avoir du temps pour tout. On ne peut concevoir comment c'est dans ces mêmes lieux que la cour la plus brillante a existé, celle qui fut chantée par l'Arioste et le Tasse : on y montre encore des manuscrits de leurs propres mains et de celle de l'auteur du *Pastor fido*.

1. Vers de M. de Sabran.
2. . . . . *et coniferi cupressi.*
VIRGILE.

L'Arioste sut exister paisiblement au milieu d'une cour ; mais l'on voit encore à Ferrare la maison où l'on osa renfermer le Tasse comme fou ; et l'on ne peut lire sans attendrissement la foule de lettres où cet infortuné demande la mort qu'il a depuis si longtemps obtenue. Le Tasse avait cette organisation particulière du talent qui le rend si redoutable à ceux qui le possèdent : son imagination se retournait contre lui-même ; il ne connaissait si bien tous les secrets de l'âme, il n'avait tant de pensées, que parce qu'il éprouvait beaucoup de peines. *Celui qui n'a pas souffert,* dit un prophète, *que sait-il ?*

Corinne, à quelques égards, avait une manière d'être semblable : son esprit était plus gai, ses impressions plus variées, mais son imagination avait de même besoin d'être extrêmement ménagée ; car, loin de la distraire de ses chagrins, elle en accroissait la puissance. Lord Nelvil se trompait en croyant, comme il le faisait souvent, que les facultés brillantes de Corinne pouvaient lui donner des moyens de bonheur indépendants de ses affections. Quand une personne de génie est douée d'une sensibilité véritable, ses chagrins se multiplient par ses facultés mêmes : elle fait des découvertes dans sa propre peine comme dans le reste de la nature ; et, le malheur du cœur étant inépuisable, plus on a d'idées, mieux on le sent.

CHAPITRE VII

On s'embarque sur la Brenta pour arriver à Venise, et des deux côtés du canal on voit les palais des Vénitiens, grands et un peu délabrés, comme la magnificence italienne. Ils sont ornés d'une manière bizarre, et qui ne rappelle en rien le goût antique. L'architecture vénitienne se ressent du commerce avec l'Orient ; c'est un mélange de moresque et de gothique qui attire la curiosité sans plaire à l'imagination. Le peuplier, cet arbre régulier comme l'architecture, borde le canal presque partout. Le ciel est d'un bleu vif qui contraste avec le vert éclatant de la campagne ; ce vert est entretenu par l'abondance excessive des eaux : le ciel et la terre sont ainsi de deux couleurs si fortement tranchées, que cette nature elle-même a l'air d'être arrangée avec une sorte d'apprêt, et l'on n'y trouve point le vague mystérieux qui fait aimer le midi de l'Italie. L'aspect de Venise est plus étonnant qu'agréable ; on croit d'abord voir une ville submergée, et la réflexion est nécessaire pour admirer le génie des mortels qui ont conquis cette demeure sur les eaux. Naples est bâtie en amphithéâtre au bord de la mer, mais Venise étant sur un terrain tout à fait plat, les clochers ressemblent au mât d'un vaisseau qui resterait immobile au milieu des ondes. Un sentiment de tristesse s'empare de l'imagination en entrant dans Venise. On prend congé de la végétation ; on ne voit pas même une mouche dans ce séjour ; tous les animaux en sont bannis ; et l'homme seul est là pour lutter contre la mer.

Le silence est profond dans cette ville, dont les rues sont des canaux, et le bruit des rames est l'unique interruption à ce silence. Ce n'est pas la campagne, puisqu'on n'y voit pas un arbre ; ce n'est pas la ville, puisqu'on n'y entend pas le moindre mouvement ; ce n'est pas même un vaisseau, puisqu'on n'avance pas : c'est une demeure dont l'orage fait une prison ; car il y a des moments où l'on ne peut sortir ni de la ville, ni de chez soi. On trouve des hommes du peuple à Venise qui n'ont jamais été d'un quartier à l'autre, qui n'ont pas vu la place Saint-Marc, et pour qui la vue d'un cheval ou d'un arbre serait une véritable merveille. Ces gondoles noires qui glissent sur les canaux ressemblent à des cercueils ou à des berceaux, à la dernière et à la première demeure de l'homme. Le soir on ne voit passer que le reflet des lanternes qui éclairent les gondoles ; car, alors, leur couleur noire empêche de les distinguer. On dirait que ce sont des ombres qui glissent sur l'eau, guidées par une petite étoile. Dans ce séjour tout est mystère, le gouvernement, les coutumes et l'amour. Sans doute il y a beaucoup de jouissances pour le cœur et la raison quand on parvient à pénétrer dans tous ces secrets ; mais les étrangers doivent trouver l'impression du premier moment singulièrement triste.

Corinne, qui croyait aux pressentiments, et dont l'imagination ébranlée faisait de tout des présages, dit à lord Nelvil : « D'où vient la mélancolie profonde dont je me sens saisie en entrant dans cette ville? n'est-ce pas une preuve qu'il m'y arrivera quelque grand malheur? » Comme elle prononçait ces mots, elle entendit partir trois coups de canon d'une des îles de la lagune. Corinne tressaillit à ce bruit, et demanda à ses gondoliers quelle en était la cause. *C'est une religieuse qui prend le voile,* répondirent-ils, *dans un de ces couvents au milieu de la mer. L'usage est chez nous qu'à l'instant où les femmes prononcent les vœux religieux, elles jettent derrière elles un bouquet de fleurs qu'elles portaient pendant la cérémonie. C'est le signe du renoncement au monde; et les coups de canon que vous venez d'entendre annonçaient ce moment comme nous sommes entrés dans Venise.* Ces paroles firent frissonner Corinne. Oswald sentit ses mains froides dans les siennes, et une pâleur mortelle couvrait son visage. « Chère amie, lui dit-il, comment recevez-vous une si vive impression du hasard le plus simple? — Non, dit Corinne, cela n'est pas simple; croyez-moi, les fleurs de la vie sont pour toujours jetées derrière moi.— Quand je t'aime plus que jamais, interrompit Oswald, quand toute mon âme est à toi... — Ces foudres de la guerre, continua Corinne, dont le bruit annonce ailleurs ou la victoire ou la mort, sont ici consacrées à célébrer l'obscur sacrifice d'une jeune fille. C'est un innocent emploi de ces armes terribles qui bouleversent le monde. C'est un avis solennel qu'une femme résignée donne aux femmes qui luttent encore contre le destin. »

CHAPITRE VIII

La puissance du gouvernement de Venise, pendant les dernières années de son existence, consistait presque en entier dans l'empire de l'habitude et de l'imagination. Il avait été terrible, il était devenu très-doux; il avait été courageux, il était devenu timide. La haine contre lui s'est facilement réveiliée parce qu'il avait été redoutable ; on l'a facilement renversé, parce qu'il ne l'était plus. C'était une aristocratie qui cherchait beaucoup la faveur populaire, mais qui la cherchait à la manière du despotisme, en amusant le peuple, mais non en l'éclairant. Cependant c'est un état assez agréable pour un peuple que d'être amusé, surtout dans les pays où les goûts de l'imagination sont développés par le climat et les beaux-arts jusque dans la dernière classe de la société. On ne donnait point au peuple les grossiers plaisirs qui l'abrutissent, mais de la musique, des tableaux, des improvisateurs, des fêtes ; et le gouvernement soignait là ses sujets, comme un sultan son sérail. Il leur demandait seulement, comme à des femmes, de ne point se mêler de politique, de ne point juger l'autorité ; mais, à ce prix, il leur promettait beaucoup d'amusement, et même assez d'éclat ; car les dépouilles de Constantinople qui enrichissent les églises, les étendards de Chypre et de Candie qui flottent sur la place publique, les chevaux de Corinthe, réjouissent les regards du peuple, et le lion ailé de Saint-Marc lui paraît l'emblème de sa gloire.

Le système du gouvernement interdisant à ses sujets l'occupation des affaires politiques, et la situation de la ville rendant impossibles l'agriculture, la promenade et la chasse, il ne restait aux Vénitiens d'autre intérêt que l'amusement aussi cette ville était-elle une ville de plaisirs. Le dialecte vénitien est doux et léger comme un souffle agréable : on ne conçoit pas comment ceux qui ont résisté à la ligue de Cambrai parlaient une langue si flexible. Ce dialecte est charmant, quand on le consacre à la grâce ou à la plaisanterie ; mais quand on s'en sert pour des objets plus graves, quand on entend des vers sur la mort, avec ces sons si délicats et presque enfantins, on croirait que cet événement, ainsi chanté, n'est qu'une fiction poétique.

Les hommes, en général, ont plus d'esprit encore à Venise que dans le reste de l'Italie, parce que le gouvernement, tel qu'il était, leur a plus souvent offert des occasions de penser ; mais leur imagination n'est pas naturellement aussi ardente que dans le midi de l'Italie ; et la plupart des femmes, quoi-

que très-aimables, ont pris, par l'habitude de vivre dans le
monde, un langage de *sentimentalité* qui, ne gênant en rien la
liberté des mœurs, ne fait que mettre de l'affectation dans la
galanterie. Le grand mérite des Italiennes, à travers tous leurs
torts, c'est de n'avoir aucune vanité : ce mérite est un peu
perdu à Venise, où il y a plus de société que dans aucune
autre ville d'Italie ; car la vanité se développe surtout par la
société. On y est applaudi si vite et si souvent, que tous les
calculs y sont instantanés, et que, pour le succès, *l'on n'y
fait pas de crédit au temps* d'une minute. Néanmoins on trouvait encore à Venise beaucoup de traces de l'originalité et de la
facilité des manières italiennes. Les plus grandes dames recevaient toutes leurs visites dans les cafés de la place Saint-
Marc, et cette confusion bizarre empêchait que les salons ne
devinssent trop sérieusement une arène pour les prétentions
de l'amour-propre.

Il restait aussi quelques traces des mœurs populaires et
des usages antiques. Or ces usages supposent toujours du
respect pour les ancêtres, et une certaine jeunesse de cœur
qui ne se lasse point du passé ni de l'attendrissement qu'il
cause ; l'aspect de la ville est d'ailleurs à lui seul singulièrement propre à réveiller une foule de souvenirs et d'idées. La
place de Saint-Marc, tout environnée de tentes bleues, sous
lesquelles se reposent une foule de Turcs, de Grecs et d'Arméniens, est terminée à l'extrémité par l'église, dont l'extérieur
ressemble plutôt à une mosquée qu'à un temple chrétien : ce
lieu donne une idée de la vie indolente des Orientaux, qui
passent leurs jours dans les cafés à boire du sorbet et à fumer
des parfums ; on voit quelquefois à Venise des Turcs et des
Arméniens passer nonchalamment couchés dans des barques
découvertes, et des pots de fleurs à leurs pieds.

Les hommes et les femmes de la première qualité ne sortaient
jamais que revêtus d'un domino noir ; souvent aussi des gondoles toujours noires, car le système de l'égalité porte à Venise
principalement sur les objets extérieurs, sont conduites par
des bateliers vêtus de blanc, avec des ceintures roses : ce
contraste a quelque chose de frappant : on dirait que l'habit

de fête est abandonné au peuple, tandis que les grands de l'État sont toujours voués au deuil. Dans la plupart des villes européennes, il faut que l'imagination des écrivains écarte soigneusement ce qui se passe tous les jours, parce que nos usages, et même notre luxe, ne sont pas poétiques. Mais à Venise rien n'est vulgaire en ce genre ; les canaux et les barques font un tableau pittoresque des plus simples événements de la vie.

Sur le quai des Esclavons, l'on rencontre habituellement des marionnettes, des charlatans et des conteurs, qui s'adressent de toutes les manières à l'imagination du peuple ; les conteurs surtout sont dignes d'attention ; ce sont ordinairement des épisodes du Tasse et de l'Arioste qu'ils récitent en prose, à la grande admiration de ceux qui les écoutent. Les auditeurs, assis en rond autour de celui qui parle, sont pour la plupart, à demi vêtus, immobiles par excès d'attention ; on leur apporte de temps en temps des verres d'eau, qu'ils payent comme du vin ailleurs ; et ce simple rafraîchissement est tout ce qu'il faut à ce peuple pendant des heures entières, tant son esprit est occupé. Le conteur fait des gestes les plus animés du monde ; sa voix est haute, il se fâche, il se passionne ; et cependant on voit qu'il est, au fond, parfaitement tranquille, et l'on pourrait lui dire, comme Sapho à la bacchante qui s'agitait de sang-froid : *Bacchante, qui n'es pas ivre, que me veux-tu ?* Néanmoins la pantomime animée des habitants du Midi ne donne pas l'idée de l'affectation : c'est une habitude singulière qui leur a été transmise par les Romains, aussi grands gesticulateurs ; elle tient à leur disposition vive, brillante et poétique.

L'imagination d'un peuple captivé par les plaisirs était facilement effrayée par le prestige de puissance dont le gouvernement vénitien était environné. L'on ne voyait jamais un soldat à Venise ; on courait au spectacle quand par hasard, dans les comédies, on en faisait paraître un avec un tambour ; mais il suffisait que le sbire de l'inquisition d'État, portant un ducat sur son bonnet, se montrât, pour faire rentrer dans l'ordre trente mille hommes rassemblés un jour de fête publique. Ce serait une belle chose si ce simple pouvoir venait du respect pour la loi ; mais il était fortifié par la terreur des mesures secrètes qu'employait le gouvernement pour maintenir le repos dans l'État. Les prisons (chose unique) étaien dans le palais même du doge; il y en avait au-dessous de son appartement; *la Bouche du Lion,* où toutes les dénonciations étaient jetées, se trouve aussi dans le palais dont le chef du gouvernement faisait sa demeure : la salle où se tenaient es inquisiteurs d'État était tendue de noir, et le jour n'y venait que d'en haut; le jugement ressemblait d'avance à la condamnation ; *le Pont des Soupirs,* c'est ainsi qu'on l'appelait, conduisait du palais du doge à la prison des criminels d'État. En passant sur le canal qui bordait ces prisons, on entendait crier : Justice! secours! et ces voix gémissantes et confuses ne pouvaient pas être reconnues. Enfin, quand un criminel d'État était condamné, une barque venait le prendre pendant la nuit; il sortait par une petite porte qui s'ouvrait sur le canal; on le conduisait à quelque distance de la ville, et on le noyait dans un endroit des lagunes où il était défendu de pêcher : horrible idée, qui perpétue le secret jusqu'après la mort, et ne laisse pas au malheureux l'espoir que ses restes du moins apprendront à ses amis qu'il a souffert et qu'il n'est plus!

A l'époque où Corinne et lord Nelvil vinrent à Venise, il y avait près d'un siècle que de telles exécutions n'avaient plus lieu, mais le mystère qui frappe l'imagination existait encore, et bien que lord Nelvil fût plus loin que personne de se mêler en aucune manière des intérêts politiques d'un pays étranger cependant il se sentait oppressé par cet arbitraire sans appel qui planait à Venise sur toutes les têtes.

CHAPITRE IX

« Il ne faut pas, dit Corinne à lord Nelvil, que vous vous en teniez seulement aux impressions pénibles que ces moyens silencieux du pouvoir ont produites sur vous; il faut que vous

observiez aussi les grandes qualités de ce sénat qui faisait de
Venise une république pour les nobles, et leur inspirait autrefois cette énergie, cette grandeur aristocratique, fruit de
la liberté, alors même qu'elle est concentrée dans le petit
nombre. Vous les verrez, sévères les uns pour les autres,
établir du moins dans leur sein les vertus et les droits qui
devaient appartenir à tous; vous les verrez paternels pour
leurs sujets, autant qu'on peut l'être quand on considère cette
classe d'hommes uniquement sous le rapport de son bien-être
physique. Enfin vous leur trouverez un grand orgueil pour
leur patrie, pour cette patrie qui est leur propriété, mais
qu'ils savent néanmoins faire aimer du peuple même, qui, à
tant d'égards, en est exclu. »

Corinne et Oswald allèrent voir ensemble la salle où le
grand conseil se rassemblait alors : elle est entourée des portraits de tous les doges; mais, à la place du portrait de celui
qui fut décapité comme traître à sa patrie, on a peint un rideau noir sur lequel on a écrit le jour de sa mort et le genre
de son supplice. Les habits royaux et magnifiques dont les
images des autres doges sont revêtues ajoutent à l'impression
de ce terrible rideau noir. Il y a dans cette salle un tableau
qui représente le jugement dernier, et un autre le moment où
le plus puissant des empereurs, Frédéric Barberousse, s'humilia devant le sénat de Venise. C'est une belle idée que de
réunir ainsi tout ce qui doit exalter la fierté d'un gouvernement sur la terre, et courber cette même fierté devant le
ciel. Corinne et lord Nelvil allèrent voir l'arsenal. Il y a devant la porte de l'arsenal deux lions sculptés en Grèce, puis
transportés du port d'Athènes, pour être les gardiens de la
puissance vénitienne; immobiles gardiens qui ne défendent
que ce qu'on respecte. L'arsenal est rempli des trophées de
la marine; la fameuse cérémonie des noces du doge avec la
mer Adriatique, toutes les institutions de Venise, enfin, attestaient leur reconnaissance pour la mer. Ils ont, à cet égard,
quelques rapports avec les Anglais, et lord Nelvil sentit vivement l'intérêt que ces rapports devaient exciter en lui.

Corinne le conduisit au sommet de la tour appelée le clocher Saint-Marc, qui est à quelques pas de l'église. C'est de là que l'on découvre toute la ville au milieu des flots, et la digue immense qui la défend de la mer. On aperçoit dans le lointain les côtes de l'Istrie et de la Dalmatie. « Du côté de ces nuages, dit Corinne, il y a la Grèce; cette idée ne suffit-elle pas pour émouvoir? Là sont encore des hommes d'une imagination vive, d'un caractère enthousiaste, avilis par leur sort, mais destinés peut-être ainsi que nous à ranimer une fois les cendres de leurs ancêtres. C'est toujours quelque chose qu'un pays qui a existé, les habitants y rougissent au moins de leur état actuel; mais, dans les contrées que l'histoire n'a jamais consacrées, l'homme ne soupçonne pas même qu'il y ait une autre destinée que la servile obscurité qui lui a été transmise par ses aïeux.

« Cette Dalmatie que vous apercevez d'ici, continua Corinne, et qui fut autrefois habitée par un peuple si guerrier, conserve encore quelque chose de sauvage. Les Dalmates savent si peu ce qui s'est passé depuis quinze siècles, qu'ils appellent encore les Romains les *tout-puissants*. Il est vrai qu'ils montrent des connaissances plus modernes en vous nommant, vous autres Anglais, les *guerriers de la mer*, parce que vous avez souvent abordé dans leurs ports; mais ils ne savent rien du reste de la terre. Je me plairais à voir, continua Corinne, tous les pays où il y a dans les mœurs, dans les costumes, dans le langage, quelque chose d'original. Le monde civilisé est bien monotone, et l'on en connaît tout en peu de temps; j'ai déjà vécu assez pour cela. — Quand on vit près de vous, interrompit lord Nelvil, voit-on jamais le terme de ce qui fait penser et sentir? — Dieu veuille, répondit Corinne, que ce charme ne s'épuise pas!

« Mais donnons encore, poursuivit-elle, un moment à cette Dalmatie; quand nous serons descendus de la hauteur où nous sommes, nous n'apercevrons même plus les lignes incertaines qui nous indiquent ce pays de loin aussi confusément qu'un souvenir dans la mémoire des hommes. Il y a des improvisateurs parmi les Dalmates, les sauvages en ont aussi; on en trouvait chez les anciens Grecs; il y en a presque toujours parmi les peuples qui ont de l'imagination et point de vanité sociale; mais l'esprit naturel se tourne en épigrammes plutôt qu'en poésie dans les pays où la crainte d'être l'objet de la moquerie fait que chacun se hâte de saisir cette arme le premier. Les peuples aussi qui sont restés plus près de la nature ont conservé pour elle un respect qui sert très-bien l'imagination. *Les cavernes sont sacrées*, disent les Dalmates; sans doute qu'ils expriment ainsi une terreur vague des secrets de la terre. Leur poésie ressemble un peu à celle d'Ossian, bien qu'ils soient habitants du Midi; mais il n'y a que deux manières très-distinctes de sentir la nature : l'aimer comme les anciens, la perfectionner sous mille formes brillantes, ou se laisser aller, comme les bardes écossais, à l'effroi du mystère, à la mélancolie qu'inspirent l'incertain et l'inconnu. Depuis que je vous connais, Oswald, ce dernier genre me plait. Autrefois j'avais assez d'espérance et de vivacité pour aimer les images riantes, et jouir de la nature sans craindre la destinée. — Ce serait donc moi, dit Oswald, moi qui aurais flétri cette belle imagination à laquelle j'ai dû les jouissances les plus enivrantes de ma vie. — Ce n'est pas vous qu'il faut en accuser, répondit Corinne, mais une passion profonde. Le talent a besoin d'une indépendance intérieure que l'amour véritable ne permet jamais. — Ah ! s'il est ainsi, s'écria lord Nelvil, que ton génie se taise, et que ton cœur soit tout à moi ! » Il ne put prononcer ces paroles sans émotion, car elles promettaient dans sa pensée plus encore qu'il ne disait. Corinne le comprit, et n'osa répondre, de peur de rien déranger à la douce impression qu'elle éprouvait.

Elle se sentait aimée; et comme elle était habituée à vivre dans un pays où les hommes sacrifient tout au sentiment, elle se rassurait facilement, et se persuadait que lord Nelvil ne pourrait pas se séparer d'elle; tout à la fois indolente et passionnée, elle s'imaginait qu'il suffisait de gagner des jours, et que le danger dont on ne parlait plus était passé. Corinne vivait enfin comme vivent la plupart des hommes lorsqu'ils sont menacés longtemps du même malheur; ils finissent par croire qu'il n'arrivera pas, seulement parce qu'il n'est pas encore arrivé.

L'air de Venise, la vie qu'on y mène est singulièrement propre à bercer l'âme d'espérances : le tranquille balancement des barques porte à la rêverie et à la paresse. On entend quelquefois un gondolier qui, placé sur un pont de Rialto, se met à chanter une stance du Tasse, tandis qu'un autre gondolier lui répond par la stance suivante à l'autre extrémité du canal. La musique très-ancienne de ces stances ressemble au chant d'église, et de près on s'aperçoit de sa monotonie; mais en plein air, le soir, lorsque les sons se prolongent sur le canal comme les reflets du soleil couchant, et que les vers du Tasse prêtent aussi leurs beautés de sentiment à tout cet ensemble d'images et d'harmonie, il est impossible que ces chants n'inspirent pas une douce mélancolie. Oswald et Corinne se promenaient sur l'eau de longues heures, à côté l'un de l'autre; quelquefois ils disaient un mot; plus souvent, se tenant la main, ils se livraient en silence aux pensées vagues que font naître la nature et l'amour.

LIVRE SEIZIÈME

LE DÉPART ET L'ABSENCE

CHAPITRE PREMIER

Dès que l'on sut l'arrivée de Corinne à Venise, chacun eut la plus grande curiosité de la voir. Quand elle se rendait dans un café de la place Saint-Marc, l'on se pressait en foule sous les galeries de cette place pour l'apercevoir un moment, et la société tout entière la recherchait avec l'empressement le plus vif. Elle aimait assez autrefois à produire cet effet brillant partout où elle se montrait, et elle avouait naturellement que l'admiration avait un grand charme pour elle. Le génie inspire le besoin de la gloire, et il n'est d'ailleurs aucun bien qui ne soit désiré par ceux à qui la nature a donné les moyens de l'obtenir. Néanmoins, dans sa situation actuelle, Corinne redoutait tout ce qui semblait en contraste avec les habitudes de la vie domestique, si chères à lord Nelvil.

Corinne avait tort, pour son bonheur, de s'attacher à un homme qui devait contrarier son existence naturelle, et réprimer plutôt qu'exciter ses talents; mais il est aisé de comprendre comment une femme qui s'est beaucoup occupée des lettres et des beaux-arts peut aimer dans un homme des qualités et même des goûts qui diffèrent des siens. L'on est si souvent lassé de soi-même, qu'on ne peut être séduit par ce qui nous ressemble : il faut de l'harmonie dans les sentiments et de l'opposition dans les caractères, pour que l'amour naisse tout à la fois de la sympathie et de la diversité. Lord Nelvil possédait au suprême degré ce double charme. On était un avec lui dans l'habitude de la vie, par la douceur et la facilité de son entretien, et néanmoins ce qu'il avait d'irritable et d'ombrageux dans l'âme ne permettait jamais de se blaser sur la grâce et la complaisance de ses manières. Quoique la profondeur et l'étendue de ses idées le rendissent propre à tout, ses opinions politiques et ses goûts militaires lui inspiraient plus de penchant pour la carrière des actions que pour celle des lettres; il pensait que les actions sont toujours plus poétiques que la poésie elle-même. Il se montrait supérieur aux succès de son esprit, et parlait de lui, sous ce rapport, avec une grande indifférence. Corinne, pour lui plaire, cherchait à cet égard à l'imiter, et commençait à dédaigner ses propres succès littéraires, afin de ressembler davantage aux femmes modestes et retirées dont la patrie d'Oswald offrait la modèle.

Cependant les hommages que Corinne reçut à Venise ne firent à lord Nelvil qu'une impression agréable. Il y avait tant de bienveillance dans l'accueil des Vénitiens, ils exprimaient avec tant de grâce et de vivacité le plaisir qu'ils trouvaient dans l'entretien de Corinne, qu'Oswald jouissait vivement d'être aimé par une femme d'un charme si séducteur et si généralement admiré. Il n'était plus jaloux de la gloire de Corinne, certain qu'il était qu'elle le préférait à tout, et son amour semblait encore augmenté par ce qu'il entendait dire d'elle. Il oubliait même l'Angleterre; il prenait quelque chose de l'insouciance des Italiens sur l'avenir. Corinne s'apercevait de ce changement, et son cœur imprudent en jouissait comme s'il avait pu durer toujours.

L'italien est la seule langue de l'Europe dont les dialectes différents aient un génie à part. On peut faire des vers et écrire des livres dans chacun de ces dialectes, qui s'écartent plus ou moins de l'italien classique; mais, parmi les différents langages des divers États de l'Italie, il n'y a pourtant que le napolitain, le sicilien et vénitien qui aient l'honneur d'être comptés, et c'est le vénitien qui passe pour le plus original et le plus gracieux de tous. Corinne le prononçait avec une douceur charmante; et la manière dont elle chantait quelques *barcarolles*, dans le genre gai, prouvait qu'elle devait jouer la comédie aussi bien que la tragédie. On la tourmenta beaucoup pour prendre un rôle dans un opéra comique qu'on devait représenter en société la semaine suivante. Corinne, depuis qu'elle aimait Oswald, n'avait jamais voulu lui faire connaître son talent en ce genre ; elle ne s'était pas senti assez de liberté d'esprit pour cet amusement, et quelquefois même elle s'était dit qu'un tel abandon de gaieté pouvait porter malheur ; mais cette fois par une singularité de confiance, elle y consentit. Oswald l'en pressa vivement, et il fut convenu qu'elle jouerait *la Fille de l'air* ; c'est ainsi que s'appelait la pièce que l'on choisit.

Cette pièce, comme la plupart de celles de Gozzi, était composée de féeries extravagantes, très-originales et très-gaies. Truffaldin et Pantalon paraissent souvent, dans ces drames burlesques, à côté des plus grands rois de la terre. Le merveilleux y sert à la plaisanterie, mais le comique y est relevé par ce merveilleux même, qui ne peut jamais avoir rien de vulgaire ni de bas. *La Fille de l'air* ou *Sémiramis dans sa jeunesse* est la coquette douée par l'enfer et le ciel pour subjuguer le monde. Élevée dans un antre comme une sauvage, habile comme une enchanteresse, impérieuse comme une reine, elle réunit la vivacité naturelle à la grâce préméditée, le courage guerrier à la frivolité d'une femme, et l'ambition à l'étourderie. Ce rôle demande une verve d'imagination et de gaieté que l'inspiration seule du moment peut donner. Toute la société se réunit pour prier Corinne de s'en charger.

CHAPITRE II

Il y a quelquefois dans la destinée un jeu bizarre et cruel, on dirait que c'est une puissance qui veut inspirer la crainte, et repousse la familiarité confiante ; souvent, quand on se livre le plus à l'espérance, et surtout lorsqu'on a l'air de plaisanter avec le sort et de compter sur le bonheur, il se passe quelque chose de redoutable dans le tissu de notre histoire, et les fatales sœurs viennent y mêler leur fil noir, et brouiller l'œuvre de nos mains.

C'était le dix-sept de novembre que Corinne s'éveilla tout enchantée de jouer le soir la comédie. Elle choisit, pour paraître dans le premier acte en sauvage un vêtement très-pittoresque. Ses cheveux, qui devaient être épars, étaient pourtant arrangés avec un soin qui montrait un vif désir de plaire; et son habit élégant, léger et fantasque, donnait à sa noble figure un caractère de coquetterie et de malice singulièrement gracieux. Elle arriva dans le palais où la comédie devait être jouée. Tout le monde y était rassemblé; Oswald seul n'était pas encore arrivé. Corinne retarda tant qu'elle le put le spectacle, et commençait à s'inquiéter de son absence. Enfin, comme elle entrait sur le théâtre, elle l'aperçut dans un coin très-obscur du salon, mais enfin elle l'aperçut, et la peine même que lui avait causée l'attente redoublant sa joie, elle fut inspirée par la gaieté, comme elle l'était au Capitole par l'enthousiasme.

Le chant et les paroles étaient entremêlés, et la pièce était faite de manière qu'il était permis d'improviser le dialogue; ce qui donnait à Corinne un grand avantage, et rendait la scène plus animée. Lorsqu'elle chantait, elle faisait sentir l'esprit des airs *bouffes* italiens avec une élégance particulière. Ses gestes, accompagnés par la musique, étaient comiques et nobles tout à la fois; elle faisait rire sans cesser d'être imposante, et son rôle et son talent dominaient les acteurs et les spectateurs, en se moquant avec grâce des uns et des autres.

Ah! qui n'aurait pas eu pitié de ce spectacle, si l'on avait su que ce bonheur si confiant allait attirer la foudre, et que cette gaieté si triomphante ferait bientôt place aux plus amères douleurs!

Les applaudissements des spectateurs étaient si multipliés et si vrais, que leur plaisir se communiquait à Corinne; elle éprouvait cette sorte d'émotion que cause l'amusement quand il donne un sentiment vif de l'existence, quand il inspire l'oubli de la destinée, et dégage pour un moment l'esprit de tout lien comme de tout nuage. Oswald avait vu Corinne représenter la plus profonde douleur, dans un temps où il se flattait de la rendre heureuse ; il la voyait maintenant exprimer une joie sans mélange, quand il venait de recevoir une nouvelle bien fatale pour tous deux. Plusieurs fois il eut la pensée d'arracher Corinne à cette gaieté téméraire ; mais il goûtait un triste plaisir à voir encore quelques instants sur cet aimable visage la brillante expression du bonheur.

A la fin de la pièce, Corinne parut élégamment habillée en reine amazone ; elle commandait aux hommes, et déjà presque aux éléments, par cette confiance dans ses charmes qu'une belle personne peut avoir quand elle n'est pas sensible ; car il suffit d'aimer pour qu'aucun don de la nature ou du sort ne puisse rassurer entièrement. Mais cette coquette couronnée, cette fée souveraine que représentait Corinne, mêlant, d'une façon toute merveilleuse, la colère à la plaisanterie, l'insouciance au désir de plaire, et la grâce au despotisme, semblait régner sur la destinée autant que sur les cœurs ; et quand elle monta sur le trône, elle sourit à ses sujets en leur ordonnant la soumission avec une douce arrogance. Tous les spectateurs se levèrent pour applaudir Corinne comme la véritable reine. Ce moment était peut-être celui de sa vie où la crainte de la douleur avait été le plus loin d'elle ; mais tout à coup elle vit Oswald, qui, ne pouvant plus se contenir, cachait sa tête dans ses mains pour dérober ses larmes. A l'instant elle se troubla ; et la toile n'était pas encore baissée que, descendant de ce trône déjà funeste, elle se précipita dans la chambre voisine.

Oswald l'y suivit, et quand elle remarqua de près sa pâleur, elle fut saisi d'un tel effroi, qu'elle fut obligée de s'appuyer contre la muraille pour se soutenir ; et, tremblante, elle lui dit : « Oswald ! ô mon Dieu ! qu'avez-vous ? — Il faut que je parte cette nuit pour l'Angleterre, » lui répondit-il, sans savoir ce qu'il faisait ; car il ne devait pas exposer sa malheureuse amie en lui apprenant ainsi cette nouvelle. Elle s'avança vers lui tout à fait hors d'elle-même, et s'écria : « Non, il ne se peut pas que vous me causiez cette douleur ! Qu'ai-je fait pour la mériter ? Vous m'emmenez donc avec vous ? — Quittons en ce moment cette foule cruelle, répondit Oswald; viens avec moi, Corinne. » Elle le suivit, ne comprenant plus ce qu'on lui disait, répondant au hasard, chancelante, et le visage déjà si altéré, que chacun la crut saisie par quelque mal subit.

CHAPITRE III

Dès qu'ils furent ensemble dans la gondole, Corinne, dans son égarement, dit à lord Nelvil : » Eh bien, ce que vous venez de m'apprendre est mille fois plus cruel que la mort. Soyez généreux ; jetez-moi dans ces flots, pour que j'y perde le sentiment qui me déchire. Oswald, faites-le avec courage; il en faut moins pour cela que vous ne venez d'en montrer. — Si vous dites un mot de plus, répondit Oswald, je vais me précipiter dans le canal à vos yeux. Écoutez-moi; attendez que nous soyons arrivés chez vous, alors vous prononcerez sur mon sort et sur le vôtre. Au nom du ciel, calmez-vous. » Il y avait tant de malheur dans l'accent d'Oswald, que Corinne se tut ; et seulement elle tremblait avec une telle violence, qu'elle put à peine monter les escaliers qui conduisaient à son appartement. Quand elle y fut arrivée, elle arracha sa parure avec effroi. Lord Nelvil, en la voyant dans cet état, elle qui était si brillante il y avait quelques instants, se jeta sur une chaise en fondant en pleurs, et s'écria : « Suis-je un barbare, Corinne, juste ciel! Corinne, le crois-tu ? — Non, lui dit-elle, non, je ne puis le croire. N'avez-vous pas encore ce regard qui chaque jour me donnait le bonheur ? Oswald, vous dont la présence était pour moi comme un rayon du ciel, se peut-il que je vous craigne, que je n'ose lever les yeux sur vous, que je sois là devant vous comme devant un assassin, Oswald, Oswald ! » Et en achevant ces mots, elle tomba suppliante à ses genoux.

« Que vois-je ? s'écria-t-il en la relevant avec fureur ; tu veux que je me déshonore, eh bien ! je le ferai. Mon régiment s'embarque dans un mois ; je viens d'en recevoir la nouvelle. Je resterai, prends-y garde, je resterai si tu me montres cette douleur toute-puissante sur moi ; mais je ne survivrai point à ma honte. — Je ne vous demande point de rester, reprit Corinne ; mais quel mal vous fais-je en vous suivant ? — Mon régiment part pour les îles, et il n'est permis à aucun officier d'emmener sa femme avec lui. — Au moins laissez-moi vous accompagner jusqu'en Angleterre. — Les mêmes lettres que je viens de recevoir, reprit Oswald, m'apprennent que le bruit de notre liaison s'est répandu en Angleterre, que les papiers publics en ont parlé, qu'on a commencé à soupçonner qui vous êtes, et que votre famille, excitée par lady Edgermond, a déclaré qu'elle ne vous reconnaîtrait jamais. Laissez-moi le temps de la ramener, de forcer votre belle-mère à ce qu'elle vous doit ; mais si j'arrive avec vous, et que je sois contraint à vous quitter avant de vous avoir fait rendre votre nom, je vous livre à toute la sévérité de l'opinion sans être là pour vous défendre. — Ainsi vous me refusez tout ? » dit Corinne ; et, en achevant ces mots, elle tomba sans connaissance, et sa tête heurtant avec violence contre terre, le sang en rejaillit. Oswald, à ce spectacle, poussa des cris déchirants. Thérésine arriva dans un trouble extrême ; elle rappela sa maîtresse à la vie. Mais quand Corinne revint à elle, elle aperçut dans une glace son visage pâle et défait, ses cheveux épars et teints de sang. « Oswald, dit-elle, Oswald, ce n'est pas ainsi que j'étais lorsque vous m'avez rencontrée au Capitole ; je portais sur mon front la couronne de l'espérance et de la gloire, maintenant il est souillé de sang et de poussière ; mais il ne vous est pas permis de me mépriser pour cet état dans lequel vous m'avez mise. Les autres le peuvent, mais vous, vous ne le pouvez pas : il faut avoir pitié de l'amour que vous m'avez inspiré, il le faut.

— Arrête, s'écria lord Nelvil, c'en est trop ! » Et, faisant signe à Thérésine de s'éloigner, il prit Corinne dans ses bras, et lui dit : « Je suis décidé à rester : tu feras de moi ce que tu voudras. Je subirai ce que le ciel me destine, mais je ne t'abandonnerai point dans ce malheur, et je ne te conduirai point en Angleterre avant d'y avoir assuré ton sort. Je ne t'y laisserai point exposée aux insultes d'une femme hautaine. Je

reste ; oui, je reste, car je ne puis te quitter. » Ces paroles
rappelèrent Corinne à elle-même, mais la jetèrent dans un
abattement plus cruel encore que le désespoir qu'elle venait
d'éprouver. Elle sentit la nécessité qui pesait sur elle, et, la
tête baissée, elle resta longtemps dans un profond silence.
« Parle, chère amie, lui dit Oswald, fais-moi donc entendre
le son de ta voix ; je n'ai plus qu'elle pour me soutenir ; je
veux me laisser guider par elle. — Non, répondit Corinne,
non ; vous partirez, il le faut. » Et des torrents de pleurs
annoncèrent sa résignation. « Mon amie ! s'écria lord Nelvil,
je prends à témoin ce portrait de ton père, qui est là devant
nos yeux ; et tu sais si le nom d'un père est sacré pour moi !
je le prends à témoin que ma vie est en ta puissance tant
qu'elle sera nécessaire à ton bonheur. A mon retour des îles,
je verrai si je puis te rendre ta patrie, et t'y faire retrouver
le rang et l'existence qui te sont dus, mais si je n'y réussis-
sais pas, je reviendrais en Italie vivre et mourir à tes pieds.
— Hélas ! reprit Corinne, et ces dangers de la guerre que
vous allez braver... — Ne les crains pas, reprit Oswald, j'y
échapperai ; mais si je périssais cependant, moi le plus inconnu des hommes, mon souvenir resterait dans ton cœur ; tu
n'entendrais peut-être jamais prononcer mon nom sans que
tes yeux se remplissent de larmes, n'est-il pas vrai, Corinne ?
Tu dirais : *Je l'ai connu ; il m'a aimée.* — Ah ! laisse-moi,
laisse-moi ! s'écria-t-elle, tu te trompes à mon calme appa-
rent ; demain, quand le soleil reviendra, et que je me dirai :
Je ne le verrai plus ! je ne le verrai plus ! il se peut que je
cesse de vivre, et ce serait bien heureux ! — Pourquoi, s'écria
lord Nelvil, pourquoi, Corinne, crains-tu de ne pas me revoir ?
Cette promesse solennelle de nous réunir à jamais n'est-elle
rien pour toi ? ton cœur en peut-il douter ? — Non, je vous
respecte trop pour ne pas vous croire, dit Corinne ; il m'en
coûterait plus encore de renoncer à mon admiration pour
vous qu'à mon amour. Je vous regarde comme un être angélique, comme le caractère le plus pur et plus noble qui ait
paru sur la terre : ce n'est pas seulement votre charme qui
me captive, c'est l'idée que jamais tant de vertus n'ont été

réunies dans un même objet, et votre céleste regard ne vous a été donné que pour les exprimer toutes : loin de moi donc un doute sur vos promesses. Je fuirais à l'aspect de la figure humaine, elle ne m'inspirerait plus que de la terreur, si lord Nelvil pouvait tromper : mais la séparation livre à tant de hasards, mais ce mot terrible, *adieu!...* — Jamais, interrompit-il, jamais Oswald ne peut te dire un dernier adieu que sur son lit de mort. » Et son émotion était si profonde en prononçant ces mots, que Corinne, commençant à craindre l'effet de cette émotion sur sa santé, essaya de se contenir, elle qui était la plus à plaindre.

Ils commencèrent donc à parler de ce cruel départ, des moyens de s'écrire, et de la certitude de se rejoindre. Un an fut le terme fixé pour cette absence. Oswald se croyait sûr que l'expédition ne devait pas durer plus longtemps. Enfin, il leur restait encore quelques heures, et Corinne espérait qu'elle aurait de la force. Mais lorsque Oswald lui eut dit que la gondole viendrait le prendre à trois heures du matin, et qu'elle vit à sa pendule que ce moment n'était pas très-éloigné, elle frémit de tous ses membres, et sûrement l'approche de l'échafaud ne lui aurait pas causé plus d'effroi. Oswald aussi semblait perdre à chaque instant sa résolution, et Corinne, qui l'avait toujours vu maître de lui-même, avait le cœur déchiré par le spectacle de ses angoisses. Pauvre Corinne! elle le consolait, tandis qu'elle devait être mille fois plus malheureuse que lui!

« Écoutez, dit-elle à lord Nelvil, quand vous serez à Londres, ils vous diront, les hommes légers de cette ville, que des promesses d'amour ne lient pas l'honneur; que tous les Anglais du monde ont aimé des Italiennes dans leurs voyages et les ont oubliées au retour; que quelques mois de bonheur trouverez-vous des sophismes pour excuser une blessure mortelle? Et les plaisanteries frivoles et barbares des hommes du jour empêcheront-elles que votre main ne tremble en enfonçant un poignard dans mon sein? — Ah! que me dis-tu? s'écria lord Nelvil; ce n'est pas ta douleur seule qui me retient, c'est la mienne. Où trouverais-je un bonheur semblable à celui que j'ai goûté près de toi? Qui, dans l'univers, m'entendrait comme tu m'as entendu? L'amour, Corinne, l'amour, c'est toi seule qui l'éprouves, c'est toi seule qui l'inspires : cette harmonie de l'âme, cette intime intelligence de l'esprit et du cœur, avec quelle autre femme peut-elle exister qu'avec toi, Corinne? Ton ami n'est pas un homme léger, tu le sais; il s'en faut qu'il le soit. Tout est sérieux pour lui dans la vie; est-ce donc pour toi seule qu'il démentirait sa nature?

— Non, non, reprit Corinne, non, vous ne traiterez pas avec dédain une âme sincère. Et ce n'est pas vous, Oswald, ce n'est pas vous que mon désespoir trouverait insensible. Mais un ennemi redoutable me menace auprès de vous : c'est la sévérité despotique, c'est la dédaigneuse médiocrité de ma belle-mère. Elle vous dira tout ce qui peut flétrir ma vie passée. Épargnez-moi de vous répéter d'avance ses impitoyables discours. Loin que les talents que je puis avoir soient une excuse à ses yeux, ils seront, je le sais, le plus grand de mes torts. Elle ne comprend point leurs charmes, elle ne voit que leurs dangers. Elle trouve inutile, et peut-être coupable, tout ce qui ne s'accorde pas avec la destinée qu'elle s'est tracée, et toute la poésie du cœur lui semble un caprice importun qui s'arroge le droit de mépriser sa raison. C'est au nom des vertus que je respecte autant que vous qu'elle condamnera mon caractère et mon sort. Oswald, elle vous dira que je suis indigne de vous. — Et comment pourrai-je l'entendre? interrompit Oswald; quelles vertus oserait-on élever plus haut que ta générosité, ta franchise, ta bonté, ta tendresse? Céleste créature! que les femmes communes soient jugées par les règles communes! mais honte à celui que tu aurais aimé et qui ne te respecterait pas autant qu'il t'adore! Rien dans l'univers n'égale ton esprit ni ton cœur. A la source divine où tes sentiments sont puisés, tout est amour et vérité. Corinne, Corinne, ah! je ne puis te quitter. Je sens mon courage défaillir. Si tu ne me soutiens pas, je ne partirai point; et c'est de toi qu'il faut que je reçoive la force de t'affliger. — Eh bien, dit Corinne, encore quelques instants avant de recommander mon âme à Dieu pour qu'il me donne la force d'entendre sonner l'heure fixée pour ton départ. Nous nous sommes aimés, Oswald, avec une tendresse profonde. Je t'ai confié les secrets de ma vie : ce n'est rien que les faits; mais les sentiments les plus intimes de mon être, tu les sais tous. Je n'ai pas une idée qui ne soit unie à toi. Si j'écris quelques lignes où mon âme se répande, c'est toi seul qui m'inspires, c'est à toi que j'adresse toutes mes pensées, comme mon dernier souffle sera pour toi. Où serait donc mon asile si tu m'abandonnais? Les beaux-arts me retracent ton image; la musique, c'est ta voix; le ciel, ton regard. Tout ce génie qui jadis enflammait ma pensée n'est plus que de l'amour. Enthousiasme, réflexion, intelligence, je n'ai plus rien qu'en commun avec toi.

« Dieu puissant qui m'entendez! dit-elle en levant ses regards vers le ciel, Dieu! qui n'êtes point impitoyable pour les peines du cœur, les plus nobles de toutes! ôtez-moi la vie quand il cessera de m'aimer, ôtez-moi le déplorable reste d'existence qui ne me servirait plus qu'à souffrir. Il emporte avec lui ce que j'ai de plus généreux et de plus tendre; s'il laisse éteindre ce feu déposé dans son sein, que, dans quelque lieu du monde que je sois, ma vie aussi s'éteigne. Grand Dieu! vous ne m'avez pas faite pour survivre à tous les nobles sentiments; et que me resterait-il quand j'aurais cessé de l'estimer? car lui aussi doit m'aimer, il le doit, je sens au fond de mon cœur une affection qui commande la sienne... O mon Dieu! s'écria-t-elle encore une fois, la mort ou son amour! » En achevant cette prière, elle se retourna vers Oswald et le trouva prosterné devant elle dans des convulsions effrayantes : l'excès de son émotion avait surpassé ses forces; il repoussait les secours de Corinne, il voulait mourir, et sa tête semblait absolument perdue. Corinne, avec douceur, serra ses mains dans les siennes en lui répétant tout ce qu'il lui avait dit lui-même. Elle l'assura qu'elle le croyait, qu'elle se fiait à son retour, et qu'elle se sentait beaucoup plus calme. Ces douces paroles firent quelque bien à lord Nelvil. Cependant plus il sentait approcher l'heure de sa séparation, plus il lui semblait impossible de s'y décider.

« Pourquoi, dit-il à Corinne, pourquoi n'irions-nous pas au temple avant mon départ pour prononcer le serment d'une union éternelle? » Corinne tressaillit à ces mots, regarda lord Nelvil, et le plus grand trouble agita son cœur; elle se souvint qu'Oswald, en lui racontant son histoire, lui avait dit que la douleur d'une femme était toute-puissante sur sa conduite, mais qu'il avait ajouté que son sentiment se refroidissait par les sacrifices mêmes que cette douleur obtenait de lui. Toute la fermeté, toute la fierté de Corinne se réveillèrent à cette idée, et, après quelques instants de silence, elle répondit : « Il faut que vous ayez revu vos amis et votre patrie avant de prendre la résolution de m'épouser. Je la devrais dans ce moment, milord, à l'émotion du départ : je n'en veux pas ainsi. » Oswald n'insista plus. « Au moins, dit-il en saisissant la main de Corinne, je le jure de nouveau, ma foi est attachée à cet anneau que je vous ai donné. Tant que vous le conserverez, jamais une autre n'aura des droits sur mon sort; si vous le dédaignez une fois, si vous me le renvoyez...—Cessez, cessez, interrompit Corinne, d'exprimer une inquiétude que vous ne pouvez éprouver. Ah! ce n'est pas moi qui romprai la première l'union sacrée de nos cœurs, vous le savez bien que ce n'est pas moi, et je rougirais presque d'assurer ce qui n'est que trop certain. »

Cependant l'heure avançait : Corinne pâlissait à chaque bruit, et lord Nelvil restait plongé dans une douleur profonde, et n'avait plus la force de prononcer un seul mot. Enfin la lumière fatale parut dans l'éloignement, à travers sa fenêtre, et, bientôt après, la barque noire s'arrêta devant la porte. Corinne, à cette vue, fit un cri en reculant avec effroi, et tomba dans les bras d'Oswald, en s'écriant : « Les voilà! les voilà! adieu, partez, c'en est fait. — O mon Dieu! dit lord

Nelvil, ô mon père! l'exigez-vous de moi? » Et la serrant contre son cœur, il la couvrit de ses larmes. « Partez, lui dit-elle, partez, il le faut. — Faites venir Thérésine, répondit Oswald, je ne puis vous laisser seule ainsi. — Seule! hélas! dit Corinne, ne le suis-je pas jusqu'à votre retour? — Je ne puis sortir de cette chambre, s'écria lord Nelvil, non, je ne le puis. » Et en prononçant ces paroles, son désespoir était tel, que ses regards et ses vœux appelaient la mort. « Eh bien, dit Corinne, je le donnerai ce signal; j'irai moi-même ouvrir cette porte, mais accordez-moi quelques instants. — Oh! oui, s'écria lord Nelvil, restons encore ensemble, restons; ces cruels combats valent encore mieux que de cesser de te voir. »

On entendit alors sous les fenêtres de Corinne les bateliers qui appelaient les gens de lord Nelvil; ils répondirent, et l'un d'eux vint frapper à la porte de Corinne, en annonçant que *tout était prêt*. « Oui, tout est prêt, » répondit Corinne; et, s'éloignant d'Oswald, elle alla prier, la tête appuyée contre le portrait de son père. Sans doute en ce moment sa vie passée s'offrait en entier à elle, sa conscience exagéra toutes ses fautes; elle craignit de ne pas mériter la miséricorde divine, et cependant elle se sentait si malheureuse, qu'elle devait croire à la pitié du ciel. Enfin, en se relevant, elle tendit la main à lord Nelvil, et lui dit : « Partez, je le veux à présent, et peut-être que dans un instant je ne le pourrai plus : partez, que Dieu bénisse vos pas, et qu'il me protége aussi, car j'en ai bien besoin. » Oswald se précipita encore une fois dans ses bras; et la pressant contre son cœur avec une passion inexprimable, tremblant et pâle comme un homme qui marche au supplice, il sortit de cette chambre, où, pour la dernière fois peut-être, il avait aimé, il s'était senti aimé comme la destinée n'en offre pas un second exemple.

Quand Oswald disparut aux regards de Corinne, une palpitation horrible, qui ne lui laissait plus le pouvoir de respirer, la saisit; ses yeux étaient tellement troublés, que les objets qu'elle voyait perdaient à ses yeux toute réalité, et semblaient errer tantôt près, tantôt loin de ses regards; elle croyait sentir que la chambre où elle était se balançait, comme dans un tremblement de terre, et elle s'appuyait pour résister à ce mouvement. Pendant un quart d'heure encore elle entendit le bruit que faisaient les gens d'Oswald en achevant les préparatifs de son départ. Il était encore là dans la gondole; elle pouvait encore le revoir, mais elle se craignait elle-même; et lui, de son côté, était couché dans la gondole, presque sans connaissance. Enfin il partit, et dans ce moment Corinne s'élança hors de sa chambre pour le rappeler; Thérésine l'arrêta. Une pluie terrible commençait alors; le vent le plus violent se faisait entendre, et la maison où demeurait Corinne était ébranlée presque comme un vaisseau au milieu de la mer. Elle ressentit une vive inquiétude pour Oswald traversant les lagunes dans ce temps affreux, et elle descendit sur le bord du canal, dans le dessein de s'embarquer et de le uivre au moins jusqu'à la terre ferme. Mais la nuit était si obscure, qu'il n'y avait pas une seule barque. Corinne marchait avec une agitation cruelle sur les pierres étroites qui séparent le canal des maiso. s. L'orage augmentait toujours. et sa frayeur pour Oswald redoublait à chaque instant. Elle appelait au hasard des bateliers, qui prenaient ses cris pour des cris de détresse de malheureux qui se noyaient pendant la tempête; et néanmoins personne n'osait approcher, tant les ondes agitées du grand canal étaient redoutables.

Corinne attendit le jour dans cette situation. Le temps se calma cependant, et le gondolier qui avait conduit Oswald lui apporta, de sa part, la nouvelle, qu'il avait heureusement passé les lagunes. Ce moment encore ressemblait presque au bonheur; et ce ne fut qu'après quelques heures que l'infortunée Corinne ressentit de nouveau l'absence, et les longues heures, et les tristes jours, et l'inquiète et dévorante peine qui devait l'occuper désormais.

CHAPITRE IV

Oswald, pendant les premiers jours de son voyage, fut prêt vingt fois à retourner pour rejoindre Corinne; mais les motifs qui l'entraînaient triomphèrent de ce désir. C'est un pas solennel de fait dans l'amour que de l'avoir vaincu une fois : le prestige de sa toute-puissance est fini.

En approchant de l'Angleterre, tous les souvenirs de la patrie rentrèrent dans l'âme d'Oswald. L'année qu'il venait de passer en Italie n'était en relation avec aucune autre époque de sa vie; c'était comme une apparition brillante qui avait frappé son imagination, mais n'avait pu changer entièrement les opinions ni les goûts dont son existence était composée jusqu'alors. Il se retrouvait lui-même; et, bien que le regret d'être séparé de Corinne l'empêchât d'éprouver aucune impression de bonheur, il reprenait pourtant une sorte de fixité dans les idées que le vague enivrant des beaux-arts et de l'Italie avait fait disparaître. Dès qu'il eut mis le pied sur la terre d'Angleterre, il fut frappé de l'ordre et de l'aisance, de la richesse et de l'industrie qui s'offraient à ses regards; les penchants, les habitudes, les goûts nés avec lui, se réveillèrent avec plus de force que jamais. Dans ce pays, où les hommes ont tant de dignité et les femmes tant de modestie, où le bonheur domestique est le lien du bonheur public, Oswald pensait à l'Italie pour la plaindre. Il lui semblait que dans sa patrie la raison humaine était partout noblement empreinte, tandis qu'en Italie les institutions et l'état social ne rappelaient, à beaucoup d'égards, que la confusion, la faiblesse et l'ignorance. Les tableaux séduisants, les impressions poétiques faisaient place dans son cœur au profond sentiment de la liberté et de la morale; et, bien qu'il chérît toujours Corinne, il la blâmait doucement de s'être ennuyée de vivre dans une contrée qu'il trouvait si noble et si sage. Enfin, s'il avait passé d'un pays où l'imagination est divinisée dans un pays aride ou frivole, tous ses souvenirs, toute son âme, l'auraient vivement ramené vers l'Italie ; mais il échangeait le désir indéfini d'un bonheur romanesque contre l'orgueil des vrais biens de la vie, l'indépendance et la sécurité. Il rentrait dans l'existence qui convient aux hommes, l'action avec un but. La rêverie est plutôt le partage des femmes, de ces êtres faibles et résignés dès leur naissance : l'homme veut obtenir ce qu'il souhaite : et l'habitude du courage, le sentiment de la force, l'irritent contre sa destinée, s'il ne parvient pas à la diriger selon son gré.

Oswald, en arrivant à Londres, retrouva ses amis d'enfance. Il entendit parler cette langue forte et serrée, qui semble indiquer bien plus de sentiments encore qu'elle n'en exprime ; il revit ces physionomies sérieuses qui se développent tout à coup quand les affections profondes triomphent de leur réserve habituelle ; il retrouva le plaisir de faire des découvertes dans les cœurs qui se révèlent par degrés aux regards observateurs ; enfin, il se sentit dans sa patrie, et ceux qui n'en sont jamais sortis ignorent par combien de liens elle nous est chère. Cependant Oswald ne séparait le souvenir de Corinne d'aucune des impressions qu'il recevait ; et comme il se rattachait plus que jamais à l'Angleterre, et se sentait beaucoup d'éloignement pour la quitter de nouveau, toutes ses réflexions le ramenaient à la résolution d'épouser Corinne, et de se fixer en Écosse avec elle.

Il était impatient de s'embarquer pour revenir plus vite, lorsque l'ordre arriva de suspendre le départ de l'expédition dont son régiment faisait partie ; mais on annonçait en même temps que d'un jour à l'autre ce retard pourrait cesser, et l'incertitude à cet égard était telle, qu'aucun officier ne pouvait disposer de quinze jours. Cette situation rendait lord Nelvil fort malheureux ; il souffrait cruellement d'être séparé de Corinne, et de n'avoir ni le temps ni la liberté nécessaires pour former ou pour suivre aucun plan stable. Il passa six semaines à Londres sans aller dans le monde, uniquement occupé du moment où il pourrait revoir Corinne, et souffrant beaucoup du temps qu'il était obligé de perdre loin d'elle. Enfin il résolut d'employer ces jours d'attente à se rendre

dans le Northumberland pour y voir lady Edgermond, et la
déterminer à reconnaître authentiquement que Corinne était
la fille de lord Edgermond, que le bruit de sa mort s'était
faussement répandu. Ses amis lui montrèrent les papiers publics où l'on avait mis des insinuations très-défavorables sur
l'existence de Corinne, et il se sentit un ardent désir de lui
rendre et le rang et la considération qui lui étaient dus.

CHAPITRE V

Oswald partit pour la terre de lady Edgermond. Il pensait
avec émotion qu'il allait voir le séjour où Corinne avait passé
tant d'années. Il sentait aussi quelque embarras par la nécessité de faire comprendre à lady Edgermond qu'il était résolu
à renoncer à sa fille; et le mélange de ces divers sentiments
l'agitait et le faisait rêver. Les lieux qu'il voyait en s'avançant
vers le nord de l'Angleterre lui rappelaient toujours plus
l'Écosse; et le souvenir de son père, sans cesse présent à sa
mémoire, pénétrait encore plus avant dans son cœur. Lorsqu'il arriva chez lady Edgermond, il fut frappé du bon goût
qui régnait dans l'arrangement du jardin et du château; et,
comme la maîtresse de la maison n'était pas encore prête pour
le recevoir, il se promena dans le parc, et aperçut de loin, à
travers les feuilles, une jeune personne de la taille la plus
élégante, avec des cheveux blonds d'une admirable beauté
qui étaient à peine retenus par son chapeau. Elle lisait avec
beaucoup de recueillement. Oswald la reconnut pour Lucile,
bien qu'il ne l'eût pas vue depuis trois ans, et qu'ayant passé,
dans cet intervalle, de l'enfance à la jeunesse, elle fût étonnamment embellie. Il s'approcha d'elle, la salua, et, oubliant
qu'il était en Angleterre, il voulut lui prendre la main pour
la baiser respectueusement, selon l'usage d'Italie; la jeune
personne recula deux pas, rougit extrêmement, lui fit une
profonde révérence, et lui dit : « Monsieur, je vais prévenir
ma mère que vous désirez la voir, » et s'éloigna. Lord Nelvil
resta frappé de cet air imposant et modeste, de cette figure
vraiment angélique.

C'était Lucile, qui entrait à peine dans sa seizième année. Ses traits étaient d'une délicatesse remarquable ; sa taille était presque trop élancée, car un peu de faiblesse se faisait remarquer dans sa démarche ; son teint était d'une admirable beauté, et la pâleur et la rougeur s'y succédaient en un instant. Ses yeux bleus étaient si souvent baissés, que sa physionomie consistait surtout dans cette délicatesse de teint, qui trahissait à son insu les émotions que sa profonde réserve cachait de toute autre manière. Oswald, depuis qu'il voyageait dans le Midi, avait perdu l'idée d'une telle figure et d'une telle expression. Il fut saisi d'un sentiment de respect ; il se reprocha vivement de l'avoir abordée avec une sorte de familiarité ; et, regagnant le château lorsqu'il vit que Lucile y était entrée, il rêvait à la pureté céleste d'une jeune fille qui ne s'est jamais éloignée de sa mère et ne connaît de la vie que la tendresse filiale.

Lady Edgermond était seule quand elle reçut lord Nelvil ; il l'avait vue deux fois avec son père quelques années auparavant ; mais il l'avait très-peu remarquée alors ; il l'observa cette fois avec attention, pour la comparer au portrait que Corinne lui en avait fait : il le trouva vrai à beaucoup d'égards ; mais cependant il lui sembla qu'il y avait dans le regard de lady Edgermond plus de sensibilité que Corinne ne lui en attribuait, et il pensa qu'elle n'avait pas aussi bien que lui l'habitude de deviner les physionomies contenues. Son premier intérêt auprès de lady Edgermond était de la décider à reconnaître Corinne, en annulant tout ce qu'on avait arrangé pour la faire croire morte. Il commença l'entretien en parlant de l'Italie et du plaisir qu'il y avait trouvé. « C'est un séjour amusant pour un homme, répondit lady Edgermond ; mais je serais bien fâchée qu'une femme qui m'intéressât pût s'y plaire longtemps. — J'y ai pourtant trouvé, répondit lord Nelvil blessé de cette insinuation, la femme la plus distinguée que j'aie connue en ma vie. — Cela se peut sous les rapports de l'esprit, reprit lady Edgermond ; mais un honnête homme cherche d'autres qualités que celle-là dans la compagne de sa vie. — Et il les trouve aussi, » interrompit Oswald avec chaleur. Il allait continuer et prononcer clairement ce qui n'était qu'indiqué de part et d'autre ; mais Lucile entra et s'approcha de l'oreille de sa mère pour lui parler. « Non, ma fille, répondit tout haut lady Edgermond, vous ne pouvez aller chez votre cousine aujourd'hui ; il faut dîner ici avec lord Nelvil. » Lucile, à ces mots, rougit plus vivement encore que dans le jardin, puis s'assit à côté de sa mère, et prit sur la table un ouvrage de broderie dont elle s'occupa, sans jamais lever les yeux, ni se mêler de la conversation.

Lord Nelvil fut presque impatienté de cette conduite, car il était vraisemblable que Lucile n'ignorait pas qu'il avait été question de leur union ; et quoique la figure ravissante de Lucile le frappât toujours plus, il se rappela tout ce que Corinne lui avait dit sur l'effet probable de l'éducation sévère que lady Edgermond donnait à sa fille. En Angleterre, en général, les jeunes filles ont plus de liberté que les femmes mariées, et la raison comme la morale expliquent cet usage ; mais lady Edgermond y dérogeait, non pour les femmes mariées, mais pour les jeunes personnes : elle était d'avis que, dans toutes les situations, la plus rigoureuse réserve convenait aux femmes. Lord Nelvil voulait déclarer à lady Edgermond ses intentions relativement à Corinne dès qu'il se trouverait encore une fois seule avec elle ; mais Lucile ne s'en alla point, et lady Edgermond soutint jusqu'au dîner l'entretien sur divers sujets avec une raison simple et ferme qui inspira du respect à lord Nelvil. Il aurait voulu combattre des opinions si arrêtées sur tous les points, et qui souvent n'étaient pas d'accord avec les siennes ; mais il sentait que, s'il disait un mot à lady Edgermond qui ne fût pas dans le sens de ses idées, il lui donnerait de lui une opinion que rien ne pourrait effacer, et il hésita à ce premier pas, tout à fait irréparable auprès d'une personne qui n'admettait point de nuances ni d'exceptions, et jugeait tout par des règles générales et positives.

On annonça que le dîner était servi. Lucile s'approcha de sa mère pour lui donner le bras. Oswald alors observa que lady Edgermond marchait avec une grande difficulté. « J'ai, dit-elle à lord Nelvil, une maladie très-douloureuse, et peut-être mortelle. » Lucile pâlit à ces mots. Lady Edgermond le remarqua, et reprit avec douceur : « Les soins de ma fille, néanmoins, m'ont déjà sauvé la vie une fois, et me la sauveront peut-être encore longtemps. » Lucile baissa la tête pour que son attendrissement ne fût pas observé. Quand elle la releva, ses yeux étaient encore humides de pleurs; mais elle n'avait pas osé seulement prendre la main de sa mère; tout s'était passé dans le fond de son cœur, et elle n'avait songé aux autres que pour leur cacher ce qu'elle éprouvait. Cependant Oswald était profondément ému par cette réserve, par cette contrainte; et son imagination, naguère ébranlée par l'éloquence et la passion, se plaisait à contempler le tableau de l'innocence, et croyait voir autour de Lucile je ne sais quel nuage modeste qui reposait délicieusement les regards.

Pendant le dîner, Lucile, voulant épargner les moindres fatigues à sa mère, servait tout avec un soin continuel, et lord Nelvil entendit le son de sa voix, seulement quand elle lui offrait les différents mets; mais ces paroles insignifiantes étaient prononcées avec une douceur enchanteresse, et lord Nelvil se demandait comment il était possible que les mouvements les plus simples et les mots les plus communs pussent révéler toute une âme. « Il faut, se répétait-il à lui-même, ou le génie de Corinne, qui dépasse tout ce que l'imagination peut désirer; ou ces voiles mystérieux du silence et de la modestie, qui permettent à chaque homme de supposer les vertus et les sentiments qu'il souhaite. » Lady Edgermond et sa fille se levèrent de table, et lord Nelvil voulut les suivre; mais lady Edgermond était si scrupuleusement fidèle à l'habitude de sortir au dessert, qu'elle lui dit de rester à table jusqu'à ce qu'elle et sa fille eussent préparé le thé dans le salon; et lord Nelvil les rejoignit un quart d'heure après. La soirée se passa sans qu'il pût être un moment seul avec lady Edgermond, car Lucile ne la quitta pas. Il ne savait ce qu'il devait faire, et il allait partir pour la ville voisine, se proposant de revenir le lendemain parler à lady Edgermond, lorsqu'elle lui offrit de demeurer chez elle cette nuit. Il accepta tout de suite, sans y attacher aucune importance ; et néanmoins il se repentit ensuite de l'avoir fait, parce qu'il crut remarquer dans les regards de lady Edgermond, qu'elle considérait ce consentement comme une raison de croire qu'il pensait encore à sa fille. Ce fut un motif de plus pour le décider à lui demander, dès ce moment, un entretien, qu'elle lui accorda pour la matinée du jour suivant.

Lady Edgermond se fit porter dans son jardin. Oswalc s'offrit pour l'aider à faire quelques pas. Lady Edgermond le regarda fixement, puis elle dit : « Je le veux bien. » Lucile lui remit le bras de sa mère, et lui dit à voix très-basse, dans la crainte que sa mère ne l'entendît : « Milord, marchez doucement. » Lord Nelvil tressaillit à ces mots dits en secret. C'est ainsi qu'une parole sensible aurait pu lui être adressée par cette figure angélique, qui ne semblait pas faite pour les affections de la terre. Oswald ne crut point que son émotion en cet instant fût une offense pour Corinne ; il lui sembla que c'était seulement un hommage à la pureté céleste de Lucile. Ils rentrèrent au moment de la prière du soir, que lady Edgermond faisait chaque jour dans sa maison avec tous ses domestiques réunis. Ils étaient rassemblés dans la grande salle d'en bas. La plupart d'entre eux étaient infirmes et vieux ; ils avaient servi le père de lady Edgermond et celui de son époux. Oswald fut vivement touché par ce spectacle, qui lui rappelait ce qu'il avait souvent vu dans la maison paternelle. Tout le monde se mit à genoux, excepté lady Edgermond, que sa maladie en empêchait, mais qui joignit les mains et baissa les yeux avec un recueillement respectable.

Lucile était à genoux à côté de sa mère, et c'était elle qui était chargée de la lecture. Ce fut d'abord un chapitre de l'Évangile, et puis une prière adaptée à la vie rurale et domestique. Cette prière était composée par lady Edgermond ; et il y avait dans les expressions une sorte de sévérité qui contrastait avec le son de voix doux et timide de sa fille qui les lisait ; mais cette sévérité même augmenta l'effet des dernières paroles, que Lucile prononça en tremblant. Après avoir prié pour les domestiques de la maison, pour les parents,

pour le roi, et pour la patrie, il y avait : « Fais-nous aussi
« la grâce, ô mon Dieu ! que la jeune fille de cette maison
« vive et meure sans que son âme ait été souillée par une
« seule pensée, par un seul sentiment qui ne soit pas con-
« forme à ses devoirs ; et que sa mère, qui doit bientôt re-
« tourner près de toi, puisse obtenir le pardon de ses propres
« fautes, au nom des vertus de son unique enfant ! »

Lucile répétait tous les jours cette prière. Mais ce soir-là, en présence d'Oswald, elle fut plus touchée que de coutume, et des larmes tombèrent de ses yeux avant qu'elle en eût fini la lecture, et qu'elle pût, couvrant son visage de ses mains, dérober ses pleurs à tous les regards. Mais Oswald les avait vus couler ; et un attendrissement mêlé de respect remplissait son cœur ; il contemplait cet air de jeunesse qui tenait de si près à l'enfance, ce regard qui semblait conserver encore le souvenir récent du ciel. Un visage aussi charmant, au milieu de ces visages qui peignaient tous la vieillesse ou la maladie, semblait l'image de la pitié divine. Lord Nelvil réfléchissait à cette vie si austère et si retirée que Lucile avait menée, à cette beauté sans pareille, privée ainsi de tous les plaisirs comme de tous les hommages du monde, et son âme fut péné-trée de l'émotion la plus pure. La mère de Lucile aussi mé-ritait le respect, et l'obtenait ; c'était une personne plus sé-vère encore pour elle-même que pour les autres. Les bornes de son esprit devaient être attribuées plutôt à l'extrême ri-gueur de ses principes qu'à un défaut d'intelligence natu-relle ; et, au milieu de tous les liens qu'elle s'était imposés, de toute sa roideur acquise et naturelle, il y avait une passion pour sa fille d'autant plus profonde, que l'âpreté de son caractère ve-nait d'une sensibilité réprimée, et donnait une nouvelle force à l'unique affection qu'elle n'avait pas étouffée.

A dix heures du soir, le plus profond silence régnait dans la maison. Oswald put réfléchir à son aise sur la journée qui venait de se passer. Il ne s'avouait point à lui-même que Lu-cile avait fait impression sur son cœur ; peut-être cela n'é-tait-il pas même encore vrai ; mais, bien que Corinne en-chantât l'imagination de mille manières, il y avait pourtant un genre d'idées, un son musical, s'il est permis de s'exprimer ainsi, qui ne s'accordait qu'avec Lucile. Les images du bonheur domestique s'unissaient plus facilement à la retraite de Northumberland qu'au char triomphal de Corinne : enfin Oswald ne pouvait se dissimuler que Lucile était la femme que son père aurait choisie pour lui; mais il aimait Corinne, mais il en était aimé : il avait fait serment de ne jamais former d'autres liens, c'en était assez pour persister dans le dessein de déclarer le lendemain à lady Edgermond qu'il voulait épouser Corinne. Il s'endormit en pensant à l'Italie; et, néanmoins, pendant son sommeil, il crut voir Lucile qui passait légèrement devant lui sous la forme d'un ange : il se réveilla et voulut écarter ce songe; mais le même songe revint encore, et, la dernière fois qu'il s'offrit à lui, cette figure parut s'envoler; il se réveilla de nouveau, regrettant cette fois de ne pouvoir retenir l'objet qui disparaissait à ses yeux. Le jour commençait alors à paraître, Oswald descendit pour se promener.

CHAPITRE VI

Le soleil venait de se lever, et lord Nelvil croyait que personne n'était encore éveillé dans la maison. Il se trompait : Lucile dessinait déjà sur le balcon. Ses cheveux, qu'elle n'avait point encore rattachés, étaient soulevés par le vent. Elle ressemblait ainsi au songe de lord Nelvil, et il fut un moment ému en la voyant comme par une apparition surnaturelle. Mais il eut honte bientôt après d'être troublé à ce point par une circonstance si simple. Il resta quelque temps devant ce balcon. Il salua Lucile; mais il ne put être remarqué, car elle ne détournait point les yeux de son travail. Il continua sa promenade, et il eût alors souhaité plus que jamais de voir Corinne, pour qu'elle dissipât les impressions vagues qu'il ne pouvait s'expliquer : Lucile lui plaisait comme le mystère, comme l'inconnu; il aurait désiré que l'éclat du génie de Corinne fît disparaître cette image légère qui prenait successivement toutes les formes à ses yeux.

Il revint au salon, et il y trouva Lucile, qui plaçait le dessin qu'elle venait de faire dans un petit cadre brun, en face de la table à thé de sa mère. Oswald vit ce dessin; ce n'était qu'une rose blanche sur sa tige, mais dessinée avec une grâce parfaite. « Vous savez donc peindre? dit Oswald à Lucile. — Non, milord, je ne sais absolument qu'imiter les fleurs, et encore les plus faciles de toutes : il n'y a pas de maître ici, et le peu que j'ai appris, je le dois à une sœur qui m'a donné des leçons. » En prononçant ces mots, elle soupira. Lord Nelvil rougit beaucoup, et lui dit : « Et cette sœur, qu'est-elle devenue? — Elle ne vit plus, reprit Lucile; mais je la regretterai toujours. » Oswald comprit que Lucile était trompée comme le reste du monde sur le sort de sa sœur; mais ce mot, *je la regretterai toujours*, lui parut révéler un aimable caractère, et il en fut attendri. Lucile allait se retirer, s'apercevant tout à coup qu'elle était seule avec lord Nelvil lorsque lady Edgermond entra. Elle regarda sa fille avec étonnement et sévérité tout à la fois, et lui fit signe de sortir. Ce regard avertit Oswald de ce qu'il n'avait pas remarqué, c'est que Lucile avait fait quelque chose de fort extraordinaire, selon ses habitudes, en restant avec lui quelques minutes sans sa mère; et il en fut touché, comme il l'aurait été d'un témoignage d'intérêt très-marquant donné par une autre.

Lady Edgermond s'assit, et renvoya ses gens, qui l'avaient soutenue jusqu'à son fauteuil. Elle était pâle, et ses lèvres tremblaient en offrant une tasse de thé à lord Nelvil. Il observa cette agitation; et l'embarras qu'il éprouvait lui-même s'en accrut : cependant, animé par le désir de rendre service à celle qu'il aimait, il commença l'entretien. « Madame, dit-il à lady Edgermond, j'ai beaucoup vu en Italie une femme qui vous intéresse particulièrement. — Je ne le crois pas, répondit lady Edgermond avec sécheresse, car personne ne m'intéresse dans ce pays-là. — J'imaginais, cependant, continua lord Nelvil, que la fille de votre époux avait des droits sur votre affection. — Si la fille de mon époux, reprit lady Edgermond, était une personne indifférente à ses devoirs comme à sa considération, je ne lui souhaiterais sûrement pas du mal,

mais je serais bien aise de n'en jamais entendre parler. — Et
si cette fille abandonnée par vous, madame, reprit Oswald
avec chaleur, était la femme du monde la plus justement célèbre par ses admirables talents en tout genre, la dédaigneriez-vous toujours? — Également, reprit lady Edgermond,
je ne fais aucun cas des talents qui détournent une femme de
ses véritables devoirs. Il y a des actrices, des musiciens, des
artistes enfin, pour amuser le monde; mais, pour des femmes de notre rang, la seule destinée convenable, c'est de se
consacrer à son époux et de bien élever ses enfants. — Quoi!
reprit lord Nelvil, ces talents qui viennent de l'âme et ne peuvent exister sans le caractère le plus élevé, sans le cœur le
plus sensible, ces talents qui sont unis à la bonté la plus touchante, au cœur le plus généreux, vous les blâmeriez parce
qu'ils étendent la pensée, parce qu'ils donnent à la vertu
même un empire plus vaste, une influence plus générale? —
A la vertu? reprit lady Edgermond avec un sourire amer;
je ne sais pas bien ce que vous entendez par ce mot ainsi appliqué. La vertu d'une personne qui s'est enfuie de la maison
paternelle, la vertu d'une personne qui s'est établie en Italie,
menant la vie la plus indépendante, recevant tous les hommages, pour ne rien dire de plus, donnant un exemple plus
pernicieux encore pour les autres que pour elle-même, abdiquant son rang, sa famille, le propre nom de son père... —
Madame, interrompit Oswald, c'est un sacrifice généreux
qu'elle a fait à vos désirs, à votre fille; elle a craint de vous
nuire en conservant votre nom... — Elle l'a craint! s'écria
lady Edgermond; elle sentait donc qu'elle le déshonorait! —
C'en est trop! interrompit Oswald avec violence; Corinne
Edgermond sera bientôt lady Nelvil, et nous verrons alors,
madame, si vous rougirez de reconnaître en elle la fille de
votre époux! Vous confondez dans les règles vulgaires une
personne douée comme aucune femme ne l'a jamais été; un
ange d'esprit et de bonté; un génie admirable, et néanmoins
un caractère sensible et timide; une imagination sublime, une
générosité sans bornes; une personne qui peut avoir eu des
torts, parce qu'une supériorité si étonnante ne s'accorde pas

toujours avec la vie commune, mais qui possède une âme si belle, qu'elle est au-dessus de ses fautes, et qu'une seule de ses actions ou de ses paroles les efface toutes. Elle honore celui qu'elle choisit pour son protecteur plus que ne pourrait le faire la reine du monde en se désignant un époux. — Vous pourrez peut-être, milord, répondit lady Edgermond en faisant effort sur elle-même pour se contenir, accuser les bornes de mon esprit ; mais il n'y a rien de tout ce que vous venez de me dire qui soit à ma portée. Je n'entends par moralité que l'exacte observation des règles établies : hors de là, je ne comprends que des qualités mal employées, qui méritent tout au plus de la pitié. — Le monde eût été bien aride, madame, répondit Oswald, si l'on n'avait jamais conçu ni le génie ni l'enthousiasme, et qu'on eût fait de la nature humaine une chose si réglée et si monotone. Mais, sans continuer davantage une inutile discussion, je viens vous demander formellement si vous ne reconnaîtrez pas pour votre belle-fille miss Edgermond, lorsqu'elle sera lady Nelvil. — Encore moins, reprit lady Edgermond ; car je dois à la mémoire de votre père d'empêcher, si je le puis, l'union la plus funeste. — Comment, mon père? dit Oswald, que ce nom troublait toujours. — Ignorez-vous, continua lady Edgermond, qu'il refusa la main de miss Edgermond pour vous, lorsqu'elle n'avait encore fait aucune faute, lorsqu'il prévoyait seulement, avec la sagacité parfaite qui le caractérisait, ce qu'elle serait un jour? — Quoi! vous savez?... — La lettre de votre père à milord Edgermond sur ce sujet est entre les mains de M. Dickson, son ancien ami, interrompit lady Edgermond; je la lui ai remise quand j'ai su vos relations avec Corinne en Italie, afin qu'il vous la fît lire à votre retour ; il ne me convenait pas de m'en charger. »

Oswald se tut quelques instants, puis il reprit : « Ce que je vous demande, madame, c'est ce qui est juste, c'est ce que vous vous devez à vous-même : détruisez les bruits que vous avez accrédités sur la mort de votre belle-fille, et reconnaissez-la honorablement pour ce qu'elle est, pour la fille de lord Edgermond. — Je ne veux contribuer en aucune manière.

répondit lady Edgermond, au malheur de votre vie; et si l'existence actuelle de Corinne, cette existence sans nom et sans appui peut être cause que vous ne l'épousiez point, Dieu et votre père me préservent d'éloigner cet obstacle!—Madame, répondit lord Nelvil, le malheur de Corinne serait un lien de plus pour elle et moi. — Eh bien, » reprit lady Edgermond avec une vivacité à laquelle elle ne s'était jamais livrée, et qui venait sans doute du regret qu'elle éprouvait en perdant pour sa fille un époux qui lui convenait à tant d'égards, « eh bien, continua-t-elle, rendez-vous donc malheureux tous les deux; car elle aussi le sera : ce pays lui est odieux; elle ne peut se plier à nos mœurs, à notre vie sévère. Il lui faut un théâtre où elle puisse montrer tous ces talents que vous prisez tant, et qui rendent la vie si difficile. Vous la verrez s'ennuyer dans ce pays, désirer de retourner en Italie; elle vous y traînera : vous quitterez vos amis, votre patrie, celle de votre père, pour une étrangère aimable, j'y consens, mais qui vous oublierait si vous le vouliez, car il n'y a rien de plus mobile que ces têtes exaltées. Les profondes douleurs ne sont faites que pour ce que vous appelez les femmes médiocres, c'est-à-dire celles qui ne vivent que pour leurs époux et leurs enfants. » La violence du mouvement qui avait fait parler lady Edgermond, elle qui, toujours habituée à la contrainte, ne s'était peut-être pas une fois dans toute sa vie laissée aller à ce point, ébranla ses nerfs déjà malades, et en finissant de parler elle se trouva mal. Oswald, la voyant dans cet état, sonna vivement pour appeler du secours.

Lucile arriva très-effrayée, s'empressa de soulager sa mère, et jeta seulement sur Oswald un regard inquiet qui semblait lui dire : *Est-ce vous qui avez fait mal à ma mère?* Ce regard attendrit profondément lord Nelvil. Lorsque lady Edgermond revint à elle, il cherchait à lui montrer l'intérêt qu'elle lui inspirait; mais elle le repoussa avec froideur, et rougit en pensant que par son émotion elle avait peut-être manqué de fierté pour sa fille, et trahi le désir qu'elle avait eu de lui donner lord Nelvil pour époux. Elle fit signe à Lucile de s'éloigner et dit : « Milord, vous devez, dans tous les cas, vous considérer comme libre de l'espèce d'engagement qui pouvait exister entre nous. Ma fille est si jeune, qu'elle n'a pu s'attacher au projet que nous avions formé, votre père et moi ; mais il est plus convenable cependant, ce projet étant changé, que vous ne reveniez pas chez moi tant que ma fille ne sera pas mariée. — Je me bornerai donc, reprit Oswald en s'inclinant devant elle, à vous écrire pour traiter avec vous du sort d'une personne que je n'abandonnerai jamais.— Vous en êtes le maître, » répondit lady Edgermond avec une voix étouffée ; et lord Nelvil partit.

En passant à cheval dans l'avenue, il aperçut de loin, dans le bois, l'élégante figure de Lucile. Il ralentit le pas de son cheval pour la voir encore, et il lui parut que Lucile suivait la même direction que lui, en se cachant derrière les arbres. Le grand chemin passait devant un pavillon à l'extrémité du parc. Oswald remarqua que Lucile entrait dans ce pavillon : il passa devant avec émotion, mais sans pouvoir la découvrir. Il retourna plusieurs fois la tête après avoir passé, et remarqua dans un autre endroit, d'où l'on pouvait apercevoir tout le grand chemin, une légère agitation dans les feuilles d'un des arbres placés près du pavillon. Il s'arrêta vis-à-vis de cet arbre, mais il n'y aperçut plus le moindre mouvement. Incertain s'il avait bien deviné, il partit ; puis tout à coup il revint sur ses pas avec la rapidité de l'éclair, comme s'il eût laissé tomber quelque chose sur la route. Alors il vit Lucile sur le bord du chemin et la salua respectueusement. Lucile baissa son voile avec précipitation et s'enfonça dans le bois, ne réfléchissant pas que se cacher ainsi, c'était avouer le motif qui l'avait amenée : la pauvre enfant n'avait rien éprouvé de si vif ni de si coupable en sa vie que le sentiment qui l'avait conduite à désirer de voir passer lord Nelvil ; et loin de penser à le saluer tout simplement, elle se croyait perdue dans son esprit pour avoir été devinée. Oswald comprit tous ces mouvements ; il se sentit doucement flatté par cet innocent intérêt, si timidement et sincèrement exprimé. « Personne, pensait-il, ne pouvait être plus vrai que Corinne, mais personne aussi ne connaissait mieux elle-même et les autres : il faudrait apprendre à Lucile et l'amour qu'elle éprouverait, et celui qu'elle inspirerait. Mais ce charme d'un jour peut-il suffire à la vie? Et puisque cette aimable ignorance de soi-même ne dure pas, puisqu'il faut enfin pénétrer dans son âme, et savoir ce que l'on sent, la candeur qui survit à cette découverte ne vaut-elle pas mieux encore que la candeur qui la précède? »

Il comparait ainsi dans ses réflexions Corinne et Lucile; mais cette comparaison n'était encore, du moins il le croyait, qu'un simple amusement de son esprit, et il ne supposait pas qu'elle pût jamais l'occuper davantage.

CHAPITRE VII

Après avoir quitté la maison de lady Edgermond, Oswald se rendit en Écosse. Le trouble que lui avait laissé la présence de Lucile, le sentiment qu'il conservait pour Corinne, tout fit place à l'émotion qu'il ressentit à l'aspect des lieux où il avait passé sa vie avec son père : il se reprochait les distractions auxquelles il s'était livré depuis une année, il craignait de n'être plus digne d'entrer dans la demeure qu'il eût voulu n'avoir jamais quittée. Hélas! après la perte de ce qu'on aimait le plus au monde, comment être content de soi-même si l'on n'est pas resté dans la plus profonde retraite? Il suffit de vivre dans la société pour négliger de quelque manière le culte de ceux qui ne sont plus. C'est en vain que leur souvenir habite au fond du cœur; on se prête à cette activité des vivants, qui écarte l'idée de la mort, ou comme pénible, ou comme inutile, ou seulement même comme fatigante. Enfin, si la solitude ne prolonge pas les regrets et la rêverie, l'existence, telle qu'elle est, s'empare de nouveau des âmes les plus tendres, et leur rend des intérêts, des désirs et des passions. C'est une misérable condition de la nature humaine, que cette nécessité de se distraire; et, bien que la Providence ait voulu que l'homme fût ainsi pour qu'il pût supporter la mort, et pour lui-même et pour les autres, souvent, au milieu de ces distractions, on se sent saisi par le remords d'en être capable, et il semble qu'une voix touchante et résignée nous dise : *Vous que j'aimais, m'avez-vous donc oublié?*

Ces sentiments occupaient Oswald en retournant dans sa demeure ; il n'éprouva pas, en y arrivant alors, le même désespoir que la première fois, mais un profond sentiment de tristesse. Il vit que le temps avait accoutumé tout le monde à la perte de celui qu'il pleurait : les domestiques ne croyaient plus devoir prononcer devant lui le nom de son père ; chacun était rentré dans ses occupations habituelles ; on avait serré les rangs, et la génération des enfants croissait pour remplacer celle des pères. Oswald alla s'enfermer dans la chambre de son père, où il retrouvait son manteau, sa canne, son fauteuil, tout à la même place : mais qu'était devenue la voix qui répondait à la sienne, et le cœur de père qui palpitait en revoyant son fils? Lord Nelvil resta plongé dans des méditations profondes. « O destinée humaine! s'écria-t-il le visage baigné de pleurs, que voulez-vous de nous? Tant de vie pour périr, tant de pensées pour que tout cesse! Non, non, il m'entend, mon unique ami ; il est présent ici même, à mes larmes, et nos âmes immortelles s'attendent. O mon père! ô mon Dieu! guidez-moi dans la vie. Elles ne connaissent ni les indécisions ni les repentirs, ces âmes de fer qui semblent posséder en elles-mêmes les immuables qualités de la nature physique ; mais les êtres composés d'imagination, de sensibilité, de conscience, peuvent-ils faire un pas sans craindre de s'égarer? Ils cherchent le devoir pour guide ; et le devoir lui-même s'obscurcit à leurs regards, si la Divinité ne le révèle pas au fond du cœur. »

Le soir, Oswald alla se promener dans l'allée favorite de son père ; il suivit son image à travers les arbres. Hélas! qui n'a pas espéré quelquefois, dans l'ardeur de ses prières, qu'une ombre chérie nous apparaîtrait, qu'un miracle enfin s'obtiendrait à force d'aimer? Vaine espérance! avant le tombeau nous ne saurons rien. Incertitude des incertitudes, vous n'occupez point le vulgaire! mais plus la pensée s'ennoblit, plus elle est invinciblement attirée vers les abîmes de la réflexion. Pendant qu'Oswald s'y livrait tout entier, il entendit une voiture dans l'avenue, et il en descendit un vieillard qui s'avança lentement vers lui : cet aspect d'un vieillard, à cette heure et dans ce lieu, l'émut profondément. Il reconnut M. Dickson, l'ancien ami de son père, et le reçut avec une émotion qu'il n'eût jamais ressentie pour lui dans aucun autre moment.

CHAPITRE VIII

M. Dickson n'égalait en rien le père d'Oswald : il n'avait ni son esprit ni son caractère ; mais au moment de sa mort il était auprès de lui, et, né la même année, on eût dit qu'il restait encore quelques jours en arrière pour lui porter des nouvelles de ce monde. Oswald lui donna le bras pour monter l'escalier ; il sentait quelque charme dans ces soins donnés à la vieillesse, seule ressemblance avec son père qu'il pût trouver dans M. Dickson. Ce vieillard avait vu naître Oswald, et ne tarda pas à lui parler sans contrainte de tout ce qui le concernait. Il blâma fortement sa liaison avec Corinne ; mais ses faibles arguments auraient eu sur l'esprit d'Oswald bien moins d'ascendant encore que ceux de lady Edgermond, si M. Dickson ne lui avait pas remis la lettre que son père, lord Nelvil, écrivit à lord Edgermond lorsqu'il voulut rompre le mariage projeté entre son fils et Corinne, alors miss Edgermond. Voici quelle était cette lettre, écrite en 1791, pendant le premier voyage d'Oswald en France. Il la lut en tremblant.

LETTRE DU PÈRE D'OSWALD A LORD EDGERMOND.

« Me pardonnerez-vous, mon ami, si je vous propose un
« changement dans le projet d'union entre nos deux familles ?
« Mon fils a dix-huit mois de moins que votre fille aînée ; il
« vaut mieux lui destiner Lucile, votre seconde fille, qui est
« plus jeune que sa sœur de douze années. Je pourrais m'en

« tenir à ce motif; mais comme je savais l'âge de miss Ed-
« germond quand je vous l'ai demandée pour Oswald, je
« croirais manquer à la confiance de l'amitié si je ne vous
« disais pas quelles sont les raisons qui me font désirer que
« ce mariage n'ait pas lieu. Nous sommes liés depuis vingt
« ans ; nous pouvons nous parler avec franchise sur nos en-
« fants, d'autant plus qu'ils sont assez jeunes pour pou-
« voir être encore modifiés par nos conseils. Votre fille
« est charmante; mais il me semble voir en elle une de ces
« belles Grecques qui enchantaient et subjuguaient le monde.
« Ne vous offensez pas de l'idée que cette comparaison peut
« suggérer. Sans doute votre fille n'a reçu de vous, n'a trouvé
« dans son cœur que les principes et les sentiments les plus
« purs; mais elle a besoin de plaire, de captiver, de faire effet.
« Elle a plus de talents encore que d'amour-propre; mais des
« talents si rares doivent nécessairement exciter le désir de
« les développer ; et je ne sais pas quel théâtre peut suffire à
« cette activité d'esprit, à cette impétuosité d'imagination, à
« ce caractère ardent enfin, qui se fait sentir dans toutes ses
« paroles : elle entraînerait nécessairement mon fils hors de
« l'Angleterre ; car une telle femme ne peut y être heureuse,
« et l'Italie seule lui convient.

« Il lui faut cette existence indépendante qui n'est soumise
« qu'à la fantaisie. Notre vie de campagne, nos habitudes
« domestiques contrarieraient nécessairement tous ses goûts.
« Un homme né dans notre heureuse patrie doit être Anglais
« avant tout : il faut qu'il remplisse ses devoirs de citoyen,
« puisqu'il a le bonheur de l'être; et dans les pays où les
« institutions politiques donnent aux hommes des occasions
« honorables d'agir et de se montrer, les femmes doivent
« rester dans l'ombre. Comment voulez-vous qu'une personne
« aussi distinguée que votre fille se contente d'un tel sort ?
« Croyez-moi, mariez-la en Italie : sa religion, ses goûts et
« ses talents l'y appellent. Si mon fils épousait miss Edger-
« mond, il l'aimerait sûrement beaucoup, car il est impossi-
« ble d'être plus séduisante, et il essayerait alors, pour lui
« plaire d'introduire dans sa maison les coutumes étrangères.

« Bientôt il perdrait cet esprit national, ces préjugés, si vous
« le voulez, qui nous unissent entre nous, et font de notre
« nation un corps, une association libre, mais indissoluble,
« qui ne peut périr qu'avec le dernier de nous. Mon fils se
« trouverait bientôt mal en Angleterre, en voyant que sa
« femme n'y serait pas heureuse. Il a, je le sais, toute la
« faiblesse que donne la sensibilité ; il irait donc s'établir en
« Italie, et cette expatriation, si je vivais encore, me ferait
« mourir de douleur. Ce n'est pas seulement parce qu'elle me
« priverait de mon fils, c'est parce qu'elle lui ravirait l'honneur
« de servir son pays.

« Quel sort pour un habitant de nos montagnes, que de
« traîner une vie oisive au sein des plaisirs de l'Italie ! Un
« Écossais *sigisbée* de sa femme, s'il ne l'est pas de celle d'un
« autre ! inutile à sa famille, dont il n'est plus ni le guide ni
« l'appui ! Tel que je connais Oswald, votre fille prendrait
« un grand empire sur lui. Je m'applaudis donc de ce que
« son séjour actuel en France lui a ôté l'occasion de voir miss
« Edgermond ; et j'ose vous conjurer, mon ami, si je mourais
« avant le mariage de mon fils, de ne pas lui faire connaître
« votre fille aînée avant que votre fille cadette soit en âge de
« le fixer. Je crois notre liaison assez ancienne, assez sa-
« crée, pour attendre de vous cette marque d'affection. Dites
« à mon fils, s'il le fallait, mes volontés à cet égard ; je suis
« sûr qu'il les respectera, et plus encore si j'avais cessé de
« vivre.

« Donnez aussi, je vous prie, tous vos soins à l'union d'Os-
« wald avec Lucile. Quoiqu'elle soit bien enfant, j'ai démêlé
« dans ses traits, dans l'expression de sa physionomie, dans
« le son de sa voix, la modestie la plus touchante. Voilà quelle
« est la femme vraiment anglaise qui fera le bonheur de mon
« fils : si je ne vis pas assez pour être témoin de cette union,
« je m'en réjouirai dans le ciel ; quand nous y serons un jour
« réunis, mon cher ami, notre bénédiction et nos prières pro-
« tégeront encore nos enfants.

« Tout à vous.

« NELVIL. »

Après cette lecture, Oswald garda le plus profond silence, ce qui laissa le temps à M. Dickson de continuer ses longs discours sans être interrompu. Il admira la sagacité de son ami, qui avait si bien jugé miss Edgermond, quoiqu'il fût loin, disait-il, de pouvoir s'imaginer encore la conduite condamnable qu'elle a tenue depuis. Il prononça, au nom du père d'Oswald, qu'un tel mariage serait une offense mortelle à sa mémoire. Oswald apprit par lui que pendant son fatal séjour en France, un an après que cette lettre avait été écrite, en 1792, son père n'avait trouvé de consolations que chez lady Edgermond, où il avait passé tout un été, et qu'il s'était occupé de l'éducation de Lucile, qui lui plaisait singulièrement. Enfin, sans art, mais aussi sans ménagement, M. Dickson attaqua le cœur d'Oswald par les endroits les plus sensibles.

C'était ainsi que tout se réunissait pour renverser le bonheur de Corinne absente, et qui n'avait pour se défendre que ses lettres, qui la rappelaient de temps en temps au souvenir d'Oswald. Elle avait à combattre la nature des choses, l'influence de la patrie, le souvenir d'un père, la conjuration des amis en faveur des résolutions faciles et de la route commune, et le charme naissant d'une jeune fille, qui semblait si bien en harmonie avec les espérances pures et calmes de la vie domestique.

LIVRE DIX-SEPTIÈME

CORINNE EN ÉCOSSE

CHAPITRE PREMIER

Corinne, pendant ce temps, s'était établie près de Venise, dans une campagne sur les bords de la Brenta; elle voulait rester dans les lieux où elle avait vu Oswald pour la dernière fois, et d'ailleurs elle se croyait là plus près qu'à Rome des lettres d'Angleterre. Le prince Castel-Forte lui avait écrit pour lui offrir de venir la voir; et s'il avait essayé de la détacher d'Oswald, s'il lui avait dit ce qui se dit, c'est que l'absence doit refroidir le sentiment, un tel mot prononcé sans réflexion eût été pour Corinne comme un coup de poignard : elle aima donc mieux ne voir personne. Mais ce n'est pas une chose facile que de vivre seule quand l'âme est ardente et la situation malheureuse. Les occupations de la solitude exigent toutes du calme dans l'esprit; et lorsqu'on est agité par l'inquiétude, une distraction forcée, quelque importune qu'elle pût être, vaudrait mieux que la continuité de la même impression. Si l'on peut deviner comme on arrive à la folie, c'est sûrement lorsqu'une seule pensée s'empare de l'esprit, et ne permet plus à la succession des objets de varier les idées. Corinne était d'ailleurs une personne d'une imagination si vive, qu'elle se consumait elle-même quand ses facultés n'avaient plus d'aliment au dehors.

Quelle vie succédait à celle qu'elle venait de mener pendant près d'une année! Oswald était auprès d'elle presque tout le jour; il suivait tous ses mouvements, il accueillait avidement chacune de ses paroles; son esprit excitait celui de Corinne

Ce qu'il y avait d'analogie, ce qu'il y avait de différence entre eux, animait également leur entretien; enfin Corinne voyait sans cesse ce regard si tendre, si doux, et si constamment occupé d'elle. Quand la moindre inquiétude la troublait, Oswald prenait sa main, il la serrait contre son cœur, et le calme, et plus que le calme, une espérance vague et délicieuse renaissait dans l'âme de Corinne. Maintenant rien que d'aride au dehors, rien que de sombre au fond du cœur; elle n'avait d'autre événement, d'autre variété dans sa vie que les lettres d'Oswald; et l'irrégularité de la poste, pendant l'hiver, excitait chaque jour en elle le tourment de l'attente, et souvent cette attente était trompée. Elle se promenait tous les matins sur le bord du canal, dont les eaux sont assoupies sous le poids de larges feuilles appelées les lis des eaux. Elle attendait la gondole noire qui apportait les lettres de Venise; elle était parvenue à la distinguer à une très-grande distance, et le cœur lui battait avec une affreuse violence dès qu'elle l'apercevait. Le messager descendait de la gondole; quelquefois il disait : *Madame, il n'y a point de lettres*, et continuait ensuite paisiblement le reste de ses affaires, comme si rien n'était si simple que de n'avoir point de lettres. Une autre fois il lui disait : *Oui, madame, il y en a*. Elle les parcourait toutes d'une main tremblante, et l'écriture d'Oswald ne s'offrait point à ses regards; alors le reste du jour était affreux, la nuit se passait sans sommeil, et le lendemain elle éprouvait la même anxiété qui absorbait toute sa journée.

Enfin elle accusa lord Nelvil de ce qu'elle souffrait : il lui sembla qu'il aurait pu lui écrire plus souvent, et elle lui en fit des reproches. Il se justifia, et déjà ses lettres devinrent moins tendres : car, au lieu d'exprimer ses propres inquiétudes, il s'occupait à dissiper celles de son amie.

Ces nuances n'échappèrent point à la triste Corinne, qui étudiait le jour et la nuit une phrase, un mot des lettres d'Oswald, et cherchait à découvrir, en les relisant sans cesse, une réponse à ses craintes, une interprétation nouvelle qui pût lui donner quelques jours de calme.

Cet état ébranlait ses nerfs affaiblissait son esprit. Elle

devenait superstitieuse, et s'occupait des présages continuels qu'on peut tirer de chaque événement quand on est toujours poursuivi par la même crainte. Un jour par semaine elle allait à Venise, pour avoir ce jour-là ses lettres quelques heures plus tôt. Elle variait ainsi le tourment de les attendre. Au bout de quelques semaines, elle avait pris une sorte d'horreur pour tous les objets qu'elle voyait en allant et en revenant : ils étaient tous comme les spectres de ses pensées, et les retraçaient à ses yeux sous d'horribles traits.

Une fois, en entrant à l'église de Saint-Marc, elle se rappela qu'en arrivant à Venise l'idée lui était venue que peut-être, avant de partir, lord Nelvil la conduirait dans ces lieux, et l'y prendrait pour son épouse à la face du ciel : alors elle se livra tout entière à cette illusion. Elle le fit entrer sous ces portiques, s'approcher de l'autel, et promettre à Dieu d'aimer toujours Corinne. Elle pensa qu'elle se mettait à genoux devant Oswald, et recevait ainsi la couronne nuptiale. L'orgue qui se faisait entendre dans l'église, les flambeaux qui l'éclairaient, animaient sa vision ; et, pour un moment, elle ne sentit plus le vide cruel de l'absence, mais cet attendrissement qui remplit l'âme, et fait entendre au fond du cœur la voix de ce qu'on aime. Tout à coup un murmure sombre fixa l'attention de Corinne ; et comme elle se retournait, elle aperçut un cercueil qu'on apportait dans l'église. A cet aspect, elle chancela, ses yeux se troublèrent, et, depuis cet instant, elle fut convaincue par l'imagination que son sentiment pour Oswald serait la cause de sa mort.

CHAPITRE II

Quand Oswald eut lu la lettre de son père, remise par M. Dickson, il fut longtemps le plus malheureux et le plus irrésolu de tous les hommes. Déchirer le cœur de Corinne, ou manquer à la mémoire de son père, c'était une alternative si cruelle, qu'il invoqua mille fois la mort pour y échapper ; enfin il fit encore ce qu'il avait fait tant de fois, il recula l'instant de la décision, et se dit qu'il irait en Italie pour rendre Corinne elle-même juge de ses tourments et du parti qu'il devait prendre. Il croyait que son devoir l'obligeait à ne pas épouser Corinne ; il était libre de ne jamais s'unir à Lucile : mais de quelle manière pouvait-il passer sa vie avec son amie ? Fallait-il lui sacrifier son pays, ou l'entraîner en Angleterre, sans égard pour sa réputation ni pour son sort ? Dans cette perplexité douloureuse, il serait parti pour Venise, si, de mois en mois, on n'avait pas répandu le bruit que son régiment allait être embarqué ; il serait parti pour apprendre à Corinne ce qu'il ne pouvait encore se résoudre à lui écrire.

Cependant le ton de ses lettres fut nécessairement altéré. Il ne voulait pas écrire ce qui se passait dans son âme ; mais il ne pouvait plus s'exprimer avec le même abandon. Il avait résolu de cacher à Corinne les obstacles qu'il rencontrait dans le projet de la faire reconnaître, parce qu'il espérait y réussir encore avec le temps, et ne voulait pas l'aigrir inutilement contre sa belle-mère. Divers genres de réticences rendaient ses lettres plus courtes ; il les remplissait de sujets étrangers, il ne disait rien sur ses projets futurs ; enfin, une autre que Corinne eût été certaine de ce qui se passait dans le cœur d'Oswald ; mais un sentiment passionné rend à la fois plus pénétrante et plus crédule. Il semble que, dans cet état, on ne puisse rien voir que d'une manière surnaturelle. On découvre ce qui est caché, et l'on se fait illusion sur ce qui est clair : car l'on est révolté de l'idée que l'on souffre à ce point, sans que rien d'extraordinaire en soit la cause, et qu'un tel désespoir est produit par des circonstances très-simples.

Oswald était très-malheureux, et de sa situation personnelle, et de la peine qu'il devait causer à celle qu'il aimait ; et ses lettres exprimaient de l'irritation, sans en dire la cause. Il reprochait à Corinne, par une bizarrerie singulière, la douleur qu'il éprouvait, comme si elle n'eût pas été mille fois plus à plaindre que lui ; enfin, il bouleversait entièrement l'âme de son amie. Elle n'était plus maîtresse d'elle-même ; son esprit se troublait, ses nuits étaient remplies par les images les plus funestes ; le jour elles ne se dissipaient pas, et l'infortunée Corinne ne pouvait croire que cet Oswald, qui écrivait des lettres si dures, si agitées, si amères, fût celui qu'elle avait connu si généreux et si tendre : elle ressentait un désir irrésistible de le revoir encore et de lui parler. « Que je l'entende! s'écria-t-elle ; qu'il me dise que c'est lui qui peut déchirer ainsi sans pitié celle dont la moindre peine affligeait jadis si vivement son cœur ; qu'il me le dise, et je me soumettrai à la destinée. Mais une puissance infernale inspir sans doute un tel langage. Ce n'est pas Oswald ; non, ce n'est pas Oswald qui m'écrit. On m'a calomniée près de lui ; enfin, il y a quelque perfidie quand il y a tant de malheur. »

Un jour, Corinne prit la résolution d'aller en Écosse, si toutefois l'on peut appeler une résolution la douleur impétueuse qui force à changer de situation à tout prix ; elle n'osait écrire à personne qu'elle partait ; elle n'avait pu se déterminer à le dire même à Thérésine, et elle se flattait toujours d'obtenir de sa propre raison de rester. Seulement elle soulageait son imagination par le projet d'un voyage, par une pensée différente de celle de la veille, par un peu d'avenir mis à la place des regrets. Elle était incapable d'aucune occupation. La lecture lui était devenue impossible, la musique ne lui causait qu'un tressaillement douloureux, et le spectacle de la nature, qui porte à la rêverie, redoublait encore sa peine. Cette personne si vive passait les jours entiers immobile, ou du moins sans aucun mouvement extérieur ; les tourments de son âme ne se trahissaient plus que par sa mortelle pâleur. Elle regardait sa montre à chaque instant, espérant qu'une heure était passée, et ne sachant pas cependant pourquoi elle désirait que l'heure changeât de nom, puisqu'elle n'amenait rien de nouveau qu'une nuit sans sommeil, suivie d'un jour plus douloureux encore.

Un soir qu'elle se croyait prête à partir, une femme fit demander à la voir : elle la reçut, parce qu'on lui dit que cette femme paraissait le désirer vivement. Elle vit entrer dans sa chambre une personne entièrement contrefaite, le visage défiguré par une affreuse maladie, vêtue de noir et couverte d'un voile, pour dérober, s'il était possible, sa vue à ceux dont elle approchait. Cette femme, ainsi maltraitée par la nature, se chargeait de la collecte des aumônes. Elle demanda noblement, avec une sécurité touchante, des secours pour les pauvres ; Corinne lui donna beaucoup d'argent, en lui faisant promettre seulement de prier pour elle. La pauvre femme, qui s'était résignée à son sort, regardait avec étonnement cette belle personne si pleine de force et de vie, riche, jeune, admirée, et qui semblait cependant accablée par le malheur. « Mon Dieu, madame, lui dit-elle, je voudrais bien que vous fussiez aussi calme que moi. » Quel mot adressé par une femme dans cet état à la plus brillante personne d'Italie, qui succombait au désespoir !

Ah ! la puissance d'aimer est trop grande, elle l'est trop dans les âmes ardentes. Qu'elles sont heureuses celles qui consacrent à Dieu seul ce profond sentiment d'amour dont les habitants de la terre ne sont pas dignes ! Mais le temps n'en était pas encore venu pour Corinne, il lui fallait encore des illusions, elle voulait encore du bonheur, elle priait, mais elle n'était pas encore résignée. Ses rares talents, la gloire qu'elle avait acquise, lui donnaient encore trop d'intérêt pour elle-même. Ce n'est qu'en se détachant de tout dans ce monde qu'on peut renoncer à ce qu'on aime ; tous les autres sacrifices précèdent celui-là, et la vie peut être depuis longtemps un désert sans que le feu qui l'a dévastée soit éteint.

Enfin, au milieu des doutes et des combats qui renversaient et renouvelaient sans cesse le plan de Corinne, elle reçut une lettre d'Oswald, qui lui annonçait que son régiment devait s'embarquer dans six semaines, et qu'il ne pouvait profiter de ce temps pour aller à Venise, parce qu'un colonel qui s'éloignerait dans un pareil moment se perdrait de réputation. Il ne restait à Corinne que le temps d'arriver en Angleterre avant que lord Nelvil s'éloignât d'Europe, et peut-être pour toujours. Cette crainte acheva de décider son départ. Il faut plaindre Corinne, car elle n'ignorait pas tout ce qu'il y avait d'inconsidéré dans sa démarche : elle se jugeait plus sévèrement que personne ; mais quelle femme aurait le droit de jeter *la première pierre* à l'infortunée qui ne justifie point sa faute, qui n'en espère aucune jouissance, mais fuit d'un malheur à l'autre comme si des fantômes effrayants la poursuivaient de toutes parts?

Voici les dernières lignes de sa lettre au prince Castel-Forte : « Adieu, mon fidèle protecteur; adieu, mes amis de
« Rome; adieu, vous tous avec qui j'ai passé des jours si
« doux et si faciles. C'en est fait, la destinée m'a frappée; je
« sens en moi sa blessure mortelle : je me débats encore;
« mais je succomberai. Il faut que je le revoie ; croyez-moi,
« je ne suis pas responsable de moi-même; il y a dans mon
« sein des orages que ma volonté ne peut gouverner. Cepen-
« dant j'approche du terme où tout finira pour moi; ce qui
« se passe à présent est le dernier acte de mon histoire; après,
« viendront la pénitence et la mort. Bizarre confusion du cœur
« humain! Dans ce moment même où je me conduis comme
« une personne si passionnée, j'aperçois cependant les ombres
« du déclin dans l'éloignement, et je crois entendre une voix
« divine qui me dit : « *Infortunée, encore ces jours d'agita-*
« *tion et d'amour, et je t'attends dans le repos éternel.* » O
« mon Dieu! accordez-moi la présence d'Oswald encore une
« fois, une dernière fois. Le souvenir de ses traits s'est
« comme obscurci par mon désespoir. Mais n'avait-il pas
« quelque chose de divin dans le regard? ne semblait-il pas,
« quand il entrait, qu'un air brillant et pur annonçait son
« approche? Mon ami, vous l'avez vu se placer près de moi,
« m'entourer de ses soins, me protéger par le respect qu'il
« inspirait pour son choix. Ah! comment exister sans lui?
« Pardonnez mon ingratitude; dois-je reconnaître ainsi la
« constante et noble affection que vous m'avez toujours té-
« moignée? Mais je ne suis plus digne de rien, et je passe-
« rais pour insensée, si je n'avais pas le triste don d'observer
« moi-même ma folie. Adieu donc, adieu! »

CHAPITRE III

Combien elle est malheureuse, la femme délicate et sensible qui commet une grande imprudence, qui la commet pour un objet dont elle se croit moins aimée, et n'ayant qu'elle-même pour soutien de ce qu'elle fait! Si elle hasardait sa réputation et son repos pour rendre un grand service à celui qu'elle aime, elle ne serait point à plaindre. Il est si doux de se dévouer! il y a dans l'âme tant de délices quand on brave tous les périls pour sauver une vie qui nous est chère, pour soulager la douleur qui déchire un cœur ami du nôtre! Mais traverser ainsi seule des pays inconnus, arriver sans être attendue, rougir d'abord devant ce qu'on aime de la preuve même d'amour qu'on lui donne; risquer tout parce qu'on le veut, et non parce qu'un autre vous le demande: quel pénible sentiment! quelle humiliation digne pourtant de pitié! car tout ce qui vient d'aimer en mérite. Que serait-ce si l'on compromettait ainsi l'existence des autres, si l'on manquait à des devoirs envers des liens sacrés? Mais Corinne était libre; elle ne sacrifiait que sa gloire et son repos. Il n'y avait point de raison, point de prudence dans sa conduite, mais rien qui pût offenser une autre destinée que la sienne, et son funeste amour ne perdait qu'elle-même.

En débarquant en Angleterre, Corinne sut par les papiers publics que le départ du régiment de lord Nelvil était encore retardé. Elle ne vit à Londres que la société du banquier auquel elle était recommandée sous un nom supposé. Il s'intéressa d'abord à elle, et s'empressa, ainsi que sa femme et sa fille, à lui rendre tous les services imaginables. Elle tomba dangereusement malade en arrivant, et pendant quinze jours ses nouveaux amis la soignèrent avec la bienveillance la plus tendre. Elle apprit que lord Nelvil était en Écosse, mais qu'il devait revenir dans peu de jours à Londres, où son régiment se trouvait alors. Elle ne savait comment se résoudre à lui annoncer qu'elle était en Angleterre. Elle ne lui avait point écrit son départ; et son embarras était tel à cet égard, que depuis un mois Oswald n'avait point reçu de ses lettres. Il commençait à s'en inquiéter vivement : il l'accusait de légèreté, comme s'il avait eu le droit de s'en plaindre. En arrivant à Londres, il alla d'abord chez son banquier, où il espérait trouver des lettres d'Italie; on lui dit qu'il n'y en avait point. Il sortit; et, comme il réfléchissait avec peine sur ce silence, il rencontra M. Edgermond, qu'il avait vu à Rome, et qui lui demanda des nouvelles de Corinne. « Je n'en sais point, répondit lord Nelvil avec humeur. — Oh! je le crois bien, reprit M. Edgermond ; ces Italiennes oublient toujours les étrangers dès qu'elles ne les voient plus. Il y a mille exemples de cela, et il ne faut pas s'en affliger; elles seraient trop aimables si elles avaient de la constance unie à tant d'imagination. Il faut bien qu'il reste quelque avantage à nos femmes. » Il lui serra la main en parlant ainsi, et prit congé de lui pour retourner dans la principauté de Galles, son séjour habituel ; mais il avait en peu de mots pénétré de tristesse le cœur d'Oswald. « J'ai tort, se disait-il à lui-même, j'ai tort de vouloir qu'elle me regrette, puisque je ne puis me consacrer à son bonheur. Mais oublier si vite ce qu'on a aimé, c'est flétrir le passé au moins autant que l'avenir. »

Au moment où lord Nelvil avait su la volonté de son père, il s'était résolu à ne point épouser Corinne; mais il avait aussi formé le dessein de ne pas revoir Lucile. Il était mécontent de l'impression trop vive qu'elle avait faite sur lui, et se disait qu'étant condamné à faire tant de mal à son amie, il fallait au moins lui garder cette fidélité de cœur qu'aucun devoir ne lui ordonnait de sacrifier. Il se contenta d'écrire à lady Edgermond pour lui renouveler ses sollicitations relativement à l'existence de Corinne; mais elle refusa constamment de lui répondre à cet égard, et lord Nelvil comprit, par ses entretiens avec M. Dickson, l'ami de lord Edgermond, que le seul moyen d'obtenir d'elle ce qu'il désirait serait d'épouser sa fille; car elle pensait que Corinne pourrait nuire au mariage de sa sœur si elle reprenait son vrai nom, et si sa famille la reconnaissait. Corinne ne se doutait point encore de l'intérêt que Lucile avait inspiré à lord Nelvil ; la destinée lui avait jusqu'alors épargné cette douleur. Jamais cependant elle n'avait été plus digne de lui que dans le moment même où le sort l'en séparait. Elle avait pris pendant sa maladie, au milieu des négociants simples et honnêtes chez qui elle était, un véritable goût pour les mœurs et les habitudes anglaises. Le petit nombre de personnes qu'elle voyait dans la famille qui l'avait reçue n'étaient distinguées d'aucune manière, mais possédaient une force de raison et une justesse d'esprit remarquables. On lui témoignait une affection moins expansive que celle à laquelle elle était accoutumée, mais qui se faisait connaître à chaque occasion par de nouveaux services. La sévérité de lady Edgermond, l'ennui d'une petite ville de province, lui avaient fait une cruelle illusion sur tout ce qu'il y a de noble et de bon dans le pays auquel elle avait renoncé, et elle s'y attachait dans une circonstance où, pour son bonheur du moins, il n'était peut-être plus à désirer qu'elle éprouvât ce sentiment.

CHAPITRE IV

Un soir, la famille qui comblait Corinne de marques d'amitié et d'intérêt la pressa vivement de venir voir jouer madame Siddons dans *Isabelle*, ou *le Fatal mariage*, l'une des pièces du théâtre anglais où cette actrice déploie le plus admirable talent. Corinne s'y refusa longtemps ; mais enfin, se rappelant que lord Nelvil avait souvent comparé sa manière de déclamer avec celle de madame Siddons, elle eut la curiosité de l'entendre, et se rendit voilée dans une petite loge d'où elle pouvait tout voir sans être vue. Elle ne savait pas que lord Nelvil était arrivé la veille à Londres ; mais elle craignait d'être aperçue par un Anglais qui l'aurait connue en Italie. La noble figure et la profonde sensibilité de l'actrice captivèrent tellement l'attention de Corinne, que pendant les premiers actes ses yeux ne se détournèrent pas du théâtre. La déclamation anglaise est plus propre qu'aucune autre à remuer l'âme, quand un beau talent en fait sentir la force et l'originalité. Il y a moins d'art, moins de convenu qu'en France; l'impression qu'elle produit est plus immédiate, le désespoir véritable s'exprimerait ainsi; et la nature des pièces et le genre de la versification, plaçant l'art dramatique à moins de distance de la vie réelle, l'effet qu'il produit est plus déchirant. Il faut d'autant plus de génie pour être un grand acteur en France, qu'il y a fort peu de liberté pour la manière individuelle, tant les règles générales prennent d'espace. Mais en Angleterre on peut tout risquer si la nature l'inspire. Ces longs gémissements, qui paraissent ridicules quand on les raconte, font tressaillir quand on les entend. L'actrice la plus noble dans ses manières, madame Siddons, ne perd rien de sa dignité quand elle se prosterne contre terre. Il n'y a rien qui ne puisse être admirable quand une émotion intime y entraîne, une émotion qui part du centre de l'âme, et domine celui qui le ressent plus encore que celui qui en est témoin. Il y a chez les diverses nations une façon différente de jouer la tragédie; mais l'expression de la douleur s'entend d'un bout du monde à l'autre; et, depuis le sauvage jusqu'au roi, il y a quelque chose de semblable dans tous les hommes alors qu'ils sont vraiment malheureux.

Dans l'intervalle du quatrième au cinquième acte, Corinne remarqua que tous les regards se tournaient vers une loge, et dans cette loge elle vit lady Edgermond et sa fille; car elle ne douta pas que ce ne fût Lucile, bien que depuis sept ans elle fût singulièrement embellie. La mort d'un parent très-riche de lord Edgermond avait obligé lady Edgermond à venir à Londres pour y régler les affaires de la succession. Lucile s'était plus parée qu'à l'ordinaire pour venir au spectacle; et depuis longtemps, même en Angleterre, où les femmes sont si belles, il n'avait paru une personne aussi remarquable. Corinne fut douloureusement surprise en la voyant: il lui parut impossible qu'Oswald pût résister à la séduction d'une telle figure. Elle se compara dans sa pensée avec elle, et se trouva tellement inférieure; elle s'exagéra tellement, s'il était possible de se l'exagérer, le charme de cette jeunesse, de cette blancheur, de ces cheveux blonds, de cette innocente image du printemps de la vie, qu'elle se sentit presque humiliée de lutter par le talent, par l'esprit, par les dons acquis enfin, ou du moins perfectionnés, avec ces grâces prodiguées par la nature elle-même.

Tout à coup elle aperçut, dans la loge opposée, lord Nelvil, dont les regards étaient fixés sur Lucile. Quel moment pour Corinne! elle revoyait pour la première fois ces traits qui l'avaient tant occupée; ce visage qu'elle cherchait dans son souvenir à chaque instant, bien qu'il n'en fût jamais effacé, elle le revoyait, et c'était lorsque Lucile occupait seule Oswald. Sans doute il ne pouvait soupçonner la présence de Corinne; mais si ses yeux s'étaient dirigés par hasard sur elle, l'infortunée en aurait tiré quelques présages de bonheur. Enfin madame Siddons reparut, et lord Nelvil se tourna vers le théâtre pour la considérer.

Corinne alors respira plus à l'aise, et se flatta qu'un simple mouvement de curiosité avait attiré l'attention d'Oswald sur Lucile. La pièce devenait à tous les moments plus touchante, et Lucile était baignée de pleurs qu'elle cherchait à cacher en se retirant dans le fond de sa loge. Alors Oswald la regarda de nouveau avec plus d'intérêt encore que la première fois. Enfin il arriva, ce moment terrible où Isabelle, s'étant échappée des mains des femmes qui veulent l'empêcher de se tuer, rit, en se donnant un coup de poignard, de l'inutilité de leurs efforts. Ce rire du désespoir est l'effet le plus difficile et le plus remarquable que le jeu dramatique puisse produire; il émeut bien plus que les larmes : cette amère ironie du malheur est son expression la plus déchirante. Qu'elle est terrible la souffrance du cœur, quand elle inspire une si barbare joie, quand elle donne, à l'aspect de son propre sang, le contentement féroce d'un sauvage ennemi qui se serait vengé!

Alors sans doute Lucile fut tellement attendrie, que sa mère s'en alarma, car on la vit se retourner avec inquiétude de son côté : Oswald se leva comme s'il voulait aller vers elle; mais bientôt il se rassit. Corinne eut quelque joie de ce second

mouvement; mais elle se dit en soupirant : « Lucile, ma sœur qui m'était si chère autrefois, est jeune et sensible; dois-je vouloir lui ravir un bien dont elle pourrait jouir sans obstacle, sans que celui qu'elle aimerait lui fît aucun sacrifice? »
La pièce finie, Corinne voulut laisser sortir tout le monde avant de s'en aller, de peur d'être reconnue, et elle se mit derrière une petite ouverture de sa loge où elle pouvait apercevoir ce qui se passait dans le corridor. Au moment où Lucile sortit, la foule se rassembla pour la voir, et l'on entendait de tous les côtés des exclamations sur sa ravissante figure. Lucile se troublait de plus en plus. Lady Edgermond, infirme et malade, avait de la peine à fendre la presse, malgré les soins de sa fille et les égards qu'on leur témoignait; mais elles ne connaissaient personne, et nul homme par conséquent n'osait les aborder. Lord Nelvil, voyant leur embarras, se hâta de s'approcher d'elles. Il offrit un bras à lady Edgermond et l'autre à Lucile, qui le prit timidement, en baissant la tête et rougissant à l'excès . ils passèrent ainsi devant Corinne. Oswald n'imaginait pas que sa pauvre amie fût témoin d'un spectacle si douloureux pour elle; car il avait une légère nuance d'orgueil en conduisant ainsi la plus belle personne d'Angleterre à travers les admirateurs sans nombre qui suivaient ses pas.

CHAPITRE V

Corinne revint chez elle cruellement troublée, et ne sachant point quelle résolution elle prendrait, comment elle ferait connaître à lord Nelvil son arrivée, et ce qu'elle lui dira pour la motiver ; car à chaque instant elle perdait de sa confiance dans le sentiment de son ami, et il lui semblait quelquefois que c'était un étranger qu'elle allait revoir, un étranger qu'elle aimait avec passion, mais qui ne la reconnaîtrait plus. Elle envoya chez lord Nelvil le lendemain au soir, et elle apprit qu'il était chez lady Edgermond; le jour suivant, la même réponse lui fut rapportée, mais on lui dit aussi que lady Edgermond était malade, et qu'elle repartirait pour sa terre dès qu'elle serait guérie. Corinne attendait ce moment pour faire savoir à lord Nelvil qu'elle était en Angleterre; mais tous les soirs elle sortait, passait devant la maison de lady Edgermond, et voyait à sa porte la voiture d'Oswald. Un inexprimable serrement de cœur l'oppressait; et, retournant chez elle, elle recommençait le lendemain la même course pour éprouver la même douleur. Corinne avait tort cependant quand elle se persuadait qu'Oswald allait chez lady Edgermond dans l'intention d'épouser sa fille.

Le jour du spectacle, lady Edgermond lui avait dit, pendant qu'il la conduisait à sa voiture, que la succession du parent de lord Edgermond, qui était mort dans l'Inde, concernait Corinne autant que sa fille, et qu'elle le priait en conséquence de passer chez elle pour se charger de faire savoir en Italie les divers arrangements qu'elle voulait prendre à cet égard. Oswald promit d'y aller, et il lui sembla que, dans cet instant, la main de Lucile qu'il tenait avait tremblé. Le silence de Corinne pouvait lui faire croire qu'il n'était plus aimé, et l'émotion de cette jeune fille devait lui donner l'idée qu'il l'intéressait au fond du cœur. Cependant il n'avait pas l'idée de manquer à la promesse qu'il avait donnée à Corinne, et l'anneau qu'elle possédait était un gage assuré que jamais il n'en épouserait une autre sans son consentement. Il retourna chez lady Edgermond le lendemain pour soigner les intérêts de Corinne; mais lady Edgermond était si malade, et sa fille tellement inquiète de se trouver ainsi seule à Londres, sans aucun parent (M. Edgermond n'y étant pas), sans savoir seulement à quel médecin il fallait s'adresser, qu'Oswald crut de son devoir envers l'amie de son père de consacrer tout son temps à la soigner.

Lady Edgermond, naturellement âpre et fière, semblait ne s'adoucir que pour Oswald : elle le laissait venir tous les jours chez elle, sans qu'il prononçât un seul mot qui pût faire supposer l'intention d'épouser sa fille. Le nom et la beauté de Lucile en faisaient l'un des plus brillants partis de l'Angleterre; et depuis qu'elle avait paru au spectacle et qu'on la savait à Londres, sa porte était assiégée par les visites des plus grands seigneurs du pays. Lady Edgermond refusait constamment de recevoir personne : elle ne sortait jamais, et ne recevait que lord Nelvil. Comment n'aurait-il pas été flatté d'une conduite si délicate ? Cette générosité silencieuse qui s'en remettait à lui sans rien demander, sans se plaindre de rien, le touchait vivement, et cependant chaque fois qu'il allait dans la maison de lady Edgermond, il craignait que sa présence ne fût interprétée comme un engagement. Il eût cessé d'y aller dès que les intérêts de Corinne ne l'y auraient plus attiré, si lady Edgermond avait recouvré sa santé. Mais au moment où on la croyait mieux, elle retomba malade de nouveau plus dangereusement que la première fois ; et si elle était morte dans ce moment, Lucile n'aurait eu à Londres d'autre appui qu'Oswald, puisque sa mère ne formait de relations avec personne.

Lucile ne s'était pas permis un seul mot qui dût faire croire à lord Nelvil qu'elle le préférât ! mais il pouvait le supposer quelquefois par une altération légère et subite dans la couleur de son teint, par des yeux trop promptement baissés, par une respiration plus rapide ; enfin, il étudiait le cœur de cette jeune fille avec un intérêt curieux et tendre, et sa complète réserve lui laissait toujours du doute et de l'incertitude sur la nature de ses sentiments. Le plus haut point de la passion et l'éloquence qu'elle inspire ne suffisent pas encore à l'imagination ; on désire toujours quelque chose de plus, et, ne pouvant l'obtenir, on se refroidit et l'on se lasse, tandis que la faible lueur qu'on aperçoit à travers les nuages tient longtemps la curiosité en suspens, et semble promettre dans l'avenir de nouveaux sentiments et des découvertes nouvelles. Cette attente cependant n'est point satisfaite ; et, quand on sait à la fin ce que cache tout ce charme du silence et de l'inconnu, le mystère aussi se flétrit, et l'on en revient à regretter l'abandon et le mouvement d'un caractère animé. Hélas ! de quelle manière prolonger cet enchantement du cœur, ces délices de l'âme, que la confiance et le doute, le bonheur et le malheur dissipent également à la longue ? tant les jouissances célestes sont étrangères à notre destinée ! Elles traversent notre cœur quelquefois, seulement pour nous rappeler notre origine et notre espoir!

Lady Edgermond, se trouvant mieux, fixa son départ à deux jours de là pour aller en Écosse, où elle voulait visiter la terre de lord Edgermond, qui était voisine de celle de lord Nelvil. Elle s'attendait qu'il lui proposerait de l'y accompagner, puisqu'il avait annoncé le projet de retourner en Écosse avant le départ de son régiment; mais il n'en dit rien. Lucile le regarda dans ce moment, et néanmoins il se tut. Elle se hâta de se lever, et s'approcha de la fenêtre. Peu de moments après, lord Nelvil prit un prétexte pour aller vers elle, et il lui sembla que ses yeux étaient mouillés de pleurs; il en fut ému, soupira, et l'oubli dont il accusait son amie revenant de nouveau à sa mémoire, il se demanda si cette jeune fille n'était pas plus capable que Corinne d'un sentiment fidèle.

Oswald cherchait à réparer la peine qu'il venait de causer à Lucile; on a tant de plaisir à ramener la joie sur un visage encore enfant! Le chagrin n'est pas fait pour ces physionomies où la réflexion même n'a point encore laissé de traces. Le régiment de lord Nelvil devait être passé en revue le lendemain matin à Hyde-Park; il demanda donc à lady Edgermond si elle voulait y aller en calèche avec sa fille, et si elle lui permettrait, après la revue, de faire une promenade à cheval avec Lucile à côté de sa voiture. Lucile avait dit une fois qu'elle avait grande envie de monter à cheval. Elle regarda sa mère avec une expression toujours soumise, mais où l'on pouvait remarquer cependant le désir d'obtenir un consentement. Lady Edgermond se recueillit quelques instants; puis, tendant à lord Nelvil sa faible main, qui dépérissait chaque jour davantage, elle lui dit : « Si vous le demandez, milord, j'y consens. » Ces mots firent tant d'impression sur Oswald, qu'il allait renoncer lui-même à ce qu'il avait proposé; mais tout à coup Lucile, avec une vivacité qu'elle n'avait pas encore montrée, prit la main de sa mère et la baissa pour la remercier. Lord Nelvil alors n'eut pas le courage de priver d'un amusement cette innocente créature qui menait une vie si solitaire et si triste.

CHAPITRE VI

Corinne, depuis quinze jours, ressentait l'anxiété la plus cruelle : chaque matin elle hésitait si elle écrirait à lord Nelvil pour lui apprendre où elle était, et chaque soir se passait dans l'inexprimable douleur de le savoir chez Lucile. Ce qu'elle souffrait le soir la rendait plus timide pour le lendemain. Elle rougissait d'apprendre à celui qui ne l'aimait peut-être plus la démarche inconsidérée qu'elle avait faite pour lui. « Peut-être, se disait-elle souvent, tous les souvenirs d'Italie sont-ils effacés de sa mémoire ? peut-être n'a-t-il plus besoin de trouver dans les femmes un esprit supérieur, un cœur passionné ? Ce qui lui plaît à présent, c'est l'admirable beauté de seize ans, l'expression angélique de cet âge, l'âme timide et neuve qui consacre à l'objet de son choix les premiers sentiments qu'elle ait jamais éprouvés. »

L'imagination de Corinne était tellement frappée des avantages de sa sœur, qu'elle avait presque honte de lutter avec de tels charmes. Il lui semblait que le talent même était une ruse, l'esprit une tyrannie, la passion une violence, à côté de cette innocence désarmée ; et bien que Corinne n'eût pas encore vingt-huit ans, elle pressentait déjà cette époque de la vie où les femmes se défient avec tant de douleur de leurs moyens de plaire. Enfin la jalousie et une timidité fière se combattaient dans son âme ; elle renvoyait de jour en jour le moment tant craint et tant désiré où elle devait revoir Oswald. Elle apprit que son régiment serait passé en revue le lendemain à Hyde-Park, et elle résolut d'y aller. Elle pensa qu'il était possible que Lucile s'y trouvât, et elle s'en fiait à ses propres yeux pour juger des sentiments d'Oswald. D'abord elle avait l'idée de se parer avec soin et de se montrer ensuite subitement à lui ; mais en commençant sa toilette, ses cheveux noirs, son teint un peu bruni par le soleil d'Italie, ses traits prononcés, mais dont elle ne pouvait pas juger l'expression en se regardant, lui inspirèrent du découragement sur ses charmes. Elle voyait toujours dans son miroir le visage aérien de sa sœur ; et, rejetant loin d'elle toutes les parures qu'elle avait essayées, elle se revêtit d'une robe noire à la vénitienne, couvrit son visage et sa taille avec la mante qu'on porte dans ce pays, et se jeta ainsi dans le fond d'une voiture.

A peine fut-elle dans Hyde-Park, qu'elle vit paraître Oswald à la tête de son régiment. Il avait, dans son uniforme, la plus belle et la plus imposante figure du monde ; il conduisait son cheval avec une grâce et une dextérité parfaites. La musique qu'on entendait avait quelque chose de fier et de doux tout à la fois, qui conseillait noblement le sacrifice de la vie. Une multitude d'hommes élégamment et simplement vêtus, des femmes belles et modestes, portaient sur leur visage, les uns l'empreinte des vertus mâles, les autres des vertus timides. Les soldats du régiment d'Oswald semblaient le regarder avec confiance et dévouement. On joua le fameux air, *Dieu sauve le roi,* qui touche si profondément tous les cœurs en Angleterre ; et Corinne s'écria : « O respectable pays qui deviez être ma patrie ! pourquoi vous ai-je quitté ? Qu'importait plus ou moins de gloire personnelle au milieu de tant de vertus ; et quelle gloire valait celle, ô Nelvil ! d'être ta digne épouse ? »

Les instruments militaires qui se firent entendre retracèrent à Corinne les dangers qu'Oswald allait courir. Elle le regarda longtemps sans qu'il pût l'apercevoir, et se disait, les yeux pleins de larmes : « Qu'il vive, quand ce ne serait pas pour moi ! O mon Dieu, c'est lui qu'il faut conserver ! » Dans ce moment la voiture de lady Edgermond arriva ; lord Nelvil la salua respectueusement en baissant devant elle la pointe de son épée. Cette voiture passa et repassa plusieurs fois. Tous ceux qui voyaient Lucile l'admiraient ; Oswald la considérait avec des regards qui perçaient le cœur de Corinne. L'infortunée les connaissait, ces regards ; ils avaient été tournés sur elle !

Les chevaux que lord Nelvil avait prêtés à Lucile parcouraient avec la plus brillante vitesse les allées de Hyde-Park, tandis que la voiture de Corinne s'avançait lentement, presque comme un convoi funèbre, derrière les coursiers rapides et leur bruit tumultueux. « Ah! ce n'était pas ainsi, pensait Corinne, non, ce n'était pas ainsi que je me rendais au Capitole la première fois que je l'ai rencontré : il m'a précipitée du char de triomphe dans l'abîme des douleurs. Je l'aime, et toutes les joies de la vie ont disparu. Je l'aime, et tous les dons de la nature sont flétris. O mon Dieu! pardonnez-lui quand je ne serai plus! » Oswald passait à cheval à côté de la voiture où était Corinne. La forme italienne de l'habit noir qui l'enveloppait le frappa singulièrement Il s'arrêta, fit le tour de cette voiture, revint sur ses pas pour la revoir encore, et tâcha d'apercevoir quelle était la femme qui s'y tenait cachée. Le cœur de Corinne battait pendant ce temps avec une extrême violence, et tout ce qu'elle redoutait, c'était de s'évanouir et d'être ainsi découverte; mais elle résista cependant à son émotion, et lord Nelvil perdit l'idée qui l'avait d'abord occupé. Quand la revue fut finie, Corinne, pour ne pas attirer davantage l'attention d'Oswald, descendit de voiture pendant qu'il ne pouvait la voir, et se plaça derrière les arbres et la foule, de manière à n'être pas aperçue. Oswald alors s'approcha de la calèche de lady Edgermond; et, lui montrant un cheval très-doux que ses gens avaient amené, il demanda pour Lucile la permission de monter ce cheval à côté de la voiture de sa mère. Lady Edgermond y consentit, en lui recommandant beaucoup de veiller sur sa fille. Lord Nelvil était descendu de cheval; il parlait chapeau bas, à la portière de lady Edgermond, avec une expression si respectueuse et si sensible en même temps, que Corinne n'y voyait que trop un attachement pour la mère, animé par l'attrait qu'inspirait la fille.

Lucile descendit de voiture. Elle avait un habit de cheval qui dessinait à ravir l'élégance de sa taille; sur sa tête un chapeau noir orné de plumes blanches; et ses beaux cheveux blonds, légers comme l'air, tombaient avec grâce sur son charmant visage. Oswald baissa la main de manière que Lucile pût y poser son pied pour monter sur le cheval. Lucile s'attendait que ce serait un de ses gens qui lui rendrait ce service; elle rougit en le recevant de lord Nelvil. Il insista : Lucile enfin mit sur cette main un pied charmant, et s'élança si légèrement à cheval, que tous ses mouvements donnaient l'idée d'une de ces sylphides que l'imagination nous peint avec des couleurs si délicates. Elle partit au galop. Oswald la suivit et ne la perdit pas de vue. Une fois le cheval fit un faux pas. A l'instant lord Nelvil l'arrêta, examina la bride et le mors avec une aimable anxiété. Une autre fois il crut à tort que le cheval s'emportait; il devint pâle comme la mort; et, poussant son propre cheval avec une incroyable ardeur, dans une seconde il atteignit celui de Lucile, descendit et se précipita devant elle. Lucile, ne pouvant plus retenir son cheval, frémissait à son tour de renverser Oswald; mais d'une main il saisit la bride, et de l'autre il soutint Lucile, qui en sautant s'appuya légèrement sur lui.

Que fallait-il de plus pour convaincre Corinne du sentiment d'Oswald pour Lucile? Ne voyait-elle pas tous les signes d'intérêt qu'il lui avait autrefois prodigués? Et même, pour son éternel désespoir, ne croyait-elle pas apercevoir dans les regards de lord Nelvil plus de timidité, plus de réserve qu'il n'en avait dans le temps de son amour pour elle? Deux fois elle tira l'anneau de son doigt; elle était prête à fendre la foule pour le jeter aux pieds d'Oswald; et l'espoir de mourir à l'instant même l'encourageait dans cette résolution. Mais quelle est la femme née même sous le soleil du Midi, qui peut, sans frissonner, attirer sur ses sentiments l'attention de la multitude? Bientôt Corinne frémit à la pensée de se montrer à lord Nelvil dans cet instant, et sortit de la foule pour rejoindre sa voiture. Comme elle traversait une allée solitaire, Oswald vit encore de loin cette même figure noire qui l'avait frappé, et l'impression qu'elle produisit sur lui cette fois fut beaucoup plus vive. Cependant il attribua l'émotion qu'il en ressentait au remords d'avoir été dans ce jour, pour la première fois, infidèle au fond de son cœur à l'image de Corinne; et, rentré chez lui, il prit à l'instant la résolution de repartir pour l'Écosse, puisque son régiment ne s'embarquait pas encore de quelque temps.

CHAPITRE VII

Corinne retourna chez elle dans un état de douleur qui troublait sa raison, et dès ce moment ses forces furent pour jamais affaiblies. Elle résolut d'écrire à lord Nelvil pour lui apprendre, et son arrivée en Angleterre, et tout ce qu'elle avait souffert depuis qu'elle y était. Elle commença cette lettre, d'abord remplie des plus amers reproches, et puis elle la déchira. « Que signifient les reproches en amour? s'écria-t-elle, ce sentiment serait-il le plus intime, le plus pur, le plus généreux des sentiments, s'il n'était pas en tout involontaire? Que ferais-je donc avec mes plaintes? Une autre voix, un autre regard, ont le secret de son âme; tout n'est-il donc pas dit? » Elle recommença sa lettre, et cette fois elle voulut peindre à lord Nelvil la monotomie qu'il pourrait trouver dans son union avec Lucile. Elle essayait de lui prouver que, sans une parfaite harmonie de l'âme et de l'esprit, aucun bonheur de sentiment n'était durable; et puis elle déchira cette lettre encore plus vivement que la première. « S'il ne sait pas ce que je vaux, disait-elle, est-ce moi qui le lui apprendrai? Et d'ailleurs dois-je parler ainsi de ma sœur? Est-il vrai qu'elle me soit inférieure autant que je cherche à me le persuader? Et quand elle le serait, est-ce à moi qui, comme une mère, l'ai pressée dans son enfance contre mon cœur, est-ce à moi qu'il appartient de le dire? Ah! non, il ne faut pas vouloir ainsi son propre bonheur à tout prix. Elle passe, cette vie pendant laquelle on a tant de désirs; et, longtemps même avant la mort, quelque chose de doux et de rêveur nous détache par degrés de l'existence. »

Elle reprit encore une fois la plume, et ne parla que de son malheur; mais, en l'exprimant, elle éprouvait une telle pitié d'elle-même, qu'elle couvrait son papier de ses larmes. « Non, dit-elle encore, il ne faut pas envoyer cette lettre : s'il y résiste, je le haïrai; s'il y cède, je ne saurai pas s'il n'a pas fait un sacrifice; s'il ne conserve pas le souvenir d'une autre.

Il vaut mieux le voir, lui parler, lui remettre cet anneau, gage de ses promesses ; » et elle se hâta de l'envelopper dans une lettre où elle n'écrivit que ces mots : *Vous êtes libre* ; et, mettant la lettre dans son sein, elle attendit que le soir approchât pour aller chez Oswald. Il lui sembla qu'en plein jour elle eût rougi devant tous ceux qui l'auraient regardée ; cependant elle voulait devancer le moment où lord Nelvil avait coutume d'aller chez lady Edgermond. A six heures donc elle partit, mais en tremblant comme une esclave condamnée. On a si peur de ce qu'on aime quand une fois la confiance est perdue! Ah! l'objet d'une affection passionnée est à nos yeux, ou le protecteur le plus sûr, ou le maître le plus redoutable.

Corinne fit arrêter sa voiture devant la porte de lord Nelvil, et demanda d'une voix tremblante à l'homme qui ouvrait cette porte s'il était chez lui. *Depuis une demi-heure, madame*, répondit-il, *milord est parti pour l'Écosse*. Cette nouvelle serra le cœur de Corinne ; elle tremblait de voir Oswald ; mais cependant son âme allait au-devant de cette inexprimable émotion. L'effort était fait, elle se croyait près d'entendre sa voix, et il fallait maintenant prendre une nouvelle résolution pour le retrouver, attendre encore plusieurs jours, et condescendre à une démarche de plus. Néanmoins, à tout prix alors, Corinne voulait le revoir. Le lendemain donc elle partit pour Édimbourg.

CHAPITRE VIII

Avant de quitter Londres, lord Nelvil était retourné chez son banquier ; et quand il sut qu'aucune lettre de Corinne n'était arrivée, il se demanda avec amertume s'il devait sacrifier un bonheur domestique certain et durable à une personne qui peut-être ne se ressouvenait plus de lui. Cependant il résolut d'écrire encore en Italie, comme il l'avait déjà fait plusieurs fois depuis six semaines, pour demander à Corinne la cause de son silence, et pour lui déclarer encore que, tant qu'elle ne lui renverrait pas son anneau, il ne serait jamais

l'époux d'une autre. Il fit son voyage dans des dispositions
très-pénibles : il aimait Lucile presque sans la connaître, car
il ne lui avait pas entendu prononcer vingt paroles; mais il
regrettait Corinne, et s'affligeait des circonstances qui les séparaient; tour à tour le charme timide de l'une le captivait,
et il se retraçait la grâce brillante, l'éloquence sublime de
l'autre. Si dans ce moment il avait su que Corinne l'aimait
plus que jamais, qu'elle avait tout quitté pour le suivre, il
n'aurait jamais revu Lucile : mais il se croyait oublié; et,
réfléchissant sur le caractère de Lucile et sur celui de Corinne,
il se disait qu'un extérieur froid et réservé cachait souvent les
sentiments les plus profonds. Il se trompait : les âmes passionnées se trahissent de mille manières, et ce que l'on contient toujours est bien faible.

Une circonstance vint ajouter encore à l'intérêt que Lucile
inspirait à lord Nelvil. En retournant dans sa terre, il passa
si près de celle qui appartenait à lady Edgermond, que la curiosité l'y conduisit. Il se fit ouvrir le cabinet où Lucile avait
coutume de travailler. Ce cabinet était rempli des souvenirs
du temps que le père d'Oswald y avait passé près de Lucile
pendant que son fils était en France. Elle avait élevé un piédestal de marbre à la place même où, peu de mois avant sa
mort, il lui donnait des leçons, et sur ce piédestal était gravé :
A la mémoire de mon second père! Enfin un livre était posé
sur la table, Oswald l'ouvrit; il y reconnut le recueil des pensées de son père, et sur la première page il trouva ces mots
écrits par son père lui-même : *A celle qui m'a consolé dans
mes peines, à l'âme la plus pure, à la femme angélique qui
fera la gloire et le bonheur de son époux!* Avec quelle émotion
Oswald lut ces lignes, où l'opinion de celui qu'il révérait était
si vivement exprimée! Il s'étonna du silence de Lucile envers
lui sur les témoignages d'affection qu'elle avait reçus de son
père. Il crut voir dans ce silence la délicatesse la plus rare,
la crainte de forcer son choix par l'idée d'un devoir; enfin il
fut frappé de ces paroles : *A celle qui m'a consolé dans mes
peines!* « C'est donc Lucile, s'écria-t-il, c'est elle qui adou-
cissait le mal que je faisais à mon père; et je l'abandonnerais

quand sa mère est mourante, quand elle n'aura plus que moi pour consolateur! Ah! Corinne, vous si brillante, si recherchée, avez-vous besoin, comme Lucile, d'un ami fidèle et dévoué? Elle n'était plus brillante, elle n'était plus recherchée, cette Corinne qui errait seule d'auberge en auberge, ne voyant pas même celui pour qui elle avait tout quitté, et n'ayant pas la force de s'en éloigner. Elle était tombé malade dans une petite ville, à moitié chemin d'Édimbourg, et n'avait pu, malgré ses efforts, continuer sa route. Elle pensait souvent, pendant les longues nuits de ses souffrances, que, si elle était morte dans ce lieu, Thérésine seule aurait su son nom, et l'aurait inscrit sur sa tombe. Quel changement, quel sort pour une femme qui ne pouvait pas faire un pas en Italie, sans que la foule des hommages se précipitât sur ses pas! Et faut-il qu'un seul sentiment dépouille ainsi toute la vie? Enfin, après huit jours d'angoisses inexprimables, elle reprit sa triste route; car, bien que l'espérance de voir Oswald en fût le terme, il y avait tant de pénibles sentiments confondus avec cette vive attente, que son cœur n'en éprouvait qu'une inquiétude douloureuse. Avant d'arriver à la demeure de lord Nelvil, Corinne eut le désir de s'arrêter quelques heures dans la terre de son père, qui n'en était pas éloignée, et où lord Edgermond avait ordonné que son tombeau fût placé. Elle n'y avait point été depuis ce temps, et elle n'avait passé dans cette terre qu'un mois, seule avec son père. C'était l'époque la plus heureuse de son séjour en Angleterre. Ces souvenirs lui inspiraient le besoin de revoir son habitation, et elle ne croyait pas que lady Edgermond dût y être déjà.

A quelques milles du château, Corinne aperçut sur le grand chemin une voiture renversée. Elle fit arrêter la sienne, et vit sortir de celle qui était brisée un vieillard très-effrayé de la chute qu'il venait de faire. Corinne se hâta de le secourir, et lui offrit de le conduire elle-même jusqu'à la ville voisine. Il accepta avec reconnaissance, et dit qu'il se nommait M. Dickson. Corinne reconnut ce nom qu'elle avait souvent entendu prononcer à lord Nelvil. Elle dirigea l'entretien de manière à faire parler ce bon vieillard sur le seul objet qui l'intéressât dans la vie. M. Dickson était l'homme du monde qui causait le plus volontiers; et, ne se doutant pas que Corinne, dont il ignorait le nom, et qu'il prenait pour une Anglaise, eût aucun intérêt particulier dans les questions qu'elle lui faisait, il se mit à dire tout ce qu'il savait avec le plus grand détail; et comme il désirait de plaire à Corinne, dont les soins l'avaient touché, il fut indiscret pour l'amuser.

Il raconta comment il avait appris lui-même à lord Nelvil que son père s'était opposé d'avance au mariage qu'il voulait contracter maintenant, et fit l'extrait de la lettre qu'il lui avait remise, en répétant plusieurs fois ces mots, qui perçaient le cœur de Corinne : *Son père lui a défendu d'épouser cette Italienne; ce serait outrager sa mémoire que de braver sa volonté.*

M. Dickson ne se borna point encore à ces cruelles paroles; il affirma de plus qu'Oswald aimait Lucile, que Lucile l'aimait; que lady Edgermond souhaitait vivement ce mariage, mais qu'un engagement pris en Italie empêchait lord Nelvil d'y consentir. « Quoi! dit Corinne à M. Dickson, en tâchant de contenir le trouble affreux qui l'agitait, vous croyez que c'est seulement à cause de l'engagement qu'il a contracté que lord Nelvil ne se marie pas avec miss Lucile Edgermond? — J'en suis bien sûr, reprit M. Dickson, charmé d'être interrogé de nouveau; il y a trois jours encore, j'ai vu lord Nelvil; et, bien qu'il ne m'ait pas expliqué la nature des liens qu'il avait formés en Italie, il m'a dit ces paroles, que j'ai mandées à lady Edgermond : *Si j'étais libre, j'épouserais Lucile.* — S'il était libre! » répéta Corinne; et dans ce moment sa voiture s'arrêta devant la porte de l'auberge où elle conduisait M. Dickson. Il voulut la remercier, lui demander dans quel lieu il pourrait la revoir; Corinne ne l'entendait plus. Elle lui serra la main sans pouvoir lui répondre, et le quitta sans avoir prononcé un seul mot. Il était tard; cependant elle voulut aller encore dans les lieux où reposaient les cendres de son père : le désordre de son esprit lui rendait ce pèlerinage sacré plus nécessaire que jamais.

CHAPITRE IX

Lady Edgermond était depuis deux jours à sa terre, et ce soir-là même il y avait un grand bal chez elle. Tous ses voisins, tous ses vassaux lui avaient demandé de se réunir pour célébrer son arrivée; Lucile l'avait aussi désiré, peut-être dans l'espoir qu'Oswald y viendrait : en effet, il y était lorsque Corinne arriva. Elle vit beaucoup de voitures dans l'avenue, et fit arrêter la sienne à quelques pas; elle descendit, et reconnut le séjour où son père lui avait témoigné les sentiments les plus tendres. Quelle différence entre ces temps, qu'elle croyait alors malheureux, et sa situation actuelle! C'est ainsi que dans la vie on est puni des peines de l'imagination par les chagrins réels, qui n'apprennent que trop à connaître le véritable malheur.

Corinne fit demander pourquoi le château était illuminé, et quelles étaient les personnes qui s'y trouvaient dans ce moment. Le hasard fit que le domestique de Corinne interrogea l'un de ceux que lord Nelvil avait pris à son service en Angleterre, et qui se trouvait là dans ce moment. Corinne entendit sa réponse. *C'est un bal,* dit-il, *que donne aujourd'hui lady Edgermond; et lord Nelvil, mon maître,* ajouta-t-il, *a ouvert ce bal avec miss Lucile Edgermond, l'héritière de ce château.* A ces mots, Corinne frémit, mais elle ne changea point de résolution. Une âpre curiosité l'entraînait à se rapprocher des lieux où tant de douleurs la menaçaient; elle fit signe à ses gens de s'éloigner, et elle entra seule dans le parc, qui se trouvait ouvert, et dans lequel, à cette heure, l'obscurité permettait de se promener longtemps sans être vue. Il était dix heures; et depuis que le bal avait commencé, Oswald dansait avec Lucile ces contredanses anglaises que l'on recommence cinq ou six fois dans la soirée; mais toujours le même homme danse avec la même femme, et la plus grande gravité règne quelquefois dans cette partie de plaisir.

Lucile dansait noblement, mais sans vivacité; le sentiment

même qui l'occupait ajoutait à son sérieux naturel. Comme on était curieux dans le canton de savoir si elle aimait lord Nelvil, tout le monde la regardait avec plus d'attention encore que de coutume, ce qui l'empêchait de lever les yeux sur Oswald ; et sa timidité était telle, qu'elle ne voyait ni n'entendait rien. Ce trouble et cette réserve touchèrent beaucoup lord Nelvil dans le premier moment ; mais comme cette situation ne variait pas, il commençait un peu à s'en fatiguer, et comparait cette longue rangée d'hommes et de femmes, et cette musique monotone, avec la grâce animée des airs et des danses d'Italie. Cette réflexion le fit tomber dans une profonde rêverie, et Corinne eût encore goûté quelques instants de bonheur si elle avait pu connaître alors les sentiments de lord Nelvil. Mais l'infortunée, qui se sentait étrangère sur le sol paternel, isolée près de celui qu'elle avait espéré pour époux, parcourait au hasard les sombres allées d'une demeure qu'elle pouvait autrefois considérer comme la sienne. La terre manquait sous ses pas, et l'agitation de la douleur lui tenait seule lieu de force : peut-être pensait-elle qu'elle rencontrerait Oswald dans le jardin ; mais elle ne savait pas elle-même ce qu'elle désirait.

Le château était placé sur une hauteur, au pied de laquelle coulait une rivière. Il y avait beaucoup d'arbres sur l'un des bords, mais l'autre n'offrait que des rochers arides et couverts de bruyère. Corinne, en marchant, se trouva près de la rivière ; elle entendit là tout à la fois la musique de la fête et le murmure des eaux. La lueur des lampions du bal se réfléchissait d'en haut jusqu'au milieu des ondes, tandis que le pâle reflet de la lune éclairait seul les campagnes désertes de l'autre rive. On eût dit que dans ces lieux, comme dans la tragédie de Hamlet, les ombres erraient autour du palais où se donnaient les festins.

L'infortunée Corinne, seule, abandonnée, n'avait qu'un pas à faire pour se plonger dans l'éternel oubli. « Ah ! s'écriat-elle, si demain, lorsqu'il se promènera sur ces bords avec la troupe joyeuse de ses amis, ses pas triomphants heurtaient contre les restes de celle qu'une fois pourtant il a aimée, n'aurait-il pas une émotion qui me vengerait, une douleur qui ressemblerait à ce que je souffre? Non, non, reprit-elle, ce n'est pas la vengeance qu'il faut chercher dans la mort, mais le repos. » Elle se tut, et contempla de nouveau cette rivière qui coulait si vite et néanmoins si régulièrement, cette nature si bien ordonnée, quand l'âme humaine est toute en tumulte; elle se rappela le jour où lord Nelvil se précipita dans la mer pour sauver un vieillard. « Qu'il était bon alors! s'écria Corinne; hélas! dit-elle en pleurant, peut-être l'est-il encore! Pourquoi le blâmer parce que je souffre? peut-être ne le sait-il pas; peut-être, s'il me voyait... » Et tout à coup elle prit la résolution de faire demander lord Nelvil au milieu de cette fête, et de lui parler à l'instant. Elle remonta vers le château, avec l'espèce de mouvement que donne une décision nouvellement prise, une décision qui succède à de longues incertitudes; mais en approchant elle fut saisie d'un tel tremblement, qu'elle fut obligée de s'asseoir sur un banc de pierre qui était devant les fenêtres. La foule des paysans rassemblés pour voir danser empêcha qu'elle ne fût remarquée.

Lord Nelvil, dans ce moment, s'avança sur le balcon; il respira l'air frais du soir; quelques rosiers qui se trouvaient là lui rappelèrent le parfum que portait habituellement Corinne, et l'impression qu'il en ressentit le fit tressaillir. Cette fête longue et ennuyeuse le fatiguait; il se souvint du bon goût de Corinne dans l'arrangement d'une fête, de son intelligence dans tout ce qui tenait aux beaux-arts, et il sentit que c'était seulement dans la vie régulière et domestique qu'il se représentait avec plaisir Lucile pour compagne. Tout ce qui appartenait le moins du monde à l'imagination, à la poésie, lui retraçait le souvenir de Corinne, et renouvelait ses regrets. Pendant qu'il était dans cette disposition, un de ses amis s'approcha de lui, et ils s'entretinrent quelques moments ensemble. Corinne alors entendit la voix d'Oswald.

Inexprimable émotion que la voix de ce qu'on aime! Mélange confus d'attendrissement et de terreur! car il est des impressions si vives, que notre pauvre et faible nature se craint elle-même en les éprouvant.

Un des amis d'Oswald lui dit : « Ne trouvez-vous pas ce bal charmant? — Oui, répondit-il avec distraction, oui, en vérité, » répéta-t-il en soupirant. Ce soupir et l'accent mélancolique de sa voix causèrent à Corinne une vive joie : elle se crut certaine de retrouver le cœur d'Oswald, de se faire encore entendre de lui; et, se levant avec précipitation, elle s'avança vers un des domestiques de la maison pour le charger de demander lord Nelvil. Si elle avait suivi ce mouvement, combien sa destinée et celle d'Oswald eussent été différentes!

Dans cet instant, Lucile s'approcha de la fenêtre; et voyant passer dans le jardin, à travers l'obscurité, une femme vêtue de blanc, mais sans aucun ornement de fête, sa curiosité fut excitée. Elle avança la tête, et, regardant attentivement, elle crut reconnaître les traits de sa sœur; mais comme elle ne doutait pas qu'elle ne fût morte depuis sept années, la frayeur que lui causa cette vue la fit tomber évanouie. Tout le monde courut à son secours. Corinne ne trouva plus le domestique auquel elle voulait parler, et se retira plus avant dans l'allée, afin de ne pas être remarquée.

Lucile revint à elle, et n'osa point avouer ce qui l'avait émue. Mais, comme dès l'enfance sa mère avait fortement frappé son esprit par toutes les idées qui tiennent à la dévotion, elle se persuada que l'image de sa sœur lui était apparue, marchant vers le tombeau de leur père, pour lui reprocher l'oubli de ce tombeau, le tort qu'elle avait eu de recevoir une fête dans ces lieux, sans remplir au moins auparavant un pieux devoir envers des cendres révérées. Au moment donc où Lucile se crut sûre de n'être pas observée, elle sortit du bal. Corinne s'étonna de la voir seule ainsi dans le jardin et s'imagina que lord Nelvil ne tarderait pas à la rejoindre, et que peut-être il lui avait demandé un entretien secret pour obtenir d'elle la permission de faire connaître ses vœux à sa mère. Cette idée la rendit immobile; mais bientôt elle remarqua que Lucile tournait ses pas vers un bosquet qu'elle savait devoir être le lieu où le tombeau de son père avait été élevé; et s'accusant, à son tour, de n'avoir pas commencé à y porter ses regards et ses larmes, elle suivit sa sœur à quelque distance, se cachant à l'aide des arbres et de l'obscurité. Elle aperçut enfin de loin le sarcophage noir élevé sur la place où les restes de lord Edgermond étaient ensevelis. Une profonde émotion la força de s'arrêter et de s'appuyer contre un arbre. Lucile aussi s'arrêta, et se pencha respectueusement à l'aspect du tombeau.

Dans ce moment Corinne était prête à se découvrir à sa sœur, à lui redemander, au nom de leur père, et son rang et son époux ; mais Lucile fit quelques pas avec précipitation pour s'approcher du monument, et le courage de Corinne défaillit. Il y a dans le cœur d'une femme tant de timidité réunie à l'impétuosité des sentiments, qu'un rien peut la retenir comme un rien l'entraîner. Lucile se mit à genoux devant la tombe de son père : elle écarta ses blonds cheveux qu'une guirlande de fleurs tenait rassemblés, et leva ses yeux au ciel pour prier avec un regard angélique. Corinne était placée derrière les arbres ; et, sans pouvoir être découverte, elle voyait facilement sa sœur qu'un rayon de la lune éclairait doucement ; elle se sentit tout à coup saisie par un attendrissement purement généreux. Elle contempla cette expression de piété si pure, ce visage si jeune, que les traits de l'enfance s'y faisaient remarquer encore ; elle se retraça le temps où elle avait servi de mère à Lucile ; elle réfléchit sur elle-même ; elle pensa qu'elle n'était pas loin de trente ans, de ce moment où le déclin de la jeunesse commence ; tandis que sa sœur avait devant elle un long avenir indéfini, un avenir qui n'était troublé par aucun souvenir, par aucune vie passée dont il fallût répondre ni devant les autres ni devant sa propre conscience. « Si je me montre à Lucile, se dit-elle, si je lui parle, son âme encore paisible sera bientôt troublée. J'ai déjà tant souffert, je saurai souffrir encore ; mais l'innocente Lucile va passer dans un instant du calme à l'agitation la plus cruelle ; et c'est moi qui l'ai tenue dans mes bras, qui l'ai fait dormir sur mon sein, c'est moi qui la précipiterais dans le monde des douleurs ! » Ainsi pensait Corinne. Cependant l'amour livrait dans son cœur un cruel combat à ce sentiment désintéressé, à cette exaltation de l'âme qui la portait à se sacrifier elle-même.

Lucile dit alors tout haut : « O mon père! priez pour moi. » Corinne l'entendit; et se laissant aussi tomber à genoux, elle demanda la bénédiction paternelle pour les deux sœurs à la fois, et répandit des larmes qu'arrachaient de son cœur des sentiments plus purs encore que l'amour. Lucile, continuant sa prière, prononça distinctement ces paroles : « O ma sœur, intercédez pour moi dans le ciel; vous m'avez aimée dans mon enfance, continuez à me protéger. » Ah! combien cette prière attendrit Corinne! Lucile, enfin, d'une voix pleine de ferveur, dit : « Mon père, pardonnez-moi l'instant d'oubli dont un sentiment ordonné par vous-même est la cause. Je ne suis point coupable en aimant celui que vous m'aviez destiné pour époux ; mais achevez votre ouvrage, et faites qu'il me choisisse pour la compagne de sa vie ; je ne puis être heureuse qu'avec lui; mais jamais il ne saura que je l'aime, jamais ce cœur tremblant ne trahira son secret. O mon Dieu! ô mon père! consolez votre fille, et rendez-la digne de l'estime et de la tendresse d'Oswald! — Oui, répéta Corinne à voix basse, exaucez-la, mon père ; et pour l'autre de vos enfants, une mort douce et tranquille. »

En achevant ce vœu solennel, le plus grand effort dont l'âme de Corinne fût capable, elle tira de son sein la lettre qui contenait l'anneau donné par Oswald, et s'éloigna rapidement. Elle sentait bien qu'en envoyant cette lettre et laissant ignorer à lord Nelvil qu'elle était en Angleterre, elle brisait leurs liens et donnait Oswald à Lucile; mais en présence de ce tombeau, les obstacles qui la séparaient de lui s'étaient offerts avec plus de force que jamais; elle s'était rappelé les paroles de M. Dickson : *Son père lui défend d'épouser cette Italienne*, et il lui sembla que le sien aussi s'unissait à celui d'Oswald, et que l'autorité paternelle tout entière condamnait son amour. L'innocence de Lucile, sa jeunesse, sa pureté, exaltaient son imagination, et elle était, un moment du moins, fière de s'immoler pour qu'Oswald fût en paix avec son pays, avec sa famille, avec lui-même.

La musique qu'on entendait en approchant du château soutenait le courage de Corinne. Elle aperçut un pauvre vieillard aveugle qui était assis au pied d'un arbre, écoutant le bruit de la fête. Elle s'avança vers lui en le priant de remettre la lettre qu'elle lui donnait à l'un des gens du château. Ainsi elle ne courut pas même le risque que lord Nelvil pût découvrir qu'une femme l'avait apportée. En effet, qui eût vu Corinne remettant cette lettre aurait senti qu'elle contenait le destin de sa vie. Ses regards, sa main tremblante, sa voix solennelle et troublée, tout annonçait un de ces terribles moments où la destinée s'empare de nous, où l'être malheureux n'agit plus que comme l'esclave de la fatalité qui le poursuit.

Corinne observa de loin le vieillard, qu'un chien fidèle conduisait : elle le vit donner sa lettre à l'un des domestiques de lord Nelvil, qui, par hasard, dans cet instant, en apportait d'autres au château. Toutes les circonstances se réunissaient pour ne plus laisser d'espoir. Corinne fit encore quelques pas en se retournant pour regarder ce domestique avancer vers la porte ; et, quand elle ne le vit plus, quand elle fut sur le grand chemin, quand elle n'entendit plus la musique, et que les lumières mêmes du château ne se firent plus apercevoir, une sueur froide mouilla son front, un frissonnement de mort la saisit : elle voulut avancer encore, mais la nature s'y refusa, et elle tomba sans connaissance sur la route.

LIVRE DIX-HUITIÈME

LE SÉJOUR A FLORENCE

CHAPITRE PREMIER

Le comte d'Erfeuil, après avoir passé quelque temps en Suisse, et s'être ennuyé de la nature dans les Alpes, comme il s'était fatigué des beaux-arts à Rome, sentit tout à coup le désir d'aller en Angleterre, où on l'avait assuré que se trouvait la profondeur de la pensée; et il s'était persuadé un matin, en s'éveillant, que c'était de cela qu'il avait besoin. Ce troisième essai ne lui ayant pas mieux réussi que les deux premiers, son attachement pour lord Nelvil se ranima tout à coup; et s'étant dit, aussi un matin, qu'il n'y avait de bonheur que dans l'amitié véritable, il partit pour l'Écosse. Il alla d'abord chez lord Nelvil, et ne le trouva pas chez lui; mais ayant appris que c'était chez lady Edgermond qu'on pourrait le rencontrer, il remonta sur-le-champ à cheval pour l'y chercher, tant il se croyait le besoin de le revoir. Comme il passait très-vite, il aperçut sur le bord du chemin une femme étendue sans mouvement; il s'arrêta, descendit de cheval, et se hâta de la secourir. Quelle fut sa surprise en reconnaissant Corinne à travers sa mortelle pâleur! Une vive pitié le saisit; avec l'aide de son domestique il arrangea quelques branches pour la transporter, et son dessein était de la conduire ainsi au château de lady Edgermond, lorsque Thérésine, qui était restée dans la voiture de Corinne, inquiète de ne pas voir revenir sa maîtresse, arriva dans ce moment, et, croyant que lord Nelvil pouvait seul l'avoir plongée dans cet état, décida qu'il fallait la porter à la ville voisine.

comte d'Erfeuil suivit Corinne, et pendant huit jours que l'infortunée eut la fièvre et le délire, il ne la quitta point ; ainsi c'était l'homme frivole qui la soignait, et l'homme sensible qui lui perçait le cœur.

Ce contraste frappa Corinne quand elle reprit ses sens, et elle remercia le comte d'Erfeuil avec une profonde émotion ; il répondit en cherchant vite à la consoler : il était plus capable de nobles actions que de paroles sérieuses, et Corinne devait trouver en lui plutôt des secours qu'un ami. Elle essaya de rappeler sa raison, de se retracer ce qui s'était passé : longtemps elle eut de la peine à se souvenir de ce qu'elle avait fait, et des motifs qui l'avaient décidée. Peut-être commençait-elle à trouver son sacrifice trop grand, et pensait-elle à dire au moins un dernier adieu à lord Nelvil avant de quitter l'Angleterre, lorsque, le jour qui suivit celui où elle avait repris connaissance, elle vit, dans un papier public, que le hasard fit tomber sous ses yeux, cet article-ci :

« Lady Edgermond vient d'apprendre que sa belle-fille,
« qu'elle croyait morte en Italie, vit, et jouit à Rome, sous le
« nom de Corinne, d'une très-grande réputation littéraire.
« Lady Edgermond se fait honneur de la reconnaître, et de
« partager avec elle l'héritage du frère de lord Edgermond,
« qui vient de mourir aux Indes.

« Lord Nelvil doit épouser dimanche prochain miss Lucile
« Edgermond, fille cadette de lord Edgermond, et fille uni-
« que de lady Edgermond, sa veuve. Le contrat a été signé
« hier. »

Corinne, pour son malheur, ne perdit point l'usage de ses sens en lisant cette nouvelle ; il se fit en elle une révolution subite, tous les intérêts de la vie l'abandonnèrent ; elle se sentit comme une personne condamnée à mort, mais qui ne sait pas encore quand sa sentence sera exécutée ; et depuis ce moment la résignation du désespoir fut le seul sentiment de son âme.

Le comte d'Erfeuil entra dans sa chambre ; il la trouva plus pâle encore que quand elle était évanouie, et lui demanda de ses nouvelles avec anxiété. « Je ne suis pas plus mal, je voudrais partir après-demain, qui est dimanche, dit-elle avec solennité ; j'irai jusqu'à Plymouth, et je m'embarquerai pour l'Italie. — Je vous accompagnerai, répondit vivement le comte d'Erfeuil ; je n'ai rien qui me retienne en Angleterre. Je serai enchanté de faire ce voyage avec vous. — Vous êtes bon, reprit Corinne, vraiment bon ; il ne faut pas juger sur les apparences... » Puis s'arrêtant, elle reprit : « J'accepte jusqu'à Plymouth votre appui, car je ne serais pas sûre de me guider jusque-là ; mais, quand une fois on est embarqué, le vaisseau vous emmène, dans quelque état que vous soyez ; c'est égal. » Elle fit signe au comte d'Erfeuil de la laisser seule, et pleura longtemps devant Dieu, en lui demandant la force de supporter sa douleur. Elle n'avait plus rien de l'impétueuse Corinne ; les forces de sa puissante vie étaient épuisées, et cet anéantissement, dont elle ne pouvait elle-même se rendre compte, lui donnait du calme. Le malheur l'avait vaincue : ne faut-il pas tôt ou tard que les plus rebelles courbent la tête sous son joug ?

Le dimanche, Corinne partit d'Écosse avec le comte d'Erfeuil. « C'est aujourd'hui, dit-elle en se levant de son lit pour aller dans sa voiture, c'est aujourd'hui ! » Le comte d'Erfeuil voulut l'interroger ; elle ne répondit point, et retomba dans le silence. Ils passèrent devant une église, et Corinne demanda au comte d'Erfeuil la permission d'y entrer un moment : elle se mit à genoux devant l'autel, et, s'imaginant qu'elle y voyait Oswald et Lucile, elle pria pour eux ; mais l'émotion qu'elle ressentit fut si forte, qu'en voulant se relever elle chancela, et ne put faire un pas sans être soutenue par Thérésine et le comte d'Erfeuil, qui vinrent au-devant d'elle. On se levait dans l'église pour la laisser passer, et on lui montrait une grande pitié. « J'ai donc l'air bien malade ? dit-elle au comte d'Erfeuil ; il y a des personnes plus jeunes et plus brillantes que moi qui à cette heure sortent de l'église d'un pas triomphant. »

Le comte d'Erfeuil n'entendit pas la fin de ces paroles ; il était bon, mais il ne pouvait être sensible ; aussi, dans la route, tout en aimant Corinne, était-il ennuyé de sa tristesse, et il essayait de l'en tirer, comme si, pour oublier tous les chagrins de la vie, il ne fallait que le vouloir. Quelquefois il lui disait : *Je vous l'avais bien dit*. Singulière manière de consoler ; satisfaction que la vanité se donne aux dépens de la douleur !

Corinne faisait des efforts inouïs pour dissimuler ce qu'elle souffrait, car on est honteux des affections fortes devant les âmes légères ; un sentiment de pudeur s'attache à tout ce qui n'est pas compris, à tout ce qu'il faut expliquer, à ces secrets de l'âme enfin dont on ne vous soulage qu'en les devinant. Corinne aussi se savait mauvais gré de n'être pas assez reconnaissante des marques de dévouement que lui donnait le comte d'Erfeuil ; mais il y avait dans sa voix, dans son accent, dans ses regards, tant de distraction, tant de besoin de s'amuser, qu'on était sans cesse au moment d'oublier ses actions généreuses, comme il les oubliait lui-même. Il est sans doute très-noble de mettre peu de prix à ses bonnes actions ; mais il pourrait arriver que l'indifférence qu'on témoignerait pour ce qu'on aurait fait de bien, cette indifférence si belle en elle-même, fût néanmoins, dans de certains caractères, l'effet de la frivolité.

Corinne, pendant son délire, avait trahi presque tous ses secrets, et les papiers publics avaient appris le reste au comte d'Erfeuil ; plusieurs fois il avait voulu que Corinne s'entretînt avec lui de ce qu'il appelait *ses affaires ;* mais il suffisait de ce mot pour glacer la confiance de Corinne, et elle le supplia de ne pas exiger d'elle qu'elle prononçât le nom de lord Nelvil. Au moment de quitter le comte d'Erfeuil, Corinne ne savait comment lui exprimer sa reconnaissance ; car elle était à la fois bien aise de se trouver seule, et fâchée de se séparer d'un homme qui se conduisait si bien envers elle. Elle essaya de le remercier ; mais il lui dit si naturellement de n'en plus parler, qu'elle se tut. Elle le chargea d'annoncer à lady Edgermond qu'elle refusait en entier l'héritage de son oncle, et le pria de s'acquitter de cette commission comme s'il l'avait reçue d'Italie, sans apprendre à sa belle-mère qu'elle était venue en Angleterre.

« Et lord Nelvil doit-il le savoir ? » dit alors le comte d'Erfeuil. Ces mots firent tressaillir Corinne. Elle se tut quelque temps, puis elle reprit : « Vous pourrez le lui dire bientôt ; oui, bientôt ; mes amis de Rome vous manderont quand vous le pourrez. — Soignez au moins votre santé, dit le comte d'Erfeuil. Savez-vous que je suis inquiet de vous ? — Vraiment ? répondit Corinne en souriant ; mais je crois en effe que vous avez raison. Le comte d'Erfeuil lui donna le bras pour aller jusqu'à son vaisseau : au moment de s'embarquer elle se tourna vers l'Angleterre, vers ce pays qu'elle quittait pour toujours, et qu'habitait le seul objet de sa tendresse et de sa douleur : ses yeux se remplirent de larmes, les premières qui lui fussent échappées en présence du comte d'Erfeuil. « Belle Corinne, lui dit-il, oubliez un ingrat; souvenez-vous des amis qui vous sont si tendrement attachés; et, croyez-moi, pensez avec plaisir à tous les avantages que vous possédez. » Corinne, à ces mots, retira sa main au comte d'Erfeuil, et fit quelques pas loin de lui ; puis, se reprochant le mouvement auquel elle s'était livrée, elle revint, et lui dit doucement adieu. Le comte d'Erfeuil ne s'aperçut point de ce qui s'était passé dans l'âme de Corinne. Il entra dans la chaloupe avec elle, la recommanda vivement au capitaine; s'occupa même, avec le soin le plus aimable, de tous les détails qui pouvaient rendre sa traversée plus agréable; et, revenant avec la chaloupe, il salua le vaisseau de son mouchoir aussi longtemps qu'il le put. Corinne répondit avec reconnaissance au comte d'Erfeuil : mais, hélas! était-ce donc là l'ami sur lequel elle devait compter?

Les sentiments légers ont souvent une longue durée ; rien ne les brise, parce que rien ne les resserre ; ils suivent les circonstances, disparaissent et reviennent avec elles, tandis que les affections profondes se déchirent sans retour, et ne laissent à leur place qu'une douloureuse blessure.

CHAPITRE II

Un vent favorable transporta Corinne à Livourne en moins d'un mois. Elle eut presque toujours la fièvre pendant ce temps ; et son abattement était tel, que, la douleur de l'âme se mêlant à la maladie, toutes ces impressions se confondaient ensemble, et ne laissaient en elle aucune trace distincte. Elle hésita, en arrivant, si elle se rendrait d'abord à Rome ; mais, bien que ses meilleurs amis l'y attendissent, une répugnance insurmontable l'empêchait d'habiter les lieux où elle avait connu Oswald. Elle se retraçait sa propre demeure, la porte qu'il ouvrait deux fois par jour en venant chez elle, et l'idée de se retrouver là sans lui la faisait frissonner. Elle résolut donc de se rendre à Florence ; et comme elle avait le sentiment que sa vie ne résisterait pas longtemps à ce qu'elle souffrait, il lui convenait assez de se détacher par degrés de l'existence, et de commencer d'abord par vivre seule, loin de ses amis, loin de la ville témoin de ses succès, loin du séjour où l'on essayerait de ranimer son esprit, où on lui demanderait de se montrer ce qu'elle était autrefois, quand un découragement invincible lui rendait tout effort odieux.

En traversant la Toscane, ce pays si fertile, en approchant de cette Florence si parfumée de fleurs, en retrouvant enfin l'Italie, Corinne n'éprouva que de la tristesse ; toutes ces beautés de la campagne, qui l'avaient enivrée dans un autre temps, la remplissaient de mélancolie. *Combien est terrible,* dit Milton, *le désespoir que cet air si doux ne calme pas!* Il faut l'amour ou la religion pour goûter la nature ; et, dans ce moment, la triste Corinne avait perdu le premier bien de la terre, sans avoir encore retrouvé ce calme que la dévotion seule peut donner aux âmes sensibles et malheureuses.

La Toscane est un pays très-cultivé et très-riant, mais il ne frappe point l'imagination comme les environs de Rome. Les Romains ont si bien effacé les institutions primitives du peuple qui habitait jadis la Toscane, qu'il n'y reste presque plus aucune des antiques traces qui inspirent tant d'intérêt pour Rome et pour Naples; mais on y remarque un autre genre de beautés historiques, ce sont les villes qui portent l'empreinte du génie républicain du moyen âge. A Sienne, la place publique où le peuple se rassemblait, le balcon d'où son magistrat le haranguait, frappent les voyageurs les moins capables de réflexion; on sent qu'il a existé là un gouvernement démocratique.

C'est une jouissance véritable que d'entendre les Toscans, de la classe même la plus inférieure : leurs expressions, pleines d'imagination et d'élégance, donnent l'idée du plaisir qu'on devait goûter dans la ville d'Athènes quand le peuple parlait ce grec harmonieux qui était comme une musique continuelle. C'est une sensation très-singulière de se croire au milieu d'une nation dont tous les individus seraient également cultivés, et paraîtraient tous de la classe supérieure; c'est du moins l'illusion que fait, pour quelques moments, la pureté du langage.

L'aspect de Florence rappelle son histoire avant l'élévation des Médicis à la souveraineté; les palais des familles principales sont bâtis comme des espèces de forteresses d'où l'on pouvait se défendre; on voit encore à l'extérieur les anneaux de fer auxquels les étendards de chaque parti devaient être attachés; enfin, tout y était rangé bien plus pour maintenir les forces individuelles que pour les réunir toutes dans l'intérêt commun. On dirait que la ville est bâtie pour la guerre civile. Il y a des tours au palais de justice d'où l'on pouvait apercevoir l'approche de l'ennemi et s'en défendre. Les haines entre les familles étaient telles, qu'on voit des palais bizarrement construits, parce que leurs possesseurs n'ont pas voulu qu'ils s'étendissent sur le sol où des maisons ennemies avaient été rasées. Ici les Pazzi ont conspiré contre les Médicis; là les Guelfes ont assassiné les Gibelins; enfin les traces de la lutte et de la rivalité sont partout; mais à présent tout est rentré dans le sommeil, et les pierres des édifices ont seules conservé quelque physionomie. On ne se hait plus, parce qu'il n'y a plus rien à prétendre, parce qu'un État sans gloire comme sans puissance n'est plus disputé par ses habitants. La vie qu'on mène à Florence, de nos jours, est singulièrement monotone ; on va se promener tous les après-midi sur les bords de l'Arno, et le soir on se demande les uns aux autres si l'on y a été.

Corinne s'établit dans une maison de campagne à peu de distance de la ville Elle manda au prince Castel-Forte qu'elle voulait s'y fixer : cette lettre fut la seule que Corinne écrivit, car elle avait pris une telle horreur pour toutes les actions communes de la vie, que la moindre résolution à prendre, le moindre ordre à donner, lui causait un redoublement de peine. Elle ne pouvait passer les jours que dans une inactivité complète ; elle se levait, se couchait, se relevait, ouvrait un livre sans pouvoir en comprendre une ligne. Souvent elle restait des heures entières à sa fenêtre, puis elle se promenait avec rapidité dans son jardin ; une autre fois elle prenait un bouquet de fleurs, cherchant à s'étourdir par leur parfum. Enfin le sentiment de l'existence la poursuivait comme une douleur sans relâche, et elle essayait mille ressources pour calmer cette dévorante faculté de penser, qui ne lui présentait plus, comme jadis, les réflexions les plus variées, mais une seule image, armée de pointes cruelles, qui déchirait son cœur.

CHAPITRE III

Un jour Corinne résolut d'aller voir à Florence les belles églises qui décorent cette ville ; elle se rappelait qu'à Rome quelques heures passées dans Saint-Pierre calmaient toujours son âme, et elle espérait le même secours des temples de Florence. Pour se rendre à la ville, elle traversa le bois charmant qui est sur les bords de l'Arno : c'était une soirée ravissante du mois de juin, l'air était embaumé par une inconcevable abondance de roses, et les visages de tous ceux qui se promenaient exprimaient le bonheur. Corinne sentit un redoublement de tristesse en se voyant exclue de cette félicité générale que la Providence accorde à la plupart des êtres ; mais cependant elle la bénit avec douceur de faire du bien aux hommes. « Je suis une exception à l'ordre universel, se disait-elle, il y a du bonheur pour tous ; et cette terrible faculté de souffrir qui me tue, c'est une manière de sentir particulière à moi seule. O mon Dieu ! cependant, pourquoi m'avez-vous choisie pour supporter cette peine? Ne pourrais-je pas aussi demander, comme votre divin Fils, *que cette coupe s'éloignât de moi?* »

L'air actif et occupé des habitants de la ville étonna Corinne Depuis qu'elle n'avait plus aucun intérêt dans la vie, elle ne concevait pas ce qui faisait avancer, revenir, se hâter ; et traînant lentement ses pas sur les larges pierres du pavé de Florence, elle perdait l'idée d'arriver, ne se souvenant plus où elle avait l'intention d'aller ; enfin, elle se trouva devant les fameuses portes d'airain, sculptées par Ghiberti pour le baptistère de Saint-Jean, qui est à côté de la cathédrale de Florence.

Elle examina quelque temps ce travail immense, où des nations de bronze, dans des proportions très-petites mais très-distinctes, offrent une multitude de physionomies variées qui toutes expriment une pensée de l'artiste, une conception de son esprit. « Quelle patience ! s'écria Corinne, quel respect pour la postérité ! et cependant combien peu de personnes examinent avec soin ces portes à travers lesquelles la foule passe avec distraction, ignorance ou dédain ! Oh! qu'il est difficile à l'homme d'échapper à l'oubli, et que la mort est puissante ! »

C'est dans cette cathédrale que Julien de Médicis a été assassiné ; non loin de là, dans l'église de Saint-Laurent, on voit a chapelle en marbre, enrichie de pierreries, où sont les tombeaux des Médicis et les statues de Julien et de Laurent, par Michel-Ange. Celle de Laurent de Médicis, méditant la vengeance de l'assassinat de son frère a mérité l'honneur d'être appelée *la pensée de Michel-Ange*. Au pied de ces statues sont l'Aurore et la Nuit ; le réveil de l'une, et surtout le sommeil de l'autre, ont une expression remarquable. Un poëte fit des vers sur la statue de la nuit, qui finissaient par ces mots

Bien qu'elle dorme, elle vit; réveille-la si tu ne le crois pas, elle te parlera. Michel-Ange, qui cultivait les lettres, sans lesquelles l'imagination en tout genre se flétrit vite, répondit au nom de la Nuit :

> *Grato m'è il sonno, e più l'esser di sasso.*
> *Mentre che il danno e la vergogna dura,*
> *Non veder, non sentir m'è gran ventura.*
> *Però non mi destar, deh! parla basso* [1].

Michel-Ange est le seul sculpteur des temps modernes qui ait donné à la figure humaine un caractère qui ne ressemble ni à la beauté antique ni à l'affectation de nos jours. On croit y voir l'esprit du moyen âge, une âme énergique et sombre, une activité constante, des formes très-prononcées, des traits qui portent l'empreinte des passions, mais ne retracent point l'idéal de la beauté. Michel-Ange est le génie de sa propre école; car il n'a rien imité, pas même les anciens.

Son tombeau est dans l'église de *Santa-Croce*. Il a voulu qu'il fût placé en face d'une fenêtre d'où l'on pouvait voir le dôme bâti par Filippe Brunelleschi, comme si ses cendres devaient tressaillir encore sous les marbres à l'aspect de cette coupole, modèle de celle de Saint-Pierre. Cette église de Santa-Croce contient la plus brillante assemblée de morts qui soit peut-être en Europe. Corinne se sentit profondément émue en marchant entre ces deux rangées de tombeaux. Ici c'est Galilée, qui fut persécuté par les hommes pour avoir découvert les secrets du ciel; plus loin, Machiavel, qui révéla l'art du crime, plutôt en observateur qu'en criminel, mais dont les leçons profitent plus aux oppresseurs qu'aux opprimés; l'Arétin, cet homme qui a consacré ses jours à la plaisanterie, et n'a rien éprouvé sur la terre de sérieux que la mort; Boccace, dont l'imagination riante a résisté aux fléaux réunis de la guerre civile et de la peste; un tableau en l'hon-

---

1. Il m'est doux de dormir, et plus doux d'être de marbre. Aussi longtemps que durent l'injustice et la honte, ce m'est un grand bonheur de ne pas voir et de ne pas entendre : ainsi donc ne m'éveille point; de grâce parle bas.

neur du Dante, comme si les Florentins, qui l'ont laissé périr dans le supplice de l'exil, pouvaient encore se vanter de sa gloire; enfin, plusieurs autres noms honorables se font aussi remarquer dans ce lieu; des noms célèbres pendant leur vie, mais qui retentissent plus faiblement de générations en générations, jusqu'à ce que leur bruit s'éteigne entièrement.

La vue de cette église, décorée par de si nobles souvenirs, réveilla l'enthousiasme de Corinne : l'aspect des vivants l'avait découragée, la présence silencieuse des morts ranima, pour un moment du moins, cette émulation de gloire dont elle était jadis saisie; elle marcha d'un pas plus ferme dans l'église, et quelques pensées d'autrefois traversèrent encore son âme. Elle vit venir sous les voûtes de jeunes prêtres qui chantaient à voix basse et se promenaient lentement autour du chœur; elle demanda à l'un d'eux ce que signifiait cette cérémonie. *Nous prions pour nos morts*, lui répondit-il. « Oui, vous avez raison, pensa Corinne, de les appeler *vos morts* : c'est la seule propriété glorieuse qui vous reste. Oh! pourquoi donc Oswald a-t-il étouffé ces dons que j'avais reçus du ciel, et que je devais faire servir à exciter l'enthousiasme dans les âmes qui s'accordent avec la mienne? O mon Dieu! s'écria-t-elle en se mettant à genoux, ce n'est point par un vain orgueil que je vous conjure de me rendre les talents que vous m'aviez accordés. Sans doute ils sont les meilleurs de tous, ces saints obscurs qui ont su vivre et mourir pour vous: mais il est différentes carrières pour les mortels; et le génie qui célébrerait les vertus généreuses, le génie qui se consacrerait à tout ce qui est noble, humain et vrai, pourrait être reçu du moins dans les parvis extérieurs du ciel. » Les yeux de Corinne étaient baissés en achevant cette prière, et ses regards furent frappés par cette inscription d'un tombeau sur lequel elle s'était mise à genoux : *Seule à mon aurore, seule à mon couchant, je suis encore seule ici.*

« Ah! s'écria Corinne, c'est la réponse à ma prière! Quelle émulation peut-on éprouver quand on est seule sur la terre? qui partagerait mes succès, si j'en pouvais obtenir? qui s'intéresse à mon sort? quel sentiment pourrait encourager mon esprit au travail? il me fallait son regard pour récompense. »

Une autre épitaphe aussi fixa son attention : *Ne me plaignez pas*, disait un homme mort dans la jeunesse ; *si vous saviez combien de peines ce tombeau m'a épargnées !* « Quel détachement de la vie ces paroles inspirent! dit Corinne en versant des pleurs ; tout à côté du tumulte de la ville, il y a cette église, qui apprendrait aux hommes le secret de tout, s'ils le voulaient ; mais on passe sans y entrer, et la merveilleuse illusion de l'oubli fait aller le monde. »

CHAPITRE IV

Le mouvement d'émulation qui avait soulagé Corinne pendant quelques instants la conduisit encore le lendemain à la galerie de Florence ; elle se flatta de retrouver son ancien goût pour les arts, et d'y puiser quelque intérêt pour ses occupations d'autrefois. Les beaux-arts sont encore très-républicains à Florence : l'on y montre les statues et les tableaux à toutes les heures avec la plus grande facilité. Des hommes instruits, payés par le gouvernement, sont préposés comme des fonctionnaires publics à l'explication de tous ces chefs-d'œuvre. C'est un reste de respect pour les talents en tous genres, qui a toujours existé en Italie, mais plus particulièrement à Florence, lorsque les Médicis voulaient se faire pardonner leur pouvoir par leur esprit, et leur ascendant sur les actions par le libre essor qu'ils laissaient du moins à la pensée. Les gens du peuple aiment beaucoup les arts à Florence, et mêlent ce goût à la dévotion, qui est plus régulière en Toscane qu'en tout autre lieu de l'Italie ; il n'est pas rare de les voir confondre les figures mythologiques avec l'histoire chrétienne. Un Florentin, homme du peuple, montrait aux étrangers une Minerve qu'il appelait Judith, un Apollon qu'il nommait David, et certifiait, en expliquant un bas-relief qui représentait la prise de Troie, que Cassandre *était une bonne chrétienne.*

C'est une immense collection que la galerie de Florence, et l'on pourrait y passer bien des jours sans parvenir à la connaître. Corinne parcourait tous ces objets, et se sentait avec douleur distraite et indifférente. La statue de Niobé réveilla son intérêt : elle fut frappée de ce calme, de cette dignité à travers la plus profonde douleur. Sans doute, dans une semblable situation, la figure d'une véritable mère serait entièrement bouleversée ; mais l'idéal des arts conserve la beauté dans e désespoir ; et ce qui touche profondément dans les ouvrages du génie, ce n'est pas le malheur même, c'est la puissance que l'âme conserve sur ce malheur. Non loin de la statue de Niobé est la tête d'Alexandre mourant ; ces deux genres de physionomie donnent beaucoup à penser. Il y a dans Alexandre l'étonnement et l'indignation de n'avoir pu vaincre la nature. Les angoisses de l'amour maternel se peignent dans tous les traits de Niobé : elle serre sa fille contre son sein avec une anxiété déchirante ; la douleur exprimée par cette admirable figure porte le caractère de cette fatalité qui ne laissait, chez les anciens, aucun recours à l'âme religieuse. Niobé lève les yeux au ciel, mais sans espoir, car les dieux mêmes y sont ses ennemis.

Corinne, en retournant chez elle, essaya de réfléchir sur ce qu'elle venait de voir, et voulut composer comme elle le faisait jadis ; mais une distraction invincible l'arrêtait à chaque page. Combien elle était loin alors du talent d'improviser! Chaque mot lui coûtait à trouver, et souvent elle traçait des paroles sans aucun sens, des paroles qui l'effrayaient elle-même quand elle se mettait à les relire, comme si l'on voyait écrit le délire de la fièvre. Se sentant alors incapable de détourner sa pensée de sa propre situation, elle peignait ce qu'elle souffrait ; mais ce n'étaient plus ces idées générales, ces sentiments universels qui répondent au cœur de tous les hommes ; c'était le cri de la douleur, cri monotone à la longue comme celui des oiseaux de la nuit ; il y avait trop d'ardeur dans les expressions, trop d'impétuosité, trop peu de nuances : c'était le malheur, mais ce n'était plus le talent. Sans doute il faut, pour bien écrire, une émotion vraie, mais il ne faut pas qu'elle soit déchirante. Le bonheur est nécessaire à tout, et la poésie la plus mélancolique doit être inspirée par une sorte de verve qui suppose et de la force et des jouissances intellectuelles. La véritable douleur n'a point de fécondité naturelle : ce qu'elle produit n'est qu'une agitation sombre qui ramène sans cesse aux mêmes pensées. Ainsi, ce chevalier poursuivi par un sort funeste parcourait en vain mille détours, et se retrouvait toujours à la même place.

Le mauvais état de la santé de Corinne achevait aussi de troubler son talent. L'on a trouvé dans ses papiers quelques-unes des réflexions qu'on va lire, et qu'elle écrivait dans ce temps où elle faisait d'inutiles efforts pour redevenir capable d'un travail suivi.

CHAPITRE V

FRAGMENTS DES PENSÉES DE CORINNE.

« Mon talent n'existe plus ; je le regrette. J'aurais aimé que
« mon nom lui parvînt avec quelque gloire ; j'aurais voulu
« qu'en lisant un écrit de moi il y sentît quelque sympathie
« avec lui.

« J'avais tort d'espérer qu'en rentrant dans son pays, au
« milieu de ses habitudes, il conserverait les idées et les sen-
« timents qui pouvaient seuls nous réunir. Il y a tant à dire
« contre une personne telle que moi ! et il n'y a qu'une ré-
« ponse à tout cela, c'est l'esprit et l'âme que j'ai ; mais quelle
« réponse pour la plupart des hommes !

« On a tort cependant de craindre la supériorité de l'esprit
« et de l'âme : elle est très-morale, cette supériorité ; car tout
« comprendre rend très-indulgent, et sentir profondément ins-
« pire une grande bonté.

« Comment se fait-il que deux êtres qui se sont confié leurs
« pensées les plus intimes, qui se sont parlé de Dieu, de l'im-
« mortalité de l'âme, de sa douleur, redeviennent tout à coup
« étrangers l'un à l'autre ? Étonnant mystère que l'amour !
« sentiment admirable ou nul ! religieux comme l'étaient les
« martyrs, ou plus froid que l'amitié la plus simple. Ce qu'il
« y a de plus involontaire au monde vient-il du ciel ou des

« passions terrestres? faut-il s'y soumettre ou le combattre?
« Ah! qu'il se passe d'orages au fond du cœur!

« Le talent devrait être une ressource. Quand le Domini-
« quin fut enfermé dans un couvent, il peignit des tableaux
« superbes sur les murs de sa prison, et laissa des chefs-
« d'œuvre pour traces de son séjour; mais il souffrait par les
« circonstances extérieures; le mal n'était pas dans l'âme :
« quand il est là, rien n'est possible, la source de tout est
« tarie.

« Je m'examine quelquefois comme un étranger pourrait le
« faire, et j'ai pitié de moi. J'étais spirituelle, vraie, bonne,
« généreuse, sensible; pourquoi tout cela tourne-t-il si fort
« à mal? Le monde est-il vraiment méchant? et certaines
« qualités nous ôtent-elles nos armes au lieu de nous donner
« de la force?

« C'est dommage : j'étais née avec quelque talent; je mour-
« rai sans que l'on ait aucune idée de moi, bien que je sois
« célèbre. Si j'avais été heureuse, si la fièvre du cœur ne
« m'avait pas dévorée, j'aurais contemplé de très-haut la des-
« tinée humaine, j'y aurais découvert des rapports inconnus
« avec la nature et le ciel; mais la serre du malheur me
« tient; comment penser librement quand elle se fait sentir
« chaque fois qu'on essaye de respirer ?

« Pourquoi n'a-t-il pas été tenté de rendre heureuse une
« personne dont il avait seul le secret, une personne qui ne
« parlait qu'à lui du fond du cœur? Ah! l'on peut se séparer
« de ces femmes communes qui aiment au hasard : mais celle
« qui a besoin d'admirer ce qu'elle aime, celle dont le juge-
« ment est pénétrant, bien que son imagination soit exaltée,
« il n'y a pour elle qu'un objet dans l'univers.

« J'avais appris la vie dans les poëtes; elle n'est pas ainsi :
« il y a quelque chose d'aride dans la réalité, que l'on s'efforce
« en vain de changer.

« Quand je me rappelle mes succès, j'éprouve un sentiment
« d'irritation. Pourquoi me dire que j'étais charmante, si je
« ne devais pas être aimée? Pourquoi m'inspirer de la con-
« fiance pour qu'il me fût plus affreux d'être détrompée?

LE SÉJOUR A FLORENCE. 443

« Trouvera-t-il dans une autre plus d'esprit, plus d'âme, plus
« de tendresse qu'en moi? Non, il trouvera moins, et sera sa-
« tisfait; il se sentira d'accord avec la société. Quelles jouis-
« sances, quelles peines factices elle donne!

« En présence du soleil et des sphères étoilées, on n'a be-
« soin que de s'aimer et de se sentir dignes l'un de l'autre.

« Mais la société, la société! comme elle rend le cœur dur et
« l'esprit frivole! comme elle fait vivre pour ce que l'on dira
« de vous! Si les hommes se rencontraient un jour, dégagés
« chacun de l'influence de tous, quel air pur entrerait dans
« l'âme! que d'idées nouvelles, que de sentiments vrais la ra-
« fraîchiraient!

« La nature aussi est cruelle. Cette figure que j'avais, elle
« va se flétrir; et c'est en vain alors que j'éprouverais les
« affections les plus tendres; des yeux éteints ne peindraient
« plus mon âme, n'attendriraient plus pour ma prière.

« Il y a des peines en moi que je n'exprimerai jamais, pas
« même en écrivant; je n'en ai pas la force : l'amour seul
« pourrait sonder ces abîmes.

« Que les hommes sont heureux d'aller à la guerre, d'ex-
« poser leur vie, de se livrer à l'enthousiasme de l'honneur et
« du danger! Mais il n'y a rien au dehors qui soulage les fem-
« mes; leur existence, immobile en présence du malheur, est
« un bien long supplice!

« Quelquefois, quand j'entends la musique, elle me retrace
« les talents que j'avais, le chant, la danse et la poésie; il me
« prend alors envie de me dégager du malheur, de reprendre
« à la joie; mais tout à coup un sentiment intérieur me fait
« frissonner; on dirait que je suis une ombre qui veut encore
« rester sur la terre, quand les rayons du jour, quand l'ap-
« proche des vivants la force à disparaître.

« Je voudrais être susceptible des distractions que donne
« le monde; autrefois je les aimais, elles me faisaient du bien;
« les réflexions de la solitude me menaient trop loin et trop
« avant; mon talent gagnait à la mobilité de mes impres-
« sions. Maintenant j'ai quelque chose de fixe dans le regard
« comme dans la pensée : gaieté, grâce, imagination, qu'êtes-

« vous devenus ? Ah ! je voudrais, ne fût-ce que pour un mo-
« ment, goûter encore de l'espérance ! Mais c'en est fait, le
« désert est inexorable, la goutte d'eau comme la rivière sont
« taries, et le bonheur d'un jour est aussi difficile que la des-
« tinée de la vie entière.

« Je le trouve coupable envers moi ; mais quand je le com-
« pare aux autres hommes, combien ils me paraissent affectés,
« bornés, misérables ! et lui, c'est un ange, mais un ange
« armé de l'épée flamboyante qui a consumé mon sort. Celui
« qu'on aime est le vengeur des fautes qu'on a commises sur
« cette terre ; la Divinité lui prête son pouvoir.

« Ce n'est pas le premier amour qui est ineffaçable, il vient
« du besoin d'aimer ; mais lorsque, après avoir connu la vie,
« et dans toute la force de son jugement, on rencontre l'esprit
« et l'âme que l'on avait jusqu'alors vainement cherchés,
« l'imagination est subjuguée par la vérité, et l'on a raison
« d'être malheureuse.

« Que cela est insensé, diront au contraire la plupart des
« hommes, de mourir pour l'amour, comme s'il n'y avait pas
« mille autres manières d'exister ! L'enthousiasme en tout
« genre est ridicule pour qui ne l'éprouve pas. La poésie, le
« dévouement, l'amour, la religion, ont la même origine ; et
« il y a des hommes aux yeux desquels ces sentiments sont
« de la folie. Tout est folie, si l'on veut, hors le soin que l'on
« prend de son existence ; il peut y avoir erreur et illusion
« partout ailleurs.

« Ce qui fait mon malheur surtout, c'est que lui seul me
« comprenait, et peut-être trouvera-t-il une fois aussi que moi
« seule je savais l'entendre. Je suis la plus facile et la plus
« difficile personne du monde : tous les êtres bienveillants me
« conviennent comme société de quelques instants ; mais pour
« l'intimité, pour une affection véritable, il n'y avait au monde
« qu'Oswald que je pusse aimer. Imagination, esprit, sensi-
« bilité, quelle réunion ! où se trouve-t-elle dans l'univers ?
« Et le cruel possédait toutes ces qualités, ou du moins tout
« leur charme !

« Qu'aurais-je à dire aux autres, à qui pourrais-je parler ?

« quel but, quel intérêt me reste-t-il? Les plus amères dou-
« leurs, les plus délicieux sentiments me sont connus, que
« puis-je craindre? que pourrais-je espérer? le pâle avenir
« n'est plus pour moi que le spectre du passé.

« Pourquoi les situations heureuses sont-elles si passagères?
« qu'ont-elles de plus fragile que les autres? L'ordre naturel
« est-il la douleur? C'est une convulsion que la souffrance
« pour le corps, mais c'est un état habituel pour l'âme.

« *Ahi! null' altro che pianto al mondo dura*[1].

« Une autre vie! une autre vie! voilà mon espoir; mais
« telle est la force de celle-ci, qu'on cherche dans le ciel les
« mêmes sentiments qui ont occupé sur la terre. On peint
« dans les mythologies du Nord les ombres des chasseurs
« poursuivant les ombres des cerfs dans les nuages; mais de
« quel droit disons-nous que ce sont des ombres? où est-elle,
« la réalité? il n'y a de sûr que la peine, il n'y a qu'elle qui
« tienne impitoyablement ce qu'elle promet.

« Je rêve sans cesse à l'immortalité, non plus à celle que
« donnent les hommes : ceux qui, selon l'expression du Dante,
« *appelleront antique le temps actuel*, ne m'intéressent plus;
« mais je ne crois pas à l'anéantissement de mon cœur. Non,
« mon Dieu, je n'y crois pas. Il est pour vous, ce cœur dont
« il n'a pas voulu, et que vous daignerez recevoir après les
« dédains d'un mortel.

« Je sens que je ne vivrai pas longtemps, et cette pensée
« met du calme dans mon âme. Il est doux de s'affaiblir dans
« l'état où je suis, c'est le sentiment de la peine qui s'émousse.

« Je ne sais pourquoi dans le trouble de la douleur on est
« plus capable de superstition que de piété; je fais des pré-
« sages de tout, et je ne sais point encore placer ma confiance
« en rien. Ah! que la dévotion est douce dans le bonheur!
« quelle reconnaissance envers l'Être suprême doit éprouver
« la femme d'Oswald!

1. Ah! dans le monde rien ne dure que les larmes.
PÉTRARQUE.

« Sans doute la douleur perfectionne beaucoup le carac-
« tère; on rattache dans sa pensée ses fautes à ses malheurs,
« et toujours un lien visible, au moins à nos yeux, semble les
« réunir; mais il est un terme à ce salutaire effet.

« Un profond recueillement m'est nécessaire avant d'ob-
« tenir

« . . . . *Tranquillo varco*
« *A più tranquilla vita* ¹.

« Quand je serai tout à fait malade, le calme doit renaître
« dans mon cœur; il y a beaucoup d'innocence dans les pen-
« sées de l'être qui va mourir, et j'aime les sentiments qu'ins-
« pire cette situation.

« Inconcevable énigme de la vie, que la passion, ni la dou-
« leur, ni le génie, ne peuvent découvrir, vous révélerez-vous
« à la prière? Peut-être l'idée la plus simple de toutes ex-
« plique-t-elle ces mystères! peut-être en avons-nous ap-
« proché mille fois dans nos rêveries! Mais ce dernier pas est
« impossible, et nos vains efforts en tout genre donnent une
« grande fatigue à l'âme. Il est bien temps que la mienne se
« repose.

« *Fermossi al fin il cor che balzò tanto* ².
IPPOLITO PINDEMONTE.

CHAPITRE VI

Le prince Castel-Forte quitta Rome pour venir s'établir à
Florence près de Corinne; elle fut très-reconnaissante de
cette preuve d'amitié; mais elle était un peu honteuse de ne
pouvoir plus répandre dans la conversation le charme qu'elle
y mettait autrefois. Elle était distraite et silencieuse; le dépérissement de sa santé lui ôtait la force nécessaire pour
triompher, même pour un moment, des sentiments qui l'oc-

1. Un tranquille passage vers une vie plus tranquille.
2. Il s'est enfin arrêté, ce cœur qui battait si vite.

cupaient. Elle avait encore en parlant l'intérêt qu'inspire la bienveillance; mais le désir de plaire ne l'animait plus. Quand l'amour est malheureux, il refroidit toutes les autres affections, on ne peut s'expliquer à soi-même ce qui se passe dans l'âme; mais autant l'on avait gagné par le bonheur, autant l'on perd par la peine. Le surcroît de vie que donne un sentiment qui fait jouir de la nature entière se reporte sur tous les rapports de la vie et de la société; mais l'existence est si appauvrie quand cet immense espoir est détruit, qu'on devient incapable d'aucun mouvement spontané. C'est pour cela même que tant de devoirs commandent aux femmes, et surtout aux hommes, de respecter et de craindre l'amour qu'ils inspirent, car cette passion peut dévaster à jamais l'esprit comme le cœur.

Le prince Castel-Forte essayait de parler à Corinne des objets qui l'intéressaient autrefois; elle était quelquefois plusieurs minutes sans lui répondre, parce qu'elle ne l'entendait pas dans le premier moment; puis le son et l'idée lui parvenaient, et elle disait quelque chose qui n'avait ni la couleur ni le mouvement que l'on admirait jadis dans sa manière de parler, mais qui faisait aller la conversation quelques instants, et lui permettait de retomber dans ses rêveries. Enfin elle faisait encore un nouvel effort pour ne pas décourager la bonté du prince Castel-Forte, et souvent elle prenait un mot pour l'autre, ou disait le contraire de ce qu'elle venait de dire; alors elle souriait de pitié sur elle-même, et demandait pardon à son ami de cette sorte de folie dont elle avait la conscience.

Le prince Castel-Forte voulut se hasarder à lui parler d'Oswald, et il semblait même que Corinne prît à cette conversation un âpre plaisir; mais elle était dans un tel état de souffrance en sortant de cet entretien, que son ami se crut absolument obligé de se l'interdire. Le prince Castel-Forte avait une âme sensible; mais un homme, et surtout un homme qui a été vivement occupé d'une femme, ne sait, quelque généreux qu'il soit, comment la consoler du sentiment qu'elle éprouve pour un autre. Un peu d'amour-propre en lui, et de timidité en elle, empêchent que l'intimité de la confiance ne soit parfaite : d'ailleurs à quoi servirait-elle? il n'y a de remède qu'aux chagrins qui se guériraient d'eux-mêmes.

Corinne et le prince Castel-Forte se promenaient ensemble chaque jour sur les bords de l'Arno. Il parcourait tous les sujets d'entretien avec un aimable mélange d'intérêt et de ménagement ; elle le remerciait en lui serrant la main ; quelquefois elle essayait de parler sur les objets qui tiennent à l'âme : ses yeux se remplissaient de pleurs, et son émotion lui faisait mal ; sa pâleur et son tremblement étaient pénibles à voir, et son ami cherchait bien vite à la détourner de ces idées. Une fois elle se mit tout à coup à plaisanter avec sa grâce accoutumée ; le prince Castel-Forte la regarda avec surprise et joie, mais elle s'enfuit aussitôt en fondant en larmes.

Elle revint à dîner, tendit la main à son ami en lui disant : « Pardon, je voudrais être aimable pour vous récompenser de votre bonté, mais cela m'est impossible ; soyez assez généreux pour me supporter telle que je suis. » Ce qui inquiétait vivement le prince Castel-Forte, c'était l'état de santé de Corinne. Un danger prochain ne la menaçait pas encore ; mais il était impossible qu'elle vécût longtemps, si quelques circonstances heureuses ne ranimaient pas ses forces. Dans ce temps, le prince Castel-Forte reçut une lettre de lord Nelvil, et bien qu'elle ne changeât rien à la situation, puisqu'il lui confirmait qu'il était marié, il y avait dans cette lettre des paroles qui auraient ému profondément Corinne. Le prince Castel-Forte réfléchissait des heures entières pour concerter avec lui-même s'il devait ou non causer à son amie, en lui montrant cette lettre, l'impression la plus vive, et il la voyait si faible qu'il ne l'osait pas. Pendant qu'il délibérait encore, il reçut une seconde lettre de lord Nelvil, également remplie de sentiments qui auraient attendri Corinne, mais contenant la nouvelle de son départ pour l'Amérique. Alors le prince Castel-Forte se décida tout à fait à ne rien dire. Il eut peut-être tort : car une des plus amères douleurs de Corinne, c'était que lord Nelvil ne lui écrivît point : elle n'osait l'avouer à personne ; mais bien qu'Oswald fût pour jamais séparé d'elle, un souvenir, un regret de sa part, lui auraient été bien chers : et ce qui lui paraissait le plus affreux, c'était ce silence absolu qui ne lui donnait pas même l'occasion de prononcer ou d'entendre prononcer son nom.

Une peine dont personne ne vous parle, une peine qui n'éprouve pas le moindre changement, ni par les jours, ni par les années, et n'est susceptible d'aucun événement, d'aucune vicissitude, fait encore plus de mal que la diversité des impressions douloureuses. Le prince Castel-Forte suivit la maxime commune, qui conseille de tout faire pour amener l'oubli ; mais il n'y a point d'oubli pour les personnes d'une imagination forte, et il vaut mieux, avec elles, renouveler sans cesse le même souvenir, fatiguer l'âme de pleurs enfin, que de l'obliger à se concentrer en elle-même.

LIVRE DIX-NEUVIÈME

LE RETOUR D'OSWALD EN ITALIE

CHAPITRE PREMIER

Rappelons maintenant les événements qui se passèrent en Écosse après le jour de cette triste fête où Corinne fit un si douloureux sacrifice. Le domestique de lord Nelvil lui remit ses lettres au bal : il sortit pour les lire ; il en ouvrit plusieurs que son banquier de Londres lui envoyait, avant de deviner celle qui devait décider de son sort ; mais quand il aperçut l'écriture de Corinne, mais quand il vit ces mots : *Vous êtes libre*, et qu'il reconnut l'anneau, il sentit à la fois une amère douleur et l'irritation la plus vive. Il y avait deux mois qu'il n'avait reçu de lettres de Corinne, et ce silence était rompu par des paroles si laconiques, par une action si décisive ! Il ne douta pas de son inconstance ; il se rappela tout ce que lady Edgermond avait pu dire de la légèreté, de la mobilité de Corinne ; il entra dans le sens de l'inimitié contre elle, car il l'aimait assez encore pour être injuste. Il oublia qu'il avait tout à fait renoncé depuis plusieurs mois à l'idée d'épouser Corinne, et que Lucile lui avait inspiré un goût assez vif. Il se crut un homme sensible trahi par une femme infidèle ; il éprouva du trouble, de la colère, du malheur, mais surtout un mouvement de fierté qui dominait toutes les autres impressions, et lui inspirait le désir de se montrer supérieur à celle qui l'abandonnait. Il ne faut pas beaucoup se vanter de la fierté dans les attachements du cœur ; elle n'existe presque jamais que quand l'amour-propre l'emporte sur l'affection, et si lord Nelvil eût aimé Corinne comme dans les jours de Rome et de Naples, le ressentiment contre les torts qu'il lui croyait ne l'eût point encore détaché d'elle.

Lady Edgermond s'aperçut du trouble de lord Nelvil; c'était une personne passionnée sous de froids dehors, et la maladie mortelle dont elle se sentait menacée ajoutait à l'ardeur de son intérêt pour sa fille. Elle savait que la pauvre enfant aimait lord Nelvil, et elle tremblait d'avoir compromis son bonheur en le lui faisant connaître. Elle ne perdait donc pas Oswald un instant de vue, et pénétrait dans les secrets de son âme avec une sagacité que l'on attribue à l'esprit des femmes, mais qui tient uniquement à l'attention continuelle qu'inspire un vrai sentiment. Elle prit le prétexte des affaires de Corinne, c'est-à-dire de l'héritage de son oncle qu'elle voulait lui faire passer, pour avoir le lendemain matin un entretien avec lord Nelvil. Dans cet entretien elle devina bien vite qu'il était mécontent de Corinne ; et, flattant son ressentiment par l'idée d'une noble vengeance, elle lui proposa de la reconnaître pour sa belle-fille. Lord Nelvil fut étonné de ce changement subit dans les intentions de lady Edgermond, mais il comprit cependant, quoique cette pensée ne fût en aucune manière exprimée, que cette offre n'aurait son effet que s'il épousait Lucile, et, dans l'un de ces moments où l'on agit plus vite que l'on ne pense, il la demanda en mariage à sa mère. Lady Edgermond, ravie, put à peine se contenir assez pour ne pas dire oui avec trop de rapidité : le consentement fut donné, et lord Nelvil sortit de cette chambre lié par un engagement qu'il n'avait pas eu l'idée de contracter en y entrant.

Pendant que lady Edgermond préparait Lucile à le recevoir, il se promenait dans le jardin avec une grande agitation. Il se disait que Lucile lui avait plu précisément parce qu'il la connaissait peu, et qu'il était bizarre de fonder tout le bonheur de sa vie sur le charme d'un mystère qui doit nécessairement être découvert. Il lui revint un mouvement d'attendrissement pour Corinne, et il se rappela les lettres qu'il lui avait écrites, et qui exprimaient trop bien les combats de son âme. « Elle a eu raison, s'écria-t-il, de renoncer à moi ;

je n'ai pas eu le courage de la rendre heureuse ; mais il devait lui en coûter davantage, et cette ligne si froide... Mais qui sait si ses larmes ne l'ont pas arrosée ? » et en prononçant ces mots les siennes coulaient malgré lui. Ses rêveries l'entraînèrent tellement, qu'il s'éloigna du château, et fut longtemps cherché par les domestiques de lady Edgermond, qu'elle avait envoyés pour lui faire dire qu'il était attendu · il s'étonna lui-même de son peu d'empressement, et se hâta de revenir.

En entrant dans la chambre, il vit Lucile à genoux et la tête cachée dans le sein de sa mère ; elle avait ainsi la grâce la plus touchante. Lorsqu'elle entendit lord Nelvil, elle releva son visage baigné de pleurs, et lui dit en lui tendant la main : « N'est-il pas vrai, milord, que vous ne me séparerez pas de ma mère ? » Cette aimable manière d'annoncer son consentement intéressa beaucoup Oswald. Il se mit à genoux à son tour, et pria lady Edgermond de permettre que le visage de Lucile se penchât vers le sien ; et c'est ainsi que cette innocente personne reçut la première impression qui la faisait sortir de l'enfance. Une vive rougeur couvrit son front ; Oswald sentit en la regardant quel lien pur et sacré il venait de former ; et la beauté de Lucile, quelque ravissante qu'elle fût en ce moment, lui fit moins d'impression encore que sa céleste modestie.

Les jours qui précédèrent le dimanche qui avait été fixé pour la cérémonie se passèrent en arrangements nécessaires pour le mariage. Lucile, pendant ce temps, ne parla pas beaucoup plus qu'à l'ordinaire, mais ce qu'elle disait était noble et simple ; et lord Nelvil aimait et approuvait chacune de ses paroles. Il sentait bien cependant quelque vide auprès d'elle : la conversation consistait toujours dans une question et une réponse ; elle ne s'engageait pas, elle ne se prolongeait pas ; tout était bien, mais il n'y avait pas ce mouvement, cette vie inépuisable dont il est difficile de se passer quand une fois on en a joui. Lord Nelvil se rappelait alors Corinne ; mais comme il n'entendait plus parler d'elle, il espérait que ce souvenir deviendrait à la fin une chimère, objet seulement de ses vagues regrets.

Lucile, en apprenant par sa mère que sa sœur vivait encore, et qu'elle était en Italie, avait eu le plus grand désir d'interroger lord Nelvil à son sujet; mais lady Edgermond le lui avait interdit, et Lucile s'était soumise, selon sa coutume, sans demander le motif de cet ordre. Le matin du jour du mariage, l'image de Corinne se retraça dans le cœur d'Oswald plus vivement que jamais, et il fut effrayé lui-même de l'impression qu'il en recevait. Mais il adressa ses prières à son père; il lui dit au fond de son cœur que c'était pour lui, que c'était pour obtenir sa bénédiction dans le ciel qu'il accomplissait sa volonté sur la terre. Raffermi par ces sentiments, il arriva chez lady Edgermond, et se reprocha les torts qu'il avait eus dans sa pensée envers Lucile. Quand il la vit, elle était si charmante, qu'un ange qui serait descendu sur la terre n'aurait pu choisir une autre figure pour donner aux mortels l'idée des vertus célestes. Ils marchèrent à l'autel. La mère avait une émotion plus profonde encore que la fille; car il s'y mêlait cette crainte que fait éprouver toujours une grande résolution, quelle qu'elle soit, à qui connaît la vie. Lucile n'avait que de l'espoir; l'enfance se mêlait en elle à la jeunesse, et la joie à l'amour. En revenant de l'autel, elle s'appuyait timidement sur le bras d'Oswald; elle s'assurait ainsi de son protecteur. Oswald la regardait avec attendrissement; on eût dit qu'il sentait au fond de son cœur un ennemi qui menaçait le bonheur de Lucile, et qu'il se promettait de l'en défendre.

Lady Edgermond, revenue au château, dit à son gendre : « Je suis tranquille à présent; je vous ai confié le bonheur de Lucile; il me reste si peu de temps encore à vivre, qu'il m'est doux de me sentir si bien remplacée. » Lord Nelvil fut très-attendri par ces paroles, et réfléchit avec autant d'émotion que d'inquiétude aux devoirs qu'elles lui imposaient. Peu de jours s'étaient écoulés, et Lucile commençait à peine à lever ses timides regards sur son époux, et à prendre la confiance qui aurait pu lui permettre de se faire connaître à lui, lorsque des incidents malheureux vinrent troubler cette union; elle s'était annoncée d'abord sous des auspices plus favorables.

CHAPITRE II

M Dickson arriva pour voir les nouveaux mariés, et s'excusa de n'avoir point assisté à la noce, en racontant qu'il était resté longtemps malade de l'ébranlement causé par une chute violente. Comme on lui parlait de cette chute, il dit qu'il avait été secouru par une femme la plus séduisante du monde. Oswald, dans cet instant, jouait au volant avec Lucile. Elle avait beaucoup de grâce à cet exercice ; Oswald la regardait et n'écoutait pas M. Dickson, lorsque celui-ci lui cria, d'un bout de la chambre à l'autre : « Milord, elle a sûrement beaucoup entendu parler de vous, la belle inconnue qui m'a secouru, car elle m'a fait bien des questions sur votre sort. — De qui parlez-vous ? répondit lord Nelvil en continuant à jouer. — D'une femme charmante, reprit M. Dickson, bien qu'elle eût l'air déjà changé par la souffrance, et qui ne pouvait parler de vous sans émotion. » Ces mots attirèrent cette fois l'attention de lord Nelvil, et il se rapprocha de M. Dickson en le priant de les répéter. Lucile, qui ne s'était point occupée de ce qu'on avait dit, alla rejoindre sa mère, qui l'avait fait appeler. Oswald se trouva seul avec M. Dickson ; il lui demanda quelle était cette femme dont il venait de lui parler. « Je n'en sais rien, répondit-il ; sa prononciation m'a prouvé qu'elle était Anglaise ; mais j'ai rarement vu, parmi nos femmes, une personne si obligeante et d'une conversation si facile. Elle s'est occupée de moi, pauvre vieillard, comme si elle eût été ma fille ; et pendant tout le temps que j'ai passé avec elle, je ne me suis pas aperçu de toutes les contusions que j'avais reçues. Mais, mon cher Oswald, seriez-vous donc aussi un infidèle en Angleterre comme vous l'avez été en Italie ? car ma charmante bienfaitrice pâlissait et tremblait en prononçant votre nom. — Juste ciel ! de qui parlez-vous ? Une Anglaise, dites-vous ! — Oui sans doute, répondit M. Dickson ; vous savez bien que les étrangers ne prononcent jamais notre langue sans accent. — Et sa figure ? — Oh ! la plus expressive que j'aie vue, quoiqu'elle fut pâle et maigre à faire de la peine. » La brillante Corinne ne ressemblait point à cette description; mais ne pouvait-elle pas être malade? ne devait-elle pas avoir beaucoup souffert si elle était venue en Angleterre, et si elle n'y avait pas vu celui qu'elle venait chercher? ces réflexions frappèrent tout à coup Oswald, et il continua ses questions avec une inquiétude extrême. M. Dickson lui disait toujours que l'inconnue parlait avec une grâce et une élégance qu'il n'avait rencontrées dans aucune autre femme; qu'une expression de bonté céleste se peignait dans ses regards, mais qu'elle semblait languissante et triste. Ce n'était pas la manière accoutumée de Corinne ; mais, encore une fois, ne pouvait-elle pas être changée par la peine? « De quelle couleur sont ses yeux et ses cheveux? dit lord Nelvil. — Du plus beau noir du monde. » Lord Nelvil pâlit. « Est-elle animée en parlant? — Non, continua M. Dickson; elle disait quelques paroles de temps en temps pour m'interroger et me répondre, mais le peu de mots qu'elle prononçait avaient beaucoup de charme. » Il allait continuer, quand lady Edgermond et Lucile entrèrent. Il se tut, et lord Nelvil cessa de le questionner, mais tomba dans la plus profonde rêverie et sortit pour se promener jusqu'à ce qu'il pût retrouver M. Dickson seul.

Lady Edgermond, que sa tristesse avait frappée, renvoya Lucile pour demander à M. Dickson s'il s'était passé quelque chose dans leur conversation qui pût affliger son gendre : il lui raconta naïvement ce qu'il avait dit. Lady Edgermond devina dans l'instant la vérité, et frémit de la douleur qu'Oswald ressentirait, s'il savait avec certitude que Corinne était venue le chercher en Écosse; et, prévoyant bien qu'il interrogerait de nouveau M. Dickson, elle lui dit ce qu'il devait répondre pour détourner lord Nelvil de ses soupçons. En effet, dans un second entretien, M. Dickson n'accrut pas son inquiétude à cet égard, mais il ne la dissipa point; et la première idée d'Oswald fut de demander à son domestique si toutes les lettres qu'il lui avait remises depuis environ trois semaines venaient de la poste, et s'il ne se souvenait pas d'en avoir reçu autrement. Le domestique assura que non ; mais comme il sortait de la chambre, il revint sur ses pas, et dit à lord Nelvil : « *Il me semble cependant que le jour du bal un aveugle m'a remis une lettre pour Votre Seigneurie; mais c'était sans doute pour implorer ses secours.* — Un aveugle! reprit Oswald ; non, je n'ai point reçu de lettre de lui : pourriez-vous me le retrouver? — Oui, très-facilement, reprit le domestique ; il demeure dans le village. — Allez le chercher, » dit lord Nelvil ; et ne pouvant pas attendre patiemment l'arrivée de l'aveugle, il alla au-devant de lui, et le rencontra au bout de l'avenue.

« Mon ami, lui dit-il, on vous a donné une lettre pour moi le jour du bal au château : qui vous l'avait remise? — Milord voit que je suis aveugle; comment pourrais-je le lui dire? — Croyez-vous que ce soit une femme? — Oui, milord, car elle avait un son de voix très-doux, autant qu'on pouvait le remarquer malgré ses larmes, car j'entendais bien qu'elle pleurait. — Elle pleurait! reprit Oswald, et que vous a-t-elle dit? — *Vous remettrez cette lettre au domestique d'Oswald, bon vieillard;* puis, se reprenant tout de suite, elle a ajouté : *à lord Nelvil.* — Ah! Corinne! » s'écria Oswald ; et il fut obligé de s'appuyer sur le vieillard, car il était près de s'évanouir. « Milord, continua le vieillard aveugle, j'étais assis au pied d'un arbre quand elle me donna cette commission ; je voulus m'en acquitter tout de suite; mais comme j'ai de la peine à me relever à mon âge, elle a daigné m'aider elle-même, m'a donné plus d'argent que je n'en avais eu depuis longtemps, et je sentais sa main qui tremblait en me soutenant, comme la vôtre, milord, à présent. — C'en est assez, dit lord Nelvil ; tenez, bon vieillard, voilà aussi de l'argent, comme elle vous en a donné ; priez pour nous deux. » Et il s'éloigna.

Depuis ce moment, un trouble affreux s'empara de son âme : il faisait de tous les côtés de vaines perquisitions, et ne pouvait concevoir comment il était possible que Corinne fût arrivée en Écosse sans demander à le voir ; il se tourmentait de mille manières sur les motifs de sa conduite ; et l'affliction qu'il ressentait était si grande, que, malgré ses efforts pour la cacher, il était impossible que lady Edgermond ne la devinât pas, et que Lucile même ne s'aperçût combien il était malheureux : sa tristesse la plongeait elle-même dans une rêverie continuelle, et leur intérieur était très-silencieux. Ce fut alors que lord Nelvil écrivit au prince Castel-Forte la première lettre, que celui-ci ne crut pas devoir montrer à Corinne, et qui l'aurait sûrement touchée par l'inquiétude profonde qu'elle exprimait.

Le comte d'Erfeuil revint de Plymouth, où il avait conduit Corinne, avant que la réponse du prince Castel-Forte à la lettre de lord Nelvil fût arrivée : il ne voulait pas dire à lord Nelvil tout ce qu'il savait de Corinne, et cependant il était fâché qu'on ignorât qu'il savait un secret important, et qu'il était assez discret pour le taire. Ses insinuations, qui d'abord n'avaient pas frappé lord Nelvil, réveillèrent son attention dès qu'il crut qu'elles pouvaient avoir quelque rapport avec Corinne; alors il interrogea vivement le comte d'Erfeuil, qui se défendit assez bien dès qu'il fut parvenu à se faire questionner.

Néanmoins, à la fin, Oswald lui arracha l'histoire entière de Corinne, par le plaisir qu'eut le comte d'Erfeuil à raconter tout ce qu'il avait fait pour elle, la reconnaissance qu'elle lui avait toujours témoignée, l'état affreux d'abandon et de douleur où il l'avait trouvée ; enfin il fit ce récit sans s'apercevoir le moins du monde de l'effet qu'il produisait sur lord Nelvil, et n'ayant d'autre but en ce moment que d'être, comme disent les Anglais, *le héros de sa propre histoire*. Quand le comte d'Erfeuil eut cessé de parler, il fut vraiment affligé du mal qu'il avait fait. Oswald s'était contenu jusqu'alors, mais tout à coup il devint comme insensé de douleur : il s'accusait d'être le plus barbare et le plus perfide des hommes; il se représentait le dévouement, la tendresse de Corinne, sa résignation, sa générosité, dans le moment même où elle le croyait le plus coupable, et il y opposait la dureté, la légèreté dont il l'avait payée. Il se répétait sans cesse que personne ne l'aimerait jamais comme elle l'avait aimé, et qu'il serait puni de quelque manière de la cruauté dont il avait usé envers elle. Il voulait partir pour l'Italie, la voir seulement un jour, seulement une heure ; mais déjà Rome et Florence étaient occupées par les Français ; son régiment allait s'embarquer, il ne pouvait s'éloigner sans déshonneur ; il ne pouvait percer le cœur de sa femme, et réparer les torts par les torts, et les douleurs par les douleurs. Enfin il espérait les dangers de la guerre, et cette pensée lui rendit du calme.

Ce fut dans cette disposition qu'il écrivit au prince Castel-Forte la seconde lettre, que celui-ci résolut encore de ne pas montrer à Corinne. Les réponses de l'ami de Corinne la peignaient triste mais résignée ; et comme il était fier et blessé pour elle, il adoucit plutôt qu'il n'exagéra l'état de malheur où elle était tombée. Lord Nelvil crut donc qu'il ne fallait pas la tourmenter de ses regrets, après l'avoir rendue si malheureuse par son amour, et il partit pour les îles avec un sentiment de douleur et de remords qui lui rendait la vie insupportable.

CHAPITRE III

Lucile était affligée du départ d'Oswald ; mais le morne silence qu'il avait gardé avec elle, pendant les derniers temps de leur séjour ensemble, avait tellement redoublé sa timidité naturelle, qu'elle ne put se résoudre à lui dire qu'elle se croyait grosse ; il ne le sut qu'aux îles par une lettre de lady Edgermond, à qui sa fille l'avait caché jusqu'alors. Lord Nelvil trouva donc les adieux de Lucile très-froids ; il ne jugea pas bien ce qui se passait dans son âme, et, comparant sa douleur silencieuse avec les éloquents regrets de Corinne lorsqu'il se sépara d'elle à Venise, il n'hésita pas à croire que Lucile l'aimait faiblement. Néanmoins, pendant les quatre années que dura son absence, elle n'eut pas un jour de bonheur. A peine la naissance de sa fille put-elle la distraire un moment des dangers que courait son époux. Un autre chagrin aussi se joignit à cette inquiétude : elle découvrit par degrés tout ce qui concernait Corinne et ses relations avec lord Nelvil. Le comte d'Erfeuil, qui passa près d'une année en Écosse, et vit souvent Lucile et sa mère, était fortement persuadé qu'il n'avait pas révélé le secret du voyage de Corinne en Angleterre; mais il dit tant de choses qui en approchaient, il lui était si difficile, quand la conversation languissait, de ne pas ramener le sujet qui intéressait si vivement Lucile, qu'elle parvint à tout savoir. Tout innocente qu'elle était, elle avait encore assez d'art pour faire parler le comte d'Erfeuil, tant il en fallait peu pour cela.

Lady Edgermond, que sa maladie occupait chaque jour davantage, ne s'était pas doutée du travail que faisait sa fille pour apprendre ce qui devait lui causer tant de douleur, mais, quand elle la vit si triste, elle obtint d'elle la confidence de ses chagrins. Lady Edgermond s'exprima très-sévèrement sur le voyage de Corinne en Angleterre. Lucile en recevait une autre impression : elle était tour à tour jalouse de Corinne et mécontente d'Oswald, qui avait pu se montrer si cruel envers une femme dont il était tant aimé; et il lui semblait qu'elle devait craindre, pour son propre bonheur, un homme qui avait ainsi sacrifié le bonheur d'une autre. Elle avait toujours conservé de l'intérêt et de la reconnaissance pour sa sœur, ce qui ajoutait encore à la pitié qu'elle lui inspirait; et, loin d'être flattée du sacrifice qu'Oswald lui avait fait, elle se tourmentait de l'idée qu'il ne l'avait choisie que parce que sa position dans le monde était meilleure que celle de Corinne; elle se rappelait son hésitation avant le mariage, sa tristesse peu de jours après, et toujours elle se confirmait dans la cruelle pensée que son époux ne l'aimait pas. Lady Edgermond aurait pu lui rendre un grand service dans cette disposition d'âme, si elle l'avait calmée; mais c'était une personne sans indulgence, et qui, ne concevant rien que le devoir et les sentiments qu'il permet, prononçait l'anathème contre tout ce qui s'écartait de cette ligne. Elle ne pensait pas à ramener par des ménagements, et s'imaginait, au contraire, que le seul moyen d'éveiller les remords était de montrer du ressentiment : elle partageait trop vivement les inquiétudes de Lucile, s'irritait de la pensée qu'une charmante personne ne fût pas appréciée par son époux ; et loin de lui faire du bien, en lui persuadant qu'elle était plus aimée qu'elle ne le croyait, elle confirmait ses craintes à cet égard, pour exciter davantage sa fierté. Lucile, plus douce et plus éclairée que sa mère, ne suivait pas rigoureusement les conseils qu'elle lui donnait, mais il en restait toujours quelques traces ; et ses lettres à lord Nelvil étaient bien moins sensibles que le fond de son cœur.

Oswald, pendant ce temps, se distingua dans la guerre par des actions d'une bravoure éclatante ; il exposa mille fois sa vie, non-seulement par l'enthousiasme de l'honneur, mais par goût pour le péril. On remarquait que le danger était un plaisir pour lui ; qu'il paraissait plus gai, plus animé, plus heureux, le jour des combats ; il rougissait de joie quand le tumulte des armes commençait, et c'était dans ce moment seul qu'un poids qu'il avait sur le cœur se soulevait et le laissait respirer à l'aise. Adoré de ses soldats, admiré de ses camarades, il avait une existence très-animée, qui, sans lui donner du bonheur, l'étourdissait au moins sur le passé comme sur l'avenir. Il recevait des lettres de sa femme, qu'il trouvait froides, mais auxquelles cependant il s'accoutumait. Le souvenir de Corinne lui apparaissait souvent dans ces belles nuits des tropiques, où l'on prend une si grande idée de la nature et de son auteur ; mais comme le climat et la guerre menaçaient tous les jours sa vie, il se croyait moins coupable, en étant si près de périr : on pardonne à ses ennemis lorsque la mort les menace ; on se sent aussi, dans une situation semblable, de l'indulgence pour soi-même. Lord Nelvil pensait seulement aux larmes de Corinne, lorsqu'elle apprendrait qu'il n'était plus ; il oubliait celles que ses torts lui avaient fait répandre.

Au milieu des périls, qui font si souvent réfléchir sur l'incertitude de la vie, il songeait bien plus à Corinne qu'à Lucile ; ils avaient tant parlé de la mort ensemble, ils avaient si souvent approfondi toutes les pensées les plus sérieuses, qu'il croyait encore s'entretenir avec Corinne, quand il s'occupait des grandes idées que retrace le spectacle habituel de la guerre et de ses dangers. C'était à elle qu'il s'adressait quand il était seul, bien qu'il dût la croire irritée contre lui. Il lui semblait qu'ils s'entendaient encore, malgré l'absence, malgré l'infidélité même ; tandis que la douce Lucile, qu'il ne croyait pas offensée contre lui, ne s'offrait à son souvenir que comme une personne digne d'être protégée, mais à laquelle il fallait épargner toutes les réflexions tristes et profondes. Enfin les troupes que lord Nelvil commandait furent rappelées en Angleterre il revint : déjà la tranquillité du vaisseau lui plaisait bien moins que l'activité de la guerre. Le mouvement extérieur avait remplacé, pour lui, les plaisirs de l'imagination, qu'autrefois l'entretien de Corinne lui faisait goûter ; il n'avait pas encore essayé du repos loin d'elle. Il avait su tellement se faire aimer de ses soldats, et leur avait inspiré tant d'attachement et d'enthousiasme, que leurs hommages et leur dévouement renouvelèrent encore pour lui, pendant le passage, l'intérêt de la vie militaire. Cet intérêt ne cessa complétement que quand on fut débarqué.

CHAPITRE IV

Lord Nelvil partit alors pour la terre de lady Edgermond, dans le Northumberland ; il fallait qu'il fît de nouveau connaissance avec sa famille, dont il avait perdu l'habitude depuis quatre ans. Lucile lui présenta sa fille, âgée de plus de trois ans, avec autant de timidité qu'une femme coupable pourrait en éprouver. Cette petite ressemblait à Corinne : l'imagination de Lucile avait été fort occupée du souvenir de sa sœur pendant sa grossesse ; et Juliette, c'était ainsi qu'elle se nommait, avait les cheveux et les yeux de Corinne. Lord Nelvil le remarqua, et en fut troublé ; il la prit dans ses bras, et la serra contre son cœur avec tendresse. Lucile ne vit dans ce mouvement qu'un souvenir de Corinne, et dès cet instant elle ne jouit pas sans mélange de l'affection que lord Nelvil témoignait à Juliette.

Lucile était encore embellie, elle avait près de vingt ans. Sa beauté avait pris un caractère imposant, et inspirait à lord Nelvil un sentiment de respect. Lady Edgermond n'était plus en état de sortir de son lit, et sa situation lui donnait beaucoup d'humeur et de chagrin. Elle revit pourtant avec plaisir lord Nelvil, car elle était très-tourmentée par la crainte de mourir en son absence, et de laisser sa fille ainsi seule au monde. Lord Nelvil avait tellement pris l'habitude d'une vie active, qu'il lui en coûtait beaucoup de rester presque tout le jour dans la chambre de sa belle-mère, qui ne recevait plus personne que son gendre et sa fille. Lucile aimait toujours beaucoup lord Nelvil; mais elle avait la douleur de ne pas se croire aimée, et lui cachait par fierté ce qu'elle savait de ses sentiments pour Corinne, et la jalousie qu'ils lui causaient. Cette contrainte ajoutait encore à sa réserve habituelle, et la rendait plus froide et plus silencieuse qu'elle ne l'eût été naturellement. Lorsque son époux voulait lui donner quelques conseils sur le charme qu'elle aurait pu répandre dans la conversation en y mettant plus d'intérêt, elle croyait voir dans ces conseils un souvenir de Corinne, et se blessait au lieu d'en profiter. Lucile avait une grande douceur de caractère, mais sa mère lui avait donné des idées positives sur tous les points; et quand lord Nelvil vantait les plaisirs de l'imagination et le charme des beaux-arts, elle voyait toujours dans ce qu'il disait les souvenirs de l'Italie, et rabattait assez sèchement l'enthousiasme de lord Nelvil, parce qu'elle pensait que Corinne en était l'unique cause. Dans une autre disposition, elle eût recueilli avec soin les paroles de son époux, pour étudier tous les moyens de lui plaire.

Lady Edgermond, dont la maladie augmentait les défauts, montrait une antipathie croissante pour tout ce qui sortait de la monotonie et de la règle habituelle de la vie. Elle voyait du mal à tout; et son imagination, irritée par la souffrance, était importunée de tous les bruits, au moral comme au physique. Elle eût voulu réduire l'existence aux moindres frais possibles, peut-être pour ne pas regretter vivement ce qu'elle était près de quitter; mais comme personne n'avoue le motif personnel de ses opinions, elle les appuyait sur les principes généraux d'une morale exagérée. Elle ne cessait de désenchanter la vie, en faisant un tort des moindres plaisirs, en opposant un devoir à chaque emploi des heures qui pouvait différer un peu de ce qu'on avait fait la veille. Lucile, qui, bien qu'elle fût soumise à sa mère, avait cependant plus d'esprit qu'elle, et plus de flexibilité dans le caractère, se serait réunie à son époux pour combattre doucement l'austérité de l'exigence toujours croissante de lady Edgermond, si celle-ci ne lui avait pas persuadé qu'elle se conduisait ainsi seulement pour s'opposer au penchant de lord Nelvil pour le séjour de l'Italie. « Il faut lutter sans cesse, disait-elle, par la puissance du devoir contre le retour possible d'une inclination si funeste. » Lord Nelvil avait certainement aussi un grand respect pour le devoir, mais il le considérait sous des rapports plus étendus que lady Edgermond. Il aimait à remonter à sa source, il le croyait parfaitement en harmonie avec nos véritables penchants, et pensait qu'il n'exigeait point de nous des sacrifices et des combats continuels. Il lui semblait enfin que la vertu, loin de tourmenter la vie, contribuait tellement au bonheur durable, qu'on pouvait la considérer comme une sorte de prescience accordée à l'homme sur cette terre.

Quelquefois Oswald, en développant ses idées, se livrait au plaisir d'employer des expressions de Corinne; il s'écoutait avec complaisance quand il empruntait son langage. Lady Edgermond montrait de l'humeur dès qu'il se laissait aller à cette manière de penser et de parler : les idées nouvelles déplaisent aux personnes âgées; elles aiment à se persuader que le monde n'a fait que perdre, au lieu d'acquérir, depuis qu'elles ont cessé d'être jeunes. Lucile, par l'instinct du cœur, reconnaissait, dans l'intérêt plus vif que lord Nelvil mettait à ses propres discours, le retentissement de son affection pour Corinne; elle baissait les yeux pour ne pas laisser voir à son époux ce qui se passait dans son âme; et lui, ne se doutant pas qu'elle fût instruite de ses rapports avec Corinne, attribuait à la froideur du caractère de sa femme son immobile silence pendant qu'il parlait avec chaleur. Ne sachant donc à qui s'adresser pour trouver un esprit qui répondît au sien, les regrets du passé se renouvelaient plus vivement que jamais dans son âme, et il tombait dans la plus profonde mélancolie.

Il écrivit au prince Castel-Forte pour avoir des nouvelles de Corinne. Sa lettre n'arriva point, à cause de la guerre. Sa santé souffrait extrêmement du climat d'Angleterre, et les médecins ne cessaient de lui répéter que sa poitrine serait attaquée de nouveau, s'il ne passait pas l'hiver en Italie; mais il était impossible d'y songer, puisque la paix n'était pas faite entre la France et l'Angleterre. Une fois il parla devant sa belle-mère et sa femme des conseils que les médecins lui avaient donnés, et de l'obstacle qui s'y opposait. « Quand la paix serait faite, lui dit lady Edgermond, je ne pense pas, milord, que vous vous permissiez à vous-même de revoir l'Italie. — Si la santé de milord l'exigeait, interrompit Lucile, il ferait très-bien d'y aller. » Ce mot parut assez doux à lord Nelvil, et il se hâta d'en témoigner sa reconnaissance à Lucile; mais cette reconnaissance même la blessa : elle crut y voir le dessein de la préparer au voyage.

La paix se fit au printemps, et le voyage d'Italie devint possible. Chaque fois que lord Nelvil laissait échapper quelques réflexions sur le mauvais état de sa santé, Lucile était combattue entre l'inquiétude qu'elle éprouvait et la crainte que lord Nelvil ne voulût insinuer par là qu'il devrait passer l'hiver en Italie; et, tandis que son sentiment l'aurait portée à s'exagérer la maladie de son époux, la jalousie, qui naissait aussi de ce sentiment, l'engageait à chercher des raisons pour atténuer ce que les médecins mêmes disaient du danger qu'il courait en restant en Angleterre. Lord Nelvil attribuait cette conduite de Lucile à l'indifférence et à l'égoïsme, et ils se blessaient réciproquement, parce qu'ils ne s'avouaient pas leurs sentiments avec franchise.

Enfin lady Edgermond tomba dans un état si dangereux, qu'il n'y eut plus, entre Lucile et lord Nelvil, d'autre sujet d'entretien que sa maladie; la pauvre femme perdit l'usage de la parole un mois avant de mourir; l'on ne devinait plus qu'à ses larmes ou à sa façon de serrer la main ce qu'elle voulait dire. Lucile était au désespoir; Oswald, sincèrement touché, veillait toutes les nuits auprès d'elle; et comme c'était au mois de novembre, il se fit beaucoup de mal par les soins qu'il lui prodigua. Lady Edgermond parut heureuse des témoignages de l'affection de son gendre. Les défauts de son caractère disparaissaient à mesure que son affreux état les eut rendus plus excusables, tant les approches de la mort tranquillisent toutes les agitations de l'âme ; et la plupart des défauts ne viennent que de cette agitation.

La nuit de sa mort, elle prit la main de Lucile et celle de lord Nelvil, et, les mettant l'une dans l'autre, elle les pressa toutes les deux contre son cœur ; alors elle leva les yeux au ciel, et ne parut point regretter la parole, qui n'eût rien dit de plus que ce regard et ce mouvement. Peu de minutes après elle expira.

Lord Nelvil, qui avait fait effort sur lui-même pour être capable de soigner sa belle-mère, devint dangereusement malade ; et l'infortunée Lucile, au moment d'une cruelle douleur, eut à souffrir la plus affreuse inquiétude. Il paraît que dans son délire lord Nelvil prononça plusieurs fois le nom de Corinne et celui de l'Italie. Il demandait souvent, dans ses rêveries, *du soleil, le Midi, un air plus chaud* ; quand le frisson de la fièvre le prenait, il disait : *Il fait si froid dans ce Nord, que jamais on ne pourra s'y réchauffer.* Quand il revint à lui, il fut bien étonné d'apprendre que Lucile avait tout disposé pour le voyage d'Italie ; il s'en étonna : elle lui donna pour motif le conseil des médecins. « Si vous le permettez, ajouta-t-elle, ma fille et moi nous vous y accompagnerons : il ne faut pas qu'un enfant soit séparé de son père ni de sa mère. — Sans doute, reprit lord Nelvil, il ne faut pas que nous nous séparions. Mais ce voyage vous fait-il de la peine? parlez, j'y renoncerai. — Non, reprit Lucile, ce n'est pas cela qui me fait de la peine... » Lord Nelvil la regarda, lui prit la main : elle allait s'expliquer davantage ; mais le souvenir de sa mère, qui lui avait recommandé de ne jamais avouer à lord Nelvil la jalousie qu'elle ressentait, l'arrêta tout à coup, et elle reprit en disant : « Mon premier intérêt, milord, vous devez le croire, c'est le rétablissement de votre santé. — Vous avez une sœur en Italie, continua lord Nelvil. —Je le sais, reprit Lucile ; en avez-vous des nouvelles? — Non, dit lord Nelvil ; depuis que je suis parti

pour l'Amérique, j'ignore absolument ce qu'elle est devenue.
— Eh bien! milord, nous le saurons en Italie. — Vous intéresse-t-elle encore? — Oui, milord, répondit Lucile; je n'ai point oublié la tendresse qu'elle m'a témoignée dans mon enfance. — Oh! il ne faut rien oublier, » dit lord Nelvil en soupirant; et le silence de tous les deux finit l'entretien.

Oswald n'allait point en Italie dans l'intention de renouveler ses liens avec Corinne; il avait trop de délicatesse pour se laisser approcher par une telle idée; mais s'il ne devait pas se rétablir de la maladie de poitrine dont il était menacé, il trouvait assez doux de mourir en Italie, et d'obtenir, par un dernier adieu, le pardon de Corinne. Il ne croyait pas que Lucile pût savoir la passion qu'il avait eue pour sa sœur; encore moins se doutait-il qu'il eût trahi, dans son délire, les regrets qui l'agitaient encore. Il ne rendait pas justice à l'esprit de sa femme, parce que cet esprit était stérile, et lui servait plutôt à deviner ce que pensaient les autres qu'à les intéresser par ce qu'elle pensait elle-même. Oswald s'était donc accoutumé à la considérer comme une belle et froide personne qui remplissait ses devoirs, et l'aimait autant qu'elle pouvait aimer; mais il ne connaissait pas la sensibilité de Lucile : elle mettait le plus grand soin à la cacher. C'était par fierté qu'elle dissimulait, dans cette circonstance, ce qui l'affligeait; mais, dans une situation parfaitement heureuse, elle se serait encore fait un reproche de laisser voir une affection vive, même pour son époux. Il lui semblait que la pudeur était blessée par l'expression de tout sentiment passionné; et comme elle était cependant capable de ces sentiments, son éducation, en lui imposant la loi de se contraindre, l'avait rendue triste et silencieuse : on l'avait bien convaincue qu'il ne fallait pas révéler ce qu'elle éprouvait, mais elle ne prenait aucun plaisir à dire autre chose.

CHAPITRE V

Lord Nelvil craignait les souvenirs que lui retraçait la France : il la traversa donc rapidement ; car, Lucile ne témoignant, dans ce voyage, ni désir ni volonté sur rien, c'était lui seul qui décidait de tout. Ils arrivèrent au pied des montagnes qui séparent le Dauphiné de la Savoie, et montèrent à pied ce qu'on appelle *le pas des Échelles* : c'est une route pratiquée dans le roc, et dont l'entrée ressemble à celle d'une profonde caverne ; elle est sombre dans toute sa longueur, même pendant les plus beaux jours de l'été. On était alors au commencement de décembre ; il n'y avait point encore de neige ; mais l'automne, saison de décadence, touchait elle-même à sa fin, et faisait place à l'hiver. Toute la route était couverte de feuilles mortes que le vent y avait apportées, car il n'existait point d'arbres dans ce chemin rocailleux ; et, près des débris de la nature flétrie, on ne voyait point les rameaux, espoir de l'année suivante. La vue des montagnes plaisait à lord Nelvil ; il semble, dans les pays de plaine, que la terre n'ait d'autre but que de porter l'homme et de le nourrir ; mais, dans les contrées pittoresques, on croit reconnaître l'empreinte du génie du Créateur et de sa toute-puissance. L'homme cependant s'est familiarisé partout avec la nature, et les chemins qu'il s'est frayés gravissent les monts et descendent dans les abîmes. Il n'y a plus pour lui rien d'inaccessible que le grand mystère de lui-même.

Dans la Maurienne, l'hiver devint à chaque pas plus rigoureux. On eût dit qu'on s'avançait vers le Nord en s'approchant du mont Cenis : Lucile, qui n'avait jamais voyagé, était épouvantée par ces glaces qui rendent les pas des chevaux si peu sûrs. Elle cachait ses craintes aux regards d'Oswald, mais se reprochait souvent d'avoir emmené sa petite fille avec elle ; souvent elle se demandait si la moralité la plus parfaite avait présidé à cette résolution, et si le goût très-vif qu'elle avait pour cette enfant, et l'idée aussi qu'elle était plus aimée d'Oswald en se montrant à lui toujours avec Juliette, ne l'avaient pas distraite des périls d'un si long voyage. Lucile était une personne très-timorée, et qui fatiguait souvent son âme à force de scrupules et d'interrogations secrètes sur sa conduite. Plus on est vertueux, plus la délicatesse s'accroît, et avec elle les inquiétudes de la conscience; Lucile n'avait de refuge contre cette disposition que dans la piété, et de longues prières intérieures la tranquillisaient.

Comme ils avançaient vers le mont Cenis, toute la nature semblait prendre un caractère plus terrible; la neige tombait en abondance sur la terre, déjà couverte de neige : on eût dit qu'on entrait dans l'enfer de glace si bien décrit par le Dante. Toutes les productions de la terre n'offraient plus qu'un aspect monotone, depuis le fond des précipices jusqu'au sommet des montagnes; une même couleur faisait disparaître toutes les variétés de la végétation : les rivières coulaient encore au pied des monts; mais les sapins, devenus tout blancs, se répétaient dans les eaux comme des spectres d'arbres. Oswald et Lucile regardaient ce spectacle en silence : la parole semble étrangère à cette nature glacée, et l'on se tait avec elle; lorsque tout à coup ils aperçurent, sur une vaste plaine de neige, une longue file d'hommes habillés de noir, qui portaient un cercueil vers une église. Ces prêtres, les seuls êtres vivants qui parussent au milieu de cette campagne froide et déserte, avaient une marche lente, que la rigueur du temps aurait hâtée si la pensée de la mort n'eût pas imprimé sa gravité à tous leurs pas. Le deuil de la nature et de l'homme, de la végétation et de la vie; ces deux couleurs, ce blanc et ce noir, qui seules frappaient les regards et se faisaient ressortir l'une par l'autre, remplissaient l'âme d'effroi. Lucile dit à voix basse : « Quel triste présage! — Lucile, interrompit Oswald, croyez-moi, il n'est pas pour vous. » Hélas! pensa-t-il en lui-même, ce n'est pas sous de tels auspices que je fis avec Corinne le voyage d'Italie; qu'est-elle devenue maintenant? et tous ces objets lugubres qui m'environnent m'annoncent-ils ce que je vais souffrir?

Lucile était ébranlée par les inquiétudes que lui causait le voyage. Oswald ne pensait pas à ce genre de terreur, très-étranger à un homme, et surtout à un caractère aussi intrépide que le sien. Lucile prenait pour de l'indifférence ce qui venait uniquement de ce qu'il ne soupçonnait pas dans cette occasion la possibilité de la crainte. Cependant tout se réunissait pour accroître les anxiétés de Lucile : les hommes du peuple trouvent une sorte de satisfaction à grossir le danger, c'est leur genre d'imagination ; ils se plaisent dans l'effet qu'ils produisent ainsi sur les personnes d'une autre classe, dont ils se font écouter en les effrayant. Lorsqu'on veut traverser le mont Cenis pendant l'hiver, les voyageurs, les aubergistes vous donnent à chaque instant des nouvelles du passage du *Mont*, c'est ainsi qu'on l'appelle ; et l'on dirait qu'on parle d'un monstre immobile, gardien des vallées qui conduisent à la terre promise. On observe le temps pour savoir s'il n'y a rien à redouter, et lorsqu'on peut craindre le vent nommé *la tourmente*, on conseille fortement aux étrangers de ne pas se risquer sur la montagne. Ce vent s'annonce dans le ciel par un blanc nuage qui s'étend comme un linceul dans les airs, et, peu d'heures après, tout l'horizon en est obscurci.

Lucile avait pris secrètement toutes les informations possibles, à l'insu de lord Nelvil ; il ne se doutait pas de ses terreurs, et se livrait tout entier aux réflexions que faisait naître en lui le retour en Italie. Lucile, que le but du voyage agitait encore plus que le voyage même, jugeait tout avec une prévention défavorable, et faisait tacitement un tort à lord Nelvil de sa parfaite sécurité sur elle et sur sa fille. Le matin du passage du mont Cenis, plusieurs paysans se rassemblèrent autour de Lucile, et lui dirent que le temps menaçait *la tourmente*. Néanmoins ceux qui devaient la porter, elle et sa fille, assurèrent qu'il n'y avait rien à craindre. Lucile regarda lord Nelvil ; elle vit qu'il se moquait de la peur qu'on voulait leur faire ; et, de nouveau blessée par ce courage, elle se hâta de déclarer qu'elle voulait partir. Oswald ne s'aperçut pas du sentiment qui avait dicté cette résolution, et suivit à cheval le brancard sur lequel étaient portées sa femme et sa fille. Ils montèrent assez facilement ; mais quand ils furent à la moitié de la plaine qui sépare la montée de la descente, un horrible ouragan s'éleva. Des tourbillons de neige aveuglaient les conducteurs, et plusieurs fois Lucile n'apercevait plus Oswald, que la tempête avait comme enveloppé de ses brouillards impétueux. Les respectables religieux qui se consacrent, sur le sommet des Alpes, au salut des voyageurs, commencèrent à sonner leurs cloches d'alarme ; et bien que ce signal annonçât la pitié des hommes bienfaisants qui le faisaient entendre, ce son en lui-même avait quelque chose de très-sombre, et les coups précipités de l'airain exprimaient mieux encore l'effroi que le secours.

Lucile espérait qu'Oswald proposerait de s'arrêter dans le couvent et d'y passer la nuit ; mais comme elle ne voulut pas lui dire qu'elle le désirait, il crut qu'il valait mieux se hâter d'arriver avant la fin du jour. Les porteurs de Lucile lui demandèrent avec inquiétude s'il fallait commencer la descente. « Oui, répondit-elle, puisque milord ne s'y oppose pas. » Lucile avait tort de ne pas exprimer ses craintes, car sa fille était avec elle ; mais quand on aime et qu'on ne se croit pas aimé, on se blesse de tout, et chaque instant de la vie est une douleur, et presque une humiliation. Oswald restait à cheval, bien que ce fût la plus dangereuse manière de descendre ; mais il se croyait ainsi plus sûr de ne pas perdre de vue sa femme et sa fille.

Au moment où Lucile vit du sommet du mont la route qui en descend, cette route si rapide qu'on la prendrait elle-même pour un précipice, si les abîmes qui sont à côté n'en faisaient sentir la différence, elle serra sa fille contre son cœur avec une émotion très-vive. Oswald le remarqua ; et, laissant son cheval, il vint lui-même se joindre aux porteurs pour soutenir le brancard. Oswald avait tant de grâce dans tout ce qu'il faisait, que Lucile, en le voyant s'occuper d'elle et de Juliette avec beaucoup de zèle et d'intérêt, sentit ses yeux mouillés de larmes ; puis à l'instant il s'éleva un coup de vent si terrible, que les porteurs eux-mêmes tombèrent à genoux et s'écrièrent : *O mon Dieu, secourez-nous!* Alors Lucile reprit tout son courage ; et, se soulevant sur le brancard, elle tendit Juliette à lord Nelvil, en lui disant : « Mon ami, prenez votre fille. » Oswald la saisit, et dit à Lucile : « Et vous aussi, venez ; je pourrai vous porter toutes deux. — Non, répondit Lucile, sauvez seulement votre fille. — Comment, sauver ! répéta lord Nelvil ; est-il question de danger ? » Et se retournant vers les porteurs, il s'écria : « Malheureux ! que ne disiez-vous... — Ils m'en avaient avertie, interrompit Lucile... — Et vous me l'avez caché ! dit lord Nelvil ; qu'ai-je fait pour mériter ce cruel silence ? » En prononçant ces mots, il enveloppa sa fille dans son manteau, et baissa ses yeux vers la terre dans une anxiété profonde ; mais le ciel, protecteur de Lucile, fit paraître un rayon qui perça les nuages, apaisa la tempête, et découvrit aux regards les fertiles plaines du Piémont. Dans une heure toute la caravane arriva sans accident à la Novalaise, la première ville de l'Italie par delà le mont Cenis.

En entrant dans l'auberge, Lucile prit sa fille dans ses bras, monta dans une chambre, se mit à genoux et remercia Dieu avec ferveur. Oswald, pendant qu'elle priait, était appuyé sur la cheminée d'un air pensif ; et quand Lucile se fut relevée, il lui dit : « Lucile, vous avez donc eu peur ? — Oui, mon ami, répondit-elle. — Et pourquoi vous êtes-vous mise en route ? — Vous paraissiez impatient de partir. — Ne savez-vous pas, répondit lord Nelvil, qu'avant tout je crains pour vous ou le danger ou la peine ? — C'est pour Juliette qu'il faut les craindre, » dit Lucile. Elle la prit sur ses genoux pour la réchauffer auprès du feu, et bouclait avec ses mains les beaux cheveux noirs de cette enfant, que la neige et la pluie avaient aplatis sur son front. Dans ce moment, la mère et la fille étaient charmantes. Oswald les regarda toutes les deux avec tendresse ; mais, encore une fois, le silence suspendit un entretien qui peut-être aurait conduit à une explication heureuse.

Ils arrivèrent à Turin. Cette année-là l'hiver était très-rigoureux. Les vastes appartements de l'Italie sont destinés à recevoir le soleil, ils paraissaient déserts pendant le froid. Les hommes sont bien petits sous ces grandes voûtes. Elles font plaisir pendant l'été par la fraîcheur qu'elles donnent, mais au milieu de l'hiver on ne sent que le vide de ces palais immenses dont les possesseurs semblent des pygmées dans la demeure des géants.

On venait d'apprendre la mort d'Alfieri, et c'était un deuil général pour tous les Italiens qui voulaient s'enorgueillir de leur patrie. Lord Nelvil croyait voir partout l'empreinte de la tristesse ; il ne reconnaissait plus l'impression que l'Italie avait produite jadis sur lui. L'absence de celle qu'il avait tant aimée désenchantait à ses yeux la nature et les arts Il demanda des nouvelles de Corinne à Turin ; on lui dit que depuis cinq ans elle n'avait rien publié, et vivait dans la retraite la plus profonde ; mais on l'assura qu'elle était à Florence. Il résolut d'y aller, non pour y rester et trahir ainsi l'affection qu'il devait à Lucile, mais pour expliquer du moins lui-même à Corinne comment il avait ignoré son voyage en Écosse.

En traversant les plaines de la Lombardie, Oswald s'écriait : « Ah ! que cela était beau lorsque tous les ormeaux étaient couverts de feuilles, et lorsque les pampres verts les unissaient entre eux ! » Lucile se disait en elle-même : « C'était beau quand Corinne était avec lui. » Un brouillard humide, tel qu'il en fait souvent dans les plaines traversées par un si grand nombre de rivières, obscurcissait la vue de la campagne. On entendait, pendant la nuit, dans les auberges, tomber sur les toits ces pluies abondantes du Midi qui ressemblent au déluge. Les maisons en sont pénétrées, et l'eau vous poursuit partout avec l'activité du feu. Lucile cherchait en vain le charme de l'Italie : on eût dit que tout se réunissait pour la couvrir d'un voile sombre, à ses regards comme à ceux d'Oswald.

CHAPITRE VI

Oswald, depuis qu'il était entré en Italie, n'avait pas prononcé un mot d'italien ; il semblait que cette langue lui fît mal, et qu'il évitât de l'entendre comme de la parler. Le soir du jour où lady Nelvil et lui étaient arrivés à l'auberge de

Milan, ils entendirent frapper à leur porte, et virent entrer dans leur chambre un Romain d'une figure très-noire, très-marquée, mais cependant sans véritable physionomie : des traits créés pour l'expression, mais auxquels il manquait l'âme qui la donne ; et sur cette figure il y avait à perpétuité un sourire gracieux et un regard qui voulait être poétique. Il se mit, dès la porte, à improviser des vers remplis de louanges sur la mère, l'enfant et l'époux ; de ces louanges qui conviennent à toutes les mères, à tous les enfants, à tous les époux du monde, et dont l'exagération passait par-dessus tous les sujets, comme si les paroles et la vérité ne devaient avoir aucun rapport ensemble. Le Romain se servait cependant de ces sons harmonieux qui ont tant de charmes dans l'italien ; il déclamait avec une force qui faisait encore mieux remarquer l'insignifiance de ce qu'il disait. Rien ne pouvait être plus pénible pour Oswald que d'entendre ainsi, pour la première fois après un long intervalle, une langue chérie, de revoir ainsi ses souvenirs travestis, et de sentir une impression de tristesse renouvelée par un objet ridicule. Lucile s'aperçut de la cruelle situation de l'âme d'Oswald ; elle voulait faire finir l'improvisateur, mais il était impossible d'en être écouté. Il se promenait dans la chambre à grands pas ; il faisait des exclamations et des gestes continuels, et ne s'embarrassait pas du tout de l'ennui qu'il causait à ses auditeurs. Son mouvement était comme celui d'une machine montée, qui ne s'arrête qu'après un temps marqué. Enfin ce temps arriva, et lady Nelvil parvint à le congédier.

Quand il fut sorti, Oswald dit : « Le langage poétique est si facile à parodier en Italie, qu'on devrait l'interdire à tous ceux qui ne sont pas dignes de le parler. — Il est vrai, reprit Lucile, peut-être un peu trop sèchement, il est vrai qu'il doit être désagréable de se rappeler ce qu'on admire par ce que nous venons d'entendre. » Ce mot blessa lord Nelvil. « Bien loin de là, dit-il ; il me semble qu'un tel contraste fait sentir la puissance du génie. C'est ce même langage si misérablement dégradé qui devenait une poésie céleste lorsque Corinne,

sque votre sœur, reprit-il avec affectation, s'en servait pour exprimer ses pensées. » Lucile fut comme atterrée par ces paroles : le nom de Corinne ne lui avait pas encore été prononcé par Oswald pendant tout le voyage, encore moins celui de *votre sœur,* qui semblait indiquer un reproche. Les larmes étaient prêtes à la suffoquer, et, si elle se fût abandonnée à cette émotion, peut-être ce moment eût-il été le plus doux de sa vie; mais elle se contint, et la gêne qui existait entre les deux époux n'en devint que plus pénible.

Le lendemain le soleil parut; et, malgré les mauvais jours qui avaient précédé, il se montra brillant et radieux, comme un exilé qui rentre dans sa patrie. Lucile et lord Nelvil en profitèrent pour aller voir la cathédrale de Milan : c'est le chef-d'œuvre de l'architecture gothique en Italie, comme Saint-Pierre de l'architecture moderne.

Cette église, bâtie en forme de croix, est une belle image de douleur qui s'élève au-dessus de la riche et joyeuse ville de Milan. En montant jusqu'au haut du clocher, on est confondu du travail scrupuleux de chaque détail. L'édifice entier, dans toute sa hauteur, est orné, sculpté, découpé, si l'on peut s'exprimer ainsi, comme le serait un petit objet d'agrément. Que de patience et de temps il fallut pour accomplir un tel œuvre! La persévérance vers un même but se transmettait jadis de génération en génération, et le genre humain, stable dans ses pensées, élevait des monuments inébranlables comme elles. Une église gothique fait naître des dispositions très-religieuses. Horace Walpole a dit que *les papes ont consacré à bâtir des temples à la moderne les richesses que leur avait values la dévotion inspirée par les églises gothiques.* La lumière qui passe à travers les vitraux coloriés, les formes singulières de l'architecture, enfin l'aspect entier de l'église est une image silencieuse de ce mystère de l'infini qu'on sent au dedans de soi, sans pouvoir jamais s'en affranchir ni le comprendre.

Lucile et lord Nelvil quittèrent Milan un jour où la terre était couverte de neige, et rien n'est plus triste que la neige en Italie; on n'y est point accoutumé à voir disparaître la nature sous le voile uniforme des frimas; tous les Italiens se désolent du mauvais temps comme d'une calamité publique.

En voyageant avec Lucile, Oswald avait pour l'Italie une sorte de coquetterie qui n'était pas satisfaite; l'hiver déplaît là plus que partout ailleurs, parce que l'imagination n'y est point préparée. Lord et lady Nelvil traversèrent Plaisance, Parme, Modène. Les églises et les palais en sont trop vastes, à proportion du nombre et de la fortune des habitants. On dirait que ces villes sont arrangées pour recevoir de grands seigneurs qui doivent arriver, mais qui se sont fait précéder seulement par quelques hommes de leur suite.

Le matin du jour où Lucile et lord Nelvil se proposaient de traverser le Taro, comme si tout devait contribuer à leur rendre cette fois le voyage d'Italie lugubre, le fleuve s'était débordé la nuit précédente; et l'inondation de ces fleuves qui descendent des Alpes et des Apennins est très-effrayante. On les entend gronder de loin comme le tonnerre; et leur course est si rapide, que les flots et le bruit qui les annonce arrivent presque en même temps. Un pont sur de telles rivières n'est guère possible, parce qu'elles changent de lit sans cesse, et s'élèvent bien au-dessus du niveau de la plaine. Oswald et Lucile se trouvèrent tout à coup arrêtés au bord de ce fleuve, les bateaux avaient été emportés par le courant, et il fallait attendre que les Italiens, peuple qui ne se presse pas, les eussent ramenés sur le nouveau rivage que le torrent avait formé. Lucile, pendant ce temps, se promenait pensive et glacée; le brouillard était tel, que le fleuve se confondait avec l'horizon, et ce spectacle rappelait bien plutôt les descriptions poétiques des rives du Styx, que ces eaux bienfaisantes qui doivent charmer les regards des habitants brûlés par les rayons du soleil. Lucile craignait pour sa fille le froid rigoureux qu'il faisait, et la mena dans une cabane de pêcheur, où le feu était allumé au milieu de la chambre comme en Russie. « Où donc est votre belle Italie? » dit Lucile en soupirant à lord Nelvil. « Je ne sais quand je la retrouverai, » répondit-il avec tristesse.

En approchant de Parme et de toutes les villes qui sont sur cette route, on a de loin le coup d'œil pittoresque des toits en forme de terrasse, qui donnent aux villes d'Italie un aspect oriental. Les églises, les clochers ressortent singulièrement au milieu de ces plates-formes; et quand on revient dans le Nord, les toits en pointe, qui sont ainsi faits pour se garantir de la neige, causent une impression très-désagréable. Parme conserve encore quelques chefs-d'œuvre du Corrége, Lord Nelvil conduisit Lucile dans une église où l'on voit une peinture à fresque de lui, appelée la Madone *della scala*; elle est recouverte par un rideau. Lorsque l'on tira ce rideau, Lucile prit Juliette dans ses bras pour lui faire mieux voir le tableau, et dans cet instant l'attitude de la mère et de l'enfant se trouva par hasard presque la même que celle de la Vierge et de son fils. La figure de Lucile avait tant de ressemblance avec l'idéal de modestie et de grâce que le Corrége a peint, qu'Oswald portait alternativement ses regards du tableau vers Lucile, et de Lucile vers le tableau. Elle le remarqua, baissa les yeux, et la ressemblance devint plus frappante encore; car le Corrége est peut-être le seul peintre qui sache donner aux yeux baissés une expression aussi pénétrante que s'ils étaient levés vers le ciel. Le voile qu'il jette sur les regards ne dérobe en rien le sentiment ni la pensée, mais leur donne un charme de plus, celui d'un mystère céleste.

Cette madone est près de se détacher du mur, et l'on voit la couleur presque tremblante qu'un souffle pourrait faire tomber. Cela donne à ce tableau le charme mélancolique de tout ce qui est passager, et l'on y revient plusieurs fois, comme pour dire à sa beauté qui va disparaître un sensible et dernier adieu.

En sortant de l'église, Oswald dit à Lucile : « Ce tableau, dans peu de temps, n'existera plus, mais moi j'aurai toujours sous les yeux son modèle. » Ces paroles aimables attendrirent Lucile; elle serra la main d'Oswald : elle était prête à lui demander si son cœur pouvait se fier à cette expression de tendresse; mais quand un mot d'Oswald lui semblait froid, sa fierté l'empêchait de s'en plaindre; et quand elle était heureuse d'une expression sensible, elle craignait de troubler ce moment de bonheur en voulant le rendre plus durable. Ainsi son âme et son esprit trouvaient toujours des raisons pour le silence. Elle se flattait que le temps, la résignation et la douceur amèneraient un jour fortuné qui dissiperait toutes ses craintes.

CHAPITRE VII

La santé de lord Nelvil se remettait par le climat d'Italie; mais une inquiétude cruelle l'agitait sans cesse : il demandait partout des nouvelles de Corinne, et on lui répondait partout, comme à Turin, qu'on la croyait à Florence, mais qu'on ne savait rien d'elle depuis qu'elle ne voyait personne et n'écrivait plus. Oh! ce n'était pas ainsi que le nom de Corinne s'annonçait autrefois; et celui qui avait détruit son bonheur et son éclat pouvait-il se le pardonner?

En approchant de Bologne, on est frappé de loin par deux tours très-élevées, dont l'une surtout est penchée d'une manière qui effraye la vue. C'est en vain que l'on sait qu'elle est ainsi bâtie, et que c'est ainsi qu'elle a vu passer les siècles ; cet aspect importune l'imagination. Bologne est une des villes où l'on trouve un plus grand nombre d'hommes instruits dans tous les genres; mais le peuple y produit une impression désagréable. Lucile s'attendait au langage harmonieux d'Italie qu'on lui avait annoncé, et le dialecte bolonais dut la surprendre péniblement; il n'en est pas de plus rauque dans les pays du Nord. C'était au milieu du carnaval qu'Oswald et Lucile arrivèrent à Bologne; l'on entendait jour et nuit des cris de joie tout semblables à des cris de colère ; une population pareille à celle des lazzaroni de Naples couche la nuit sous les arcades qui bordent les rues de Bologne; ils portent pendant l'hiver un peu de feu dans un vase de terre, mangent dans la rue, et poursuivent les étrangers par des demandes continuelles. Lucile espérait en vain ces voix mélodieuses qui se font entendre la nuit dans les villes d'Italie ; elles se taisent toutes quand le temps est froid, et sont remplacées à Bologne par des clameurs qui effrayent quand on n'y est pas accoutumé. Le jargon des gens du peuple paraît hostile, tant le son en est rude; et les mœurs de la populace sont beaucoup plus grossières dans quelques contrées méridionales que les pays du Nord. La vie sédentaire perfectionne l'ordre social ; mais le soleil, qui permet de vivre dans les rues, introduit quelque chose de sauvage dans les habitudes des gens du peuple.

Oswald et lady Nelvil ne pouvaient faire un pas sans être assaillis par une quantité de mendiants, qui sont en général le fléau de l'Italie. En passant devant les prisons de Bologne, dont les barreaux donnent sur la rue, ils virent les détenus qui se livraient à la joie la plus déplaisante, s'adressaient aux passants d'une voix de tonnerre, et demandaient des secours avec des plaisanteries ignobles et des rires immodérés ; enfin tout donnait dans ce lieu l'idée d'un peuple sans dignité. « Ce n'est pas ainsi, dit Lucile, que se montre en Angleterre notre peuple, concitoyen de ses chefs. Oswald, un tel pays peut-il vous plaire ? — Dieu me préserve, répondit Oswald, de jamais renoncer à ma patrie ! Mais, quand vous aurez passé les Apennins, vous entendrez parler le toscan, vous verrez le véritable Midi, vous connaîtrez le peuple spirituel et animé de ces contrées, et vous serez, je le crois, moins sévère pour l'Italie. »

On peut juger la nation italienne, suivant les circonstances, d'une manière tout à fait différente. Quelquefois le mal qu'on en a dit si souvent s'accorde avec ce que l'on voit, et d'autres fois il paraît souverainement injuste. Dans un pays où la plupart des gouvernements étaient sans garantie, et l'empire de l'opinion presque aussi nul pour les premières classes que pour les dernières ; dans un pays où la religion est plus occupée du culte que de la morale, il y a peu de bien à dire de la nation considérée d'une manière générale, mais on y rencontre beaucoup de qualités privées. C'est donc le hasard des relations individuelles qui inspire aux voyageurs la satire ou la louange ; les personnes que l'on connaît particulièrement décident du jugement qu'on porte sur la nation ; jugement qui ne peut trouver de base fixe, ni dans les institutions, ni dans les mœurs, ni dans l'esprit public.

Oswald et Lucile allèrent voir ensemble les belles collections de tableaux qui sont à Bologne. Oswald, en les parcourant, s'arrêta longtemps devant la Sibylle, peinte par le Dominiquin. Lucile remarqua l'intérêt qu'excitait en lui ce tableau ; et, voyant qu'il s'oubliait longtemps à le contempler, elle osa s'approcher enfin, et lui demanda timidement si la Sibylle du Dominiquin parlait plus à son cœur que la Madone du Corrége. Oswald comprit Lucile, et fut étonné de tout ce que ce mot signifiait ; il la regarda quelque temps sans lui répondre, et puis il dit : « La Sibylle ne rend plus d'oracles ; son génie, son talent, tout est fini : mais l'angélique figure du Corrége n'a rien perdu de ses charmes, et l'homme malheureux qui fit tant de mal à l'une ne trahira jamais l'autre. » En activant ces mots, il sortit pour cacher son trouble.

LIVRE VINGTIÈME

CONCLUSION

CHAPITRE PREMIER

Après ce qui s'était passé dans la galerie de Bologne, Oswald comprit que Lucile en savait plus sur ses relations avec Corinne qu'il ne l'avait imaginé, et il eut enfin l'idée que sa froideur et son silence venaient peut-être de quelques peines secrètes ; cette fois néanmoins ce fut lui qui craignit l'explication que jusqu'alors Lucile avait redoutée. Le premier mot étant dit, elle aurait tout révélé si lord Nelvil l'avait voulu ; mais il lui en coûtait trop de parler de Corinne au moment de la revoir, de s'engager par une promesse, enfin de traiter un sujet si propre à l'émouvoir avec une personne qui lui causait toujours un sentiment de gêne, et dont il ne connaissait le caractère qu'imparfaitement.

Ils traversèrent les Apennins, et trouvèrent par delà le beau climat d'Italie. Le vent de mer, qui est si étouffant pendant l'été, répandait alors une douce chaleur ; les gazons étaient verts, l'automne finissait à peine, et déjà le printemps semblait s'annoncer. On voyait dans les marchés des fruits de toute espèce, des oranges, des grenades. Le langage toscan commençait à se faire entendre ; enfin tous les souvenirs de la belle Italie rentraient dans l'âme d'Oswald ; mais aucune espérance ne venait s'y mêler : il n'y avait que du passé dans toutes ces impressions. L'air suave du Midi agissait aussi sur la disposition de Lucile : elle eût été plus confiante, plus animée, si lord Nelvil l'eût encouragée ; mais ils étaient tous les deux retenus par une timidité pareille, inquiets de leur disposition mutuelle, et n'osant se communiquer ce qui les occupait. Corinne, dans une telle situation, eût bien vite obtenu le secret d'Oswald comme celui de Lucile; mais ils avaient l'un et l'autre le même genre de réserve, et plus ils se ressemblaient à cet égard, et plus il était difficile qu'ils sortissent de la situation contrainte où ils se trouvaient.

CHAPITRE II

En arrivant à Florence, lord Nelvil écrivit au prince Castel-Forte, et peu d'instants après le prince se rendit chez lui, Oswald fut si ému en le voyant, qu'il fut longtemps sans pouvoir lui parler; enfin il lui demanda des nouvelles de Corinne. « Je n'ai rien que de triste à vous dire sur elle, répondit le prince Castel-Forte : sa santé est très-mauvaise et s'affaiblit tous les jours. Elle ne voit personne que moi; l'occupation lui est souvent très-difficile; cependant je la croyais un peu plus calme, lorsque nous avons appris votre arrivée en Italie. Je ne puis vous cacher qu'à cette nouvelle son émotion a été si vive, que la fièvre, qui l'avait quittée, l'a reprise. Elle ne m'a point dit quelle était son intention relativement à vous, car j'évite avec grand soin de lui prononcer votre nom. — Ayez la bonté, prince, reprit Oswald, de lui faire voir la lettre que vous avez reçue de moi, il y a près de cinq ans. elle contient tous les détails des circonstances qui m'ont empêché d'apprendre son voyage en Angleterre avant que je fusse l'époux de Lucile; et quand elle l'aura lue, demandez-lui de me recevoir. J'ai besoin de lui parler pour justifier, s'il se peut, ma conduite. Son estime m'est nécessaire, quoique je ne doive plus prétendre à son intérêt. — Je remplirai vos désirs, milord, dit le prince Castel-Forte : je souhaiterais que vous lui fissiez quelque bien. »

Lady Nelvil entra dans ce moment. Oswald lui présenta le prince Castel-Forte : elle le reçut avec assez de froideur; il la regarda fort attentivement. Sa beauté sans doute le frappa, car il soupira en pensant à Corinne, et sortit. Lord Nelvil le suivit. « Elle est charmante, lady Nelvil, dit le prince Castel-Forte; quelle jeunesse! quelle fraîcheur! Ma pauvre amie n'a plus rien de cet éclat; mais il ne faut pas oublier, milord, qu'elle était bien brillante aussi quand vous l'avez vue pour la première fois! — Non, je ne l'oublie pas, s'écria lord Nelvil; non, je ne me pardonnerai jamais!... » Et il s'arrêta sans pouvoir achever ce qu'il voulait dire. Le reste du jour il fut silencieux et sombre. Lucile n'essaya pas de le distraire, et lord Nelvil était blessé de ce qu'elle ne l'essayait pas. Il se disait en lui-même : « Si Corinne m'avait vu triste, Corinne m'aurait consolé. »

Le lendemain matin, son inquiétude le conduisit de très-bonne heure chez le prince Castel-Forte. « Eh bien, lui dit-il, qu'a-t-elle répondu? — Elle ne veut pas vous voir, répondit le prince Castel-Forte. — Et quels sont ses motifs? — J'ai été hier chez elle, et je l'ai trouvée dans une agitation qui faisait bien de la peine. Elle marchait à grands pas dans sa chambre, malgré son extrême faiblesse; sa pâleur était quelquefois remplacée par une vive rougeur qui disparaissait aussitôt. Je lui ai dit que vous souhaitiez de la voir; elle a gardé le silence quelques instants, et m'a dit enfin ces paroles, que je vous rendrai fidèlement, puisque vous l'exigez : « *C'est un homme qui m'a fait trop de mal. L'ennemi qui m'aurait jetée dans une prison, qui m'aurait bannie et proscrite, n'eût pas déchiré mon cœur à ce point. J'ai souffert ce que personne n'a jamais souffert, un mélange d'attendrissement et d'irritation qui faisait de mes pensées un supplice continuel. J'avais pour Oswald autant d'enthousiasme que d'amour. Il doit s'en souvenir; je lui ai dit une fois qu'il m'en coûterait moins de ne plus l'aimer que de ne plus l'admirer. Il a flétri l'objet de mon culte; il m'a trompée volontairement ou involontairement, n'importe; il n'est pas celui que je croyais. Qu'a-t-il fait pour moi? Il a joui pendant plus d'une année du sentiment qu'il m'inspirait; et quand il a fallu me défendre, et quand il a fallu manifester son cœur par une action, en a-t-il fait une? peut-il se vanter d'un sacrifice, d'un mouvement généreux? Il est heureux maintenant, il possède tous les avantages que le monde apprécie; moi, je me meurs : qu'il me laisse en paix.* »

« Ces paroles sont bien dures, dit Oswald. — Elle est aigrie par la souffrance, reprit le prince Castel-Forte : je lui ai vu souvent une disposition plus douce; souvent, permettez-moi de vous le dire, elle vous a défendu contre moi. — Vous me trouvez donc bien coupable? reprit lord Nelvil. — Me permettez-vous de vous le dire? je pense que vous l'êtes, reprit le prince Castel-Forte. Les torts qu'on peut avoir avec une femme ne nuisent point dans l'opinion du monde ; ces fragiles idoles, adorées aujourd'hui, peuvent être brisées demain sans que personne prenne leur défense, et c'est pour cela même que je les respecte davantage ; car la morale à leur égard n'est défendue que par notre propre cœur. Aucun inconvénient ne résulte pour nous de leur faire du mal, et cependant ce mal est affreux. Un coup de poignard est puni par les lois, et le déchirement d'un cœur sensible n'est l'objet que d'une plaisanterie; il vaudrait donc mieux se permettre le coup de poignard. — Croyez-moi, répondit lord Nelvil, moi aussi j'ai été bien malheureux; c'est ma seule justification, mais autrefois Corinne eût entendu celle-là. Il se peut qu'elle ne lui fasse plus rien à présent. Néanmoins je veux lui écrire. Je crois encore qu'à travers tout ce qui nous sépare elle entendra la voix de son ami. — Je lui remettrai votre lettre, dit le prince Castel-Forte ; mais, je vous en conjure, ménagez-la : vous ne savez pas ce que vous êtes encore pour elle. Cinq ans ne font que rendre une impression plus profonde quand aucune autre idée n'en a distrait : voulez-vous savoir dans quel état elle est à présent? une fantaisie bizarre, à laquelle mes prières n'ont pu la faire renoncer, vous en donnera l'idée. »

En achevant ces mots, le prince Castel-Forte ouvrit la porte de son cabinet, et lord Nelvil l'y suivit. Il vit d'abord le portrait de Corinne telle qu'elle avait paru dans le premier acte de *Roméo et Juliette* : ce jour, celui de tous où il s'était senti le plus d'entraînement pour elle, un air de confiance et de bonheur ranimait tous ses traits. Les souvenirs de ces temps de fête se réveillèrent tout entiers dans l'imagination de lord

Nelvil ; et comme il trouvait du plaisir à s'y livrer, le prince Castel-Forte le prit par la main, et, tirant un rideau de crêpe qui couvrait un autre tableau, il lui montra Corinne telle qu'elle avait voulu se faire peindre cette année même, en robe noire, d'après le costume qu'elle n'avait point quitté depuis son retour d'Angleterre. Oswald se rappela tout à coup l'impression que lui avait faite une femme vêtue ainsi qu'il avait aperçue à Hyde-Park ; mais ce qui le frappa surtout, ce fut l'inconcevable changement de la figure de Corinne. Elle était là, pâle comme la mort, les yeux à demi fermés ; ses longues paupières voilaient ses regards et portaient une ombre sur ses joues sans couleur. Au bas du portrait était écrit ce vers du *Pastor fido* :

A pena si può dir : Questa fu rosa [1].

« Quoi ! dit lord Nelvil, c'est ainsi qu'elle est maintenant ? — Oui, répondit le prince Castel-Forte, et depuis quinze jours, plus mal encore. » A ces mots, lord Nelvil sortit comme un insensé : l'excès de sa peine troublait sa raison.

CHAPITRE III

Rentré chez lui, il s'enferma dans sa chambre tout le jour. Lucile vint à l'heure du dîner frapper doucement à sa porte. Il ouvrit, et lui dit : « Ma chère Lucile, permettez que je reste seul aujourd'hui ; ne m'en sachez pas mauvais gré. » Lucile se retourna vers Juliette, qu'elle tenait par la main, l'embrassa, et s'éloigna sans prononcer un seul mot. Lord Nelvil referma sa porte, et se rapprocha de sa table, sur laquelle était la lettre qu'il écrivait à Corinne. Mais il se dit en versant des pleurs : « Serait-il possible que je fisse aussi souffrir Lucile : A quoi sert donc ma vie, si tout ce qui m'aime est malheureux par moi ? »

1. A peine peut-on dire : Elle fut rose.

CONCLUSION.

LETTRE DE LORD NELVIL A CORINNE.

« Si vous n'étiez pas la plus généreuse personne du monde,
« qu'aurais-je à vous dire? Vous pouvez m'accabler par vos
« reproches et, ce qui est plus affreux encore, me déchirer
« par votre douleur. Suis-je un monstre, Corinne, puisque j'ai
« fait tant de mal à ce que j'aimais? Ah! je souffre tellement,
« que je ne puis me croire tout à fait barbare. Vous savez,
« quand je vous ai connue, que j'étais accablé par le chagrin
« qui me suivra jusqu'au tombeau. Je n'espérais pas le bon-
« heur. J'ai lutté longtemps contre l'attrait que vous m'inspi-
« riez. Enfin, quand il a eu triomphé de moi, j'ai toujours
« gardé dans mon âme un sentiment de tristesse, présage
« d'un malheureux sort. Tantôt je croyais que vous étiez un
« bienfait de mon père, qui veillait dans le ciel sur ma desti-
« née, et voulait que je fusse encore aimé sur cette terre
« comme il m'avait aimé pendant sa vie. Tantôt je croyais
« que je désobéissais à ses volontés en épousant une étran-
« gère, en m'écartant de la ligne tracée par mes devoirs et par
« ma situation. Ce dernier sentiment prévalut quand je fus de re-
« tour en Angleterre, quand j'appris que mon père avait con-
« damné d'avance mon sentiment pour vous. S'il avait vécu,
« je me serais cru le droit de lutter à cet égard contre son
« autorité; mais ceux qui ne sont plus ne peuvent nous enten-
« dre, et leur volonté sans force porte un caractère touchant
« et sacré.

« Je me retrouvai au milieu des habitudes et des liens de
« la patrie; je rencontrai votre sœur, que mon père m'avait
« destinée, et qui convenait si bien au besoin du repos, au
« projet d'une vie régulière. J'ai dans le caractère une sorte
« de faiblesse qui me fait redouter ce qui agite l'existence.
« Mon esprit est séduit par des espérances nouvelles; mais
« j'ai tant éprouvé de peines, que mon âme malade craint tout
« ce qui l'expose à des émotions trop fortes, à des résolutions
« pour lesquelles il faut heurter mes souvenirs et les affections
« nées avec moi. Cependant, Corinne, si je vous avais sue en

« Angleterre, jamais je n'aurais pu me détacher de vous ; cette
« admirable preuve de tendresse eût entraîné mon cœur incer-
« tain. Ah! pourquoi dire ce que j'aurais fait? Serions-nous
« heureux, suis-je capable de l'être? Incertain comme je le
« suis, pouvais-je choisir un sort, quelque beau qu'il fût, sans
« en regretter un autre?

« Quand vous me rendîtes ma liberté, je fus irrité contre
« vous ; je rentrai dans les idées que le commun des hommes
« doit prendre en vous voyant. Je me dis qu'une personne
« aussi supérieure se passerait facilement de moi. Corinne,
« j'ai déchiré votre cœur, je le sais ; mais je croyais n'immo-
« ler que moi. Je pensais que j'étais plus que vous inconso-
« lable, et que vous m'oublieriez, quand je vous regretterais
« toujours. Enfin les circonstances m'enlacèrent ; et je ne
« veux point nier que Lucile ne soit digne et des sentiments
« qu'elle m'inspire, et de bien mieux encore. Mais, dès que
« je sus votre voyage en Angleterre et le malheur que je vous
« avais causé, il n'y eut plus dans ma vie qu'une peine con-
« tinuelle. J'ai cherché la mort pendant quatre ans au milieu
« de la guerre, certain qu'en apprenant que je n'étais plus,
« vous me trouveriez justifié. Sans doute vous avez à m'oppo-
« ser une vie de regrets et de douleurs, une fidélité profonde
« pour un ingrat qui ne la méritait pas ; mais songez que la
« destinée des hommes se complique de mille rapports divers
« qui troublent la constance du cœur. Cependant, s'il est vrai
« que je n'ai pu ni trouver ni donner le bonheur ; s'il est vrai
« que je vis seul depuis que je vous ai quittée, que jamais je
« ne parle du fond de mon cœur, que la mère de mon enfant,
« que celle que je dois aimer à tant de titres, reste étrangère
« à mes secrets comme à mes pensées ; s'il est vrai qu'un état
« habituel de tristesse m'ait replongé dans cette maladie dont
« vos soins, Corinne, m'avaient autrefois tiré ; si je suis venu
« en Italie, non pas pour me guérir, vous ne croyez pas que
« j'aime la vie, mais pour vous dire adieu, refuserez-vous de
« me voir une fois, une seule fois? Je le souhaite, parce que
« je crois que je vous ferais du bien. Ce n'est pas ma propre
« souffrance qui me détermine. Qu'importe que je sois bien

« misérable! qu'importe qu'un poids affreux pèse à jamais
« sur mon cœur, si je m'en vais d'ici sans vous avoir parlé,
« sans avoir obtenu de vous mon pardon! Il faut que je sois
« malheureux, et certainement je le serai. Mais il me semble
« que votre cœur serait soulagé si vous pouviez penser à moi
« comme à votre ami, si vous aviez vu combien vous m'êtes
« chère, si vous l'aviez senti par ces regards, par cet accent
« d'Oswald, de ce criminel dont le sort est plus changé que
« le cœur.

« Je respecte mes liens, j'aime votre sœur; mais le cœur
« humain, bizarre, inconséquent, tel qu'il l'est, peut renfer-
« mer et cette tendresse et celle que j'éprouve pour vous. Je
« n'ai rien à vous dire de moi qui puisse s'écrire; tout ce
« qu'il faut expliquer me condamne. Néanmoins, si vous me
« voyiez me prosterner devant vous, vous pénétreriez à tra-
« vers tous mes torts et tous mes devoirs ce que vous êtes en-
« core pour moi, et cet entretien vous laisserait un sentiment
« doux. Hélas! notre santé est bien faible à tous les deux, et
« je ne crois pas que le ciel nous destine une longue vie. Que
« celui de nous deux qui précédera l'autre se sente regretté, se
« sente aimé de l'ami qu'il laissera dans ce monde! L'inno-
« cent devrait seul avoir cette jouissance; mais qu'elle soit
« aussi accordée au coupable!

« Corinne, sublime amie, vous qui lisez dans les cœurs,
« devinez ce que je ne puis dire; entendez-moi comme vous
« m'entendiez. Laissez-moi vous voir; permettez que mes lè-
« vres pâles pressent vos mains affaiblies : ah! ce n'est pas
« moi seul qui ai fait ce mal, c'est le même sentiment qui
« nous a consumés tous les deux : c'est la destinée qui a
« frappé deux êtres qui s'aimaient; mais elle a dévoué l'un
« d'eux au crime, et celui-là, Corinne, n'est peut-être pas le
« moins à plaindre! »

RÉPONSE DE CORINNE.

« S'il ne fallait pour vous voir que vous pardonner, je ne
« m'y serais pas un instant refusée. Je ne sais pourquoi je n'ai

« point de ressentiment contre vous, bien que la douleur que
« vous m'avez causée me fasse frissonner d'effroi. Il faut que
« je vous aime encore, pour n'avoir aucun mouvement de
« haine; la religion seule ne suffirait pas pour me désarmer
« ainsi. J'ai eu des moments où ma raison était altérée; d'au-
« tres, et c'étaient les plus doux, où j'ai cru mourir avant la
« fin du jour, par le serrement de cœur qui m'oppressait;
« d'autres enfin où j'ai douté de tout, même de la vertu : vous
« étiez pour moi son image ici-bas, et je n'avais plus de guide
« pour mes pensées comme pour mes sentiments, quand le
« même coup frappait en moi l'admiration et l'amour.

« Que serais-je devenue sans le secours céleste ? Il n'y a rien
« dans ce monde qui ne fût empoisonné par votre souvenir.
« Un seul asile me restait au fond de l'âme, Dieu m'y a re-
« çue. Mes forces physiques vont en décroissant; mais il n'en
« est pas ainsi de l'enthousiasme qui me soutient. Se rendre
« digne de l'immortalité est, je me plais à le croire, le seul
« but de l'existence. Bonheur, souffrances, tout est moyen
« pour ce but; et vous avez été choisi pour déraciner ma vie
« de la terre : j'y tenais par un lien trop fort.

« Quand j'ai appris votre arrivée en Italie, quand j'a revu
« votre écriture, quand je vous ai su là, de l'autre côté de la
« rivière, j'ai senti dans mon âme un tumulte effrayant. Il fal-
« lait me rappeler sans cesse que ma sœur était votre femme
« pour combattre ce que j'éprouvais. Je ne vous le cache point,
« vous revoir me semblait un bonheur, une émotion indéfinis-
« sable, que mon cœur enivré de nouveau préférait à des siè-
« cles de calme; mais la Providence ne m'a point abandonnée
« dans ce péril. N'être-vous pas l'époux d'une autre ? Que
« pouvais-je donc avoir à vous dire ? M'était-il même permis
« de mourir entre vos bras ? Et que me restait-il pour ma
« conscience, si je ne faisais aucun sacrifice, si je voulais en-
« core un dernier jour, une dernière heure ! Maintenant je
« comparaîtrai devant Dieu peut-être avec plus de confiance,
« puisque j'ai su renoncer à vous voir. Cette grande résolution
« apaisera mon âme. Le bonheur, tel que je l'ai senti quand
« vous m'aimiez, n'est pas en harmonie avec notre nature : il

« agite, il inquiète, il est si prêt à passer ! Mais une prière ha-
« bituelle, une rêverie religieuse, qui a pour but de se per-
« fectionner soi-même, de se décider dans tout par le senti-
« ment du devoir, est un état doux, et je ne puis savoir quel
« ravage le seul son de votre voix pourrait produire dans cette
« vie de repos que je crois avoir obtenue. Vous m'avez fait
« beaucoup de mal en me disant que votre santé était altérée.
« Ah ! ce n'est pas moi qui la soigne, mais c'est encore moi
« qui souffre avec vous. Que Dieu bénisse vos jours, milord ;
« soyez heureux mais soyez-le par la piété. Une communica-
« tion secrète avec la Divinité semble placer en nous-mêmes
« l'être qui se confie et la voix qui lui répond ; elle fait deux
« amis d'une seule âme. Chercheriez-vous encore ce qu'on ap-
« pelle le bonheur ? Ah ! trouverez-vous mieux que ma ten-
« dresse ? Savez-vous que dans les déserts du nouveau monde
« j'aurais béni mon sort si vous m'aviez permis de vous y sui-
« vre ? Savez-vous que je vous aurais servi comme une esclave ?
« Savez-vous que je me serais prosternée devant vous comme
« devant un envoyé du ciel, si vous m'aviez fidèlement aimée ?
« Eh bien, qu'avez-vous fait de tant d'amour ? qu'avez-vous
« fait de cette affection unique en ce monde ? un malheur uni-
« que comme elle. Ne prétendez donc plus au bonheur ; ne
« m'offensez pas en croyant l'obtenir encore. Priez comme
« moi, priez, et que nos pensées se rencontrent dans le ciel.

« Cependant, quand je me sentirai tout à fait près de ma fin,
« peut-être me placerai-je dans quelque lieu pour vous voir
« passer. Pourquoi ne le ferais-je pas ? Certainement quand
« mes yeux se troubleront, quand je ne verrai plus rien au
« dehors, votre image m'apparaîtra. Si je vous avais revu nou-
« vellement, cette illusion ne serait-elle pas plus distincte ?
« Les divinités, chez les anciens, n'étaient jamais présentes à
« la mort ; je vous éloignerai de la mienne : mais je souhaite
« qu'un souvenir récent de vos traits puisse encore se retracer
« dans mon âme défaillante. Oswald ! Oswald ! qu'est-ce que
« j'ai dit ? vous voyez ce que je suis quand je m'abandonne à
« votre souvenir.

« Pourquoi Lucile n'a-t-elle pas désiré de me voir ? c'est votre

« femme, mais c'est aussi ma sœur. J'ai des paroles douces,
« j'en ai même de généreuses à lui adresser. Et votre fille,
« pourquoi ne m'a-t-elle pas été amenée ? Je ne dois pas vous
« voir; mais ce qui vous entoure est ma famille : en suis-je
« donc rejetée ? Craint-on que la pauvre petite Juliette ne s'at-
« triste en me voyant ? Il est vrai que j'ai l'air d'une ombre;
« mais je saurai sourire pour votre enfant. Adieu, milord,
« adieu. Pensez-vous que je pourrais vous appeler mon frère?
« mais ce serait parce que vous êtes l'époux de ma sœur. Ah!
« du moins, vous serez en deuil quand je mourrai, vous assis-
« terez comme parent à mes funérailles. C'est à Rome que mes
« cendres seront d'abord transportées. Faites passer mon cer-
« cueil sur la route que parcourut jadis mon char de triomphe,
« et reposez-vous dans le lieu même où vous m'avez rendu ma
« couronne. Non, Oswald, non, j'ai tort. Je ne veux rien qui
« vous afflige je veux seulement une larme et quelques re-
« gards vers le ciel, où je vous attendrai. »

CHAPITRE IV

Plusieurs jours s'écoulèrent sans qu'Oswald pût retrouver
du calme après l'impression déchirante que lui avait causée
la lettre de Corinne. Il fuyait la présence de Lucile, il passait
les heures entières sur le bord de la rivière qui conduisait à
la maison de Corinne, et souvent il fut tenté de se jeter dans
les flots pour être au moins porté, quand il ne serait plus,
vers cette demeure dont l'entrée lui était refusée pendant sa
vie. La lettre de Corinne lui apprenait qu'elle eût désiré de
voir sa sœur; et bien qu'il s'étonnât de ce souhait, il avait
envie de le satisfaire. Mais comment aborder cette question
auprès de Lucile? Il apercevait bien qu'elle était blessée de
sa tristesse; il aurait voulu qu'elle l'interrogeât, mais il ne
pouvait se résoudre à parler le premier, et Lucile trouvait
toujours le moyen d'amener la conversation sur des sujets
indifférents, de proposer une promenade, afin de détourner
un entretien qui aurait pu conduire à une explication. Elle

parlait quelquefois de son désir de quitter Florence pour aller voir Rome et Naples. Lord Nelvil ne la contredisait jamais; seulement il demandait encore quelques jours de retard, et Lucile alors y consentait avec une expression de physionomie digne et froide.

Oswald voulut au moins que Corinne vît sa fille, et il ordonna secrètement à sa bonne de la conduire chez elle. Il alla au-devant de l'enfant comme elle revenait, et lui demanda si elle avait été contente de sa visite. Juliette lui répondit par une phrase italienne, et sa prononciation, qui ressemblait à celle de Corinne, fit tressaillir Oswald. « Qui vous a appris cela, ma fille? dit-il. — La dame que je viens de voir, répondit-elle. — Et comment vous a-t-elle reçue? — Elle a beaucoup pleuré en me voyant, dit Juliette; je ne sais pourquoi. Elle m'embrassait et pleurait, et cela lui faisait mal, car elle a l'air bien malade. — Et vous plaît-elle cette dame, ma fille? continua lord Nelvil. — Beaucoup, répondit Juliette; j'y veux aller tous les jours. Elle m'a promis de m'apprendre tout ce qu'elle sait. Elle dit qu'elle veut que je ressemble à Corinne. Qu'est-ce que c'est que Corinne, mon père? cette dame n'a pas voulu me le dire. » Lord Nelvil ne répondit plus, et s'éloigna pour cacher son attendrissement. Il ordonna que tous les jours, pendant la promenade de Juliette, on la menât chez Corinne; et peut-être eut-il tort envers Lucile en disposant ainsi de sa fille sans son consentement. Mais, en peu de jours, l'enfant fit des progrès inconcevables dans tous les genres. Son maître d'italien était ravi de sa prononciation. Ses maîtres de musique admiraient déjà ses premiers essais.

Rien de tout ce qui s'était passé n'avait fait autant de peine à Lucile que cette influence donnée à Corinne sur l'éducation de sa fille. Elle savait par Juliette que la pauvre Corinne, dans son état de faiblesse et de dépérissement, se donnait une peine extrême pour l'instruire et lui communiquer tous ses talents, comme un héritage qu'elle se plaisait à lui léguer de son vivant. Lucile en eût été touchée si elle n'eût pas cru voir dans tous ces soins le projet de détacher d'elle lord Nelvil; mais elle était combattue entre le désir bien naturel de diriger seule sa fille, et le reproche qu'elle se faisait de lui enlever des leçons qui ajoutaient à ses agréments d'une manière si remarquable. Un jour lord Nelvil passait dans la chambre comme Juliette prenait une leçon de musique. Elle tenait une harpe en forme de lyre, proportionnée à sa taille, de la même manière que Corinne; et ses petits bras et ses jolis regards l'imitaient parfaitement. On croyait voir la miniature d'un beau tableau, avec la grâce de l'enfance de plus, qui mêle à tout un charme innocent. Oswald, à ce spectacle, fut tellement ému, qu'il ne pouvait prononcer un mot, et il s'assit en tremblant. Juliette alors exécuta sur sa harpe un air écossais que Corinne avait fait entendre à lord Nelvil à Tivoli, en présence d'un tableau d'Ossian. Pendant qu'Oswald, en l'écoutant, respirait à peine, Lucile s'avança derrière lui sans qu'il l'aperçût. Quand Juliette eut fini, son père la prit sur ses genoux, et lui dit : « La dame qui demeure sur le bord de l'Arno vous a donc appris à jouer ainsi? — Oui, répondit Juliette, mais il lui en a bien coûté pour le faire; elle s'est trouvée mal souvent lorsqu'elle m'enseignait. Je l'ai priée plusieurs fois de cesser, mais elle n'a pas voulu; et seulement elle m'a fait promettre de vous répéter cet air tous les ans, un certain jour, le 17 novembre, je crois. — Ah! mon Dieu! » s'écria lord Nelvil; et il embrassa sa fille en versant beaucoup de larmes.

Lucile alors se montra, et, prenant Juliette par la main, elle dit à son époux en anglais : « C'est trop, milord, de vouloir ainsi détourner de moi l'affection de ma fille; cette consolation m'était due dans mon malheur. » En achevant ces mots, elle emmena Juliette. Lord Nelvil voulut en vain la suivre, elle s'y refusa; et seulement à l'heure du dîner il apprit qu'elle était sortie pendant plusieurs heures, seule, et sans dire où elle allait. Il s'inquiétait mortellement de son absence, lorsqu'il la vit revenir avec une expression de douceur et de calme dans la physionomie, tout à fait différente de ce qu'il attendait. Il voulut enfin lui parler avec confiance, et tâcher d'obtenir d'elle son pardon par la sincérité; mais elle lui dit : « Souffrez, milord, que cette explication, nécessaire à tous les deux, soit encore retardée. Vous saurez dans peu les motifs de ma prière. »

Pendant le dîner, elle mit dans la conversation beaucoup plus d'intérêt que de coutume. Plusieurs jours se passèrent ainsi, durant lesquels Lucile se montrait constamment plus aimable et plus animée qu'à l'ordinaire. Lord Nelvil ne pouvait rien concevoir à ce changement. Voici quelle en était la cause : Lucile avait été très-blessée des visites de sa fille chez Corinne, et de l'intérêt que lord Nelvil paraissait prendre aux progrès que les leçons de Corinne faisaient faire à cette enfant. Tout ce qu'elle avait renfermé dans son cœur depuis si longtemps s'était échappé dans ce moment; et, comme il arrive aux personnes qui sortent de leur caractère, elle prit tout à coup une résolution très-vive, et partit pour aller voir Corinne, et lui demander si elle était résolue à la troubler toujours dans son sentiment pour son époux. Lucile se parlait à elle-même avec force jusqu'au moment où elle arriva devant la porte de Corinne. Mais il lui prit alors un tel mouvement de timidité, qu'elle n'aurait jamais pu se résoudre à entrer, si Corinne, qui l'aperçut de sa fenêtre, ne lui avait envoyé Thérésine pour la prier de venir chez elle. Lucile monta dans la chambre de Corinne, et toute son irritation contre elle disparut en la voyant; elle se sentit au contraire profondément attendrie par l'état déplorable de la santé de sa sœur, et ce fut en pleurant qu'elle l'embrassa.

Alors commença entre les deux sœurs un entretien plein de franchise de part et d'autre. Corinne donna la première l'exemple de cette franchise; mais il eût été impossible à Lucile de ne pas le suivre. Corinne exerça sur sa sœur l'ascendant qu'elle avait sur tout le monde; on ne pouvait conserver avec elle ni dissimulation ni contrainte. Corinne ne cacha point à Lucile qu'elle se croyait certaine de n'avoir plus que peu de temps à vivre ; et sa pâleur et sa faiblesse ne le prouvaient que trop. Elle aborda simplement avec Lucile les sujets d'entretien les plus délicats; elle lui parla de son bonheur et de celui d'Oswald. Elle savait par tout ce que le prince Castel-Forte lui avait raconté, et mieux encore par ce qu'elle avait deviné, que la contrainte et la froideur existaient souvent dans leur intérieur; et, se servant alors de l'ascendant que lui donnaient et son esprit et la fin prochaine dont elle était menacée, elle s'occupa généreusement de rendre Lucile plus heureuse avec lord Nelvil. Connaissant parfaitement le caractère de celui-ci, elle fit comprendre à Lucile pourquoi il avait besoin de trouver dans celle qu'il aimait une manière d'être, à quelques égards, différente de la sienne; une confiance spontanée, parce que sa réserve naturelle l'empêchait de la solliciter; plus d'intérêt, parce qu'il était susceptible de découragement; et de la gaieté, précisément parce qu'il souffrait de sa propre tristesse. Corinne se peignit elle-même dans les jours brillants de sa vie; elle se jugea comme elle aurait pu juger une étrangère, et montra vivement à Lucile combien serait agréable une personne qui, avec la conduite la plus régulière et la moralité la plus rigide, aurait cependant tout le charme, tout l'abandon, tout le désir de plaire qu'inspire quelquefois le besoin de réparer des torts.

« On a vu, dit Corinne à Lucile, des femmes aimées non-seulement malgré leurs erreurs, mais à cause de ces erreurs mêmes. La raison de cette bizarrerie est peut-être que ces femmes cherchaient à se montrer plus aimables, pour se les faire pardonner, et n'imposaient point de gêne, parce qu'elles avaient besoin d'indulgence. Ne soyez donc pas, Lucile, fière de votre perfection; que votre charme consiste à l'oublier, à ne vous en point prévaloir. Il faut que vous soyez vous et moi tout à la fois; que vos vertus ne vous autorisent jamais à la plus légère négligence pour vos agréments, et que vous ne vous fassiez point un titre de ces vertus, pour vous permettre l'orgueil et la froideur. Si cet orgueil n'était pas fondé, il blesserait peut-être moins; car user de ses droits refroidit le cœur plus que les prétentions injustes : le sentiment se plaît surtout à donner ce qui n'est pas dû. »

Lucile remerciait sa sœur avec tendresse de la bonté qu'elle lui témoignait, et Corinne lui disait : « Si je devais vivre, je n'en serais pas capable ; mais, puisque je dois bientôt mourir, mon seul désir personnel est encore qu'Oswald retrouve dans vous et dans sa fille quelques traces de mon influence, et que jamais du moins il ne puisse avoir une jouissance de sentiment sans se rappeler Corinne. Lucile revint tous les jours chez sa sœur, et s'étudiait par une modestie bien aimable, et par une délicatesse de sentiment plus aimable encore, à ressembler à la personne qu'Oswald avait le plus aimée. La curiosité de lord Nelvil s'accroissait tous les jours en remarquant les grâces nouvelles de Lucile. Il devina bien vite qu'elle avait vu Corinne ; mais il ne put obtenir aucun aveu sur ce sujet. Corinne, dès son premier entretien avec Lucile, avait exigé le secret de leurs rapports ensemble. Elle se proposait de voir une fois Oswald et Lucile réunis, mais seulement, à ce qu'il paraît, quand elle se croirait assurée de n'avoir plus que peu d'instants à vivre. Elle voulait tout dire, et tout éprouver à la fois ; et elle enveloppait ce projet d'un tel mystère, que Lucile elle-même ne savait pas de quelle manière elle avait résolu de l'accomplir.

CHAPITRE V

Corinne, se croyant atteinte d'une maladie mortelle, souhaitait de laisser à l'Italie, et surtout à lord Nelvil, un dernier adieu qui rappelât le temps où son génie brillait dans tout son éclat. C'est une faiblesse qu'il lui faut pardonner. L'amour et la gloire s'étaient toujours confondus dans son esprit ; et, jusqu'au moment où son cœur fit le sacrifice de tous les attachements de la terre, elle désira que l'ingrat qui l'avait abandonnée sentît encore une fois que c'était à la femme de son temps qui savait le mieux aimer et penser qu'il avait donné la mort. Corinne n'avait plus la force d'improviser ; mais dans la solitude elle composait encore des vers, et depuis l'arrivée d'Oswald elle semblait avoir repris un intérêt plus vif à cette occupation. Peut-être désirait-elle de lui rappeler, avant de mourir, son talent et ses succès ; enfin, tout ce que le malheur et l'amour lui faisaient perdre. Elle choisit donc un jour pour réunir dans une des salles de l'académie de Florence tous ceux qui désiraient entendre ce qu'elle avait écrit. Elle confia son dessein à Lucile, et la pria d'amener son époux. « Je puis vous le demander, lui dit-elle, dans l'état où je suis. »

Un trouble affreux saisit Oswald en apprenant la résolution de Corinne. Lirait-elle ces vers elle-même? quel sujet voulait-elle traiter? Enfin il suffisait de la possibilité de la voir pour bouleverser entièrement l'âme d'Oswald. Le matin du jour désigné, l'hiver, qui se fait si rarement sentir en Italie, s'y montra pour un moment comme dans les climats du Nord. On entendait un vent horrible siffler dans les maisons. La pluie battait avec violence sur les carreaux des fenêtres; et, par une singularité dont il y a cependant plus d'exemples en Italie que partout ailleurs, le tonnerre se faisait entendre au milieu du mois de janvier et mêlait un sentiment de terreur à la tristesse du mauvais temps. Oswald ne prononçait pas un seul mot, mais toutes les sensations extérieures semblaient augmenter le frisson de son âme.

Il arriva dans la salle avec Lucile. Une foule immense y était rassemblée. A l'extrémité, dans un endroit fort obscur, un fauteuil était préparé, et lord Nelvil entendait dire autour de lui que Corinne devait s'y placer, parce qu'elle était si malade qu'elle ne pourrait pas réciter elle-même ses vers. Craignant de se montrer, tant elle était changée, elle avait choisi ce moyen pour voir Oswald sans être vue. Dès qu'elle sut qu'il y était, elle alla voilée vers ce fauteuil. Il fallut la soutenir pour qu'elle pût avancer; sa démarche était chancelante. Elle s'arrêtait de temps en temps pour respirer, et l'on eût dit que ce court espace était un pénible voyage. Ainsi les derniers pas de la vie sont toujours lents et difficiles. Elle s'assit, chercha des yeux à découvrir Oswald, l'aperçut, et, par un mouvement tout à fait involontaire, elle se leva, tendit les bras vers lui, mais retomba l'instant d'après en détournant son visage, comme Didon lorsqu'elle rencontre Énée dans un monde où les passions humaines ne doivent plus pénétrer. Le prince

Castel-Forte retint lord Nelvil, qui, tout à fait hors de lui, voulait se précipiter à ses pieds; il le contint par le respect qu'il devait à Corinne en présence de tant de monde.

Une jeune fille vêtue de blanc, et couronnée de fleurs, parut sur une espèce d'amphithéâtre qu'on avait préparé. C'était elle qui devait chanter les vers de Corinne. Il y avait un contraste touchant entre ce visage si paisible et si doux, ce visage où les peines de la vie n'avaient encore laissé aucune trace, et les paroles qu'elle allait prononcer. Mais ce contraste même avait plu à Corinne; il répandait quelque chose de serein sur les pensées trop sombres de son âme abattue. Une musique noble et sensible prépara les auditeurs à l'impression qu'ils allaient recevoir. Le malheureux Oswald ne pouvait détacher ses regards de Corinne, de cette ombre qui lui semblait une apparition cruelle dans une nuit de délire; et ce fut à travers ses sanglots qu'il entendit ce chant du cygne, que la femme envers laquelle il était si coupable lui adressait encore au fond du cœur.

DERNIER CHANT DE CORINNE.

« Recevez mon salut solennel, ô mes concitoyens! Déjà la
« nuit s'avance à mes regards, mais le ciel n'est-il pas plus
« beau pendant la nuit? Des milliers d'étoiles le décorent; il
« n'est de jour qu'un désert. Ainsi les ombres éternelles révè-
« lent d'innombrables pensées que l'éclat de la prospérité fai-
« sait oublier. Mais la voix qui pourrait en instruire s'affaiblit
« par degrés; l'âme se retire en elle-même, et cherche à ras-
« sembler sa dernière chaleur.

« Dès le premier jour de ma jeunesse, je promis d'honorer
« ce nom de Romaine, qui fait encore tressaillir le cœur. Vous
« m'avez permis la gloire, ô vous, nation libérale, qui ne ban-
« nissez point les femmes de son temple, vous qui ne sacrifiez
« point des talents immortels aux jalousies passagères, vous
« qui toujours applaudissez à l'essor du génie : ce vainqueur
« sans vaincus, ce conquérant sans dépouilles, qui puise dans
« l'éternité pour enrichir le temps.

« Quelle confiance m'inspiraient jadis la nature et la vie!

« Je croyais que tous les malheurs venaient de ne pas assez
« penser, de ne pas assez sentir, et que déjà sur la terre on
« pouvait goûter d'avance la félicité céleste, qui n'est que la
« durée dans l'enthousiasme et la constance dans l'amour.

« Non, je ne me repens point de cette exaltation généreuse;
« non, ce n'est point elle qui m'a fait verser les pleurs dont
« la poussière qui m'attend est arrosée. J'aurais rempli ma des-
« tinée, j'aurais été digne des bienfaits du ciel, si j'avais con-
« sacré ma lyre retentissante à célébrer la bonté divine, ma-
« nifestée par l'univers.

« Vous ne rejetez point, ô mon Dieu! le tribut des talents.
« L'hommage de la poésie est religieux, et les ailes de la pensée
« servent à se rapprocher de vous.

« Il n'y a rien d'étroit, rien d'asservi, rien de limité dans la
« religion. Elle est l'immense, l'infini, l'éternel; et loin que le
« génie puisse détourner d'elle, l'imagination, de son premier
« élan, dépasse les bornes de la vie, et le sublime en tout genre
« est un reflet de la Divinité.

« Ah! si je n'avais aimé qu'elle, si j'avais placé ma tête
« dans le ciel, à l'abri des affections orageuses, je ne serais
« pas brisée avant le temps; des fantômes n'auraient pas pris
« la place de mes brillantes chimères. Malheureuse! mon gé-
« nie, s'il subsiste encore, se fait sentir seulement par la force
« de ma douleur; c'est sous les traits d'une puissance ennemie
« qu'on peut encore le reconnaître.

« Adieu donc, mon pays; adieu donc, la contrée où je reçus
« le jour. Souvenirs de l'enfance, adieu. Qu'avez-vous à faire
« avec la mort? Vous qui dans mes écrits avez trouvé des sen-
« timents qui répondaient à votre âme, ô mes amis, dans
« quelque lieu que vous soyez, adieu. Ce n'est point pour une
« indigne cause que Corinne a tant souffert; elle n'a pas du
« moins perdu ses droits à la pitié.

« Belle Italie! c'est en vain que vous me promettez tous vos
« charmes : que pourriez-vous pour un cœur délaissé? Rani-
« meriez-vous mes souhaits pour accroître mes peines? Me
« rappelleriez-vous le bonheur pour me révolter contre mon
« sort?

CONCLUSION.

« C'est avec douleur que je m'y soumets. O vous qui me
« survivrez! quand le printemps reviendra, souvenez-vous
« combien j'aimais sa beauté; que de fois j'ai vanté son air et
« ses parfums! Rappelez-vous quelquefois mes vers, mon âme
« y est empreinte; mais des muses fatales, l'amour et le mal-
« heur, ont inspiré mes derniers chants.

« Quand les desseins de la Providence sont accomplis sur
« nous, une musique intérieure nous prépare à l'arrivée de
« l'ange de la mort. Il n'a rien d'effrayant, rien de terrible; il
« porte des ailes blanches, bien qu'il marche entouré de la
« nuit; mais, avant sa venue, mille présages l'annoncent.

« Si le vent murmure, on croit entendre sa voix. Quand le
« jour tombe, il y a de grandes ombres dans la campagne, qui
« semblent les replis de sa robe traînante. A midi, quand les
« possesseurs de la vie ne voient qu'un ciel serein, ne sentent
« qu'un beau soleil, celui que l'ange de la mort réclame aper-
« çoit dans le lointain un nuage qui va bientôt couvrir la na-
« ture entière à ses yeux.

« Espérance, jeunesse, émotions du cœur, c'en est donc
« fait! Loin de moi des regrets trompeurs! si j'obtiens encore
« quelques larmes, si je me crois encore aimée, c'est parce
« que je vais disparaître; mais si je ressaisissais la vie, elle
« retournerait bientôt contre moi tous ses poignards.

« Et vous, Rome, où mes cendres seront transportées, par-
« donnez, vous qui avez tant vu mourir, si je rejoins d'un pas
« tremblant vos ombres illustres; pardonnez-moi de me plain-
« dre. Des sentiments, des pensées, peut-être nobles, peut-être
« féconds, s'éteignent avec moi; et, de toutes les facultés de
« l'âme que je tiens de la nature, celle de souffrir est la seule
« que j'aie exercée tout entière.

« N'importe, obéissons. Le grand mystère de la mort, quel
« qu'il soit, doit donner du calme. Vous m'en répondez, tom-
« beaux silencieux! vous m'en répondez, divinité bienfaisante!
« J'avais choisi sur la terre, et mon cœur n'a plus d'asile. Vous
« décidez pour moi; mon sort en vaudra mieux. »

Ainsi finit le dernier chant de Corinne; la salle retentit d'un triste et profond murmure d'applaudissements. Lord Nelvil, ne pouvant soutenir la violence de son émotion, perdit entièrement connaissance. Corinne, en le voyant dans cet état, voulut aller vers lui, mais ses forces lui manquèrent au moment où elle essayait de se lever : on la rapporta chez elle ; et depuis ce moment il n'y eut plus d'espoir de la sauver.

Elle fit demander un prêtre respectable en qui elle avait une grande confiance, et s'entretint longtemps avec lui. Lucile se rendit auprès d'elle ; la douleur d'Oswald l'avait tellement émue, qu'elle se jeta elle-même aux pieds de sa sœur pour la conjurer de le recevoir. Corinne s'y refusa, sans qu'aucun ressentiment en fût la cause. « Je lui pardonne, dit-elle, d'avoir déchiré mon cœur ; les hommes ne savent pas le mal qu'ils font, et la société leur persuade que c'est un jeu de remplir une âme de bonheur, et d'y faire ensuite succéder le désespoir. Mais, au moment de mourir, Dieu m'a fait la grâce de retrouver du calme, et je sens que la vue d'Oswald remplirait mon âme de sentiments qui ne s'accordent point avec les angoisses de la mort. La religion seule a des secrets pour ce terrible passage. Je pardonne à celui que j'ai tant aimé, continua-t-elle d'une voix affaiblie ; qu'il vive heureux avec vous ! Mais quand le temps viendra qu'à son tour il sera près de quitter la vie, qu'il se souvienne alors de la pauvre Corinne. Elle veillera sur lui, si Dieu le permet ; car on ne cesse point d'aimer quand ce sentiment est assez fort pour coûter la vie. »

Oswald était sur le seuil de la porte, quelquefois voulant entrer malgré la défense positive de Corinne, quelquefois anéanti par la douleur. Lucile allait de l'un à l'autre : ange de paix entre le désespoir et l'agonie.

Un soir, on crut que Corinne était mieux, et Lucile obtint d'Oswald qu'ils iraient ensemble passer quelques instants auprès de leur fille : ils ne l'avaient pas vue depuis trois jours. Corinne, pendant ce temps, se trouva plus mal, et remplit tous les devoirs de sa religion. On assure qu'elle dit au vieillard vénérable qui reçut ses aveux solennels : « Mon père, vous connaissez maintenant ma triste destinée ; jugez-moi. Je ne me suis jamais vengée du mal qu'on m'a fait ; jamais une douleur vraie ne m'a trouvée insensible ; mes fautes ont été celles des passions, qui n'auraient pas été condamnables en elles-mêmes, si l'orgueil et la faiblesse humaine n'y avaient pas mêlé l'erreur et l'excès. Croyez-vous, ô mon père! vous que la vie a plus longtemps éprouvé que moi, croyez-vous que Dieu me pardonnera? — Oui, ma fille, lui dit le vieillard, je l'espère ; votre cœur est-il maintenant tout à lui? — Je le crois, mon père, répondit-elle ; écartez loin de moi ce portrait (c'était celui d'Oswald), et mettez sur mon cœur l'image de Celui qui descendit sur la terre, non pour la puissance, non pour le génie, mais pour la souffrance et la mort ; elles en avaient grand besoin. » Corinne aperçut alors le prince Castel-Forte qui pleurait auprès de son lit. « Mon ami, lui dit-elle en lui tendant la main, il n'y a que vous près de moi dans ce moment. J'ai vécu pour aimer, et sans vous je mourrais seule. » Et ses larmes coulèrent à ces mots ; puis elle dit encore : « Au reste, ce moment se passe de secours ; nos amis ne peuvent nous suivre que jusqu'au seuil de la vie. Là commencent des pensées dont le trouble et la profondeur ne sauraient se confier. »

Elle se fit transporter sur un fauteuil près de la fenêtre, pour voir encore le ciel. Lucile revint alors ; et le malheureux Oswald, ne pouvant plus se contenir, la suivit, et tomba sur ses genoux en approchant de Corinne. Elle voulut lui parler, et n'en eut pas la force. Elle leva ses regards vers le ciel, et vit la lune qui se couvrait du même nuage qu'elle avait fait remarquer à lord Nelvil quand ils s'arrêtèrent sur le bord de la mer en allant à Naples. Alors elle le lui montra de sa main mourante, et son dernier soupir fit retomber cette main.

Que devint Oswald? Il fut dans un tel égarement, qu'on craignait d'abord pour sa raison et sa vie. Il suivit à Rome la pompe funèbre de Corinne. Il s'enferma longtemps à Tivoli, sans vouloir que sa femme ni sa fille l'y accompagnassent. Enfin l'attachement et le devoir le ramenèrent auprès d'elles.

Ils retournèrent ensemble en Angleterre. Lord Nelvil donna l'exemple de la vie domestique la plus régulière et la plus pure. Mais se pardonna-t-il sa conduite passée? le monde, qui l'approuva, le consola-t-il? se contenta-t-il d'un sort commun après ce qu'il avait perdu? Je l'ignore; je ne veux à cet égard ni le blâmer ni l'absoudre.

TABLE

De Corinne, par madame Necker de Saussure............		1
Livre Ier	Oswald................................	1
Liv. II.	Corinne au Capitole.....................	21
Liv. III	Corinne..	40
Liv. IV.	Rome..................................	56
Liv. V.	Tombeaux, Églises et Palais............	90
Liv. VI.	Mœurs et Caractère des Italiens........	105
Liv. VII.	La Littérature italienne................	132
Liv. VIII.	Les Statues et les Tombeaux............	157
Liv. IX.	La Fête populaire et la Musique........	191
Liv. X.	La Semaine sainte......................	205
Liv. XI.	Naples et l'Ermitage de Saint-Salvador.......	231
Liv. XII.	Histoire de lord Nelvil.................	250
Liv. XIII.	Le Vésuve et la Campagne de Naples......	279
Liv. XIV.	Histoire de Corinne....................	301
Liv. XV.	Adieux à Rome et Voyage à Venise........	328
Liv. XVI.	Le Départ et l'Absence.................	364
Liv. XVII.	Corinne en Écosse.....................	398
Liv. XVIII.	Le Séjour à Florence..................	430
Liv. XIX.	Le Retour d'Oswald en Italie...........	452
Liv. XX.	Conclusion............................	482

FIN DE LA TABLE

www.ingramcontent.com/pod-product-compliance
Lightning Source LLC
Chambersburg PA
CBHW071608230426
43669CB00012B/1867